設計者のための
免震・制震構造ハンドブック

(一社) 日本免震構造協会 編

朝倉書店

まえがき

　免震構造，制震構造という言葉も一般世間の市民権を得て，その棟数も着実に増加しており，わが国の安全なインフラの蓄積に寄与しつつあるように感じます．

　しかしながら少々冷静に考えてみれば，住宅約5,000万戸，非住宅約300万棟（社会資本整備審議会：既存建築物の改善と有効活用のための建築行政のあり方に関する答申　参考資料，平成16年2月），あるいは床面積約73億m^2（国土交通省：建築物ストック統計，平成26年1月現在）とされるわが国の建築ストックに対して，免震・制震建築物の棟数はわずか数千（共通編第8章）であり，全体の1%にも達しないであろう微々たるものです．

　現在，わが国は地震活動期が懸念される世紀を迎えており，その一方，建築物が守るべき価値はますます増大かつ多様化しています．そうした状況の下，社会の要求に応えるための性能設計の必要性を考えると，免震・制震構造の重要性が増していることは間違いありません．免震・制震構造のさらなる普及が望まれるところです．

　免震・制震構造のすぐれた解説書，参考書は，一般社団法人日本免震構造協会をはじめ諸団体から出版されて整備されつつありますが，建築構造の他分野に比較するとやはりまだその絶対量は少ないように思えます．そのなかでも免震・制震構造に関する系統的な解説書でなく，部分的にも即座に活用できるハンドブック形式の解説書が見当たらないということが本書の企画の端緒になりました．

　対象とする読者は構造設計者，建築設計者，大学院生などを想定しました．免震構造あるいは制震構造の専門の技術者でも折に触れ調べたくなる項目を網羅すること，そしてその内容は専門技術者の疑問にも十分応えられるレベルを目指しました．それと同時に，専門外の設計者・技術者の系統的な学習の役にも立ち，そして個人で机上に用意できる本と，たいへん欲張りな企画をたてました．

　編集委員会では目的にかなうハンドブックとして必要な項目出し，そして項目ごとの適切な執筆者の選定と依頼に注力しました．特に各項目の執筆者は，現在，わが国のこの業界で最適な方々を選抜したと自負しております．そうした意味で，本書は企画当初の目的を十分達成したとはいえなくても，たいぶ近づけたかなと思います．

　企画から校正まで本書の刊行には予想以上に時間がかかってしまいました．各項目の執筆者の皆様，編集委員，そして朝倉書店編集部にはたいへんお世話になりました．

　本書が，読者の皆様のお役に立ち，わが国の免震・制震構造の健全なる発展に寄与することを願っています．

2014年6月

編集委員長　古橋　剛

編 集 委 員

編集委員長　古橋　剛　日本大学理工学部

可児 長英	日本免震構造協会	西川 耕二	株式会社日本設計
菊地　優	北海道大学大学院工学研究院	西川 孝夫	日本免震構造協会
北村 佳久	清水建設株式会社	龍神 弘明	前田建設工業株式会社
木村 雄一	大成建設株式会社		

執　筆　者

浅岡 泰彦	株式会社大林組	辻　泰一	鹿島建設株式会社
猪口 敏一	カヤバシステムマシナリー株式会社	所　健	住友スリーエム株式会社
池田 憲一	東京理科大学国際火災科学研究科	中久保 慶介	THK株式会社
池田 芳樹	鹿島建設株式会社	中澤 俊幸	株式会社東京建築研究所
石井 正人	株式会社日建設計	中澤 昭伸	株式会社織本構造設計
上田　栄	日本ピラー工業株式会社	長島 一郎	大成建設株式会社
大木 洋司	三菱重工メカトロシステムズ株式会社	中南 滋樹	株式会社免制震ディバイス
荻野 伸行	株式会社熊谷組	中村　嶽	株式会社大林組
笠井 和彦	東京工業大学建築物理研究センター	西川 耕二	株式会社日本設計
可児 長英	日本免震構造協会	西本 晃治	新日鉄住金エンジニアリング株式会社
菊池 正彦	株式会社大林組	濱口 弘樹	株式会社竹中工務店
菊地　優	北海道大学大学院工学研究院	原　博	東亜建設工業株式会社
北嶋 圭二	日本大学理工学部	久田 嘉章	工学院大学建築学部
北村 佳久	清水建設株式会社	日比野 浩	大成建設株式会社
木林 長仁	日本建築センター	平野　茂	株式会社一条工務店
木村 雄一	大成建設株式会社	福喜多 輝	清水建設株式会社
小林 正人	明治大学理工学部	藤森　智	株式会社松田平田設計
小山　実	大成建設株式会社	古橋　剛	日本大学理工学部
齊木 健司	株式会社免制震ディバイス	前林 和彦	清水建設株式会社
讃井 洋一	日立オートモティブシステムズ株式会社	欄木 龍大	大成建設株式会社
猿田 正明	清水建設株式会社	嶺脇 重雄	株式会社竹中工務店
沢田 研自	日本免震構造協会	宮崎　充	オイレス工業株式会社
白井 和貴	北海道大学大学院工学研究院	三輪田 吾郎	株式会社大林組
杉崎 良一	大成建設株式会社	室田 伸夫	株式会社ブリヂストン
関谷 英一	株式会社鴻池組	森高 英夫	株式会社安井建築設計事務所
曽根 孝行	株式会社竹中工務店	柳　勝幸	昭和電線デバイステクノロジー株式会社
高山 峯夫	福岡大学工学部	山本 雅史	株式会社竹中工務店
竹内　徹	東京工業大学大学院理工学研究科	吉江 慶祐	株式会社日建設計
竹中 康雄	株式会社小堀鐸二研究所	芳澤 利和	株式会社ブリヂストン
舘野 孝信	戸田建設株式会社	吉田　治	株式会社大林組
田中 久也	株式会社免制震ディバイス	龍神 弘明	前田建設工業株式会社
溜　正俊	株式会社三菱地所設計		

(五十音順)

目　　次

共　通　編

1章　耐 震 設 計 ────────────────────────────[古橋　剛]　2
　1.1　耐震設計の意義 …………………………………………………………… 2
　1.2　耐震技術の変遷 …………………………………………………………… 2
　1.3　振動制御技術の位置づけ ………………………………………………… 8
　　　耐震構造の定義／免震構造の定義／制震構造の定義
　1.4　現状の問題点 ……………………………………………………………… 8
　　　免震建物に対する指摘／制震建物に対する指摘

2章　免震・制震の基本原理 ───────────────────[菊地　優]　9
　2.1　構造物のモデル化 ………………………………………………………… 9
　2.2　1自由度系の振動 ………………………………………………………… 9
　2.3　多自由度系の振動 ………………………………………………………… 11
　2.4　非線形定常振動 …………………………………………………………… 14
　2.5　時刻歴非線形解析 ………………………………………………………… 15

3章　地震動と免震・制震建築 ───────────────────── 18
　3.1　地震動と免震・制震建築物 ……………………………………[古橋　剛]… 18
　　　設計用入力地震動／設計用地震動の実力
　3.2　設計用地震動 ……………………………………………………[久田嘉章]… 20
　　　告示波と特徴的な強震動／設計用地震動の地震動レベル／地震動作成手法

4章　設 計 ・ 計 画 ────────────────────────[北村佳久]　26
　4.1　免震建築物の設計・計画 ………………………………………………… 26
　4.2　制震建築物の設計・計画 ………………………………………………… 27

5章　構造計算方法 ─────────────────────────[古橋　剛]　28
　5.1　時刻歴応答解析法 ………………………………………………………… 28
　5.2　応答スペクトル法 ………………………………………………………… 28
　　　スペクトル・モーダル解析／限界耐力計算／免震告示第六の構造計算／限界耐力計算の問題点
　5.3　エネルギー法 ……………………………………………………………… 30
　　　エネルギーの釣合いに基づく耐震設計法／エネルギー法告示

6章　法律・制度・維持管理 ──────────────────────── 31
　6.1　建築基準法 ………………………………………………………[可児長英]… 31
　6.2　大臣認定制度 ……………………………………………………[可児長英]… 32
　6.3　耐 震 改 修 ………………………………………………………[可児長英]… 33
　6.4　製品検査・完成検査 ……………………………………………[杉崎良一]… 34
　　　免震工事施工計画書の確認／免震部材製作・検査要領書の確認／免震部材取付け検査・報告書の

確認／竣工時検査
6.5　維 持 管 理 ……………………………………………………………[沢田研自]…39
維持管理の位置づけ／維持管理の内容／点検対象とその項目／実施者と体制／結果の保管／クリアランス／今後の維持管理の方向性
6.6　資　　　格 ……………………………………………………………………………41
免震部建築施工管理技術者[**舘野孝信**]／免震建物点検技術者[**沢田研自**]
6.7　品 確 法 ………………………………………………………………[可児長英]…43
品確法／住宅性能表示制度
6.8　消 防 法 ………………………………………………………………[荻野伸行]…44

7章　コ　ス　ト ——————————————————————[杉崎良一]　46
7.1　免震構造のコスト ……………………………………………………………………46
7.2　免震構造工事費 ………………………………………………………………………48
仮設工事／免震装置製品費／免震装置取付け費／ベースプレート製作取付け費／免震対応 Exp 金物費／設備工事

8章　統 計 資 料 ——————————————————————[可児長英]　51

9章　地震と免震・制震構造 ————————————————————————　52
9.1　兵庫県南部地震 ………………………………………………………[中澤俊幸]…52
建物の概要／地震観測記録
9.2　十勝沖地震 ……………………………………………………………[竹中康雄]…54
地震の概要／苫小牧で観測された長周期地震動／釧路市内の免震建物の地震観測
9.3　新潟県中越地震 ………………………………………………………[溜　正俊]…56
建物の概要／地震観測記録にみる免震効果／免震装置の状況／建物の状況
9.4　東北地方太平洋沖地震 ………………………………………………[北村佳久]…58
地震の概要／免震建築物・制震建築物の被害／免震建物の観測記録／制震建物の地震観測記録

10章　そ　の　他 ————————————————————————————　62
10.1　エネルギー消費からみた耐震・制震・免震の比較 ……………[古橋　剛]…62
地震動の総入力エネルギー／エネルギー消費からみた耐震・制震・免震構造
10.2　地 震 観 測 ……………………………………………………………[猿田正明]…64
免震建物の地震観測／地震計／変位計／けがき計
10.3　日本免震構造協会賞受賞一覧 ………………………………………[可児長英]…66

免　震　編

1章　免 震 の 原 理 ————————————————————[古橋　剛]　72
1.1　免震の原理 ……………………………………………………………………………72
1.2　免震構造の特徴 ………………………………………………………………………72
1.3　免震の課題 ……………………………………………………………………………72
地震動の問題／上部構造の長周期化

2章　免 震 の 歴 史 ————————————————————[可児長英]　74

3章　免 震 の 形 態 ————————————————————[西川耕二]　76
基礎免震／中間層免震／免震人工地盤

4章 建築計画 ──────────────────────── [西川耕二] 78
建物の形状に対する留意点／設計自由度の向上／歴史的建造物の保全・免震レトロフィット

5章 構造計画 ──────────────────────── 79
5.1 免震層 ──────────────────────── [北村佳久]…79
免震層の位置／免震システムの選定／免震層の目標性能の設定／免震部材の設定
5.2 上部構造・下部構造 ──────────────── [木村雄一]…81
上部構造／下部構造

6章 免震の構造計算方法 ──────────────── [古橋 剛] 82
6.1 建築基準法旧第38条 ─────────────────── 82
6.2 平成12年建設省告示第2009号 ────────────── 82
6.3 構造計算方法の運用 ──────────────────── 83

7章 免震部材 ──────────────────────── 84
7.1 部材の概要 ─────────────────── [藤森 智]…84
免震部材の分類／免震部材の選択・配置／免震部材の試験・検査
7.2 積層ゴム支承の特徴 ──────────────── [芳澤利和]…85
積層ゴムの原理／積層ゴムの種類／積層ゴムの設計／積層ゴムのリサイクル・リユース
7.3 積層ゴム支承のメカニズム ─────────── [高山峯夫]…88
積層ゴムのしくみ／積層ゴムの実用化／多様な積層ゴムの開発
7.4 積層ゴム支承の材料特性 ──────────── [芳澤利和]…90
ゴム分子とその弾性／ゴムの種類・特性／ゴムの物理特性
7.5 積層ゴム支承：天然ゴム系積層ゴム ───────── [柳 勝幸]…94
特徴・力学特性・モデル化／各種依存性
7.6 積層ゴム支承：高減衰ゴム系積層ゴム ──────── [室田伸夫]…96
高減衰ゴムの減衰発現のメカニズム／基本的な特性
7.7 積層ゴム支承：鉛プラグ入り積層ゴム ──────── [宮崎 充]…98
構造・特徴／基本的な特性
7.8 積層ゴム支承：錫プラグ入り積層ゴム ──────── [柳 勝幸]…100
特徴・力学特性・モデル化／各種依存性
7.9 積層ゴム支承：鉄粉・ゴム混合材プラグ入り積層ゴム ── [室田伸夫]…102
鉄粉・ゴム混合材プラグ／力学特性
7.10 積層ゴム支承：鋼材ダンパー付積層ゴム ────── [西本晃治]…104
基本原理・構成／基本性能／各種依存性
7.11 すべり支承のメカニズム ─────────── [上田 栄]…105
すべり支承の構造／鉛直支持性能／すべり材料・摩擦係数
7.12 すべり支承：弾性・剛すべり支承 ───────── [日比野 浩]…106
弾性すべり支承／剛すべり支承
7.13 すべり支承：FPS ─────────────── [宮崎 充]…108
構造・特徴／基本特性／各種依存性
7.14 転がり支承：レール式 ──────────── [齊木健司]…109
力学特性・モデル化／各種依存性
7.15 転がり支承：球体式 ──────────── [齊木健司]…110

力学特性・モデル化／各種依存性
　7.16　その他の支承：空気支承 ……………………………………………[中澤昭伸]… 111
　7.17　履歴系ダンパー：鋼材ダンパー ……………………………………[西本晃治]… 112
　　　基本原理・構成／基本性能／各種依存性
　7.18　履歴系ダンパー：鉛ダンパー ……………………………[高山峯夫・荻野伸行]… 115
　　　構造・特徴／水平性能／各種依存性・耐久性
　7.19　履歴系ダンパー：摩擦ダンパー ……………………………………[中村　嶽]… 117
　　　認定範囲／基本性能・モデル化／限界性能／各種依存性
　7.20　流体系ダンパーのメカニズム ………………………………………[曽根孝行]… 118
　　　オイルダンパー／粘性ダンパー
　7.21　流体系ダンパー：オイルダンパー …………………………………[讃井洋一]… 120
　　　ダンパー本体の基本構造／基本性能／性能の依存性／限界性能
　7.22　粘性系ダンパー：皿形ダンパー ……………………………………[中南滋樹]… 123
　　　力学特性・モデル化／各種依存性
　7.23　粘性系ダンパー：壁型ダンパー ……………………………………[中南滋樹]… 124
　　　力学特性・モデル化／各種依存性
　7.24　粘性系ダンパー：回転増幅機構付粘性ダンパー …………………[中南滋樹]… 125
　　　力学特性・モデル化／各種依存性
　7.25　復　元　材 ……………………………………………………………[柳　勝幸]… 126
　　　特徴・力学特性・モデル化／各種依存性

8章　ばらつき・各種特性 ─────────────────────── 127
　8.1　製造ばらつき ……………………………………………………………[北村佳久]… 127
　　　アイソレータの製造ばらつき／ダンパーの製造ばらつき
　8.2　水平二方向特性 …………………………………………………………[山本雅史]… 129
　　　水平二方向を考えることの必要性／影響1に対する考慮／影響2に対する考慮
　8.3　引張り特性 ………………………………………………………………[濱口弘樹]… 131
　　　積層ゴム支承の引張り特性／すべり支承の引張り特性／転がり支承の引張り特性

9章　耐　　久　　性 ─────────────────────── 133
　9.1　経年変化 …………………………………………………………………[濱口弘樹]… 133
　　　積層ゴム支承の経年変化／すべり支承・転がり支承の経年変化／ダンパーの経年変化
　9.2　支承系の試験・方法 ……………………………………………………[芳澤利和]… 135
　　　積層ゴム支承の環境条件／積層ゴム支承の構造による劣化条件／アレニウスの法則による促進試験／試験方法／促進試験での留意点
　9.3　ダンパー系の試験・方法 ………………………………………………[西本晃治]… 138
　　　鋼材ダンパー／鉛ダンパー／摩擦ダンパー／オイルダンパー／壁型粘性ダンパー／フルード粘性ダンパー／回転増幅機構付粘性ダンパー／粘弾性ダンパー

10章　振　動　モ　デ　ル ─────────────────[菊地　優] 140
　10.1　建物モデル ………………………………………………………………………… 140
　10.2　免震部材のモデル ………………………………………………………………… 141
　　　アイソレータのモデル／ダンパーのモデル
　10.3　多軸連成モデル …………………………………………………………………… 145

11章 目標性能 ──────────────────────── [古橋 剛] 148
- 11.1 対地震の目標性能 ·· 148
- 11.2 対地震のその他の配慮 ·· 149
- 11.3 余裕度の検討 ·· 149
- 11.4 対風の目標性能 ·· 149

12章 設計用地震力・分布 ──────────────── [小林正人] 150
- 12.1 免震建物の設計用地震力 ·· 150
- 12.2 設計用地震力分布 ·· 150
- 12.3 設計用地震力分布の比較 ·· 151

13章 主架構設計 ──────────────────── [藤森 智] 152
- 13.1 免震層の設計 ·· 152
- 13.2 上部構造の設計 ·· 152
- 13.3 下部構造の設計 ·· 153
- 13.4 基礎構造の設計 ·· 153

14章 免震部材まわりの設計 ─────────────── [藤森 智] 154
- 14.1 免震部材接合部の設計 ·· 154
- 14.2 アイソレータの接合部 ·· 154
  接合部の応力／接合部の設計
- 14.3 ダンパーの接合部 ·· 155
  接合部の応力／接合部の設計

15章 建築・設備 ──────────────────── [森高英夫] 156
- 15.1 免震クリアランス ·· 156
- 15.2 免震エキスパンションジョイント ·································· 156
  設計上の留意点／性能評価試験
- 15.3 設備配管類 ·· 158
  免震継手の選定／作動スペースの確保／固定支持部の設計
- 15.4 その他の設備の免震対応 ·· 160
  一般電気配線／高電圧配管配線／ガス設備配管／排煙用ダクト／エレベータ

16章 耐風設計 ──────────────────── [竹中康雄] 161
- 16.1 耐風設計の基本方針 ·· 161
- 16.2 免震層の設計 ·· 161
- 16.3 免震部材の設計 ·· 162

17章 維持管理 ──────────────────── [沢田研自] 163
- 17.1 検査・点検の種別および概要 ······································ 163
  竣工時検査／定期点検／応急点検／詳細点検／更新工事後点検
- 17.2 点検対象とその項目 ·· 163
  免震部材／免震層・建物外周部・エキスパンション部／免震層内・外周部の設備配管可撓部および配線の余長・クリアランス／その他
- 17.3 維持管理の実施者と体制 ·· 164
  維持管理の実施者／維持管理の体制
- 17.4 維持管理点検実施要領 ·· 165

竣工時検査／定期点検／応急点検／詳細点検／耐火被覆がある部材の検査・点検
　17.5　免震部材の交換 ……………………………………………………………… 166
　　　設計上の留意点／交換手順

18章　その　他 ── 167
　18.1　フェイルセーフ ……………………………………………… [菊地　優]… 167
　18.2　擁壁衝突 …………………………………………………… [三輪田吾郎]… 169
　18.3　積層ゴムフランジの回転・傾斜 ………………………… [嶺脇重雄]… 171
　　　検討方法／検討例／限界性能
　18.4　塔頂免震・パーシャルフロート免震 …………………… [猿田正明]… 173
　　　塔頂免震（やじろべえ免震）／パーシャルフロート免震
　18.5　免震レトロフィット ……………………………………… [小山　実]… 175
　　　免震レトロフィットの特徴・留意点／基礎免震レトロフィット事例／中間層免震レトロフィット事例
　18.6　アクティブ免震・絶対制震 ……………………………… [吉田　治]… 178
　　　アクティブ免震／絶対制震
　18.7　セミアクティブ免震 ……………………………………… [欄木龍大]… 180
　18.8　耐火性能 …………………………………………………… [池田憲一]… 182
　　　制震・免震構造の耐火性能／免震装置の耐火性能／免震・制震建物の耐火設計
　18.9　床免震・機器免震 ……………………………………… [中久保慶介]… 184
　　　床免震・機器免震の対象／免震装置の選定／想定する地震動／精密機器の免震化／その他の留意点
　18.10　戸建免震住宅 ……………………………………………… [平野　茂]… 186
　　　戸建免震住宅の基本計画／免震部材の種類と性能／戸建免震住宅の構造設計概念
　18.11　居住性評価 ………………………………………………… [前林和彦]… 188
　　　東北地方太平洋沖地震での効果
　18.12　環境振動に対する免震建物の特性 ……………………… [福喜多　輝]… 190
　　　免震建物の環境振動実測に基づく評価例／実測データを用いた応答予測手法／環境振動に対応した免震部材・構法

制　震　編

1章　制震構造の原理 ── [竹内　徹]　194
2章　制震の歴史 ── [池田芳樹]　198
3章　建築計画 ── [西川耕二]　200
　3.1　制震装置の平面計画・立面計画 ……………………………………………… 200
　3.2　レトロフィット ……………………………………………………………… 200
4章　構造計画 ── [吉江慶祐]　201
　　　制震性能目標の明確化／最適な投入量の把握／平面的なバランスの確保／上下方向の配置計画／斜め方向入力への配慮／建物全体の終局状態の設計／部分・ディテールの設計の留意点
5章　制震の設計・計算法 ── [西川耕二]　203
　5.1　エネルギー法 ……………………………………………………………… 203
　5.2　時刻歴応答解析による方法 ………………………………………………… 203

6 章　制震方法の分類 ―――――――――――――――――――――――――――［龍神弘明］ 205
6.1　パッシブ制震構造 ･･ 205
　エネルギー消散機構／付加質量機構
6.2　アクティブ・セミアクティブ制震機構 ･･････････････････････････････････ 206
　制御力付加機構／可変減衰・剛性機構

7 章　制震形式の分類 ――――――――――――――――――――――――――――［白井和貴］ 207
7.1　層　間　型 ･･ 207
7.2　境 界 梁 型 ･･ 207
7.3　ロッキング型 ･･ 207
7.4　連　結　型 ･･ 208
7.5　付加質量型 ･･ 208

8 章　ダンパー計画 ―――――――――――――――――――――――――――――［白井和貴］ 209
8.1　平面方向のダンパー計画 ･･ 209
　ねじれ／ダンパーによる付加応力／構面間の応力伝達／ダンパー効率／ダンパー点検・交換の作業性
8.2　高さ方向のダンパー計画 ･･ 209
　全体曲げ変形に対する留意点／配置のバランスの影響／ダンパー種別の影響
8.3　分 散 配 置 ･･ 210
8.4　集 中 配 置 ･･ 210

9 章　ダンパー取付け方法の分類 ―――――――――――――――――――――――［龍神弘明］ 211
9.1　直接接合型 ･･ 212
9.2　間接接合型 ･･ 212
9.3　その他（柱型・アウトリガー型・増幅機構） ･･････････････････････････ 212

10 章　ダンパーの基本特性 ―――――――――――――――――――――――――――［木林長仁］ 213
　制震ダンパーの特性／制震ダンパーの特徴／制震ダンパーの各種依存性／制震ダンパーの限界状態・耐久性／制震ダンパーの性能試験

11 章　ダンパーの分類 ―――――――――――――――――――――――――――――――― 216
11.1　履歴系ダンパー：鋼材ダンパー ･･････････････････････････････････････［西本晃治］･･･ 216
　基本原理・構成／動的特性／各種依存性／ダンパーの限界状態・留意点／ダンパー部材モデル
11.2　履歴系ダンパー：摩擦ダンパー ･･････････････････････････････････････［北嶋圭二］･･･ 218
　基本原理・構成／動的特性／各種依存性／ダンパーの限界状態・留意点／ダンパー部材モデル
11.3　粘性系ダンパー：オイルダンパー ････････････････････････････････････［猪口敏一］･･･ 220
　基本原理・構成／動的特性／各種依存性／ダンパーの限界状態・留意点／ダンパー部材モデル
11.4　粘性系ダンパー：粘性ダンパー ･･････････････････････････････････････［田中久也］･･･ 222
　基本原理・構成／動的特性／各種依存性／ダンパーの限界状態・留意点／ダンパー部材モデル
11.5　粘弾性ダンパー ･･［所　健］･･･ 224
　基本原理・構成／動的特性／各種依存性／ダンパーの限界状態・留意点／ダンパー部材モ

デル

11.6 慣性質量ダンパー ………………………………………………[古橋　剛]… 226
　基本原理・構成／動的特性・各種依存性

11.7 そ の 他 …………………………………………………………[長島一郎]… 228
　MRダンパー／可変減衰ダンパー／ビルディング・マスダンパー／複合型／可撓耐震壁

12章　ダンパーの各種依存性 ─────────────────────[木林長仁]　233
　載荷条件や環境条件による依存性／鋼材ダンパー／摩擦ダンパー／オイルダンパー／粘性ダンパー／粘弾性ダンパー

13章　ダンパーの限界性能・耐久性・耐火性 ────────────[木林長仁]　236
　繰返し限界性能・耐久性・耐火性／鋼材ダンパー／摩擦ダンパー／オイルダンパー／粘性ダンパー／粘弾性ダンパー

14章　ダンパーの品質管理 ──────────────────────[木林長仁]　238
　品質管理の原則／品質管理体制／製作工程・品質管理／性能試験確認項目／受入れ検査・施工時検査・竣工時検査

15章　ダンパーのモデル化 ──────────────────────[大木洋司]　240
　鋼材ダンパーの時刻歴解析モデル／摩擦ダンパーの時刻歴解析モデル／オイルダンパーの時刻歴解析モデル／粘性ダンパーの時刻歴解析モデル／粘弾性ダンパーの時刻歴解析モデル

16章　振 動 モ デ ル ─────────────────────────[石井正人]　249
　振動解析モデルの選択／制震構造の骨組解析モデル／簡易振動モデルの設定／構造減衰の設定

17章　制震構造の応答予測法 ────────────────────[笠井和彦]　255
　応答予測法の意義／検討対象・目標応答値の設定／鋼材ダンパーの効果および建物への適用／オイルダンパーの効果および建物への適用

18章　設計用地震力・分布 ──────────────────────[原　　博]　259
　制震構造の設計法について／動的設計／静的設計用地震力／時刻歴応答解析の入力地震動

19章　構造計算方法の選択 ──────────────────────[石井正人]　261
　制震構造物の耐震構造計算における法的な扱い／パッシブ制震構造のための静的骨組解析を用いた応答スペクトル法

20章　主 架 構 設 計 ─────────────────────────[関谷英一]　264
　杭・基礎・下部構造／上部構造／地震応答解析によらない設計

21章　各 部 設 計 ──────────────────────────[辻　泰一]　266
　制震ダンパーの取付けディテール／制震ダンパー取付け部・周辺部材の設計／取付け部・周辺部材の設計上の留意点／その他の設計上の留意点

22章　耐 風 設 計 ──────────────────────────[吉江慶祐]　270
　風荷重評価／弾塑性応答の評価方法

23章　維 持 管 理 ────────────────────[菊池正彦・浅岡泰彦]　272
　制震構造における維持管理／維持管理の目的／点検の種別と概要／点検の対象および項目／ダンパー交換の要否判断／維持管理の実施体制

24章　制 震 補 強 ──────────────────────────[木村雄一]　274
　建物・制震補強の概要／東北地方太平洋沖地震の観測記録

参 考 文 献 ……………………………………………………………………………… 277

索　　引………………………………………………………………………279
資　料　編………………………………………………………………………285

共通編

1 耐震設計

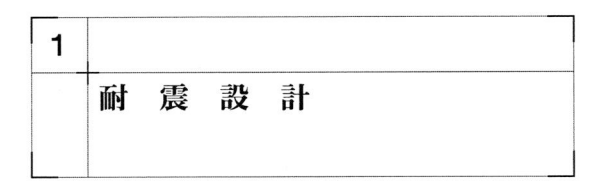

1.1 耐震設計の意義

建築物の耐震設計の目的とは，建築物を地震に対して安全になるように設計することである．ここでいう安全とは，人が怪我をしたり命を失ったりしないようにする，建築物そのものや内部収容物などの財産を守る，そして建築物が地震後もその機能を発揮できるようにするなど種々の目標が考えられる．

しかしながら，現実的にはこれらの目標はつねにすべてが達成できるわけではなく，達成されなければならないというわけでもない．わが国の建築基準法は，建築物の構造に関する最低の基準として，以下の2つのレベルの耐震性を求めている．

①中地震動に対する非損傷性（財産の保護）： 稀に（数十年に一度程度）発生する地震動による地震力に対して構造耐力上主要な部分に損傷が生じない．

②大地震動に対する人命保護： 極めて稀に（数百年に一度程度）発生する地震動による地震力に対して建築物が倒壊・崩壊しない．

これが法が求める最低の耐震性であるが，現実には，世の中の大半の建築物はこれを最低の基準としてではなく，クリアすべき目標性能として設計されているように思われる．

その一方で，大半の建築物は大地震に対して倒壊・崩壊しないものの，損傷を生じるように設計されていることは，一般市民に広く認識されていない．

建築物が備えている耐震性の実情を十分理解しているのは建築の構造の関係者だけであって，一般の建築物の所有者，使用者には理解されていない．この意識の乖離は，阪神・淡路大震災などの建築物被害を生じる震災のたびに，構造技術者は痛いほど経験している．

市民感情としては，漠然と想定されうる地震には，冒頭に述べたすべての安全性を有することが，耐震設計に望むことであろうと考える．

一般の建物は，そうなっていないことは専門的な職業にある者はつねに理解を求めなければならない．また，この要求に，少しでも近づく可能性のあるのが免震・制震構造であることも，啓蒙する義務がある．

1.2 耐震技術の変遷

地震災害はわが国の宿命であり，古来，大地震のたびに被害を受けてきた．五重の塔の耐震性など，わが国の伝統的な建築物が耐震的であったかどうかは議論のあるところであるが，江戸時代までの一般の建築物の耐震性，耐火性はそれほど高いものではなかったといえよう．

科学的な耐震構造の研究は明治以降に始まるとされている．地震被害を受けるたびに，それを乗り超えるべく努力がなされ，耐震技術が発展してきていることは否定できない．一方，地震のたびに同じような被害を何度も繰り返していることも否めない．明治以降の地震被害と耐震構造技術の変遷を振り返ることは，将来を考えるうえで貴重な教訓となろう．

1880（明治13）年，横浜地震が発生した．翌1881年日本地震学会が設立され，ユーイング，ミルンらにより地震学の基礎が築かれたとされている．

1891（明治24）年，濃尾地震（M 8.0）が発生，わが国の最大級の内陸地震，愛知県，岐阜県一帯に大被害をもたらした．西洋から輸入された，れんが造建築物に大きな被害が発生し，耐震構造学の研究が盛んになる契機になったとされている．同年には，横河民輔はその著書のなかで，「消震構造」として転がり支承による免震構造を紹介している．また，河合浩蔵はコンクリート基礎と丸太の互層構造による免震構造を提案している（図1）．

1892（明治25）年に旧文部省内に震災予防調査会が設立された．

1900年頃から，鉄骨造と鉄筋コンクリート造が導入された．

1906（明治39）年，米国でサンフランシスコ地震（M 8.3）が発生した．れんがで耐火被覆された鉄骨造が耐震性に優れていること，鉄筋コンクリート造が耐震性，耐火性に優れていることが示されたことは，その後の日本の耐震構造にも影響を与えることとなる．

1908（明治41）年，イタリア，シシリー島でメッシーナ地震（M 7.1）が起こり，世界で最初の耐震設計用地震力を含む耐震規定が設けられた．この頃，すでに米国ではJ. A. カランタリエンツにより免震構造の特許が出されている（図2）．

1914（大正3）年，佐野利器が「家屋耐震構造論」を発表し，震度法による耐震設計法を提案した．

1919（大正8）年，市街地建築物法，都市計画法が

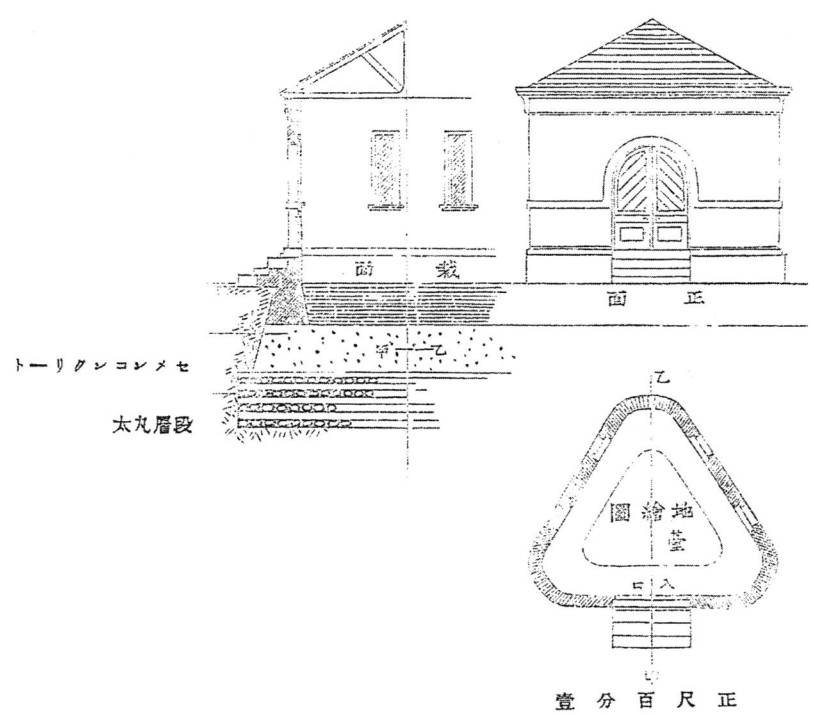

図1 河合浩蔵の「地震ノ際大震動ヲ受ケザル構造」[1]

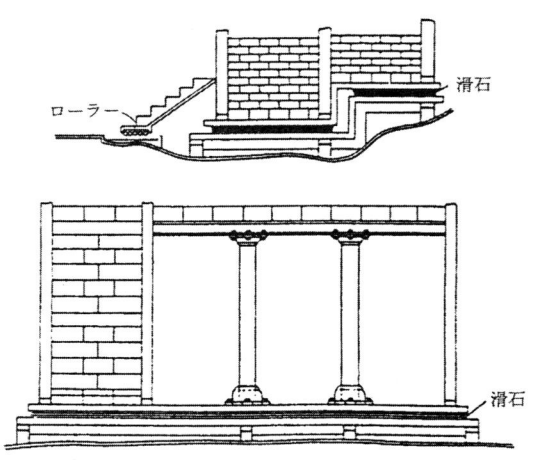

図2 J. A. カランタリエンツの免震構造[2]

制定された．市街地建築物法の適用範囲は東京，京都，大阪，横浜，神戸，名古屋の6市である．構造強度が規定され，許容応力度法（許容応力度は材料強度の1/3）が採用された．常時の鉛直荷重に対する計算のみが義務づけられた．

1922（大正11）年，内藤多仲が「架構耐震建築構造論」を発表し，耐震壁の重要性を示した．佐野，内藤らによってわが国独自の耐震研究が進められた．

1923（大正12）年，関東地震（M 7.9）が発生し，関東地方南部を中心に甚大な被害が生じた（関東大震災）．れんが造，石造，木造が大きな被害を受けた．耐震性を考慮した鉄筋コンクリート造，鉄骨造はその有効性を示した．内藤多仲設計の鉄骨鉄筋コンクリート造耐震壁付き構造の日本興業銀行ビルが無被害であったことは有名である．その後の日本独自の鉄骨鉄筋コンクリート造，耐震壁付構造の発展に影響したといわれている．

1924（大正13）年，関東大震災の翌年，市街地建築物法が改正され設計震度0.1が規定された．これは，材料の許容応力度は破壊強度の1/3として，関東地震の推定地表面加速度 300 Gal ＝ 1/3 G に倒壊しないことを目標としたとされている．また，構造的にも建物高さが100尺に制限された．

関東大震災前の十数年間，地震学者であり東京帝国大学教授の大森房吉と同助教授の今村明恒の対立は極めて今日的問題でもあり，興味深い．2人とも将来東京に大地震が発生し大火災に見舞われることを危惧し地震防災の必要性を主張しているのであるが，今村の警告がマスコミを通してセンセーショナルに世間から受け止められると，大森は世間を必要以上に動揺させるのはよくないとして，権威をもって今村説を退ける

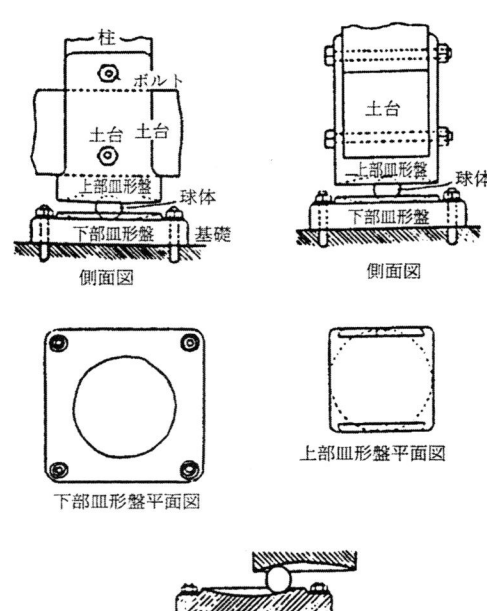

図3 鬼頭健三郎の「建築物耐震装置」[3]

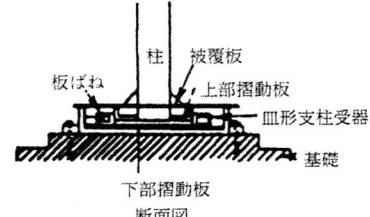

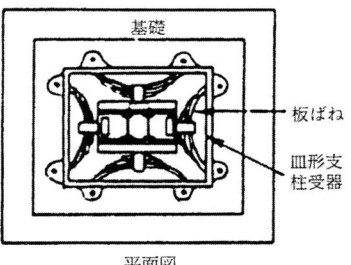

図4 山下興家の「構造物の耐震装置」[4]

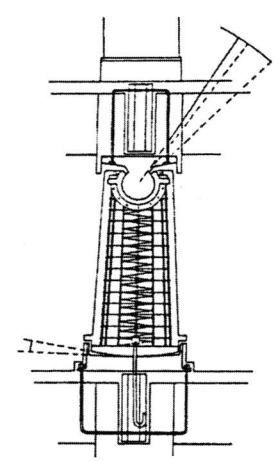

図5 岡隆一の「免震基礎」[5]

ことになる．2人とも地震防災の必要性を説いているのに，社会へのアプローチの違いが変な方向に向かってしまう．今村は不遇をかこつが，結果として関東大震災が襲来し，その予言が的中することになる．

大森は関東地震直後に病死する．後を継いだ今村は地震博士として活躍することになる．今日も，専門家と社会の関係は，まったく同じ問題を抱えていることは指摘するまでもない．

関東地震以後，わが国でも免震構造の特許が出されている．1924（大正13）年，鬼頭健三郎は「建築物耐震装置」（図3）で柱脚のボールベアリング免震の特許を，山下興家は「建築物の耐震装置」（図4）で柱脚のすべり免震の特許を取得している．

岡隆一は，1928年に「免震基礎」（図5）を，1931年に「免震耐風構造法」を提案し，1932年に「築造物免震構造」の特許を取得している．これは1934年不動貯金銀行姫路支店などで実用化されている．

大正末期から昭和初期の柔剛論争も有名であり，その後のわが国の耐震構造の発展につながる議論があった．剛構造の東京帝国大学の佐野利器，武藤清らと柔構造の海軍省の技師，真島健三郎の議論は，世間をまきこむ論争であったようだ．内容的には，現代の目からみれば，柔構造のほうが先進的にも思えるが，地震動に対する知見と振動学の知識が貧弱であった当時には決着のつかない議論であった．議論は決着のつかないままになるが，わが国の制度は剛構造に向かうことになる．真島健三郎は1934年に「耐震家屋構造」（図6）でソフトファーストストーリーの特許を取得している．

柔剛論争の後期，1935（昭和10）年に京都帝国大学の棚橋諒が，耐震構造のエネルギーに着目した説を発表している．地震の破壊力は運動エネルギーであり，地震に対抗する力はポテンシャルエネルギーであるとした．現代の保有耐力設計，エネルギー法にも通じる説を述べていて，たいへん興味深い．

免震構造の概念は柔剛論争のなかでも剛構造派によって否定的に取り上げられていて，この頃から近年まで，一種胡散臭いもの，いかがわしい構造とされた

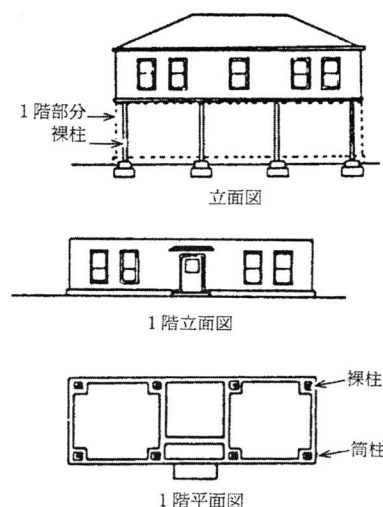

図 6 真島健三郎の「耐震家屋構造」[6]

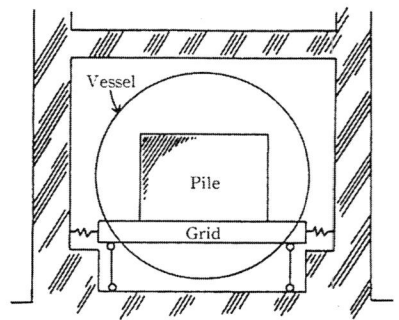

図 7 小堀鐸二による原子炉の制震構造の提案[6]

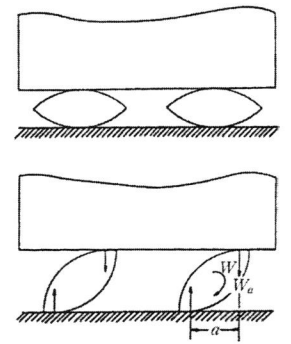

図 8 松下清夫・和泉正哲のロッキングボール[8]

ようだ.

1933（昭和8）年，建築学会から「鉄筋コンクリート構造計算規準」が出された．この中で武藤清のD値法が発表され，建築物の水平力に対する実用的な設計が可能となった．

1944（昭和19）年に東南海地震（M 7.9），1946（昭和21）年に南海地震（M 8.0）の南海トラフを震源とする大地震が発生した．現在も再来が懸念されている南海トラフを震源とする大地震であるが，前者が第二次世界大戦中，後者が戦後すぐであり，その被害などの検証が十分行われて教訓となっているとはいい難いのではないだろうか．

1948（昭和23）年の福井地震（M 7.1）は都市直下型地震で局部的に大きな被害をもたらした．気象庁震度階に震度VIIが追加された．都市直下型の大地震は約半世紀後の1995年に神戸で再来することになる．

1950（昭和25）年，建築基準法が制定された．この建築基準法および同施行令では，構造安全性に関しては，外力の種類と算定式，仕様規定，使用材料と許容応力度などを規定していた．すなわち，構造の解析方法，断面算定式，材料試験や施工方法などは法令で規定せずに日本建築学会の各種計算規準，指針によることとされた．旧建設省建築指導課長の通達により，建築学会の各種計算規準は法令に準じて使用される仕組みとなっていた．また，将来考案される新技術を助長し，これに対応するため，法令の予想しない建築材料や構造方法に関する第38条の大臣認定の規定があった．このように制定当時の建築基準法は優れた面をもっていたと評価されよう．現在は，構造計算法も法令で規定され，第38条も廃止されている．

地震の設計震度は市街地建築物法の0.1から2倍の0.2になったが，短期の許容応力度も2倍になっているので，設計地震力と建築材料の強度の関係は変わらない．この値は震度がせん断力係数に変更されて，現在も許容応力度などの計算に受け継がれている．

こうして，許容応力度法による耐震設計の時代となるが，動的な設計法の研究も進み，1960（昭和35）年，小堀鐸二は「地震動を制御するような性質を被振体に与えること」を「制震」と定義し，制震系の解析の研究を発表した（図7）．このころから免震，制震などの構造が多数提案されはじめる．

1963（昭和38）年には市街地建築物法の百尺制限を受け継いだ31m制限が撤廃された．

1964（昭和39）年，新潟地震（M 7.5）が発生した．地盤の液状化による建物の傾斜・倒壊，落橋，長周期地震動による石油タンクの炎上などの被害が出た．今日の地震被害の様相とほとんど変わっていないことに驚くばかりである．

1965（昭和40）年，松下清夫，和泉正哲はロッキングボール免震の解析を論文発表した（図8）．また，1981（昭和56）年に東京理科大学工学部1号館に二

重柱構造（ソフトファーストストーリー）を採用した．

1968（昭和43）年，霞ヶ関ビルの竣工直後に，十勝沖地震（M 7.9）が発生した．この地震では学校建築の鉄筋コンクリート造の桁行き方向の短柱のせん断破壊が問題となった．1970年，施行令の鉄筋コンクリート構造のせん断補強筋が強化された．1971年，学会RC規準が改訂され，せん断は終局強度設計になった．

1969（昭和44）年，マケドニアのスコピエ市，ペスタロッチ小学校がゴム支承を用いた免震構造で建設された．支承は積層ゴムでなく，ゴム単体であり，鉛直方向にも柔らかいものであった．

1971（昭和46）年，米国でサンフェルナンド地震（M 6.6）が発生した．前年竣工のオリーブビュー病院（ソフトファーストストーリーでASCE賞を受賞）が1階で大破した．

1975（昭和50）年の大分中部地震（M 6.4）では内陸直下型地震によりホテルが倒壊した．1階がピロティ状であった．

1976（昭和51）年，中国で唐山地震（M 7.8）が発生した．死者24万人以上の非常に大きな被害であった．中国の大震災は2008年の四川地震で再来することになる．

1978（昭和53）年の宮城県沖地震（M 7.4）では造成地盤上の木造被害，RC短柱の被害，非構造物（外壁，高架水槽など）の被害，都市機能の障害などが生じた．宮城県沖地震は比較的短期間で繰り返すことが知られているのだが，対策は十分であったといえるのであろうか．

1980（昭和55）年，建築基準法施行令が改正，1981（昭和56）年に施行された．いわゆる新耐震設計法が導入された．大地震に対して弾性的な応答では1G程度の加速度がかかり，これに強度で抵抗することは現実的には難しいことがわかってきた．そこで，中小地震に対しては許容応力度設計（1次設計），大地震に対しては保有耐力設計（2次設計）という2段階設計法が導入された．現在のもっとも一般的な耐震設計法である．この法改正を契機として建築学会各種計算規準を法令に準じて使用するという建築指導課通達がなくなり，法令と学会基準の関係性が薄くなる．

ゴムと鉄板を交互に重ねて水平方向の柔らかさはそのままで，鉛直方向を固くする積層ゴム支承は1970年代に欧州で開発されたとされている．積層ゴム支承を用いた免震構造は，1970年代後半にはフランスのマルセイユのラムベスク小学校，1983年には南アフリカのケーベルグ原子力発電所，1985年にはフランスのクルアス原子力発電所で採用された．

1983（昭和58）年，多田英之，山口昭一の八千代台住宅が完成した．日本最初の積層ゴムを用いた免震建築物である．

1985（昭和60）年には日本建築センターに免震構造評定委員会が設置され，免震建築物の個別評定を開始した．基準法的には旧第38条の大臣の個別認定である．

1985（昭和60）年，メキシコ地震（M 8.1）が発生した．震源から遠く離れたメキシコシティにおいて，盆地構造の軟弱地盤でやや長周期の地震動が増幅し，超高層コンドミニアムの大破，フラットスラブ構造のパンケーキ状崩壊などが起きた．

1989（平成元）年，米国，ソルトレークの郡・市庁舎の免震レトロフィットが完成．最初の歴史的建造物の免震レトロフィットである．

1989（平成元）年，米国でロマプリータ地震（M 7.6）が発生した．サンアンドレアス断層を震源とし，サンフランシスコ，オークランドに被害をもたらした．二層式高速道路の倒壊，ベイブリッジの落橋，軟弱地盤の建物被害などが日本でも詳細に報道された．しかしながら，一般には日本の耐震構造ではこのような事態は起きないと思われていた．

1989（平成元）年，建築学会「免震構造設計指針」が刊行されている．

1991（平成3）年，わが国における最初の免震橋である宮川橋（静岡県気田川）が完成した．

1993（平成5）年1月の釧路沖地震（M 7.5）では地表面加速度0.92Gを記録，地震の規模，激しさのわりには構造的被害は少なかった．日本の耐震構造は十分であるとの考えがいよいよ流布した．

1993年6月に日本免震構造協会が設立された．

1993年7月に北海道南西沖地震（M 7.8）が発生し，奥尻島にて津波による被害が生じた．

1994（平成6）年，米国でノースリッジ地震（M 6.8）．鋼構造溶接部の破断，道路橋の落橋などが生じた．耐震構造で再建されたオリーブビュー病院は，構造的被害はなかったが，大きな応答加速度で設備，備品の破損のため機能を失う．一方，免震構造で建設されたUSC大学病院は，免震効果を発揮し病院機能は完全に維持され，災害拠点として役割を果たした．

1995（平成7）年の兵庫県南部地震（M 7.3）では都市直下型地震による大震災（阪神・淡路大震災）をもたらした．木造，鉄骨造，RC構造いずれも甚大な被害を受けた．とくに旧耐震建物の被害は目立った．また，高速道路高架橋の倒壊は衝撃的であった．この

震災により，建築物は大地震に対しては人命の保護を目的とし，損傷を前提として財産や機能の保護はしないという設計思想が構造設計者のみの常識で，建築物の発注者や使用者，一般市民の理解と乖離していたことが明白となった．専門家による説明が不足であった．このギャップは，その後，どれだけ改善されたのであろうか．

兵庫県南部地震では2棟の免震建築物（WESTビル，松村組技術研究所・研究棟）が地震動を受けその免震効果を発揮したことから，免震建築物が注目を集めることとなった．それまで一般には知られていなかった免震構造なる言葉も，一般世間の知るところとなった．免震建物も急激に普及する．日本建築センターの免震構造の評定件数は，それまでの10年の歴史で80件あまりであったが，1995年に年間73件，1996年に年間231件と急増する．その原動力は何であったかは評定件数の半数以上が集合住宅であったことからわかる．

兵庫県南部地震と同じ1995年に「建築物の耐震改修の促進に関する法律」が制定され，現行の耐震基準に適合しない特定建築物の所有者は，建築物が現行の耐震基準と同等以上の耐震性能を確保するよう耐震診断や改修に努めることが求められることとなった．既存不適格建物は今日も解消しない問題である．

1999（平成11）年の台湾集集地震（921大地震）（M7.7）では，内陸型の断層地震で大きな被害を生じた．

1999年「住宅の品質確保の促進等に関する法律」が公布，翌年施行．基準法の地震力の1.25倍を耐震等級2，1.5倍を耐震等級3と定めた．

1998～2000（平成12）年，建築基準法が大幅に改正された．性能規定化，規制緩和を目指し，第38条の廃止，限界耐力計算法，防火性能設計の導入，超高層建築物，免震建物の法律化などが行われた．

2003（平成15）年の十勝沖地震（M8.0）では長周期地震動で苫小牧石油タンクの炎上，空港ターミナルビルの天井の落下被害などが生じた．建築学会，土木学会のやや長周期地震動に対する共同研究会が発足し，2006年に報告書をまとめている．

2004年（平成16年）10月，新潟県中越地震（M6.8）．やや長周期の地震動により東京の超高層ビルのエレベータに被害が生じた．小千谷市の免震病院がその有効性を示した．

2004年12月のスマトラ沖地震（M8.8）では，津波被害で死者22万人以上を出した．その映像は世界に配信され衝撃を与えた．

2005（平成17）年，告示「エネルギーの釣合いに基づく耐震計算等の構造計算を定める件」が公布される．

2005（平成17）年，構造計算書偽造事件が発覚した．偽造問題を契機として，2006～2007年の基準法改正，関係告示の大幅な改正など種々の見直しが行われた．法第20条の変更（1～4号建築），2，3号建築物は「大臣が定めた方法または認定プログラムにより安全性を確かめる」こととなり，規制緩和，性能設計化に逆行した．2，3号建築物に構造計算適合性判定の義務づけ，構造設計一級建築士の制度，大臣認定プログラムの再認定，限界耐力計算の乱用の防止などが図られた．構造計算書偽造事件が建築構造計算，その制度に与えた影響は地震被害より大きかったといえる．

2007（平成19）年7月，新潟県中越沖地震（M6.8）は柏崎刈羽原子力発電所を直撃した．柏崎刈羽発電所は設計地震動を超える地震動を受けるが，安全性は確保された．

2008（平成20）年5月，中国，四川地震（M8.0）．死者約9万人，中国が地震大国であること再認識させられた．

2008（平成20）年6月，岩手・宮城内陸地震（M7.2）．

2010（平成22）年1月，ハイチ地震（M7.0），死者約20万人．

2011（平成23）年2月，ニュージーランド，クライストチャーチでカンタベリー地震（M6.1）が発生し，死者181人（日本人28人）．CTVビルが崩壊し，日本人語学留学生が被害にあった．

国内外で，被害地震が連続するようになるなか，2011（平成23）年3月東北地方太平洋沖地震（M9.0），東日本大震災が発生した．死者＋不明者23,000人の歴史的な大災害となった．その特徴は，

1. 津波による被害
2. 液状化などの地盤被害
3. 継続時間の長い地震動，長周期地震動
4. 天井などの非構造部材の被害
5. 都市インフラ機能の麻痺
6. 福島の原子力発電所の被災

である．わが国の記録上最大規模の地震である．

多くの免震・制震建物が地震動を受け，その効果を発揮した．また，免震エキスパンションなどに多少の問題点も発覚した．

わが国の耐震設計の歴史を概観すると，地震被害を受けるたびに，それを乗り超えるべく努力がなされ，耐震技術が発展してきていることがわかる．先人の努力により，建築材料，設計法，構法などが飛躍的に進歩してきた．一方，現在でも地震のたびに同じような

1.3 振動制御技術の位置づけ

a. 耐震構造の定義

耐震構造は広い意味では，免制震構造を含むこともできるが，狭い意味では，免制震構造を含まず，地震力に対して，柱，梁，壁，ブレースといった構造体で抵抗する構造をいう．本書ではこの意味で用いている．新耐震設計法以降のいわゆる保有耐力設計法の場合は，中小の地震動までは強度によって弾性的な挙動で抵抗する．大きな地震動に対しては，さらに高い強度を有するか，あるいは構造体が強度を超える力を受けて損傷しても粘り強く変形してエネルギーを吸収することで倒壊・崩壊しない構造である．静的にエネルギー一定とする考えである．実際の挙動は動的な振動現象であり，周期，減衰の変化などがあるため，必ずしもこうした挙動とはならないが，おおむね安全側の仮定と考えられている．

b. 免震構造の定義

建築物の基礎と上部構造の間（基礎免震）または，下部構造と上部構造の間（中間免震）に免震装置（アイソレータ，ダンパー，すべり支承など）を設けて上部構造の固有周期を延長・減衰を増加させて，地震動に対する建築物の応答を低減する構造である．

c. 制震構造の定義

本書の中では以下のように狭い意味で使用する．建築物にダンパーなどの装置あるいは機構を設置して地震動による振動エネルギーを吸収して建築物の揺れを低減し，構造体の損傷を低減する構造．ダンパーなどの装置，機構は受動的に作動する，いわゆるパッシブ制震を対象とする．

1.4 現状の問題点

a. 免震建物に対する指摘

免震建物は応答加速度の低減により構造被害のみならず建物内部被害の防止など，設計範囲内であれば，一般の耐震建物に比較して優れた対地震性能を発揮する．しかし，その対地震性能の源が免震層1箇所に集中している，いわば不静定次数の低いシステムであり，設計想定外には冗長性がないのではないかという指摘がある．その性能が優れたものであるだけに，システムの冗長性には配慮した設計をする必要がある．

現在の免震建築物の問題をあげると，1つは初期の免震建築物で，減衰あるいはクリアランスが不足で大地震時に擁壁へ衝突する懸念があるものが存在すること．もう1つは，2000年以降，近年の免震建築物で，基準法の要求を満たしていればそれ以上は何も不要であると考えるような免震建築物，上部構造が長周期でも，中間階免震でも，免震レトロフィッティングでも，告示の規定する外力をクリアすればよしとするもの．対地震性能の源が免震層1箇所に集中しているので，システムの冗長性についてよく考慮しなければならないことを忘れた設計である．

b. 制震建物に対する指摘

一方，制震構造の場合，ダンパーは建物各所に分散配置されることが多いので，免震構造のような耐震性能の源は1箇所に集中することはない．

現在の制震建物あるいは超高層建物の問題は別にある．1つは長周期，長時間の地震動である．減衰の低い構造物が共振で振幅が成長するためには30～40周期は必要である．1次固有周期が4～5秒の超高層建築物を考えると，120～200秒以上かかることになる．減衰の低い長周期の建物の応答は主要動が長い必要がある．設計時には考慮されていないと，設計想定より大きな応答を生ずる．もう1つは直下型地震で生ずるパルス性の地震動であり，パルス周期では非常に大きな応答変位が生ずる．また，パルスの周期の3倍程度の周期域では減衰の効果もない．偶然，建物の1次周期，2次周期がこれらに乗り上げると非常に大きな応答になる可能性がある．こうした特徴ある位相に対する設計は行われていないので，超高層，制震構造の場合注意が必要である．

【古橋　剛】

引用文献

1) 河合浩蔵：地震ノ際大震動ヲ受ケザル構造，建築雑誌，**60**，1891.
2) J. A. Calantarients：Improvements in and Connected with Building and Other Works and Appurtenances to Resist the Action of Earthquakes and the Like, Paper No. 325371, Engng. Lib., Stanford University, Stanford, Calif., 1909.
3) 鬼頭健三郎：構造物の耐震装置，特許番号61135号，1924.
4) 山下興家：構造物の耐震装置，特許番号63867号，1924.
5) 岡　隆一：建築物免震構造の研究，建築雑誌，**527**，1929.
6) 真島健三郎：耐震家屋構造，特許番号108167号，1934.
7) 小堀鐸二：コールダー・ホール型原子炉の耐震化について（制震支持構造に関する一つの試み），京都大学防災研究所年報，**1**，1957.
8) 松下清夫，和泉正哲：建物の耐震設計の一方法としての免震構造，日本建築学会論文報告集，号外，1965.

2 免震・制震の基本原理

2.1 構造物のモデル化

構造物の力学挙動を理解することは，構造物を理想化した力学モデルに置換することから始まる．これを構造物のモデル化という．

構造物のモデル化は目的に応じて使い分けられ，免震・制震のような振動現象を扱う場合には動力学モデルが用いられる．動力学モデルでは，構造物の質量，剛性，減衰をモデル化する必要がある．動力学モデルは質量分布の仮定の違いにより，質量をある点に集中させた集中質量系（質点系）と，質量を連続的に分布させた分布質量系（連続体）に大別される．前者は振動現象を常微分方程式（振動方程式）で表現するのに対して，後者ではそれを偏微分方程式（波動方程式）で表現する．一般的に集中質量系のほうが扱いやすく，未知数も少ないことから計算時間も短い．コンピュータの数値計算の処理能力が飛躍的に向上した今日，構造物のモデル化におけるコンピュータの計算時間の制約はなくなりつつある．構造物のすべてを連続体でモデル化することさえ可能な時代に入ってきた．しかし，詳細にモデル化することは，一方で膨大な計算結果を生むことから，それを判断する人間にとっては本当に必要な情報を見落としてしまうおそれがある．構造物のモデル化において重要なことは，詳細なモデル化を施すことではなく，現実を損なわない程度に構造物を単純化して力学挙動の本質を理解することである．振動現象の解析では時系列の連続した物理量を扱うことになることから，集中質量系のモデル化を行ったとしても，得られる情報量は静的解析に比べて非常に多くなる．よって，免震・制震のような動的挙動を扱う場合のモデル化にはいっそう単純なモデル化が求められることになる．

もっとも単純な動力学モデルは，構造物の動き方を1成分に限定して，質量，剛性，減衰をそれぞれ1つの要素に集約する1質点1自由度系モデルである．免震構造では上部建物の剛性が免震層のそれに比べて高いために，上部建物を1つに集約した1自由度系モデルを用いても免震層の挙動は把握できる場合が多い．ただし，1自由度系モデルでは建物内部の位置による応答の違いを知ることはできない．建物内部の情報を知りたい場合には，各階床を1質点に集約した多自由度系モデルが必要となる．

制震構造では各階の層間変形に依存して装置が性能を発揮するため，やはり多自由度系モデルが必要である．免震・制震の大局的な挙動をとらえるには，水平一方向の1自由度系モデルや，それを高さ方向に拡張した多自由度系モデルを用いればよい．しかし，水平二方向や上下方向の挙動，さらにはそれらを組み合わせた多次元的挙動をとらえようとすると，質点と自由度を増やした多様なモデル化が必要となってくる．また，柱，梁などの部材ごとの挙動をとらえる場合には，平面フレームや立体フレームのような線材置換によるモデル化が用いられる．実務的には，多自由度系モデルを用いて複数の地震動に対する応答値を得て，それらを包絡する層せん断力のもとで構造設計を行い，特殊な検討については別途，フレーム系モデルを用いることが多い．

2.2 1自由度系の振動

まずは，1自由度系モデルを用いて，免震・制震の原理について考えてみる．1自由度系モデルの質量，減衰，剛性，変位などの各物理量を図1のように定義する．減衰力と復元力は地面と質点の間の相対速度あるいは相対変位によって生じ，慣性力は質点の絶対加速度によって生じる．質点の変位を地面の絶対変位 u_G と地面と質点の間の相対変位 u に分けて考えると，質点にかかわる力の釣合いは (1) 式のように表現できる．

$$m(\ddot{u} + \ddot{u}_G) + c\dot{u} + ku = 0 \qquad (1)$$

ここに，$\dot{u}, \ddot{u}$ はそれぞれ質点の相対変位 u の1階微分（相対速度），および2階微分（相対加速度）であり，$\ddot{u}_G$ は地面の絶対変位 u_G の2階微分（絶対加速度）である．

地震の動きを模擬するものとして，地面の動きを(2)式のような複素型の調和地動と表現して，1自由度系

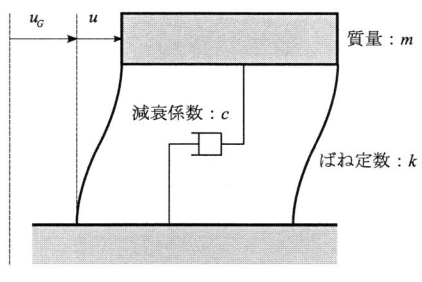

図1 1自由度系モデル

モデルの定常振動について考える．
$$u_G = a_G e^{i\omega_G t} \quad (2)$$
ここに，a_G は地動変位の最大振幅，ω_G は地動変位の円振動数である．

1自由度系モデルの固有円振動数 ω，減衰定数 h をそれぞれ次式のように定義する．
$$\omega = \sqrt{\frac{k}{m}} \quad (3)$$
$$h = \frac{c}{2\sqrt{km}} \quad (4)$$

(2) 式を (1) 式に代入し，(3) 式と (4) 式を考慮して整理すると，(5) 式が得られる．
$$\ddot{u} + 2h\omega\dot{u} + \omega^2 u = a_G \omega_G^2 e^{i\omega_G t} \quad (5)$$

(5) 式は，相対変位 u に関する2階の線形常微分方程式である．定常振動に対する解は，(5) 式の特解として与えられる．定常振動状態では振動系も地動と同じ円振動数 ω_G で振動するので，変位振幅を A として特解を (6) 式のように仮定する．
$$u = A e^{i\omega_G t} \quad (6)$$

(6) 式を (5) 式に代入して整理すると振幅 A が求まり，これを再度 (6) 式に代入することで，定常振動解が (7) 式のように得られる．
$$u = \frac{a_G \omega_G^2}{\omega^2 - \omega_G^2 + 2h\omega\omega_G i} e^{i\omega_G t} \quad (7)$$

地動変位 u_G に対する質点の相対変形 u の比の絶対値は，(7) 式と (2) 式から (8) 式のように振動数比 ω_G/ω の関数として得られる．(8) 式は変位応答倍率と呼ばれる．

$$\left|\frac{u}{u_G}\right| = \frac{\left(\frac{\omega_G}{\omega}\right)^2}{\sqrt{\left\{1-\left(\frac{\omega_G}{\omega}\right)^2\right\}^2 + 4h^2\left(\frac{\omega_G}{\omega}\right)^2}} \quad (8)$$

一方，地動（絶対）加速度 $\ddot{u}_G$ に対する質点の応答（絶対）加速度 $\ddot{u} + \ddot{u}_G$ の比の絶対値は，(2) 式と (7) 式を2階微分することで，(9) 式のように得られる．(9) 式は加速度応答倍率と呼ばれる．

$$\left|\frac{\ddot{u}+\ddot{u}_G}{\ddot{u}_G}\right| = \sqrt{\frac{1+4h^2\left(\frac{\omega_G}{\omega}\right)^2}{\left\{1-\left(\frac{\omega_G}{\omega}\right)^2\right\}^2 + 4h^2\left(\frac{\omega_G}{\omega}\right)^2}} \quad (9)$$

変位応答倍率および加速度応答倍率を，減衰定数 h を変えて重ね描くと，図2のようなグラフが得られる．

図2は免震・制震の原理に関する重要な情報を含んでいる．振動数比 ω_G/ω が1付近は，変位応答倍率，加速度応答倍率ともに大きな値を示しており，地盤が建物の固有振動数に近い振動数で振動するときの共振状態を表している．減衰がない場合は，(8) 式と (9)

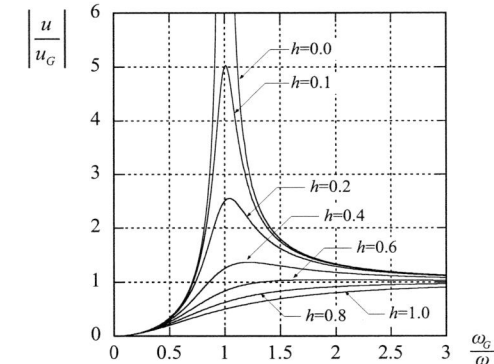

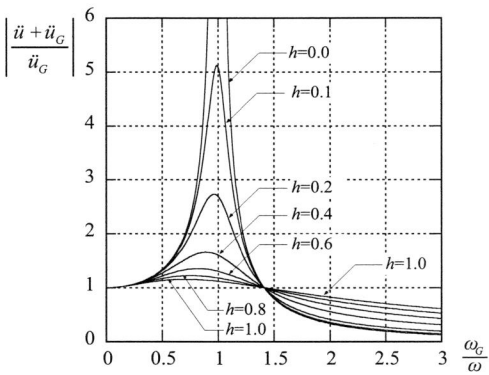

図2 1自由度系の応答倍率

式に $h=0$ および $\omega_G/\omega=1$ を代入すると，応答倍率は ∞ となる．しかし，減衰を与えると，振動数比 ω_G/ω が1付近では応答倍率が激減する．また，減衰が少ない場合でも，振動数比 ω_G/ω が1を外れた領域では応答倍率が低減する．以上の応答倍率曲線の性質から，地動による建物の応答を低減するには，共振点付近では減衰を増やすこと，あるいは地盤の振動数と建物の固有振動数を離すことが効果的であることがわかる．制震では建物内部に減衰装置を付加することから，前者の性質を利用していることになる．一方，免震は建物基部に設置する低い水平剛性の支持装置によって地盤と建物の振動数を離すことから，後者の性質を利用していることになる．

(9) 式の右辺は $\omega_G/\omega = 0$ および $\omega_G/\omega = \sqrt{2}$ のときに分子・分母が相殺され，減衰定数 h によらず加速度応答倍率は1となる．その性質は，図2のグラフで確認することができる．すなわち，加速度応答倍率の曲線群は，減衰定数 h によらず $\omega_G/\omega = 0$ と $\omega_G/\omega = \sqrt{2}$ のときに，倍率=1の定点を通っている．さらに $\omega_G/\omega = \sqrt{2}$ の定点の両側では，応答倍率曲線の大小関係が逆となっていることに着目してほしい．免震では

建物の周期が伸ばされ，建物の固有振動数は地盤の振動数よりも小さくなり，振動数比は $\omega_G/\omega > \sqrt{2}$ の領域に入ることが一般的である．この振動数領域では減衰の増大が加速度応答倍率の増大を招くため，減衰の効果が共振点付近とはまったく異なることに注意を要する．

2.3 多自由度系の振動

前節では1自由度系の調和地動に対する定常振動状態を考察して，免震・制震の原理を理解した．しかし，1自由度系で免震建物をモデル化する場合には，建物を剛体とみなして1つの質点に集約して表現することから，建物内部の情報が得られない．また，質量同調形の制震では，建物本体の振動系のほかに制震装置を表現する付加振動系が必要となり，少なくとも2自由度系のモデル化が必要となる．このように自由度を増やすことによって，現実に即した理想化が可能となり得られる情報も増える．そこで，本節では免震構造を例にとり，2自由度系を用いたモデル化によって振動特性を調べてみる．

図3は免震建物を2自由度系でモデル化した例である．床位置に質量を集中させ，免震層と建物の剛性や減衰をそれぞれ1つの要素に集約する．地動変位 u_G が生じるときの各質点の力の釣合いは，以下のように表現される．

質点1：
$$m(\ddot{u}_1 + \ddot{u}_G) + c_1\dot{u}_1 - c_2(\dot{u}_2 - \dot{u}_1) + k_1 u_1 - k_2(u_2 - u_1) = 0 \quad (10)$$

質点2：
$$m(\ddot{u}_2 + \ddot{u}_G) + c_2\dot{u}_2 + k_2 u_2 = 0 \quad (11)$$

(10) 式と (11) 式を合わせて，マトリックス表示して整理すると，
$$M\ddot{u} + C\dot{u} + Ku = -M\ddot{u}_G \quad (12)$$

$$M = \begin{bmatrix} m_1 & 0 \\ 0 & m_2 \end{bmatrix}, \quad C = \begin{bmatrix} c_1+c_2 & -c_2 \\ -c_2 & c_2 \end{bmatrix}, \quad K = \begin{bmatrix} k_1+k_2 & -k_2 \\ -k_2 & k_2 \end{bmatrix}$$

$$\ddot{u} = \begin{Bmatrix} \ddot{u}_1 \\ \ddot{u}_2 \end{Bmatrix}, \quad \dot{u} = \begin{Bmatrix} \dot{u}_1 \\ \dot{u}_2 \end{Bmatrix}, \quad u = \begin{Bmatrix} u_1 \\ u_2 \end{Bmatrix}, \quad \ddot{u}_G = \begin{Bmatrix} \ddot{u}_G \\ \ddot{u}_G \end{Bmatrix}$$

ここに，M は質量マトリックス，C は減衰マトリックス，K は剛性マトリックス，$\ddot{u}$ は加速度ベクトル，$\dot{u}$ は速度ベクトル，u は変位ベクトル，$\ddot{u}_G$ は地動加速度ベクトルである．

はじめに，地動と減衰がないときの自由振動について考える．この場合は，$c_1 = c_2 = 0$ および $\ddot{u}_G = 0$ を (12) 式に代入して，
$$M\ddot{u} + Ku = 0 \quad (13)$$

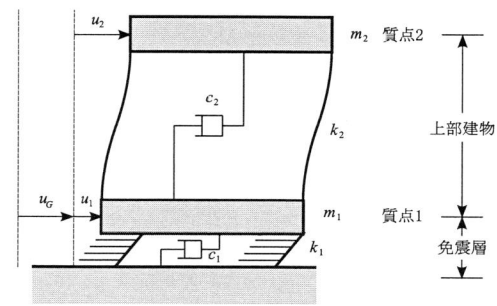

図3 2自由度系モデル

ここに，0 はゼロベクトルである．

各質点が単振動していると仮定して，変位ベクトルを (14) 式のようにおく．
$$u = \Phi e^{i\omega t} \quad (14)$$
ここに，
$$\Phi = \{\phi_1 \ \phi_2\}^T \quad (15)$$
(14) 式を (13) 式に代入し，$e^{i\omega t}$ を消去すると (16) 式が得られる．
$$(-\omega^2 M + K)\Phi = 0 \quad (16)$$

質点が振動している状態，すなわち $\Phi \neq 0$ の条件下で (16) 式を満足する状態を考える．この場合には，$(-\omega^2 M + K)$ の逆行列が存在しないという条件から，
$$|-\omega^2 M + K| = 0 \quad (17)$$
でなければならない．(17) 式を満足する ω^2 とそのときの Φ を求める問題を固有値問題という．(17) 式は ω^2 に関する2次方程式となっている．ω^2 が小さい順に1次，2次の固有円振動数といい，各 ω^2 に対応する Φ を固有ベクトルあるいは固有モードという．

ここで，免震構造に特有な以下の3つの変数を新たに導入する．
$$\omega_S = \sqrt{\frac{k_2}{m_2}} \quad (18)$$
$$\omega_I = \sqrt{\frac{k_1}{m_1 + m_2}} \quad (19)$$
$$\gamma = \frac{m_2}{m_1 + m_2} \quad (20)$$

ω_S は基礎固定としたときの上部建物の固有円振動数（以下，建物固有振動数），ω_I は上部建物を剛とみなし質点1と質点2を合わせて1点に集約した1自由度系の固有円振動数（以下，免震固有振動数），γ は全体の質量に対する上部質点の質量の比（以下，質量比）である．以上の変数を導入することで，免震構造を2自由度モデルにモデル化した場合の各定数の物理的な意味が明確となり，数式の性質を理解しやすくなる．(18)～(20) 式を (17) 式に代入して，ω^2 について解

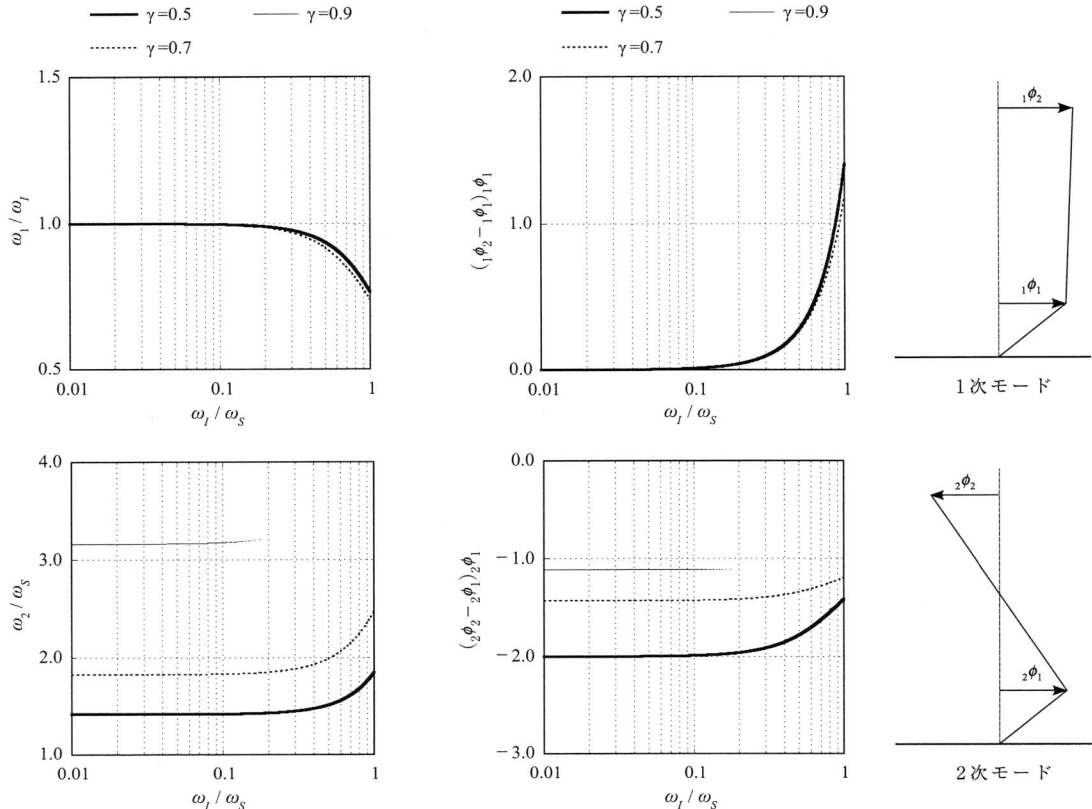

図4 2自由度系の固有振動数

図5 2自由度系のモード振幅比とモード形状

くと,

$$\omega^2 = \frac{1}{2(1-\gamma)}\left\{(\omega_S^2+\omega_I^2) \mp \sqrt{(\omega_S^2+\omega_I^2)^2+4\gamma\omega_S^2\omega_I^2}\right\} \quad (21)$$

ω^2 が小さい順に1次, 2次の固有円振動数となるので, (21)式内の複号ではマイナスが1次固有振動数, プラスが2次固有円振動数に対応する.

続いて, 各固有円振動数に対応する固有ベクトルを求める. j 次の固有円振動数 $_j\omega$ に対する固有モードベクトルを

$$_j\boldsymbol{\Phi} = \{_j\phi_1 \; _j\phi_2\}^T \quad (22)$$

とし, これを (16) 式に代入し, (18)~(20) 式を考慮すると,

$$\begin{bmatrix} \frac{1}{\gamma}\omega_I^2+\omega_S^2-\frac{\gamma}{1-\gamma}\omega^2 & -\omega_S^2 \\ -\omega_S^2 & \omega_S^2-_j\omega^2 \end{bmatrix} \begin{Bmatrix} _j\phi_1 \\ _j\phi_2 \end{Bmatrix} = \begin{Bmatrix} 0 \\ 0 \end{Bmatrix} \quad (23)$$

を得る. (23) 式からは $_j\phi_1$ と $_j\phi_2$ の比のみが (24) 式のように求まる.

$$\frac{_j\phi_2}{_j\phi_1} = \frac{1}{1-\frac{_j\omega^2}{\omega_S^2}} \quad (24)$$

(21) 式を用いて, 建物固有振動数に対する免震固有振動数の比 ω_I/ω_S と2自由度系の固有円振動数の変化を調べる. 図4は ω_I/ω_S を 0.01~1 の範囲で変化させたときの2自由度系の固有円振動数である. 1次固有円振動数 ω_1 は ω_S に対する比で, 2次固有円振動数 ω_2 は ω_S に対する比で示している. また, 図5はモード振幅比として, 質点1の変位を1に規準化した場合の質点2~質点1間の相対変位を示している. いずれも質量比 γ は 0.5, 0.7, 0.9 の3通りを設定してグラフを重ね描いている.

図4からは1次固有円振動数は質量比の違いによらず $\omega_I/\omega_S = 0.3$ 程度まではほぼ1であり, 免震固有振動数に非常に近い値であることがわかる. 図5からは, そのときの1次モードの質点2~質点1間の相対変位がほぼ0であり, 建物にはほとんど変形が生じない剛体的な挙動となることがわかる. また, 2次固有円振動数も $\omega_I/\omega_S = 0.3$ 程度まではほぼ一定値を示すとともに, いずれも建物固有振動数より高い値となる. 1次モードは質点1と質点2が同じ符号となる同位相であるのに対して, 2次モードの質点2~質点1間の相対変位はいずれもマイナスの値となり, 質点1と質点

2が逆位相となる．

（12）式の変位ベクトルを，固有ベクトルの重ね合わせにより（25）式のように表現する．

$$u = {}_1\Phi \cdot {}_1q + {}_2\Phi \cdot {}_2q \tag{25}$$

（25）式を（12）式に代入して，固有ベクトルの直交性を考慮することによって，（26）式の $_jq$ に関する2つの方程式が得られる．

$$_j\ddot{q} + 2{}_jh_j\omega_j{}_j\dot{q} + {}_j\omega^2{}_jq = -{}_j\beta \ddot{u}_G \quad (j=1,2) \tag{26}$$

ここに，$_jh$ は j 次のモード減衰定数であり，（27）式で与えられる．

$$_jh = \frac{{}_j\Phi^T C {}_j\Phi}{2{}_j\omega{}_j\Phi^T M {}_j\Phi} \tag{27}$$

（27）式は減衰マトリックス C が比例減衰の場合に固有ベクトルによって対角化できるときに有効な式である．c_1, c_2 を独立に与えた場合は C が対角化されないため，厳密には（27）式を適用できないが，減衰が大きくない場合にはよい近似を与える[1]．ここで，（18）〜（20）式に続いて免震構造に特有な2種類の減衰定数を以下のように定義する．

$$h_S = \frac{c_2}{2\omega_S m_2} \tag{28}$$

$$h_I = \frac{c_1}{2\omega_I(m_1+m_2)} \tag{29}$$

h_S は基礎固定としたときの上部建物の減衰定数である．h_I は上部建物を剛とみなし質点1と質点2を合わせて1つに集約した1自由度系の減衰定数であり，免震層に配置したダンパーによる減衰定数とみなせる．（28）式と（29）式を（27）式に代入すれば，j 次のモード減衰定数は（30）式のように得られる．

$$_jh = \frac{\left(h_I\dfrac{\omega_I}{\omega_S} + h_S\gamma\right)\left\{1-\left(\dfrac{_j\omega}{\omega_S}\right)^2\right\}^2 - 2h_S\gamma\left\{1-\left(\dfrac{_j\omega}{\omega_S}\right)^2\right\} + h_S\gamma}{\left[(1-\gamma)\left\{1-\left(\dfrac{_j\omega}{\omega_S}\right)^2\right\}^2 + \gamma\right]\left(\dfrac{_j\omega}{\omega_S}\right)} \tag{30}$$

（26）式の $_j\beta$ を j 次の刺激係数といい，$\mathbf{1} = \{1\ 1\}^T$として，（31）式で与えられる．

$$_j\beta = \frac{{}_j\Phi^T M \mathbf{1}}{{}_j\Phi^T M {}_j\Phi} \tag{31}$$

刺激係数は，地動加速度の分布ベクトル $\mathbf{1}$ を（32）式のように固有モードの和として分解したときの，各次の固有ベクトルの係数に相当する．

$$\mathbf{1} = {}_1\beta_1\Phi + {}_2\beta_2\Phi \tag{32}$$

また，$_1\beta_1\Phi$ を刺激関数という．固有モードベクトル，刺激係数がそれぞれ相対値であるのに対して，刺激関数は確定値となる．

（31）式に（24）式を代入し，（18）〜（20）式を考慮して整理すると，

$$_j\beta = \frac{(1-\gamma)\left(1-\dfrac{{}_j\omega^2}{\omega_S^2}\right) + \gamma}{(1-\gamma)\left(1-\dfrac{{}_j\omega^2}{\omega_S^2}\right)^2 + \gamma} \tag{33}$$

が得られる．

ここで，（33）式を用いて刺激係数の変化を調べてみる．図6は建物固有振動数に対する免震固有振動数の比 ω_I/ω_S と刺激係数の関係を示している．$\omega_I/\omega_S = 0.3$ 程度までは質量比の違いによらず，1次の刺激係数はほぼ1.0，2次の刺激係数は0に近い値となる．この傾向は図4と同様に，$\omega_I/\omega_S = 0.3$ 程度までは1次モードが非常に支配的であり，かつ質点1と質点2の振幅がほぼ等しく上部建物には変形が生じない剛体的な挙動であることを表している．

続いて，地動変位を（34）式のような調和地動として，2自由度系の定常振動解を求める．

$$u_G = a_G e^{i\omega_G t} \tag{34}$$

定常振動解は，1自由度系と同様に（26）式の特解として求められる．そこで，j 次モードの特解を（35）式のように仮定する．

$$_jq = {}_jC e^{i\omega_G t} \tag{35}$$

（34）式と（35）式を（26）式に代入して振幅 $_jC$ について解き，再度（35）式に代入すると

$$_jq = \frac{{}_j\beta a_G \left(\dfrac{\omega_G}{{}_j\omega}\right)^2}{\sqrt{\left\{1-\left(\dfrac{\omega_G}{{}_j\omega}\right)^2\right\}^2 + 4{}_jh^2\left(\dfrac{\omega_G}{{}_j\omega}\right)^2}} e^{i(\omega_G t - {}_j\theta)} \tag{36}$$

ここに，

$$_j\theta = \tan^{-1}\frac{2{}_jh_j a_G\left(\dfrac{\omega_G}{{}_j\omega}\right)^2}{1-\left(\dfrac{\omega_G}{{}_j\omega}\right)^2} \tag{37}$$

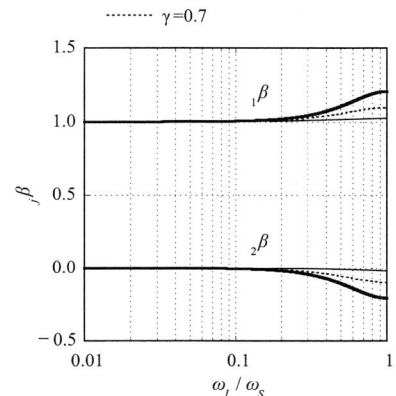

図6 2自由度系の刺激係数

(36)式を(26)式に戻して応答倍率を調べてみる.ここでは,質量比を$\gamma=0.5$,減衰定数を$h_I=0.1$,$h_S=0.02$と固定して,免震固有振動数と建物固有振動数の比ω_I/ω_Sを$0.1\sim0.5$の範囲で変化させたときの応答倍率を計算した.図7は地動変位に対する質点1～2間の相対変位倍率であり,図8は地動加速度に対する質点2の絶対応答加速度倍率である.グラフの横軸は加振振動数比(免震固有振動数に対する地動振動数の比ω_G/ω_I)とした.

図7の相対変位応答倍率をみると,倍率曲線には2つのピークがある.$\omega_G/\omega_I=1.0$付近が1次モードであり,それより右側が2次モードである.固有振動数比ω_I/ω_Sが大きいと,2次モードによる励起が大きくなる.また,ω_I/ω_Sが小さくなるに従い,1次,2次のピークともに変位倍率が小さくなる.これは,建物の剛性を免震層の剛性よりも相対的に高くするほど,建物の変形を効果的に抑えられることを示している.

一方,図8の加速度応答倍率では,$\omega_G/\omega_I=1$付近での1次モードの応答値に,$\omega_I/\omega_S=1$による影響は少ない.また,2次モード付近ではピークは存在するものの1次モードと比べて非常に小さい.1次モード付近の応答倍率は図2に示した1自由度系の加速度応答倍率における$h=0.1$の応答倍率とほぼ等しく,加速度応答に関してはいずれも剛体的な挙動であることがわかる.

2.4 非線形定常振動

免震・制震構造では減衰を履歴減衰で実現することが多い.そこで,線形系に続いて非線形系の定常振動解を定式化して,線形系では見られない特異な現象について考察する[1].

図1の1自由度系モデルにおいて,ばねが図9のようなバイリニア型の復元力特性を有する場合の定常振動を考える.

バイリニア型の復元力特性を有するばねを,剛性κkの線形ばねと初期剛性$(1-\kappa)k$の完全弾塑性ばねの和として表現する.さらに,完全弾塑性ばねの復元力を初期剛性$(1-\kappa)k$と変位関数$F_n(u)$の積で表現する.以上により,加速度a_G,振動数ω_Gの調和地動加速度が作用する場合の運動方程式は(38)式のように表現できる.

$$m\ddot{u}+c\dot{u}+\kappa ku+(1-\kappa)kF_n(u)=-ma_G\cos\omega_G t \quad (38)$$

変位uを(39)式のように振幅Uの周期関数に近似する.

$$u=U\cos\theta \quad (39)$$

ここに,

$$\theta=\omega_G t-\phi$$

一方,変位関数$F_n(u)$には(40)式のように1次までのフーリエ級数近似を施す.

$$F_n(u)=U(C\cos\theta+S\sin\theta) \quad (0\leq\theta\leq2\pi) \quad (40)$$

ここに

$$C=\begin{cases}\dfrac{1}{\pi}\left(\theta^*-\dfrac{1}{2}\sin2\theta^*\right) & U>U_y\\ 1 & U\leq U_y\end{cases}$$

$$S=\begin{cases}-\dfrac{1}{\pi}\sin^2\theta^* & U>U_y\\ 0 & U\leq U_y\end{cases}$$

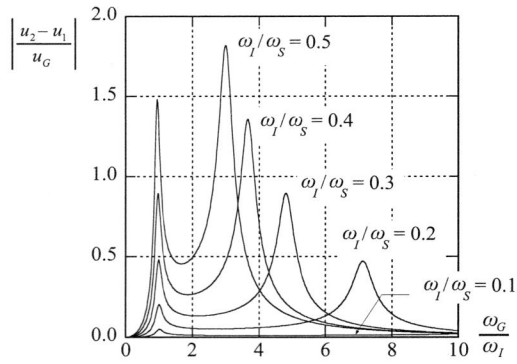

図7 2自由度系の相対変位応答倍率

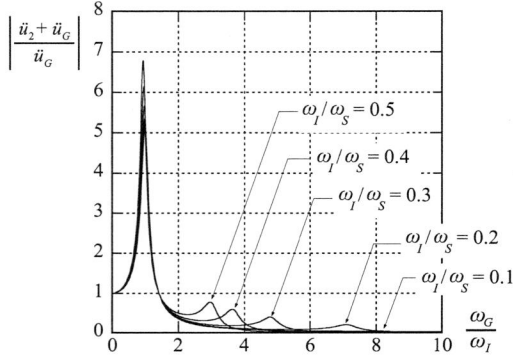

図8 2自由度系上部質点の加速度応答倍率

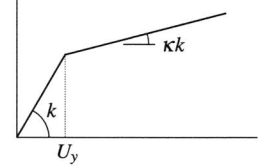

図9 バイリニア型の復元力特性

$$\theta^* = \cos^{-1}\left(1 - \frac{2U_y}{U}\right)$$

(39)式と(40)式を(38)式に代入して整理すると(41)式が得られる.

$$\{-\omega_G^2 U + \kappa\omega^2 U + (1-\kappa)\omega^2 UC + a_G\cos\phi\}\cos\theta$$
$$+\{-2h\omega U + (1-\kappa)\omega^2 US - a_G\sin\phi\}\sin\theta = 0 \quad (41)$$

(41)式は恒等式であり,$\cos\theta,\sin\theta$ の係数を 0 とした関係式から ϕ を消去することで,振幅 U について解くことができる.ここで,地動加速度 a_G が静的に作用したときの変形 $U_S(=a_G/\omega^2)$ を導入すると,静的変位に対する動的応答倍率 (U/U_S) が(42)式のように得られる.

$$\frac{U}{U_S} = \frac{1}{\sqrt{\left\{(1-\kappa)C + \kappa - \left(\frac{\omega_G}{\omega}\right)^2\right\}^2 + \left\{(1-\kappa)S - 2h\left(\frac{\omega_G}{\omega}\right)^2\right\}^2}} \quad (42)$$

(42)式は,右辺のフーリエ係数 C, S も変位 U の関数であることから,動的応答倍率曲線を得るには,はじめに U を仮定して(42)式を満たす振動数比 ω_G/ω を数値的に求めることになる.

例として,バイリニア型復元力特性の降伏後剛性と粘性減衰定数をともに 0 とした場合($\kappa=0, h=0$)の動的応答倍率曲線を図10に示す.降伏耐力は降伏点加速度 $a_S(=U_y\omega^2)$ で表現し,地動加速度に対する比 a_S/a_G(降伏点加速度比)を 0.5 ずつ変化させた場合の曲線を重ね描いた.地動加速度が一定ならば a_S/a_G が小さいほど建物耐力は低くなり,建物耐力が一定であれば a_S/a_G が小さいほど地動加速度は大きくなることを意味する.

図10には耐震工学上の貴重な知見が多く含まれている.加振振動数比 1 の付近は共振状態にあり,この領域では a_S/a_G を減少させると応答倍率は弾性よりも小さくなる.これは履歴減衰が生じるためである.a_S/a_G が小さいほど履歴減衰が有効に作用して加振振動数比 1 付近の応答は低減するとともに,共振振動数も徐々に低下する.そして,応答倍率の低下は,ある値を極小値とし増加に転じる.応答値を極小にする a_S/a_G は,最適降伏震度の存在を示唆するものであり,現行の耐震基準における構造特性係数 D_S の理念にも通じる.免震構造では,最適な履歴ダンパー耐力の存在にも関連するといえよう.引き続き a_S/a_G を減少させ a_S/a_G が 1 以下になると応答倍率は急増し,0.5 ではピークすら存在しなくなる.この領域は非常に不安定な振動状態であり,低耐力の建物が低振動数で加振される状態と解釈できる.この状態を免震構造にあてはめると,上部建物が塑性化すると建物の変形が急増することを示唆している.また,減衰が不足する免震建物が長周期地震動を受けるときに,免震層の変形が急増することにも対応する.いずれも免震構造にとっては好ましくない状態であり,免震構造の設計ではそうならないよう留意すべきである.

2.5 時刻歴非線形解析

地震時の地動加速度のような任意外力を受ける場合の過渡応答について考える.(1)式において地動加速度 $\ddot{u}_G$ が任意の関数 $\ddot{u}_G(\tau)$ であるとすると,$t=0$ で静止している 1 質点振動系の応答変位解は,時刻 τ においてインパルス外力 $-m\ddot{u}_G(\tau)$ が作用したときの時刻 t までの応答の重ね合わせとして,(43)式のようなデュアメル積分の形で表現される(図11).

$$u(t) = -\frac{1}{\omega'}\int_0^t \ddot{u}_G(\tau) e^{-h\omega(t-\tau)} \sin\omega'(t-\tau) d\tau \quad (43)$$

ここに,$\omega' = \sqrt{1-h^2}\,\omega$ であり,h, ω の定義は(3)式および(4)式に従う.

(43)式の積分は膨大な計算を必要とし,かつ非線形系には適用できないため,実用上は(1)式を数値的に積分して解を求めていく数値積分法が用いられることが多い.数値積分法は時系列の変化を微小な時間間隔に分割して表現し,時々刻々と変化する振動系の状態を運動方程式に反映することから,構造物の非線形性を考慮できる利点がある.

数値積分法には,加速度法,Runge Kutta 法,Nigam 法などがあるが,ここでは地震応答解析で最も広く用いられる加速度法について解説する[2].加速度法では加速度の変化のしかたを仮定することで時刻

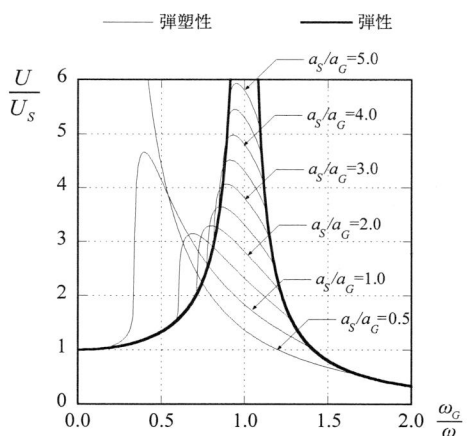

図10 バイリニア型 1 自由度系の動的応答倍率曲線

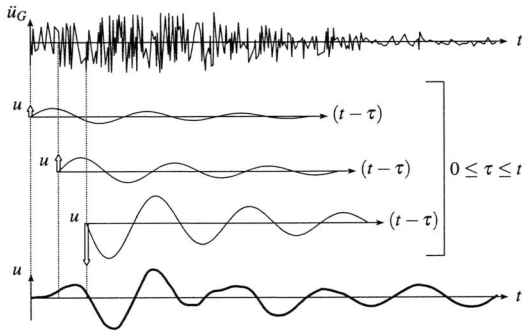

図 11 インパルス応答の重ね合わせ

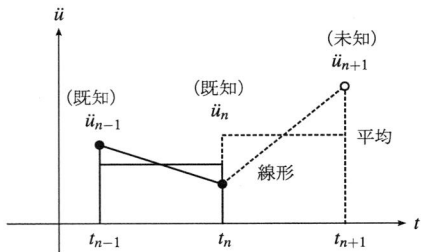

図 12 数値積分法の概念

t_n における状態から時刻 t_{n+1} における状態を計算する．具体的には，時刻 t_n と時刻 t_{n+1} の間の加速度を，時刻 t_n と時刻 t_{n+1} の平均値とする（平均加速度法），あるいは時刻 t_n から時刻 t_{n+1} の間に線形で変化する（線形加速度法）などと仮定する（図 12）．それらは Newmark-β 法として (44)～(46) 式のように整理されている．

$$\ddot{u}_{n+1} = \frac{1}{\beta \Delta t^2}(u_{n+1} - u_n) - \frac{1}{\beta \Delta t}\dot{u}_n - \frac{1}{2\beta}\ddot{u}_n \tag{44}$$

$$\dot{u}_{n+1} = \left(1 - \frac{1}{2\beta}\right)\dot{u}_n + \left(1 - \frac{1}{4\beta}\right)\Delta t \ddot{u}_n + \frac{1}{2\beta \Delta t}(u_{n+1} - u_n) \tag{45}$$

$$m\ddot{u}_{n+1} + c\dot{u}_{n+1} + ku_{n+1} = -m\ddot{u}_{G,n+1} \tag{46}$$

(44)，(45) 式の β は，平均加速度法では 1/4，線形加速度法では 1/6 とする．また，(46) 式の m, c, k は振動系の状態に応じて変化させることができる．(44)～(46) 式は $\ddot{u}_{n+1}, \dot{u}_{n+1}, u_{n+1}$ の 3 変数が未知数であり，それ以外は既知である．したがって，(44)～(46) 式を 3 元連立方程式として解くことで $\ddot{u}_{n+1}, \dot{u}_{n+1}, u_{n+1}$ の 3 変数の値を一義的に決定できる．

非線形系では (46) 式の動的な釣合いを満足させるために，(46) 式を次式のように書き換えて，図 13 に示すように，$f(u_{n+1}) = 0$ となる u_{n+1} を求めなければならない．

$$f(u_{n+1}) = -m\ddot{u}_{G,n+1} - (m\ddot{u}_{n+1} + c\dot{u}_{n+1} + ku_{n+1}) \tag{47}$$

そこで，$f(u)$ に対して (48) 式のように $u = u_n$ の周りで 1 次までの Taylor 展開を施し，同式を満足する u_{n+1} を求めることを考える[3]．

$$f(u_n) + \left.\frac{\partial f}{\partial u}\right|_{u_n}(u_{n+1} - u_n) = 0 \tag{48}$$

(48) 式に (44)～(47) 式を考慮すると，(49) 式が得られる．

$$k^* \Delta u = \Delta F \tag{49}$$

ここに，

$$k^* = \frac{1}{\beta \Delta t^2}m + \frac{1}{2\beta \Delta t}c + k \tag{50}$$

$$\Delta u = u_{n+1} - u_n \tag{51}$$

$$\Delta F = -m\ddot{u}_{G,n+1} - (m\ddot{u}_n + c\dot{u}_n + ku_n) \tag{52}$$

(51) 式の Δu は時刻 t_n から時刻 t_{n+1} における変位増分である．一方，(52) 式の ΔF は，時刻 t_n から時刻 t_{n+1} における増分荷重であり既知である．また，同式における ku_n は時刻 t_n における復元力であり，変位 u を変数とする復元力関数 $F(u_n)$ として表現してもよい．(49) 式は (50) 式を剛性とみなした静的問題を解くことに類似しており，(50) 式の k^* を動的剛性という．

ここで，(50) 式の両辺を k で除した次式を用いて，動的剛性倍率 k^*/k の変化について調べてみる．

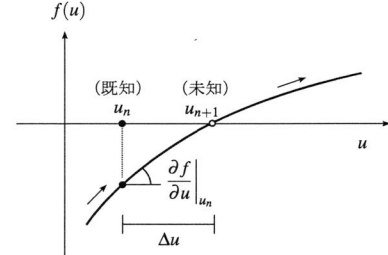

図 13 動的非線形問題の概念

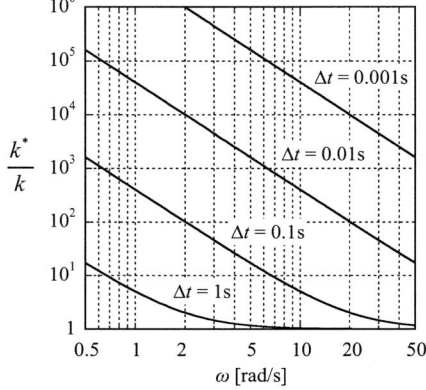

図 14 動的剛性倍率の変化

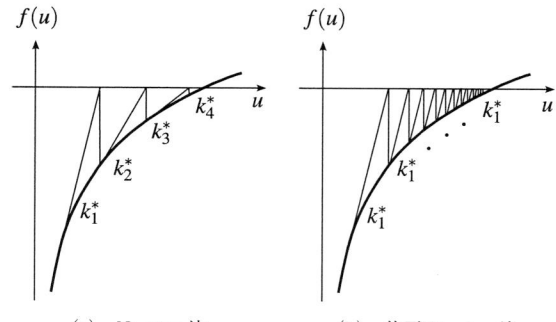

(a) Newton 法　　(b) 修正 Newton 法

図15 非線形系の収れん法

$$\frac{k^*}{k} = \frac{1}{\beta \Delta t^2}\frac{1}{\omega^2} + \frac{1}{\beta \Delta t}\frac{h}{\omega} + 1 \qquad (53)$$

$\beta=1/4$（平均加速度法），$h=0.01$ として，ω と k^*/k の関係を図 14 に示す．図 14 からは，時間刻みおよび固有円振動数が小さくなると，動的剛性倍率は大きくなることがわかる．地震記録の一般的な時間刻みである $\Delta t=0.01\,\mathrm{s}$ の場合，動的剛性は静的剛性より 2～3 オーダーも大きい．特に，慣性力の項には Δt^2 が分母に含まれることで，動的剛性倍率に対する慣性力の影響が大きいことがわかる．

非線形系の方程式を数値的に解く場合の方法として Newton 法がある．これを (49) 式に適用すると，図 15 (a) のように k^* を Δu の変化ごとに再評価して，ΔF を満たす Δu を収れん計算で求めることになる．しかし，図 14 にみられた k^* の性質からは，構造物が非線形となった場合の剛性の変化が動的剛性に及ぼす影響は少ないことから，図 15(b) のように k^* を変化させずに収れんさせることができる．これを修正 Newton 法という．多自由度系では (49) 式がベクトル方程式となる．モデルの規模が大きくなると，k^* を毎回評価しなおすことに膨大な計算が必要なるため，k^* を更新させない修正 Newton 法は，非線形系の時刻歴解析を行ううえで有効な数値計算手法となる．

【菊地　優】

引用文献
1) 田治見宏：建築振動学，コロナ社，2001．
2) 柴田明徳：最新耐震構造解析，森北出版，2009．
3) K. J. Bathe and A. P. Cimento：Some practical procedures for the solution of nonlinear finite element equations, *Computer Methods in Applied Mechanics and Engineering*, **22**, 59-85, 1980.

3 地震動と免震・制震建築

3.1 地震動と免震・制震建築物

　免震・制震建築物の構造設計は，応答制御効果を明らかにするため動的な設計を行うのが一般的である．動的な設計法のなかでも時刻歴応答解析法は時刻ごとの詳細な応答値の把握が可能であり，解析モデルによっては部材レベルの応答値も把握可能であるなど，利点が多く，用いられることが多い．しかしながら，このような詳細なモデルによる解析であっても，応答結果は入力する地震動によってしまう．入力地震動の設定が設計結果を左右することになる．入力地震動の設定を考えずに，応答結果と目標性能の議論をしても意味はない．工学的には入力地震動と応答結果のクライテリアはつねに対にして考える必要がある．

a．設計用入力地震動

　建築物の動的設計用の入力地震動は，2000（平成12）年以前は，記録波であるエルセントロ（El Centro）1940波，タフト（Taft）1952波，八戸（Hachinohe）1968波などの最大速度振幅を，レベル1：25 cm/s，レベル2：50 cm/sと基準化して用いられることが多かった．1990年代後半は，建築センター試作波BCJ-L2が解放工学的基盤におけるレベル2地震動として用いられた．免震構造では設計用，高層建築物では参考波として用いられることが多かった．こうした入力地震動により安全性を検証し，多くの超高層建築物や免震建築物が建設された．

　建築物の動的設計用の入力地震動は，現在は，平成12年建設省告示第1461号「超高層建築物の構造耐力上の安全性を確かめるための構造計算の基準を定める件」に以下のように規定されている．

　　四　建築物に作用する地震力について次に定める方法による構造計算を行うこと．ただし，地震の作用による建築物への影響が暴風，積雪その他の地震以外の荷重及び外力の作用による影響に比べ小さいことが確かめられた場合にあっては，このかぎりでない．この場合において，建築物の規模及び形態に応じた上下方向の地震動，当該地震動に直交する方向の水平動，地震動の位相差及び鉛直方向の荷重に対する水平方向の変形の影響等を適切に考慮すること．

　　イ　建築物に水平方向に作用する地震動は，次に定めるところによること．ただし，敷地の周辺における断層，震源からの距離その他地震動に対する影響及び建築物への効果を適切に考慮して定める場合においては，この限りでない．

　（1）　解放工学的基盤（表層地盤による影響を受けないものとした工学的基盤（地下深所にあって十分な層厚と剛性を有し，せん断波速度が約400 m/s以上の地盤をいう．））における加速度応答スペクトル（地震時に建築物に生ずる加速度の周期ごとの特性を表す曲線をいい，減衰定数5%に対するものとする．）を次の表に定める数値に適合するものとし，表層地盤による増幅を適切に考慮すること．

周　期（秒）	加速度応答スペクトル（単位 m/s²）	
	稀に発生する地震動	極めて稀に発生する地震動
$T<0.16$	$(0.64+6T)Z$	稀に発生する地震動に対する加速度応答スペクトルの5倍の数値とする
$0.16\leq T<0.64$	$1.6Z$	
$0.64\leq T$	$(1.024/T)Z$	

　この表において，TおよびZは，それぞれ建築物の周期（単位 s）及び令第88条第1項に規定するZの数値を表す．

　（2）　開始から終了までの継続時間を60秒以上とすること．

　（3）　適切な時間の間隔で地震動の数値（加速度，速度若しくは変位又はこれらの組み合わせ）が明らかにされていること．

　（4）　建築物が地震動に対して構造耐力上安全であることを検証するために必要な個数以上であること．

　建築物の動的設計用地震動は解放工学的基盤の加速度応答スペクトル$S_A(h=0.05)$で表されることとなった（図1）．なお，擬似速度応答スペクトルS_V，擬似変位応答スペクトルS_Dは，

$$S_V=\frac{S_A}{\omega}, \quad S_D=\frac{S_A}{\omega^2}, \quad \omega=\frac{2\pi}{T}$$

とする．極めて稀に発生する地震動に対する各応答スペクトルは表1のとおりである．

　告示に対応して，その運用は指定性能評価機関の「時刻歴応答解析建築物性能評価業務方法書」[1]に以下の

表1　告示スペクトル

周　期	S_A	S_V	S_D
$T<0.16$	$(3.2+30T)Z$	$(3.2+30T)\left(\frac{T}{2\pi}\right)Z$	$(3.2+30T)\left(\frac{T}{2\pi}\right)^2 Z$
$0.16\leq T<0.64$	$8Z$	$8\left(\frac{T}{2\pi}\right)Z$	$8\left(\frac{T}{2\pi}\right)^2 Z$
$0.64\leq T$	$\left(\frac{5.12}{T}\right)Z$	$\left(\frac{5.12}{T}\right)\left(\frac{T}{2\pi}\right)Z$	$\left(\frac{5.12}{T}\right)\left(\frac{T}{2\pi}\right)^2 Z$

4.4 地震力に対する安全性

建築物に作用する地震力について告示第四号に定められた方法によって構造計算を行っていることを次の各項によって評価する．ただし，地震の作用による建築物への影響が暴風，積雪その他の地震以外の荷重及び外力の作用による影響に比べ小さいことが確かめられた場合にあっては，この限りでない．

4.4.2 水平方向入力地震動の設定

（1）告示第四号イに定められた解放工学的基盤における加速度応答スペクトルをもち，建設地表層地盤による増幅を適切に考慮して作成した地震波（以下「告示波」という．）を設計用入力地震動とする．この場合，告示第四号イに定められた継続時間等の事項を満たし，位相分布を適切に考慮して作成した3波以上を用いること．

（2）告示第四号イただし書により，建設地周辺における活断層分布，断層破壊モデル，過去の地震活動，地盤構造等に基づいて，建設地における模擬地震波（以下「サイト波」という．）を適切に作成した場合は，前項の告示波のうち極めて稀に発生する地震動に代えて設計用入力地震動として用いることができる．この場合，位相分布等を適切に考慮して作成した3波以上（告示波を併用する場合は，告示波との合計で3波以上）を用いること．

（3）上記（1）及び（2）の何れの場合においても，作成された地震波が適切なものであることを確かめるため，次の地震波も設計用入力地震動として併用する．すなわち，過去における代表的な観測地震波のうち，建設地及び建築物の特性を考慮して適切に選択した3波以上について，その最大速度振幅を250 mm/s，500 mm/s として作成した地震波を，それぞれ稀に発生する地震動，極めて稀に発生する地震動とする．なお，上記の最大速度振幅の値は令第88条第1項に定められたZを乗じた値とすることができる．

すなわち，設計用入力地震動は告示波＋サイト波で3波以上，かつ代表的な観測地震波3波以上とされている．

さらに，実際には告示波の位相は遠距離地震の位相（たとえば Hachinohe 1968 NS など），近距離地震の位相（たとえば JMA Kobe 1995 NS など）と乱数位相を用いることが多い．告示のスペクトルは解放工学的基盤で定義されているので，それ以浅の地盤による増幅は，地盤の非線形性を考慮した応答解析を行うなどして，基礎位置の入力地震動を作成する．SHAKEのような等価線形の波動論プログラムや非線形を考慮したせん断形プログラムを用いる．

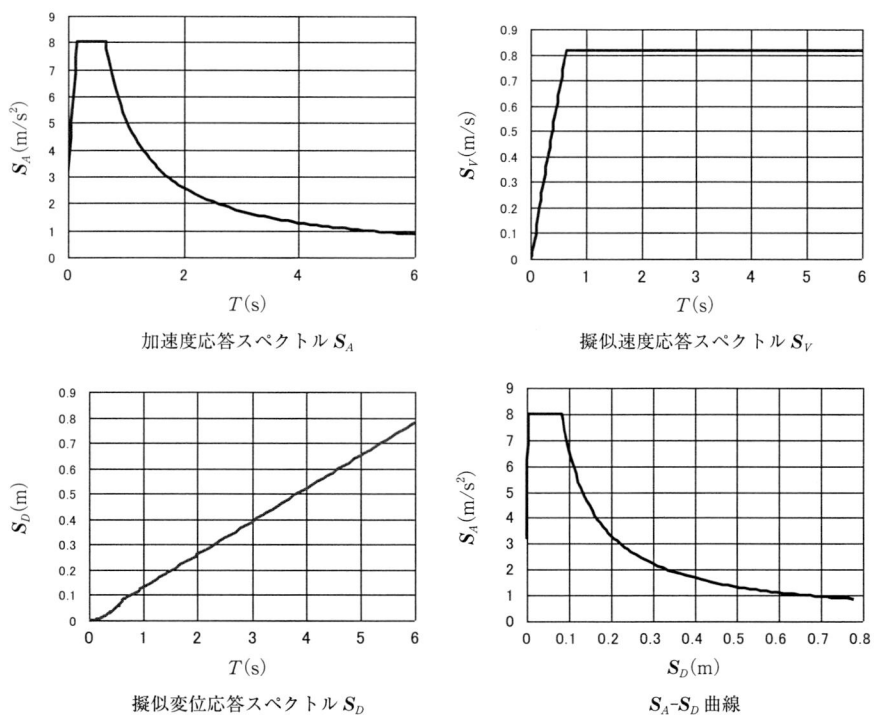

図1 告示スペクトル（極めて稀に発生する地震動）

過去における代表的な観測地震波として，El Centro 1940 NS, Taft 1952 EW, Hachinohe 1968 NS などを用いることが多い．これらは直接入力地震動として用いられる．

サイト波は，関東地震や南海トラフを震源とする地震あるいは建設地付近の断層を震源とする地震動などが用いられる．地震動の作成方法は種々ある．サイト波を用いることで告示波の数を減ずることは通常はしていない．

b. 設計用地震動の実力

解放工学的基盤の告示波のスペクトルを，従来の設計波や実記録と比較してみよう．図2は，El Centro 1940 NS (V_{max} = 0.5 m/s), JMA Kobe 1995 NS（原波），BCJ-L2 との3方向対数表示スペクトル（h = 0.05）の比較である．

告示波と BCJ-L2 のスペクトルは解放工学的基盤面のものであり，これに表層地盤の増幅を考慮したものが設計用入力地震動のスペクトルになるのであるが，告示波のスペクトルが従来の設計波や観測記録に比較して，大きな力をもっているわけではないことがわかる．

業務方法書では告示波に対しては位相を3種類以上用いること，また，サイト波や代表的な観測記録波を併用することで，地震動入力の不確定性に配慮しようとしているわけである．

これらを総合して考えると，現行の設計用地震動は震源近傍の観測記録と比較するととくに大きな入力ではない．また，近年の観測記録にあるような直下型地震のパルス的な地震動や，遠距離海溝型地震の長周期，長時間の地震動に対する考慮は万全とはいえない．

こうした入力地震動に対して，免震・制震建築物の解析・設計が行われていることを考慮したうえで，設計クライテリアあるいは設計そのものを考えていく必要がある． 【古橋　剛】

引用文献

1) 指定性能評価機関：時刻歴応答解析建築物性能評価業務方法書（指定性能評価機関のウェブサイトからダウンロード可能）．

3.2 設計用地震動

a. 告示波と特徴的な強震動

本節では設計用地震動の策定法として，告示波（平成12年建設省告示第1461号第4号イに定める模擬地震波）に代表される応答スペクトル適合法と，近年，急速に発展している強震動予測手法を紹介する．免震建物の設計用地震動として，多くの場合，図3(a) に示すようなランダム位相の告示波が用いられている．一般に短周期地震動の卓越により，大きな応答加速度を生じるが，建物を倒壊させるほど破壊力は大きくはない．告示波は容易に作成することができ，実績ある実用的な手法であるが，特定の震源や地盤の条件下では地震動を過小評価する場合があることに注意を要する．

告示波とは異なる特性を示す破壊力ある強震動として，活断層などによる震源近傍の強震動（指向性パルス，フリングステップ）と，長周期地震動をとりあげる（図4～5の波形，応答スペクトル，模式図を参照）．これらの地震動は，すべて強震動予測手法によるサイト波として策定可能である[1,2]．

1) 指向性パルス　指向性パルスは，活断層など浅い震源断層の近傍で観測されるパルス状の破壊力ある強震動である．図6に示すように，震源の放射特性により断層面，あるいはその延長上において，断層破壊の伝播が近づく観測点において，断層面に対して直交する成分に現れる[2]．横ずれ断層では観測点Aで，高角な逆断層では観測点Bで観測される．断層破壊が離れる場合や，低角の逆断層では発生せず，一般に告示波に近いランダム波形となる．指向性パルスは，断層面上のアスペリティ（または強震動生成域）と呼ばれる領域から発生する（図9を参照）．

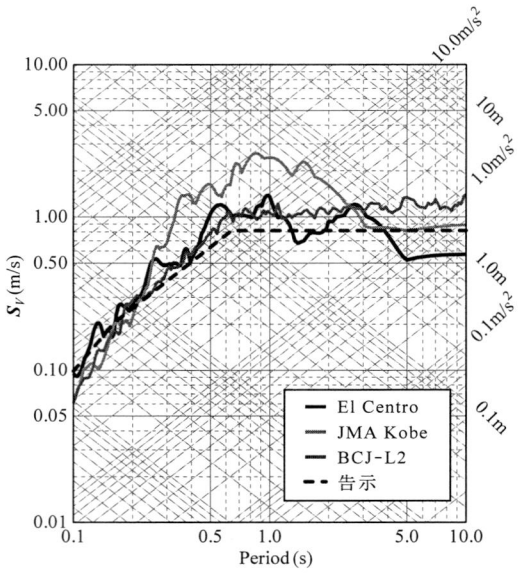

図2　告示波のスペクトル（h = 0.05）
BCJ-L2 と告示は解放工学的基盤，ほかは基礎位置．

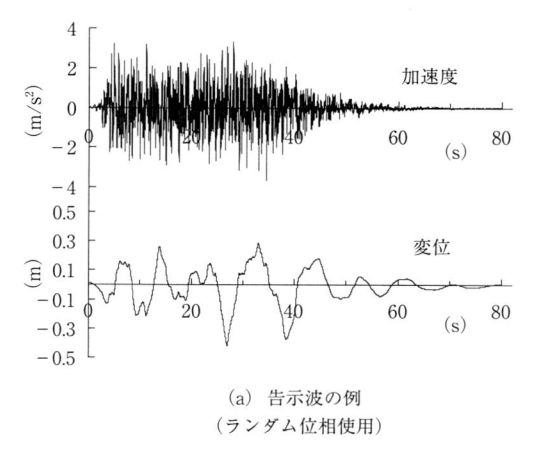

(a) 告示波の例
（ランダム位相使用）

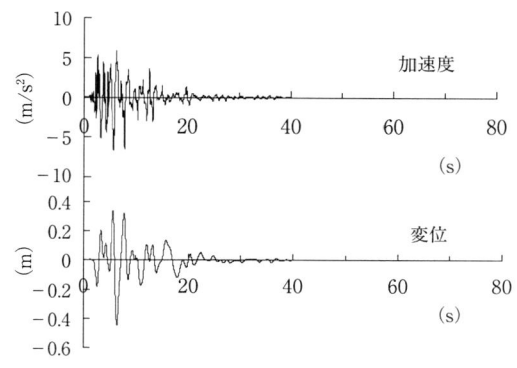

(b) 指向性パルスとエッジ効果の例
（1995年兵庫県南部地震・JR鷹取，N38W成分）

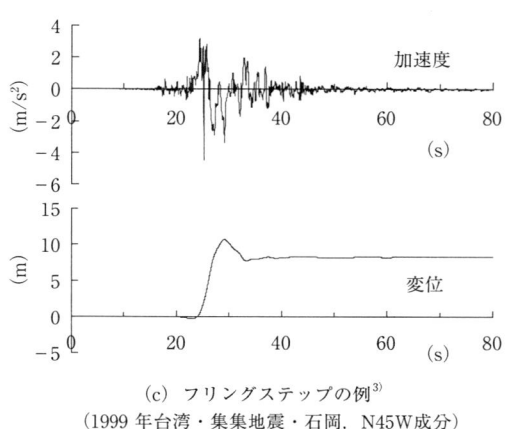

(c) フリングステップの例[3]
（1999年台湾・集集地震・石岡，N45W成分）

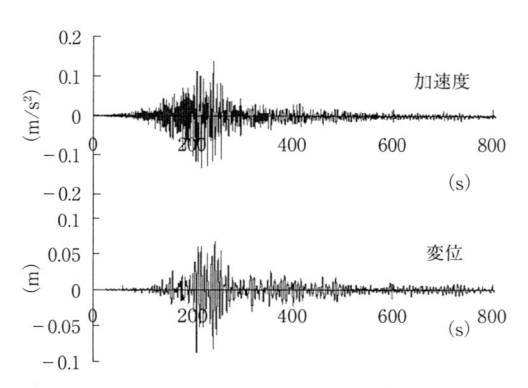

(d) 長周期地震動の例[4]
（2011年東北地方太平洋沖地震・咲洲庁舎，N229W成分）

図3 告示波とさまざまな特性をもつ強震動の例（加速度と変位波形）

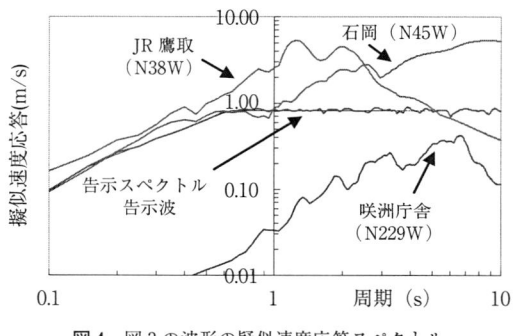

図4 図3の波形の疑似速度応答スペクトル

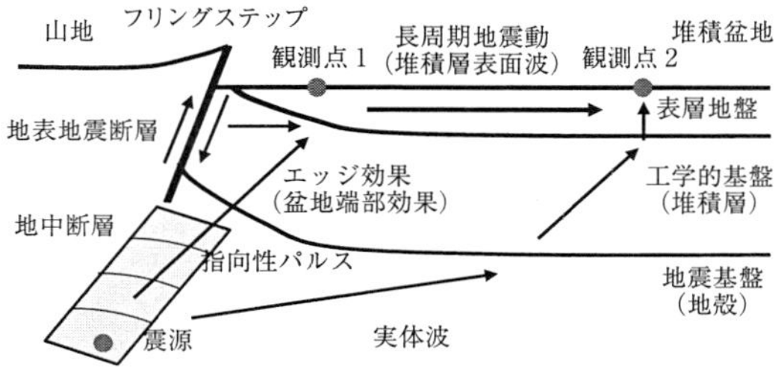

図5 震源近傍の強震動（指向性パルス・フリングステップ），とサイト特性（エッジ効果・堆積層表面波）に関する模式図

指向性パルスの典型例として，図3(b)に1995年兵庫県南部地震において震度7を記録したJR鷹取駅における強震記録を示す（震源断層である六甲断層帯の直交方向であるN38W成分；図6(a)の観測点Aに対応）．この波形は指向性パルスに加え，大阪堆積盆地の北端部によるエッジ効果（地震基盤より下と横から堆積層内に入射する波の位相が建設的に重なり合う現象[5]；図5）により，継続時間は短いが，周期1～2秒が卓越する破壊力ある強震動となった．このため，震災の帯における多くの建物は活断層の直交方向になぎ倒されるように倒壊・傾斜した[6]（図7(a)）．

2) フリングステップ 活断層の規模がM7程度以上になると，地表地震断層が出現し，その近傍では断層すべりによるフリングステップと呼ばれる永久変

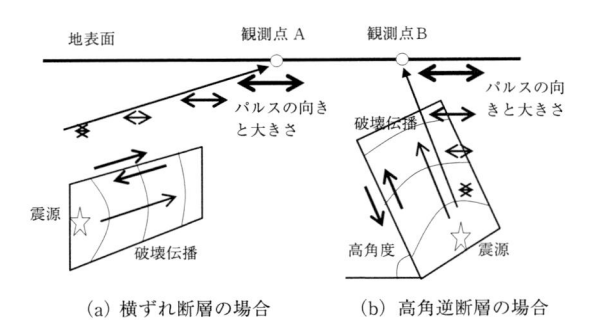

(a) 横ずれ断層の場合　　(b) 高角逆断層の場合

図6　指向性パルスの説明図

(a) 指向性パルス

(b) 地表地震断層

図7　指向性パルスとフリングステップによる建物の被害例（a：兵庫県南部地震における指向性パルスにより傾斜した神戸市内の建物, b：台湾・集集地震における地表地震断層とフリングステップによる豊原市の建物の被害）

形を伴うステップ関数状の大振幅の変位波形が観測される[3,7]．

フリングステップの典型例として，図3(c)に1999年台湾・集集地震において地表地震断層の直上に位置する石岡で観測された波形を示す（断層のすべり方向であるN45W成分）．短周期成分は大きくないものの，10m近いフリングステップが観測され，図4の応答スペクトルも約2秒以上で告示の安全限界レベルを凌駕している．この地震は逆断層であるため，下盤に乗り上げる上盤側で地盤傾斜などの大規模な地盤変状が生じた．地盤の傾斜など免震には非常に厳しい条件となることに要注意である[3]（図7(b)）．

3) 長周期地震動　海溝型巨大地震のように震源が浅い大規模な地震が発生した場合，関東平野や大阪盆地などの堆積盆地では，継続時間の非常に長い表面波が現れる（図5参照）．一般に周期数秒以上の長周期成分が卓越するため，長周期地震動（または，やや長周期地震動）と呼ばれている．

長周期地震動の典型例として，図3(d)に2011年東北地方太平洋沖地震において大阪府咲洲庁舎の1階で観測された波形を示す[4]．震央距離が870km近くあり，応答スペクトルは告示レベルを下回るが，800秒を超える非常に長い継続時間であり，当該サイトの卓越周期である6～7秒（s）が大きく増幅している．この周期は55階建庁舎の固有周期に一致し，上層階での非構造部材に多大な被害を生じさせている．

長周期地震動に関連して，地震調査研究推進本部は，想定東海地震，東南海地震，宮城県沖地震，昭和型南海地震を対象とした「長周期地震動予測地図」の試作版[8]を公表しており，地下構造モデルなどの有用な情報を提供している．

b. 設計用地震動の地震動レベル

1) 設計用地震動レベル　設計用地震動は，通常，表2に示すようにレベル1（数十年に一度程度の稀に発生する地震力）とレベル2（数百年に一度程度の極めて稀に発生する地震動）の2段階で評価される．さらに最近では，建物の耐震余裕度の検証用としてレベル3（数千年以上の再現期間に相当する地震力）を設定する場合がある[9]．これは1995年兵庫県南部地震を契機に，非常に長い再現期間の活断層に対応する必要性があること，強震観測網の充実により，従来のレベル2の地震動（最大速度50cm/sなど）を凌駕する観測記録が多数得られていること，近年では多くの建物で震災後の業務・生活継続やすみやかな復旧を可能とするなど，建物への高い耐震性能への要望があり，耐震設計に関する説明責任が生じていること，などの理由による．

一方，表2の地震動レベルには地震の発生確率に加え，経験値として地震動の強さ（告示スペクトルなど）が織り込まれている．本来，両者はサイトごとに異なるはずであり，実際，地震調査研究推進本部による地震動予測地図などが公開され，活用可能である．ただし，東日本大震災をはじめ，確率が低いと考えられていた地域で被害地震が多発するなど，結果の信頼性や安定性の面で耐震設計にそのまま活用することは困難である．現状では地震動とそのレベルの設定には，さまざまな情報をもとにした工学的な判断が求められている．

3.2 設計用地震動

表2 設計用地震動レベル

地震動レベル	レベル1	レベル2	レベル3
再現期間など	稀に発生	極めて稀に発生	余裕度検証用
	数十年に1回程度	数百年に1回程度	数千年以上に1回程度
基準法施行令88条	$C_0=0.2$ 相当	$C_0=1.0$ 相当	—
建告第1461号	損傷限界相当	安全限界相当	—
おもな対象地震*	小〜中地震	大〜巨大地震	超巨大・活断層地震
特徴ある地震動例*		長周期地震動	長周期地震動 震源近傍強震動
地震動策定例*	告示波	告示波 サイト波	告示波(1.5倍など) サイト波

＊：対象地震や考慮すべき地震動・策定手法は，建設サイト・建物によって異なる．

2) 最大級地震への対応 2011年東北地方太平洋沖地震による震災を契機に，想定外の事態を排除するため，考えうる最大級条件による多数の被害想定結果が公表されている．想定地震の発生確率は評価されないが，設計用地震動レベルを設定するさい対応が必要となる．最大級の被害想定地震の発生確率は，ほとんどの場合はレベル3，またはそれ以上である．

一例として首都直下地震をとりあげる．M7クラスの首都直下地震の発生確率は今後30年で70%と評価され[10]，最近の被害想定では，震源深さが20〜30km程度と浅いフィリピン海プレートの上面のM7.3の震源モデルにより，首都圏の広い範囲で震度6強から7の強い地震動を生じるとされている[11]．しかしながら，実際には首都圏で震度7を生じた地震は歴史上に前例は無く，被害想定で設定されている地震は30年70%の地震とは無関係である．図8に示すように30年70%の発生確率の計算は以下のように行われている．すなわち，首都圏で30〜60km程度の深さで発生したM7クラスの地震は，119年間（1885〜2004年）に5回発生している．したがって，その年平均確率（23.8年）から地震の発生確率を定常ポアソン過程で計算すると，今後30年での発生確率が得られる[10]．一方，その5回の地震はいずれも深さが50km程度より深く，フィリピン海プレート上面には発生していない．死者数も1894年明治東京地震の31名が最大であり，その他は0〜6名という，きわめて限定的な被害地震であった[12]．この理屈では，30年70%で発生する首都直下地震とは比較的深い地震であり，地震動もレベル1程度であると仮定できる．

一方，首都圏でこれまで最も大きな被害を生じた直下地震は1855年安政江戸地震であるが，震源の深さには多くの議論があり不明である．仮にフィリピン海プレートの上面だとしても低角逆断層であるため，そ

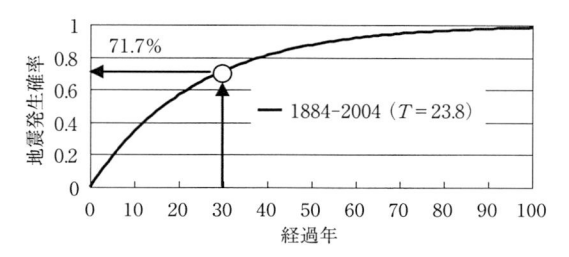

図8 首都直下地震の発生確率：地震発生の平均間隔 T より，定常ポアソン過程による確率密度関数 $f(t) = \exp(-t/T)/T$ を求め，経過年 t による累積値（積分値）より計算．

の直上では指向性パルスは生じず，破壊力ある地震動にはなりにくい．実際，安政江戸地震の震度の上限値は，地盤の悪い下町を中心とした6であった．以上のことから，震度7を生じるような首都直下地震の発生確率の評価は困難であり，その扱いはレベル3相当と解釈できる．

同様な議論は，南海トラフ沿いの最大級想定の超巨大地震や，活断層帯による地震などの場合で成り立つ．再現期間が短く，比較的の評価が容易と考えられていた海溝型巨大地震でも，2011年東北地方太平洋沖地震では，その発生確率の予測は非常に困難であることを示している．30年で88%の発生確率と評価されている想定東海地震にしても，限られた数の歴史地震データを単純な確率モデルに当てはめたにすぎず，その数値にはあまり意味がない．東海地震は歴史的事実であり，レベル2相当の扱いは必要であるが，現時点で発生確率の評価値が高いという理由でレベル1とする必然性はない．東海・東南海・南海3連動地震や，前例のないM9地震などは，物理的なモデルにより発生確率が非常に高いことが示されない限り，現時点ではレベル3以上の地震であると解釈可能である．最大級想定の震源モデルは無視すべきではないが，建物

の耐用年数内で発生する可能性が低い地震に対して，どのように耐震設計と対策を行うかは，建物の性能グレードで対応すべき問題である．

c. 地震動作成手法

設計用地震動の作成手法として，代表的な応答スペクトル適合法と強震動予測手法を説明する．

1) 応答スペクトル適合法　応答スペクトル適合法は，目標とするスペクトルに適合する模擬地震動を作成する方法である．参考になる応答スペクトルには多くの経験式[13]があり，実用的な策定手法としては日本建築センターによる模擬波（BCJ-L1およびBCJ-L2）や，国土交通省による長周期地震動に対する対策試案[14]などが提案されている．ここでは現在，もっとも広く利用されている告示波の作成法を中心に説明する[15]．

目標とする応答スペクトルとして，表3に解放工学的基盤におけるレベル1,2の加速度応答スペクトルを示す．模擬地震波の条件として，継続時間は60秒以上，複数個数以上を策定，表層地盤による増幅を適切に考慮，建築物の規模および形態に応じた上下方向の地震動や，当該地震動に直交する方向の水平動，地震動の位相差および鉛直方向の荷重に対する水平方向の変形の影響などを適切に考慮すること，などが記されている．

標準的な模擬地震動の作成方法として，一般に波形合成は次の正弦波合成法が用いられる[15]．

$$a(t) = E(t)\sum_i A_i \cos(\omega_i t + \varphi_i) \quad (1)$$

ここで，$a(t)$は模擬地震動の時刻歴波形，$E(t)$は強度関数（波形の包絡関数），A_i, ω_i, φ_iはそれぞれi振動数のフーリエ振幅，円振動数，位相角である．包絡関数$E(t)$として，一般に次のようなJennings型の関数[16]が用いられる．

$$E(t) = \begin{cases} \left(\dfrac{t}{t_b}\right)^2 & 0 < t \le t_b \\ 1.0 & t_b < t \le t_c \\ \exp\left\{\log_e(A_{foc}) \cdot \left(\dfrac{t-t_c}{t_d-t_c}\right)\right\} & t_c < t \le t_d \\ A_{foc}\left\{\dfrac{t_e-t}{t_e-t_d}\right\}^2 & t_d < t \le t_e \end{cases} \quad (2)$$

ここで，t_b, t_c, t_d, t_eは，それぞれ最大振幅までの立ち上がり時間，最大振幅の終了時間，継続時間，終了時間であり，t_e以降の振幅は0である．またA_{fac}は主要動の振幅1に対する時刻t_dにおける振幅比で，一般に0.1程度の値が用いられる．各時間の具体的な与え方として，Jenningsらによる提案である$t_b = 4$秒（s）と$t_c = 35$秒，t_dは告示により60秒以上などが用いら

表3　解放工学的基盤における告示スペクトル

周期 T(s)	加速度応答スペクトル (m/s²)	
	稀に発生する地震動（レベル1）	極めて稀に発生する地震動（レベル2）
$T < 0.16$	$(0.64 + 6T)Z$	$(3.2 + 30T)Z$
$0.16 \le T < 0.64$	$1.6Z$	$8Z$
$0.64 \le T$	$(1.024/T)Z$	$(5.12/T)Z$

Tは建築物の設計用1次固有周期（単位：s），Zは地震地域係数，減衰は5%を仮定．

れる（図3(a)の模擬地震波の作成例を参照）．

包絡関数と告示スペクトルに関して，模擬地震動は同時に満足する必要があるため，波形の試作と振幅スペクトル調整を繰り返す収束計算が行われる．そのさい，模擬地震動の応答スペクトルと告示スペクトルとの適合条件として，四つの条件（最小応答スペクトル比，スペクトル強度比，スペクトル比の変動係数，スペクトル比の平均値誤差）を満足させることが推奨されている[15]．

位相スペクトルに関しては，ランダム位相か，観測波形の位相が用いられる．一方，長周期地震動の分散性（主要動では短周期，後続波では長周期が卓越など）を満足させるため，群遅延時間（各周期の波群の平均到達時間）とその標準偏差（各波群の継続時間）に関する実用的な経験式も提案されている[14]．また上下動を策定する場合は，通常は水平動に対する1/2程度の振幅比のスペクトルが用いられる．その他，継続時間や上下・水平動のスペクトルなどに関して，さまざまな経験式が提案されており，文献[13]などを参照されたい．

2) 強震動予測手法　建設サイトで想定される震源特性（指向性効果，フリングステップなど），伝播特性（実体波，表面波の伝播など），地盤サイト特性（卓越周期，地盤増幅，非線形，長周期地震動など）を考慮した地震動の作成には強震動予測手法が使用可能である．詳細な手法の説明はさまざまな文献[1,2]があるため，ここでは概要のみ紹介する．波形の計算法として最も実用的なのは，表示定理を用いる方法である．

$$U_k(Y;\omega) = \int_0^L \int_0^W \{D_i(X;\omega) \cdot T_{ik}(X,Y;\omega)\} d_A \quad (3)$$

ここで，$U_k(Y;\omega)$は，観測点Y，振動数ωにおけるk方向の変位であり，図9に示すようにL, Wは断層面の長さと幅，$D_i(X;\omega)$は断層面X点におけるi方向のすべり関数，$T_{ik}(X,Y;\omega)$はX点からY点までの波動伝播特性（グリーン関数）を表す．

図10に示すように強震動計算では，ランダムな位

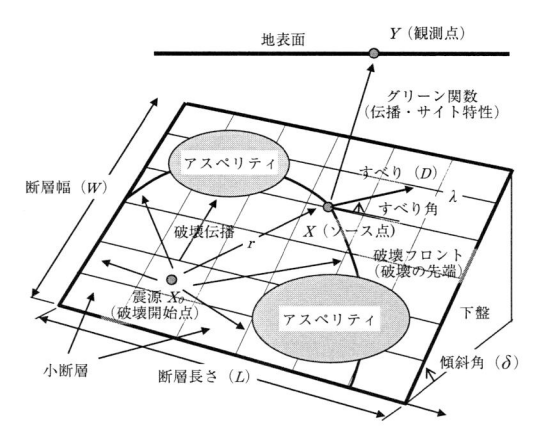

図9 断層震源モデルと震源パラメータ

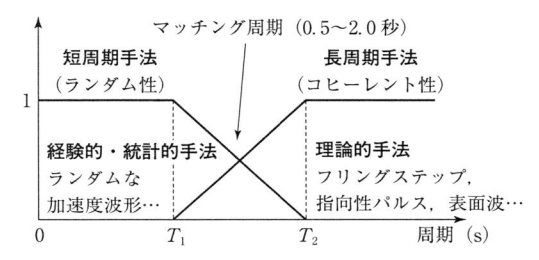

図10 強震動評価における手法と対象周期

相特性が卓越する短周期では経験的・統計的手法を，一方，指向性パルスやフリングステップ，表面波などコヒーレントな特性が卓越する長周期では理論的手法を，それぞれ使用する．広い周期帯域の強震動は，前者の結果には長周期成分をカットし，後者には短周期成分をカットするフィルタを通して，両者を加え合わせることで得られる．このような手法はハイブリッド手法と呼ばれている．両者の結果を接続するマッチング周期帯域は0.5～2秒程度であるが，一般に地震規模が大きくなると長周期側に移動する傾向がある．

経験的・統計的手法の代表例は，経験的グリーン関数法（半経験的手法）や統計的グリーン関数法である．前者は実際に観測された小地震記録から大地震動を合成する手法である．そのさい，小地震は図9に示す小断層に配置し，破壊の伝播効果と小地震と大地震との経験的な震源スペクトル比に整合するように小地震動を重ね合わせ，大地震の強震動を合成する．一方，実際に理想的な小地震の記録が得られることは稀であるため，人工的に小地震動を作成し，大地震動を合成す

る手法（統計的グリーン関数法）が多用されている．この方法は簡単に強震動が作成できる利点があるが，一般にグリーン関数は単純な直達S波であり，震源のごく近傍では使用できない，などさまざまな制約があることに注意が必要である．

一方，理論的手法では，(3)式をそのまま用いる．グリーン関数の選択により，平行成層地盤を対象とした理論手法（波数積分法など）と，盆地など不整形地盤を対象とした数値解析手法（差分法や有限要素法など）などが用いられる．前者は短周期まで高速かつ高精度な計算が可能であるが，対象地盤が平行成層であるため，一般に震源近傍の強震動評価などに適している．一方，後者は理論上では，どのような地盤にも対応可能であるが，計算時間やメモリー，地盤情報などの制約から長周期の強震動評価に適している．

【久田嘉章】

引用文献

1) 日本建築学会：最新の地盤震動研究を活かした強震波形の作成法, 2009.
2) 西川孝夫ほか：建築の振動・応用編, 6章 地震と地震動, pp.80-140, 朝倉書店, 2008.
3) 日本建築学会：1999年台湾・集集地震, 第I編 災害調査報告書, 第1章 地震及び地震動, pp.1-11, 2000.
4) 建築研究所：強震データベース, 2011年3月11日東北地方太平洋沖地震, 2011.
5) 松島信一, 川瀬 博：日本建築学会構造系論文集, (534), 33-40, 2000.
6) 久田嘉章：日本建築学会構造系論文報告集, (512), 105-110, 1998.
7) Y. Hisada and J. Bielak：*Bull. of the Seism. Soc. of America*, **93**(3), 1154-1168, 2003.
8) 地震調査研究推進本部地震調査委員会：長周期地震動予測地図2009・2012年試作版, 2009, 2012.
9) 日本建築構造技術者協会：JSCA性能メニュー解説版, 2007.
10) 文部科学省・地震調査研究推進本部地震調査委員会：相模トラフ沿いの地震活動の長期評価, 2004.
11) 東京都：「首都直下地震等による東京の被害想定」について, 2012.
12) 瀬野徹三：地學雜誌・特集号, **116**(3/4), 370-379, 2007.
13) 日本建築学会：地盤震動―現象と理論―, 2005.
14) 国土交通省：超高層建築物等における長周期地震動への対策試案について, 2010.
15) 国土交通省：改正建築基準法の構造関連規定の技術的背景, ぎょうせい, 2001.
16) P.C. Jennings *et al.*：Simulated Earthquake Motions for Design Purposes, A1, pp.145-160, 4WCEE, 1969.

4 設計・計画

4.1 免震建築物の設計・計画

　免震建築物は積層ゴムやすべり支承などの支承材で建物の荷重を支持する特殊な構造であるため，2000年の建築基準法改正以前は個別の建物ごとに日本建築センターにおいて審査を受けたのち，建築基準法の旧第38条に基づく大臣認定を取得し，建築確認を受けていた．設計法は時刻歴応答解析法のみ認められていた．2000年の基準法改正により免震部材は建築基準法第37条において鋼材やコンクリートと同様に指定建築材料と規定され，平成12年建告第1446号に品質基準が示された．これにより，基本的には免震部材はこの告示に従って試験を行い，大臣認定を取得しなければ使用できなくなった．また，平成12年建設省告示第2009号に免震建築物の構造方法に関する技術基準が整備され，さまざまな設計方法を採用することが可能になった．詳細については免震編第6章に示されているが，平12建告第1461号に基づき時刻歴応答解析法により設計を行い性能評価機関において性能評価書を受け，大臣認定を取得したのちに建築確認を受ける方法だけではなく，告示に基づいて計算を行い通常の建築確認で審査を受ける方法も可能になった．通常の確認申請で審査を受ける方法としては，仕様規定のみでよいものと静的解析が必要とされる方法とがあるが，仕様規定のみで設計する方法に関しては認定された免震材料はなく，現在のところまだ運用されていない．静的解析を行う方法は一般的に告示免震と呼ばれており，多く用いられてきている．しかしながら，この方法を採用するためには種々の制限がある．その中で建築計画に影響を与えるものを次に示す．
　①地上階に免震層をもつ中間層免震には適用できない．
　②建築物の高さ60 m以上には適用できない．
　③免震支承に引張力が作用してはならない．
　④液状化の可能性のある地盤や第3種地盤には適用できない．
　⑤免震層のクリアランスとして応答変位量に所定の距離を加算しなければならない．
②や③の規定があるため，告示免震は超高層建物や塔状比（アスペクト比）の大きい建物には採用できない．

また，時刻歴応答解析を行う場合に比べ減衰量が多く必要となる場合や，上部建物の設計せん断力が大きくなる場合もある．告示免震を採用すると，大臣認定が不要となるため設計工期が短縮できるため，早期着工が可能となるというメリットはあるが，さまざまな制限やデメリットもあるため，設計法の決定においては十分に検討する必要がある．また，告示免震は基本的には上部建物が主として1次モードで振動する建物を対象としており，高層建物などで高次モードの影響が大きい場合には，上部建物のせん断力を過小評価してしまう可能性が指摘されている．高次モードの影響が大きいと考えられる建物では上部構造の耐力に十分に余裕を見るとともに，時刻歴応答解析も行い安全性を検証しておく必要がある．

　2000年の建築基準法の改正以前は，耐火建築物の主要構造部に用いるものとして耐火構造のみが位置づけられており，耐火構造以外のものを用いる場合には旧第38条に基づいて大臣認定が必要であった．ただし，基礎免震の場合には免震部材は耐火上の主要構造部ではないため，大臣認定は必要なかった．2000年の基準法改正により，主要構造部は耐火構造であるものに加えて，性能に関する技術的基準の適合するものであれば主要構造物として用いることが可能となった．これにより，基礎免震でない場合においても，告示に定められた「耐火性能検証法」により火災が終了するまで耐えることが確認されれば，通常の確認申請の審査で設計することが可能になったが，現在のところ「耐火性能検証法」には免震材料についての評価方法が定められていない．このため，基礎免震以外の免震建築物は免震部材に大臣認定を取得した耐火被覆を設けるか，耐火設計を行い，火災が終了するまで耐えることを確認し（ルートCと呼ばれている方法），性能評価機関により防災性能評価を取得したうえで，大臣認定を取得する必要がある．免震支承の耐火被覆に関しては，積層ゴム（天然ゴム系積層ゴム，鉛（錫）プラグ入り積層ゴム，高減衰ゴム系積層ゴム）や転がり支承（CLB）に関しては大臣認定を取得したものがあるが，現在のところすべり支承では大臣認定を取得したものはない．このため，基礎免震以外で積層ゴム以外の支承を用いる場合には耐火設計を行い，大臣認定を取得する必要がある．耐火設計を行う場合には，火災時の安全性を検証する必要があるが，免震層のある中間階免震では免震スリット部に耐火目地を設けるなどにより他の空間としっかりと防火区画するとともに，免震層に可燃物を設けないようにする必要がある．免震層のない柱頭免震の場合は免震部材に耐火被覆を

施す必要がある．

4.2 制震建築物の設計・計画

　制震建築物という分類は建築基準法にはない．したがって，制震ダンパーを用いた建物は通常の建築物と同様に扱われる．しかしながら，制震構造はダンパーにより地震エネルギーを吸収し，建物に作用する地震力を低減するものであるため，一般的には時刻歴応答解析法により設計される．このため，建築基準法的には建築基準法第20条1号および建築基準法施行令第81条第1項第四号の規定に基づき定められた技術基準である平12建告第1461号に基づき時刻歴応答解析法により設計を行い性能評価機関において性能評価書を受け，大臣認定を取得したのちに建築確認を受ける方法で設計される．

　それ以外の方法としては，平17国交告示第631号「エネルギーの釣合いに基づく耐震計算等の構造計算を定める件」により設計を行えば，大臣認定は不要で通常の建物と同様に，確認検査機関で審査を受け，確認申請を取得することが可能であるが，この方法で設計された建物はまだ少ないと思われる．建物高さが60m以下の建物では，制震ダンパーにより地震力を低減せず，ダンパーがないものとして一般の建物と同様に静的解析により設計を行い，あくまでダンパーは付加的なものだとすれば，確認検査機関で審査を受け，確認申請を取得することが可能である．一般的にはこれを付加制震建物と呼び，中高層建物では多く採用されている．この場合には，ダンパーがあることにより建物に悪影響を及ぼしたり，ダンパー周辺の部材が損傷することがないことの検討は必要である．また，確認申請には提出する必要はないが，時刻歴応答解析により建物の安全性を検証する必要があることはいうまでもない．

　制震ダンパーは免震部材と異なり，建築基準法第37条の指定建築材料に入っていない．このため，制震ダンパーは大臣認定を取得する必要はなく，個別の建物の性能評価においてその性能を審査し，建物として大臣認定を取得することになる．したがって，同じオイルダンパーでも免震用は大臣認定を取得しているが，制震用は取得していない．

　制震ダンパーは基本的には鉛直荷重を支持しないものが多いので，耐火性能は求められず，耐火被覆を設けたり，防災性能評価を取得したりする必要はない．ただし，鋼材ブレースダンパーや間柱ダンパーなどで鉛直荷重を支持させる場合には耐火被覆を設ける必要がある．ただし，構造上鉛直荷重が作用するダンパーでも，ダンパーがない状態で鉛直荷重が支持できるように設計されていれば耐火被覆を設ける必要はない．

　制震建築物の計画においては，制震ダンパーをどこに設置するかという問題がある．制震ダンパーにはブレースタイプや間柱タイプ，壁タイプなどが多いがいずれも建築計画的に妨げになる場合が多く，設置可能な場所は少ない．制震建築物のダンパー効果は千差万別で，非常に制震効果の高いものから，非常に小さいものもある．建築計画的にダンパーを設ける箇所に制限があり，最適なダンパー量を設置できないものも多い．

　階段室やエレベータなどのコア周辺には設置可能なスペースは多く，コア周辺にダンパーを設ける場合が多いが，あまり偏った配置は建物の構造的バランスが悪くなるので注意が必要である．また，コア周辺は床スラブが抜けている場所も多く，ダンパーへのせん断力の伝達が十分にできない場合もあるので注意が必要である．制震ダンパーが集中して配置されると周辺のフレームの負担が大きくなるとともに，周辺フレームの曲げ変形によりダンパーの効果も低下する．制震ダンパーはできるだけ分散してバランスよく配置することが望まれる．

【北村佳久】

5 構造計算方法

地震に対する建物の設計法は大きく分けると静的設計法と動的設計法がある．

本来，地震による建物の挙動は動的なものであるが，これを直接評価して設計することは困難が伴った．地震に対する静的な設計は佐野利器の震度法にはじまる．建築物にその自重に応じて水平力をかけることで地震に対する設計を行うものである．わが国の建築物の地震に対する安全性の向上にはかりしれない功績を残してきた．現在も大半の建築物の対地震設計は静的な水平荷重に置き換えられて行われている．

一方，動的な設計は地震による建物の挙動を評価して設計しようとするものである．免震，制震構造は地震時の挙動を静的に評価するのが難しいため，動的な設計に親和性が高い．動的な設計といっても，時刻歴応答解析，応答スペクトル法，エネルギー法など種々の解析方法がある．

5.1 時刻歴応答解析法

時刻歴応答解析は，地震動に対する建物の応答を微小な時間間隔ごとに求めていく方法である．

大別すると多自由度系の応答を，各次のモードの1自由度の応答値に刺激関数を乗じて重ね合わせて求めるモーダルアナリシスと，多自由度の運動方程式を直接数値的に積分していく数値積分法（直接積分法）に分けられる．

モーダルアナリシスは，構造物の挙動の直感的な把握などに優れているが，非線形系や非比例減衰系を扱うためには複素固有値問題を扱う必要が生じる．

数値積分法はデジタルコンピュータの発達により手軽に行えるようになった．非線形系や非比例減衰系を扱いやすいこともあり，現代では，実務的には時刻歴応答解析といえば数値積分法を指していることが多い．

数値積分法にも，解法に線形加速度法，Runge Kutta法など種々の方法があるが，線形加速度法を一般化したNewmarkのβ法を用いたプログラムが多い．Newmarkのβ法を用いた数値積分法による時刻歴応答解析が，高層建築物，免震建築物，制震建築物の設計においてはもっとも一般的に用いられている方法である．

建物のモデル化は，単純な1層を1質点に縮約した等価せん断型多質点系モデルから，部材レベルでモデル化した立体モデルまで使われる．

時刻歴応答解析は瞬間的な最大値と，地震動が終了するまでの合計量を同時に求められ，モデルによっては，部材単位の応答値も求められる．高度で詳細な解析である．

しかしながら，時刻歴応答解析にも弱点がある．まずは，減衰の評価である．建物に自ずと備わっている減衰性能（構造減衰と呼ばれることもある）は応答値に大きな影響を与えるが，物理的に明確な説明が難しく，内部粘性減衰を仮定して1次モードに対して$h=0.02$の剛性比例型減衰などと，極めて漠然とした形で仮定される．とくに立体モデルや，中間層免震では，構造減衰をどう仮定するか難しい．

また，モデルが複雑化すると，結果も膨大になり，構造設計そのものの判断が難しくなるという欠点もある．最大応答値のみから構造物の動的な挙動を判断することは難しい．これに対して，時刻歴解析を行うにさいして必ず振動モデルの固有値解析を行うことが重要である．数値積分法による時刻歴応答解析には，モデルの固有値解析は直接には必要ではないのであるが，振動モデルの固有値解析を行い，建築物の各次の周期やモード形状を確認するのは，人間が振動モデル，ひいては建築物の振動性状を理解するためである．

高度で詳細な解析であるが，得られた結果を真実と思いこんでしまいがちなことも欠点の1つにあげられる．入力地震動は不確定なものであり，解析は種々の仮定の積み重ねに対する結果にすぎないことを意識すべきである．

5.2 応答スペクトル法

a．スペクトル・モーダル解析

多自由度系の線形応答は，各次のモードの1自由度の応答値に刺激関数を乗じて重ね合わせることで得られる．応答を時間領域で求めるのでなく，最大値のみを求めるのであれば，各次モードを時間領域で足し合わすかわりに，各次の最大応答値を応答スペクトルから求め，これを足し合わすことで全体系の最大応答値を求めることができる．この方法を応答スペクトルによるモーダル解析，スペクトル・モーダル解析という．各次の最大応答値の足し合わせには，各次モードの同時刻性を考慮して，SRSS（Square root of sum of square，2乗和平方）を用いることが多い．最大応答値に与える影響は1次から数次の低次モードが大半

ので，多自由度系であっても高次まで計算する必要はない．時刻歴応答解析と比較して，若干精度は落ちるが，建物の振動モードと応答値の影響を設計者が把握しやすいという長所がある．

b. 限界耐力計算

限界耐力計算法は2000（平成12）年の基準法改正において，従来の構造計算法である許容応力度計算，保有耐力計算と並列に設けられた構造計算法である．

この方法は応答スペクトル法の一種である．一般に応答スペクトル（図1）は縦軸に応答値，横軸に周期または振動数をとって表すが，縦軸に応答加速度 S_A，横軸に応答変位 S_D をとって地震動の応答スペクトルを表すと，要求スペクトル曲線，S_A-S_D 曲線となる（図2）．縦軸の加速度は質量を乗ずれば応答せん断力になるので，このグラフは荷重-変形関係と読み替えることができる．同じグラフに建築物の代表点の非線形性を考慮した荷重-変形関係を重ね書きすれば目標とする地震動の S_A-S_D 曲線との交点が求める応答値となる．

実際には，解放工学的基盤の応答スペクトルに表層地盤の増幅率を乗じて設計用スペクトルとし，要求スペクトル曲線，S_A-S_D 曲線とする．これを建物の変形に応じた等価な減衰定数を考慮して低減する．

c. 免震告示第六の構造計算

平12建告第2009号「免震建築物の構造方法に関する安全上必要な技術的基準を定める等の件」（以下，免震告示と略す）の第六の構造計算は，免震建築物を上部構造を剛体とした1質点系で置換する免震構造に特化させた限界耐力計算法である．この方法も応答スペクトル法の一種である．

設計用地震動は限界耐力計算と同じ方法で要求スペクトル曲線とする．免震建築物は上部構造を剛体とした1質点系で置換し，免震層の復元力特性をバイリニア曲線でモデル化する．免震層の等価な減衰の影響を考慮して要求スペクトル曲線と免震層の復元力の交点である応答値を求める．免震層の等価な減衰は流体系の減衰材（オイルダンパーなど）も考慮できる．この応答値に対して，免震構造特有の性質を考慮して，上部構造の応答層せん断力，免震層の設計変位，下部構造の設計せん断力などを求める．

d. 限界耐力計算の問題点

限界耐力計算も免震告示第六の構造計算も，どちらの方法も目標とする地震動の応答スペクトルを定めることから始まる．建築物の減衰性能に対応して，応答スペクトルを低減するのであるが，この低減度合いは，確かではない．

実際には，減衰は応答加速度と応答変位に同様な効果があるわけではない．構造体が長周期の場合，減衰の付与により応答相対変位は低減するものの，応答絶対加速度は低減しない．しかしながら計算上は減衰により，加速度および加速度から計算される擬似変位を同時に低減させている．

免震告示第六の計算の場合，免震層の復元力を第一剛性を大きく，第二剛性を小さく，いわば剛塑性に近い形に設定すると，等価な周期が長くなり，等価な減衰が大きくなるので，応答加速度も応答変位も小さくなることになる．これは実際の応答には合っていない．

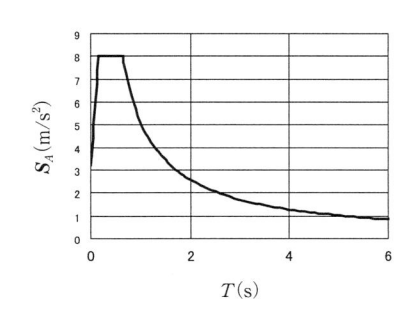

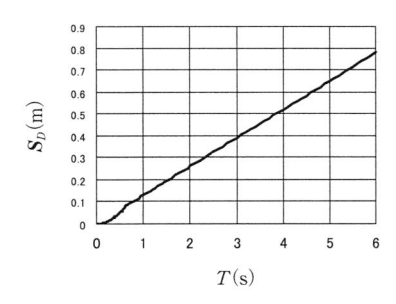

図1 上：加速度応答スペクトル，下：変位応答スペクトル

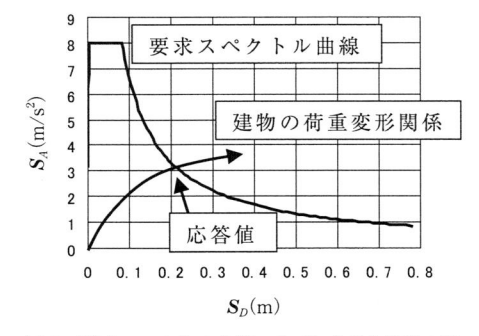

図2 要求スペクトル曲線，S_A-S_D 曲線と建物の荷重変形関係

5.3 エネルギー法

a. エネルギーの釣合いに基づく耐震設計法

地震動が建築物に与える影響の評価値には，最大応答加速度のようなある一瞬の値とエネルギーのような地震動が終了するまでの累積的な値とがある．一般的な構造計算は，最大変形とか最大のせん断力といった一瞬の値から安全性を評価するものが多い．エネルギー法はその名のとおり，地震動の累積的な値であるエネルギーから構造安全性を評価する計算法である．

地震動に対する運動方程式の両辺に構造物の微小変位増分を乗じて地震継続時間で積分すれば，力の釣合い式であった運動方程式が，スカラーであるエネルギーの釣合い式となる．これは地震が構造物にもたらす総入力エネルギーと構造物が吸収するエネルギー吸収量の釣合いである．秋山はこのエネルギーの釣合いについて以下のように整理し，エネルギーの釣合いに基づく建築物の耐震設計法を提案した．

① 1つの地震により構造物に投入されるエネルギーの総量は構造物の総質量，1次固有周期に依存し，構造物の強度分布，剛性分布，質量分布によらない極めて安定した量である．したがって，この総入力エネルギーが主として，構造物の塑性ひずみエネルギーとして吸収されると考えれば，構造物の総損傷は一定値であるといえる．

② 構造物各部の損傷の分布は構造物の強度分布，変形特性に依存する．

③ 構造物各部の損傷は各部の降伏強度と累積塑性変形の積で表現でき，各部の最大変形は変形特性に応じて累積塑性変形と容易に対応づけることができる．

b. エネルギー法告示

実務的に，単にエネルギー法という場合，秋山のエネルギーの釣合いに基づく建築物の耐震設計法のことではなく，その使用法を限定的にした国土交通省告示のエネルギー法を指すことが多い．これは平17国交告示第631号「エネルギーの釣合いに基づく耐震計算等の構造計算を定める件」により，限界耐力計算と同等以上に建築物の安全さを確かめることのできる構造計算として規定されている．耐久性など関係規定の適用を受けることなく，かつ，超高層建築物，免震建築物を除くすべての建築物に適用できる構造計算として扱われる．

その特徴の1つは構造耐力上主要な部分を主架構と履歴ダンパー部分に分解して考え，それぞれの安全性を検証することである．ダンパー部分は主架構に先んじて塑性化を生じ，地震のエネルギーを吸収するもので，稀に発生する地震動に対して塑性化することが許されている．ダンパーは履歴系に限られ，極低降伏点鋼など材料強度が規定されているものとする．粘性系のダンパーは使用できない．

告示のエネルギー法では，稀に発生する地震動と極めて稀に発生する地震動に対する2段階の検証を行う．稀に発生する地震動に対する設計もエネルギーの釣合いによる検証を行い，ダンパー部分を除いて損傷しないことと，層間変形角を確認する．極めて稀に発生する地震動に対する設計は，主架構，ダンパー部分のエネルギーの大小関係の比較により，倒壊・崩壊しないことを確認する．また，鉄筋コンクリート造や木造建築物では，損傷から変形を計算して極めて稀に発生する地震動に対する安全性が確認されることとなっている．

地震動により建築物に作用するエネルギー量は，地震動の総入力エネルギーではなく，総入力エネルギーから減衰項によるエネルギー吸収を除いた損傷に寄与するエネルギーを用いる．損傷に寄与するエネルギーは弾性振動エネルギーと累積塑性ひずみエネルギーの和となる．告示では，この損傷に寄与するエネルギーの速度換算値として，稀に発生する地震動，極めて稀に発生する地震動ともに限界耐力計算で用いられている加速度応答スペクトルから換算した擬似速度応答スペクトルの値が用いられる．

塑性ひずみエネルギーの各層への分配は，理想的な各層の耐力分布を，層せん断力分布を A_i 分布とした場合の各層の弾性ひずみエネルギーから求め，相対的に強度の低い層にエネルギーが集中するような構成となっている．

免震，制震建築物の計算には動的設計が用いられる．なかでも数値積分法による時刻歴応答解析が用いられることが多い．この解析法は詳細な結果が得られるが，これを唯一絶対の解と思いこんではいけない．

動的な設計法には応答スペクトル法のように設計者が建築物の振動性状を把握しやすく，結果から構造計画にフィードバックしやすい手法もある．また，エネルギー法のように同じ現象を違う視点から検証する手法もある．これらを構造計画，実施設計などの段階で併用し，種々の角度から，建築物の応答性状を総合的に判断することが望ましい．

【古橋　剛】

6 法律・制度・維持管理

6.1 建築基準法

20世紀前半，構造設計の概念が佐野利器や内藤多仲により形を整えたころ，関東大震災に見舞われた（1923年）．翌年に市街地建築物法が改正され耐震基準が導入された．1939年に第二次世界大戦に突入，1945年に敗戦となった．1950年に現在の建築基準法が制定された．

2000（平成12）年以前には，免震建築物や制震建築物に対する規定はなく，これらの建築物は旧第38条によって大臣認定後建設がなされてきた．2000年以降は免震建築物の技術基準として平12建告第2009号が，また，免震材料類の技術基準が法の第37条に基づき平12建告第1446号で規定された．

建築基準法のうち，免震建築物にとくに関係が深い条文を次に示す．

（目的）
第1条　この法律は，建築物の敷地，構造，設備及び用途に関する最低の基準を定めて，国民の生命，健康及び財産の保護を図り，もつて公共の福祉の増進に資することを目的とする．
（維持保全）
第8条　建築物の所有者，管理者又は占有者は，その建築物の敷地，構造及び建築設備を常時適法な状態に維持するように努めなければならない．
（構造耐力）
第20条　建築物は，自重，積載荷重，積雪荷重，風圧，土圧及び水圧並びに地震その他の震動及び衝撃に対して安全な構造のものとして，次の各号に掲げる建築物の区分に応じ，それぞれ当該各号に定める基準に適合するものでなければならない．
4．前3号に掲げる建築物以外の建築物　次に掲げる基準のいずれかに適合するものであること．
イ　当該建築物の安全上必要な構造方法に関して政令で定める技術的基準に適合すること．
ロ　前3号に定める基準のいずれかに適合すること．
（建築材料の品質）
第37条　建築物の基礎，主要構造部その他安全上，防火上又は衛生上重要である政令で定める部分に使用する木材，鋼材，コンクリートその他の建築材料として国土交通大臣が定めるもの（以下この条において「指定建築材料」という．）は，次の各号の一に該当するものでなければならない．

これらの技術基準により現在の免震建築物の構造計算が行われている．なお，制震建築物に関するこれらの規定はない．

平12建告第2009号は戸建て住宅などの小規模建築物に関する規定を加えて2004（平成16）年に改正された．また，2007（平成19）年に建築基準法が改正され，同時に構造関係告示に関する「技術的助言」が発出されている．さらに，構造計算適合性判定も導入された．このため免震建築物は告示第六の構造計算方法による場合は適合性判定が必要となった．

このほか限界耐力計算方法も改正されているため，本構造計算法において用いられる「G_s：表層地盤による加速度の増幅率を表すものとして，表層地盤の種類に応じて国土交通大臣が定め方法により算出した数値」の値が改正されている．図1に免震建築物の構造計算ルートを示す[1-3]．

【可児長英】

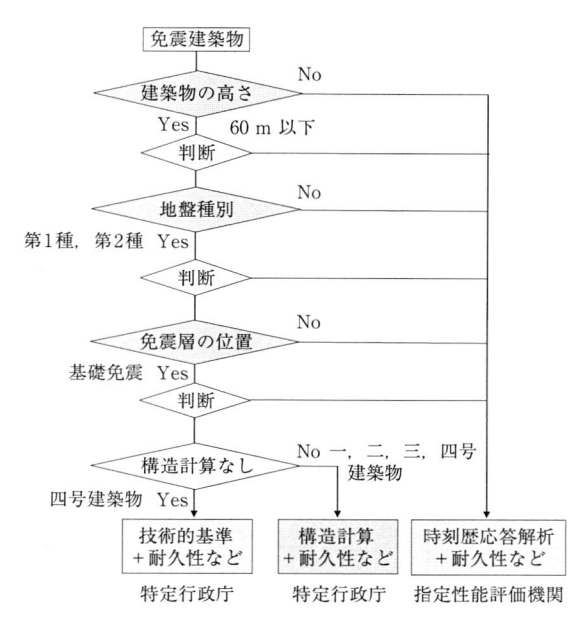

図1　免震建築物の構造計算ルート

引用文献
1) 免震建築物の技術基準解説及び計算例とその解説，工学図書，2001．
2) 免震建築物の技術基準解説及び計算例とその解説（平成16年改正告示の追加分―戸建て免震住宅を中心として―，日本建築センター，2006．
3) 2007年版建築物の構造関係技術基準解説書，全国官報販売協同組合，2007．

6.2 大臣認定制度

2000年以前は，建築基準法，旧第38条により，免震建築物や制震建築物が誕生した．設計者が工夫して開発した装置類を用いて，新技術を導入したこれらの建築物が出現していた．これらは以下の規定によるものである．

（特殊の材料又は構法）
第38条　この章の規定又はこれに基づく命令若しくは条例の規定は，その予想しない特殊の建築材料又は構造方法を用いる建築物については，建設大臣がその建築材料又は構造方法がこれらの規定によるものと同等以上の効力があると認める場合においては，適用しない．

21世紀に入りこの第38条は廃止された．この廃止については，性能規定化により，仕様規定を前提とした包括的な認定規定は不要で，必要があれば個々の条文に認定規定をおくからということであったといわれている．これまでの性能評定での審査は規定があるわけではないので，その評定方法の「不透明さ」，「予想できない」こと，「迅速に欠ける」など，あるいは，この条項によって技術開発を世に出せるのは研究開発の「資金力のあるもの」に限られるとか，旧第38条以外の規定で一般の建築物を規制しているのに「まるで建築基準法違反の建築を認めている」のではないかとか，必ずしもすべての関係者に受け入れられていたわけではないことなどもあって，廃止になったと思われる．

このため，現在は建築材料や構造方法が規定に適合していることを，分けてそれぞれ大臣が認定する（法37条，法68条の26）ことになる．

現在は，この旧第38条に変わって，類するものとして時刻歴応答解析法を規定した平12建告第1461号がある．本規定は「超高層建築物の構造耐力上の安全性を確かめるための構造計算の基準を定める件」というものである．建築物に作用する地震動で稀に発生するものに対して構造耐力上主要な部分が損傷しないことを運動方程式を用いて確認するとともに，極めて稀に発生するものに対して建築物が倒壊，崩壊しないことも確認することを規定している．免震建築物を性能評価を得て大臣認定により建設するには，この規定に

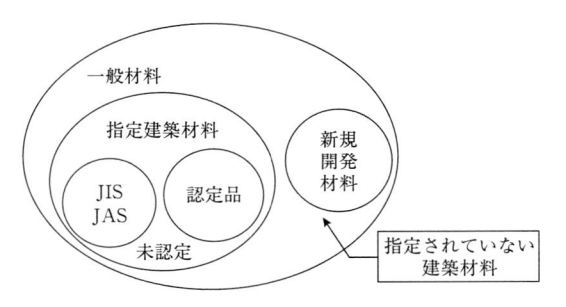

図2 建築材料の範囲
未認定：材料名はあるが，平12建告第1446号の技術基準にあてはまるものがないため認定されていないもの．

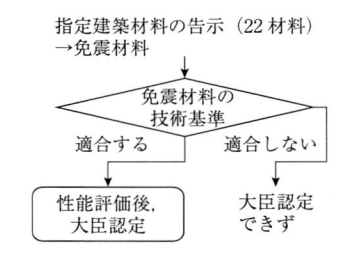

図3 新しい免震装置を開発した場合
平12建告第1446号の免震材料の技術基準はあるが，既存のものを規定化しているため新規のものに対応できない．認定するには新たな基準が必要になる．

よることになる．

また，免震部材類は，第37条の指定建築材料に指定されたものはその規定によらなければならない（平12建告第1446号にある構造用鋼材・コンクリート・免震材料など）．2000年以降，免震建築物に使用される免震部材はすべてこの規定に基づき大臣認定を受け世に出ている．すなわち，大臣認定されているものに限り使用可となっている．

もし，新しい免震装置を開発した場合には，それが免震材料とみなされれば（免震材料類は指定建築材料として規定されている），平12建告第1446号によらなければならないわけであるが，新しいものゆえこれに対する技術基準はないため，指定建築材料の認定もできないことになる（図2, 図3）．

新しい材料，製品はこれからも出現してくるので，これの対応が必要となるため，特殊の材料に対する支援がない現状を改善し，わが国の建築技術の進展を担って，バージョンアップした規定が期待される．

【可児長英】

6.3 耐震改修

一般に建築物の耐震改修は近年かなり進んでいるが，免震構造や制震構造の技術を用いて行われるものはまだわずかではある．「建築物の耐震改修の促進に関する法律」（以下，耐震改修促進法）は，阪神・淡路大震災の教訓から，1995年12月25日より施行されている法律で，2006年に改正されている．阪神・淡路大震災の被害状況を受け，耐震改修促進法では，不特定多数のものが利用する1981年以前の旧耐震の建築物のうち，特定の用途や一定規模以上のものを「特定建築物」とし，耐震性の確認と，改修に関して努力義務が規定されている．また，同法では改修計画に「認定制度」を設けていて，認定を受けることにより「大規模改修」のさいに必要な「確認申請」が免除され，基本的に「耐震」以外の「既存不適格要件」に関しても遡及を免れることが可能になる．認定の取得は所管行政庁によって多少変わるが，図4のフローが一般的である．

（目的）
第1条　この法律は，地震による建築物の倒壊等の被害から国民の生命，身体及び財産を保護するため，建築物の耐震改修の促進のための措置を講ずることにより建築物の地震に対する安全性の向上を図り，もって公共の福祉の確保に資することを目的とする．

また，耐震診断，耐震改修を促進するため，国や地方公共団体による補助制度が設けられている．国土交通省の「住宅・建築物の耐震化」ウェブサイトに「住宅・建築物安全ストック形成事業」があり，地震のさいの住宅・建築物の倒壊などによる被害の軽減を図るため，住宅・建築物の耐震性の向上に資する事業について，地方公共団体などに対し，国が必要な助成を行うことを目的とした事業が示されている．また，耐震診断・耐震改修を行う場合の，税制，融資などが示されている．

免震構造による耐震改修の例は100例近くあり，免震層の位置は基礎と中間階がほぼ同数である．民間と官庁の建築物もほぼ同数となっている．改修した建築物の竣工時期は1950～1981年が大半である（図5）．また，1949年以前の建築物も20%弱ある．施工方法としては図6に示すように建築物を使用しながらの施工が1/4あり，基礎免震の場合に多く採用されている．

制震改修の例は90例近くあり，民間と官庁の建築物もほぼ同数となっている．いずれも改修した建築物の竣工時期は1950～1981年の物件で実施されている．施工方法としては建物を使用しながらの施工が1/8ある．図7に制震改修の際の使用ダンパー類を示す．

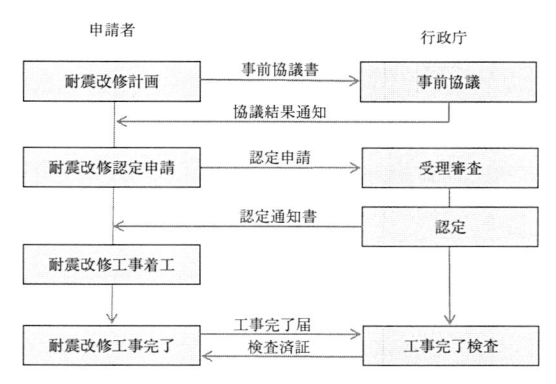

図4　「耐震改修促進法」による耐震改修工事のフロー

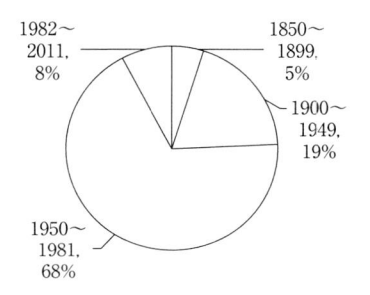

図5　免震改修：既存建物の竣工時期

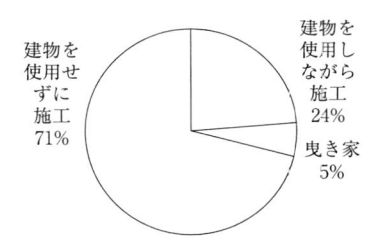

図6　免震改修：施工の状況

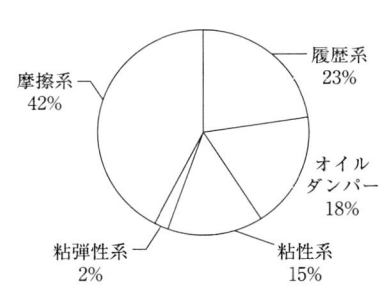

図7　制震改修に用いられるダンパー類

【可児長英】

6.4 製品検査・完成検査

免震建物の施工には高い精度と品質が求められる．とくに免震部材の製品精度・据え付け精度の確保は重要である．以下に免震建物の施工工程の流れに沿って免震部特有の検査項目をあげ，それぞれの監理者としての注意点について解説する[1]．

免震工事は免震部材製作者，施工者が作成し，施工者が確認し提出される管理書類を工事監理者が確認，承認し工事が進捗していく．免震工事施工計画書，免震部材製作・検査要領書，免震部材取付け・検査報告書，免震竣工時検査報告書について概説する．

a. 免震工事施工計画書の確認

免震工事の基本となる計画書である．施工者は設計図・性能評価書類をチェックし，施工条件を把握し，総合仮設計画，工程計画を立案し品質体制，各種検査体制を明記し工事監理者に提出する．監理者は建築だけでなく設備工事との干渉などの検討がなされているかなどのポイントをチェックし承認する．

b. 免震部材製作・検査要領書の確認

免震部材メーカーが選定されると，免震部材製作要

表1 積層ゴムアイソレータの品質管理

	検査項目		検査頻度	判定基準	処置	管理区分 製作者	管理区分 施工者
材料検査	ゴム材料の物性検査	硬さ / 引張応力 / 引張強さ / 伸び	1物件に1回以上	仕様に相違がないこと	材料の再製作	○	□
材料検査	使用鋼材のミルシート		全数	仕様に相違がないこと	材料の再製作	□	□
材料検査	鉛や錫材料のミルシート		インゴットごと	仕様に相違がないこと	材料の再製作	□	□
外観検査	完成品の外観検査		全数	有害な傷や変形，塗装，めっきの浮き，剥がれがないこと	補修	○	◎
寸法検査	製品高さ		全数	設計値±1.5% かつ±6 mm	補修または再製作	○	◎
寸法検査	フランジの傾き		全数	フランジの外径の0.5%	補修または再製作	○	◎
寸法検査	ゴム部外径		全数	設計値±0.5% かつ±4 mm	補修または再製作	○	◎
寸法検査	フランジの外径		全数	設計値±3 mm	補修または再製作	○	◎
寸法検査	フランジのずれ		全数	5 mm以内	補修または再製作	○	◎
寸法検査	取付けボルト孔ピッチ		全数	設計値±1.2 mm	補修または再製作	○	◎
寸法検査	取付けボルト孔径		全数	設計値±0.5 mm	補修または再製作	○	◎
防錆	塗装膜厚検査（電磁膜厚計などによる）		同一製品中50%以上	仕様に相違がないこと	補修	○	◎
性能検査	鉛直特性確認試験	鉛直剛性 K_v	全数	設計値±20%	再製作	○	◎
性能検査	水平特性確認試験	RB: 水平剛性 K_h	全数	設計値±20%	再製作	○	◎
性能検査	水平特性確認試験	LRB, SnRB: 降伏後剛性 K_d / 降伏荷重 Q_d	全数	設計値±20%	再製作	○	◎
性能検査	水平特性確認試験	HDR: 等価剛性 K_e / 等価減衰定数 H_e	全数	設計値±20%	再製作	○	◎

凡例 ◎：施工者立会検査（一般的には抜取り検査で実施，抜取り数は工事監理者と協議），○：製作者自主検査，□：書類による審査．
RB：天然ゴム系積層ゴム，LRB：鉛プラグ入り積層ゴム，SnRB：錫プラグ入り積層ゴム，HDR：高減衰ゴム系積層ゴム

6.4 製品検査・完成検査

図8 免震部材製品検査

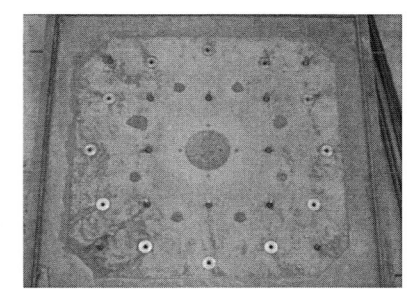

図9 ベースプレート下部充填事前施工

図10 免震部材受け入れ検査

表2 積層ゴムアイソレータの受け入れ検査

検査対象	検査項目	検査方法	判定基準	処置
積層ゴム部	横傷・縦傷	ノギス 計測用ヘラ	被覆ゴム厚未満	接着剤により補修
			被覆ゴム厚以上	製品を取替える
	コーナー部欠損	目視 触診	鋼板に達していない	接着剤により補修
			鋼板に達している	工場にて加硫接着
	コーナー部亀裂	目視・触診	亀裂が発生している	接着剤により補修
	鋼板に変形が生じていると考えられる変形	目視	変形が生じている	製品を取替える
フランジ部	フランジプレートの局部的な変形, 打痕	目視 触診 計測	設置に支障が生じる	補修・再加工あるいは製品を取替える
	製作者名, 部材種類, 製造番号など	照合	搬入予定表（計画書）と相違がないこと	工場に確認, 必要な製品を取寄せる
養生	養生の状態	目視	積層ゴム部分に巻きつけたパッキング材に剥がれ, めくれなどがない	ゴム表面を確認して巻きなおす

領書がメーカーから提示され施工者が確認し監理者に提出される．免震部材の性能が設計スペックをみたしているか，使用材料が仕様と整合しているか，製作精度が設計で要求されている仕様と整合しているか，さらに免震装置取付け後の精度を考慮し製作に反映されているか確認する．同時に現場の施工工程と製作工程との整合を確認する．製作工場での外観検査・材料検査・性能検査・製品検査（図8）に立ち会う．

積層ゴムアイソレータの品質管理について表1に示す．

図11 免震装置取付け

図12 免震装置仮固定

表3 竣工時検査の点検項目

対象	点検項目		点検方法	箇所	管理値	処置
積層ゴムアイソレータ・弾性すべりアイソレータ	被覆ゴムの外観	変色	目視	免震層全数	変色なし	調査の上対処
		傷	目視・計測		被覆ゴムの範囲	管理値以内：補修
	鋼材部の状況	発錆	目視		浮錆，赤錆なし	塗装の補修
		取付部	目視		ボルト・ナットのマーキング	
	積層ゴムの変位	鉛直変位	計測		異常な変位なし	調査の上対処
		水平変位	計測		異常な変位なし	調査の上対処
	すべり板	よごれ	目視		汚れ，異物付着なし	除去
		腐食	目視		長径10 mm以内	調査の上対処
		傷	目視		傷の深さ0.5 mm以内	調査の上対処
	耐火被覆	取付状況	目視		異常なし	調査の上対処
ダンパー	状況	本体	目視	免震層全数	形状異常，傷なし	復元あるいは交換
		発錆	目視		浮錆，赤錆なし	塗装の修復
		取付部	目視		ボルト・ナットのマーキング	
	形状	水平変位形状変化	目視・計測		異常な水平変位及び形状変化なし	調査の上対処
建物	周辺環境	クリアランス	計測	外周・免震層	規定間隔の確保工作物有無	整備・除去
		建物位置	確認	4隅及び中央	マーキング	
免震部材設備配管・配線	周辺状況	クリアランス	目視	免震層全数	移動範囲内に障害物なし	整備・除去
		可燃物	目視		可燃物なし	整備・除去
		排水状況	目視		良好	調査の上対処
設備配管	可撓継手部	取付状況液漏れ等	目視	免震層全数	異常なし	調査の上対処
		傷・亀裂	目視		傷・亀裂なし	調査の上対処
電気配管	変位吸収部	余長	目視	免震層全数	十分な余長	調査の上対処
別置き試験体	初期値	確認	目視	試験体全数	記録の存在	調査の上対処
	位置・個数	確認	目視		設置位置と個数	調査の上対処

c. 免震部材取付け検査・報告書の確認

施工者は免震部材下部の配筋検討，ベースプレート据付けを検討し設計図書要求の取付け精度確保のための治具検討，養生材の検討，固定法の検討，ベースプレート下部のコンクリート打設計画，充填確認の事前施工の実施（図9）などそれぞれ計画し，監理者に提出する．監理者は計画の妥当性をチェックするとともに，品質管理基準値が仕様書と整合しているかを確認する．充填確認検査には監理者も立ち会うのがよい．免震部材下部ベースプレートに取付くスタッドジベル，袋ナット，受け架台などが，基礎の配筋と干渉しないか納まり図を描き検討するよう指示するとよい．

受け入れ検査には，免震部材の受け入れ検査（施工者が実施し提出された報告書を確認する），ベースプ

(a) 積層ゴムの鉛直変位計測
(b) 積層ゴムの外観検査 
(c) 電気配線の余長確認 
(d) 設備配管の可撓性確認 
(e) 設備配管クリアランス確認 
(f) クリアランスの確認 
(g) 排水状況の確認 
(h) 建物とフェンス間のクリアランス確認 

図13　竣工時検査のようす

レート受け入れ検査・免震部材受け入れ検査（図10）などがある．

製品検査で合格したそれぞれの製品が工場から搬送され現場に納入される．製品の確認と運搬時の損傷の有無を確認する．基本的には抜取り検査とし製品の外観検査を行い，製品表面の傷の有無を確認，残りは養生状態を確認する方法が一般的．受け入れ検査の検査項目について表2に示す．

納入された免震部材が適正な保管場所に保管されているか，取付け方法が安全な状況で精度よく施工されているか（図11），適宜現場状況を確認する．免震装置直上部の施工にあたり免震部材が変形しないか仮固定方法（図12）が適切であるか計画書のチェックと現地を確認するのがよい．

d. 竣工時検査

施工者は免震部材および関連部位の施工が適切に行われ，免震建築物としての機能を果たせることを確認するために有資格者による「免震建築物の竣工時検査」を実施し，その記録を工事監理者に提出し承認後，建物所有者に提出しなければならない．

この検査記録（免震部竣工時検査報告書）は，今後の点検の初期値となる重要な記録であるので施工者，監理者立会いで実施するのがよい．また公平性を考慮し，有資格（免震建物点検技術者）による第三者機関で実施することを推奨する．

1) 検査方法　　点検項目，点検方法，管理値などの検査方法は「設計図書」，「特記仕様書」などに示されている方法による．記載なき場合，日本免震構造協会「免震建物の維持管理基準-2009」表2に準拠したものとする．

2) おもな点検項目　　免震装置被覆ゴム，鋼材部の外観目視検査：変色，傷，発錆など．

竣工時検査の点検項目および調査方法について表3，図13に示す．　　　　　　　　　　　【杉崎良一】

引用文献

1) 日本免震構造協会編：JSSI 免震構造施工標準，2009.

6.5 維持管理

a. 維持管理の位置づけ

建築基準法は，第8条で建築物の維持保全，すなわち建築物の敷地，構造および建築設備を常時適法な状態に維持する努力義務を課している．また第12条の報告，検査などにおいて建築物の状況の調査と特定行政庁への報告を義務づけている．

免震建築物は，免震層に大きな変形を集中させることで上部構造への水平力の伝達を著しく低減させる構法のため，免震層および免震部材がつねに機能を発揮できる状態に保つことが極めて重要である．

日本免震構造協会では，これら免震層や免震部材の維持管理を適正に行うため，1996（平成8）年に「免震建物の維持管理基準」（以後，維持管理基準という）を定め，その後全体の骨子は変わらないものの3～4年ごとに新しい知見を取り入れながら改定を行い，2013年12月現在において2012年版が最新である[1]．

b. 維持管理の内容

免震建物の維持管理は，免震部材の検査点検を通じて，建物がつねに設計者が意図する免震機能を維持すること，すなわち下記の不具合を防止することを目的としている．

① 日常的変化または経年変化に起因する建物の使用勝手や免震機能の不具合

② 災害（地震，強風，火災，水害）に起因する建物の使用勝手や免震機能の不具合

これらの目的を達成するため，維持管理基準における検査点検は，下記の5つで構成されている．

1) 竣工時検査　免震建物竣工時に全数検査を実施，初期値として記録に残す検査である．竣工時検査は，建物を引き渡す前に実施するため不具合があれば手直しにより，すべてが管理値以内となることを原則としている．

2) 定期点検　日常的変化を確認するため目視を中心とした点検を毎年行うほか，その後の経時変化を確認するため，竣工後5年，10年，以後10年ごとに一部抜取り計測を含む定期的な点検を実施する．

3) 応急点検　大地震や風水害などの大規模災害，火災などの被災後に想定される緊急かつ多数の免震建物の点検に対応できる比較的簡易な点検である．

4) 詳細点検　定期点検や応急点検で重大な不具合が認められた場合，設計者の指示などにより実施する詳細な点検である．

5) 更新工事後点検　免震建物が国内に登場して30年を経て，今後設備機器の更新や免震層内の改変が増加することが想定されるため，更新工事を行ったのちに実施する点検である．更新工事の範囲で実施し，方法は竣工時検査に準じる．

検査・点検の判定は，それぞれの項目の管理値を基準とする．管理値は設計者が定める．

表4は，維持管理基準における検査・点検の種別と概要を一覧表に示したものである．

c. 点検対象とその項目

点検対象は，免震建物の性能にかかわる主として下記に示す部位で，それぞれ，寸法変化などの代替性能の点検を行い要求性能を満たしているか確認する．

1) 免震部材など：鉛直荷重支持性能，水平変形性能，復元性能，減衰性能，耐火性能を確認する．

2) 免震層・建物外周部およびエキスパンション部：建物と地盤との相対変位に支障がなく，各部に損傷が生じないことを確認する．

3) 設備配管可撓部，配線の余長およびクリアランス：変位追従性能，躯体とのクリアランス，相互のクリアランスを確認する．

4) その他：出入り口など見やすい場所に免震建物であることその他必要事項が表示されていること．

d. 実施者と体制

免震建物の維持管理にかかわる関係者は，建物所有者，建物設計者，建物管理者，免震建物点検技術者（6.6

表4　検査・点検の種別と概要

種別・概要	主体	時期・期間	点検箇所・内容	備考
竣工時検査	施工者	竣工時	全数・計測	建物の竣工検査と区別した用語「竣工時検査」を用いる
定期点検	所有者・管理者など	①竣工後5年，10年以降10年ごと	全数・目視一部・計測	
		②毎年	全数・目視	
応急点検	所有者・管理者など	被災時	全数・目視	迅速さを重視する
詳細点検	所有者・管理者など	不具合検出時	定期点検①に準じるほか被災状況に応じる	
更新工事後点検	施工者	更新工事後	更新工事範囲で竣工時検査に準じる	

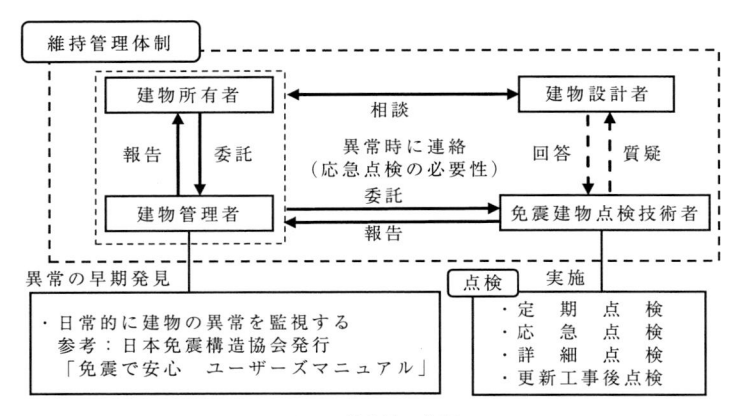

図14 維持管理体制

節参照）である．なお，竣工時検査では，建物施工者も関係者である．検査・点検を行う者は，設計者や施工者の都合に左右されない第三者的な立場，すなわち設計時の不具合や施工時に生じた不具合についても公平に指摘できる立場が求められるものである．図14に維持管理体制を示す．

分譲の共同住宅などでは建物所有者には，管理組合などを含み，建物管理者は，管理組合から委託されている管理会社などを含むこととしている．建物設計者は，検査・点検における管理値を定める役割をもっており，免震建物点検技術者からの質疑に対しては回答をもって協力することとしている．

e. 結果の保管

免震建物の点検は，竣工時検査から始まりその後数十年にわたり建物が存続する限り実施され，定期点検時には竣工時検査記録がその初期値となる．したがって，長い年月を経て建物の所有者や点検技術者が代わっても検査・点検結果が確実に残るような仕組みとして保管することが重要である．

f. クリアランス

免震建物特有の課題として，地震時に上部構造と下部構造や地盤との間に生じる大きな相対変位（水平変位，沈み込みによる変位）に対して衝突などが発生しないように設置されるクリアランスがある．点検において不具合がみられる代表的な項目のため維持管理基準では，クリアランスについて詳述している．基本は，設計者が意図する最低限のクリアランスが常時保たれることであるが，さまざまな要因でこの寸法が変化することを考慮しなければならない．

クリアランスを変化させる要因としては，①施工誤差，②乾燥収縮，③温度収縮，④残留変位，⑤沈み込み：鉛直方向，⑥クリープ変位：鉛直方向，があげられる．

詳細については文献[1]に記載されており，設計，施工，維持管理に携わる方は一読されたい．

g. 今後の維持管理の方向性

2011年3月11日に発生した東日本大震災では，長周期かつ長時間地震動に加えて大きな余震を数多く経験することで，免震部材について新しい知見がいくつか得られている．免震の性能においてはその機能が十分発揮されているが，維持管理の観点からは新たな課題が加わることとなっている．

おもなものとして履歴系ダンパーの累積損傷による疲労を点検でどのように判定するか，エキスパンションジョイントの設計や施工時点で内在していた不具合や経年変化からくる可動性能の劣化をどのように見出すかなどがある．2012年の改定ではそれらについて維持管理基準に見解を示したが，知見が増える度に点検項目を追加した部分改定を行ってきた結果，点検がより複雑化してきている．

今後の課題は，それらを整理し，より合理的かつ的確な維持管理基準とすることである．　【沢田研自】

引用文献

1) 維持管理委員会：免震建物の維持管理基準2012，日本免震構造協会，2012．

6.6 資　　格

a. 免震部建築施工管理技術者

免震構造にかかわる技術者は，いくつもの地震を経験して，その都度，地震動の研究や解析技術，設計技術を向上させている．そして，超高層や中間階免震やその他，工夫を凝らした架構形式が免震構造で実現している．免震部材も高性能かつ大型化し，免震建築物の可能性はますます広がりをみせており，この10年で免震建築物の設計要求品質はより高度化しているといえよう．

このような免震建築物を造る施工者には，設計要求品質を十分理解したうえで，品質管理項目および管理目標値を明確に定め，施工計画を立案する能力が必要になる．図15に免震建築物の標準的な品質管理フローを示すが，これらを担う専門の技術担当者が建設現場の作業所にいることが望ましい．日本免震構造協会では，この技術担当者が協会の認定する「免震部建築施工管理技術者」であることを推奨している．

2013年3月時点で，免震部建築施工管理技術者は，約3,300名が登録されており，5年ごとの更新が義務づけられている．免震建築物の施工に専門能力があると認知される唯一の資格であり，設計図書の免震構造特記仕様書に有資格者の配置を義務づけるケースが増えている（資格取得に関しては日本免震構造協会ウェブサイトを参照）．

免震部建築施工管理技術者が，健全な免震建築物の実現を図るための業務は，以下の4つとしている．
1. 免震工事に関する施工管理
2. 免震部材などの品質管理
3. 免震部工事にかかわる施工管理
4. 竣工時検査の実施と報告

これらの業務を進めるうえで必要となるおもな施工管理書類を表5に示す．施工者は，必要書類を工事監理者に提出し，承諾を得なければならない．

免震建築物の施工は，一般建築物にない免震部材の製作管理やその設置工事があり，仮設計画においては，施工中の建物が地震で動くことを前提とする必要がある．また，完成時には維持管理の初期値となる免震竣

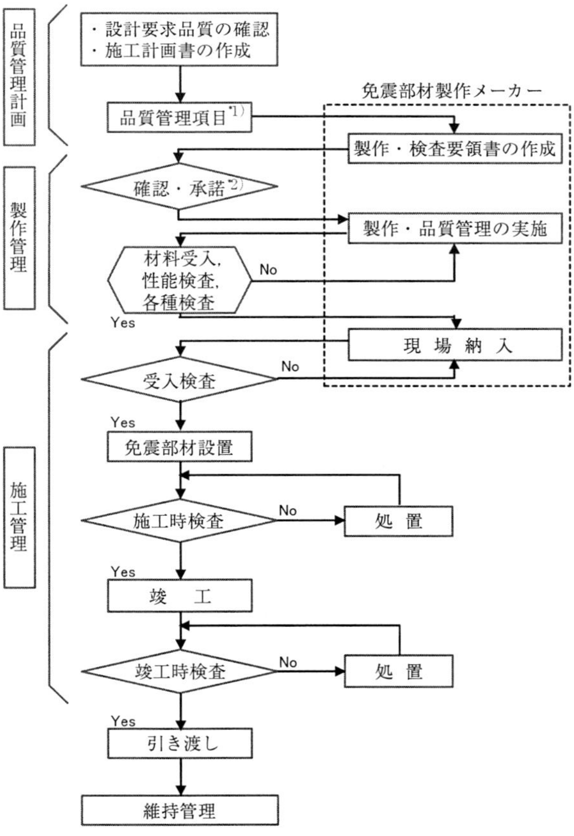

図15 免震建築物の品質管理フロー

表5 おもな施工管理書類

管理書類名称	工事監理者	施工者	製作者（メーカー）
免震工事施工計画書	承諾	◎	−
免震部材製作・検査要領書	承諾	確認	◎
免震部材製作検査報告書	承諾	確認	◎
設備配管継手検査報告書	承諾	確認	◎
エキスパンションジョイント検査報告書	承諾	確認	◎
免震部施工時検査報告書	承諾	◎	−
免震部竣工時検査報告書	承諾	◎	−

◎は書類作成者

工時検査を施工者の責任として行う．

　これらの業務を主体的に実施する免震工事責任者は，専門能力をもつ「免震部建築施工管理技術者」の有資格者が適任である．　　　　　　　【舘野孝信】

b. 免震建物点検技術者

　日本免震構造協会の主目的「免震構造等の適正な普及」のもと，免震建物の維持管理業務を通して免震建物に要求される免震性能と性能品質を確保するため必要な能力を有する点検技術者を個人として認定する制度が「免震建物点検技術者」（以後点検技術者）である．この資格制度は平成14年度に始まり，年1回の講習および筆記試験を実施し合格者には，協会が有効期間5年間の免震建物点検技術者登録証を発行する制度で，2012年末現在1,200名を超える有資格者が全国で活動している．

　なお免震技術は，日々進歩し，また震災の経験などから新しい知見も得られており，5年に一度，半日の講習を受講するまたは点検報告書の提出を行うことで資格更新ができることとなっている．新規取得や資格更新において未登録の場合は，1年間の猶予をもって資格取得の権利が失効する．

　免震建物点検技術者の役割は，免震建物に要求される免震機能と性能品質を確保するために，維持管理基準に基づき，免震層および免震層まわりについて，下記の業務について責任をもって行うことである．

1) 検査点検の実施計画を立案する
2) 検査点検現場に立ち会い，計測を実施する者を指導する
3) 検査点検結果から問題点を指摘する
4) 報告書を作成し検査点検依頼者に報告する

　点検技術者の立場では，設計者や施工者の都合に左右されない第三者として，事実に基づき推測や先入観を排除した報告書を作成することが要求される．また設計者や施工者との責任分担を明確にするため，点検結果から問題点を指摘するまでとし改善提案や補修などの行為は行わないこととしている．　【沢田研自】

6.7 品確法

a. 品確法

品確法は正式には「住宅の品質確保の促進等に関する法律」，2000（平成12）年4月1日に施行された．「構造の安定に関すること」に関しては当初耐震構造が対象であったが，2007（平成19）年4月1日以降，免震構造も取り入れられた．ただし，耐震には等級があるが，免震にはない．この法律は，住宅の品質確保の促進と，消費者が安心して住宅を取得できる市場条件，住宅にかかわる紛争の処理体制の整備を図るため，住宅性能表示制度の創設，住宅にかかわる紛争処理体制の整備，瑕疵担保責任の特例の措置を講じるものである．

（目的）
第1条　この法律は，住宅の性能に関する表示基準及びこれに基づく評価の制度を設け，住宅に係わる紛争の処理体制を整備するとともに，新築住宅の請負契約又は売買契約における瑕疵担保責任について特別の定めをすることにより，住宅の品質確保の促進，住宅購入者等の利益の保護及び住宅に係わる紛争の迅速かつ適正な解決を図り，もって国民生活の安定向上と国民経済の健全な発展に寄与することを目的とする．

b. 住宅性能表示制度

住宅性能表示制度は，良質な住宅を安心して取得できる市場を形成するためにつくられた制度となっており，具体的には以下のような内容となっている．

住宅の性能（構造耐力，遮音性，省エネルギー性など）に関する表示の適正化を図るための共通ルール（表示の方法，評価の方法の基準）を設け，消費者による住宅の性能の相互比較を可能にする．住宅の性能に関する評価を客観的に行う第三者機関を整備し，評価結果の信頼性を確保する．住宅性能評価書に表示された住宅の性能は，契約内容とされることを原則とすることにより，表示された性能を実現する．

日本住宅性能表示基準及び評価方法基準の「1 構造の安定に関すること」には，構造躯体の強さを表す性能表示事項を以下の7項目に関し定めている．

1-1　耐震等級（構造躯体の倒壊等防止）
1-2　耐震等級（構造躯体の損傷防止）
1-3　その他（地震に対する構造躯体の倒壊等防止損傷防止）
1-4　耐風等級（構造躯体の倒壊等防止及び損傷防止）
1-5　耐積雪等級（構造躯体に対する構造躯体の倒壊等防止及び損傷防止）
1-6　地盤又は杭の許容支持力等及びその設定方法
1-7　基礎の構造方法及び形式等

この基準は，住宅の品質確保の促進等に関する法律第3条第1項の規定に基づく．

耐震等級で「損傷防止」とは，数十年に一度程度は起こりうる大きさの力に対して，大規模な工事が伴う修復を要するほどの著しい損傷が生じないようにすることをいい，「倒壊等防止」とは，数百年に一度程度は起こりうる大きさの力に対して，損傷は受けても，人命が損なわれるような壊れ方をしないようにすることをいう．これらのうち，1-3は建築基準法に基づく免震建築物であるか否かを表す性能表示事項であり，1-1「倒壊等防止」，1-2「損傷防止」に関して，それぞれ耐震等級3, 2, 1が規定されている．評価対象建築物が1-3「その他」で免震建築物であることが確認された場合は，1-1および1-2の評価は行わない．したがって等級表示はない．

住宅性能評価・表示協会ではウェブサイトにて，情報提供・各種データとして住宅性能評価書にかかわるデータを集計しているので参照されたい．免震建築物は耐震等級3となっているが，住宅性能評価書の取得はきわめて少ない．住宅性能表示住宅は地震保険に優遇制度があり，平成13年金融庁告示第50号（地震保険基準料率表）第34(2) ロによる地震保険料の割引を受けることができる．耐震性能の等級に応じ次表に示す割引を受けることができる．割引率については見直しが行われており，拡大される見通しである．

耐震等級	割引率
3	30%
2	20%
1	10%

このほかの優遇制度では民間の金融機関が住宅性能表示住宅に対し住宅ローン金利の優遇策がある．その内容は金融機関ごとに多少異なっている．

【可児長英】

6.8 消 防 法

建築基準法上では，火災の発生中に構造体全体に大きく影響を及ぼす地震が発生する確率は極めて小さく，設計条件とする必要はないと考えられ，耐火設計は長期荷重時に火災が発生したことを前提として行われる．

したがって，地震時におけるエネルギー吸収および変位抑制を目的としたダンパー（減衰材）には，建物の部材としての耐火性能を基本的には求めていない．

ダンパーには，履歴系ダンパー（鋼材・鉛・摩擦），流体系ダンパー（オイル・粘性体），粘弾性系ダンパーがあるが，流体系ダンパーを中間層免震に採用する場合には，火災発生時にダンパーの存在が建物の耐火性能に影響を及ぼす場合は，その影響を耐火設計上考慮する必要がある．

たとえば，免震用・制振用オイルダンパーは，図16の概念図に示すように，円筒状の鋼製容器の中にオイルが格納され，このオイルの粘性を利用して建物の水平変形力エネルギーを熱エネルギーに変換することにより，建物の地震時の減衰力を得ている．

免震建物に使用されるオイルダンパーのオイルの量は，1基あたり2〜200 l である．

ダンパーに火災時のオイル漏れの措置がなされていない場合は，このオイルを当該空間の可燃物量に加算して耐火設計をすることになる．

設計者は，火災時のオイル漏れの状況を判断して，耐火設計する必要がある．

オイルの燃焼性状は，試算によれば，局所火災時では，家具などと比較すると，ソファーの個体可燃物に比べて発熱量は低いが，くずかごよりは高い傾向にある．また，盛期火災時では，事務所における発熱量より低い．

消防法上では，基礎免震・中間層免震にかかわらず，流体系ダンパーは，現在，採用される流体の材料（物品）によっては，「火災発生の危険性が大きい」，「火災拡大の危険性が大きい（燃焼速度が速い）」，「消火の困難性が高い」と判断され，危険物または少量危険物としての規制を受ける場合があるので，注意する必要がある．

たとえば，第四類，第三石油類の材料を使用した場合には，指定数量2000 l 以上では直接国の法規により規制され，市町村長などの許可が必要となる．

また，指定数量2000 l 未満で指定数量が1/5(400 l)以上の場合は，市町村条例の対象となり届け出が必要となる．したがって，指定数量が1/5(400 l)未満の

表6 危険物の規制の概要

貯蔵所のグレード	該当の根拠	貯蔵所などの技術的基準
I. 危険物貯蔵所	指定数量[*1)]以上の危険物が貯蔵（消防法10条）	危険物の規制に関する政令第10条による
II. 少量危険物貯蔵取扱所	条例で規定する指定数量[*2)]以上，指定数量未満の危険物が貯蔵（消防法9条の3）	市町村条例により設定（消防法9条の3）
III. 規制対象外	危険物がない	―

*1 第四類危険物，第三石油類の場合には2000 l
*2 東京都(第四類危険物, 第三石油類)の場合は400 l．ただし，危険物の間隔を6 m以上確保すれば貯蔵所の基準を緩和可

表7 危険物の分類と指定数量（第四類）

種別		品名	性質	指定数量
第四類（引火性液体）	1	特殊引火物		50 l
	2	第一石油類	非水溶性液体	200 l
			水溶性液体	400 l
	3	アルコール類		400 l
	4	第二石油類	非水溶性液体	1000 l
			水溶性液体	2000 l
	5	第三石油類	非水溶性液体	2000 l
			水溶性液体	4000 l
	6	第四石油類		6000 l
	7	動植物油類		10000 l

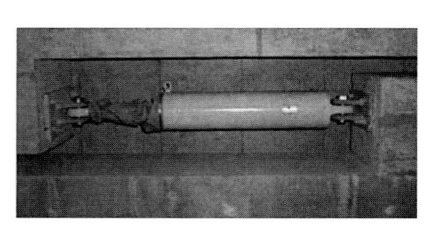

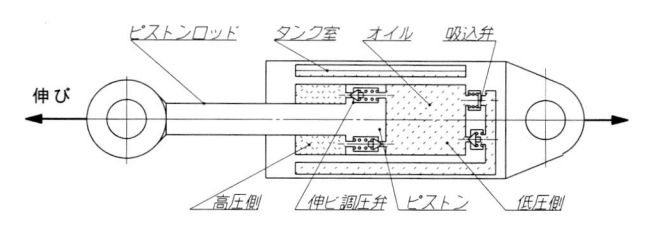

免震用オイルダンパー

図16 オイルダンパー概念図の例

6.8 消防法

場合は，届出の義務は生じない．

表6に危険物の規制の概要を，表7に危険物の分類と指定数量（第四類）を示す．

なお，消防法上での免震・制振用オイルダンパーの概念はないため，実際の各オイルダンパーがどのような性状を示すかのシナリオを予測し，検証することによって，消防隊の消火活動に対しても大きな障害にならないことを確認することが重要である．

図17は，住宅用免震オイルダンパーの加熱試験の状況であるが，今後，材料の基礎試験（材料の熱挙動）・シミュレーション解析・実大試験などの検証が望まれる．
【荻野伸行】

加熱試験状況

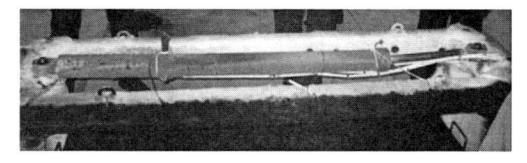

加熱試験後のオイルダンパー状況

図17　住宅用免震オイルダンパーの燃焼実験[1]

引用文献

1) カヤバシステムマシナリー：オイルダンパーの加熱試験報告書．

7 コスト

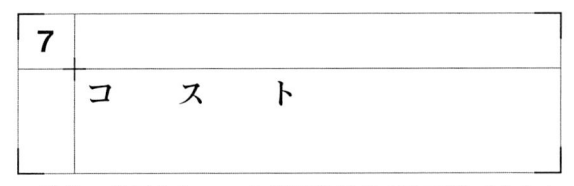

建築で使用されている制振装置は200万円／台から数億円／台もするものもあり，構造設計者はそれぞれの建物にとって最適な装置を選択し設計していく．制振建物はどのような制振装置を何台設置しているかがコストアップの要因となり，当然のことながら装置の台数，装置の性能の違いで建物の耐震性レベルも変わってくる．免震建物は制振建物と違い免震装置によるコストアップのほかに，免震層を構築するというコストアップが発生する．しかし免震建物は一般建物と比較して耐震性の高い構造の建物であり，大地震が起きたときの建物の被害，補修にかかる費用も大幅に違ってくる．イニシャルコスト（建築当初の建設費）だけを比較するのでなく，建物の使用期間全体にかかるコストについて比較すべきと思われる．

7.1 免震構造のコスト

免震建物のイニシャルコストがどのくらいアップになるか，免震建物と非免震建物とのコスト増減比較表

表1 免震構造と非免震構造とのイニシャルコスト比較[1]

		コスト増減項目		コスト増減
		項目	具体例	
上部構造	構造部	構造躯体の低減	・躯体断面の小型化 ・靭性設計からの解放による鉄筋，鉄骨量の低減 ・SRC造のRC造での設計が可能	減
		構造部材の標準化	・躯体断面の統一が容易	減
	非構造部	仕上げ材の層間変形に対する仕様低減	・内外装材の目地幅の低減 ・サッシの見付け幅の低減 ・シールの止水性能向上	減
		廉価な材料への変更	・内外装材の形状，板厚および鉄筋量の低減 ・内外装材の受金物の小型化および標準化が容易	減
		設備機器の耐震グレード，耐震補強の低減	・フリーアクセスフロアおよびシステム天井の耐震性向上 ・EV，ゴンドラのレールおよび受材，アンカーボルト，基礎の小型化 ・設備機器の基礎および架台，アンカーボルトの小型化	減
		仕上げ材，設備機器配管の取付方法の簡素化	・設備配管用支持部材の数量低減 ・層間変位追従性の緩和	減
基礎構造		免震層上下の二重床	・地下ピットの根切り量および山留め補強が増大 ・免震層の上下に二重床が必要であり躯体数量増加	増
		基礎構造躯体の低減	・杭径の小型化 ・基礎梁断面の小型化 ・直接基礎形状の小型化	減
免震層		免震部材	・アイソレータやダンパーなどが必要	増
		配管，配線の継手	・配管，配線のフレキシブルジョイント化	増

建物概要	11階建　SRC造（在来構造）→RC造（免震構造） 建築面積400 m²　延床面積4,400 m²		
免震部材概要	積層ゴムアイソレータ　700φ		18個
	ダンパー		14個
コスト増	1. 免震部材コスト		40,000千円
	2. 免震層まわり躯体（二重床）増分		20,000千円
	3. 基礎底が深くなることによる土工事・仮設工事などのコスト増分		10,000千円
	4. 免震層内設備可撓継手		5,000千円
コスト減	1. 上部構造躯体費（SRC→RC）		−40,000千円
	2. 非構造部材・設備耐震仕様の低減によるコスト減分		−10,000千円
免震構造採用によるコスト変動			25,000千円増
工事費全体8.8億円とすると，0.25億円／8.8億円＝2.8%			

7.1 免震構造のコスト

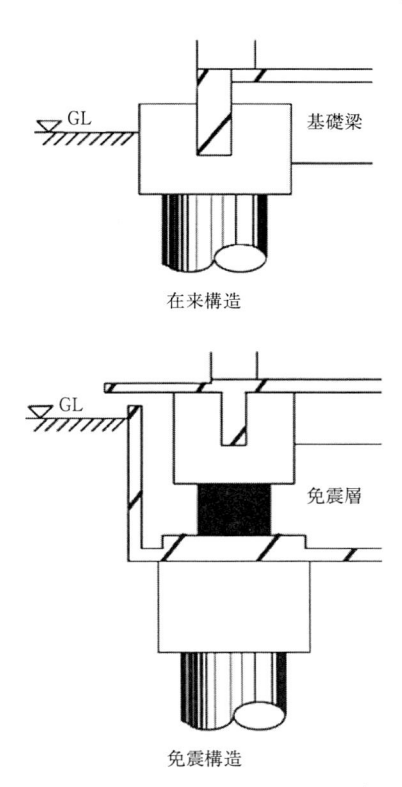

図1 免震構造採用によるコスト変動[1]

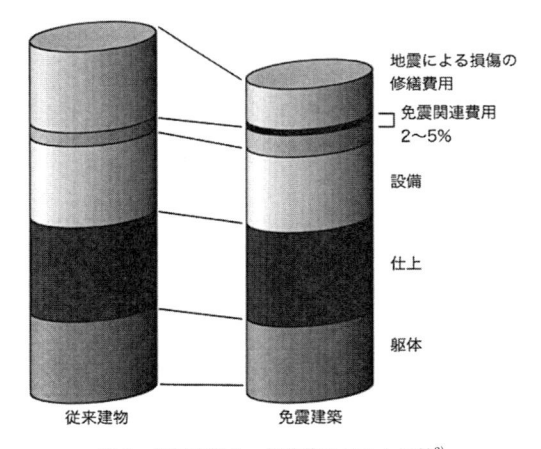

図2 免震建築と一般建物のコスト比較[2]

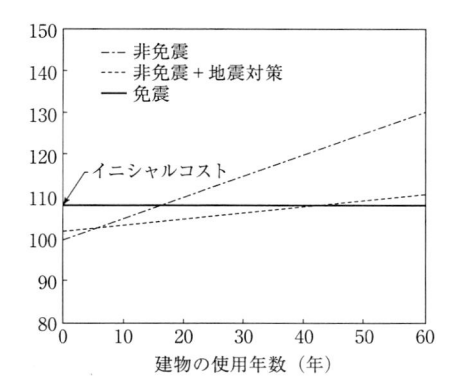

図3 地震リスクを考慮したライフサイクルコストの比較例
非免震を100とする.

を表1に示す．全体工事費では2.8%のアップとなっている（図1）．一方，10階建て以上の建物であれば，免震，非免震建物のイニシャルコストは同程度であるとの文献もある（図2）．

実際5階以下の低層建物で比較すると，地下工事費のアップが他の減額項目より大となり，総額では10〜15%アップになると思われる．建設コストが若干アップしたとしても，建物を使用している期間に実際かかるであろうトータルのコスト（ライフサイクルコスト）について考察が出ている（図3）．

要約すると，建設費8%程度アップの免震建物を建設し，築後建物を60年使用すると仮定する，この60年の間に，建物はいくつかの地震に遭遇すると思われる．もし地震が起きたら,その地震の規模にもよるが，一般建物であれば多大な補修費が発生してしまう．

一方，免震建物の地震による補修費は少なくてすみ，建物の使用年数が長ければ長いほど，免震建物の地震被害損失は非免震建物と比較し大幅に低減されることになり，20年以上建物を使用するのであれば，実際の建物にかかるトータルコストは免震建物のほうが安くなっていることがわかる（築後数年では大地震が起きる確率は低いが建物の使用期間が長くなればなるほど大地震に遭遇する確率は上がっていく．当然地震が起きたら非免震建物の被害が大きいので図のような結果となる）．

最近では，コストアップの要因となる地下工事を減ずる杭頭免震工事や地上階中間階免震工事も多数実施されてきている．また，既存建物を免震建物に改修する，免震レトロフィット（免震改修工法）も多数実施されてきた．建物を使いながら改修が可能であり，大地震後にも機能維持が可能であるなど，一般的な建物の耐震補強にイニシャルコストだけを比較するのではなく，使用年数や建物の求める機能を維持するのに必要な耐震性レベルを総合的に比較した結果である．現在，既存庁舎の多くで免震改修工法，制振改修工法を採用している．

7.2 免震構造工事費

免震建物に固有な工事項目がいくつかある．

免震層を基礎下に設置する基礎免震建物についてのコストポイントを記述する．免震建物は大地震時に免震層階に大きな変位が生じるため，この変位に対応するための特殊な装置，仕上げ，設備対応が必要となる．たとえば，免震対応の手すり，床・壁エキスパンションジョイント，可撓設備配管，配線，エレベータまわりの仕上げなど，積算にあたって図面に記述されているこれらの項目について，その機能（変位に対応でき，機能を維持できる）を十分理解し，コストを確認するとよい．

a. 仮 設 工 事

免震建物（水平変形を起こしやすい）は工事中に発生するであろう中小地震に対しての安全性を検証し，免震装置をいつの時期から機能させるか（水平拘束材は免震装置直上の躯体構築後撤去するのが一般的），免震装置の搬入計画（桟橋，地下工事との兼ね合い）や取付け方法の選択など十分な計画検討が必要で，コストへの影響が大である．いくつかの注意点を掲載する．

①揚重設備（クレーンの選定，移動式にするか固定式にするか），工事用エレベータやリフトの変位対策費（特殊控え金物が必要になるケースあり）．

②免震装置取付け重機の選定（免震装置の重量は1〜3t程度あり，人力での取付けは不可能）．クレーンで取付けをする（図4）か，フォークリフトなどの小型揚重機を免震層に設置し取付けをする（図5）など，仮設計画によりコスト・工程に影響が出る．

③外部足場は免震層上部躯体の跳ね出しスラブの上に設置する（図6）ことが望ましいが，ない場合は仮

図4 免震装置クレーンで取付け

図5 免震装置小型重機で取付け

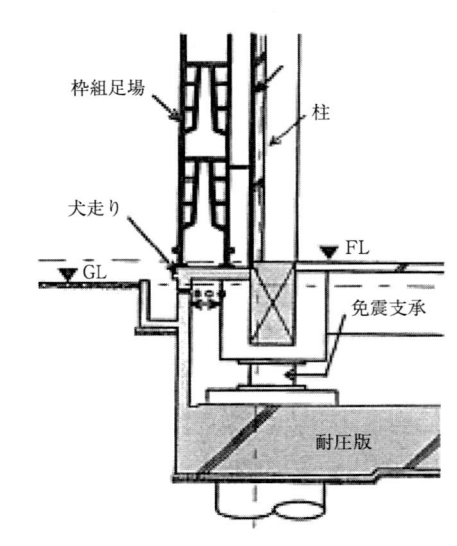

図6 外部足場の設置例1

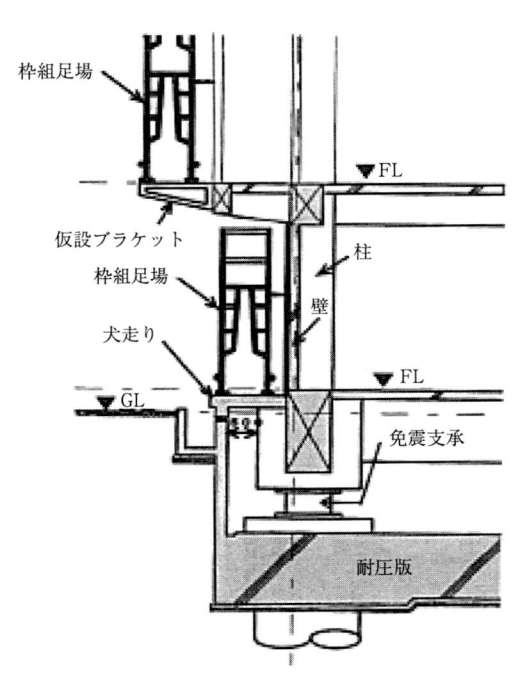

図7 外部足場の設置例2

7.2 免震構造工事費

表2　免震装置製品費

a) 免震装置 φ800	積層ゴム系支承	70万円程度
	鉛・錫プラグ入り積層ゴム支承	150～200万円程度
	高減衰ゴム系積層ゴム支承	100万円程度
b) ダンパー	オイルダンパー 500 kN	100万円程度
	別置型免震 U 型ダンパー	100万円程度
	鉛ダンパー	100万円程度

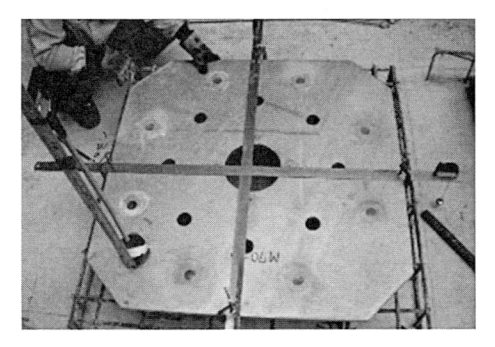

図8　ベースプレート取付け

表3　免震対応 Exp 金物費

床用（内部）Exp 金物	10～50万円/m 程度
壁用 Exp 金物（図9）	40万円/m 程度
天井用 Exp 金物	40万円/m 程度
手すり Exp 金物（図10）	50万円/m 程度

表4　設備継手費

スイベル継手（図11）	φ100	150万円程度
ボール継手（図12）	φ100	50万円程度
波形ゴム継手（図13）	φ100	40万円程度
煙道用継手（図14）	φ600	200万円程度

図9　壁用 Exp 金物

図10　手すり Exp 金物

設ブラケットを設置し，その上に足場を組む計画が考えられる（図7），同様に建設リフトの設置も必要であれば仮設ブラケットを設置する．

④免震装置の仮設水平拘束材　免震装置の上部が S, SRC の場合は鉄骨建て方中に免震装置が変形してしまう可能性がある．また，上部躯体が RC であってもコンクリート打設時の振動など工事中に免震装置に移動，変位が出てしまうおそれがあり，上部躯体の完了まで，免震装置を固定する水平拘束治具を仮設で取り付けるケースが一般的である．水平拘束材は種々の方法が提案されているが50万円/箇所程度である．

b.　免震装置製品費

免震装置には種々の製品があり大きくは積層ゴム系アイソレータ（ダンパー内蔵タイプ含む）とすべり・転がり支承に分類される．一般的な免震建物はこのアイソレータとダンパーとの組み合わせで構成されている．設計図書に記載された免震装置の仕様（支承径，面圧，ゴム層数，ゴム厚，鉛直性能，水平性能など）により種々の大臣認定品が出ている．それぞれの免震装置費概要を提示する（表2）．

c.　免震装置取付け費

免震装置の取付け費はクレーン使用で2万円/台程度，15台程度取付け/日．

d.　ベースプレート製作取付け費

ベースプレート製品費は上下共で40万円/箇所，下部ベースプレート取付け費は取付け用のアングル治具共で10万円/箇所程度（図8）．

図11 スイベル継手

図12 ボール継手

図13 波形ゴム継手

図14 煙道用継手

e. 免震対応 Exp 金物費
免震建物と非免震建物との接合部には Exp 金物が設置される．多種多様の金物が開発され設置されている．ここでは概略の費用を参考に提示する（表3）．

f. 設備工事
免震層を貫通する配管，配線には免震層の上下に生じる変位（50 cm 程度）でも損傷しない対策が必要となり，それぞれ多種の継手が考案されている（表4）．

【杉崎良一】

引用文献
1) 日本免震構造協会編：免震構造採用によるコスト変動，免震構造入門，オーム社，1995．
2) 日本免震構造協会編：考え方進め方免震建築，オーム社，2012．

8 統　計　資　料

　免震構造・制震構造に関する統計データは日本免震構造協会会誌夏号に年に1回掲載されている[1]．

　以下に年の累積を示す．免震構造のデータでは大臣認定の件数は確かな数であるが，いわゆる告示免震に関する数値については当会会員からのデータのみであることから実際にはこの累積数を上回っているとみなされる（図1）．図2は戸建免震住宅の累積数である．データの捕捉率は80%程度であり，これも実際にはこの累積数を上回るとみなされる．

　免震構造の建物用途は半数が集合住宅である．2000年以降高さが60mを超える高層免震が増えており，全体の1割となってきている．免震層の位置は基礎免震が多いがこのところ中間階免震も1割ほどあり，免震による改修も少しずつ増加している．表1は2012年現在での各種比率を示している．

　制震構造のデータでは大臣認定の件数はわずかな数である．制震構造は建築基準法で規定がなく，その大半が耐震構造に制震装置を付加した物件である（図3）．ダンパー類は大半が履歴系のダンパーで，粘性系とオイルダンパーが続いている（表2）．

　以上が国内の状況である．

　海外の免震構造では，中国，ロシア，イタリア，イラン，米国，台湾，アルメニアに多く，ニュージーランド，韓国に数棟建設されている．また，トルコ（アタツルク国際空港，エレガスLNGタンク，コカエリ大学病院），フランス（クルアスの原子力発電所，ラムベスクの学校），ギリシア（アテネのアクロポリス博物館），チリ（コムニダッドアンダルシア住宅，アーノルドハックスビル），スイス（バゼルシュタット消防隊ビル），インド（ヒマンシャル・プラデシュのシムラ病院），ポルトガル，スペイン，キプロス，インドネシアにもある．

【可児長英】

引用文献
1) 日本免震構造協会会誌, 81, 25-30, 2013.

表1　免震建築物の各種比率（ビルものに対する比）

種　類	比率（%）
集合住宅	44
高層免震	11
中間階免震	12
レトロフィット	4

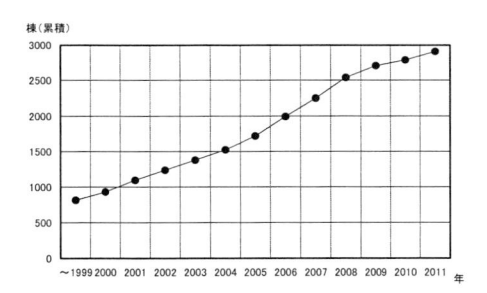

図1　免震建築物（ビル）の累積棟数

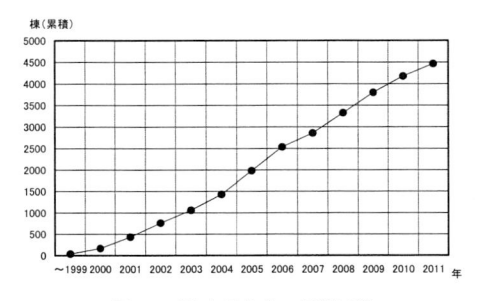

図2　戸建免震住宅の累積棟数

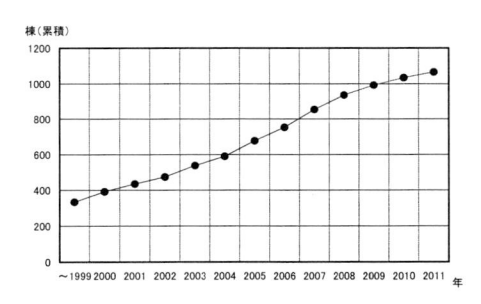

図3　制震建築物の累積棟数

表2　制震建築物のダンパー類の比率

種　類	比率（%）
履歴系	41
粘性系	17
オイルダンパー	15
摩擦系	8
その他	19

9	
	地震と免震・制震構造

9.1 兵庫県南部地震

WESTビル（図1）は，1994年11月に竣工後すぐに，兵庫県南部地震（1995年1月15日）に遭遇した．本節では，地震記録について述べる．

a. 建物の概要

　設　　計：郵政大臣官房建築設計課,
　　　　　　（株）丸の内設計事務所,
　　　　　　（株）東京建築研究所,
　　　　　　（株）構造計画研究所
　規　　模：地上6階，PH2階
　建築面積：8,536 m^2
　延床面積：46,823 m^2

本建物は，柱をSRC造，梁をS造（1部をSRC造）とした構造である．剛性を確保するため1,2階に鉄筋コンクリート造の耐震壁を配置している．基礎は，直接基礎である．免震部材配置図と免震部材概要を図2に示す．

b. 地震観測記録

建設地は，図3に示すように兵庫県南部地震の震央から34 km離れた位置にある．地盤は，良好な神戸層群が露出しており，地盤種別は1種に相当する．図4に地震計設置位置を示す．地震計は，基礎，1FL，6FLに設置している．

表1に加速度時刻歴の最大値を図5に加速度波形[1]を示す．6階床スラブと基礎スラブを比較するとNS方向で1/3.5，EW方向で1/3に加速度が低減され，高い免震効果を示している．ただし，免震効果のないUD方向に関しては1.8倍に増幅している．図6に速度応答スペクトルを示す．水平方向成分の1FL, 6FLでは，1.5秒以下の周期帯が低減されているのがわかる．加速度波形を積分し，基礎と1FLの相対変位を求め，図7に示す．最大変位は，EW方向に約12 cmである．この値は，設備架台のボールベアリングがステンレス版の残した東西方向の軌跡とほぼ一致した．

WESTビルの観測記録について説明した．免震効果がよく現れた記録である．　　　　【中澤俊幸】

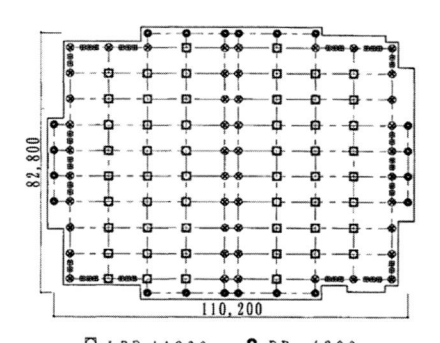

図2　免震部材配置と免震部材概要

アイソレータのみの周期 (T_f)	3.9 (s)
免震部材	RB　　　$\phi 800, \phi 1000$　66台 LRB　　$\phi 1200$　54台 鋼棒ダンパー　4-$\phi 70$　44台
ダンパー群の降伏せん断力係数 (α_s)	$\alpha_s = 0.03$

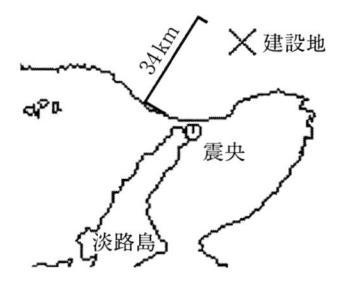

図3　震央と建設地の関係

図1　建物外観図

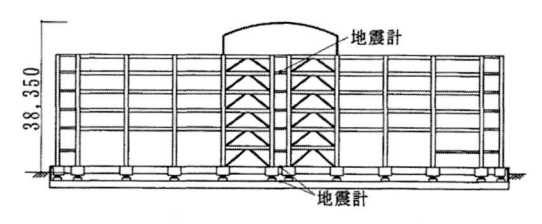

図4　地震計設置位置

図5 加速度波形

図6 速度応答スペクトル（$h=5\%$）

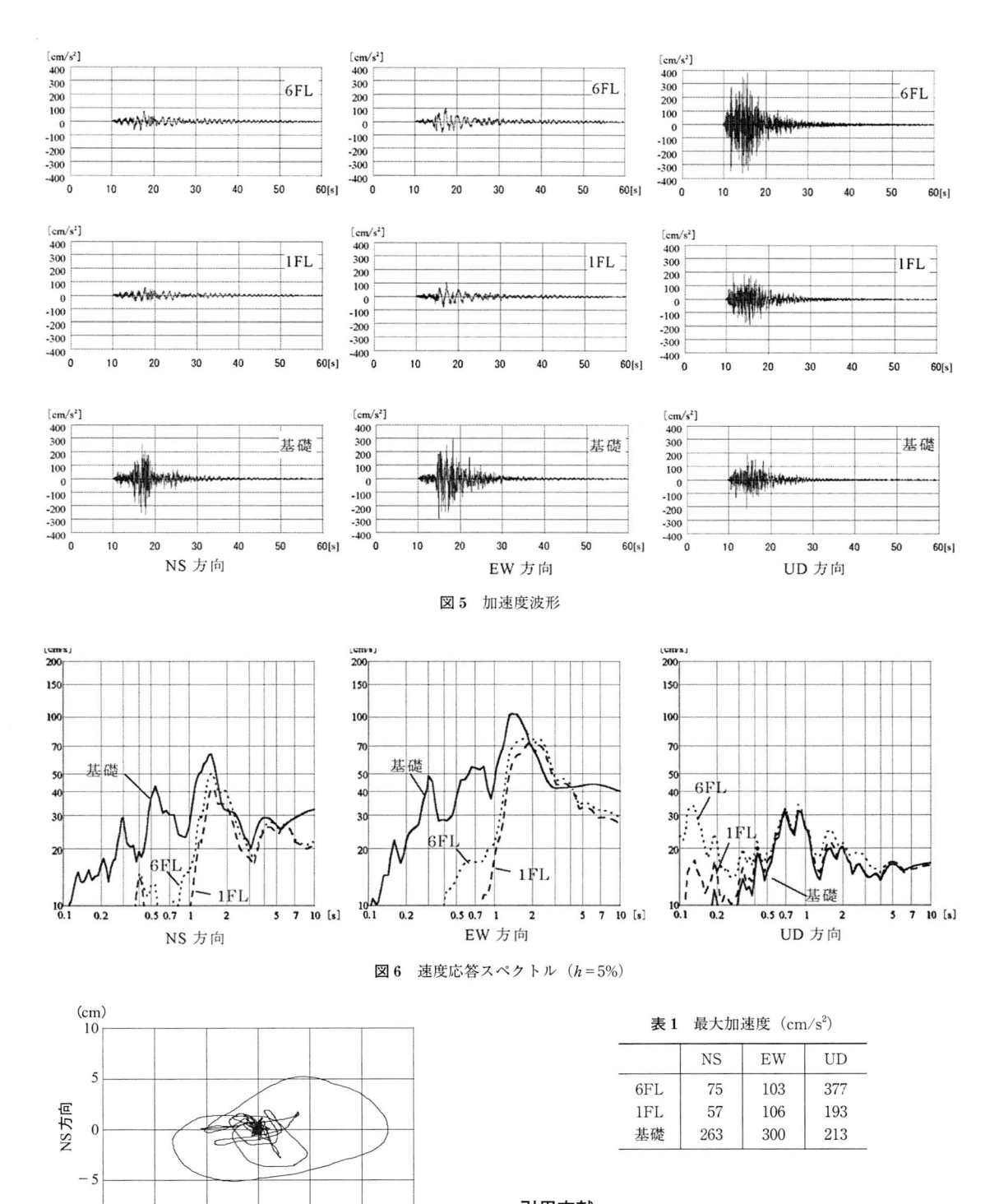

図7 変位図（加速度波形の積分）

表1 最大加速度（cm/s²）

	NS	EW	UD
6FL	75	103	377
1FL	57	106	193
基礎	263	300	213

引用文献

1) 1995年兵庫県南部地震ディジタル強震記録，改定版，日本建築学会，1996．

9.2 十勝沖地震

a. 地震の概要

2003（平成15）年十勝沖地震の地震概要を以下に示す．図8に北海道の震度分布を示す．十勝港～釧路にかけて揺れがもっとも大きい傾向にあり，最大の加速度を記録したのはK-NET広尾地点EW方向の973Galである．

発生時刻：2003年9月26日4時50分
震源地：釧路沖（北緯41.7度，東経144.2度）
マグニチュード：8.0，震源深さ：約42km
各地の震度：震度6弱（北海道新冠町，静内町，浦河町ほか），震度5強（釧路市，音別町ほか）

b. 苫小牧で観測された長周期地震動

本地震では多数の石油タンクが被害を受け，その中で苫小牧市の2基のタンクが火災を発生し大きく報道された．火災発生の原因は，勇払平野の堆積層の地下構造により地震動の長周期成分が増幅して，大きなスロッシングが生じたためとされている．K-NET苫小牧地点の加速度波形と擬似速度応答スペクトルを図9に示す．加速度波形は，最大加速度は大きくないものの，長周期成分が卓越し継続時間が長いという長周期地震動の特徴がみられる．本地震以後，超高層ビルや免震建物の長周期地震動に対する安全性が活発に議論されるようになった．

c. 釧路市内の免震建物の地震観測

本地震で震度5強を記録した釧路市内では，9棟の免震建物が建っており[1]，いずれも家具什器の転倒落下がなく免震効果が発揮されたことが現地調査やアンケート調査により報告されている．免震建物のうち，萬木建設本社ビル，釧路合同庁舎，釧路信用組合本店，某免震病院では，地震計やけがき式変位計により観測記録が得られている[2]．入力（免震層下部）の最大加速度は142～286Galで上部構造観測記録はいずれもこれより小さい加速度記録となっている．免震装置の最大水平変位は10～30cmと報告されている．これらの4建物のうち最大の入力加速度，免震層最大水平変位を記録した萬木建設本社ビルについて以下に報告する．

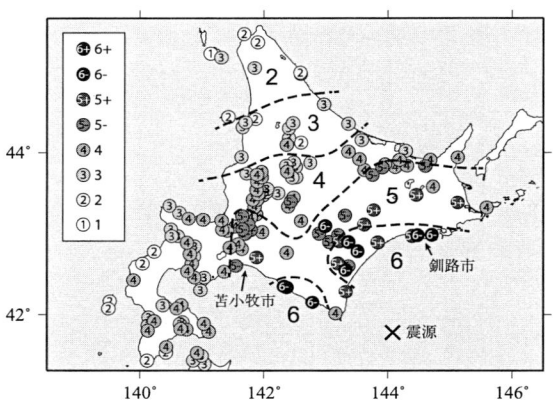

図8 北海道各地の震度分布（気象庁）

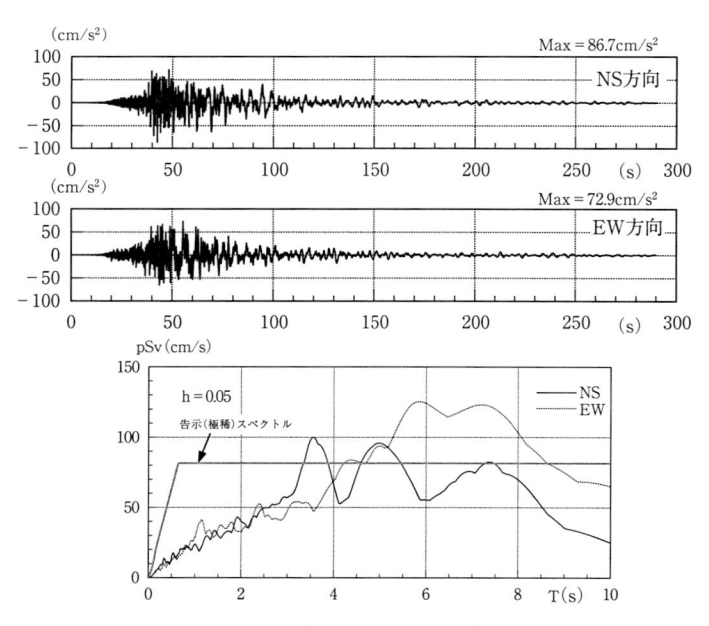

図9 K-NET苫小牧地点の観測加速度波形と擬似速度応答スペクトル

1) **建物概要**
萬木建設本社ビル（図10）
用途：事務所
地上3階，延床面積：約300 m²
鉄筋コンクリート壁式構造，直接基礎
鉛プラグ入り積層ゴム φ600 を 4 基

2) **被害状況** 建物内で家具・什器の転倒・落下はまったくなく，地震後の変状はスチール机の引き出しが開いていた程度との建物所有者の話であった．

3) **観測記録** 観測結果を，加速度最大値を表2に，けがき式変位計による免震層変位軌跡を図11に示す．入力の基礎レベル加速度に対して，上部構造の加速度は 0.4～0.8 倍に低減されている．免震層最大水平変形は 30.4 cm であった．

4) **鉛プラグ入り積層ゴム交換と健全性評価**
積層ゴムはその直径の半分という，大きな水平変形を受けているため，積層ゴム1基を交換・取出し，$\gamma=100\%$ の基本特性試験を実施した．設置前の製品検査結果履歴特性からの変化が十分小さいこと（図12），積層ゴムを半割りにして損傷が見られないことを確認した（図13）． 　　　　　　　【竹中康雄】

引用文献
1) 菊地 優：平成15年十勝沖地震と免震，MENSHIN, **42**, 2003.
2) 竹中康雄，鹿嶋俊英，藤堂正喜，境茂樹ほか：特別寄稿4編，MENSHIN, **43**, 2004.

表2 加速度最大値一覧

	X (EW)		Y (NS)	
	最大値 Gal	基礎に対する比	最大値 Gal	基礎に対する比
RFL	228	0.80	141	0.51
1FL	229	0.80	129	0.47
基礎	286 (69.1)	—	274 (39.0)	—

（ ）内は速度最大値，単位は cm/s

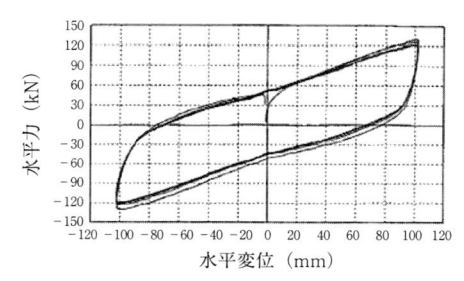

図10 建物外観と積層ゴム設置状況

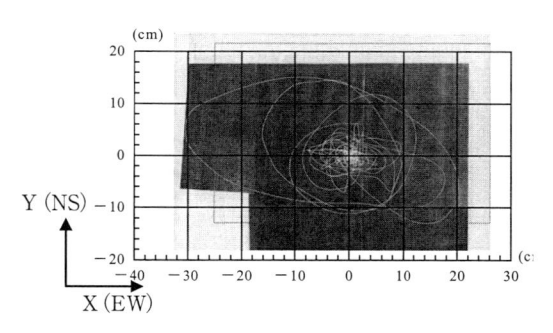

図11 けがき式変位計による免震層の変形

(a) 出荷前試験（1996年）

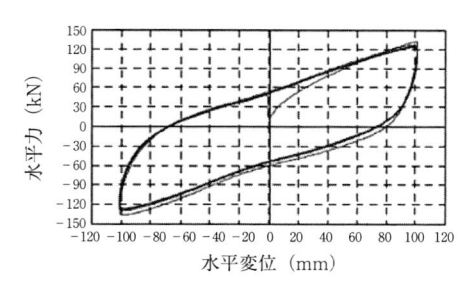

(b) 地震取替後（2004年）

図12 鉛プラグ入り積層ゴムの履歴特性

図13 鉛プラグ入り積層ゴム断面

9.3 新潟県中越地震

2004年に発生した新潟県中越地震において，震源に近い小千谷市では震度6強が観測された．市内に建つ小千谷総合病院老人保健施設「水仙の家」（図14）は1997年に竣工した免震構造建物で，免震層内に地震計が設置されており，本震といくつかの余震の観測記録が得られた．本地震観測記録および地震後の状況から，大地震時においても建物はほぼ無被害であることが確認された[1,2]．

a. 建物の概要

本建物は，1997年5月に竣工したRC造地下1階，地上5階，塔屋1階（地下階は免震層の一部）の介護老人保健施設である．免震装置は積層ゴム支承と弾性すべり支承の併用で，1階床下に配置されている．地震計は免震層内の建物中央部にあり，免震装置をはさむ上下（基礎部と免震装置上部）に設置されている（図15）．

b. 地震観測記録にみる免震効果

観測された地震動は，本震（10月23日17：56）から11月12日の余震までの18波である．図16は，観測された基礎部の最大加速度と免震装置上下の加速度低減率をプロットしたものである．すべての地震動において上部構造に入力された最大加速度は地動を下回り，本震では約25％に低減されている．

図17は，本震における基礎部および免震装置上部の加速度波形（EW方向）である．最大加速度は，基礎部807.7 Galに対し免震装置上部で205.2 Galと約1/4に低減されており，大きな免震効果を示している．

c. 免震装置の状況

地震後，免震装置について免震評定時に定められた維持管理要領に基づく臨時点検が行われた．その結果，

図14 「水仙の家」建物全景

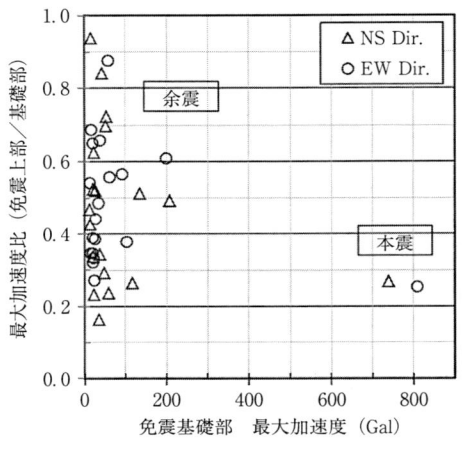

図16 免震装置による最大加速度の低減率

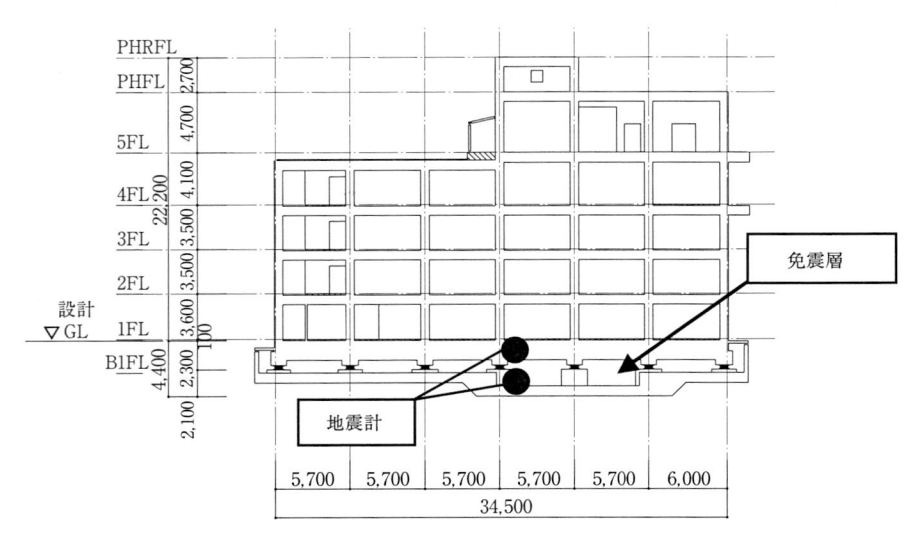

図15 軸組図

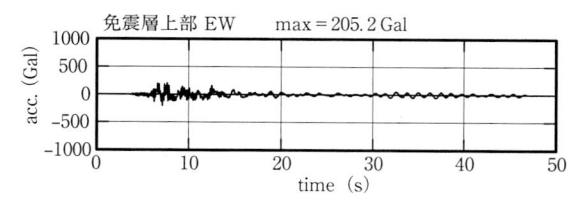

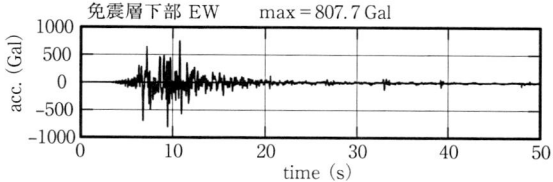

図17 本震観測記録（加速度波形）

図18 地震後の建物の様子

積層ゴム支承には水平方向に約3cmの残留変形が認められたものの，表面ゴムの亀裂，ふくらみなどの損傷はないことが確認された（図18）．なお，残留変形のメンテナンス上の許容値（ジャッキによる戻しを必要とする値）は5cmであり，建物の使用性，安全性については問題ない．また，弾性すべり支承のすべり跡（すべり板上のほこり跡）から推定される免震層の最大変位は約15cmであった．これは，地震によって免震層が十分に変形し，免震効果が発揮されたことを示すものである．

d. 建物の状況

建物内外の状況について，本震後に調査が行われた．建物の外装および構造体には被害はみられなかった．建物周囲のクリアランスは建物側からの持出し床で覆われているが，出入口でこの厚さ分の段差を解消する舗装材には，建物の動きによる若干の浮き上がりがみられた．

建物内部では，内装に被害はなく，家具の転倒や落下もほとんどなかったようである．居住者によれば，「船のようなゆっくりした揺れで，近くにあった花瓶も倒れなかった」とのことであった．また，本震後の一時期は，ホールや食堂に病院棟の入院患者や近隣の人々が集まり，本建物は避難所として活用されていた．

設備機器にも被害はなかった．免震層内の配管はフレキシブルジョイントで建物内外の変位を吸収するように設計されており，今回の地震でも異常は認められなかった．一方，周辺インフラが停止したため，本震後は非常用発電機による電気以外はストップした．免震建物の今後の課題は，大地震後にも一定期間生活するための設備と備蓄であろうと考えられる．

新潟県中越地震における本建物の加速度波形は，その観測当時，免震建物内の観測記録としては最大級のものであった．上下動には若干の増幅があるものの，水平方向加速度は約1/4に低減され，免震装置は設計どおりに機能したといえる．また，構造体が無被害であったのみならず，建物内部の什器や設備類の被害もほとんどなかったことから，建物機能維持の面でも非常に有効であることが示された．

地震計の設置により，免震効果をデータとして残すことができ，免震建物の地震時の挙動を知るとともに，免震部材の健全性が確認できた．免震建物のモニタリングの意味においても，地震計設置をさらに普及させるべきと考える．　　　　　　　　　　【溜　正俊】

引用文献

1) 溜　正俊，鴇田　隆：免震建物の地震観測記録と振動解析結果．平成16年新潟県中越地震被害調査報告会梗概集，2004.
2) 和田　章ほか：新潟県所在の免震建築物の調査報告．MENSHIN, 47, 2005.

9.4 東北地方太平洋沖地震

a. 地震の概要[1]

2011年3月11日に宮城県沖で発生した東北地方太平洋沖地震は，日本列島のある陸側のプレートとその下に沈み込む太平洋プレートの境界で発生したプレート境界地震である．地震の規模を表すマグニチュードはわが国観測史上最大の9.0であった．この地震により，広域で強い揺れが観測されるとともに，東北地方の太平洋岸を中心に予想をはるかに超える大きな津波が短時間で到達し，未曽有の災害がもたらされた．

地震の諸元と震度分布は以下のとおりである．

発生日時：2011年3月11日14時46分18秒
震源：北緯38度06.2分，東経142度51.6分，
　　　震源深さ24 km
各地の震度
震度7：宮城県栗原市
震度6強：宮城，福島，茨城，栃木の4県
震度6弱：岩手から千葉の8県

観測された地震動（科学技術庁の地震観測網K-NET, KIK-netの1,189地点）の最大加速度は，岩手県から茨城県にかけて広い範囲で最大加速度が500 cm/s^{2}を超えており，1,000 cm/s^{2}を上回る地点も存在する．宮城県以北の加速度波形の形状は振幅の大きい時間帯が2つあるのに対して，福島県以南では1つである．気象庁によると断層面で大きく崩れた領域が2つあり，複雑な断層破壊過程が地震動波形に影響したと考えられる．観測された最大加速度でもっとも大きいのはK-NET築館の南北成分で2,700 cm/s^{2}であった．ついでK-NET塩釜の東西成分，K-NET日立の南北成分，K-NET仙台の南北成分が1,500 cm/s^{2}以上となっている．

今回の地震による塩釜と仙台の地震動の擬似速度応答スペクトル（$h=0.05$）を1995年兵庫県南部地震の葺合観測点の地震動とともに図19に示す．仙台のスペクトルは0.5秒から2秒の範囲で100 cm/sを超えている．しかしながら，周期1秒以上では1995年兵庫県南部地震の葺合よりも小さい．

b. 免震建築物・制震建築物の被害[2]

日本免震構造協会では免震建築物・制震建築物の挙動についてアンケートにより調査・分析を行った．アンケート回答のあった建物は免震が327件，制震が130件であった．その概要を以下に示す．

1) 免震建築物

i) 免震層の最大変位，残留変位：免震層の変位記録は平均的には宮城県で10～20 cm程度，関東地方で5～10 cm程度が多い．最大変位は宮城県で41.5 cm，福島県で15 cmであった．震源から離れた東京や神奈川で10～15 cmであった．残留変位は最大でも1.9 cm程度と小さかった．

ii) 建物の挙動：主要構造体に被害があったものはなく，すべての建物で良好な免震性能を発揮した．津波を受けた建物は2棟報告されているが，免震層への浸水はあったものの，津波による損傷はなかった．

iii) 免震部材などの変状の有無：免震部材の変状については，支承系ではとくに目立つものはなかった．ダンパー系では，履歴ダンパーのうち，鋼材ダンパーの変状は6棟あり，塗装の剥離，ボルトの緩みであった．宮城では，ダンパーの残留変形もみられ，ま

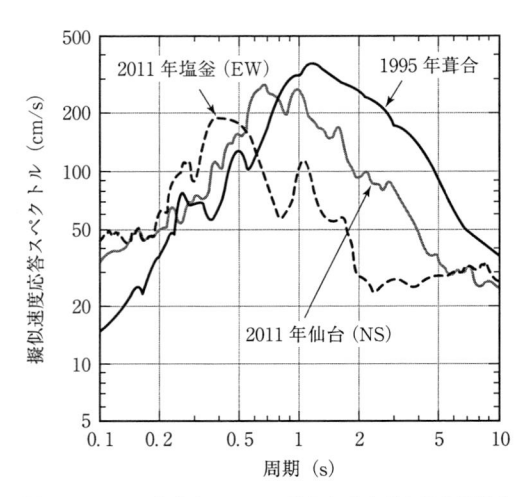

図19 K-NET塩釜とK-NET仙台と兵庫県南部地震葺合の地震動の擬似速度応答スペクトルの比較

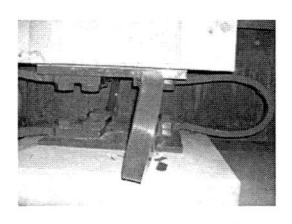

図20 塗装の剥がれ[2]　　図21 ボルトの緩み[2]

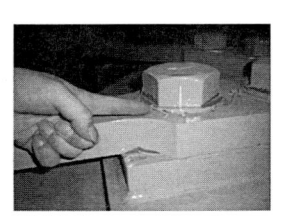

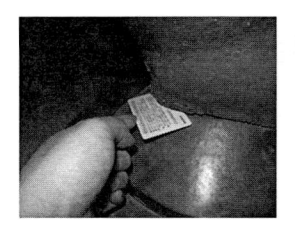

図22 鉛ダンパーの亀裂[3]　　図23 鉛ダンパーの亀裂[3]

た，ダンパーの基礎部が損傷したという報告があった．

鉛ダンパーの亀裂が5棟あった．震度が大きく変位の大きかった宮城県では亀裂の報告はなく，免震層の変位が10 cm程度の関東地区や震源から遠く離れた大阪でも亀裂が見られた．図20に鋼材ダンパーの塗装の剥がれ，図21に鋼材ダンパーのボルトの緩みの状況を示す．図22，図23に鉛ダンパーの亀裂の状況を示す．

鋼材ダンパーの塗装のはがれは再塗装する必要があり，ボルトの緩んだものは，再締付けを行う必要がある．鉛ダンパーの亀裂については降伏耐力の低下や残存耐力の低下が考えられ，亀裂幅が規定値を超えるものは残存性能などの詳細調査を行い必要に応じて取り替える必要がある[2]．

iv) 仕上げなどの損傷の有無： 仕上げ材では天井の損傷が2件（東京1，宮城1）あった．壁の損傷は4件（東京1，神奈川2，宮城1）でクロスの割れであった．床の損傷は3件（東京，千葉，宮城）でタイルのひび割れなどが生じていた．また，東京でALCの割れが1件あった．

設備配管の損傷は3件で，配管の損傷1件（宮城）で津波による被害，排水管と躯体との接触1件（東京），もう1件（栃木）は詳細が記載されていなかった．

家具の移動・転倒（キャスター付）3件（宮城2，神奈川1），家具の移動・転倒（キャスターなし）2件（宮城2）の報告があった．また，食器の落下が5件（埼玉1，東京3，神奈川1）あった．

このように，若干の家具の移動・転倒がみられたものの，家具の転倒や移動，収容物の落下がなかったとの報告は全327件中で209件あり，震源に近い宮城でも60件中で34件が家具の転倒や移動などがなかったと報告されている．

v) エキスパンションジョイントの損傷の有無： 今回のアンケート調査では，327棟中の90棟で，エキスパンションになんらかの不具合が生じていた．エキスパンションの損傷は宮城県などの免震層の変位が大きいところだけでなく，広い範囲で発生しており，変位が1 cm程度でも損傷したとの報告もある．また，上下方向のクリアランス不足により壁などが破損したものが4件（宮城2，東京1，埼玉1）あった．損傷の原因は，製品の機能上の問題や設置状況の問題，維持管理上の問題などさまざまであるが，3次元的な挙動に対応できなかったものや，動的な速い動きに追従できなかったものが多く見受けられた．実際の挙動を再現できる可動実験を行い，性能を確認することが重要である．

vi) 津波による被害： 今回の調査では津波被害を受けた免震建物が2棟あった．ともに，地震時に免震効果を十分に発揮したが，津波により建物が浸水した．しかしながら，津波による免震部材の損傷はなかったようだ．2棟のうち，仙台市の建物について被害の概要を以下に示す．

建物は仙台港に隣接する免震自動ラック倉庫であり，免震部材として24基の高減衰積層ゴムを用いている．岸壁までは約200 mの場所に位置し，津波による浸水高さは，床面から3 m，地上約4 mと推測される．この建物の周囲に非免震の建物があり，津波の直撃はなかったようである．けがき式変位計の記録によると免震層の最大変位は東南方向（海側）に21 cmであり，設計時の許容変形以下であった．これは地震の本震によるものと推定されており，津波による大きな変形の痕跡はなく，地震後の残留変位も数mm程度であった．

浮遊物の衝突により外壁が一部損傷し，建物や免震層が水没しており，約10日間かけてポンプにより排水された．免震部材は約3週間海水に浸かっていたが，排水後に水洗いを十分に行ったのちに行われた点検では，免震部材に重大な損傷はなく，継続使用可能と判断され，鉄部の再塗装を行ったのちに継続使用されている．

2) 制震建築物

i) 建物の挙動： 建物の挙動として，目標どおりというものが79件で，目標以下という回答はなかった．震源に近い宮城県でも主要構造体に被害があったという報告はなかった．

ii) 制震部材の変状の有無： 制震部材の変状は，履歴系で4件（宮城県2件，東京都2件）あったが，鋼材ダンパーの残留変形1件，塗装の剥がれ3件であった．流体系や粘弾性系では損傷の報告はなかった．ダンパーは容易に目視確認できない場所にあるものが多いと思われ，「ダンパーは目視確認できていない」という回答も複数あった．

iii) 仕上げなどの損傷の有無： 制震建築物は震源に近い場所に建つものが少なかったこともあり，収容物の移動・転倒の有無に関しては無回答のものが多かったが，62件が「なし」という回答であった．東京都の建物で1件だけ家具の転倒が報告されている．仕上げでは天井の損傷が4件，壁の損傷が10件であった．天井に関してはシャンデリアの落下，スプリンクラーヘッドの破損が報告されている．壁に関してはボードの割れ，クロスの亀裂，モルタルの剥離などが報告されている．

c. 免震建物の観測記録[1]

東北地方太平洋沖地震では，各地で地震計による免震建物の観測記録が得られている．ここに，東京都江東区に位置する研究施設における観測記録を紹介する．

1) 建物の概要 本建物は東京都江東区に位置する研究施設である．地上6階建(建築面積 1,919 m^2)で，建物の1階はピロティとなっており，6本のRC造の独立柱の上部に鉛プラグ入り積層ゴムを設置して，鉄骨造の上部構造を支持している．上部構造は建物の外周部がメガトラス構造となっており，20×80 m の無柱空間を実現するとともに，免震部材の台数を最小限にし，積層ゴムの面圧を高めることで固有周期を長くし，免震効果を高めている．

2) 観測記録 本建物では，1階ピロティ柱の柱頭と柱脚，2階，4階，6階で加速度を観測している．また，免震層の相対変位を変位計で観測している．各階で得られた最大加速度を図24に，Y方向の地表と

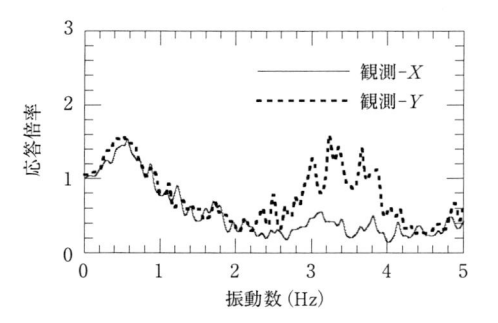

図 26 伝達関数振幅

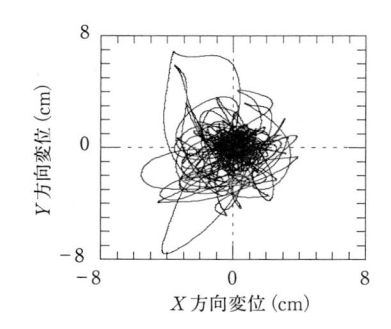

図 27 免震層の軌跡

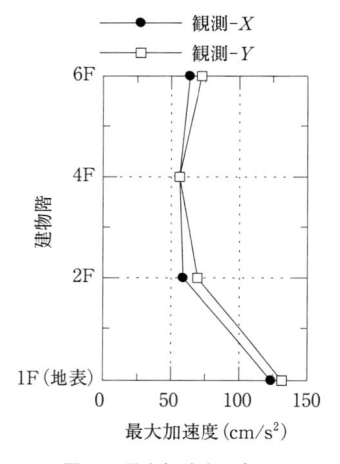

図 24 最大加速度分布図

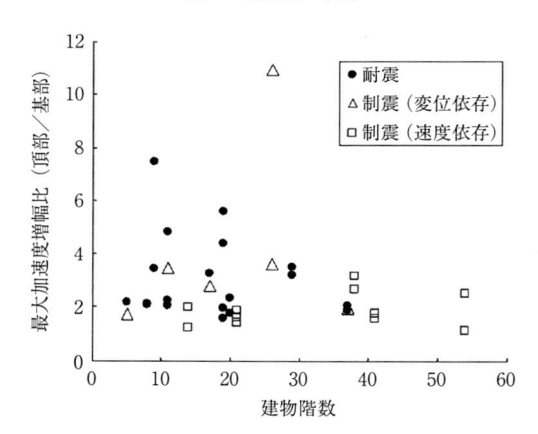

図 28 建物階数と最大加速度増幅比

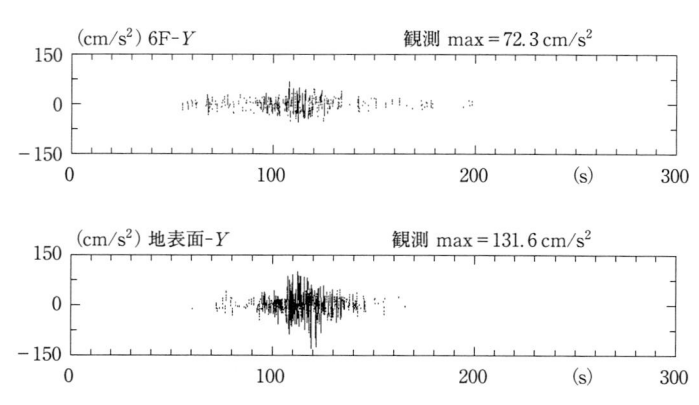

図 25 加速度波形

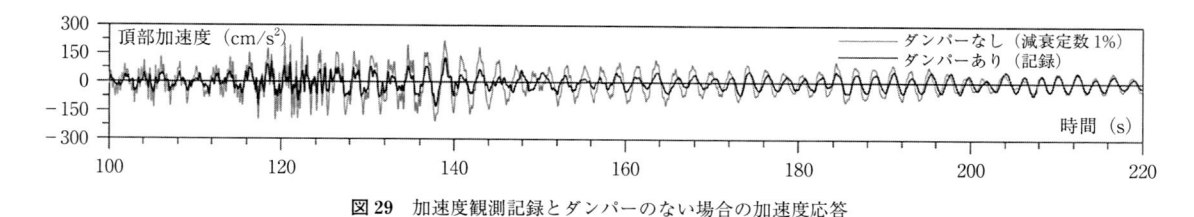

図 29 加速度観測記録とダンパーのない場合の加速度応答

6 階の加速度波形を図 25 に示す．ここにおいて，X 方向が長辺方向，Y 方向が短辺方向である．

地表に比べ，6 階の加速度は X 方向で 52％，Y 方向で 55％ に低減されている．加速度から求めた伝達関数振幅を図 26 に示す．最初のピークは約 0.5 Hz で免震層の固有周期は約 2 秒であると考えられる．図 27 に変位計から得られた免震層の軌跡を示す．最大振幅は約 8 cm であった．

d. 制震建物の地震観測記録[2]

東北地方太平洋沖地震では，制震建物においても多くの観測記録が得られている．制震建物のほとんどが首都圏にあるため，加速度入力 100 Gal 以下がほとんどで，設計で考慮する中小地震のレベルだが，これまでに比べると格段に大きいレベルの記録が得られている．日本免震構造協会によって行われた調査では，制震建物 11 棟の記録と，比較のために耐震建物 7 棟の記録が収集された．

1) 加速度の増幅傾向　加速度の増幅傾向を調べるために，頂部最大加速度の基部最大加速度に対する増幅比を求めた．図 28 に増幅比と建物階数との関係を示す．これによると，●で示した耐震建物や，△で示した鋼材ダンパーをもつ変位依存型制震建物で最大加速度増幅比が大きく，□で示した粘性ダンパーやオイルダンパーなどの速度依存型制震建物では最大加速度増幅比が抑えられている．これは，今回の地震の入力レベルでは鋼材ダンパーは弾性範囲にとどまったか，やや塑性化した程度であり，減衰効果が速度依存型制震建物に比べ小さかったと思われる．

2) 観測記録に基づく制震効果の比較　制震効果は直接的に観測により把握することができないが，解析により推定することが可能である．

21 階建制震建物（S 造：鋼材ダンパーと粘性ダンパーを並列配置）の観測記録によると，基部最大加速度は 70 Gal 程度，頂部最大加速度は 110〜130 Gal 程度であり，最大加速度増幅率は 2 以下と低かった．これは，鋼材ダンパーが塑性化しなかったレベルであったが，粘性ダンパーにより減衰を補った例といえる．図 29 に Y 方向の加速度記録と，ダンパーがない場合の加速度応答を比較している．後者は今回の記録に基づいて同定したモード特性のうち 1〜3 次の減衰定数が 3.5, 8.4, 12.6％ であったのをすべて 1％ に減じ，再度 3 次までのモード応答を得て重合したものである．制震ダンパーの効果により最大加速度は大きく低減されていることがわかる．　　　　【北村佳久】

引用文献

1) 2011 年東北地方太平洋沖地震における東京湾沿岸の免震構造物の挙動，清水建設研究所報率，88, 2012.
2) 日本免震構造協会：応答制御建築物調査委員会報告書，2012.
3) 国総研，建築研究所：平成 23 年東北地方太平洋沖地震による建築物被害第 1 次調査，宮城県・山形県における免震建築物の状況（速報），2011.

10 その他

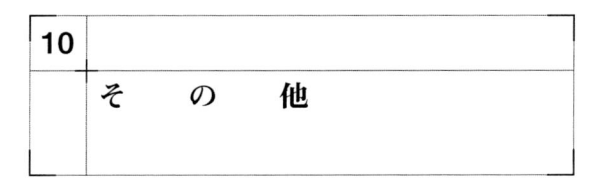

10.1 エネルギー消費からみた耐震・制震・免震の比較

a. 地震動の総入力エネルギー

構造物の地震応答解析の結果，確認すべき工学量には2種類ある．1つは，最大応答加速度，最大応答変位，最大応答層せん断力などの，地震中のある瞬間に生じる最大値である．もう1つは入力エネルギー，累積塑性率などの地震の開始から終了までの累積的な値である．地震応答解析結果の一般的な検証は，瞬間的な最大値を確認することが多いが，構造物の疲労や寿命を考えるうえで累積的な値の検証も同様に重要である．

構造物の地面からの変位をu，地動の変位をu_Gとすると，地震動に対する1質点系の運動方程式は

$$m\ddot{u} + c\dot{u} + ku = -m\ddot{u}_G \tag{1}$$

と表される．運動方程式は力の釣合いを表しているので，距離を掛ければエネルギーとなる．両辺に$\dot{u}$を掛けて，時刻で積分すればエネルギーの釣合いの式となる．

$$\int_0^{t_1} \dot{u}m\ddot{u}dt + \int_0^{t_1} \dot{u}c\dot{u}dt + \int_0^{t_1} \dot{u}kudt = -\int_0^{t_1} \dot{u}m\ddot{u}_G dt \tag{2}$$

右辺は，

$$E = -\int_0^{t_1} \dot{u}m\ddot{u}_G dt \tag{3}$$

であり，地震開始の時刻0から時刻t_1までの系に対する総入力エネルギーとなる．左辺の第1項は，

$$T = \int_0^{t_1} \dot{u}m\ddot{u}dt = \frac{1}{2}m(\dot{u}_{t=t_1})^2 \tag{4}$$

であり，時刻t_1における系の運動エネルギーとなる．左辺の第2項は，

$$F = \int_0^{t_1} c\dot{u}^2 dt \tag{5}$$

であり，時刻0から時刻t_1までの系の粘性減衰エネルギーとなる．左辺の第3項は，

$$V = \int_0^{t_1} \dot{u}kudt = \frac{1}{2}k(u_{t=t_1})^2 \tag{6}$$

であり，時刻t_1における系のポテンシャルエネルギーとなる．当然ではあるがこれらのエネルギーの間には

$$T + F + V = E \tag{7}$$

の関係が成り立っている．地震が終了し，構造体が中立位置で静止する状態を考えると，

$$T = V = 0$$

となるので，

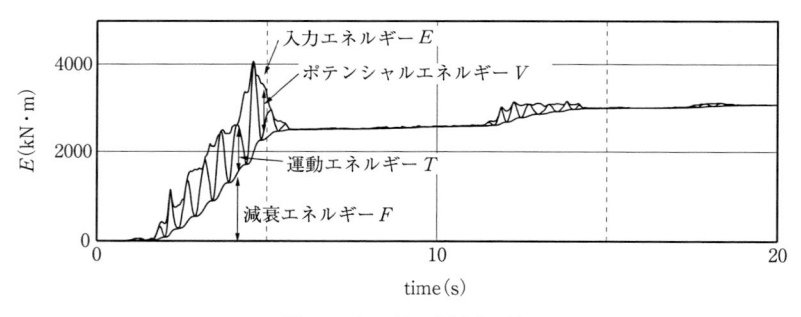

図1 エネルギー時刻歴の例

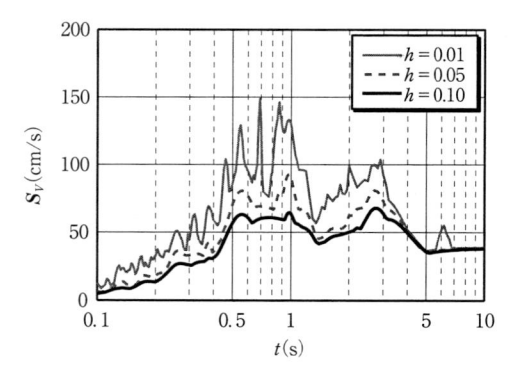

図2 速度応答スペクトルS_Vの例

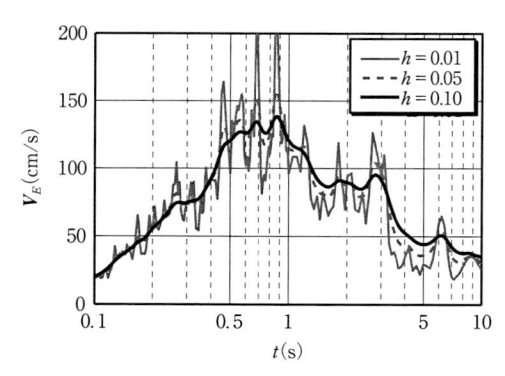

図3 V_Eスペクトルの例

$$F = E$$

地震動の総入力エネルギーはすべて粘性減衰エネルギーで消費されたことになる（図1）.

ただし，構造部材が剛性低下や塑性化する場合，復元項は非線形となり，これを Q_k とすると，

$$V = \int_0^{t_1} \dot{u} Q_k dt \tag{8}$$

となる．この際，V は時刻 0 から時刻 t_1 までのばねの履歴エネルギーとなる．地震終了後のエネルギーの釣合いは

$$F + V = E$$

となり，地震動の総入力エネルギーは，粘性減衰エネルギーと構造体の履歴エネルギーで消費されることになる．

地震動の総入力エネルギーを次式の関係から，等価な速度 V_E に換算して表すことがある．

$$E = \frac{1}{2} m V_E^2 \tag{9}$$

図2に El Centro 1940 NS 波の速度応答スペクトル S_V を，図3に同波の V_E スペクトルを示す．速度応答スペクトル S_V は，構造体が瞬間的にもつ速度の最大値を示したものである．構造物の減衰が増すと，応答値はおおむね減少する傾向であることがわかる．V_E スペクトルは地震終了までの入力エネルギーの累積値を速度換算して示したものである．こちらは，構造物の減衰が増しても，スペクトルの山谷がなくなり滑らかになるだけで，その値が減少する，あるいは増大するといった一般的な傾向はみられないという特徴がある．

b. エネルギー消費からみた耐震・制震・免震構造

地震動による総入力エネルギーを建築物でどのように消費するかという観点で耐震，制震，免震構造を論ずることができる．

1） 耐震構造 耐震構造では，すべての入力エネルギーが建物に備わった粘性減衰機構（構造減衰と称されることもある）と，構造体の履歴で消費されることとなる．構造減衰には実際には基礎からの逸散減衰なども含まれると考えられているが，その機構は明快に説明することは困難である．履歴減衰は構造体にダメージとして蓄積されるので，注意が必要となる．

2） 制震構造 制震構造は，建物にオイルダンパーや履歴ダンパーを装着して減衰性能を高める構造である．建物の制震化，すなわち減衰性能を高めることは，図2からわかるように瞬間的な応答値の低減が期待される．一方，図3から地震動の総入力エネルギーは，増大することも減少することもあることがわかる．建物の制震化は総入力エネルギーを抑制するわけではない．しかしながら，総入力エネルギーは，一定部分がダンパーの粘性減衰エネルギーや履歴エネルギーで消費されるため，構造減衰や建物構造体の履歴減衰が吸収するエネルギーを減少させることができ，結果として，構造体に蓄積されるダメージを減少させることができる．制震構造の効果は，瞬間的な応答値の低減だけでなく，構造体の消費エネルギーの低減から評価することもできる．ダンパーによる総入力エネルギーの吸収率は設計による．実際の設計では数 % のものから，80～90% のものまであり，さまざまである．

3） 免震構造 エネルギー消費の観点からは，免震構造は入力エネルギーの大きな部分を免震層で吸収し，構造体でのエネルギー消費を期待しない，すなわち構造体にダメージを蓄積させない構造と定義することができる．大きなエネルギー消費をする免震層のダンパー類は基本的に交換可能である．

総入力エネルギーの 95% 以上を免震層の減衰で消費する設計も可能である．逆に，中間層免震を採用したり，上部構造が長周期であったり，上部構造に非線形挙動を許すと免震層の吸収エネルギー比率は低下する．なかには 50% 程度の設計もある．免震層の吸収エネルギー比率は，免震の効果を表す1つの尺度と考えることもできる．

【古橋　剛】

10.2 地震観測

免震建物における地震観測は，免震構造の初期の実用段階においては，実際の地震時の免震効果を実証する目的で多くの建物で実施されてきた．

1995年兵庫県南部地震のさいに，神戸市北区のWESTビルにおいて，免震構造による加速度低減効果の記録が得られ（図4）[1]，免震効果が実証されたことがその後の免震構造の普及の原動力になったといっても過言でない．

また，2011年3月11日東北地方太平洋沖地震においても，東北地方・関東地方の多くの免震建物で地震観測が行われており[2,3]，観測結果として加速度応答の低減効果が示され，免震効果が実証された（図5）[3]．

日本における強震観測としては，防災科学技術研究所が地盤の観測を行っているK-NET，KiK-netや建築研究所が国や地方公共団体の庁舎などの建物の中心に行っている強震観測網が知られている．

a. 免震建物の地震観測

一般の強震観測では，加速度の観測が中心であるが，免震建物の地震観測では，免震層の相対変位が重要であるために，変位計を設置して免震層の変位を観測することが多い．ただし，変位計によらなくても，免震層を挟んだ上下の階での加速度が観測されていれば，2回積分により変位を計算して求めることも可能である．また，簡易的には，けがき計により，相対変位の軌跡を記録することもできる[4]．

このように，免震建物の地震観測では，最低限，免震層を挟んで上下の階，可能ならば，最上階・中間階などに加速度計を配置することが望まれる．また，建物-地盤連成系の応答性状をみる目的で周辺の地盤（地表面または地中）に設置することもある．

免震建物における地震観測は，実際の地震時の建物の挙動を調べるために非常に有効である．また，地震時に免震部材が，どれだけの変位（最大変位および累

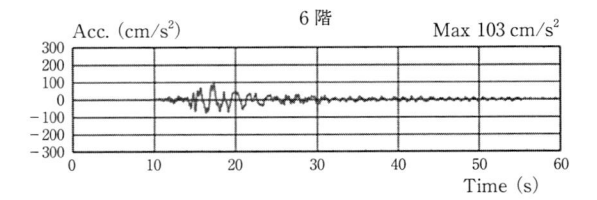

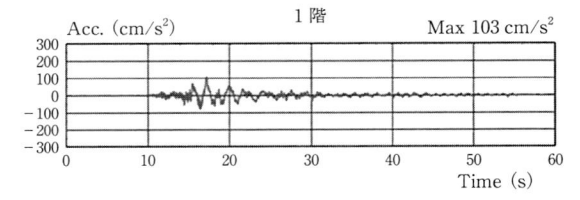

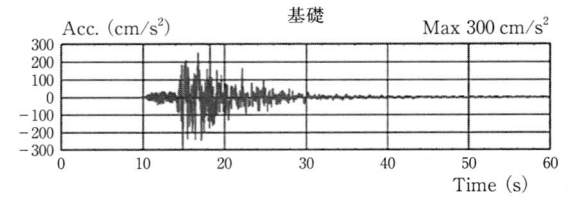

図4 1995年兵庫県南部地震での観測記録（郵政省WESTビル）[1]

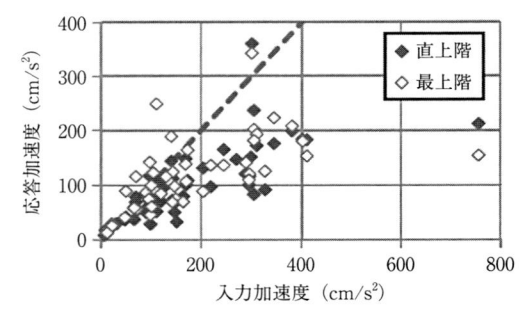

図5 2011年3月11日東北地方太平洋沖地震での観測記録（入力に対する建物の応答）[3]

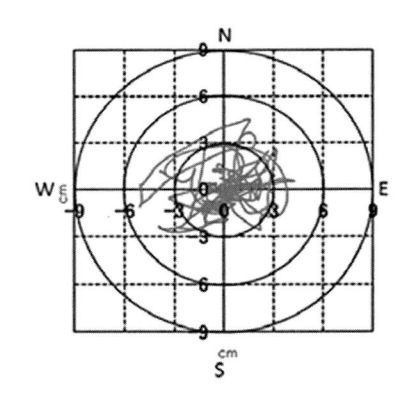

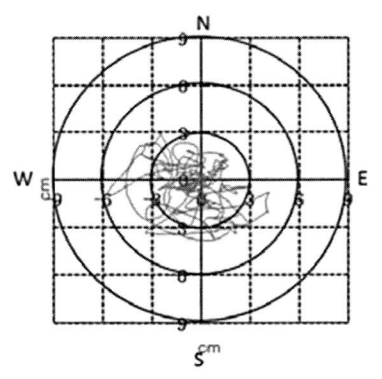

図6 けがき計による相対変位[4]
上：加速度記録から算出，下：けがき計記録．

積変位）を経験したかを知ることができるために，その結果から免震部材の健全性について検討することも可能となる．

b. 地震計

地震計としては，変位・速度・加速度を測るものがあるが，建物の応答を観測するためには，加速度を測定する地震計が多く用いられる．

地震計は，揺れを計測するセンサー部とその揺れをデジタル化して記録する収録部からなる．

収録部とセンサー部が，一体となったものと複数のセンサーからの記録をケーブルにより1箇所に集中して収録するものがある．一体型は，設置が容易であるという利点がある．一方，集中型は配線の手間があるが，複数の観測記録の同期が取れるという利点がある．

センサー部の代表的なものとしては，次の2種類がある．

① 振り子を用いたもの
② 半導体素子を用いたもの

振り子を用いた代表的なものとしては，サーボ型地震計がある．これは，小さな揺れから大きな揺れまで，精度よく観測できるが，比較的高価である．一方，半導体素子を用いたものは，MEMSと呼ばれ，地震計以外にも，エアバックやスマートフォンでもセンサーとして採用されている．小さな揺れに対しては精度が劣るが，比較的安価である．

また，地震観測装置には，地震時の停電においても観測記録が得られるように，無停電電源装置を備えておくことが望ましい．

なお，地震観測装置は，定期的に点検を実施して，地震のさいに，確実に観測記録が得られるように維持管理が重要である．

c. 変 位 計

先に述べたように，免震建物においては，免震部材の変位履歴が，地震後の免震部材の健全性について検討を行うために重要である．

変位計は，大地震時に生じる高速度の数十 cm の変位に追随できる必要がある．また，水平方向の変位を観測するために，一般的に直交する二方向について測定を行う．

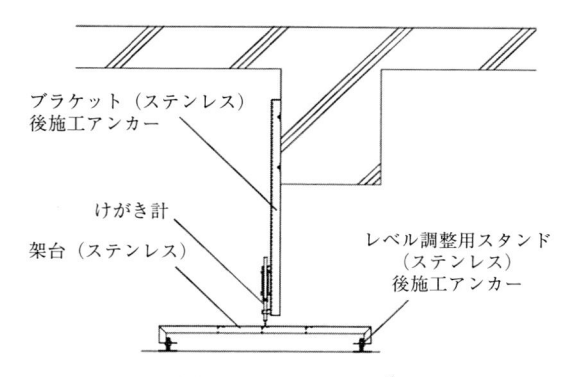

図7 けがき計の設置例[5]

変位計としては，インダクタンス式変位計・ワイヤー式変位計・レーザー変位計などがある．

d. けがき計

けがき計を設置することによって，地震時の最大変位や免震層の挙動を知ることができる．詳細な検討までは難しいが，近くの地盤の強震記録があれば，それを用いた応答解析結果と合わせて，地震時の挙動を検討することなども可能である．

けがき計としては，ステンレス板やアクリル板を直接けがくタイプと感圧式のタイプがある．免震層への設置の状況を図7に示す[5]．

なお，2011年3月11日東北地方太平洋沖地震のように，余震が頻発して発生する場合もあるので，けがき板の交換の準備も重要である． 【猿田正明】

引用文献

1) 長田勝幸ほか：免震建物の兵庫県南部地震による効果：郵政省 WEST ビル」，日本建築学会大会学術講演梗概集，**B-2**，構造II, 631-632, 1995.
2) 日本免震構造協会：応答制御建築物調査委員会報告書，2012.
3) 米田春美ほか：東日本大震災の公表観測記録に基づく免震建築物の特性と挙動，日本建築学会学術講演梗概集，**B-2**, 407-408, 2012.
4) 酒井和成ほか：2011年東北地方太平洋沖地震の免震建物の地震応答特性（その1～2），日本建築学会学術講演梗概集，**B-2**, 構造II, 427-430, 2012.
5) 山本 裕：けがき計の紹介，MENSHIN, **78**, 2012.

10.3 日本免震構造協会賞受賞一覧

　日本免震構造協会賞は 2000 年に発足した．賞は功労賞，特別賞，技術賞，作品賞，普及賞の 5 賞あるがここでは，特別賞と技術賞・作品賞を受賞した物件を免震構造および制震構造に分けて示した．

a. 免 震 構 造

第 2 回：2001 年 6 月
《技術賞》
1) 周期三秒前後の建物免震に関する一連の研究
　　株式会社大林組
　　株式会社ブリヂストン
2) 超高層免震
　　大成建設株式会社
　　昭和電線電纜株式会社

《作品賞》
1) 稲城市立病院
　　稲城市
　　株式会社共同建築設計事務所
　　株式会社東京建築研究所
　　株式会社設備工学研究所
2) 第一生命府中ビルディング
　　株式会社日本設計
3) NSW 山梨 IT センター
　　日本システムウエア株式会社
　　株式会社白江建築研究所
　　株式会社ダイナミックデザイン

第 3 回：2002 年 6 月
《技術賞》
1) レトロフィット免震に関する一連の研究
　　大成建設株式会社
2) （特別賞）免震住宅の普及化への取り組み
　　株式会社一条住宅研究所
　　株式会社一条工務店

《作品賞》
1) 興亜火災神戸センター
　　株式会社竹中工務店
2) 角川書店新本社ビル
　　株式会社角川書店
　　株式会社大林組
3) （特別賞）沢の鶴資料館
　　沢の鶴株式会社
　　株式会社黒田建築設計事務所
　　株式会社大林組

第 4 回：2003 年 6 月
《技術賞》
1) 非同調マスダンパー効果を持つ中間層免震構造の設計法の開発
　　株式会社日建設計
　　東京理科大学
2) 風による免震部材挙動と免震建物風応答評価法
　　鹿島建設株式会社
　　株式会社ブリヂストン
3) （特別賞）慶應義塾大学理工学部 創想館
　　慶應義塾大学
　　トキコ株式会社
　　株式会社大林組

《作品賞》
1) 山口県立きららスポーツ交流公園多目的ドーム（きらら元気ドーム）
　　山口県
　　株式会社日本設計
2) 慶應義塾大学日吉来往舎
　　慶應義塾大学
　　清水建設株式会社
3) （特別賞）SBS スタジオ棟
　　静岡放送株式会社
　　大成建設株式会社

第 5 回：2004 年 6 月
《技術賞》
1) 建物上部に大型タワーを搭載する免震建物に関する一連の取組み
　　株式会社エヌ・ティ・ティファシリティーズ
2) （普及賞）村上市庁舎免震改修工事
　　村上市
　　鹿島建設株式会社

《作品賞》
1) 兵庫県立美術館
　　兵庫県
　　安藤忠雄建築研究所
　　木村俊彦構造設計事務所
　　金箱構造設計事務所
　　株式会社大林組
2) プラダ ブティック青山店
　　プラダジャパン株式会社
　　株式会社竹中工務店
3) セ・パルレ中央林間

株式会社日建ハウジングシステム
4) ポーラ美術館
　　株式会社ポーラ化粧品本舗
　　株式会社日建設計
　　株式会社竹中工務店
5) （特別賞）大阪市中央公会堂保存・再生
　　大阪市
　　大阪市住宅局営繕部
　　株式会社坂倉建築研究所
　　株式会社平田建築構造研究所
　　株式会社東京建築研究所
　　清水建設株式会社

第6回：2005年6月
《技術賞》
1) 履歴減衰型免震部材の統一的復元力モデルの開発
　　北海道大学
　　清水建設株式会社
2) フリープラン・長寿命・高耐久を実現した日本初の超高層PCaPC免震建物
　　鹿島建設株式会社
　　小田急建設株式会社
《作品賞》
1) マブチモーター本社棟
　　マブチモーター株式会社
　　日本アイ・ビー・エム株式会社
　　株式会社日本設計
　　清水建設株式会社
2) 清水建設技術研究所新本館
　　清水建設株式会社
3) 九州国立博物館
　　株式会社菊竹清訓建築設計事務所
　　株式会社久米設計
　　鹿島建設株式会社
　　大成建設株式会社

第7回：2006年6月
《技術賞》（特別賞）
1) パーシャルフロート免震構造の開発
　　清水建設株式会社
《作品賞》
1) 慶應義塾大学（三田）南館
　　学校法人慶應義塾
　　大成建設株式会社
　　株式会社日立製作所

2) 信濃毎日新聞社本社ビル
　　信濃毎日新聞株式会社
　　株式会社日建設計
　　鹿島建設株式会社
3) ホテルエミオン東京ベイ
　　スターツCAM株式会社
　　株式会社日本設計
　　前田建設工業株式会社
4) （特別賞）国際医療福祉大学附属熱海病院
　　株式会社医療福祉建築機構
　　株式会社大林組

第8回：2007年6月
《技術賞》
1) 柱脚周りに限定された補強機構を用いた中間層免震レトロフィット
　　株式会社日建設計
《作品賞》
1) 国立新美術館
　　株式会社黒川紀章建築都市設計事務所
　　株式会社日本設計
　　鹿島建設株式会社
　　清水建設株式会社
2) 東京建設コンサルタント新本社ビル
　　株式会社東京建設コンサルタント
　　株式会社松田平田設計
　　清水建設株式会社
3) 味の素グループ高輪研修センター
　　味の素株式会社
　　株式会社久米設計
　　大成建設株式会社

第9回：2008年5月
《技術賞》
1) 灯台レンズ用免震装置
　　株式会社奥村組
2) （特別賞）ゲージ振り子の原理に基づく新しい転がり型免震装置の開発
　　東京大学
　　岡部株式会社
《作品賞》
1) ソニーシティ
　　ソニー生命保険株式会社
　　株式会社プランテック総合計画事務所
　　オーヴ・アラップ・アンド・パートナーズ・ジャパン・リミテッド

　　　　　株式会社アルファ構造デザイン事務所
　　　　　清水建設株式会社
　　2) 多摩美術大学図書館（八王子キャンパス）
　　　　　学校法人多摩美術大学
　　　　　株式会社伊東豊雄建築設計事務所
　　　　　株式会社佐々木睦朗構造計画研究所
　　　　　鹿島建設株式会社
　　3) 日産先進技術開発センター事務棟
　　　　　日産自動車株式会社
　　　　　株式会社日本設計
　　　　　清水建設株式会社
　　4) （特別賞）武蔵野市防災・安全センター
　　　　　武蔵野市
　　　　　株式会社日建設計
　　　　　大成建設株式会社
　　5) （特別賞）セラミックパーク MINO
　　　　　株式会社川口衞構造設計事務所
　　　　　永田構造設計事務所
　　　　　株式会社磯崎新アトリエ
　　　　　東急建設株式会社

第 10 回：2009 年 6 月
《技術賞》
　　1) 日本大学理工学部駿河台校舎 5 号館の免震レトロフィット
　　　　　学校法人日本大学
　　　　　清水建設株式会社
　　2) （特別賞）高い座屈安定性を有する積層ゴム支承の力学挙動解明と実用化
　　　　　東京都市大学 研究開発チーム
《作品賞》
　　1) シスメックステクノパーク R ＆ D タワー
　　　　　株式会社竹中工務店
　　2) 代々木ゼミナール本部校 代ゼミタワー
　　　　　学校法人高宮学園
　　　　　大成建設株式会社
　　3) 木津川市庁舎
　　　　　木津川市
　　　　　株式会社日建設計
　　　　　三井住友建設株式会社
　　4) 慶應義塾日吉キャンパス 協生館
　　　　　学校法人慶應義塾
　　　　　株式会社環境デザイン研究所
　　　　　株式会社三菱地所設計
　　　　　金箱構造設計事務所
　　5) （啓発普及功績賞）奥村記念館

　　　　　株式会社奥村組

第 11 回：2010 年 6 月
《技術賞》
　　1) 三越本店本館バリアフリー工事「都市型免震レトロフィット」の実現
　　　　　株式会社三越
　　　　　株式会社横河建築設計事務所
　　　　　清水建設株式会社
　　2) （特別賞）超高層免震建物用大型免震支承部材の実大性能試験の実施
　　　　　株式会社竹中工務店
　　　　　東京工業大学
《作品賞》
　　1) ろうきん肥後橋ビル
　　　　　近畿労働金庫
　　　　　株式会社日建設計
　　　　　株式会社錢高組
　　2) 株式会社前川製作所新本社ビル
　　　　　大成建設株式会社
　　　　　株式会社前川設計一級建築士事務所
　　　　　大成建設株式会社

第 12 回：2011 年 6 月
《作品賞》
　　1) 三菱一号館
　　　　　三菱地所株式会社
　　　　　株式会社三菱地所設計
　　2) 富士ゼロックス R&D スクエア
　　　　　富士ゼロックス株式会社
　　　　　清水建設株式会社

第 13 回：2012 年 6 月
《技術賞》
　　1) （特別賞）阿佐ヶ谷「知粋館」
　　　　　株式会社構造計画研究所
　　　　　清水建設株式会社
　　　　　カヤバシステムマシナリー株式会社
《作品賞》
　　1) ソニー株式会社ソニーシティ大崎
　　　　　ソニー株式会社
　　　　　株式会社日建設計
　　　　　鹿島建設株式会社
　　　　　カヤバシステムマシナリー株式会社
　　2) オリックス本社ビル
　　　　　株式会社竹中工務店

《特別賞》
1) 石巻赤十字病院

b. 制震構造

第 11 回：2010 年 6 月
《技術賞》
1) 既存超高層建築の長周期・長時間地震動対策の技術開発とその実施
   大成建設株式会社
   明治安田生命保険相互会社
2) エネルギ吸収効率を最大化する ON/OFF 制御型オイルダンパの開発と実用化
   鹿島建設株式会社

第 12 回：2011 年 6 月
《技術賞》
1) （奨励賞）二重構造による連結制振構造「デュアル・フレームシステム」の超高層 RC 造建物への展開
   株式会社大林組

《作品賞》
1) 大林組技術研究所新本館（スーパーアクティブ制震構造）
   株式会社大林組

第 13 回：2012 年 6 月
《作品賞》
1) （特別賞）サウスゲートビルディング
   西日本旅客鉄道株式会社
   ジェイアール西日本コンサルタンツ株式会社
   株式会社安井建築設計事務所

【可児長英】

免震編

1 免震の原理

1.1 免震の原理

大正から昭和初期にかけて柔構造,剛構造の議論があった.それよりはるか以前から免震構造的な発想はあった.しかし,これらは結論のつかない議論であった.現代の免震構造の原理を正しく理解するには,振動学の知識と地震動に対する知見が必要である.

免震の原理は地震動の応答スペクトルで説明することができる.図1は,大地震動の加速度応答スペクトルである.一般的な中低層建物の周期を0.2〜0.6秒程度すると,大地震時の建物の応答加速度は1Gを超えることがわかる.ここで何らかの方法で建物の周期を3〜4秒に伸ばすことができれば,応答加速度は1/5〜1/10の0.2〜0.1Gとなり,建物にかかる層せん断力は著しく低減される.

図2は,同じく大地震動の変位応答スペクトルであるが,0.2〜0.6秒程度の周期では応答変位は数cm〜10cm程度であるが,周期3〜4秒では30〜40cmにもなる.これを低減するには減衰を増すことが効果的である.

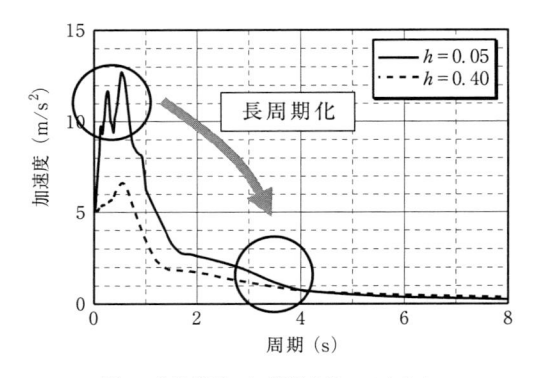

応答スペクトルより,地震動の性質が理解されれば,免震の原理を理解できる.すなわち,免震構造とは,建築物の基礎と上部構造の間,または下部構造と上部構造の間に免震装置を設置し,上部構造の周期を伸長,減衰を増加させることで,地震時の上部構造の応答加速度を低減(すなわち応答層せん断力を低減)しながら,大きな値となる免震層の変位を抑制する構造であるといえる.

以上により,免震構造の性能は,固有周期と減衰性能で代表されることになる.これを実現するには以下の免震の3要素が必要となる.

1. 鉛直支持性能(水平変形性能を含む)
2. 復元性能
3. 減衰性能

これらの要素は支承材,復元材,減衰材といった各免震材料で個々に,または複合して発揮される.

なお,免震の要素としては,上記の3要素のほかに,日常的な風外力や小地震動に応答して居住性を悪化させないように,小入力に対しては剛性があるようにトリガー機能をもたせることが通例である.このため免震層の復元力は線形ではなく,初期剛性が高く,あるせん断力で降伏するバイリニア型の骨格曲線としている.

図1 大地震動の加速度応答スペクトル

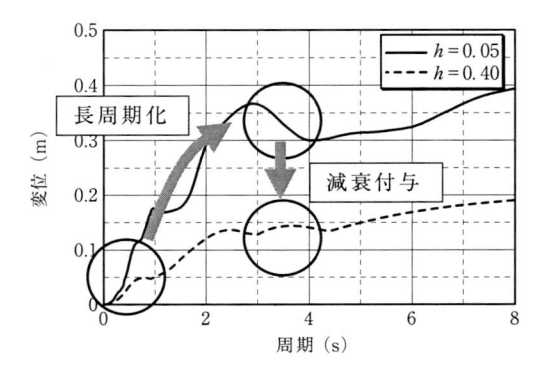

図2 大地震動の変位応答スペクトル

1.2 免震構造の特徴

免震構造は,建物内の応答加速度が抑えられるという性質から,大地震動に対して構造体の損傷を防ぎ内部収容物の被害を抑えて,建物機能を維持することができる.一般の耐震構造の目標性能は,①中小地震動に対して財産の保護,機能の維持,②大地震動に対して,人命の保護であることに対し,免震構造では大地震動に対して財産の保護,機能の維持と1ランク高いものにすることができる.

1.3 免震の課題

a. 地震動の問題

免震構造の原理と特徴を見てくると,免震構造は良いことばかりであるように思える.しかし,それが図1,図2の説明から始まっていることを思い出してほしい.図1,図2の大地震動とは,実はEl Centro

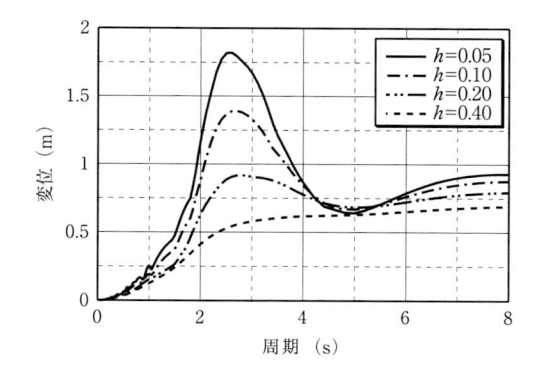

図 3 K-NET 柏崎の変位応答スペクトル
(2007 年新潟県中越沖地震)

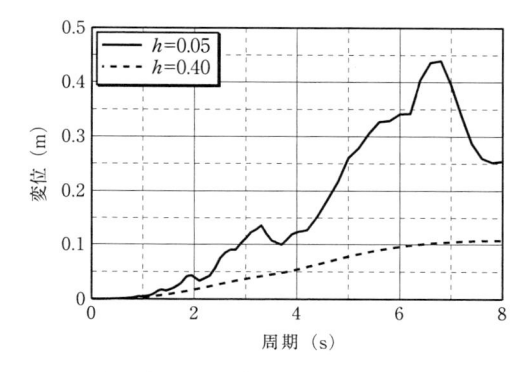

図 4 大阪咲州庁舎の変位応答スペクトル
(2011 年東北地方太平洋沖地震)

1940 NS 波の最大速度を 0.5 m/s になるように振幅を拡幅したものであった.

図 3 は，2007 年新潟県中越沖地震における柏崎の記録（K-NET[1]）の変位応答スペクトルである．異様に大きい変位があったり，減衰を増加させても変位が小さくならない周期域があったりする.

図 4 は 2011 年東北地方太平洋沖地震のさいの大阪咲州庁舎 1F の記録（建築研究所ウェブサイト[2]）の変位応答スペクトルであるが，長周期域に鋭いピークをもっている．地盤の軟弱な敷地で免震建物も増加しつつある．すべての場合において El Centro 1940 NS 波の応答スペクトルを用いた免震の説明が通用するわけではない.

b. 上部構造の長周期化

図 1, 図 2 の応答スペクトルは 1 質点系の応答値である．これは免震の上部構造の周期が 0，すなわち上部構造を剛体としたときの値である．この場合，地震動の入力エネルギーはすべて免震層で消費される.

免震構造の本来の発想は，周期が短く応答加速度の大きい構造物を長周期化して，応答加速度を低減することである．わが国の初期の免震建築物では，上部構造の周期は 0.5 秒程度以下のものばかりであったが，近年，超高層免震など上部構造の固有周期が長いものが増えつつある．上部構造の固有周期が 1 秒以上のものはごく普通となり，2 秒を超えるものさえある．こうした状況では，図 1, 図 2 による説明が必ずしも通用しない．1 次モードにも上部構造の応答が現れ，さらに高次のモードの影響などで上部構造の応答加速度が増加する．上部構造の応答があるので，免震層の変位は減少し，その分，入力エネルギーの一部が上部構造で消費されるようになる．上部構造の長周期化により，免震の理想的な挙動とは離れだす.

免震の原理の最も典型的な説明と，それから派生する免震構造の性能と特徴について述べた.

また，地震動の特性や上部構造の性能が，それほど単純なものばかりではないことも述べた．免震構造は，固有周期や減衰性能を設計者がコントロールしやすいので，設計の想定内であれば非常に優れた対地震性能を期待できる．それだけに予想外の地震動や，上部構造の性状などに十分配慮した設計が望まれる.

【古橋　剛】

引用文献

1) 防災科学技術研究所：http://www.kyoshin.bosai.go.jp/
2) 建築研究所の強震観測：http://smo.kenken.go.jp/ja/smn/

2 免震の歴史

免震構造に関する考え方はきわめて古くからあったものの，いずれも決定的なシステムは見つからず近年にいたった．表1に免震構造の歴史を示す．イランのラヒジャンには，丸太を用いた転がり式の木造免震構造物が現存しており（図1，図2），丸太が変形したり朽ちたりすると新しいものに取り替えるようになっている[1]．北京の故宮も基礎を大理石と糯米との互層にしてスライド構法を目指したが，しばらくすると固結してしまったらしい．

20世紀前半には，1906年に米国にてサンフランシスコ地震が発生し，これを契機にカランタリエンツがすべり形式の免震構造のアイデアを発表した．

第二次世界大戦後，マケドニアのペスタロッチ小学校ではゴムを用いた免震構造が採用された．1970年英国で接着ゴム板の圧縮，曲げ，せん断の研究がなされた．1976年にはニュージーランドで国会議事堂の免震改修のための設計解析が始まった．2年後には鉛プラグ入り積層ゴムを用いたウィリアムクレイトンビルの建設が始まった．フランスではクルアス原子力発電所にゴムシートによる免震構造が採用された．米国では1986年にカリフォルニア州サンベルナルディノ郡に高減衰積層ゴムを用いた免震構造の裁判所が建設され，1989年には免震レトロフィットによってユタ州のソルトレーク市郡庁舎が耐震改修された．

一方，日本では，19世紀後半に東大で教鞭を執った英国人地震学者のジョン・ミルンが自宅に日本初の免震構造による部屋を構築したといわれている．1924年には鬼頭健三郎らによる皿盤とボールベアリングを用いた「建築築物耐震装置」の案が出された．1934年には不動貯金銀行姫路支店にピン柱式の免震構造が出現した．1960年には鎌倉大仏がすべり支承による免震構造物として改修された[2]．1969年には現在の積層ゴムに類似した，ゴムを鋼板ではさみ鋼板部をボルト接合した支持装置が，東芝の技術研究所に免震装置としてではなく防振装置として用いられた（図3）．

1970年代，日本では建設会社が免震構法の開発を進めていた．1980年代前半は日本の免震の黎明期であった．図4は建築物ではないが，レーダー装置の免震システムを示している．当時としては手作りの転がり支承と板ばねの組み合わせであった．その後は積層ゴム支承が席巻した．

1983年には日本の免震建築物の第1号と呼ばれる八千代台住宅が山口昭一らによる設計で誕生した（図5）．この頃はまだ性能評価制度はなく，1985年に山口の設計によるキリシタン資料館が特別に設けられた委員会で審議され，その後に建設された．このことを契機に性能評定委員会が設置され，免震建築物は建設大臣の認定を得て建設されるようになった．

1994年には米国ロサンゼルス市近郊においてノー

表1　免震構造の歴史

年代	国名	装置類ほか特記
15世紀前	イラン	ラヒジャンの丸太方式　転がり支承
15世紀	中国	故宮（紫禁城）　すべり方式
1880s	日本	ミルンの免震床　転がり式
1909	英国	カランタリエントの免震　すべり方式
1934	日本	不動貯金銀行姫路支店　柱ピン方式
1957	日本	原子炉の制震構造　柱ピン方式
1960	日本	鎌倉大仏　すべり支承
1964	日本	油圧制御型免震装置の提案
1965	日本	和泉らによる免震効果の解析
1969	マケドニア	ペスタロッチ小学校　ゴム支承
	日本	東芝総合研究所　防振ゴム支承
1975	英国	積層ゴム支承の開発
1976	米国	加大S造免震建物振動実験　RB
1977	仏国	ランベスク高校　LRB
1981	ニュージーランド	ウィリアムクレイトンビル　LRB
1981	イタリア	ナポリ消防署　LRB
1983	日本	航空レーダー　転がり支承＋鋼ばね
1984	日本	八千代台住宅　RB
1984	仏国	クルアス原子力発電所　ゴムシート
1986	南ア連邦	ケベルク原子力発電所　RB
1986	米国	サンベルナルディの裁判所　HDR
1989	米国	ソルトレーク市郡庁舎免震改修　LRB
1989	日本	免震構造設計指針発刊
1993	日本	日本免震構造協会設立
1994	米国	ノースリッジ地震で南加大病院免震効果
1995	日本	兵庫県南部地震で神戸市2棟の免震効果
	日本	『免震構造入門』発刊
2000	日本	平12建設省告示2009号発行
	日本	新潟県中越地震　免震効果
2005	日本	福岡県西方沖地震　免震効果
2011	日本	東北地方太平洋沖地震　免震効果

図1 イラン北部の丸太式免震

図2 丸太式免震装置の詳細

図3 防振ゴム支承（横浜ゴム製）

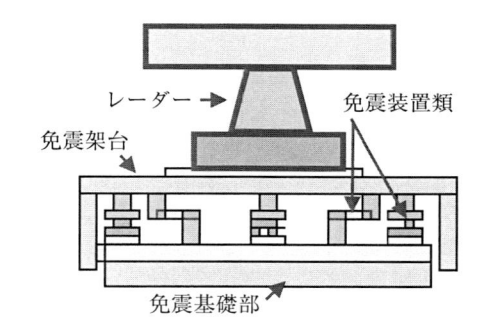

図4 レーダー装置の免震装置概要図

図5 八千代台住宅

スリッジ地震が発生し，免震構造を採用した南カリフォルニア大学病院が無損傷であったというニュースが入ってきた．大都市直下で発生した大地震に対して，この建物は免震効果を示すことができた．続いて1995年には兵庫県南部地震が発生し，神戸市内にある2棟の免震ビルが免震効果を発揮した．これまで年間数棟の建設であった免震建築物が，これを機に年間100棟ほどに増大した．

1996年には免震構造によるレトロフィットが国立西洋美術館本館で着手され，耐震改修の一つの方法を示した．その後免震レトロフィットと呼ばれて現在まで100棟ほど改修が行われている．

2000年に建築基準法が改正され基準法に初めて免震建築物が規定され，同時に免震装置類も免震材料として規定された．

2004年には新潟県中越地震が発生，新潟県にあった8棟の免震建築物はいずれも良い効果を発揮した．翌2005年の福岡県西方沖地震でも福岡県に20棟ほどあった免震建築物も同様の効果を示した．その後のいくつかの地震を経て，2011年東北地方太平洋沖地震を経験し，多くの免震建築物で優れた免震効果が実証されている．

【可児長英】

引用文献

1) A. Naderzadeh : Application of seismic base isolation technology in Iran, 日本免震構造協会会誌, **63**, 40-47, 2009.
2) 日本免震構造協会編：考え方進め方免震建築 付録2, pp.183-191, オーム社, 2012.

3 免震の形態

免震構造は免震部材を配置する位置により，基礎免震と中間層免震に大別される（図1）．

a. 基礎免震

基礎免震は，免震構造のもっとも基本的な形態である．建物基礎下に免震層を設け，建物全体を免震化することで，施設全体の機能維持を図ることができる（図2）．

基礎免震では，建物の周囲に大地震時の可動を考慮した水平クリアランスが必要となる．また，水平クリアランスを確保するため，免震層を地下に構築する必要があり，耐震構造に比較して土工事，躯体ボリュームが大きくなる．

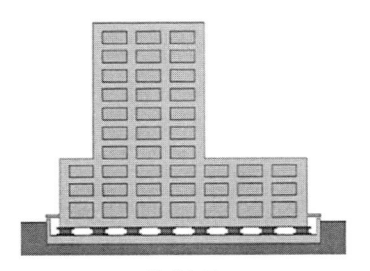

基礎免震には，地下がなく1階床下に免震層を配置する場合と，地下がありその最下層下に免震層を配置する場合とがある．地下階がある場合は，水平クリアランスを確保するための周囲の土圧擁壁は，片持ち状の擁壁のため構造断面が大きくなる可能性があり，狭隘な敷地では建築計画に影響を及ぼすこともある（図3）．

基礎免震の場合，免震部材は基礎とみなされ耐火被覆は不要である．

b. 中間層免震

中間層免震は，建物の中間に免震層を挟んだ構造であり，図4に示すように上下にスラブで挟まれた免震層を構築する場合と，下階の柱頭に免震部材を配置する柱頭免震に区別される．

中間層免震の下部構造は，上部の免震構造を支持する構造体として，十分な耐力と剛性を確保する必要がある．

免震層を配置する位置は，地下と地上の境界に配置する場合と，地上階あるいは地下階で設ける場合がある．これらの免震層の配置の使いわけは，免震層周囲に水平クリアランスを設けるスペースがない場合や，機能確保を目的とする用途を勘案し決定される．

低層部に商業施設や駐車場が計画され，上層部に住宅が計画されることがある．低層部と住宅部との境の

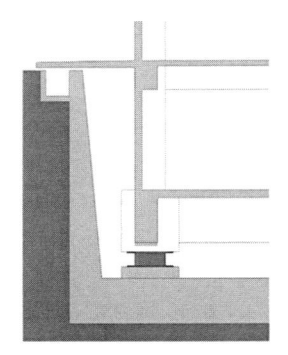

基礎免震

中間層免震

図1 免震の形態

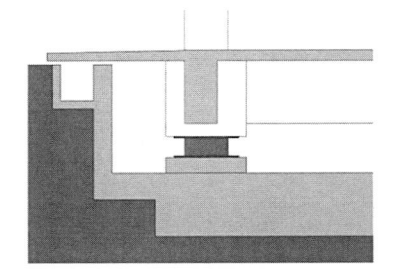

図2 基礎免震

図3 地下階のある基礎免震

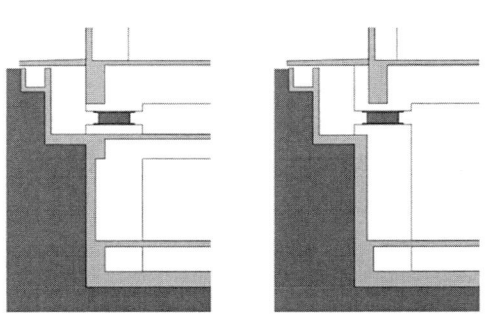

図4 中間層免震

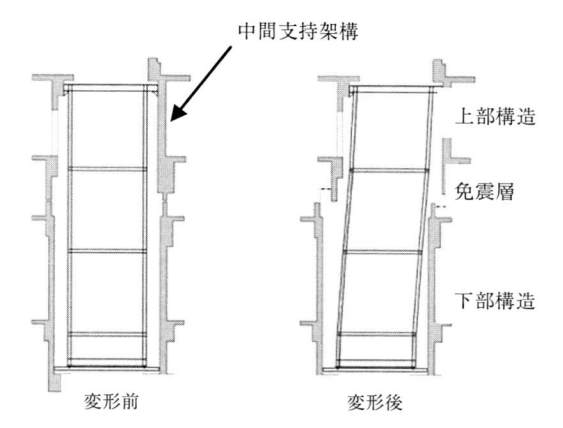

図5 中間層免震におけるエレベータの設置

図6 免震人工地盤

設備の展開スペースを免震層とすることで，財産の保全，居住者の安心を目的に中間層免震が採用される事例がある．

中間層免震の場合，免震層を縦方向に貫通するものとして，階段，エレベータ，設備配管などがあり，それらの設置には免震層の変形を考慮する必要がある．

階段には，免震層で下部構造の固定側と免震側とに乗り換える方式や，下部構造の高さによっては免震側から吊られる方式がある．吊り階段の場合，免震構造の動きに加え，階段室の架構の変形を考慮して下部構造との水平クリアランスを決定する必要がある．

エレベータには，エレベータの支持架構を免震側から吊る方式と，ガイドレールの可撓変形を考慮した免震層を貫通する方式とがある（図5）．前者では免震層下部ではエレベータシャフトと下部構造躯体との間に免震クリアランスを設ける必要がある．また，免震層位置が高く，架構を吊る方式が合理的でない場合は，後者の方式が採用される．

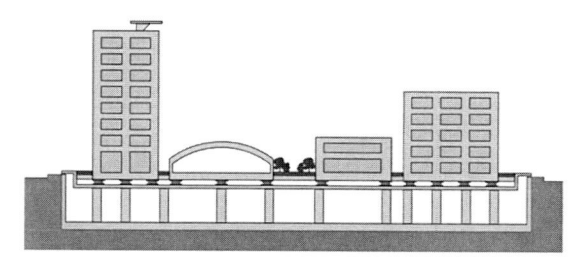

中間層免震の場合，鉛直荷重を支える積層ゴムなどの免震部材は柱としてみなされ，所定の耐火時間を満足する耐火被覆が必要となる．耐火被覆は，大臣認定を取得した材料を用いるか，耐火性能検証法により耐火安全性を評価される必要がある．免震層を耐火的に区画し，性能検証法により耐火安全性を確認した場合は，耐火被覆の必要はない．

設備配管，電気配線は，上部の免震構造から免震層内で可撓継ぎ手や余長をとることにより，下部構造に接続される．

c. 免震人工地盤

免震人工地盤は，複数の建物を支持する地盤を免震化し，広域的に街区の耐震性能を向上させる．人工地盤の地下部は，駐車場やインフラの敷設などに有効利用できる提案である（図6）．

このアイデアは，複数棟の免震建物の隣棟間隔が十分に確保できない場合にも採用できる．

また，戸建て住宅などで免震層よりも上部の荷重が小さく，免震効果を十分に発揮できない場合などは，アイデアとして人工地盤により重量を確保し，免震効果を発揮することもできる． 【西川耕二】

4　建築計画

　免震構造は，上部構造の応答加速度を小さく抑えることで，地震後の機能維持，財産保全を図ることができることから，以下のような用途の建築物への採用が多くなった．

1. 病院・庁舎・消防署などの災害拠点施設
2. 共同住宅や戸建て住宅などの住居系施設
3. 本社機能を有する事務所・電算センター
4. 美術館・博物館・図書館
5. 研究所・精密加工工場
6. 学校などの教育施設
7. 歴史的建造物

以下に，建築計画上の留意点を示す．

a. 建物の形状に対する留意点

　積層ゴムは引張り荷重に対して耐力が低く，大きな引張り荷重に抵抗できない．幅高さ比が大きい建物や，耐震壁の脚部，短スパン構造の場合には，柱脚に大きな引張り荷重が作用する．とくに，鉛直荷重が小さい隅柱では，地震時の引張り荷重が長期荷重を上回ることがある．このような場合には，隅柱に長期軸力を集めたり，過大な引張り荷重が作用しないように建築計画，構造計画の工夫を行う．

　免震層の位置は基礎下とすることが明快ではあるが，敷地境界と建物との距離，地下階の有無，免震層の上下階の用途などを勘案して決定する．

b. 設計自由度の向上

　上部構造に偏心を有する建物では，免震層の重心と剛心とを一致させることにより，上部構造は捩れ振動を抑えることができる．そのため，平面的に雁行した形状や立面的にセットバックした形状の建物でも設計が可能である．

　上部構造の形状が明快でない建物でも，入力地震動を軽減できるため，軽やかな架構計画ができる（図1，図2）．また，一般建築においても，スパンを飛ばす，あるいは柱梁を小さくすることで，大きな空間を得られ，設計の自由度が向上する．

c. 歴史的建造物の保全・免震レトロフィット

　上部構造の耐震性能を十分に確保できない場合や，歴史的建造物などで意匠性を保全したい場合には，基礎下あるいは中間階に免震部材を挿入する免震レトロフィットが有効である（図3）．免震レトロフィットは，施工時の耐震安全性の検討，継続的な建物の傾斜測定などの使用性の検討など，施工時の段階ごとにおける高度な解析技術と施工管理技術を要する．

　公共施設などで業務を停止することが難しい建築物の場合，いわゆる「居ながら改修」として，上部建物を運用しながらの改修工事が行われることがある．また，商業建築における耐震改修においても，工事中の営業が可能なため，免震レトロフィットが採用されることがある．ただし，工事中の建物の騒音や振動に対する使用性の確保，建物利用者と工事関係者との動線分離による安全性の確保など，施工にさいしては新築以上に配慮が必要となる．

【西川耕二】

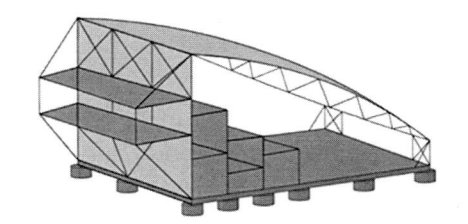

図1　設計自由度の向上を図る免震構造例
（形状が明確でない建物）

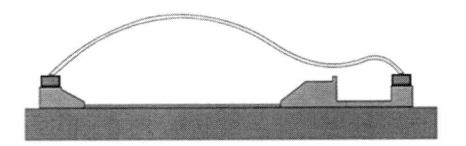

図2　設計自由度の向上を図る免震構造
（大スパン架構と組み合わせた建物）

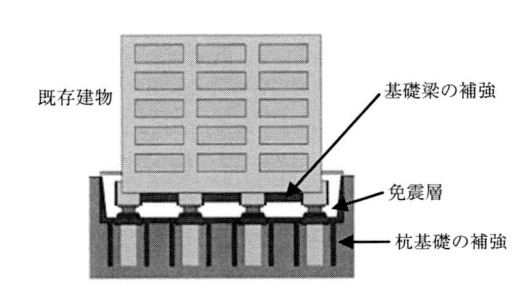

図3　免震レトロフィット例

5 構造計画

5.1 免震層

a. 免震層の位置

免震層の位置は第3章で示したように，大きく分けて基礎免震と中間層免震がある．基礎免震は建物の最下層の基礎下に免震層があるものでもっとも一般的な免震建物の形態である．中間層免震は建物の中間の層を免震層とするもので，地上階の中間層免震と地下階の中間層免震とがある．免震建物の構造計画においては，まず免震層の位置をどこに設けるかを決める必要がある．

基礎免震は建物全体を免震化することができる点でもっとも望ましい形態であるが，基礎の下に免震層を設けるため，根切り深さが深くなり，掘削土量が増える．とくに地下のある建物を基礎免震とすると免震ピットの擁壁に非常に大きい土圧が作用し，壁厚が非常に大きくなり，コストアップになるだけでなく，建物周辺に広いスペースが必要となる．

一方，地上階の中間層免震では基礎深さは浅くできるが，免震層の分だけ建物高さが高くなり，高さに制限のある建物ではほぼ1層分階数が減ることになる．また，免震層が地上にあるため，建物外周に免震クリアランスが不要となり，敷地境界から建物の離れを小さくでき，敷地を有効に活用することができる．地下階の中間層免震では，基礎深さは基礎免震とほぼ同じであるが，基礎免震に比べ，擁壁の高さを低くすることが可能となる．中間層免震の場合にはエレベータや階段などの縦動線の処理に注意が必要である．

b. 免震システムの選定

免震システムには，支承と減衰性能を合わせもつダンパー一体型と，支承には減衰性能をもたせずダンパーを別途必要とするダンパー分離型がある．ダンパー一体型は，別途ダンパーを必要としないため経済性や施工性に優れている．一方，ダンパー分離型は機構が明快であり，力学特性に影響する各種依存性が小さい点，履歴系あるいは粘性系の減衰種別を自由に選択できる点，固有周期や減衰量を細かく任意に設定できる点などがダンパー一体型と比較して優れている．また，最近ではダンパー一体型のシステムに別置きダンパーを付加する場合も増えている．

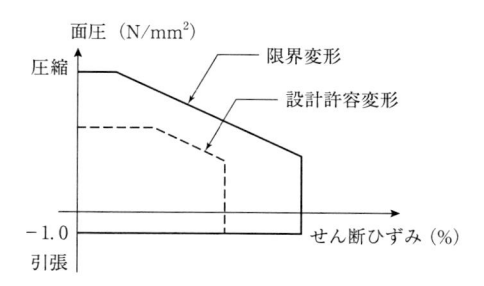

図1 積層ゴムの限界曲線

設計にあたっては，建物の条件に合わせて，経済性や施工性を考慮したうえで，最適な免震性能を得られるような免震システムを選定する必要がある．

c. 免震層の目標性能の設定

設計にあたっては，免震層の目標変位を設定し，応答値がその目標変位以下であることを確認する必要がある．目標変位は限界変位に対し安全率を確保して設定し，これを設計許容変位と称する．限界変形は積層ゴムの場合は破断限界と座屈限界のうち小さいほうであり，安全率を2/3～3/4程度として設計許容変位としている場合が多い．積層ゴムの破断限界は一般的にはせん断ひずみ400%とされている．座屈限界は積層ゴムの2次形状係数や面圧により異なり，2次形状係数が小さいほど，あるいは面圧が高いほど座屈しやすい．2次形状係数が5以上の積層ゴムは一般に使用されている面圧の範囲では座屈することはない．積層ゴムには図1に示すような限界曲線が積層ゴムの形状ごとに示されており，設計者は使用する面圧の上限（短期面圧）での座屈限界を限界変形とし，それに対し安全率を考慮して設計許容変位としている．建物の設計許容変位はもっとも限界変位の小さい免震部材により決まる．したがって，所要の設計許容変位を確保するには，極端に限界変位の小さい部材は弾性すべり支承に変更するなどの設計上の工夫が必要である．積層ゴム以外の免震部材の限界変位については，すべり支承であればすべり板の寸法，オイルダンパーであればダンパーのストロークなど，それぞれに定められている．また，免震層（ピット）のクリアランスも免震層の限界変位となる．設計許容変位はこれらの限界変位に対しても適切な安全率を確保して設定する必要がある．

d. 免震部材の設定

免震層の設計においては地震環境，地盤などの敷地条件，ピットクリアランスなどの建物条件を考慮して，最適となる免震部材を選定する必要がある．免震建物の応答値を左右するのは固有周期と減衰力であるが，一般的には固有周期を延ばせば応答せん断力は下

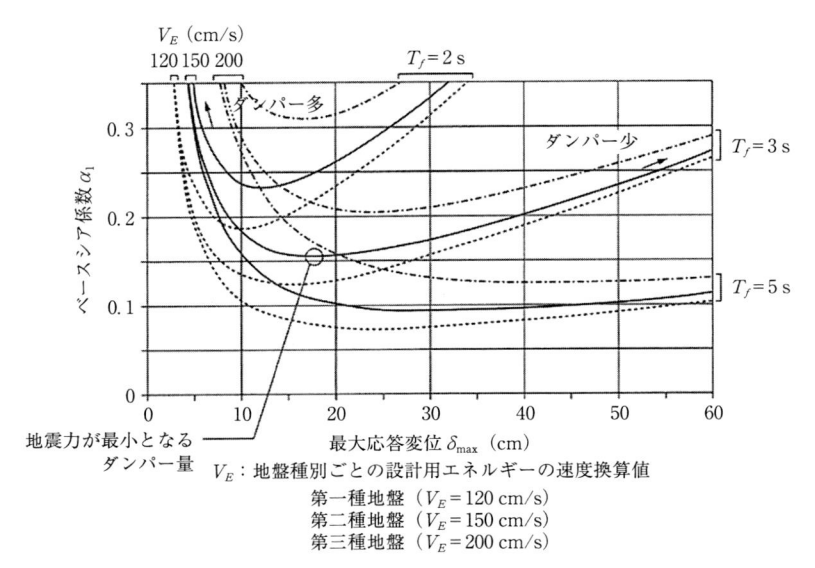

図2 ベースシア係数と最大応答変位[1]

（グラフ中のラベル）
- 縦軸：ベースシア係数 α_1
- 横軸：最大応答変位 δ_{max} (cm)
- V_E (cm/s)：120, 150, 200
- $T_f = 2$ s, $T_f = 3$ s, $T_f = 5$ s
- ダンパー多、ダンパー少
- 地震力が最小となるダンパー量
- V_E：地盤種別ごとの設計用エネルギーの速度換算値
  - 第一種地盤（$V_E = 120$ cm/s）
  - 第二種地盤（$V_E = 150$ cm/s）
  - 第三種地盤（$V_E = 200$ cm/s）

がるが応答変位は増大する．また，減衰力を大きくするほうが応答せん断力も応答変位も小さくなるが，減衰が大きくなりすぎると，せん断力は大きくなる傾向がある．つまり，減衰力には変位もせん断力ももっとも小さくなる最適値がある．この最適値は地震動の特性や固有周期により異なり，地震動のエネルギーが大きいほど最適値も大きくなる傾向にある．構造計画を行うにあたっては，免震層の固有周期 T_f（ダンパーなしでの固有周期）と降伏せん断力係数 α_s（ダンパーの降伏荷重／建物重量）を最適値に設定するように支承やダンパーを設定することが望ましい．

設計においては，まず設計許容変位を設定し，その変位以内とすることができ，かつもっとも応答せん断力を小さくできる免震部材を選定する．最適値を求めるには，免震周期と降伏せん断力係数をパラメータとしてパラメトリックスタディを行う方法や，簡易的にエネルギーの釣り合いから求める方法がある．簡易的な方法では図2に示すような応答変位と応答ベースシア係数を予測する図を用いて，想定する地震動の V_E による最適な免震周期，降伏せん断力係数を求めるものである．そして，その最適な固有周期や減衰量を実現するように免震部材を決定する．

積層ゴムは使用できる面圧に上限があり，大臣認定において定められた基準面圧以下となるように積層ゴムのサイズを決める必要がある．まずは各柱の軸力から積層ゴムのサイズを定め，固有周期を算出するが，積層ゴムだけでは最適な固有周期を得られないことがある．この場合には，一部の積層ゴムをすべり支承や転がり支承に換えることで，免震層の剛性を低減させ固有周期を延ばすことができる．減衰力に関しては，ダンパー一体型の支承や別置きダンパーを適切に設定し，最適な減衰力となるように選定する．

免震建物では，上部構造に剛心と重心の大きな偏心があっても免震層で偏心していなければ，大きなねじれ振動は生じないといわれている．免震部材の選定においては，免震層での偏心ができるだけ小さくなるように注意する必要がある．一般的に偏心率の目安は0.03以下程度といわれているが，建物の辺長比が大きいと小さい偏心でもねじれ振動が大きくなりやすいので注意が必要である． 　【北村佳久】

引用文献
1) 日本免震構造協会編：免震構造　部材の基本から設計・施工まで，オーム社，2010.

5.2 上部構造・下部構造

a. 上部構造

免震建物の上部構造では耐震構造や制震構造に比べ，地震時に建物に入ってくる地震エネルギーを免震部材（アイソレータとダンパー）により遮断吸収することで応答せん断力や応答加速度が小さくなる．これにより大地震時でも上部構造は無損傷にとどめることが可能となり，弾性設計を行うことができる．これに伴い地震時の層間変形角も小さくなることから外壁や間仕切り壁などの2次部材の損傷も少なくなる．また，加速度応答が小さくなることから設備機器の損傷を回避できるというメリットがある．

免震建物の上部構造には，アイソレータとダンパーの特性に応じた力をベースシアとして応答せん断力が作用する．通常の設計では免震層と下部構造に応じた上部構造用設計用せん断力を地震応答解析結果から設定し，そのせん断力に対して上部構造を設計することになる．

建物高さが高くなり上部構造が免震層に対して相対的に柔らかくなる超高層免震などでは，上部構造を剛体とみなせなくなり，免震効果が低下する場合がある．しかし，上部構造の層間変形角の低減など十分な免震効果は期待できる．その場合，上部構造の応答に2次以上の高次モードの影響が現れることになり，その影響を適切に考慮して設計する必要がある．もしくは架構の中に耐震壁を配置することで上部構造の剛性を高めれば，免震効果が高められるようになる．

アイソレータは軸力を保持したまま地震時には水平に大きく変形することになり，$P\text{-}\varDelta$効果やせん断力による付加曲げモーメントが免震層まわりに作用することになる．この曲げモーメントに対して免震層まわりの架構を設計することはもちろんであるが，大きな曲げ変形が生じないような剛性の確保も重要である．また，免震層直上の床版の面内方向剛性を十分大きくし，免震層の変位が一様になるような構造が望ましい．

免震構造のメリットは，上部構造の設計の自由度が増すことにあるといわれている．たとえば耐震構造では偏心してねじれるような建物でも，免震層を偏心しないように設計することで，ねじれ応答を小さくできる．上部構造の重心位置を求め，これに対して免震層の剛心を一致させることにより建物全体がねじれないようになる．免震層の剛心はアイソレータのみによる剛心，これにダンパーの剛性を含めた剛心があり，この両方を重心となるべく一致させる．これによりねじれ応答は免震層レベルでほぼ処理することができる．

b. 下部構造

免震建物で免震層より下に位置する部分が下部構造であり，広い意味では基礎構造も含まれる．図3に示すように基礎または地下の上に免震層がある場合は基礎免震として扱われる．地下部分が地盤と接触していない場合や，建物の中間部に免震層がある場合は中間階免震として扱われ，下部構造の振動特性が応答性状に影響を与える．

免震効果を得るためには，下部構造は大地震時でも弾性限耐力以内とし，耐震壁を配置するなどして剛性も確保した設計が望ましい．

上部構造と同じように免震層の直下の下部構造にアイソレータの水平変形による$P\text{-}\varDelta$効果やせん断力による付加曲げモーメントが作用する．また，免震層直下の床版の面内方向剛性も十分大きくし，免震層の変位が一様になるような構造が望ましい．【木村雄一】

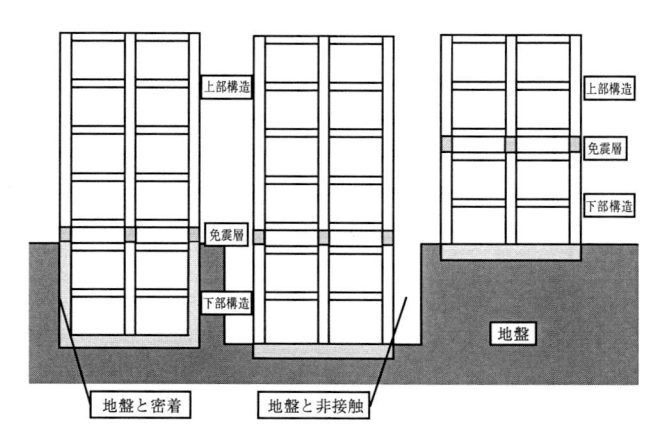

図3 上部構造と下部構造

6 免震の構造計算方法

免震建築物の構造計算方法について主として制度面から記す．

6.1 建築基準法旧第38条

2000（平成12）年の建築基準法改正以前は，免震建築物の構造計算は建築基準法（以降，法と略す）旧第38条によっていた．

第2章　建築物の敷地，構造及び建築設備
（特殊の材料又は構法）
第38条　この章の規定又はこれに基く命令若しくは条例の規定は，その予想しない特殊の建築材料又は構造方法を用いる建築物については，建設大臣がその建築材料又は構造方法がこれらの規定によるものと同等以上の効力があると認める場合においては，適用しない．

免震建築物は法の予想しない特殊の建築材料または構造方法を用いる建築物であるので，建設大臣が個別にその建築材料または構造方法を認めることによって建設されていた．実際の手続きとしては，

① 特定行政庁の指導
② 日本建築センターの免震構造評定の取得
③ 特定行政庁の進達
④ 建設大臣の認定
⑤ 建築確認申請

という流れであった．この設計法は使用材料，設計用外力，設計目標，設計方法などを設計者が決めて大臣が個別に認めるという点で性能設計であった．ただし，許認可にかかる期間，費用などの負担は大きかった．

この第38条は2000（平成12）年6月に削除された．

6.2 平成12年建設省告示第2009号

建築基準法旧第38条の削除後，免震建築物は平成12年建設省告示第2009号「免震建築物の構造方法に関する安全上必要な技術的基準を定める等の件」（免震告示と称される．以降，告示と略す）によることとなった．告示は何回か改正されているが，もっとも大きな改正は平成16年9月の改正である．この改正では，戸建て免震住宅に関する問題を中心として，小規模の上部構造に構造計算の免除，風用拘束装置の設置，クリアランスの数値の合理化，風圧力に対する免震層の計算などの規定が盛り込まれた．

告示の構成は，次のようになっている．

第一　用語の意義
第二　免震建築物の構造方法
第三　免震建築物の基礎の構造方法
第四　免震建築物の構造方法に関する安全上必要な技術的基準
第五　免震建築物の耐久性等関係規定の指定
第六　限界耐力計算と同等以上に免震建築物の安全性を確かめることのできる構造計算

以下に，その構成について解説する．

第一では，免震建築物，免震層，免震材料などの用語を定義している．

第二では，免震建築物の建物の高さ，規模などに応じて第一号から第三号の3つの構造方法を定めている．

① 第一号：法二十条第四の建築物（四号建築物）に対する方法である．告示第三，告示第四の構造方法による．小規模建築物を対象としたいわゆる仕様規定である．

② 第二号：法二十条第二，第三の建築物に対する方法である．高さ60m以下の一般の建築物に対する規定で耐久性等関係規定に適合し，告示第六の構造計算による．高さ60m以下でも中間層免震には適用できない．この計算方法は一般に告示免震と称される．

③ 第三号：高さが60mを超える建築物（法二十条第一の建築物）に対する構造方法である．耐久性等関係規定に適合し，法二十条第一の規定により大臣の認定を受ける．超高層建築物であり，平12建告第1461号「超高層建築物の構造方法に関する安全上必要な技術的基準を定める件」によることとなる．時刻歴応答解析により安全性を検証する構造方法である．

各構造方法が対象とする建築物は，より上位の構造方法を採用することができる．第一号にあたる建築物は第二号，第三号の構造方法を，第二号にあたるものは第三号の構造方法をとることができる．

第三は，免震建築物の基礎の構造方法，第四は，免震建築物の構造方法に関する安全上必要な技術的基準であるが，これらは第一号の構造方法を採用した場合に適用される規定であって，その一部が第二号，第三

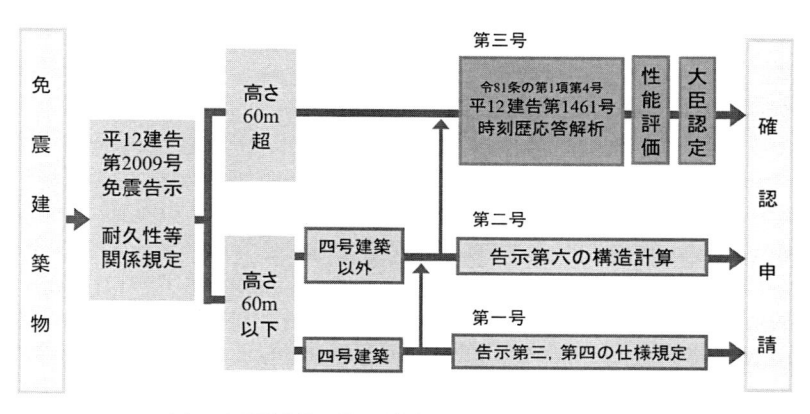

図1 免震建築物の構造計算方法と許認可ルートの概略

号の構造方法を採用した場合に耐久性等関係規定として指定されることに注意が必要である．

第五は，第二号，第三号の構造方法を採用した場合に，耐久性等関係規定として指定する第三，第四の規定の一部を指定している．

第六は，第二号の構造方法を採用する場合の，限界耐力計算と同等以上に免震建築物の安全性を確かめることのできる構造計算である．いわゆる告示免震（建築物）に適用される静的な構造計算方法である．以下のように，第一項から第九項までの構成となっている．

第一項：限界耐力計算同等以上の構造計算方法
第二項：免震層の構造計算
第三項：上部構造の構造計算
第四項：下部構造の構造計算
第五項：土砂災害警戒区域等
第六項：免震材料の許容応力度
第七項：免震材料の材料強度
第八項：支承材の鉛直基準強度
第九項：免震材料の水平基準変形

第二項から第五項が限界耐力計算と同等以上に免震建築物の安全性を確かめることができる構造計算方法，第六項から第九項が告示第六で使用する免震材料の許容応力度，材料強度などの規定となっている．

6.3 構造計算方法の運用

第一号の構造方法は実際には運用されておらず，高さが60mを超える建築物では第三号，それ以外の建築物では判断により，第二号または第三号の構造方法が適用されている．

第二号の構造方法（告示免震）では，告示第六の構造計算を行い，建築確認を取得する．

第三号の構造方法（時刻歴応答解析）では，令第81条第1項第4号の規定に基づき，平12建告第1461号「超高層建築物の構造方法に関する安全上必要な技術的基準を定める件」により安全性を確かめる構造計算を行う．国土交通大臣の指定性能評価機関（建築センターなど）の時刻歴応答解析建築物性能評価業務方法書に告示に対応するその運用が示されており，指定性能評価機関の性能評価を取得し，国土交通大臣の認定を取得して，建築確認を得る．免震建築物の構造計算方法と許認可ルートの概略を図1に示す．

【古橋　剛】

7 免震部材

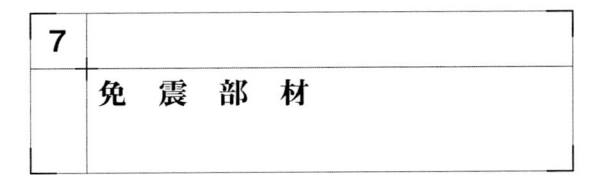

7.1 部材の概要

a. 免震部材の分類

免震部材に要求される機能に応じて分類すると，大きくアイソレータとダンパーに分けることができる．アイソレータは鉛直支持機能，復元機能を有し，ダンパーは減衰機能を有している．一般的には両者を組み合わせて用いるが，アイソレータにはダンパー機能を併せもつ一体型の装置が存在し，アイソレータ単独で用いる場合もある（図1，図2）．

b. 免震部材の選択・配置

免震部材は，十分な長周期化と適切な減衰性能を確保可能なものを選択する．

免震部材の配置は，免震層でねじれ変形がなるべく生じないように計画する．免震層での偏心率の上限値の目安として0.03が，平成12年建設省告示第2009号に示されている．また免震部材の設置場所は，部材に直射日光や雨水が当たらないように配慮する．免震部材の交換を想定する場合は，その搬出ルートの確保，荷重の仮受け方法にも配慮する．

c. 免震部材の試験・検査

免震部材は，国土交通省の大臣認定を取得したものとする必要がある．また平成12年建設省告示第1446号には，免震部材の寸法などの精度基準，性能のばらつき，および限界性能などの品質基準（表1）が，各種試験方法とともに規定されている． 【藤森　智】

```
                    アイソレータ
        ┌───────────┼───────────┐
    積層ゴム支承      すべり支承      転がり支承

  天然ゴム系積層ゴム    弾性すべり支承   レール式転がり支承
  高減衰ゴム系積層ゴム   剛すべり支承    球体式転がり支承
  鉛プラグ入り積層ゴム   球面すべり支承
  錫プラグ入り積層ゴム
  鉄粉ゴム混合材プラグ入積層ゴム
  鋼材ダンパー付積層ゴム
```

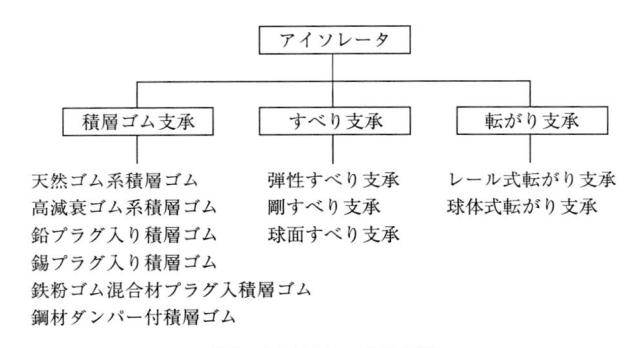

図1　アイソレータの分類

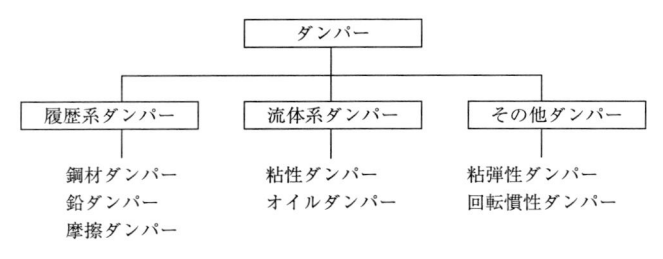

```
                  ダンパー
        ┌──────────┼──────────┐
   履歴系ダンパー    流体系ダンパー   その他ダンパー

   鋼材ダンパー      粘性ダンパー     粘弾性ダンパー
   鉛ダンパー        オイルダンパー   回転慣性ダンパー
   摩擦ダンパー
```

図2　ダンパーの分類

表1　免震部材の基本力学性能

アイソレータ	ダンパー
・水平方向の限界ひずみまたは限界変形 ・圧縮限界強度，引張り限界強度 ・鉛直剛性，水平剛性，減衰性能 ・摩擦係数（すべり支承，転がり支承） ・温度変化や経年変化による水平剛性（減衰特性）の変化率	・水平方向の限界変形または限界速度 ・総エネルギー入力 ・累積塑性変形 ・低サイクル疲労限界（履歴系ダンパー） ・剛性，降伏荷重および等価粘性減衰定数（履歴系ダンパー，粘弾性ダンパー） ・抵抗力および等価粘性減衰定数（流体系ダンパー） ・温度変化，経年変化による減衰定数の変化率

7.2 積層ゴム支承の特徴

a. 積層ゴムの原理

積層ゴム（支承）とは，図1に示すとおり薄いゴムシート（内部ゴム）と鋼板（内部鋼板）を交互に積層・加硫接着し，最外層には紫外線，オゾンなどから内部ゴムを保護するための被覆ゴムが施され，さらに上下には躯体に取り付けるためのフランジがついている支承である．

積層ゴムの原理を図2に示す．両方のゴムに鉛直荷重が作用することを考えると，ゴムブロックだけの場合は，ゴムが大きく横へふくらみだす．一方，積層ゴムの場合には，ゴムシートの横変形が鋼板との接着により拘束されているため，3軸圧縮状態に保たれた状態となり，高い剛性を得ることができる．

水平方向の力に対しては，ゴム層のせん断変形は拘束されないため，ゴムブロックと同様に低い剛性と大きな変形性能が得られる．したがって，積層ゴムは，免震支承部材として必要な，①鉛直方向には構造物を支える高い剛性と耐力，②水平方向には長周期化するための低い剛性と大きな変形能力，③ゴム特有の復元力（ゴム種類によっては減衰性も保有する）などの性能を有する．

そのほかにも鉛直荷重を面で受けることで，荷重に合わせて断面形状を設定できることも大きな特徴である．

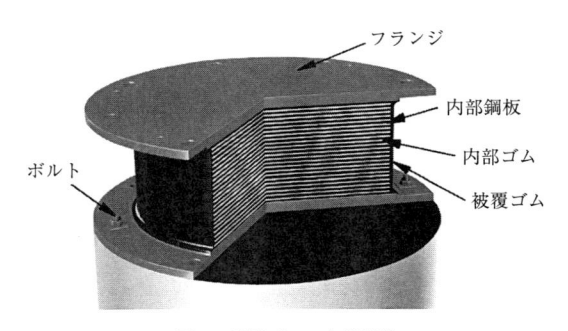

図1 積層ゴムの内部構造

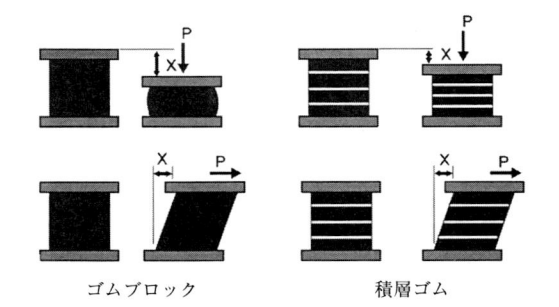

図2 積層ゴムの原理

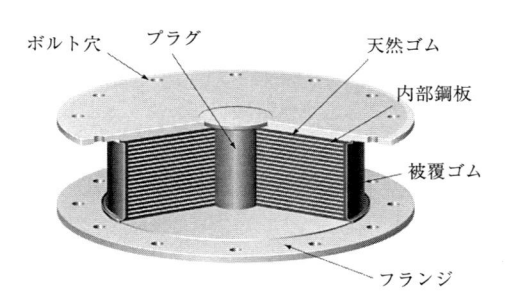

図3 プラグ入り積層ゴム

b. 積層ゴムの種類

積層ゴムには，大きく分けて次の3つのタイプがある．

- 天然ゴム系積層ゴム
- 高減衰ゴム系積層ゴム
- プラグ入り積層ゴム（図3）

各積層ゴムの機能面での大きく異なる点は，減衰性能の有無である．天然ゴム系は線形的なばね機能を有するが，ゴム自体の減衰性は非常に小さい．一方，高減衰ゴム系とプラグ入りはどちらも減衰性を有しているが，減衰性能の発現メカニズムが異なる．高減衰ゴム系は，ゴム自体に減衰性が発現するように配合設計（ゴム材料や充填材を調整して要求性能を得ること）されたものである．プラグ入りは天然ゴム系積層ゴムの中央部に円筒状の穴を開け，そこにプラグを挿入することで，積層ゴムがせん断変形すると同時に，プラグも変形して減衰を発現するものである．挿入されるプラグの材料により，鉛プラグ入り積層ゴム，錫プラグ入り積層ゴム，鉄粉・ゴム混合材プラグ入り積層ゴムなどがある．

それぞれの積層ゴムの性能やコストには一長一短の特徴があることから，免震建物に用いる場合は，建物用途や要求性能およびコストなどを検討して，積層ゴム支承を選択することが大切である．

c. 積層ゴムの設計

免震建物を設計するさいは，建物の用途や建設地域および地盤などを考慮し，建設地における加速度応答や変位応答などの地震応答スペクトルを用いて免震建物の1次固有周期と積層ゴムの許容変形量が決められる．積層ゴムの設計はこれらの与条件を用いて行うこととなるが，設計に際しては次の2つのことを考慮して行うことが大切である．

1) 積層ゴムの許容面圧の決め方　積層ゴムが支持する荷重（W）と積層ゴム断面積（A）の関係から

面圧（$\sigma = W/A$）が決まる．積層ゴムのせん断剛性が一定ならば，支持荷重を大きくすれば長周期化できるが，積層ゴムにとってはクリープやせん断変形時の剛性変動，さらには圧縮ひずみの増大に伴う長期経年変化などの性能に影響を与えることになる．

一般的に積層ゴムの最大許容面圧（基準面圧）σ_{max} は 15 N/mm² である．ただし，後述する2次形状係数の値やゴム材料のせん断弾性係数が小さい場合は，せん断変形時に座屈現象が発生するため 15 N/mm² 以下にする必要がある．

2) 積層ゴムの許容せん断ひずみの決め方 積層ゴムの変形量とゴムの総厚さ（内部鋼板を除いたもの）から，ゴムのせん断ひずみが決まる．積層ゴムの破断せん断ひずみに対し，設計用の許容変形時におけるせん断ひずみをどの程度に設定するか，すなわち破断限界に対して安全率をどう設定するかが重要となる．

一般的なゴムの γ_{max}（破断限界）は 400％ 程度であるから，設計変形時の γ は安全率を2倍程度見込んで 200〜250％ 程度を目安として考えるとよい．

以下に天然ゴム系積層ゴムの基本的な設計の考え方を示す．

積層ゴムの形状設計をするためには，まず次の設計与条件を得る必要がある．

支持荷重条件：W，水平剛性：K_h，鉛直剛性：K_v，設計変形量：x，ゴム材料のせん断弾性係数：G，ゴム材料の体積弾性係数：E_b．

積層ゴムの基本特性式は次式で与えられる．

$$K_h = \frac{A \cdot G}{H_r} \quad (1)$$

$$K_v = \frac{A \cdot E_c}{H_r} \quad (2)$$

ここで，A は積層ゴムの断面積，H_r はゴム層総厚さ（内部鋼板を除く），E_c は積層ゴムとしての縦弾性係数である．

断面積 A の設計 積層ゴムの断面積 A は，支持荷重とゴムの許容面圧 σ で決まる．

$$A = \frac{W}{\sigma} \quad (3)$$

(3) 式で断面積 A が決まれば，そこから積層ゴムの直径 d または角形積層ゴムの場合は1辺長 a が決まる．

3) ゴム層総厚さ H_r の設計 積層ゴムのゴム層総厚さは，設計与条件で与えられる K_h，G 値および (3) 式で得られた A を用いて (1) 式より求めることができる．

$$H_r = \frac{A \cdot G}{K_h} \quad (4)$$

このときのせん断ひずみは次式で与えられる．

$$\gamma = \frac{x}{H_r} \times 100 \quad (\%) \quad (5)$$

4) ゴム1層の厚さ t_r の設計 ゴム1層の厚さ t_r は，設計鉛直剛性 K_v から求めることができる．

$$K_v = \frac{A \cdot E_c}{H_r}$$

ここで

$$\frac{1}{E_c} = \frac{1}{E_{ap}} + \frac{1}{E_b} \quad (6)$$

$$E_{ap} = E_0(1 + 2\kappa S_1^2) \quad (7)$$

$$S_1 = \frac{A}{\pi \cdot d \cdot t_r} = \frac{d}{4 \cdot t_r} \quad (8)$$

(8) 式の S_1 は，1次形状係数と呼ばれるもので，ゴム1層の断面積と側面面積の比率を表したものである．すなわち上下を鋼板との接着で拘束された面積（拘束面積）とゴムが自由に動ける側面の面積（自由面積）の比率であり，この値が大きいほどゴムが鋼板間で3軸圧縮状態（静水圧）となり，より大きな鉛直剛性が得られる．

また (7) 式の E_{ap} は，みかけの縦弾性係数と呼ばれ，1次形状係数 S_1 の2乗に比例する．(7) 式における E_0 値はゴム材料の弾性係数であり，また κ は硬度補正係数と呼ばれるもので，ゴムの硬度が硬いほど，すなわちゴムの弾性率が大きいほど1次形状係数の影響が小さくなることから，ゴム材料の硬度（IRHD）によって補正値が変わる．

ただし，(7) 式において，S_1 を極大にしても実際の積層ゴムの鉛直剛性が無限に大きくなるわけではなく，ゴムの体積弾性率 E_b 値以上にすることはできない．(6) 式は積層ゴムの縦弾性係数 E_c を E_{ap} と E_b 値で補正したものである．また，E_0 値については，近似的に $E_0 = 3G$ を用いてもよい．一般的な天然ゴム材料の設計用材料定数の硬度と E_0，G，κ，E_b 値の関係を表1に示す．

ゴム1層の厚さ t_r を求める手順は，(3)，(4) 式で得られた断面積 A およびゴム層総厚さ H_r から (2)，(6)，(7)，(8) 式を用いることで t_r を求めることができる．

また，1次形状係数 S_1 は，積層ゴムに内径 d_i がある場合は，以下のとおりとなる．

・円形の場合（直径 d，内径 d_i）

$$S_1 = \frac{A}{\pi \cdot d \cdot t_r} = \frac{d - d_i}{4 \cdot t_r} \quad (9)$$

・角形の場合（1辺 a の正方形，内径 d_i）

表1 一般的な天然ゴム系積層ゴム支承の設計用材料定数の例[1]

ゴム硬さ IRHD (± 2)	ゴム弾性係数 E_0 (MPa)	せん断弾性係数 G (MPa)	硬度補正係数 κ	体積弾性係数 E_b (MPa)
30	0.92	0.30	0.93	1000
40	1.50	0.45	0.85	1000
50	2.20	0.64	0.73	1030
60	5.34	1.06	0.57	1150
70	7.34	1.72	0.53	1270

注：ここに示す定数はゴム材料固有の値であり，また体積弾性率などについては高測定精度が要求されることもあり，データの数が多くない．他の資料では約2倍の値を記載しているのもある．これらの値はあくまで参考値であり，実際には積層ゴムの実験から体積弾性率を推定するほうがよい．

$$S_1 = \frac{4 \cdot a^2 - \pi \cdot d_i^2}{4 \cdot t_r (4 \cdot a + \pi \cdot d_i)} \quad (10)$$

以上で，積層ゴムの形状設計に必要となるゴム直径 d，ゴム総厚さ H_r，ゴム1層の厚さ t_r，積層数 $n (n = H_r/t_r)$ を求めることができる．

ただし，1次形状係数を極大にしても，(6) 式によりゴムの体積弾性率 E_b となることから，鉛直剛性とせん断剛性の比率は (11) 式となり，この比率を超えることはできない．

$$\frac{K_v}{K_h} = \frac{E_c}{G} = \frac{E_b}{G} \quad (10)$$

5) その他の留意点 ゴムと積層する内部鋼板の厚さについては，ゴムの厚さの1/2〜3/4程度を目安とするのがよい．内部鋼板が薄いと，積層ゴム支承がせん断変形したときに内部鋼板の曲げ変形の影響が現れ，せん断剛性の変動が大きくなることと，ゴム端部のひずみが大きくなり，限界変形に影響を与えることになるため注意が必要である．

1)〜4) は天然ゴム系積層ゴムの設計手順であるが，高減衰ゴム系積層ゴムの場合は，図4に示すように等価剛性 K_h がせん断ひずみにより変化するため，設計に用いる G 値については代表的なひずみ時の値を用いることとなる．G と γ の関係は，ゴム材料によって異なることから，設計に際しては製作会社の資料を入手する必要がある．一般的には設計変形量をせん断ひずみ100〜200%として設計用に用いることが多い．

現在では，積層ゴム製作会社が各種のゴム材料を用いた積層ゴムを支持荷重ごとにラインアップしている．ただしこれらのカタログ値はせん断ひずみ $\gamma = 100\%$ 時の特性を掲載していることが多い．これは免

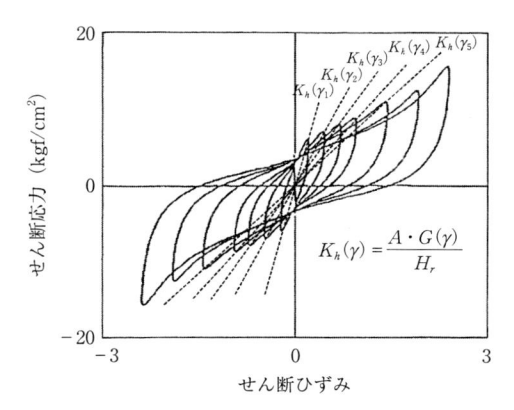

図4 高減衰ゴム系積層ゴム支承の履歴特性と等価剛性のひずみ依存

$$K_h(\gamma) = \frac{A \cdot G(\gamma)}{H_r}$$

震建物に用いる積層ゴムは，建築基準法（平成12年国土交通省告示1446号）において，大臣認定を取得する必要があり，多くの製作会社が $\gamma = 100\%$ を基準せん断ひずみとしていることによる．

d．積層ゴムのリサイクル・リユース

積層ゴム支承はその構造からゴムと鋼材を分離することが極めて困難なため，積層ゴム支承をいくつかに裁断後，内蔵されているプラグと積層ゴム部に分離してプラグ材は素材として再利用し，積層ゴム部は高炉に投入することで鉄材を銑鉄として取り出す（ゴムはこのときに燃焼してしまう）ことで原材料として再利用することができる．ただ現状は製造会社での廃品程度の規模での活用となっている．したがって，今後何十年経過した免震建物の建て替えが多くなると，物量的に十分対応できる体制を整えることが必要である．また，積層ゴムの中には鉛プラグなどを用いたものもあり，環境への配慮を必要とするものもある．

一方，リユースについての現状実施例はない．その理由としては，ゴム材料は時間とともにその特性が変化していくことから，リユース時点での特性の明確化と，免震設計への取り込む場合の耐用年数をどのように設定するかの考え方，またリユース品をどのように保管し，管理するかの体制整備やコストなどが明らかになっていないためである．リユースについても今後の大きな課題と考えられる． 【芳澤利和】

引用文献

1) J. M. Kelly : *Earthquake-Resistant Design with Rubber*, 2nd Edition, Springer-Verlag, 1997.

7.3 積層ゴム支承のメカニズム

a. 積層ゴムのしくみ

積層ゴムの形状は，薄い鋼板（中間鋼板）と薄いゴムシートを交互に積層した構造となっている．図1にゴムブロック（単層ゴム）と積層体との比較を示す．積層ゴムのゴム総厚に等しい厚さのゴムブロックを考える．圧縮時には，ゴムブロックは大きく沈み込み，ゴムが横方向へはらみ出し，圧縮荷重に対しては支持能力が低いことが容易に想像できる．一方，積層体にすれば，ゴム1層の厚さが薄くなるため，横方向へのはらみ出しも非常に小さくなる．このため，圧縮荷重に対しても沈み込み量を小さくできる．せん断変形時には，鋼板がせん断変形を拘束しないとすれば，ゴムブロックのせん断変形と基本的に同じであり，水平剛性はゴム自身の柔らかさとなる．

b. 積層ゴムの実用化

わが国における免震構造と積層ゴムの研究開発は，福岡大学における多田英之を中心とする研究グループにより1979年に始まった．当時から免震建物の地震時挙動の把握，振動台実験による免震効果の検証，積層ゴムの実験研究に取り組んできた．積層ゴム実験ではゴムの材質，積層体の形状などをパラメータとして，基本特性の把握，限界性能の評価が進められた（図2）．すでに欧米では積層ゴムを橋梁や建築物に利用することが進められていたが，わが国における積層ゴムの開発目標としてわが国の長周期成分が卓越する地震動にも対応できる大変形性能を有することが掲げられた．実験研究の大きな成果として，多田らは積層ゴムの性能評価にとって重要なパラメータである2次形状係数を発見した．1981年には，直径300 mmの積層ゴムで実用的な大変形能力を発揮させることに成功している（図3）．

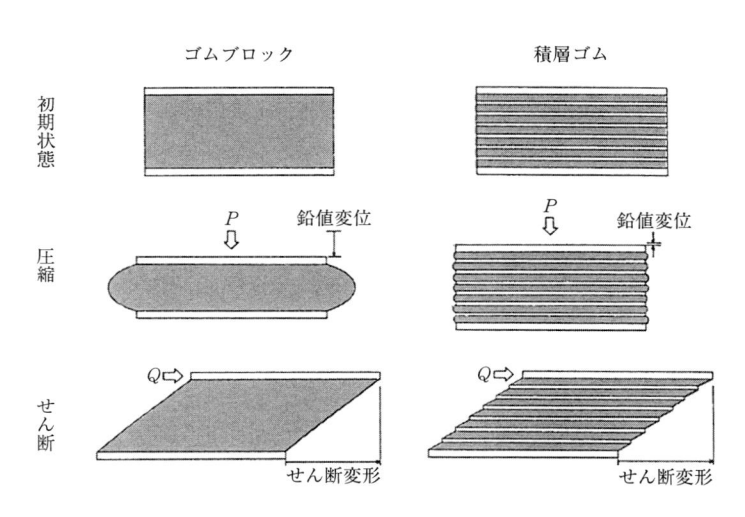

図1　積層ゴムのしくみ[1]

図2　さまざまな形状をもつ積層ゴムの試験体

図3　福岡大学で最初に実用化された積層ゴムのせん断試験の状況

積層ゴムの性能に大きな影響をもつ形状係数は，1次形状係数 S_1 と2次形状係数 S_2 としてまとめられる．1次形状係数 S_1 は，従来防振ゴムの分野で単に形状係数と呼ばれているものと同じであり，次式で定義される．

$$S_1 = \frac{\text{ゴムの拘束面積（受圧面積）}}{\text{ゴム1層の自由表面積（側面積）}}$$

2次形状係数 S_2 は，積層ゴム用に新たに導入された係数であり，

$$S_2 = \frac{\text{ゴム直径}}{\text{全ゴム層厚}}$$

として定義される．S_1 はおもに鉛直・曲げ剛性に，S_2 はおもに座屈荷重や水平剛性に関係している．多田らは，積層ゴムが安定した水平変形能力を発揮するためには，S_2 を5以上とするのが望ましいとしている．

c. 多様な積層ゴムの開発

わが国では，積層ゴムの実用化を受けて，1983年に初めての免震建物（RC造2階建住宅）が千葉県八千代市に建設された．この建物は直径300 mmの積層ゴム6台で支持されている．これまでわが国にはなかった構法であり，建築基準法旧38条に基づく特別な審査を受けたうえで建設することができた．構造躯体が完成したのちには，自由振動実験，起振機による強制振動実験などが行われ，免震構造の性能が検証された．

これ以降1986年には鉛プラグ挿入型積層ゴムを使用した建物が最初の評定を受けている．また，1982年にはMRPRAによって高減衰ゴム系積層ゴムが開発され，1985年に米国の最初の免震建物（Foothill Communities Law and Justice Center, California）に採用されている．わが国で高減衰ゴム系積層ゴムを使った最初の評定物件は1988年となっている．このように現在使用されている積層ゴムは1980年前後には登場し，ゴム材料や製造方法なども改良が加えられてきている．

1995年には天然ゴム系積層ゴムの水平限界性能を確認するための実験が実施された（たとえば文献[2～4]）．この実験では面圧30 MPaまでの圧縮せん断破壊試験を実施し，積層ゴムの荷重支持性能と水平変形能力を評価した．この実験成果は積層ゴムをより高い面圧で設計することを可能とし，免震建物の性能向上，上部建物の大型化への対応に役立つものであった．直径1500 mmの積層ゴムが最初に評定を受けたのは，天然ゴム系積層ゴムで1995年（ただし，直径は1200 mm），鉛プラグ入り積層ゴムが1990年，高減衰ゴム系積層ゴムが1997年であった．高層免震建築では高い軸力を支持するために大口径の積層ゴムが使われるが，性能の評価や品質の確保については慎重さが求められている．しかし，わが国には大口径の積層ゴムの限界性能を評価できる試験装置はいまだにない．

建物の高層化に伴い，積層ゴムに引張りを許容しない設計は難しくなってきている．そこで，積層ゴムの引張り特性試験が1998年以降精力的に実施された（たとえば文献[5]）．その結果，積層ゴムの引張り変形能力は予想以上に高いこと，大きな引張りひずみを受けた後でも鉛直・水平剛性，さらには水平限界能力（破断変形）の低下もみられないことが明らかとなった．このような結果から，現在ではある程度の引張り変形（引張力）を許容する設計が可能となっている．

【高山峯夫】

引用文献

1) 日本免震構造協会編：免震構造入門，オーム社，1995．
2) 瓜生　満，平野欣郎，多田英之，高山峯夫，北村春幸，吉江慶祐，鈴木政美：高面圧下における積層ゴムアイソレータの実大実験その1～その3，日本建築学会学術講演梗概集，**B-2**, 597-602, 1995.
3) 北村春幸，多田英之，高山峯夫，浅野美次，松永浩一，吉江慶祐：高面圧下における積層ゴムアイソレータの基本特性―積層ゴムの構造に基づく比較，日本建築学会学術講演梗概集，**B-2**, 603-604, 1995.
4) 鈴木政美，瓜生　満，高山峯夫，中山一彦：高面圧下における積層ゴムアイソレータの実大実験その4～その5，日本建築学会学術講演梗概集，**B-2**, 703-706, 1996.
5) 可児長英，岩部直征，高山峯夫，森貞慶子，和田　章：天然ゴム系・高減衰型・鉛プラグ入り積層ゴムのオフセットせん断-引張特性試験その1～その3，日本建築学会学術講演梗概集，**B-2**, 559-564, 1999.

7.4 積層ゴム支承の材料特性

a. ゴム分子とその弾性

ゴム材料の特質として最大の特徴は，柔軟性に富み，500%（元の長さの5倍）～1000%（10倍）も伸びることと，伸ばしたあと，手を離すと瞬時に元の長さに戻ることである．

また，ゴム材料の配合設計（ゴムポリマーと充填材（カーボンなど）量や種類を調整してゴム材料の力学的特性や耐久性の要求性能を得ること）によって調整できることも大きな特徴である．表1に各種工業材料の弾性率の比較表を示す．

このようなゴムの特異性は，ゴムが次の4つの要素を兼ね備えているためである．
① 鎖状高分子である
② 鎖状高分子がランダムに少ない点で結合されている
③ 分子運動が活発である
④ 非圧縮性である（ポアソン比は0.5に極めて近い）

表1 各種材料の弾性率[1]

材 料	弾性率（MPa）
天然ゴム	0.3～0.5
ポリエチレン	100～900
ポリスチレン	～3000
ガラス	～$6×10^4$
アルミニウム	～$7×10^4$
スチール	～$2×10^5$

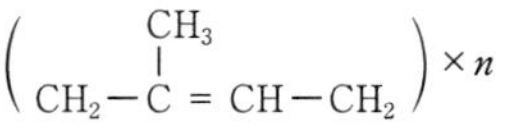

$$\left(\begin{array}{c} CH_3 \\ | \\ CH_2-C=CH-CH_2 \end{array} \right) \times n$$

図1 天然ゴムの分子構造（モノマー単位）

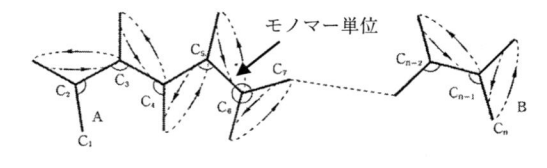

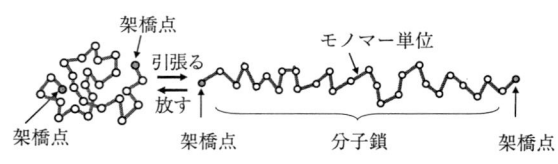

図2 ミクロブラウン運動とエントロピー弾性[1]

物質全体が動くほどのダイナミックな分子の運動をマクロ運動というのに対し，物質内で高分子鎖の各部がある程度狭い範囲で自由に動く運動をミクロブラウン運動という．

鎖状高分子とは基本単位の分子（モノマー）がいくつも連なっている状態をいう．天然ゴムの基本分子は図1に示す化学式で表され，この分子が約3000～4000個つながった構造をしている．これを分子鎖といい，ゴムとはこの分子鎖がいくつも集まったものである．

ゴムが金属と異なるところは，この分子単位でつながっている分子端が自由回転によって動くことができ（ミクロブラウン運動という），そのため分子鎖全体が多くの分子形態をとることができ，分子間が動けば動くほど分子鎖の距離は小さくなり（熱力学第二法則でいうエントロピーが高い状態をいい，この状態が安定状態），分子鎖間が縮まった状態となる．ゴムを伸長すると，分子端が引張られ自由に運動することができなくなり，分子鎖がエントロピーの高い状態に戻ろうとするため，分子鎖に張力が発生し弾性が発現する．これをエントロピー弾性という（図2）．

しかし，この分子鎖の集合体（生ゴム状態）だけでは，ゴムを引張ると分子鎖がズルズルと外れ，最後には切れてしまう．しかし，この分子鎖をところどころで硫黄を介して結合（架橋）することで，分子鎖がつ

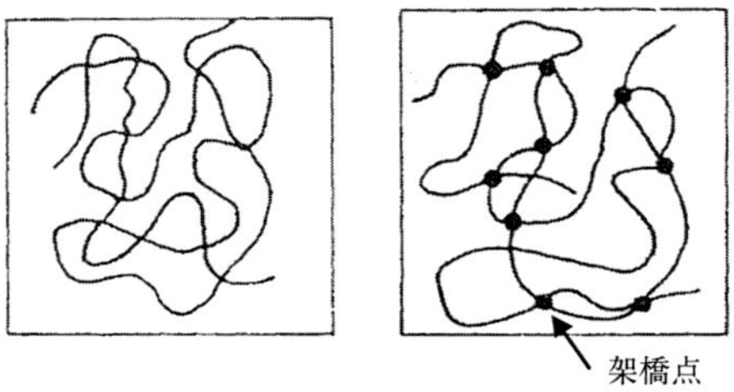

(a) 生ゴム状態　　(b) 架橋ゴム状態

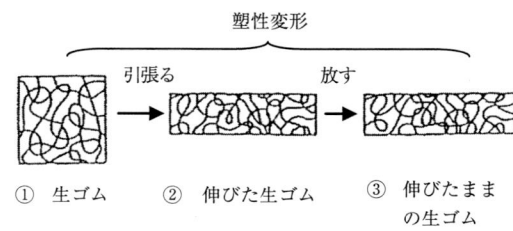

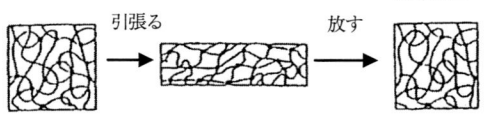

塑性変形
① 生ゴム　② 伸びた生ゴム　③ 伸びたままの生ゴム

① 架橋ゴム　② 伸びた生ゴム　③ 元の架橋ゴム
弾性変形

図3 ゴム伸長時のモデル[1]

ながり引張っても切れなくなる．この架橋は3次元的に結合しており，これを3次元網目構造という（図3）．ちなみにこの架橋させる工程は硫黄を介して結合させることから，加硫または架橋工程という．

b. ゴムの種類・特性

ゴムの特性はおもにゴムのポリマー種によって決まる．たとえば耐熱性や耐油性を高めるためにはフッ素ゴム（FKM：Oリングなどに用いられる）や気密性を高めるためにブチルゴム（IIR：タイヤのチューブなど），その他耐候性（対紫外線，酸素・オゾンなど）の高いクロロプレンゴム（CR）やエチレン・プロピレンゴム（EPDM）など，その特性に応じた合成ゴムが用いられる．天然ゴムの優れている点は，大きな変形性と，線形性，繰返し安定性，低クリープ性などがあげられるが，反面対候性に弱い特徴がある．表2に代表的なゴムの種類と機械特性を示す．

ゴム材料にはこれら主ポリマー以外に多くの配合剤または添加剤がその目的に応じて用いられる．

分子鎖を結合する硫黄もこの1つであるが，その他にもゴムの弾性を調節するカーボンブラックや酸素・オゾンとの結合を防ぐ老化防止剤，加工を容易にする軟化剤や加硫促進剤などがある．表3にゴムの基本的な配合剤とその目的を示す．

c. ゴムの物理特性

1) ゴムの基本特性 ゴム材料に変形（引張り，圧縮，せん断，曲げなど）を与えたときに生じる応力（stress）とひずみ（strain）の関係は図4に示すように一般的に逆S字を描き破断にいたる．

2) ゴムの繰返し特性 ゴム材料には物理的強度を向上させる目的でカーボンブラックやクレー，シリカなどの充填剤（補強材）が配合されている．とくにカーボンブラックはその吸着力で分子を引き付ける効果があり，それにより分子の動きを拘束するためゴムの弾性率が高くなる．反面吸着力以上の応力が作用するとゴム分子との拘束が弱まり，みかけ上弾性率が低下する現象が現れる．これをMullins効果という．

図5はMullins効果の大きいスチレン・ブタジエン

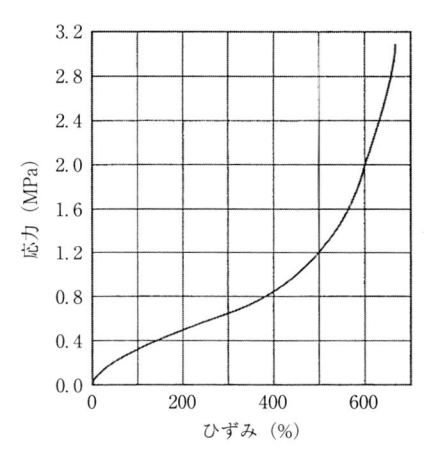

図4 代表的なゴムの応力-ひずみ曲線[3]

表2 代表的なゴム材料の特徴と性質[2]

ゴムの種類	記号	特長	機械特性		
			引張り応力 M300[*1] (N/mm²)	引張り強度 (N/mm²)	破断伸び (%)
天然ゴム	NR	いわゆるもっともゴムらしい弾性をもったもの．力学的特性，耐摩耗性などがよい．	9.8～16.2	21.6～27.5	450～600
ブタジエンゴム	BR	天然ゴムより低温特性がよく，耐摩耗性も優れている．	12.0	17.0	380
クロロプレンゴム	CR	耐候性，耐オゾン性，耐熱性，耐薬品性など全般に優れている．	18.6～24.5	22.6～24.5	260～850
ブチルゴム	IIR	耐候性，耐オゾン性，耐ガス透過性がよく，極性溶剤に耐える．	2.2～12.7	8.8～20.6	300～700
エチレン・プロピレンゴム	EPM EPDM	耐老化性，耐オゾン性，耐候性，低温特性，電気特性に優れる．	8.8～16.2	9.0～20.8	240～420
シリコーンゴム	MQ	高度の耐熱性と耐寒性をもっている．耐油性もよい．	4.4[*2]	3.4～14.7	120～250

表中の値はSI単位に変換している．
*1 M300とはゴムを300%伸長時の応力値を示す．
*2 M100時の応力値．

表3 配合剤の基本構成と目的[1]

種類		目的・性状など
原料ゴム		天然ゴム，クロロプレンゴムなど
加硫剤		原料ゴムの分子鎖のところどころに架橋を行い，ゴム強性を生じさせるためのもので，硫黄，硫黄化合物，有過酸化物，ポリミンなどがある.
加硫促進剤		加硫反応を促進し，加硫時間の短縮，加硫温度の低温化，加硫剤の減量などのために添加されるもので，グアニジン，チウラム，チアゾールなどがある.
充填剤(補強性)		加硫ゴムの物理的強度を向上させるもので補強剤ともいう．カーボンブラック，シリカ，クレーなどがある.
充填剤(非補強性)		加硫ゴムの増量その他の目的で添加するもので，タルク，コルク粉，炭酸カルシウムなどがある.
老化防止剤	ポリマー安定剤	合成ゴムの重合中に添加し，ゴムの乾燥や貯蔵中の酸化添化を防止する.
	酸化防止剤	加硫ゴムの酸化劣化を防止する目的で添加する.
	屈曲亀裂防止剤	加硫ゴムの繰返し変形による亀裂の発生や成長を抑える目的で添加する.
	オゾン劣化防止剤	加硫ゴムのオゾンによる亀裂の発生や成長を，化学反応によって抑える目的で添加する.
軟化剤可塑剤		ゴムの粘度を低下させては配合剤の混合，分散を助けるとともに成型作業を容易にするため，あるいは製品の硬度を調整するために添加する．アロマチックオイルなどがある.
着色剤		必要に応じ，着色するために添加する．チタン白，酸化亜鉛鉛などがある.
その他の添加剤		上記のほかにゴム材料に減衰性などの特殊な機能を付加するために配合する特殊な添加剤がある.

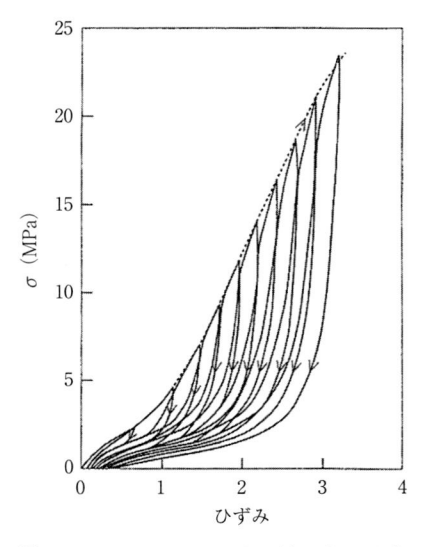

図5 SBRの60phrISAFカーボンブラックを配合した試料の繰り返し変形下の応力-ひずみ曲線の例[3]

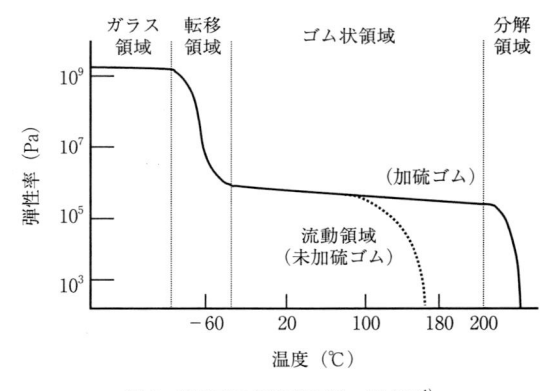

図6 弾性率の温度依存性，概念図[1]

ゴム（SBR）に引張り応力を漸増繰返しさせたときの応力-ひずみ特性を示したものである．初期弾性は大きいが，応力を除荷し，再度引張ると一度経験したひずみまでは弾性が低下し，ゴムにとって新たなひずみ領域となる時点で，初期の弾性が復元することがわかる．これは一度離れたカーボンブラックとの拘束がすぐには回復しないことの影響によるものである．しかしながら時間をおけば，また拘束力は復元する．ただし，ゴム分子の擬似結合や弱い分子鎖の切断などがあるため，完全には戻らない.

3) **ゴム材料の温度特性** 一般的なゴム材料の弾性率（剛性）の温度依存性は，図6に示すとおり，低温側から高温側に「ガラス状領域」，「転移領域」，「ゴム状領域」，「分解領域」に分けられる（架橋していない未加硫ゴムにおいては「ゴム状領域」のかわりに「流動領域」となる).

このような特性はゴム分子のミクロブラウン運動によるもので，高温状態ではこの動きが活発になり，架橋構造をもった加硫ゴムではゴム弾性を発揮する．一方，低温になるとミクロブラウン運動は不活発になり，一定の温度以下では運動が凍結され，ゴム弾性が失われる．その転移点をガラス転移温度（T_g）あるいは2次転移点と呼ぶ.

ゴムが免震装置として用いられる場合には，一般的に地下ピットまたは中間階に設置されるが，その環境温度はおおむね-10℃から40℃程度である．代表的なゴム材料のガラス転移点（T_g）と使用可能温度範

表4 各種ゴム材料のガラス転移点と使用温度範囲[1]

ゴム材料	ガラス転移点 (T_g) (℃)	使用温度範囲 (℃)
天然ゴム(NR)	-73	-75~+90
スチレン・ブタジエンゴム(SBR)	-64~-59	-60~+100
クロロプレンゴム(CR)	-45	-75~+120
ブチルゴム(IIR)	-71	-75~+150
エチレン・プロピレンゴム(EPDM)	-60~-50	-75~+150
シリコーンゴム(MQ)	-112	-120~+280

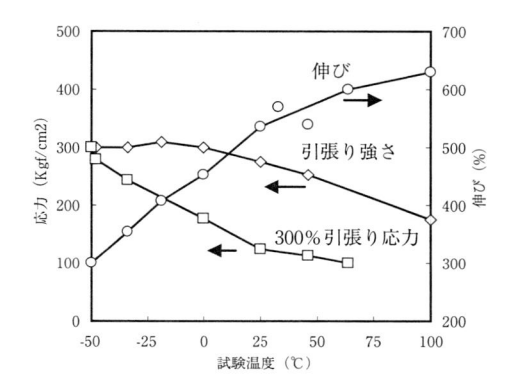

図7 天然ゴムの機械的特性と温度の関係[1]

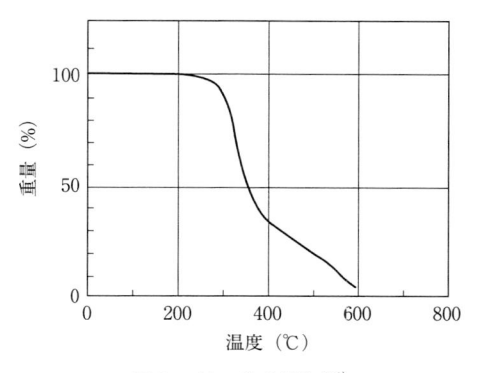

図8 ゴムの熱分解曲線[1]

囲を表4に示す.また,天然ゴム材料の代表的な物理特性である,引張り強さ,弾性率(300%引張り応力),破断伸びと温度の関係を図7に示す.これらの関係は図に示すとおり,引張り強さおよび弾性率は温度が高くなるにつれて低下するが,逆に伸びは大きくなる傾向を示す.

一方,ゴム材料はおおむね200℃程度から熱分解が始まり,分解して発生するガスが空気中の酸素と混ざり合って,いわゆる"分解燃焼"する.図8に天然ゴムを大気中で加熱したときの重量変化を求めた熱分解曲線の一例を示す.最初の熱分解は200℃付近で始まり,300~400℃にかけて本格的な分解となり,600℃で分解が終了し,数%の残渣だけとなる.

【芳澤利和】

引用文献

1) 日本ゴム協会:設計者のための免震用積層ゴムハンドブック,p.42, 36, 49, 50, 71,理工図書,2000.
2) 日本免震構造協会:免震建物の耐火設計ガイドブック,p.33, 2013.
3) 奥山通夫,鞠谷信三,西 敏夫,山口幸一:ゴムの事典,p.45, 74,朝倉書店,2000.

7.5 積層ゴム支承：天然ゴム系積層ゴム

a. 特徴・力学特性・モデル化

天然ゴムは弾性をもつための理想的な鎖状高分子であることから線形性に優れた弾性,機械的強度を有し,温度変化による物性変化の少ないゴム材料であり,これを内部ゴムとして使用したものが天然ゴム系積層ゴムである.天然ゴム系積層ゴムは線形性の高い水平方向の剛性を有しており,伸び特性や耐クリープ性に優れ,温度に対する特性変化が少ないなどの特徴を有する.

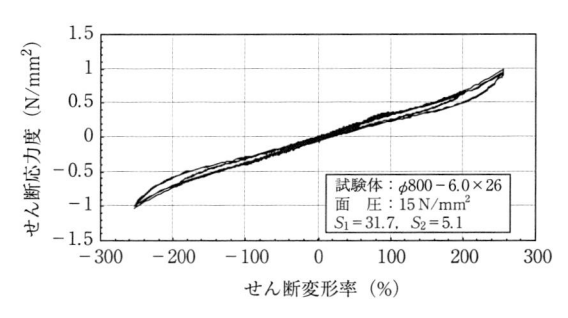

天然ゴム系積層ゴムの水平変形特性を図1に示す.履歴曲線の面積は小さく,減衰性能はほとんどない.等価減衰定数はゴム配合にもよるが,おおむね2〜3%以下である.天然ゴム系積層ゴムは微小変形から大変形まで安定したばね特性を有しているため,解析用のモデル化が容易であり,線形ばねとして取り扱われることが多い.

b. 各種依存性

1) 面圧依存性 面圧と水平剛性の関係を図2に示す.水平剛性は面圧が高くなるに従い低下する.高面圧下では,ゴム材料の弾性率が低いもの,または一次形状係数,2次形状係数が小さいものほど,曲げ・座屈により剛性が低下する傾向を示す.また積層ゴムの成形上必要とされる中心孔はより小さいほうが,水

図1 天然ゴム系積層ゴムの水平変形特性例

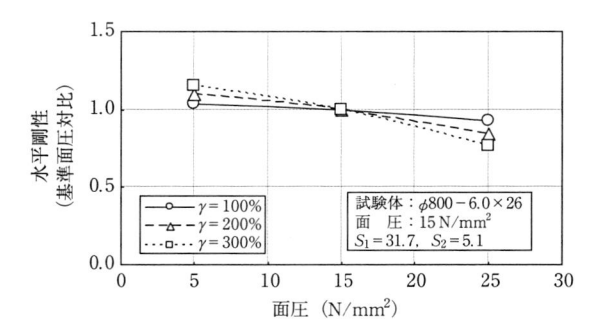

図2 天然ゴム系積層ゴムの面圧依存特性例

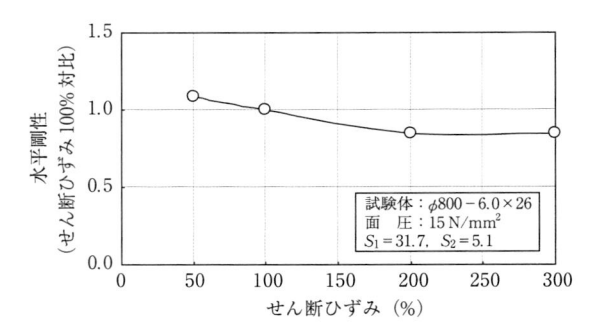

図3 天然ゴム系積層ゴムのひずみ依存特性例

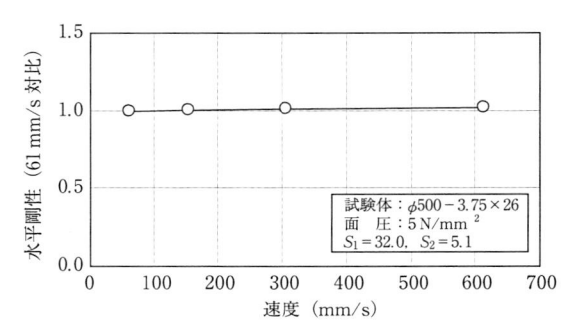

図4 天然ゴム系積層ゴムの速度依存特性例

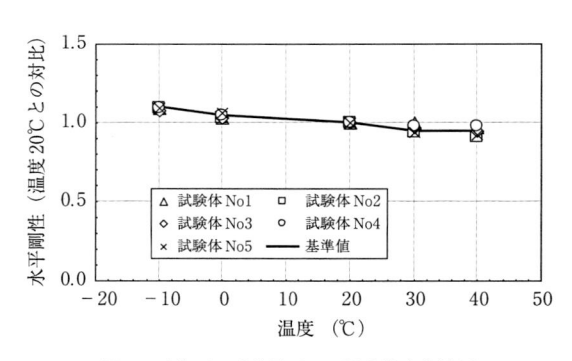

図5 天然ゴム系積層ゴムの温度依存特性例

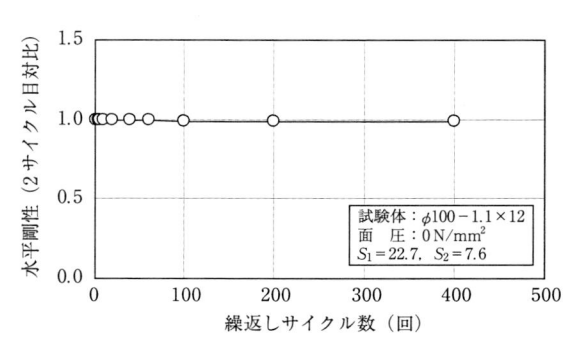

図6 天然ゴム系積層ゴムの繰返し依存特性例

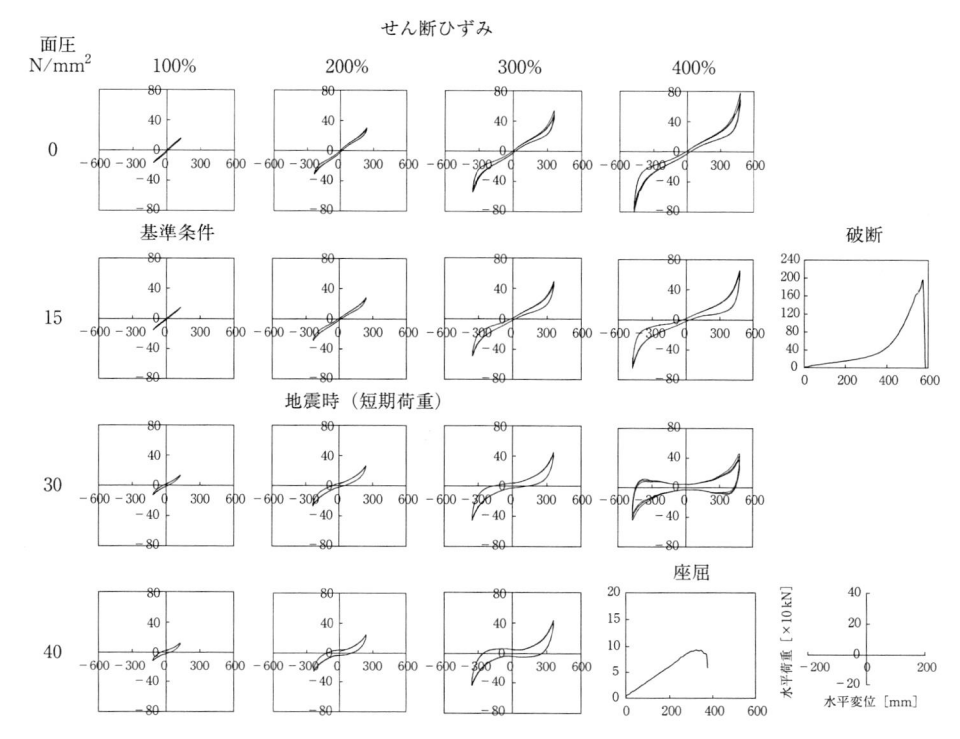

図7 天然ゴム系積層ゴムの面圧-ひずみ条件による水平変形特性例

平剛性の低下率が小さい傾向にある．

2) ひずみ依存性 せん断ひずみと水平剛性の関係を図3に示す．天然ゴム系積層ゴムの水平剛性は，低ひずみ域ほど高くなる．高ひずみ域では，ゴム材料の弾性率が低いもの，または2次形状係数が小さいものほど曲げ・座屈により剛性が低下する．またゴム材料の弾性率が高いもの，または2次形状係数が大きいものほどハードニングにより水平剛性は上昇する．

3) 速度依存性 速度と水平剛性の関係を図4に示す．天然ゴム系積層ゴムの水平剛性の速度依存性は，基本的にはゴム材料や形状により異なるものと考えられる．しかし天然ゴム系積層ゴムの場合，減衰性を有さないため，速度による水平剛性の変化はほとんどないといえる．

4) 温度依存性 温度と水平剛性の関係を図5に示す．天然ゴムは比較的温度依存性の小さな材料であり，天然ゴム系積層ゴムの水平剛性は20℃を基準として，-10℃では10%程度上昇し，40℃では数%程度小さくなる．

5) 繰返し依存性 繰返し回数と水平剛性の関係を図6に示す．せん断ひずみ±100%で400回まで行った繰返し加振による水平剛性の変化は認められない．せん断ひずみ±100%の変形量においては繰返し回数による水平剛性の変化はほとんどないといえる．

6) 面圧-ひずみ条件による水平変形特性例 各種面圧-ひずみ条件による水平変形特性例を図7に示す．面圧が低い条件では大変形において積層ゴムは破断し，面圧が高い条件では大変形において座屈の挙動を示す．
【柳　勝幸】

引用文献
1) 日本免震構造協会：免震構造—部材の基本から設計・施工まで—，オーム社，2010．

7.6 積層ゴム支承：高減衰ゴム系積層ゴム

高減衰ゴム系積層ゴム（以下 HDR）は，減衰性の高いゴム材料を内部ゴムに用いており，ばね機能のほかに減衰機能を兼備している積層ゴムである[1]．

a. 高減衰ゴムの減衰発現のメカニズム

HDR に用いられるゴム材料は，合成ゴムと天然ゴムを混合したゴム高分子にカーボンブラックや樹脂系材料を充填することで高い減衰性を付与している．充填材とゴム高分子はおもに物理的な結合によって一種の凝集体からなる不均一構造を形成し（図1），この凝集体に外部から応力が作用した場合，これらの結合が一時的に切断されるため，ゴム高分子とカーボン界面，ゴム高分子と樹脂界面，高分子どうしの間での摩擦が生じる．さらに不均一構造の変形（カーボンの再配置や樹脂の塑性変形など）が加わり，高減衰ゴム材料は減衰性能を発現する[2]．

b. 基本的な特性

HDR の復元力特性は，比較的なめらかな履歴ループを描く（図2）．減衰性能は，ゴム材料の配合により調整することができ，等価減衰定数で 15～25% 程度の減衰性をもたせることができる．

1) **せん断ひずみ依存性** 初期剛性は相対的に高い値を示すが，振幅が大きくなるに従い剛性は低下する（図3）．また，広い振幅領域で高い減衰性を有し，等価減衰定数は振幅により大きく変化しない（図4）．

2) **限界特性** HDR は水平一方向加力時においては 400% 以上の変形性能を有しているが，実大モデルによる水平二方向加力試験を実施したところ，図5のようにねじれ変形が生じ，水平一方向加力試験評価の場合と比較して早期に破断する現象が確認された[3]．この現象は，以下のように説明される．HDR が水平面上において任意の曲線を描きながら変形したさい，そのせん断力成分のうち弾性成分はせん断変形方向に発生するのに対し，減衰成分は変形軌跡の接線方向に発生する．このため，この減衰成分による力が積層ゴム支承の各ゴム層に対してせん断変形量を力点距

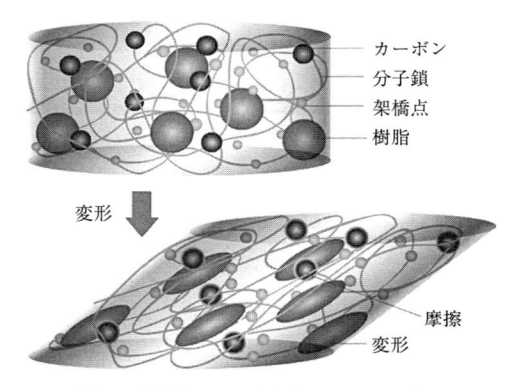

図1 高減衰ゴムの減衰発現のメカニズム

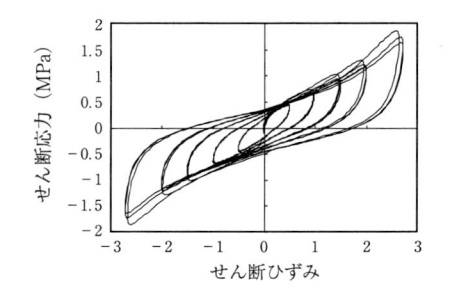

図2 HDR のせん断ひずみ-応力関係図

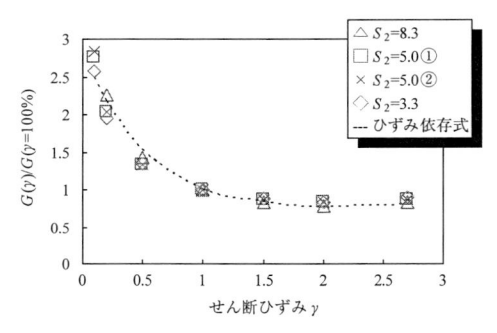

図3 せん断弾性率のひずみ依存性の一例

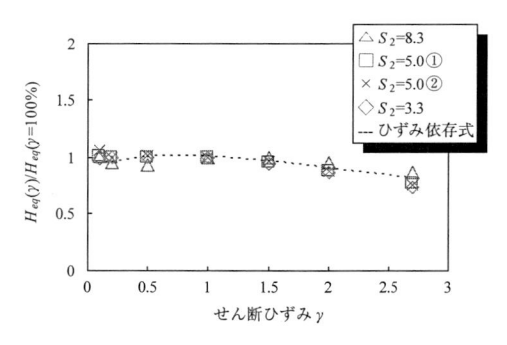

図4 等価減衰定数のひずみ依存性の一例

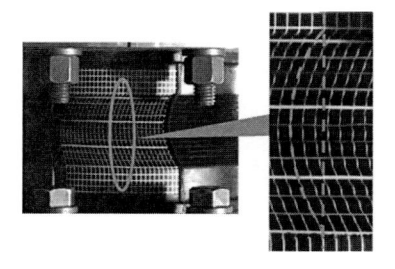

図5 高減衰ゴムのねじれ変形の状態

7.6 積層ゴム支承：高減衰ゴム系積層ゴム

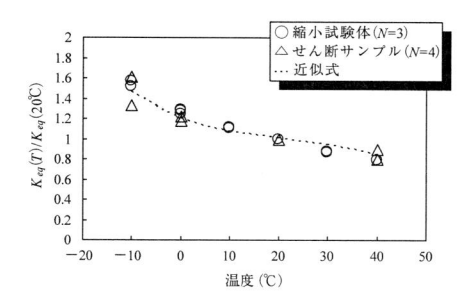

図6 せん断弾性率の温度依存性の一例

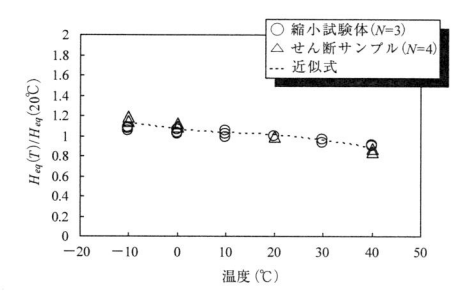

図7 等価減衰定数の温度依存性の一例

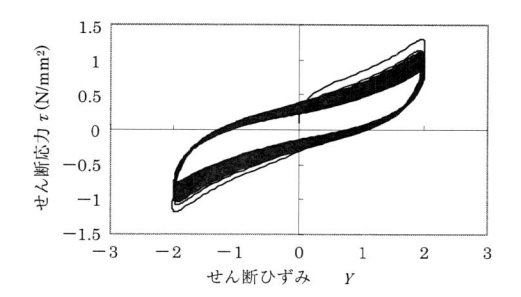

図8 繰返し加力時のせん断ひずみ-応力関係の一例

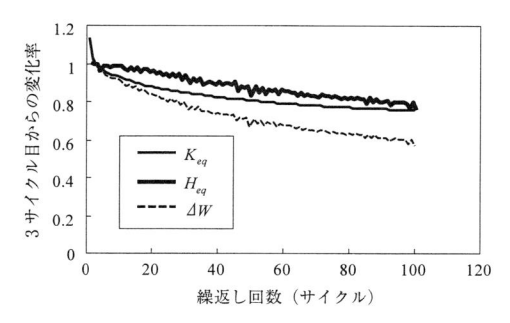

図9 繰返し加力による特性変化の一例

離とするねじれモーメントとして作用する．その結果，ゴム層にはねじれ変形に起因するせん断ひずみが付加され，一方向加力時よりも局部的なせん断ひずみが増加する．このため，二方向加力時には一方向加力に比べ，早期に破断にいたる．ただし，従来の一方向評価において，S_2 が小さく限界ひずみとして座屈現象に基づく限界値を設定していた場合，二方向加力によるねじれ変形は座屈限界ひずみに影響を与えないことが実験によって確認されている[4]．

二方向を加味した限界特性については評価方法，基準値が定まり[3]，建物設計時に考慮されている．

3）振動数依存性 振動数が高くなるに従い，等価剛性，等価減衰定数ともに増大する傾向がある．これらの増加率は，ゴム材料により多少異なるが，振動数 0.001～1.0 Hz の領域では，10倍の振動数変化に対して，等価剛性，等価減衰定数ともに10%前後が目安となる．

4）面圧依存性 等価剛性，等価減衰定数の鉛直荷重（面圧）による依存性は積層ゴムの1次形状係数 S_1 と2次形状係数 S_2 に大きく影響される．面圧が高くなるに従い，等価剛性は減少し，等価減衰定数は増大する傾向をもつが，一般に使用されている形状の（1次形状係数，2次形状係数ともに大きい）積層ゴムであれば，面圧による依存性は小さく，実用上無視することが可能である．

5）温度依存性 等価剛性，等価減衰定数の温度による変化率を図6，図7に示す．温度が低くなるに従い，等価剛性，等価減衰定数ともに増加するが，これらの温度による変化率もゴム材料により異なる．$20±20℃$ の温度変化に対して，等価剛性の変化率は20%程度，等価減衰定数の変化率は13%程度である．

6）繰返し依存性 HDRに対して動的な水平変形を連続して与えると，積層ゴムの等価剛性 K_{eq}，等価粘性減衰定数 H_{eq} および吸収エネルギー ΔW は低下する．$\phi 225$ ($S_1=35.1$, $S_2=5.0$) の積層ゴムに対して，$f=0.33$ Hz，せん断ひずみ $\gamma=200\% \times 100$ サイクルの繰返しを与える試験を行ったさいの，せん断ひずみ-応力関係および繰返し回数による水平特性の3サイクル目からの変化率を図8および図9に示す．

【室田伸夫】

引用文献

1) 藤田隆史，鈴木重信，藤田 聡：建物免震用高減衰積層ゴムに関する研究（第1報，履歴復元力の基本特性と解析モデル），日本機械学会論文集，**56**(523), 658-666, 1990.
2) 室田伸夫，西村圭二，菊地隆志，奥津宣幸，鍬本賢二，鈴木重信：荷重履歴依存性を改良した新高減衰積層ゴムの開発（その1, 2），日本建築学会大会学術梗概集（九州），**B-2**, 879-882, 2007.
3) 嶺脇重雄，山本雅史，東野雅彦，和田 章：超高層免震建物の地震応答を想定した実大免震支承部材の性能確認試験，構造工学論文集，**55B**, 2009.
4) 日本免震構造協会：水平2方向加力時の高減衰ゴム系積層ゴム支承の性状について，2009.

7.7 積層ゴム支承：鉛プラグ入り積層ゴム

a. 構造・特徴

鉛プラグ入り積層ゴム（以下 LRB：図1）は天然ゴムと内部鋼板を交互に積み重ね加硫接着をした積層ゴムに鉛プラグを圧入した免震装置である．積層ゴムには耐候性に優れた天然ゴムを使用し，鉛プラグには高純度の鉛が使用されている．

LRBは，積層ゴムによる荷重支持機能，水平弾性機能，復元機能と，鉛プラグによる安定した減衰機能とトリガー機能を併せもった一体型免震装置である．

LRB は，図2のようにせん断変形することにより，積層ゴム内部に圧入された鉛プラグの全断面に塑性変形が起こる．鉛プラグの塑性変形によってエネルギーを吸収し振動を減衰する．また積層ゴムの復元力により地震後は元の形に戻る．鉛は常温で再結晶する特性をもっておりエネルギー吸収性能において地震前後で特性変化が少ない．

LRB には以下の特徴がある．

- 積層ゴムとダンパーが一体型なので広い設置場所を必要とせず，施工性に優れている．
- 鉛プラグの大きさを変更することにより，減衰性能を任意に設定することができる．
- LRB は比較的小さい振幅から減衰効果を発揮する．
- 鉛プラグは積層ゴム内に密封されており，鉛プラグと積層ゴムの間で接着処理もされていないため，疲労による損傷部位がなく繰返し耐久性に優れている．

2003 年十勝沖地震では，釧路市内において LRB を用いた免震建物で水平変形約 30 cm（せん断ひずみに換算して約 150％）が記録された．地震後に同建物から1台の LRB を取り出して，地震時と同じ変形履歴を与える性能試験を実施したところ，出荷時の性能とほとんど変化がみられず，LRB の耐久性が実証されている[1]．

b. 基本的な特性[2]

LRB の水平特性は積層ゴムのせん断特性に鉛プラグの履歴特性を併せもった特性であるので，図3に示すような履歴特性を示す．解析モデルは積層ゴムのばね定数に近い降伏後剛性（K_d）と初期剛性（K_u）と鉛プラグの降伏荷重（Q_d）によってバイリニアモデルで表現することができる（図4）．ひずみ依存性を考慮した修正バイリニアモデルや修正トリリニアモデル，さらに詳細に表現したモデルを用いる場合もある．

1) 面圧依存 降伏後剛性（K_d）は面圧が高くなるに従い低下する傾向にある．降伏荷重（Q_d）は面圧による変動は小さい．面圧依存性の程度は，LRB の形状によって異なる（図5）．

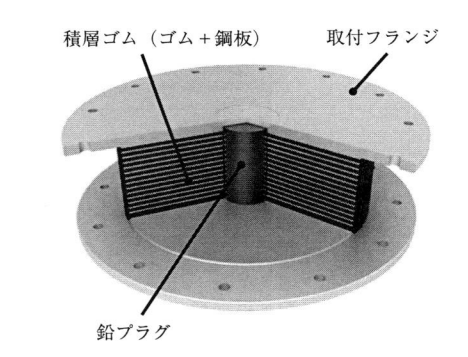

図1 LRB の構造

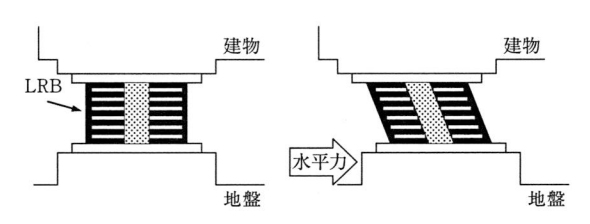

図2 LRB の作動原理

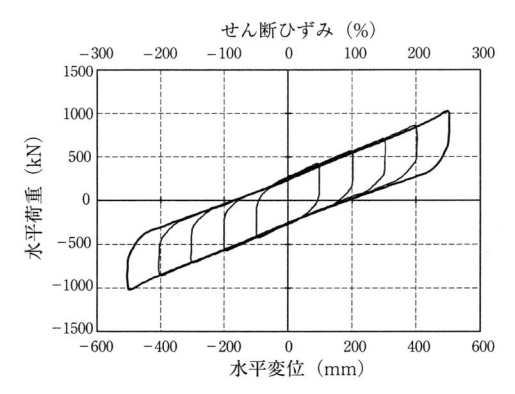

図3 LRB 履歴特性（外径 ϕ1000，ゴム層厚 $H=200$，面圧 15 MPa）

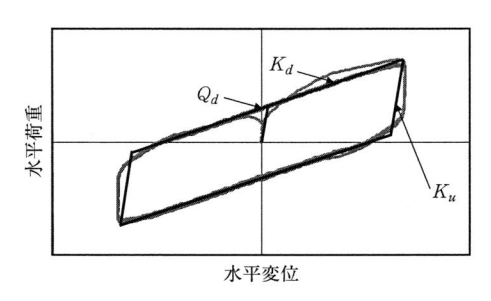

図4 LRB の復元力モデル

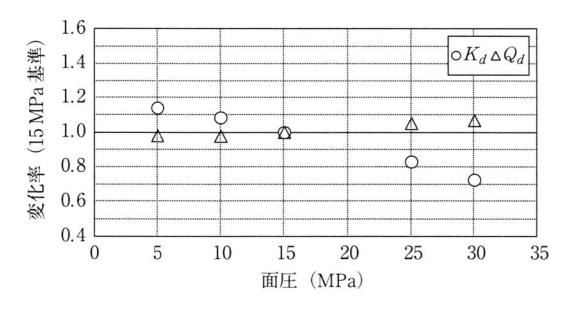

図5 面圧依存性（外径 φ800，ゴム層厚 $H=160$，せん断ひずみ 100%）

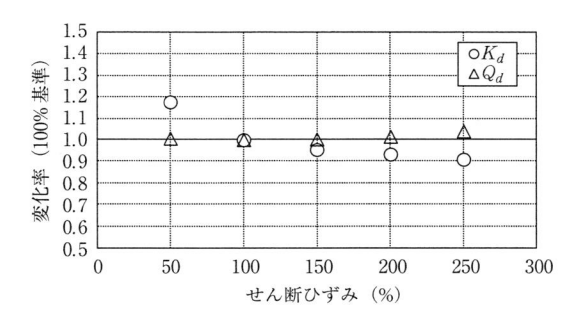

図6 ひずみ依存性（外径 φ800，ゴム層厚 $H=160$，面圧 15 MPa）

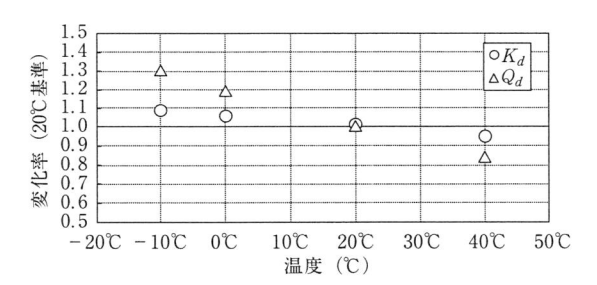

図7 温度依存性（外径 φ250，ゴム層厚 $H=40$）

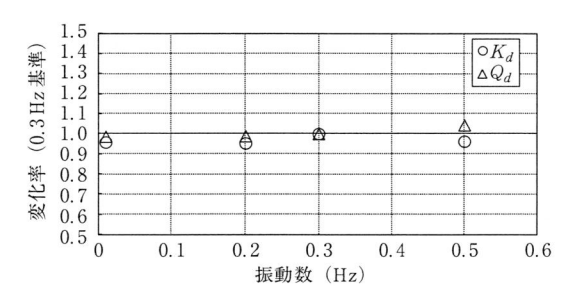

図8 振動数依存性（外径 φ250，ゴム層厚 $H=48$，面圧 15 MPa）

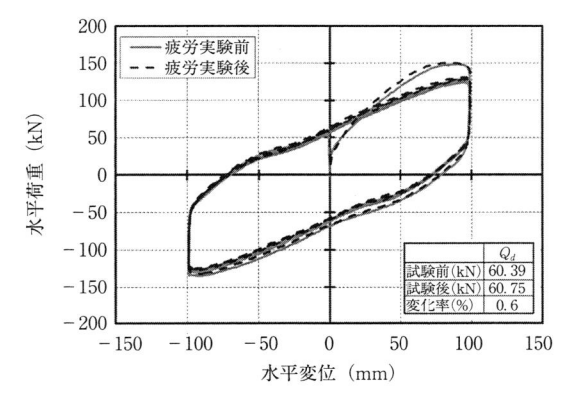

図9 LRB 40 万回繰返し前後の基本特性（外径 φ500，ゴム層厚 $H=100$）

2) **せん断ひずみ依存性** 降伏後剛性（K_d）はせん断ひずみが大きくなるに従い低下していくが，せん断ひずみ 50% 以上になるとその低下率は小さく，せん断ひずみ 100% を基準とした場合，250% で約 10% の変化となる．降伏荷重（Q_d）はせん断ひずみ約 50% 以降はほぼ一定値を示す（図6）．

3) **温度依存性** 降伏後剛性（K_d）の温度依存性は，積層ゴムの温度依存性に影響され，温度が高くなると剛性は低くなる傾向を示し，10℃ の変化で数% 変化する．降伏荷重（Q_d）の温度依存性は，鉛の温度依存性に影響され，温度が高くなると低くなる傾向を示し 10℃ の変化で約 10% 変化する（図7）．

4) **振動数依存性** 降伏後剛性（K_d）および降伏荷重（Q_d）ともに 0.01～0.5 Hz の範囲内では振動数による変化率は比較的小さい（図8）．

5) **繰返し依存性** 長周期地震，長時間地震を想定した多数回繰返し変形を受けた場合，降伏後剛性（K_d）の加振中の変化はわずかであるが，降伏荷重（Q_d）については鉛プラグのエネルギー吸収による温度上昇に伴い減少する．加振後試験体の温度が下がると初期の特性に戻る．余震による繰返し変形においても高い耐久性を示すことができる．

さらに，風応答などを想定した微小振幅（せん断ひずみ 1% 程度）で 40 万回繰返し変形を与えた場合でも試験前後で特性の変化はなかった．微小振幅繰返し試験後に内部の調査を行ったが，鉛プラグの損傷もみられなかった（図9）． 【宮崎　充】

引用文献

1) 金子修平，五味　正，鈴木芳隆，漆崎　隆，竹中康雄，川口澄夫：2003 年十勝沖地震における釧路市内免震事務所ビルの地震挙動について（その2）鉛プラグ入り積層ゴムの健全性に関する検討，日本建築学会大会学術講演梗概集（北海道），2004．
2) 日本免震構造協会：東北地方太平洋沖地震に対する応答制御建物調査報告会，2012．

7.8　積層ゴム支承：錫プラグ入り積層ゴム

a.　特徴・力学特性・モデル化

錫プラグ入り積層ゴムは，鉛プラグ入り積層ゴムとほぼ同一の構造で天然ゴム系積層ゴムの中央部に設けた円柱状の中空孔に錫プラグを圧入したものである．錫プラグ入り積層ゴムの構造を図1に示す．錫は鉛とほぼ同等の性質をもつ金属であるが，剛性が鉛の約1.7倍と高くエネルギー吸収力が高いことが特徴である．また環境に優しい材質である．錫プラグ入り積層ゴムの水平変形特性を図2に示す．履歴曲線は積層ゴムの水平剛性と錫プラグの塑性変形による履歴曲線の組み合わせとして現れ，バイリニア型の履歴特性を示す．

b.　各種依存性

1）面圧依存性　面圧と降伏荷重・降伏後剛性の関係を図3に示す．面圧が高くなるに従い，降伏荷重は大きくなり，降伏後剛性は小さくなる傾向を示す．

2）ひずみ依存性　せん断ひずみと降伏荷重・降伏後剛性の関係を図4に示す．降伏荷重はせん断ひずみ150%までは大きくなるが，それ以上のひずみでは若干低下する傾向を示す．降伏後剛性は，ひずみが大

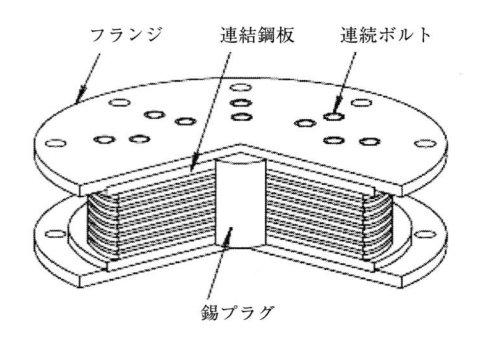

図1　錫プラグ入り積層ゴムの構造

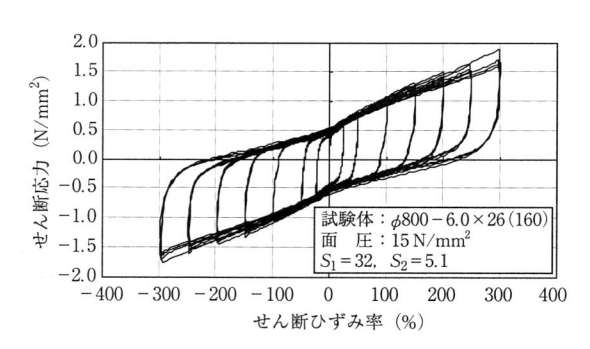

図2　錫プラグ入り積層ゴムの水平変形特性例

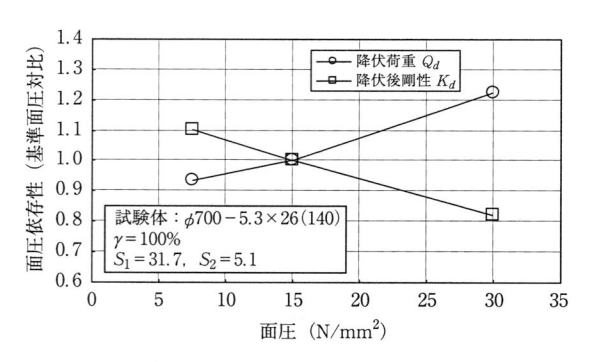

図3　錫プラグ入り積層ゴムの面圧依存特性例

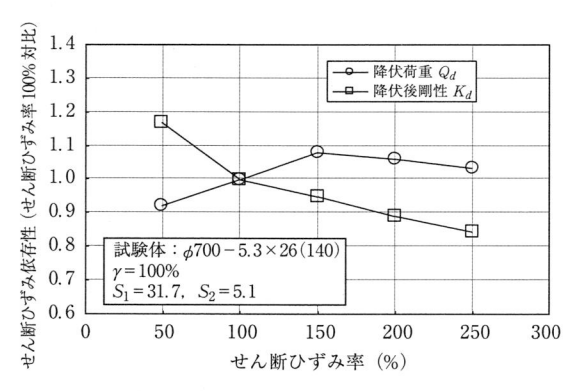

図4　錫プラグ入り積層ゴムのひずみ依存特性例

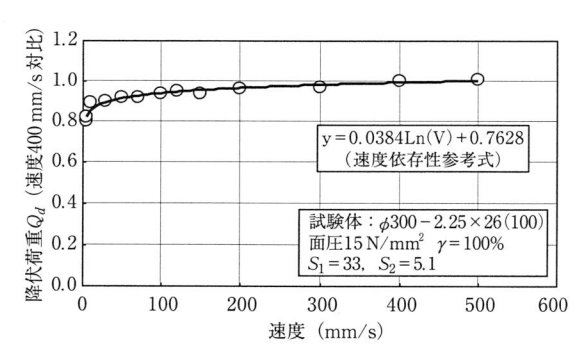

図5　錫プラグ入り積層ゴムの速度依存特性例

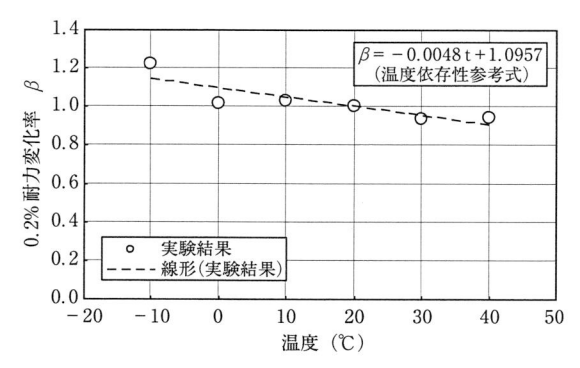

図6　錫プラグ入り積層ゴムの温度依存特性例（降伏荷重）

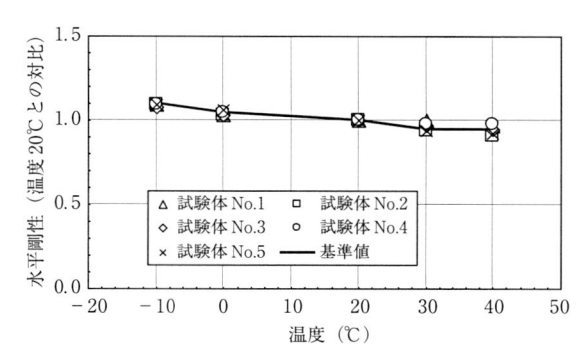

図7 錫プラグ入り積層ゴムの温度依存特性例（降伏後剛性）

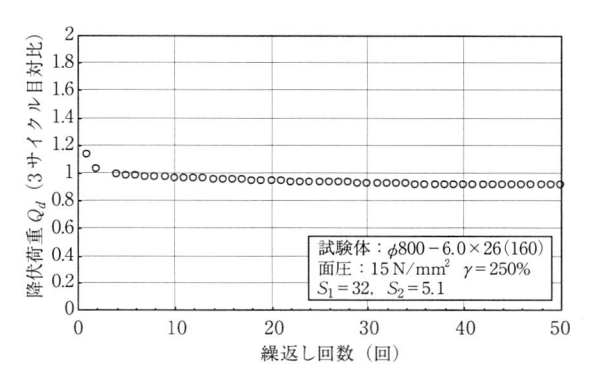

図8 錫プラグ入り積層ゴムの繰返し依存特性例

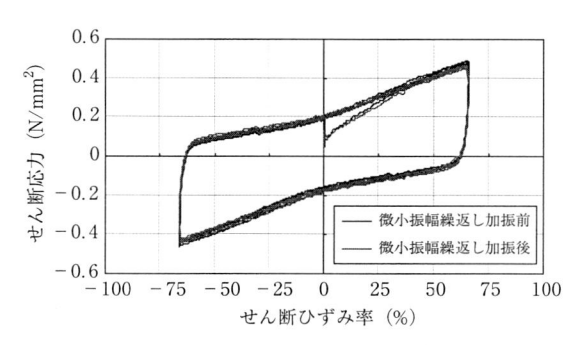

図9 40万回繰返し前後の基本特性[2]
ゴム外径 φ500，ゴム総厚 100 mm.

また，温度と降伏後剛性の関係を図7に示す．錫プラグ入り積層ゴムに使用されている天然ゴムは比較的温度依存性の小さな材料であり，降伏後剛性は20℃を基準として−10℃では10%程度上昇し，40℃では数%程度小さくなる．

3) **速度依存性** 速度と降伏荷重の関係を図5に示す．降伏荷重は速度の上昇とともに増加する傾向を示す．降伏後剛性の速度依存性はほとんどない．

4) **温度依存性** 温度と降伏荷重（0.2%耐力変化率）の関係を図6に示す．錫など降伏点が明瞭でない材料では，0.2%に達したひずみの強度を降伏点とする0.2%耐力値が用いられる．降伏荷重の温度依存性は錫の温度特性に起因し，10℃を境界に温度が高くなると降伏荷重が小さくなる．

きくなるに従い小さくなる．

5) **繰返し依存性** 降伏荷重と繰返し回数の関係を図8に示す．速度5 mm/s，ひずみ±250%の繰返し載荷による試験条件では，降伏荷重は発熱のため繰返し回数とともに低下する傾向を示す．降伏後剛性については，繰返しによる変化率は小さい．

さらに風応答などを想定した微小振幅で40万回繰返し前後の基本特性の比較を図9に示す．40万回繰返しにおいても試験前後で特性の変化がなく，プラグに損傷もなかった．
【柳 勝幸】

引用文献

1) 日本免震構造協会：免震構造－部材の基本から設計・施工まで－，オーム社，2010.
2) 須藤佳祐，古橋 剛，田中久也，齊木健司，鈴木良二，柳勝幸，開發美雪：錫プラグ入り積層ゴム免震装置の開発（その17）繰返し変形を受けた錫プラグ入り積層ゴムの健全性，日本建築学会大会学術講演梗概集，2013.

7.9 積層ゴム支承：鉄粉・ゴム混合材プラグ入り積層ゴム

鉄粉・ゴム混合材プラグ入り積層ゴム（以下，e-RB）は，天然ゴム系積層ゴム支承の中心部分に，鉄粉と高粘性体で構成された減衰材を充填した減衰材内蔵型積層ゴム支承である（図1）．天然ゴム系積層ゴム部分がばね機能を，鉄粉・ゴム混合材プラグ部分が減衰機能を発揮する，機能分離型構造となっている[1]．

e-RBは，環境に配慮した減衰材プラグを採用することで，自然環境や生物生態系への影響を軽減した次世代型積層ゴムである．また，環境負荷の低減のみならず，積層ゴムの廃棄のさいにプラグを分離する工程が不要となるため，リサイクルが容易である．

a. 鉄粉・ゴム混合材プラグ

1） 減衰材料 鉄粉・ゴム混合材プラグに用いられている減衰材料は，ビンガム流体（塑性流体）的な性状を示す高粘度高分子配合物（以下，高粘性体）に，鉄粉を混合したものであり，鉄粉間を流動する高粘性体の流動抵抗と，鉄粉間や高粘性体間，鉄粉-高粘性体間の摩擦力により減衰力を発生させる．鉄粉は，平均粒径が約 40 μm で，混入量は，体積充填率でおおよそ 60% としている．鉄粉を均一な大きさの球形とした場合の細密体積充填率が 74% であることを考慮すれば，かなり高い体積充填率と位置づけられる．図2に減衰材料のマイクロスコープによる拡大写真を，図3に減衰材料の模式図を示す．このように，減衰材料は鉄粉と高粘性体が均一に混じりあった状態となっている．

2） 減衰プラグ 減衰材料は粉状であり，この材料を高圧圧縮成形することで減衰プラグは製作される．高圧圧縮成形することで，高粘性体がバインダーとなり，粉状であった減衰材料が円柱状のプラグへと一体化される．

b. 力学特性[1]

e-RBの荷重履歴曲線は，図4に示すように比較的なめらかな形状であり，減衰性能は，せん断ひずみにより異なるが，等価減衰定数で 20〜25% 程度となる．また，2次剛性は，天然ゴムを使用しているため，線形性が高い．

1） せん断ひずみ依存性 2次剛性および切片荷重のせん断ひずみによる変化率を，図5および図6に示す．低ひずみ領域においては，相対的には2次剛性が高いが，せん断ひずみの増加とともに2次剛性は低下し一定値に近づく．一方，切片荷重は，低ひずみ領域では相対的には低く，せん断ひずみの増加とともに増加していく傾向を示す．

2） 振動数依存性 2次剛性および切片荷重の振動数による変化率を図7に示す．2次剛性は，振動数に大きく依存しない．切片荷重は，振動数が高くなるに従い増加する傾向を示す．

3） 面圧依存性 面圧の増加とともに2次剛性は減少し，切片荷重は増加する傾向をもつ．また，2次剛性および切片荷重の面圧依存性は積層ゴムの1次形状係数 S_1 と2次形状係数 S_2 に影響される．

4） 温度依存性 2次剛性および切片荷重の温度依存性を図8に示す．温度の低下とともに，2次剛性および切片荷重は増加する．

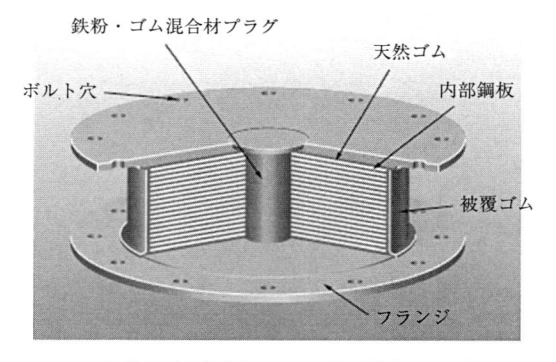

図1 鉄粉・ゴム混合材プラグ挿入型積層ゴムの構造

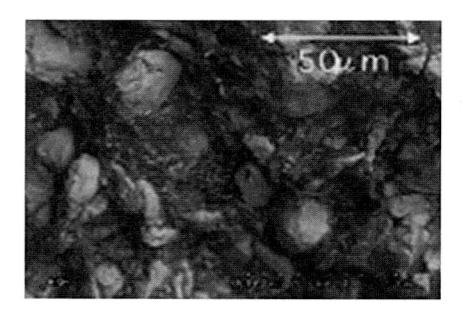

図2 減衰材料の拡大写真

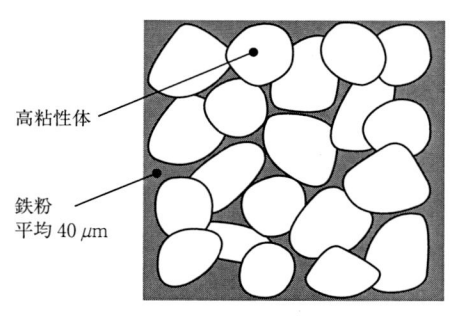

図3 減衰材料の模式図

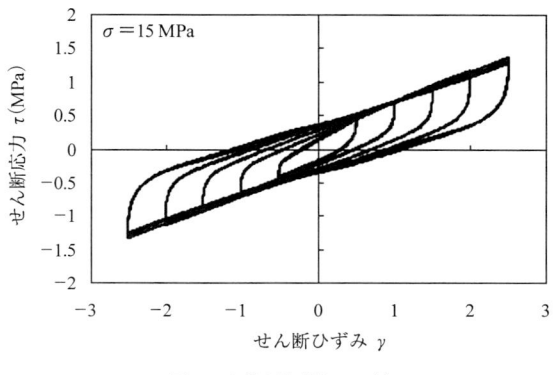

図4 ひずみ依存性の一例

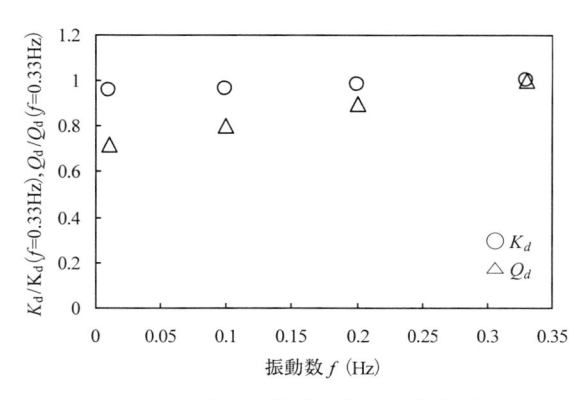

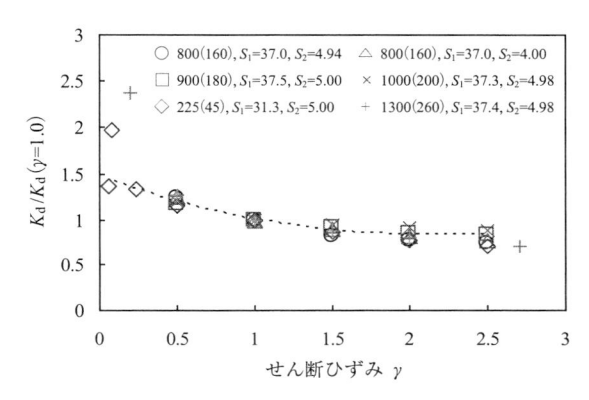

図5 2次剛性のせん断ひずみ依存性

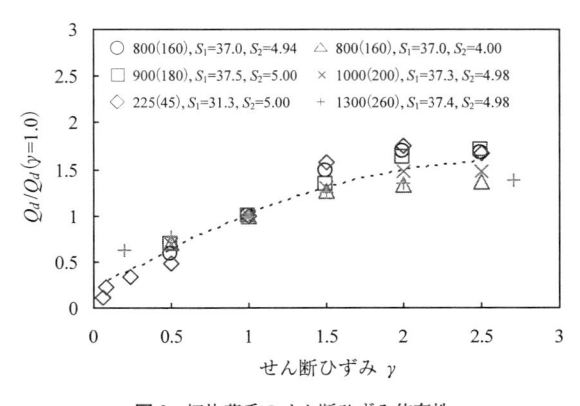

図6 切片荷重のせん断ひずみ依存性

図7 2次剛性および切片荷重の振動数依存性

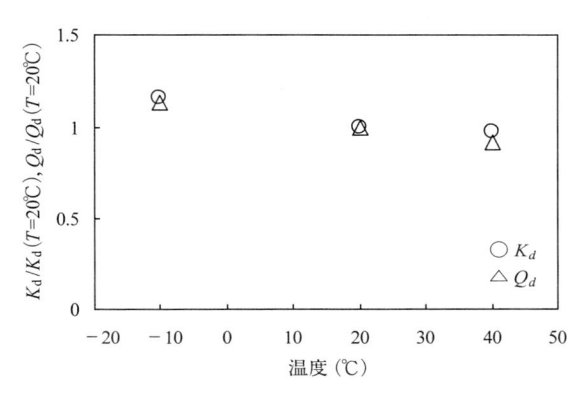

図8 2次剛性および切片荷重の温度依存性

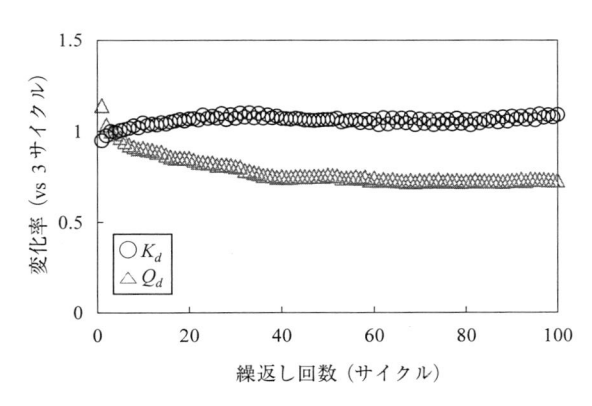

図9 繰返し回数に対する特性値の変化率

5) **繰返し変形** 縮小試験体（$\phi 225$, $S_1=35$, $S_2=5.0$）のせん断ひずみ $200\% \times 100$ サイクルの加力試験より得られた繰返し回数に対する特性値（2次剛性および切片荷重）の変化率を図9に示す.

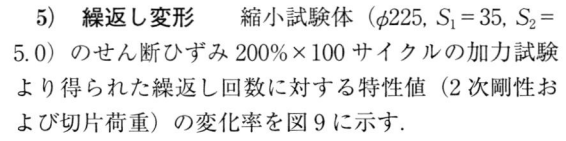

2次剛性は，繰返し回数に対してほぼ安定しているが，切片荷重は100回繰返し後に約30%低下している.

【室田伸夫】

引用文献

1) 鈴木重信，室田伸夫，濱崎宏典，小林裕二，真下成彦，若菜裕一郎，荒井章之：鉄粉・ゴム混合材プラグ入り積層ゴムの開発（その1〜3），日本建築学会大会学術梗概集（北陸），**B-2**, 415-420, 2010.

7.10 積層ゴム支承：鋼材ダンパー付積層ゴム

a. 基本原理・構成

鋼材ダンパー付積層ゴムは，支承材である天然ゴム系積層ゴムに減衰材である鋼材ダンパーを組み合わせて1つの製品とした免震部材である（図1）．鋼材ダンパーには 7.17 節で詳述する U 型ダンパーを用い，上下のベースプレートの間に設けた天然ゴム系積層ゴムの周囲に U 型ダンパーを配置した構成となっている．支承材，減衰材の機能が分離しているため，基本性能としては支承材の天然ゴム系積層ゴムと減衰材の U 型ダンパーの性能の足し合わせにより評価できる．

b. 基本性能

鋼材ダンパー付積層ゴムの基本性能は前述のとおり天然ゴム系積層ゴムと U 型ダンパーの性能の足し合わせで評価することができ，実大試験体を用いた動的または静的加振試験によってその性能が確認されている．鋼材ダンパー付積層ゴムの実大試験体による静的加振試験結果の一例を図2に示す．履歴曲線は天然ゴム系積層ゴムの剛性による傾きをもった紡錘形状となり，一般的にバイリニアとしてモデル化する．したがってバイリニアモデルの1次剛性，2次剛性および降伏荷重の基準値は天然ゴム系積層ゴムと U 型ダンパー基準値の加算となる．U 型ダンパーの履歴曲線は加力方向により若干形状が異なるが，方向性はないものとして，同じバイリニアモデルを使用している．

限界変形量や疲労特性などの限界性能も天然ゴム系積層ゴムと U 型ダンパーに準じたものとなる．

c. 各種依存性

鋼材ダンパー付積層ゴムの速度（振動数）依存性や，変位振幅依存性，温度依存性などの各種依存性についても，同様に天然ゴム系積層ゴムと U 型ダンパーの依存性に準じたものとなる．　　　　　　　【西本晃治】

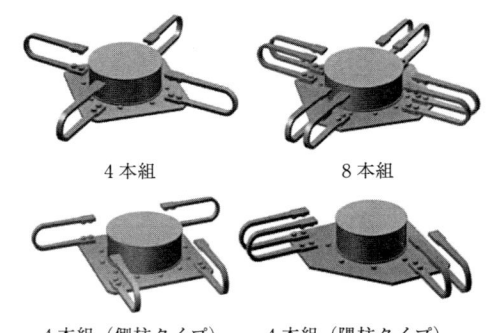

図1 鋼材ダンパー付積層ゴムの形状・外観

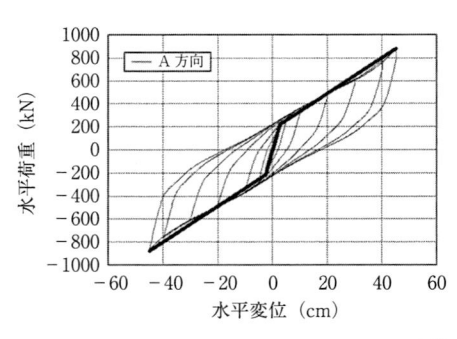

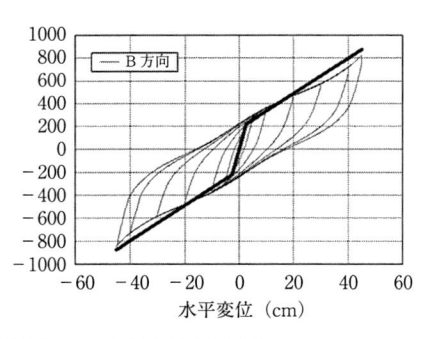

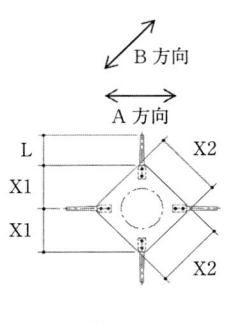

図2 U 型ダンパーの荷重-変形関係例
細い線は実験結果，太い線は履歴モデルを表す．

7.11 すべり支承のメカニズム

a. すべり支承の構造

すべり支承は,すべり材とすべり板によって構成される剛すべり支承と,剛すべり支承に積層ゴム部が組み合わされた弾性すべり支承に大別される.

すべり材としては,PTFE(四フッ化エチレン樹脂),PA(ポリアミド樹脂)および超高分子量ポリエチレンなどの低摩擦特性を有するプラスチックが用いられている.すべり板としては,ステンレス鋼板を研磨仕上げしたものやステンレス鋼板面にフッ素樹脂コーティングなどを処理し,摩擦係数を小さくするための工夫が施されたものが用いられている.弾性すべり支承に組み合わされる積層ゴムは,おもに天然ゴム系積層ゴムが使用され,ゴムの積層数は通常の積層ゴムに比べ少ないものである.代表的な構造例を図1および図2に示す.

b. 鉛直支持性能

すべり材に鉛直荷重を載荷した場合の面圧-変位関係を図3に示す.すべり材の面圧 $200\,\text{N/mm}^2$ までの載荷において安定した特性を示している.現在用いられているすべり支承の基準面圧は $10\sim30\,\text{N/mm}^2$ の範囲にあり,十分な鉛直支持性能を有している.

c. すべり材料・摩擦係数

すべり材別の摩擦係数を図4に示す.すべり材は,高摩擦材と低摩擦材に分類される.高摩擦材は,すべり摩擦抵抗による減衰が取れることからエネルギー吸収を目的として使用される.一方,低摩擦材は,低摩擦特性を活かした免震建物の長周期化を目的として使用されている.

【上田 栄】

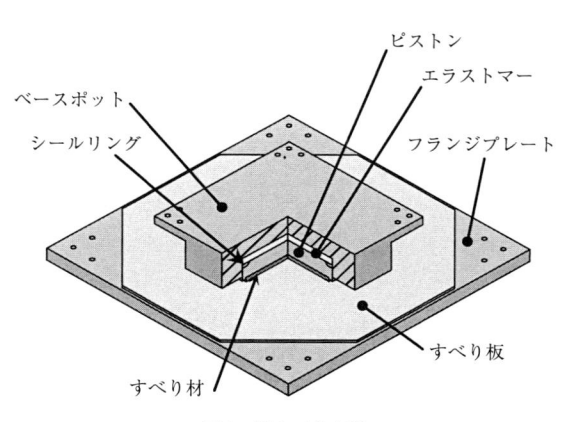

図1 剛すべり支承

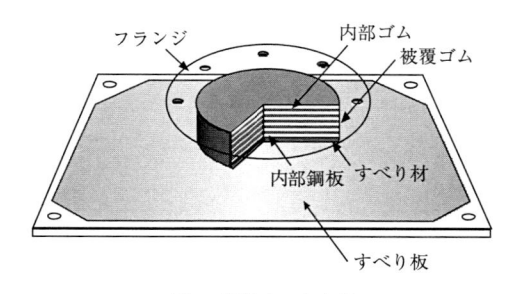

図2 弾性すべり支承

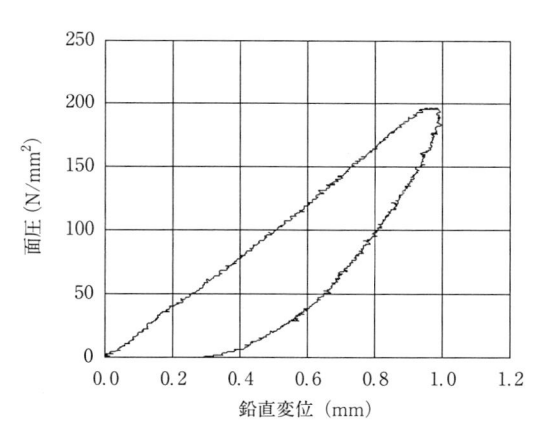

図3 すべり材の圧縮特性(PTFE $\phi74\times4\,\text{t}$ うち $2\,\text{mm}$ はめ込み)

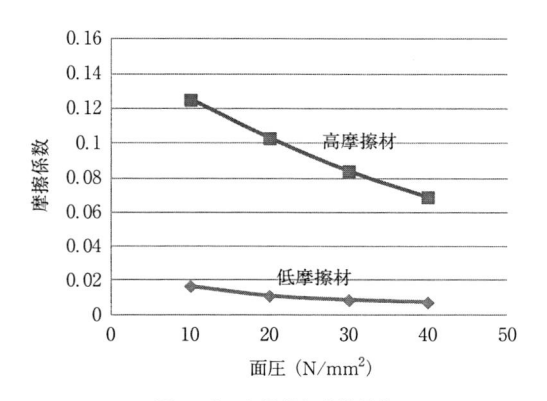

図4 すべり材料と摩擦係数

7.12 すべり支承：弾性・剛すべり支承

a. 弾性すべり支承

弾性すべり支承は，水平力がすべり材の摩擦抵抗力以下の場合は積層ゴムが変形し，長周期化により地震力を低減するので，中小地震から大地震にいたるまで免震効果を発揮する．また，積層ゴム部分がある程度変形したのちにすべりはじめるので，剛すべり支承の高い初期剛性が緩和されてなめらかな変形特性を発揮する．支承の相手材となるすべり板にSUS板を用いる高摩擦タイプ[1]（摩擦係数 0.08 前後～0.14 前後）から，すべり板の表面に低摩擦系の材料をコートした低摩擦タイプ[2]（同 0.01 前後～0.05 前後）まで，幅広い摩擦係数の支承が用意されている．すべり支承として広く普及している四フッ化エチレン樹脂（PTFE）製のすべり材とステンレス鋼（SUS）製のすべり板の組み合わせについては，その摩擦特性を把握するために数々の実験的検討がなされてきた．さまざまな条件下で行われたすべり支承の動的載荷実験データによれば，支承の摩擦係数（摩擦力／軸力）は，面圧，載荷速度，すべり材の温度や載荷振幅および繰返し回数に対して依存性を有することが指摘されている．また，摩擦係数は，すべり面が静止状態からすべり状態に移行するさいの静摩擦係数，すべり状態の動摩擦係数に分類される．静摩擦係数は動摩擦係数に比べてやや高めの値を示し，また繰返しに伴って両者の差が小さくなる傾向がある[1]．

これらの影響により地震応答時のすべり支承の摩擦係数（水平力）はかなり複雑に変動する傾向がある[3]．すべり支承の摩擦係数に関する各種依存性には，免震支承の技術基準となる免震材料に関する平12建告第1446号，第2010号の中で性能確認項目の1つとしてあげられており，基準値と併せてその変化率を明示することが規定されている．現状の免震構造設計において地震応答解析を行う場合には，すべり支承の静摩擦係数および動摩擦係数は等しく，その経時変化はないものとして扱われるのが一般的である．具体的にはす

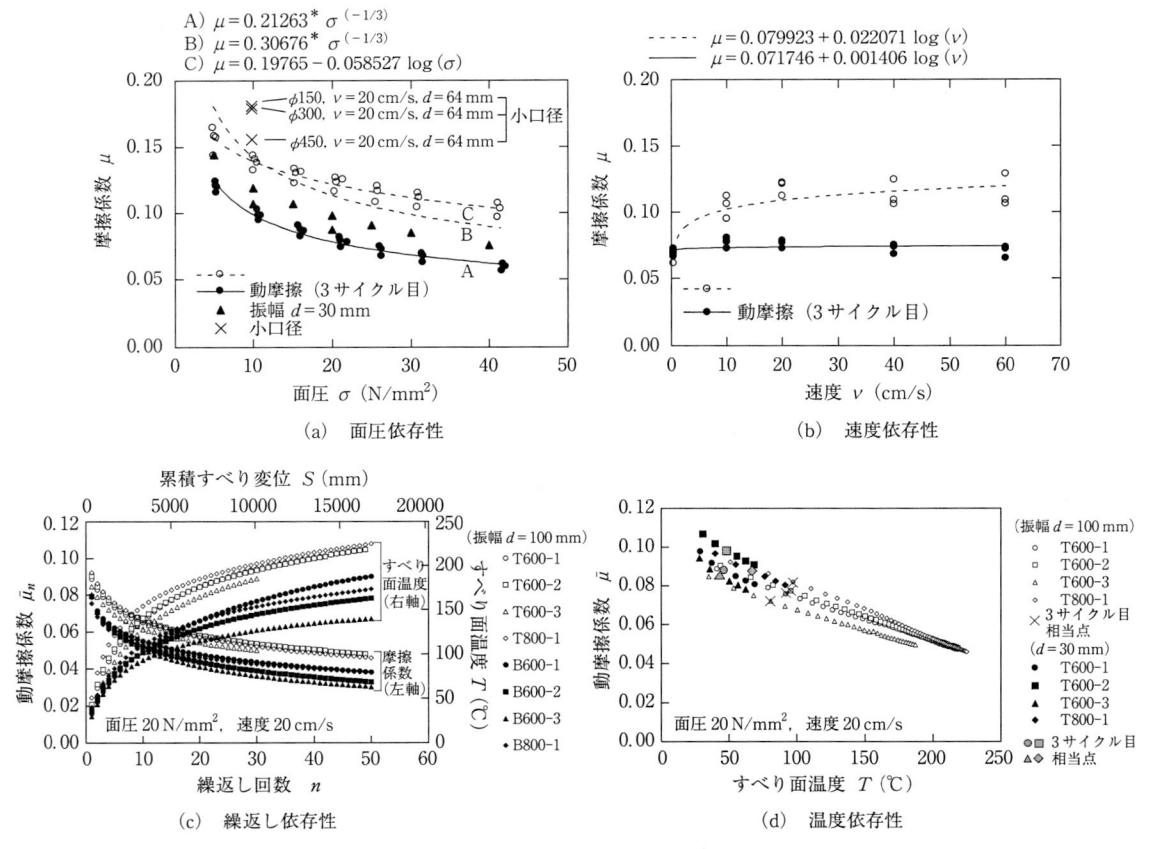

図1 摩擦係数の各種依存性[1]

(a) 面圧依存性
(b) 速度依存性
(c) 繰返し依存性
(d) 温度依存性

べり支承の復元力特性は剛塑性型やバイリニア型としてモデル化され，降伏耐力は単一の基準摩擦係数で規定される．バイリニアモデルで摩擦係数の各種依存性を簡易的に考慮する必要がある場合は，これらの復元力特性モデルで摩擦係数の変動幅を「ばらつき」として取り扱い，摩擦係数を平均値または最小値，最大値で一定として，地震応答解析を行う方法がある．

図1に実大支承の載荷試験結果による摩擦特性の面圧・速度・繰返し依存性の一例を示す．本例を含む既往の複数の実験的研究により，以下の傾向が指摘されている．

①面圧依存性：高摩擦タイプ，低摩擦タイプとも，摩擦係数は面圧増加に伴い低減する傾向がある．

②速度依存性：高摩擦タイプの摩擦係数は速度増加に対しては顕著に変化しないが，低速度領域では漸増，高速度領域では漸減する傾向がある．低摩擦タイプでは，速度依存傾向は少ない．

③繰返し・温度依存性：摩擦係数は繰返しまたはすべり面の温度上昇に伴い低減する傾向がある．低摩擦タイプについては，温度上昇および摩擦係数の変化ともに少ない．

1990年代半ばには，すべり方式の免震の応用として，弾性すべり支承と積層ゴム支承を併用する新しいタイプの免震構法（複合免震構法）[4]が開発された．同構法によれば，免震層に両タイプの支承の重量負担割合を考慮して配置することにより，系に適切な免震周期と減衰性能を付与できる．すなわち，弾性すべり支承の重量負担割合を減らせば，免震層の降伏強度を上部構造の降伏強度に比べて十分に小さくできるほか，すべりが生じやすくなることで摩擦抵抗力によるダンパー機能が発揮されやすくなるので，従来のすべりのみの免震に比べて免震構造のさらなる長周期化と効果的な減衰性能の発揮を期待できる．こうした効果により，積層ゴム支承のみを使用した構法では適用が困難であった高層建物の免震化が可能となり，上部構造の固有周期が免震層の応答や免震効果に与える影響についての解析的検討[5]，振動台フレーム実験による検証[6]などを通して，超高層免震建物が実現することとなった．

b. 剛すべり支承

平板状のすべり材をすべり板と面的に接触させて用いる剛すべり支承は，弾性すべり支承に先駆けて開発された．弾性すべり支承の積層ゴム部分を除いたシンプルな構造をもち，支承高さを低くしてコンパクトにできるほか，鉛直方向の剛性も高い．接触面積の異なる支承を選択することで小荷重から大荷重まで幅広く対応することができる．そのトリガー機能を生かし，微振動を嫌う製造装置などを有する生産施設の免震化や，風外力に対する抵抗要素としても用いられている．一方，復元力特性が剛塑性型となるので，免震応答制御の点で制約がある．水平力がすべり材の摩擦抵抗力以下の場合は，すべりを生じないために免震効果を期待できないため，低摩擦タイプの併用などで免震性能を制御する．

剛すべり支承に関するすべり試験例は開発初期のものに限られるが，摩擦特性の面圧・速度・繰返し依存性は，すべり材やすべり板が同一材料で構成される弾性すべり支承と同様の傾向を示す．　【日比野浩】

引用文献

1) 日比野浩，高木政美，勝田庄二：実大弾性すべり支承の載荷実験に基づく摩擦特性のモデル化，日本建築学会構造系論文集，**574**，45-52，2003．
2) 遠山幸太郎，東野雅彦，浜口弘樹，安部　裕，沖　芳郎：低摩擦特性のすべり支承に関する研究（その1），日本建築学会大会学術講演梗概集，697-698，1999．
3) M.C. Constantinou, A.S. Mokha and A.M. Reinhorn：Experimental and analytical study of a combined sliding disc bearing and helical steel spring isolation system, NCEER-90-0019, National Center for Earthquake Engineering Research, State University of New York at Buffalo, 1990.
4) 富島誠司，勝田庄二，久野雅祥：弾性すべり支承と積層ゴム支承を併用する免震構法の開発，構法概要と基本性能の検証，日本建築学会技術報告集，**2**，69-73，1996．
5) 小倉桂治，川端一三，小室　努，征矢克彦，寺嶋知宏：高層免震建物の地震応答特性に関する検討，日本建築学会技術報告集，**5**，47-51，1997．
6) 欄木龍大，長島一郎，久野雅祥，富島誠司，勝田庄二：複合免震構法の高層建物への適用に関する実験的研究，第10回日本地震工学シンポジウム，**1**，229-234，1998．

7.13 すべり支承：FPS

a. 構造・特徴

FPS（friction pendulum system）は，図1に示すように鋼板に球面加工をした球面板の間に，すべり材を組み込んだ可動体を挿入した免震装置である．すべり材には，充填材入りのPTFEが使用されている．また，球面板の球面加工面には特殊コートが施されている．

図2にFPSの作動原理を示す．単振子の周期はおもりの重さに関係なく，糸の長さにより決まる．この単振子の原理を応用し，FPSは球面板の円弧の半径によって周期が設定でき，荷重支持機能と復元力機能を合わせもっている．さらに，すべり材の摩擦力により減衰機能とトリガー機能ももち，ダンパー一体型装置として免震システムに必要なすべての機能を兼ね備えている．また，球面板を上下に配置することにより，移動距離に対し，装置をコンパクトにすることができる．

FPSの特徴として，以下のことがあげられる．
- 摩擦による減衰機能を兼ね備えているため，他のダンパーを設置する必要がない．
- 周期が支持荷重によらず球面半径のみで定まるため，軽量構造物でも免震化することが可能である．
- 球面部に特殊コートを施して低摩擦を可能としているため，有効な免震効果が期待できる．

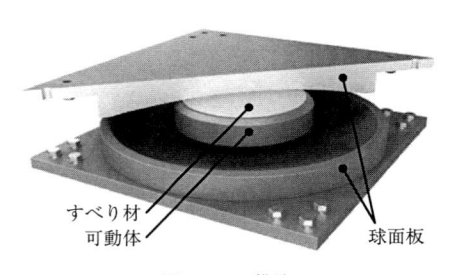

図1 FPS構造

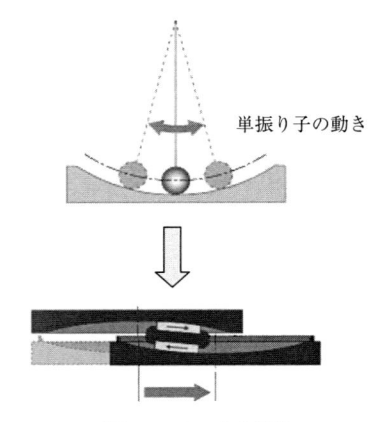

図2 FPSの作動原理

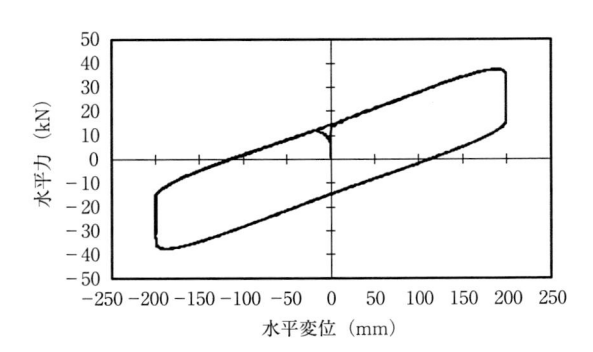

図3 FPSの履歴特性[1]

b. 基本特性

図3にFPSの履歴特性を示す．FPSは上部重量に摩擦係数を乗じた水平力を降伏荷重とし，上部重量と球面半径により定まる第二剛性をもつバイリニアの履歴特性を有する．なお，FPSの特性をバイリニアモデルにモデル化するさいの具体的なパラメータの設定方法は，10.2節アイソレータのモデルで解説している．

c. 各種依存性

FPSの第二剛性は，上部重量と球面半径のみにより定まるため，各種依存性ついて比較的安定している．降伏荷重については，使用されるすべり材の特性により定まる．PTFEをすべり材として使われている場合，以下のような特性を示す．

①面圧依存性： 第二剛性は面圧の増大に比例して増加する．降伏荷重は，面圧の増大に対し増加するが，摩擦係数は面圧の増大に対し減少する傾向を示すため，その増加は面圧の増大に比例はしない．

②速度依存性： 第二剛性は速度変化に対しては，ほぼ一定値を示す．降伏荷重は速度の増大に対し増加する傾向を示す．

③温度依存性： 第二剛性は温度変化について安定している．降伏荷重については，温度が高くなると若干小さくなる傾向を示す．　　　　　　　【宮崎　充】

引用文献
1) オイレス工業株式会社技術資料．

7.14 転がり支承：レール式

鋼球の循環機構をもつ鋼製ブロックと軸受けレールで構成する直動装置を十字型に組み合わせ，任意の方向に滑動する支承である．ブロック内に配置された負荷ボールが，円弧状の溝に接触しながら循環運動する構造になっている．鉛直支持荷重により荷重支持部であるリニアブロックの数が増え，超高層免震の支承材にも採用されている．

稼働時の抵抗力はおもに転がり摩擦抵抗によるものであり，転がり出し時を含めて摩擦係数は非常に小さく，軽量建物など積層ゴム支承材だけでは長周期化が困難な場合でも自由に周期を伸長することができる．本支承材は復元力および減衰性能を保有しないため，復元材と減衰材の併用が必要である．鋼球の抵抗機構により引張力を負担できる．図1および図2にレール式転がり支承の構成を示す．

a. 力学特性・モデル化

転がり摩擦係数に支持荷重を乗じた水平力を切片荷重とする完全弾塑性型履歴となる．

図3に基準荷重時の試験結果と設計履歴ループを示す．

b. 各種依存性

転がり摩擦係数に対し以下の依存特性を有している．なお，速度依存性および温度依存性はない．

①鉛直荷重依存性：　荷重が増加すると転がり摩擦係数も増加する．
②経年変化：　経年により増加する．
③繰返し回数に対する変化率：　50サイクル程度までは低下するが，その後増加する．
④方向性：　加振方向により増加し，最大は45度方向入力時である．
⑤傾斜・ねじれによる変化率：　傾斜およびねじれが生じる場合，増加する．　　【齊木健司】

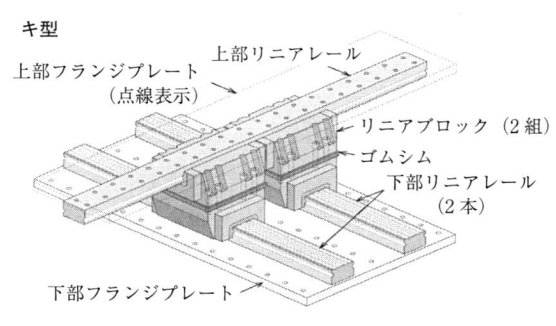

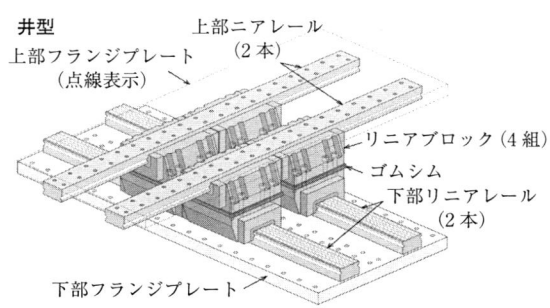

図1　レール式転がり支承

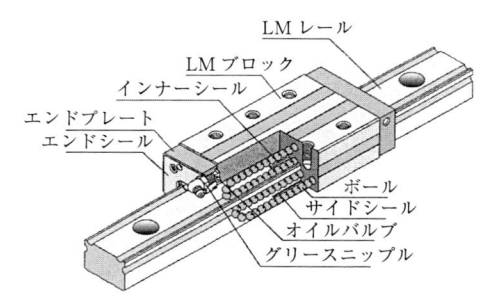

図2　直動装置（荷重支持部）の構成

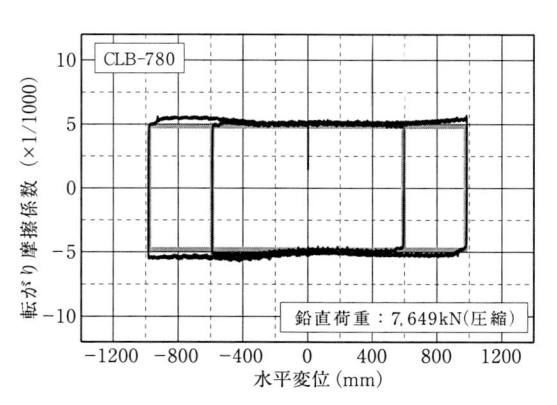

図3　力学特性

7.15 転がり支承：球体式

球体式転がり支承は，平面の鋼板上に敷き並べた多数の鋼球（$\phi 50.8$mm）の上を，特殊鋼板のプレートが自由に動く機構を有する（図1）．鋼球数の増減で支持荷重を自在に調整できる．図2に構造断面を示す．

稼働時の抵抗力はおもに転がり摩擦抵抗によるものであり，転がり出し時を含めて摩擦係数は非常に小さい．図3に示すように作動時には上下の鋼板を鋼球が転動するため，設計変形に対して1/2の鋼球可動長となる特徴を有する．本支承材は復元材と減衰材の併用が必要であり，引張力に対する抵抗機構をもっていない．

a. 力学特性・モデル化

転がり摩擦係数に支持荷重を乗じた水平力を切片荷重とする完全弾塑性型履歴となる．図4に水平変形試験結果を示す．

b. 各種依存性

速度依存性，面圧依存性および繰返し回数による変化率を含んだ転がり摩擦係数の基準値を $\mu = 0.03$ 以下としている．

【齊木健司】

図1　鋼球および球体保持機構

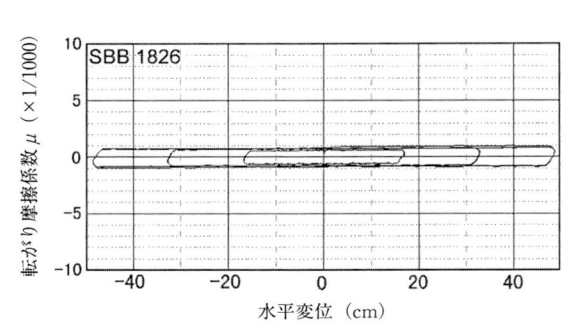

図4　力学特性

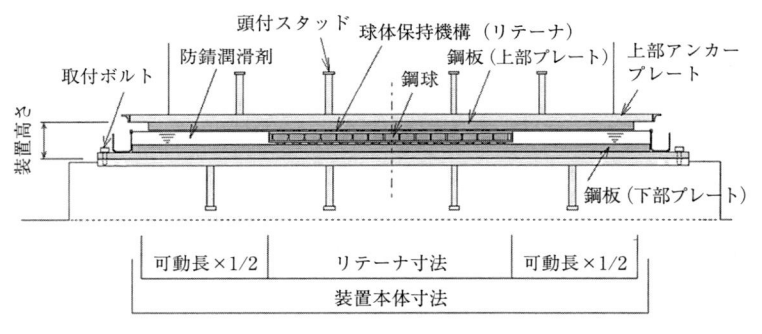

図2　構造断面

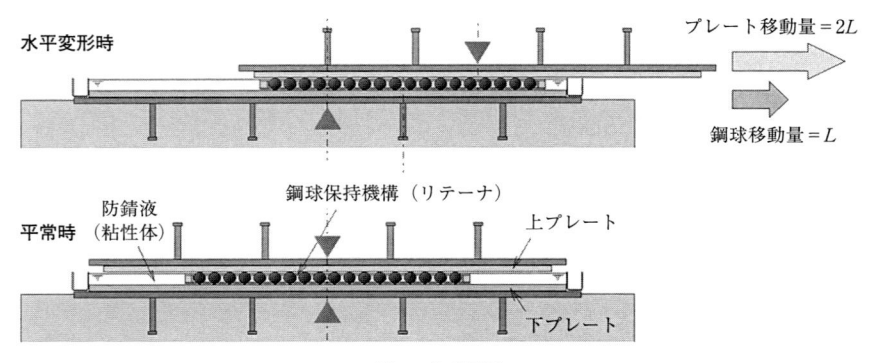

図3　作動原理

7.16 その他の支承：空気支承

空気支承は一般的にエアー断震といわれ，ある設定規模以上の地震が発生すると建物が浮上し，地面と建物を絶縁する(図1)．現時点では特殊な装置であるが，近い将来普及する可能性のあるものと考えられる．

エアー断震の動作は図2のようになる．はじめに基礎に取り付けてある地震センサーが地震を感知する．続いて，センサーがコントロールパネルに信号を送り，即座にエアータンクのバルブが開く．一定量の空気を土間コンクリートと基礎の間に吹き込み，15～20 mm程度，建物を浮上させる．この間の時間は0.3～0.5秒前後である．基礎周辺に設置したステンレス板で空気の漏れを防ぐが，内部の空気は少量ずつ漏れるため，浮上時間は2分30秒～6分（平均3分30秒）である．着地後は，設定規模以上の地震を感知すると，再浮上する．

地震発生時，設定加速度以下または電源が入っていない場合は浮上せず，一般の四号建築物と同様となる．浮上時に強風が発生した場合，風拘束装置としてのワイヤーの働きにより一定以上の移動（30～35 cm）はしない．センサーに手動により振動を加えることで，浮上システムが正常に作動するか，住居者が簡単に確認できる．エアータンクの容量により，連続浮上時間が決まる．6本のエアータンクで約10分間の連続浮上ができる．また，残留変形がある場合は，手動により浮上させ，もとに戻すことができる．

浮上後エアー断震の復元力特性は，建物外周に設置したステンレス板と土間コンクリートスラブとの摩擦力と建物に取り付けた復元装置ばねよりなる（図3）．

【中澤昭伸】

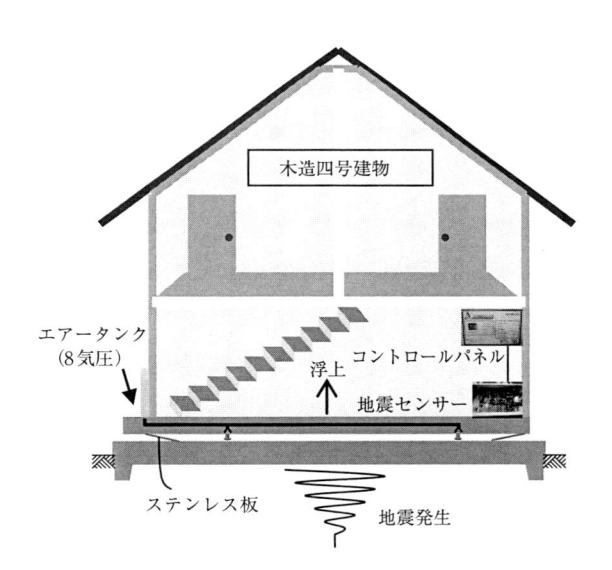

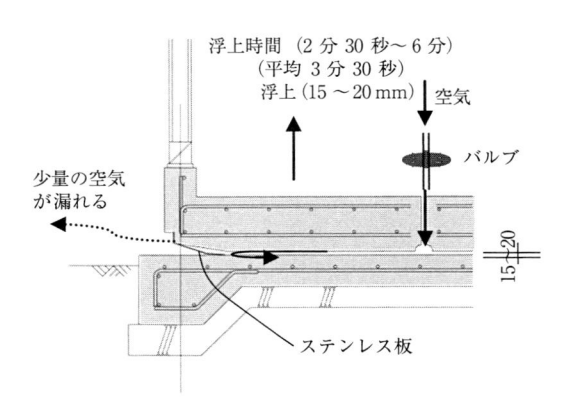

図1　エアー断震システム

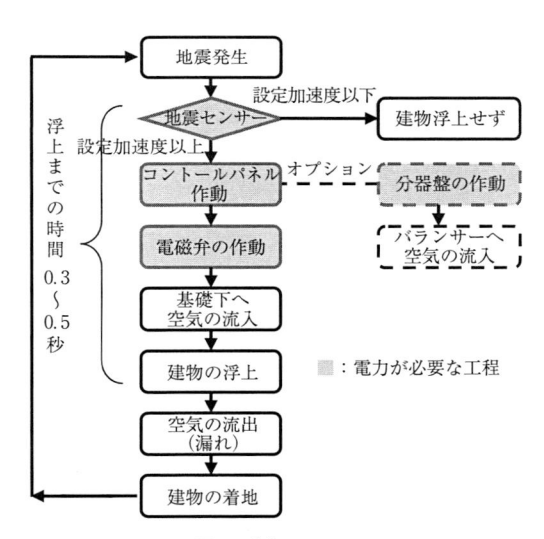

図2　動作のフロー

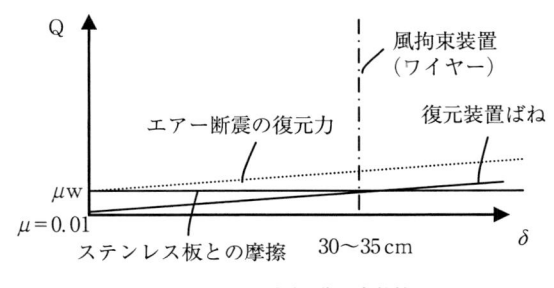

図3　エアー断震の復元力特性

7.17 履歴系ダンパー：鋼材ダンパー

a. 基本原理・構成

鋼材ダンパーは，変形履歴に伴うエネルギー消費を利用し，地震時の振動エネルギーを吸収するダンパーである．鋼棒をループ状に加工したもの，または鋼板をU字型に加工したもの（以下，U型ダンパーと記す）を複数本組み合わせて1つの製品としたものがある．現在，鋼材ダンパーとしてはU型ダンパーが主流であるため，以下ではU型ダンパーについて解説する．

U型ダンパーは，エネルギー吸収部となるU字型の部材（ダンパー部）複数本を，放射状，T字状もしくはL字状に配置し，上下のベースプレートにボルトで接合して，1つの製品としたものである（図1，図2）．ダンパー部は特殊なSN490B材をU字型に冷間曲げ加工を行い，その後，熱処理を施している．ダンパー部は，同じ形状（プロポーション）でサイズの異なるものが用意されており，それらの間には剛性・耐力などの性能に相似則が成立する．製品としての剛性・耐力は，その配置によらずダンパー部単体の剛性・耐力を本数倍することにより評価できる．

図2 U型ダンパーの外観

b. 基本性能

U型ダンパーの性能は，実大や縮小試験体を用いた，動的または静的加振試験によって確認されている．U型ダンパーの実大試験体による静的加振試験結果の一例を図3に示す．履歴曲線はおおむね紡錘形状となり，一般的にバイリニアとしてモデル化する（図4）．U型ダンパーの基本特性はバイリニアモデルにしたときの1次剛性，2次剛性および降伏荷重で表現され，ダンパー部のサイズごとに定められた規定変形における1サイクルあたり吸収エネルギー量が等価となるような値に設定される．加力方向により若干履歴曲線の形状は異なるが，バイリニアモデルに置換すれば方向性

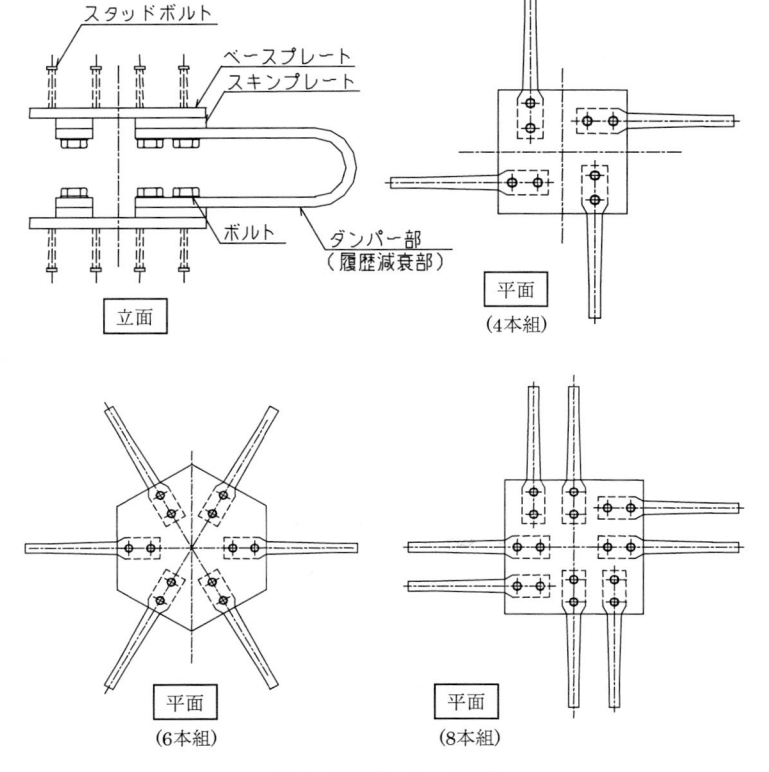

図1 U型ダンパーの形状

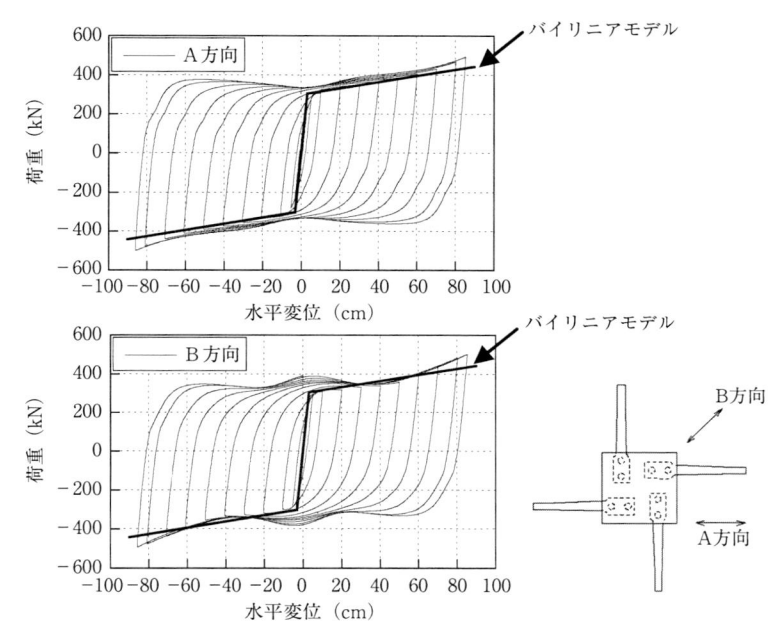

図3 U型ダンパーの荷重-変形関係例

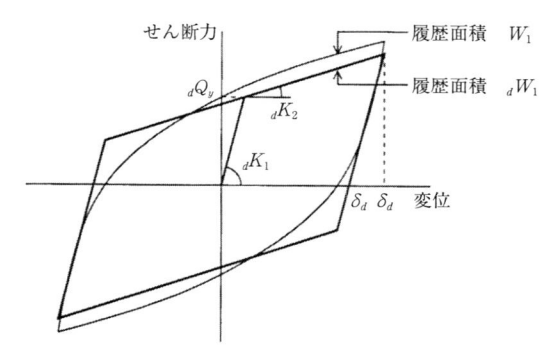

図4 U型ダンパーのモデル化
規定変形 δ_d における実験の履歴面積 W_1 とモデルによる履歴面積 $_dW_1$ が等価となるような基準値 $_dK_1$（1次剛性），$_dK_2$（2次剛性），$_dQ_y$（降伏荷重）を設定．

はないものとしている．

U型ダンパーは加力を繰返し受けるとダンパー部が破断する．その疲労寿命は加力の振幅と方向によって異なる（図5）．U型ダンパーでは破断までの繰返し回数が5回程度以上となる変形量を限界変形量と定義している．

c. 各種依存性

1) 速度（振動数）依存性　U型ダンパーの振動数依存性については，縮小・実大試験体による定振幅動的試験により，静的載荷に対して実速度（周期3～5秒）の載荷でも履歴性状はほぼ一致し，疲労寿命，エネルギー吸収量は著しく低下しないことが確認されている（図6）．

2) 変位振幅依存性　U型ダンパーは鋼材のひずみ硬化により振幅が大きくなるほど荷重が増大する（図3）．また総エネルギー吸収量は，振幅が大きくなるほど小さくなる（図7）．

3) 温度依存性　U型ダンパーの温度依存性については，縮小試験体による実験により，20℃の1サイクル吸収エネルギーに対する比率として表1のとおり確認されている．

4) 繰返し回数依存性　U型ダンパーは，破断直前まで履歴特性の大きな変化はなく，繰返し依存性はほとんどない．　【西本晃治】

引用文献

1) 吉敷祥一，高山 大，山田 哲，エディアナ，小西克尚，川村典久，寺嶋正雄：水平2方向載荷下における繰り返し変形性能に関する実験（その1　免震構造用U字形鋼材ダンパーの水平2方向特性），日本建築学会構造系論文集，**77**(680), 1579-1588, 2012.
2) 植草雅浩，大河原勇太，吉敷祥一，山田 哲，和田 章：免震U型ダンパーの実大動的載荷実験（その1　速度依存性と寸法効果に関する検討），日本建築学会学術講演梗概集，1051-1052, 2007.

免震編　7. 免震部材

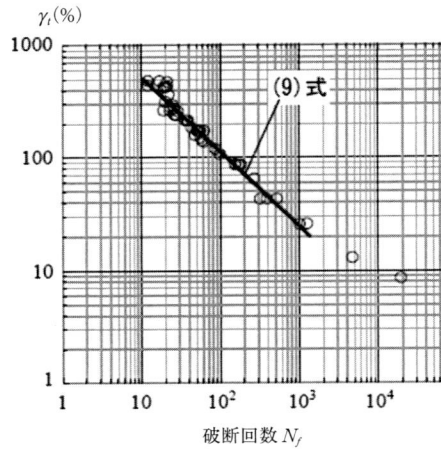

(a) 0度方向

$_{0°}\gamma_t = 2370\,N^{-0.66}$　　$(20.0\% \leq {_{0°}\gamma_t} \leq 500.0\%)$

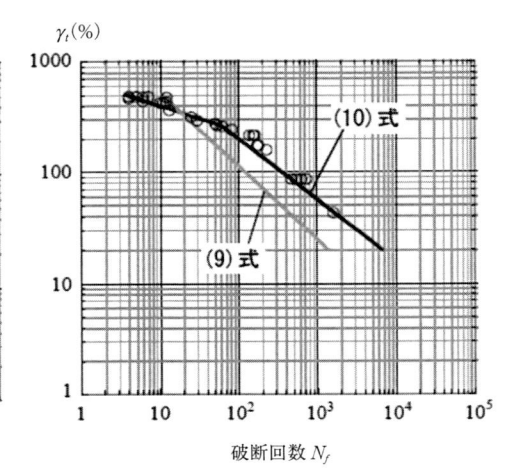

(b) 90度方向

$_{90°}\gamma_t = 2535\,N^{-0.55}$　　$(20.0\% \leq {_{90°}\gamma_t} \leq 253.5\%)$
$_{90°}\gamma_t = 664\,N^{-0.25}$　　$(253.5\% \leq {_{90°}\gamma_t} \leq 500.0\%)$

図5　疲労特性[1]

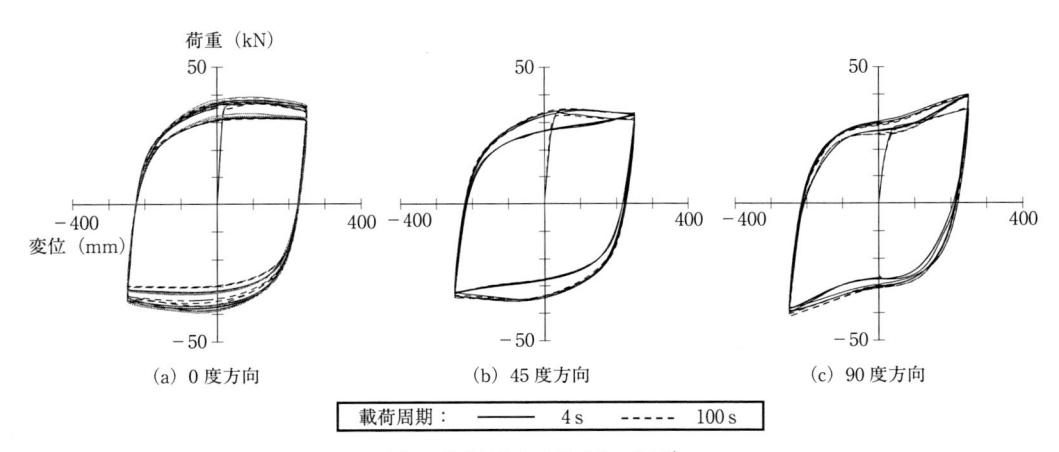

図6　動的載荷と静的載荷の比較[2]

表1　温度依存性

加力方向	各温度における1サイクル吸収エネルギー（kN·m）			$W_1(-10℃)/W_1(-20℃)$	$W_1(-40℃)/W_1(-20℃)$
	−10℃	20℃	40℃		
0度方向	0.80	0.78	0.76	1.03	0.97

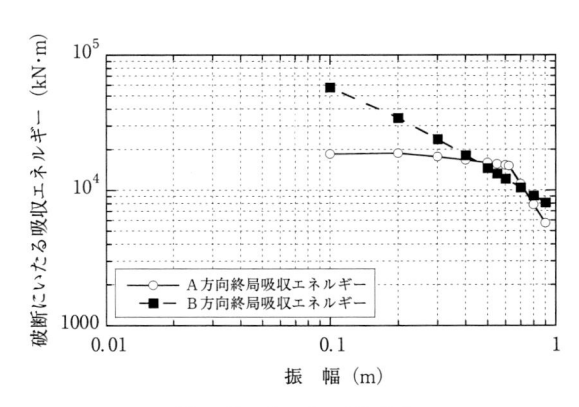

図7　総エネルギー吸収性能

7.18 履歴系ダンパー：鉛ダンパー

a. 構造・特徴

鉛ダンパーは，円柱状などに加工した鉛の変形時の弾塑性履歴に伴うエネルギー吸収を利用したものである．履歴特性が完全弾塑性に近い形状となるため，大きなエネルギー吸収能力が期待できる．鋼材に比べて早期に降伏を促すことができ，比較的小変形時から減衰性能を発揮することが可能である．

現在，鉛ダンパーには鉛鋳造体の直径が 180 mm の U180 型と，直径が 260 mm（一部 240 mm）の U2426 型の 2 種類がある．最近では降伏荷重が高い U2426 型の採用例が多くなっている．図 1 に鉛ダンパーの外観を示す．鉛鋳造体のたるみと平行な方向を P 方向，直交方向を O 方向と呼んでいる．

b. 水平性能

鉛ダンパーの履歴曲線は矩形の形状をしており，速度および温度依存性が小さいことから，完全弾塑性型としてモデル化されることが多い．加力方向による顕著な差は認められず，性能に方向性はないと考えてよい．図 2 に振動数 0.33 Hz，振幅 ±400 mm で加振したときの復元力特性の一例を示す．U2426 型の降伏荷重は U180 型のほぼ 2 倍以上となっている．復元力特性は完全弾塑性型でモデル化できることがわかる．

鉛ダンパーの設計値は 1 サイクル吸収エネルギーが実験値と適合するように定められているので，1 サイクル吸収エネルギーに関してはほぼ問題ないモデル化

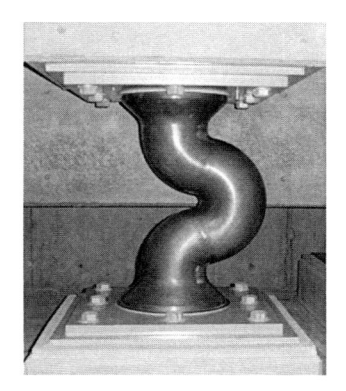

図 1 鉛ダンパー（U2426 型）の外観

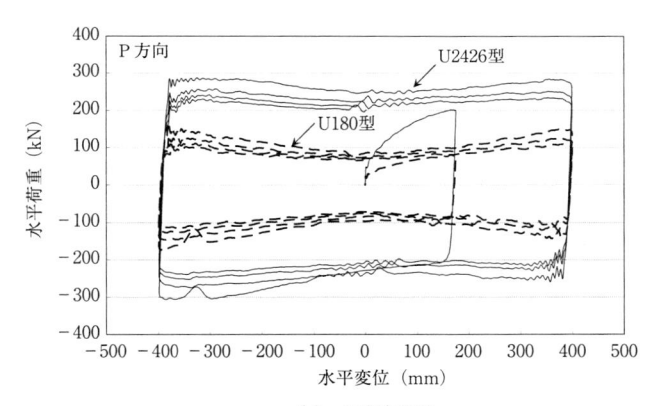

(a) P 方向加振

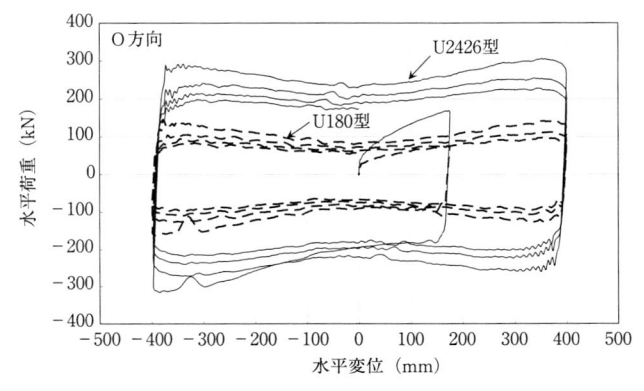

(b) O 方向加振

図 2 鉛ダンパーの履歴曲線

となっている.ただし,変位 50 mm 以下の小変形域においては,1サイクル吸収エネルギーは設計値に比べて若干小さくなる.また,大変形時は,ハードニングの影響で降伏せん断力のピーク値が設計値の約2～3倍となることを留意しておく必要がある.

総エネルギー吸収性能については,振幅と破断回数には相関が認められ,U180型とU2426型鉛ダンパーは1つの疲労曲線として図3に示すように表現できる.また,1サイクルエネルギー吸収量と降伏荷重は,繰返し回数(累積変形量)の増加に伴い低下する傾向にある.これは繰返し加振に対してダンパー軸部が発熱するために起こる現象であり,降伏荷重の低下の程度は加振振幅との関係による[1].

鉛ダンパーは破断前に亀裂が発生することがわかっており,破断時繰返し回数は,亀裂発生時繰返し回数の30～40倍程度となっている[2].

鉛ダンパーの疲労損傷度評価は,マイナー則を用いた手法や亀裂深さから残存性能を推定する方法などが提案されている.2011年の東日本大震災ののちに交換された鉛ダンパーの残存性能試験が実施されており,マイナー則によりおおむね検証できることが確認されている[1].また,これまでは微小変形で多数回の繰返しを受けることがなかったため表面化しなかった疲労亀裂についても東日本大震災ののちにいくつかの建物で確認された.疲労亀裂の発生とその亀裂深さについても実験で確認され亀裂限界も明らかになっている[2].疲労亀裂の発生の抑制方法についても検討が行われており,その有効性が確認されている[3].

c. 各種依存性・耐久性

鉛ダンパーには振動数依存性が認められ,1サイクル吸収エネルギーは振動数が高いほど大きくなり,振動数が低いほど小さくなる傾向を示す.高層免震建物が増えるに従い強風時の応答が問題となってきているが鉛ダンパーは風荷重に対して水平クリープが発生するため応答の評価にあたっては留意する必要がある[1].

温度依存性については,温度と1サイクル吸収エネルギーには相関関係が認められ,気温10℃あたり1サイクル吸収エネルギーは約3.5%変化する.

耐久性については,鉛を湿った大気中に曝露すると表面に酸化膜が生じて数日内に変色するが,この酸化膜には保護性があるため時間とともに酸化速度は低下する.この酸化膜により鉛の屋外曝露における腐食速度は 0.0007 mm/年以下であるとされており,一般的な使用条件下で鉛の耐久性が問題になることはない.

鉛ダンパーを構造躯体に固定するさいにはダンパーのせん断力,曲げモーメントだけでなく,ダンパーの軸部が引張り変形を受けることで発生する軸力に対しても抵抗できる強度と剛性をもたせることが必要である[4].

【高山峯夫・荻野伸行】

引用文献

1) 高山峯夫,森田慶子ほか:免震構造用鉛ダンパーの残存性能に関する研究,日本建築学会学術講演梗概集,**B-2**,構造II, 2012.
2) 高山 大,森田慶子,高山峯夫,安永 亮,安藤勝利,松下文明,松本達生:鉛ダンパーの風応答に関する研究(その1～4),日本建築学会学術講演梗概集,**B-2**,構造II, 287-294, 2010.
3) 森田慶子,安永亮ほか:免震構造用鉛ダンパーの疲労特性に関する研究―表面被膜による疲労抑制効果,日本建築学会学術講演梗概集,**B-2**,構造II, 2012.
4) 高山峯夫,森田慶子ほか:免震用鉛ダンパーの取り付け部に作用する軸力と曲げモーメントに関する研究(その1～2),日本建築学会学術講演梗概集,**B-2**,構造II, 617-620, 2006.

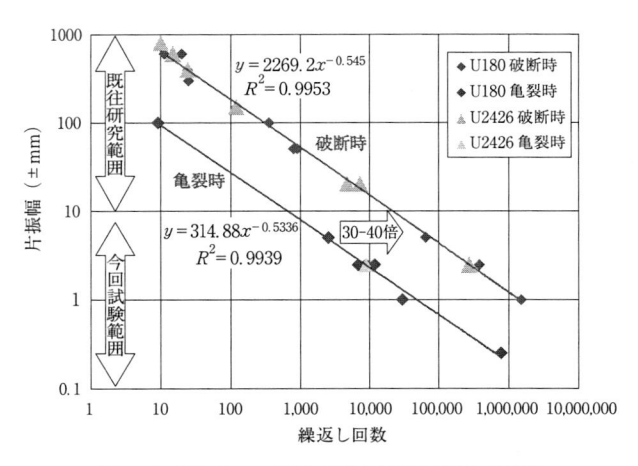

図3 亀裂発生時・破断時繰返し回数と振幅の関係[2]

7.19 履歴系ダンパー：摩擦ダンパー

摩擦ダンパーは，一定の摩擦係数を有するすべり材をすべり板に一定の圧縮力で押し付け，そのとき発生する摩擦抵抗に伴うエネルギー吸収を利用する履歴型ダンパーである．

ここでは摩擦ダンパーの例としてディスクダンパー（摩擦皿ばね支承）[1]を紹介する．

ディスクダンパーは皿ばねを有するすべり摩擦ダンパーであり，所定の設計減衰抵抗力を高精度に確保でき，かつ，長期にわたって安定して性能を保持できる[2,3]．皿ばねの特性によってすべり面に作用する加圧力を精度よく管理でき，また，装置の高さが変動しても作用加圧力がほとんど変動しないため，摩擦抵抗力を安定して保持できる．

地震を繰返し経験しても所定の減衰抵抗力を発揮できる．また，すべり材の磨耗の問題もない．

免震部材の概略は図1のとおりである．

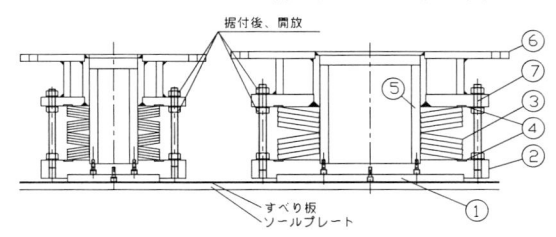

図1　免震材概略図

a. 認定範囲
認定範囲を表1にまとめる．

表1　認定範囲

皿ばねサイズ（mm）	$\Phi 250 \sim 500$
すべり材	超高分子量ポリエチレン
すべり材径（mm）	$\Phi 248 \sim 505$
すべり板	ステンレス
皿ばね作用加圧力（kN）	$235 \sim 980$
基準面圧（N/mm^2）	4.9
摩擦係数	$0.17 \sim 0.20$
減衰抵抗力（kN）	$47.0 \sim 166.6$
限界変形（mm）	± 1000

b. 基本性能・モデル化
図2にモデル化を示す．ここに1次剛性$K_1 = \infty$，2次剛性$K_2 = 0$，摩擦係数μ，変形δ（mm），切片荷重$Q_d = \mu \cdot P_v$（kN），（P_v：皿ばね作用加圧力），減衰抵抗力$F = Q_d = E/4\delta$（kN），Eは1サイクル履歴吸収エネルギーである．

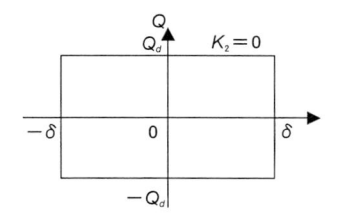

図2　モデル化

c. 限界性能
図3に限界性能を示す．ここに，水平力（減衰抵抗力）Q（kN），2次剛性$K_2 = 0$，切片荷重$Q_d = \mu \cdot P_v$（kN），摩擦係数μ，限界変形δ_{max}（mm），限界変形時水平力（減衰抵抗力）$Q_{max} = Q_d$（kN）である．

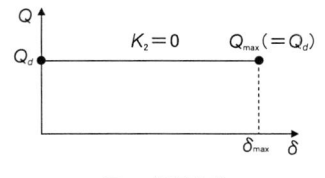

図3　限界性能

d. 各種依存性
① 面圧依存性：機構的に面圧一定のため，面圧依存性はない．
② ひずみ依存性：変形に伴う減衰抵抗力の依存性はない．
③ 速度依存性：基準速度200 mm/sに対し，
   変化率（%）＝$0.040 \times V - 9.35$
   V：速度（mm/s），$9.4 \leq V \leq 598$
④ 温度依存性：環境温度に対し温度依存性はない．
⑤ 繰返し依存性：大地震を何回経験しても所定の減衰抵抗力を発揮できる．　【中村　嶽】

引用文献
1) 中村　嶽：皿ばねを用いた免震用摩擦ダンパーの復元力特性に関する実験的研究，日本建築学会構造系論文集，**510**，75-82，1998．
2) 日本免震構造協会：免震部材標準品リスト，2009．
3) 日本免震構造協会：免震構造―部材の基本から設計・施工まで―，オーム社，2010．

7.20 流体系ダンパーのメカニズム

流体(粘性)系ダンパーとは，作動油や，その他これに類する粘性体を用いた減衰材[1]である．速度 V に依存した減衰抵抗力 F を発生する特徴を有しており，一般に(1)式の形で減衰抵抗力 F を表すことができる．

$$F = C \cdot V^\alpha \quad (1)$$

C は減衰係数と呼ばれ，α は速度 V と減衰抵抗力 F との関係を表す指数である．図1のように，α の値によって減衰抵抗力 F の特性は大きく異なってくる．

流体系ダンパーには，「オイルダンパー」と「粘性ダンパー」がある．以下，それぞれのメカニズムについて解説する．

a. オイルダンパー[2,3]

オイルダンパーは動粘度が小さな作動油を用いており，乱流状態の作動油に発生する慣性抵抗によって減衰抵抗力 F が発生する．

図2(a)はオイルダンパーの原理図である．作動油が充満したシリンダー(内径 D)の内側をピストンおよびピストンロッドが動く構造になっている．ピストンが速度 V で動くと，作動油がオリフィス(内径 d_0)を通ってタンク室に流れ，粘性抵抗力と慣性抵抗力によって内圧が発生する．この内圧がピストンに作用し，(2)式で表される減衰抵抗力 F が発生する．なお，作動油は非圧縮性，かつニュートン流体(流れのせん断応力がせん断速度に比例する流体)であると仮定している．

$$F = \frac{\rho \cdot A^2}{a^2} \cdot V \cdot \left[8 \cdot \pi \cdot v \cdot L + \frac{A \cdot V}{2 \cdot C_D^2} \right] \quad (2)$$

ここで，ρ は作動油の密度，A はピストン受圧面積 ($D^2\pi/4$)，a はオリフィス開口面積 ($d_0^2\pi/4$)，v は作動油の動粘度，L はオリフィス長さ，C_D は流量係数である．

(2)式はオイルダンパーの減衰抵抗力 F の一般式であり，大括弧内第1項は層流による粘性抵抗を示し，第2項は乱流による慣性抵抗を示している．

オイルダンパーでは，作動油の動粘度 v が小さく，さらにオリフィス長さ L を小さくしているため，大括弧内第1項を無視できる．このとき，減衰抵抗力 F は(3)式で近似することができる．温度影響を受けるのは作動油の密度 ρ のみとなり，温度依存性はわずかとみなせる．

$$F \approx \frac{\rho \cdot A^3}{2 \cdot C_D^2 \cdot a^2} \cdot V^2 = C \cdot V^2 \quad (3)$$

(3)式からわかるように，図2(a)のようなオリフィスだけの場合，オイルダンパーの減衰抵抗力 F は速度 V の2乗に比例することになる．低速度時には減衰抵抗力 F が小さく，高速度時には過大となるため，設計的に扱い難い．そこで，オリフィス部分に図2(b)のような特殊な形状のバルブ(速度比例弁)を設け，

図1 減衰抵抗力 F の特性

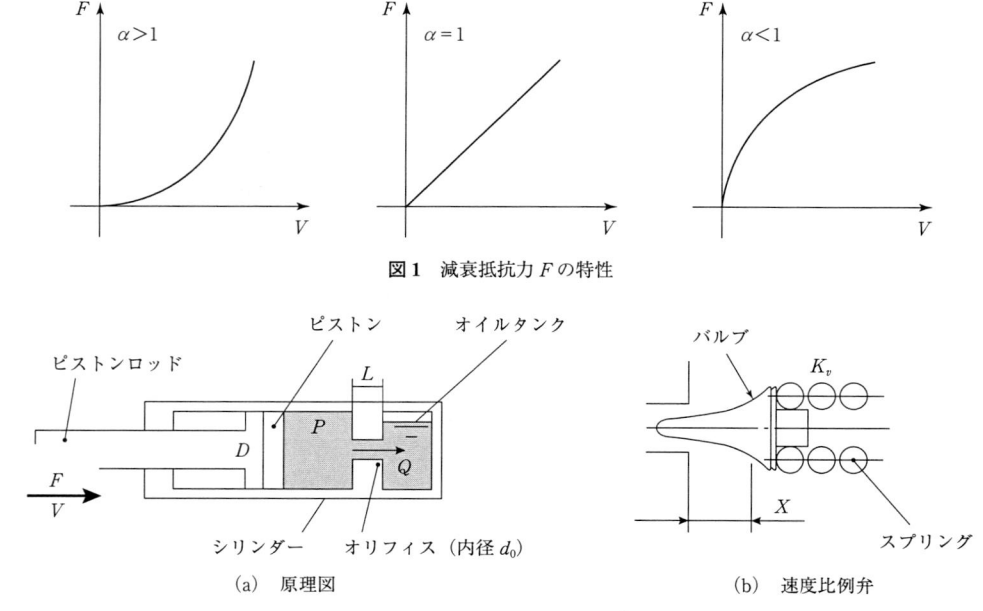

図2 オイルダンパーの原理図(文献[2]を改変)
(a) 原理図　(b) 速度比例弁

速度Vに比例した減衰抵抗力Fが発生できるようにしたオイルダンパーが，一般的に採用されている．

図2(b)のバルブの開口面積$a(X)$はバルブリフトXの1/2乗に比例しており，バルブの形状係数をλとすると(4)式で表せる．

$$a(X) = \lambda \cdot \sqrt{X} \qquad (4)$$

バルブはスプリングで押さえられており，スプリングの力と内圧の釣合いにより作動油の通路が開閉する．バルブの受圧面積をA_v，スプリングのばね定数をK_vとすれば，その関係は(5)式となる．

$$\frac{F}{A} \cdot A_v = K_v \cdot X \qquad (5)$$

(4)式と(5)式から求まるバルブの開口面積$a(X)$を(3)式のオリフィス開口面積aに代入すると，減衰抵抗力Fの式は速度Vに比例した形($\alpha = 1$)となる．

$$F = \sqrt{\frac{\rho \cdot K_v \cdot A^4}{2 \cdot C_D^2 \cdot \lambda^2 \cdot A_v}} \cdot V = C \cdot V \qquad (6)$$

上記の速度比例弁のほか，高速度時に過大な力が発生しないように，一定速度を超えたあとの減衰抵抗力Fの増加割合を大きく低減させるリリーフ弁を併設したオイルダンパーも多く採用されている．

また，外部電力などを用いてバルブの開度を調整し，減衰係数Cを数種類の値に切り替えることができるようにしたオイルダンパーも実用化されている．切替えを判断するための制御則とコントローラ，および建物へのセンサー設置が別途必要になるが，減衰係数Cを一定としたオイルダンパーを用いた場合よりも高い免震効果を実現できる可能性がある．今後，同様なダンパーを用いた実施が増えるものと期待される．

b. 粘性ダンパー

粘性ダンパーは動粘度が大きな粘性体を用いており，層流状態の粘性体に発生する粘性抵抗によって減衰抵抗力Fが発生する．

粘性抵抗の発生メカニズムとして，平板間の隙間流れを利用したものが多い．その原理図を図3に示す．一方の平板は固定され，他方の平板は速度Vで一方向に動いていると考える．

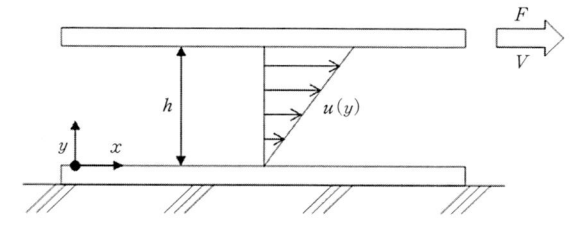

図3 平板間の隙間流れを利用した粘性ダンパーの原理図

平板間の流体がニュートン流体であるとすると，流体速度は固定した平板面を0として高さ方向に比例する直線分布となる．このような流れはクエット流れと呼ばれ，(7)式で表される．

$$u(y) = \frac{V}{h} \cdot y \qquad (7)$$

ここで，$u(y)$は高さy位置の流体速度，hは平板間の高さである．

ニュートン流体のせん断応力は，せん断速度du/dyと粘性係数μとの積で表されるため，減衰抵抗力Fは(8)式で表される．

$$F = A \cdot \mu \cdot \frac{d_u}{dy} = A \cdot \mu \cdot \frac{V}{h} = C \cdot V \qquad (8)$$

ここで，Aは相対する平板の面積，μは粘性係数($=\rho \cdot v$)，ρは粘性体の密度，vは粘性体の動粘度である．

上記は理想的なニュートン流体における減衰抵抗力Fの関係式であり，速度Vに比例した形($\alpha = 1$)となる．しかし，実際の粘性体は非ニュートン流体であるため，減衰抵抗力Fは(1)式の形となり，指数αの値はさまざまな値をとりうる．実用化されている粘性ダンパーでは，指数αは1より小さな値をもつものが一般的である．

また，粘性体の動粘度vは温度依存性が大きいため，粘性ダンパーの減衰抵抗力Fの評価には温度依存性を適切に考慮する必要がある．　【曽根孝行】

引用文献
1) 平成12年建設省告示第2009号，2000．
2) 日本免震構造協会：免震部材部会ダンパー小委員会活動報告，会員専用ウェブサイト内公開資料，2007．
3) 日本免震構造協会：パッシブ制振構造設計・施工マニュアル，第3版，2013．

7.21 流体系ダンパー：オイルダンパー

a. ダンパー本体の基本構造

免震用としての基本構造は片ロッドタイプ筒型ダンパーが主流であり，バルブやオイルタンクの配置で以下の構造のものがある．

1) **ユニフロー型オイルダンパー** 図1にユニフロー型オイルダンパーの構造を示す．片ロッド二重シリンダーと調圧弁，吸込弁，密閉タンクで構成される．伸び，圧縮作動ともに同一の調圧弁を内封油が流れる．減衰力は流体が調圧弁を流れるときの流体抵抗によりシリンダー内が高圧になり，ピストンに作用して抵抗力となることによって生ずる．この構造は，シリンダーの面積をロッドの面積の2倍にすることで，伸び側，圧縮側に同一の減衰力が得られる．

2) **バイフロー型オイルダンパー** 図2にバイフロー型オイルダンパーの構造を示す．片ロッド二重シリンダー方式で，ピストンに装着した伸び側，圧縮側それぞれの調圧弁で減衰力を発生し作動油の流れはピストンを境にして交互に流れ，空気室側へはロッドの押し込み容量分が流れる．外付けのタンク室はもたず二重シリンダーの外側の上部を空気室とすることにより筒型のコンパクトな外形となる．

3) **バイフロー型シングルシリンダーオイルダンパー** 図3にバイフロー型シングルシリンダーオイルダンパーの構造を示す．タンク外装タイプであり，タンクをアキュームレータ方式として空気と作動油を完全に分離した構造が特徴である．

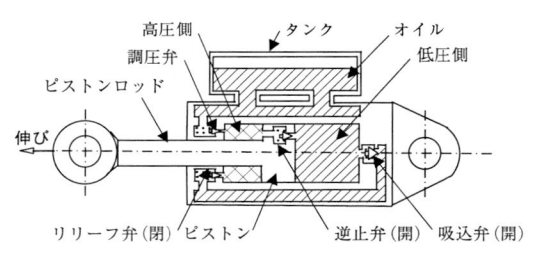

b. 基本性能

1) **速度比例特性** オイルダンパーの特性式は，実験結果の回帰式ではなく，解析容易化を図るため線形特性となる減衰機構を設計している（図4，図5）．

減衰力-速度関係は

$$F_d = C_d \cdot V_d \tag{1}$$

解析には減衰力-速度関係式を用いるが，正弦波加振のときの減衰力の変位履歴を表す場合は，次式を用いる．

$$F_d = \pm C_d \cdot \omega \cdot \sqrt{u_{d\,max}^2 - u_d^2} \tag{2}$$

2) **バイリニア特性** 低速度領域での減衰を確保するための特性として所定の速度（リリーフ速度）までの減衰係数を立ち上げ，それ以降の減衰係数を低く構成する．この減衰力-速度関係は次式で表される（図6，図7）．

$F_d < F_{dy}$ のとき；$F_d = C_d \cdot V_d$

$F_d > F_{dy}$ のとき：

$$F_d = C_d \cdot V_{dy} + p \cdot C_d \cdot (V_d - V_{dy}) \tag{3}$$

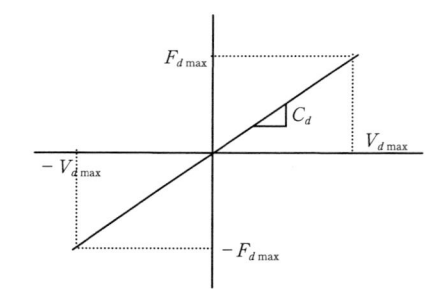

図1 ユニフロー型オイルダンパー[1]

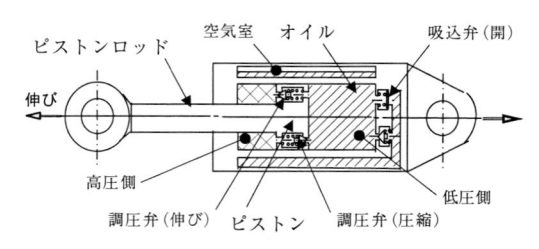

図2 バイフロー型オイルダンパー[1]

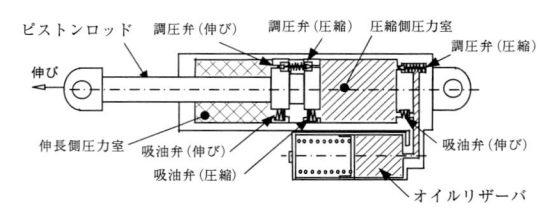

図3 バイフロー型シングルシリンダーオイルダンパー[1]

図4 線形特性の F-V 線図

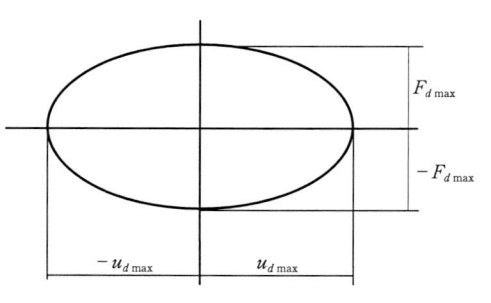

図5 線形特性の F-u_d 線図

7.21 流体系ダンパー：オイルダンパー

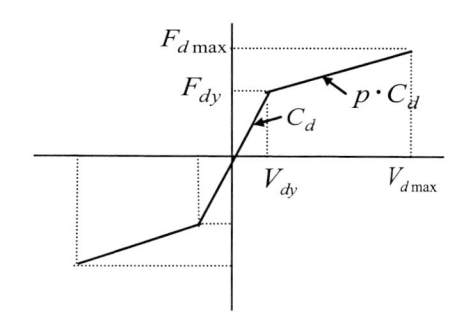

図6 バイリニア特性の F-V 線図

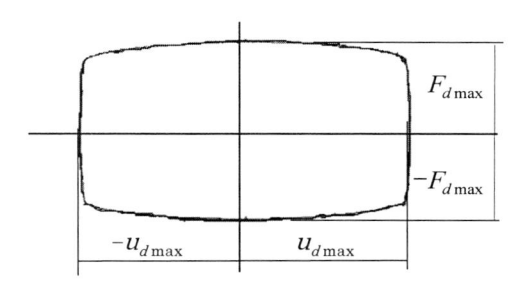

図7 バイリニア特性の F-u_d 線図

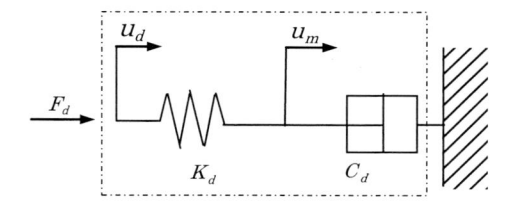

図8 Maxwell モデル

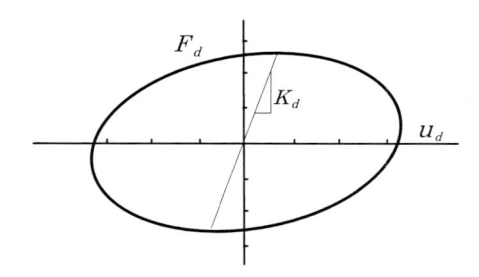

図9 線形特性の F-u_d 線図

表1 基本性能の依存性

項目	依存度合い	内　　容
速度	○ (△)	・バルブ機構により，速度の比例，2乗，2/3乗に支配される． ・微小速度では Maxwell モデルでの解析が必要（△）．
振動数	△	・高周波振動では Maxwell モデルでの解析が必要． ・振動数 0.5 Hz 以下では無視できる．
変位	△	・微小振幅では Maxwell モデルでの解析が必要． ・振幅 40 mm 未満では無視できる．
温度	×	実用温度領域では無視できる．
繰返し回数	×	免震層での使用条件では無視できる．

○：依存性大，△：使用条件による，×：一般的な使用条件では無視できる．

c. 性能の依存性

設計上考慮すべきオイルダンパーの基本性能の依存性の概要を表1に示す．

1) 振動数依存性・微小速度・変位依存性　振動数依存，微小速度および微小変位依存は作動油の圧縮性に起因する．

この力学モデルは図8のように減衰に対し直列にばねを有する Maxwell モデルとなり，性能は振動数依存性をもつ．

表2 温度依存性

温度（℃）	等価減衰係数 (kN・s/m)	変化率
−30	421.1	1.082
−20	410.4	1.054
−10	401.3	1.031
0	397.2	1.021
10	393.9	1.012
20	391.0	1.000
30	389.2	1.000
40	388.1	0.997
50	384.8	0.989
60	383.1	0.984
70	383.0	0.984
80	382.2	0.982

図9の F-δ 線図は内部剛性 K_d により斜めに傾いた楕円を描く．

この Maxwell モデルの線形特性範囲内で，等価減衰係数 C_{eq} は次式で表される．

$$C_{eq} = \frac{C_d}{\left(\frac{C_d \cdot \omega}{K_d}\right)^2 + 1} \quad (4)$$

ここで，ω は円振動数（$=2\pi f$），f は加振振動数，C_d は純粋なオイルダンパーの線形粘性減衰係数である．

(4) 式において，免震構造のように長周期化されている振動系においては，分母の第1項が十分小さくなり $C_{eq} \fallingdotseq C_d$ とみなすことができる．

一方，(4) 式から C_{eq} の C_d に対する比率と C_d の K_d に対する比率の関係で示したグラフを図10に示す．内部剛性に対して高い減衰係数を適用すると，比

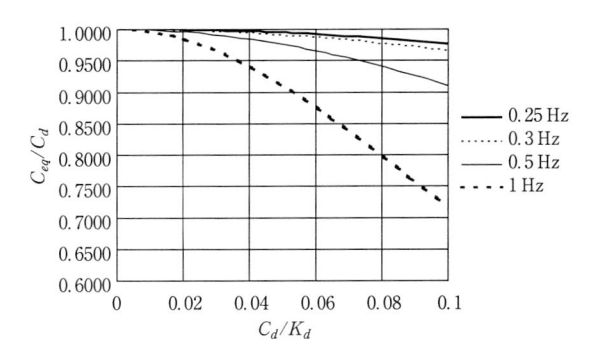

図10 減衰係数の振動数依存性

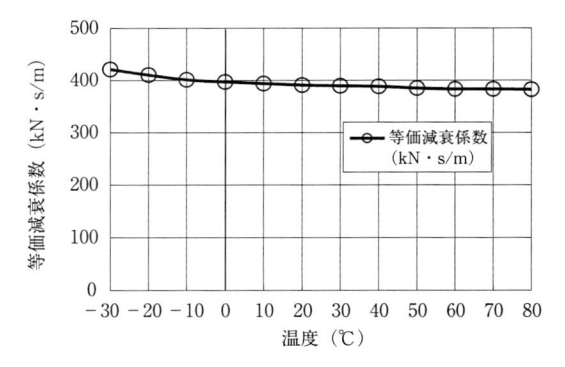

図11 温度依存性試験結果

較的高い加振振動数においては等価減衰係数が低下する．比較的高い減衰係数を用いる制震用オイルダンパーにおいて減衰係数を設定するにさいしては考慮する．

2) 温度依存性　オイルダンパーの性能設計式では温度依存性にかかわる粘性抵抗の項は無視できる構成としている．－30～80℃の範囲で±10％以内の等価減衰係数の変動を基準値としている．試験結果では表2および図11に示すとおり－30℃における＋8.2％が最大であった．なお，免震部材としての性能変化率の基準値は各製造会社の認定品性能資料に明記されている．

〔試験事例〕バイフロー型（500 kN タイプ）
　加振条件：振幅±80 mm，加振周波数1 Hz
　　　　　　加振速度 50 cm/s

3) 繰返し回数依存性　機械部品の摩耗が要因となるが，地震，風振動の回数程度ではほとんど変化はない．

d. 限 界 性 能

1) 限界変形　オイルダンパーの限界変形は，構成部材の変形に依存する履歴系と異なり，構成された部品間の機械的な接触で可動範囲が定まる．

水平軸方向の変位の中立位置を原点とし，最伸長（L_{max}）と最短長（L_{min}）の差を全ストロークとして，この1/2を限界変形と定める．

2) 限界速度　限界速度はオイルダンパーが安定して性能を発揮できる最大の作動速度とした．

同じタイプであっても減衰力特性によって認定上の限界速度が異なるので，選定に際しては認定特性一覧を確認する必要がある．

3) 熱容量（温度上昇限界）　オイルダンパーの許容温度はシリンダー外壁で100℃としている．各タイプのオイルダンパーの熱容量と応答解析による吸収エネルギーから温度上昇が許容範囲内であることを確認する必要がある．　　　　　　　　　　【讃井洋一】

引用文献
1) 日本免震構造協会：第4回技術報告会梗概集，2006．

7.22 粘性系ダンパー：皿型ダンパー

皿型ダンパーは，粘性抵抗を原理とした粘性ダンパーで，粘性体が充填された凹型の受け皿と粘性体中を揺動する下向きに凸状の可動皿から構成される．受け皿と可動皿との間は，所定の性能を得るための隙間が調整可能な鋼製ベアリングによって保持されている．皿型ダンパーは，床免震に使用されることが多く，その場合，対象床の微小な上下方向の変動に対しても，可動皿は支持治具内の管状のリニアブッシュ装置を介して上下方向の変動に追随するようになっている．

図1に概要[1]を，図2に免震床構法への設置状況を示す．

一般に皿型ダンパーは，免震床構法の減衰機構として用いられ，鉛直荷重を支持する支承材と復元装置または他のダンパーと併用して用いられる．図3に免震床への適用例[2]を示す．

a. 力学特性・モデル化

皿型ダンパーで使用する粘性体は低粘度材料であるため，モデル化にあたっては粘性項のみを考慮し，剛性付与はないものとする．付与する減衰定数は，免震床の質量に対して30%以上を目安とすし，減衰係数Cの算定は次式による．ここに，Tは免震床の固有周期，ηは粘性体の粘度，Aはせん断面積，d_yは抵抗板間隙間を表す．

$$C = a \times \left(\frac{1}{T}\right)^{\alpha} \times \eta^{\beta} \times A \times \left(\frac{1}{d_y}\right)^{\kappa}$$

b. 各種依存性

- 速度依存性　　：速度の増加に伴い増加
- 振動数依存性　：ほとんどなし
- 温度依存性　　：1℃の温度上昇で1～2%の低下
- 経年変化　　　：なし

【中南滋樹】

引用文献

1) 高瀬憲克，有馬文昭，田中久也，江頭 寛：3次元免震床の開発 第1報 吊り床免震構法（SNR-Fシステム）の特性，日本建築学会大会学術講演梗概集，595-596，1997.
2) 中村励子，有馬文昭，鈴木 亨，高瀬憲克：免震床構法の開発 第1報 CLBを用いた免震床構法（CLB-Fシステム）の特性，日本建築学会大会学術講演梗概集，685-686，1998.

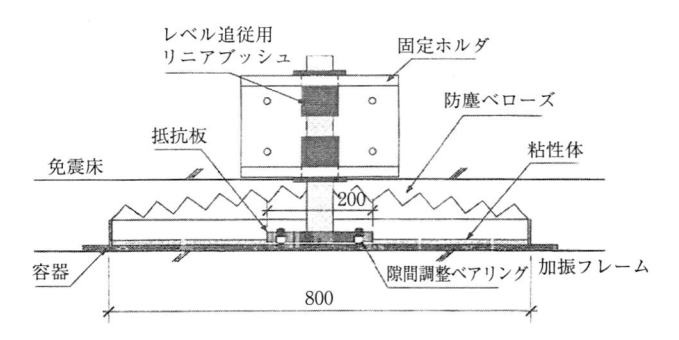

図1　皿型ダンパーの概要

図2　免震床構法への設置状況

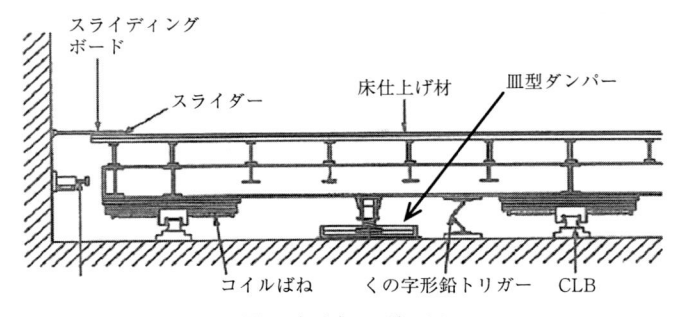

図3　免震床への適用例

7.23 粘性系ダンパー：壁型ダンパー

壁型ダンパーは，高粘度の粘性体の粘性抵抗力を利用した免震用ダンパーで，下階の梁に設置された外壁鋼板と上階の梁に固定された内壁鋼板，および高粘性流体で構成される．内壁鋼板と外壁鋼板に相対変位が生じると，その速度によって内部の粘性体にせん断抵抗力が発生する．図1に概要[1]を，図2に免震層設置状況を示す．

免震層の大変形量に対応するため，内部鋼板の許容変形量が大きいこと，面外方向にはピンが設けられていることに特徴をもつ（図2）．

a. 力学特性・モデル化

装置の粘性抵抗力 Q_v は，温度と振動数に依存し，$Q_v = C_w \times V^\kappa$（ここに，$C_w$：減衰係数 $\equiv$ function（粘度，温度，振動数，せん断面積，せん断隙間））のように速度の指数関数で表される．基本式には内部剛性は考慮しない．これに加えて，過去に経験した最大変形量と粘度の関数として低減率 D を用いることにより大変形時における抵抗力の評価を求めることができる．代表的な力学特性として，履歴ループと速度-抵抗力関係を図3に示す．

b. 各種依存性

・速度依存性　：速度の増加に伴い増加
・振動数依存性：振動数の増加に伴い低下
・温度依存性　：1℃の温度上昇で1～2%の低下
・繰返し依存性：発熱によりわずかに減少
・経年変化　　：なし

【中南滋樹】

引用文献

1) 東　勝広，有馬文昭，高瀬憲克，原田浩之：複合免震レトロフィット構法の開発（その2　制震壁の大変形性能），日本建築学会大会学術講演梗概集，621-622，1999．

図1　壁型ダンパーの概要[1]

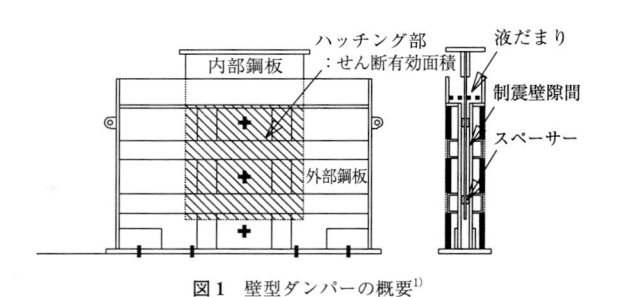

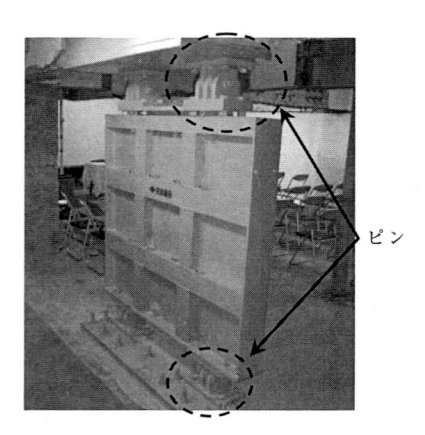

図2　免震層設置状況

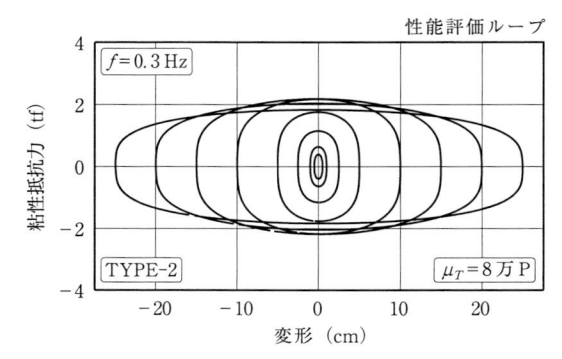

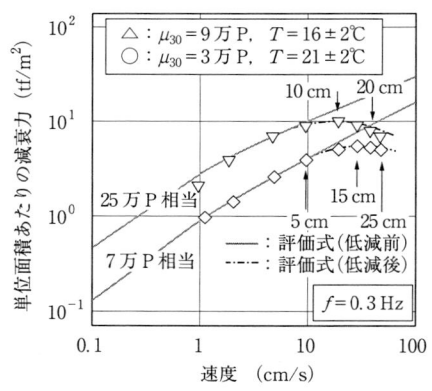

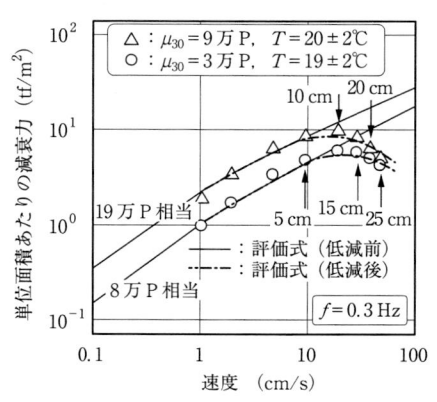

図3　力学特性例[1]

7.24 粘性系ダンパー：回転増幅機構付粘性ダンパー

回転増幅機構付粘性ダンパーは，産業機械用として普及しているボールねじを利用した回転増幅機構を有する装置である．軸方向の伸縮変形（すなわち直線運動）はボールねじにより回転運動に変換され，伝達部を介して増幅された速度を内筒に伝達し回転させる．このとき，回転する内筒と固定された外筒の間に充填された粘性体のせん断抵抗により粘性力を発揮する．同時に回転するボールナットや内筒の質量による慣性力が発生する装置である．図1に概要を，図2に免震層設置状況を示す．

a. 力学特性・モデル化

装置の全抵抗力 F は，減衰部で発生する粘性力 Q_v と慣性力 Q_i および機械要素の摩擦力 Q_f の合力で表される．モデル化にあたっては，抵抗力を $F = \lambda \times (\alpha Q_v + Q_f)$ のような関数で表す．ここに，λ は等価摩擦係数，α は繰返し依存係数（0.85）のような関数で表す．

代表的な力学特性として，履歴ループと速度－抵抗力関係を図3に示す．

b. 各種依存性

- 速度依存性：速度に対して非線形特性を示す（図3参照）．
- 温度依存性：基準温度20℃に対して，粘性体の温度範囲0〜40℃で±10%．
- 繰返し依存性：基準値0.85に対して±15%．
- 経年変化：なし（粘性体の温度範囲0〜40℃時）

【中南滋樹】

引用文献

1) 有馬文昭，井上　豊，馬場研介，新垣忠志，黒田英二：増幅機構付き減衰装置の開発（その1　ボールねじを用いた制震チューブの減衰特性），日本建築学会大会学術講演梗概集，826-827, 1998.

図2　免震層設置状況

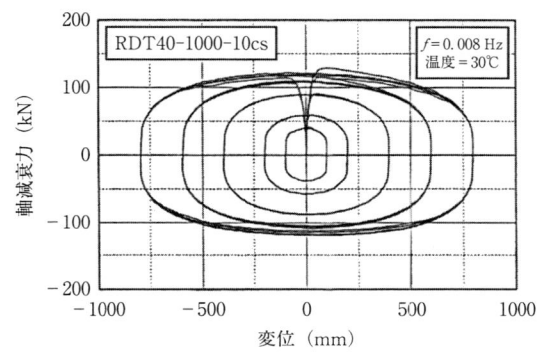

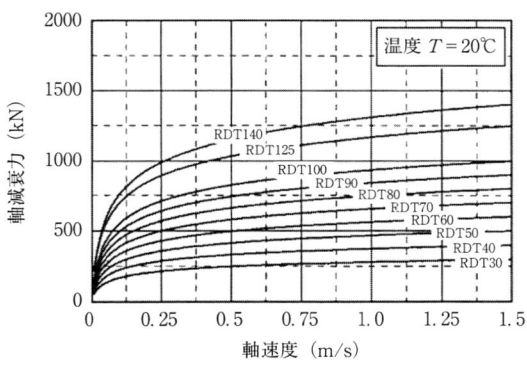

図3　力学特性例

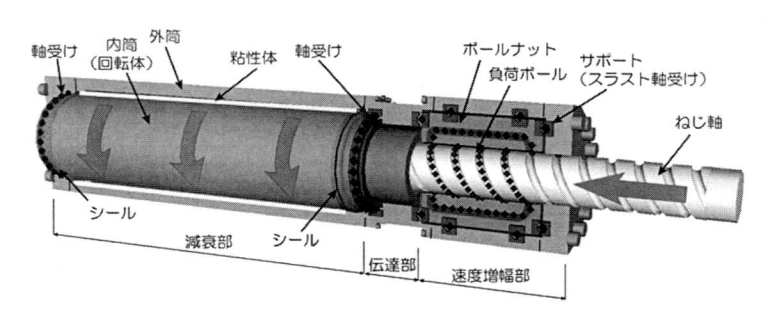

図1　回転増幅機構付粘性ダンパーの概要

7.25 復元材

a. 特徴・力学特性・モデル化

復元材は，建物荷重を支持しない復元ばねとしておもに軽量建物に使用される．復元材の構造例を図1に示す．ゴム1層厚さが天然ゴム系積層ゴムに比べ厚く1次形状係数が小さい構造となっている．天然ゴムを使用しているため復元材は線形性の高い水平方向の履歴特性を有し，伸び特性に優れ，温度に対する特性変化が少ないなどの特徴を有する．

復元材の水平変形特性を図2に示す．履歴曲線の面積は小さく，減衰性能はほとんどない．等価減衰定数はゴム配合にもよるが，おおむね2～3%以下である[1]．復元材は微小変形から大変形まで安定したばね特性を有しているため，解析用のモデル化が容易で，線形ばねとして取り扱われることが多い．

b. 各種依存性

1) ひずみ依存性 せん断ひずみと水平剛性の関係を図3に示す．復元材の水平剛性は，低ひずみ域や高ひずみ域においては若干上昇する傾向を示す．

2) 温度依存性 温度と水平剛性の関係を図4に示す．復元材の水平剛性は20℃を基準として−10℃では10%程度上昇し，40℃では数%程度小さくなる．

3) 繰返し依存性 繰返し回数と水平剛性の関係を図5に示す．せん断ひずみ±100%の変形量においては繰返し回数による水平剛性の変化はほとんどないといえる．

【柳　勝幸】

引用文献

1) 日本免震構造協会：免震構造—部材の基本から設計・施工まで—，オーム社，2010．

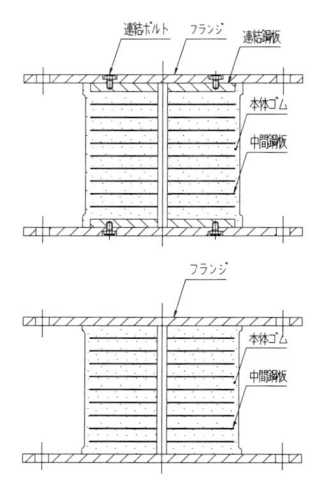

図1　復元材の構造例

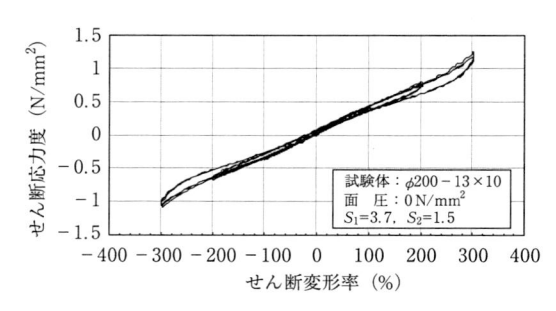

図2　復元材の水平変形特性例

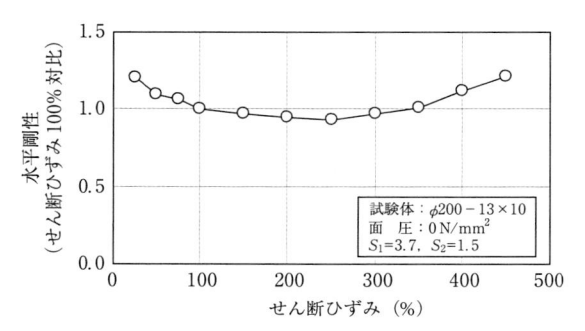

図3　復元材のひずみ依存特性例

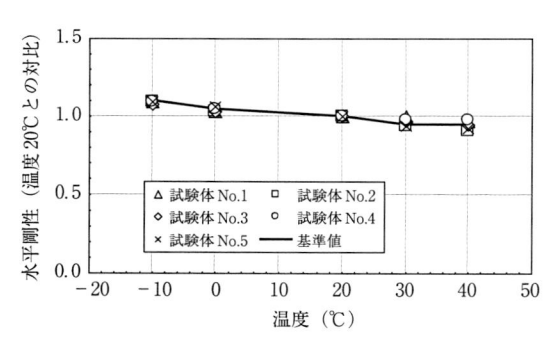

図4　復元材の温度依存特性例

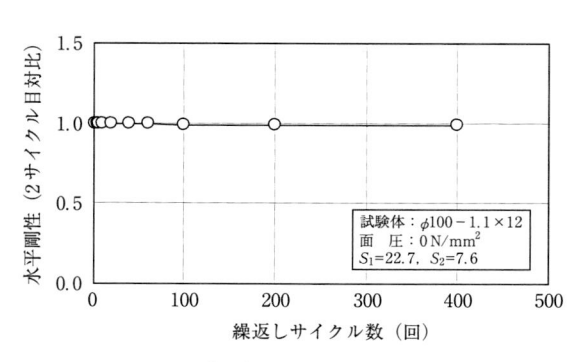

図5　復元材の繰返し依存特性例

8	ばらつき・各種特性

8.1 製造ばらつき

工業製品の製造においては，その製品の性能と目標とする性能（設計値）との差を完全になくすことは難しく，多少の誤差が生じる．これを製造ばらつきといい，製品の製造においては，許容するばらつき幅（管理値）を設定し，製品の性能が管理値となるように品質管理が行われる．免震部材は平成12年建設省告示第1446号に基づき，性能評価を取得し大臣認定を受けているが，告示の別表第二（ろ）四二に，基準値に対する製造ばらつきが規定されている．設計にあたっては，製造ばらつきやその他の品質変動要因（経年変化，温度依存性）を考慮して，設計値の変動幅を考慮した解析を行う必要がある．製造ばらつきを大臣認定値よりも厳しく設定することは可能だが，製品製造管理が難しくなるためコストアップとなる場合が多い．以下に各種アイソレータおよびダンパーについて認定上のばらつき幅などを示す．

a. アイソレータの製造ばらつき

表1～表3に各種積層ゴムの大臣認定取得時に示されている製造ばらつき値を示す．天然ゴム系積層ゴムでは，鉛直剛性は±20%または-20%以上とされているものが多いが，せん断弾性率Gの小さいものでは±30%というものもある．水平剛性に関しては製品個別で±20%または±15%とし，建物に使用されている積層ゴムの全体平均で±10%とされているものも多いが，全体平均を規定していないものも多い．鉛プラグ入り積層ゴムでは鉛直剛性は天然ゴム系積層ゴム同様に±20%または-20%以上となっている．2次剛性K_dおよび切片荷重Q_dは個別で±20%または±15%となっているが，個別で±20%のものは全体平均で±10%となっている．高減衰ゴム系積層ゴムでは鉛直剛性は±20%または±30%となっており，天然ゴム系に比べてばらつき幅は大きめになっている．等価剛性K_{eq}や等価減衰定数H_{eq}は製品個別で±20%，全体平均で±10%がほとんどである．このように，製造ばらつきの幅はメーカーごとに異なっており，設計時に使用するメーカーが確定していない場合は，もっともばらつきの大きい値で設計する必要があるが，設計に用いるばらつき幅は全体平均であり，全体平均としてはほとんどが±10%となっている．全体平均を大臣認定上は規定していないメーカーでも，

表1 天然ゴム系積層ゴムの製造ばらつき

メーカー	タイプ	項目	個別	全体平均
A社	全タイプ	K_v	±20%	
		K_h	±20%	±10%
B社	全タイプ	K_v	-20%以上	
		K_h	±15%	
C社	全タイプ	K_v	±20%	
		K_h	±15%	
D社	全タイプ	K_v	-20%以上	
		K_h	±20%	±10%
E社	G0.29	K_v	±30%	
		K_h	±20%	
	G0.29以外	K_v	±20%	
		K_h	±15%	±10%

K_v：鉛直剛性，K_h：水平剛性．

表2 鉛プラグ入り積層ゴムの製造ばらつき

メーカー	タイプ	項目	個別	全体平均
A社	全タイプ	K_v	±20%	
		K_d	±20%	±10%
		Q_d	±20%	±10%
B社	全タイプ	K_v	-20%以上	
		K_d	±15%	
		Q_d	±15%	
C社	全タイプ	K_v	-20%以上	
		K_d	±20%	±10%
		Q_d	±20%	±10%

K_v：鉛直剛性，K_d：2次剛性，Q_d：切片荷重．

表3 高減衰ゴム系積層ゴムの製造ばらつき

メーカー	タイプ	項目	個別	全体平均
A社	全タイプ	K_v	±30%	
		K_{eq}	±20%	±10%
		H_{eq}	±20%	±10%
B社	G0.35	K_v	±20%	
		K_{eq}	±15%	±10%
		H_{eq}	±20%	-5～+15%
	G0.39 G0.62	K_v	±30%	
		K_{eq}	±20%	±10%
		H_{eq}	±20%	±10%

K_v：鉛直剛性，K_{eq}：等価剛性，H_{eq}：等価減衰定数．

表4 弾性すべり支承の製造ばらつき

メーカー	タイプ	項目	個別	全体平均
A社	高摩擦	K_v	±20%	
		K_1	±30%	
		μ	±20%	
	低摩擦	K_v	±30%	
		K_1	±30%	
		μ	±50%	
B社	高摩擦	K_v	±20%	
		K_1	±20%	
		μ	±0.03	
	低摩擦1	K_v	±20%	
		K_1	±20%	
		μ	±0.01	
	低摩擦2	K_v	±20%	
		K_1	±20%	
		μ	±30%	
C社	高摩擦	K_v	−20%以上	
		K_1	±20%	±10%
		μ	±20%	±10%
D社	低摩擦	K_v	±30%	
		K_1	±20%	
		μ	±50%	

K_v：鉛直剛性，K_1：1次剛性，μ：摩擦係数．

全体平均は±10%と指定されれば対応は可能であると思われる．

表4に弾性すべり支承の製造ばらつきを示す．鉛直剛性はほとんどが±20%だが，−20%以上や±30%のものもある．1次剛性K_1は±20%のものと±30%のものがある．もっとも重要な摩擦係数に関しては各社で異なっており，比率ではなく，摩擦係数μの値の幅を規定しているものもある．低摩擦タイプは値が小さいため，比率で定義するとばらつき幅は高摩擦に比べやや大きくなっている．μに関しては全体平均を規定していないものが多い．

実際の製品の検査値がどの程度ばらついているかについて，A社の天然ゴム系積層ゴムの製品検査のばらつき幅を図1，図2に示す．

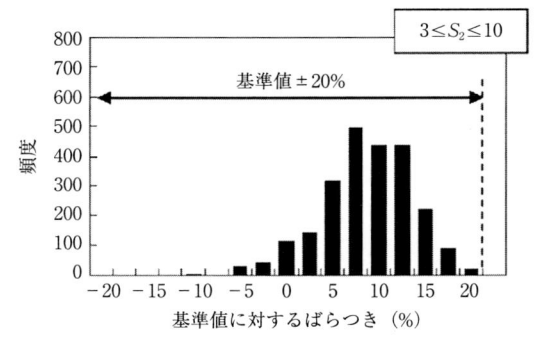

図1 鉛直剛性のばらつき

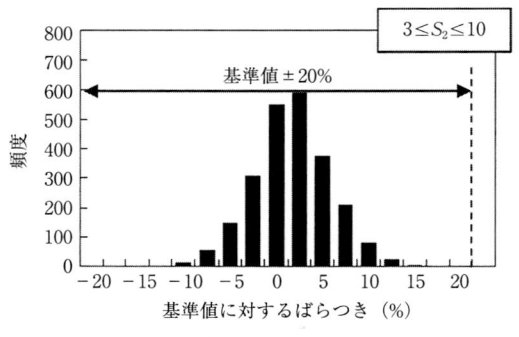

図2 水平剛性のばらつき

これによると，鉛直剛性はややプラス側にばらつき，水平剛性は基準値を中心にしてほぼ正規分布になっている．

b. ダンパーの製造ばらつき

オイルダンパーの減衰係数およびリリーフ荷重について各メーカーとも±15%と規定されている．鋼材ダンパーの降伏荷重および1次剛性については，±10%と規定されている．鋼材ダンパーは降伏まで加力すると残留変形が生じるため実建物に納入する製品で試験をすることができない．このため，メーカーで定期的に試験体による試験を行い，性能を確認しているが，個別案件ごとに試験体を製作し性能を確認している場合もある．鉛ダンパーの降伏荷重は±10%，1次剛性は±20%となっている．鉛ダンパーも降伏まで加力すると残留変形が生じるため，降伏しない変位（±50 mm）の試験を行い，工場出荷検査基準値以内であることを確認している．　　　　　【北村佳久】

8.2 水平二方向特性

a. 水平二方向を考えることの必要性

物体の動きは，直交する x, y, z 軸について，その並進三方向と軸まわりの回転三方向で表される（図1）．本来，地震動もこれら六方向に動くが，建物の設計においては回転三方向の動きは影響が小さいとして無視される．さらに，一般には各水平方向ごとに水平一方向と上下方向の二方向（$x+z$ および $y+z$）だけを同時に考慮して設計がなされている．これは，建築基準法で要求されている外力の考え方に従っている．

しかし，実際の地震動は水平二方向に必ず動き，その大きさは無視できるものではない．建築基準法で水平一方向としているのも，水平直交方向の地震動を無視しているのではなく，直交方向の外力が，考慮している方向の応答にあまり影響しないと考え，全体の余裕度の中に含めて対応していると理解すべきである．したがって，直交方向の外力が，考慮している方向の応答に大きく影響する場合は別途検討が望まれる．

免震構造は地震時の変形を免震層に集中させる架構形式であり，免震層の特性が建物全体の特性を大きく決定づける．したがって，免震層を構成する免震部材の特性はより精度よく検討されるべきである．水平二方向加力の影響として次の2つがあげられる．

影響1： 免震部材の復元力が正しく評価できない場合がある．

影響2： 免震部材自体に発生する応力が大きくなり，早期に限界を迎える場合がある．

1） **影響1** たとえば，すべり支承は滑動時に摩擦力が生じるが，これを水平一方向（x 方向）のみで検討する場合，復元力は摩擦力に等しい（図2）．しかし，y 方向にも同じだけすべる場合，すなわち xy 平面上を 45° 方向にすべるときを考えると，摩擦力による x 方向の復元力は摩擦力の $\cos 45°$ 倍（$\fallingdotseq 0.7$ 倍）になる．つまり，すべり支承の復元力は直交方向の動きに大きく影響を受けることがわかる．

図3に，剛すべり支承が x 軸上を振幅するときと xy 平面上で円周方向にすべるときの x 方向の復元力履歴をそれぞれ示す．両者はまったく特性が異なり，円周方向にすべるときは摩擦力が粘性履歴のような楕円形状を示す．

2） **影響2** アイソレータの水平二方向加力実験は軸力を与えた状態で水平二方向に変形させる必要があり，非常に難しい．2007年に嶺脇ら[1]が実大の試験体を複数用いた実験を行うまで，十分な軸力を与え

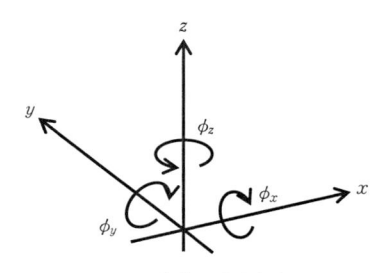

図1 物体の動く方向

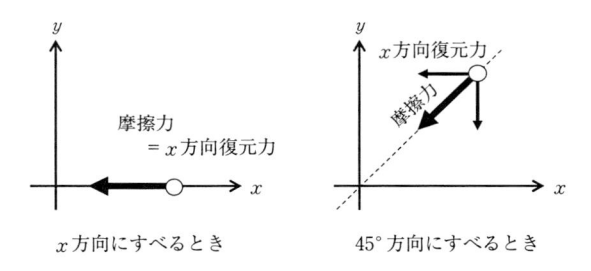

図2 復元力の比較

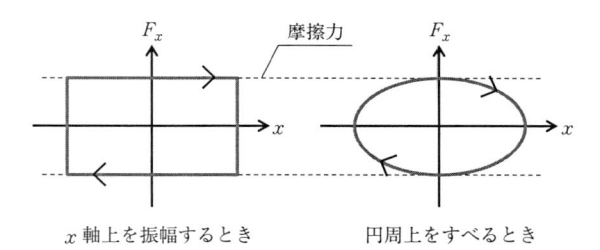

図3 復元力履歴の比較

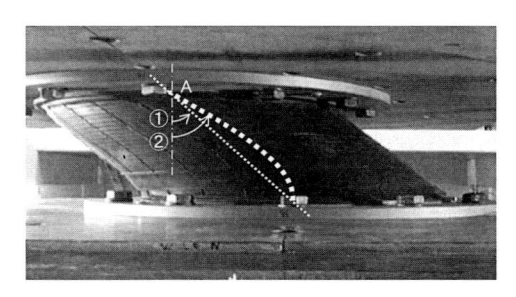

図4 水平二方向加力により発生するねじれ

た上で水平二方向に大変形を与える実大実験はなされていなかった.

1) で述べた内容は従来よりわかっていたが, 嶺脇らの実験により, 水平二方向加力はアイソレータ自体にも影響を与えることが明らかになった. 図4は高減衰ゴム系積層ゴムの実験時の変形状態を示したものであるが, 水平二方向加力することで積層ゴムに太点線のようなねじれ変形（鉛直軸まわりの回転）が生じる. このとき, 図中A点で示す部分のゴムのせん断ひずみは②で示す角度に比例する（内部鋼板は変形しないので実際のゴムのひずみは②の定数倍になる）. 一方, 一方向加力時はねじれがほとんど発生しないので変形は細点線のようになり, A点に示す部分のゴムのせん断ひずみは①で示す角度に比例する. したがって, 同じ変形を与えても二方向加力時のほうが局所的なゴムのひずみが大きい. 実際に実験では, 一方向加力時には限界にいたらない変形量に対し, 二方向加力時にゴム破断を生じた.

b. 影響1に対する考慮

水平二方向の復元力特性を考慮するために, MSS (miltiple shear spring) モデル[2] が一般によく用いられる. これは, 図5に示すように同じ特性をもつ一方向のばねを等角度で複数（図5の場合は4本）配置し, 水平二方向の特性を模擬するものである. 各ばねはこのモデルを一方向に変形させたときの特性が整合するよう設定する. 剛すべり支承が円周方向にすべるときの復元力をMSSモデルにより計算した結果を図6に示す. 配置するばねの本数を増やすことで精度が向上することがわかる.

水平二方向の特性をさらに精度よく模擬するために, バイリニアモデルを二方向に拡張したモデルがあり, すべり支承のモデル化に用いられる. また, 高減衰ゴムの二方向特性を模擬するために提案されているモデル[3] もある.

c. 影響2に対する考慮

多くの縮小試験体による実験結果をもとに日本免震構造協会が実施した検討によれば, この影響はLRBや天然ゴム系積層ゴムではあまり顕著でない. また, 圧縮や座屈に関する特性は影響を受けないことや最大変形量と最大ねじれ変形との相関などが明らかにされている[4].

これらの検討結果から, 水平二方向加力を考慮した圧縮限界線図（図7）が提案され, この考え方に基づき2010年から高減衰ゴム系積層ゴムの大臣認定が取得されはじめている. 【山本雅史】

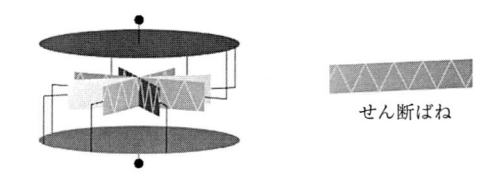

図5 MSSモデル概要

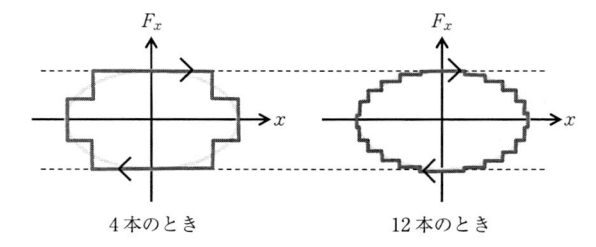

図6 MSSモデルによる剛すべり支承の復元力履歴

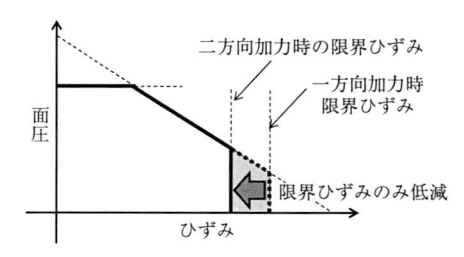

図7 圧縮限界線図

引用文献

1) 嶺脇重雄, 山本雅史, 東野雅彦, 浜口弘樹, 久家英夫, 曽根孝行, 米田春美：超高層免震建物の地震応答を想定した実大免震支承部材の性能確認試験, 構造工学論文集, **55B**, 469-477, 2009.

2) 和田 章, 広瀬景一：2方向地震動を受ける無限均等ラーメン構造の弾塑性応答性状, 日本建築学会構造系論文集, **399**, 37-47, 1989.

3) M. Yamamoto, S. Minewaki, H. Yoneda and M. Higashino：Nonlinear behavior of high-damping rubber bearings under horizontal bi-directional loading：Full-scale tests and analytical modeling, *EESD*, **41**, 1845-1860, 2012.

4) 日本免震構造協会：高減衰ゴム系積層ゴム支承の水平2方向加力時における限界性能に関する新たな知見について, 日本免震構造協会ウェブサイトからダウンロード可能.

8.3 引張り特性

上下地震動や上部建物のロッキング振動によって免震層に浮き上がりを生じることが想定される場合は，アイソレータに引張り力が作用することへの配慮が必要である．近年は超高層建物を始めとする塔状比の高い建物に免震構造を採用する事例が増えていることもあり，引張り力を受けるアイソレータに関する研究開発が徐々に蓄積されつつある．

a. 積層ゴム支承の引張り特性

図1に示すように，積層ゴム支承は積層ゴム本体，上下フランジおよび取付けボルトの直列機構で引張り力に抵抗する．したがって，その引張り特性は積層ゴム本体の特性のみならず，フランジの面外剛性，取付けボルトの軸剛性や締付け張力にも依存し，複雑な非線形特性を示す．

オフセットせん断ひずみ300%を与えた天然ゴム系積層ゴム支承の引張り試験の例を図2に示す．引張り応力1～1.5 N/mm^2，引張りひずみ5%程度で大きな剛性低下を生じている．これはゴム材の内部にボイド（空隙）が生成されて降伏したことによるものである[2]．引張り応力0.5 N/mm^{2}近傍でもフランジの離間や取付けボルトの伸張によると考えられる剛性低下を生じているが，ゴムの降伏による急激な剛性低下に比べればさほど大きな変化ではないとみなすこともできる．このため設計実務上は，初期剛性を圧縮剛性の1/5～1/20程度，引張り応力1 N/mm^{2}近傍に折れ点を設けたバイリニア型の復元力特性モデルを採用することが多いようである．一度降伏点を超える大変形を受けた後は，引張り剛性・引張り耐力ともに大きく低下するが，圧縮方向および水平方向の特性には大きな性能低下のみられないことが確認されている．

積層ゴム支承の引張り限界ひずみを図3に示す．引張り破断ひずみは単純引張りで300%以上と基本的に高い変形能力を有しているが，オフセットせん断ひずみが大きくなるとともに引張り破断ひずみは低下し，オフセットせん断ひずみ200%では引張りひずみ50%で破断した事例もある．また図1に示すとおり，引張りを受ける積層ゴム支承はフランジの面外変形によりゴムの引張りひずみが均一とならない．大径の積層ゴムほどフランジの径に対する厚さの比が小さいため面外変形の影響が相対的に大きくなり，引張り破断ひずみは低下する傾向がある．さらに積層ゴム支承はゴム材と鋼板が交互に幾重にも直列に接着された最弱リンクモデルとみなされ，引張りによる損傷がもっと

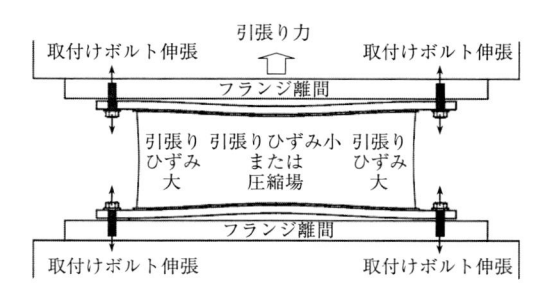

図1 積層ゴム支承の引張り力伝達機構

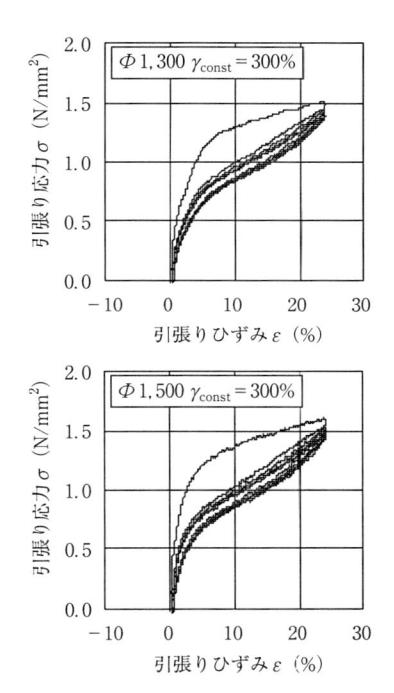

図2 天然ゴム系積層ゴム支承の引張り特性例[1]

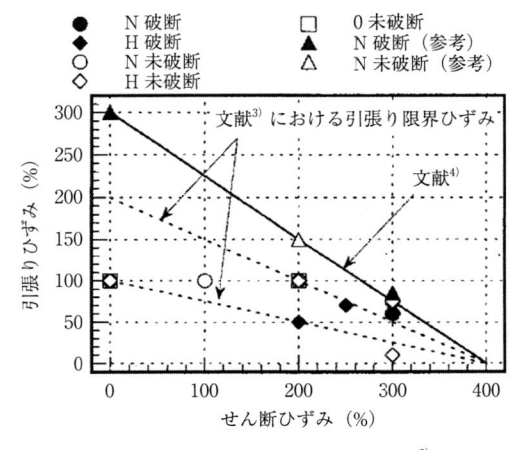

図3 積層ゴム支承の引張り限界ひずみ（文献[3]に加筆）

も脆弱な1箇所に集中する．これらの理由により，積層ゴム支承の引張り限界特性は大きなばらつきを有していると考えるべきである．

積層ゴム支承に過度の引張り力が作用することを回避するための研究開発も行われている．取付けボルトのワッシャーに皿ばねやゴム材を用いて引張り変形を吸収する方法[5,6]，下部基礎とフランジの間に直列配置した翼状鋼板の面外曲げにより引張り変形を吸収する方法[7]などが考案されている．

b. すべり支承の引張り特性

一部の引き抜き対応型剛すべり支承を除き，すべり支承はその構造上，引張りを受けるとすべり材とすべり板の間で離間し，引張り力に抵抗することはできない．したがって，すべり支承は浮き上がりを生じる可能性のある箇所には使用しないのが一般的である．

c. 転がり支承の引張り特性

図4に示すように，レール式転がり支承はブロックとレールからなる転がり支承本体に加え，直交するブロックどうしを連結する接続ボルト，レールをフランジプレートに接合する固定ボルト，フランジプレート，およびフランジプレートを躯体に固定する取付けボルトの直列機構で引張り力に抵抗する．さらに支承本体は，レールとブロックの間を転動する鋼球がレールの溝に引っかかることによって引張り力に抵抗するしくみとなっている[3]．

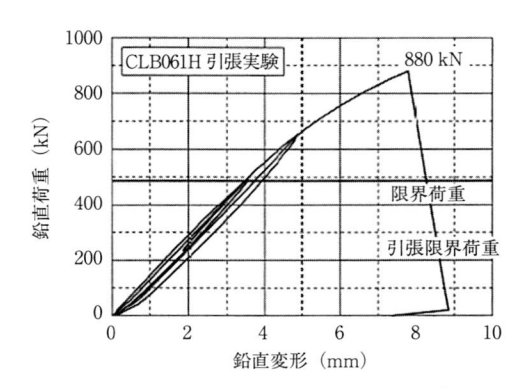

図5 レール式転がり支承の引張り特性例[7]

レール式転がり支承の引張り特性試験例を図5に示す．引張り特性はおおむね線形弾性であり，剛性は圧縮側の数分の1～十数分の1となっている．また引張り限界強度は支承本体，フランジプレート，各取付けボルトのうちもっとも低い強度で決まる．

なお，球体式転がり支承はその機構上，すべり支承と同様に引張りに対する抵抗力を有さない．

【濱口弘樹】

引用文献

1) 濱口弘樹，東野雅彦，関口桂介，鈴木重信：大口径天然ゴム系積層ゴム支承の引張特性実験，日本建築学会大会学術講演梗概集，**B-2**, 493-494, 2002.
2) 納冨充雄，下坂陽男，下田博一，鈴木重信，芳沢利和：引張負荷による免震用ゴム材料のボイド生成，日本機械学会論文集（A編），**68**(669), 52-57, 2002.
3) 高山峯夫，可児長英，岩部直征，森田慶子，和田 章：天然ゴム系・高減衰型・鉛プラグ入り積層ゴムのオフセットせん断-引張特性試験（その3 基本特性試験による評価），日本建築学会大会学術講演梗概集，**B-2**, 563-564, 1999.
4) 高山峯夫：免震構造用天然ゴム系積層ゴムアイソレータの限界性能，日本建築学会技術報告集，**1**, 160-165, 1995.
5) 荻野伸行，加藤直樹，柳 勝幸，開發美雪，堀田祐介，和田 章：IBTワッシャーを用いたΦ1100積層ゴムの性能確認試験（その1～3），日本建築学会大会学術講演梗概集，**B-2**, 837-842, 2009.
6) 藤波健剛，龍神弘明，森本敏幸，五十嵐治人，柳 勝幸，開發美雪，前野 慧，和田 章：ゴムリングを用いたΦ1100積層ゴムの性能確認試験（その1～4），日本建築学会大会学術講演梗概集，**B-2**, 219-226, 2010.
7) 斎藤 一，竹中康雄，吉松敏行，有田友彦，鈴木重信，池永雅良，平田 央，室田伸夫，笠原康宏，田上 淳，仲村崇仁，二村有則，金子修平，金子貴司：翼状鋼板を用いた免震用積層ゴム引張対策据付法の開発（その1～3），日本建築学会大会学術講演梗概集，**B-2**, 761-766, 2005.
8) 日本免震構造協会編：免震構造－部材の基本から設計・施工まで－，pp.68-69，オーム社，2010.

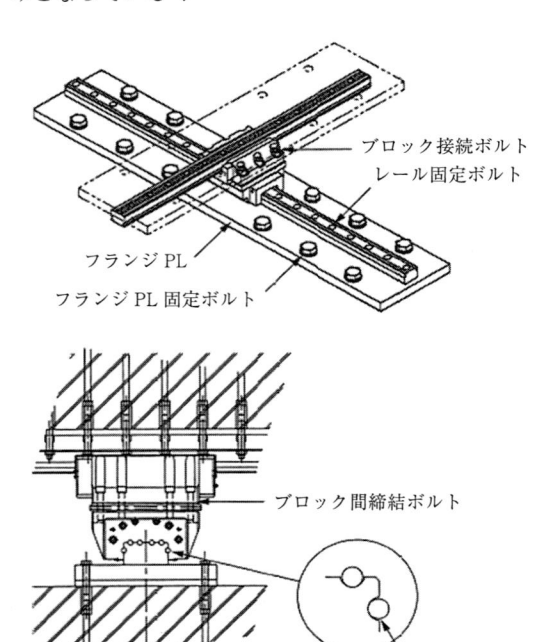

図4 レール式転がり支承の引張力伝達機構[8]

9 耐久性

9.1 経年変化

免震部材の特性は免震建物の耐震性能に極めて大きな影響を及ぼすため,建物の供用期間と同等以上の長期間にわたって安定した性能を保持することが期待される.しかしながら,免震部材の構成材料の中には,経年とともに以下に示す化学的・物理的要因により特性が変化するものもある.

免震部材が設置される免震層は一般的に半屋外の環境であり,免震部材の構成材料は酸素・オゾン・紫外線・熱(温度変化)・水分・塩分などのさまざまな因子にさらされることにより化学変化を生ずる.また免震部材に静荷重や変動荷重が作用しつづければ,材料内に流動・拡散や疲労などの現象を生ずる.さらに荷重の不均一などによって材料内に大きな局部応力や局部ひずみを生じれば,強度低下や亀裂などを引き起こす.

免震部材の構成材料とその経年変化因子,および変化の度合いは多岐にわたる.ここでは,代表的な免震部材の経年変化を概説するとともに,実測による定量評価の事例を紹介する.

a. 積層ゴム支承の経年変化

1) ゴム材料の経年変化 ゴムは炭素・水素をおもな構成原子とする分子鎖が硫黄などにより架橋された有機系高分子材料である.図1に示すように,分子鎖はさまざまな因子の中でもとくに酸素の影響を受けて切断や再結合を繰り返し,その特性は化学的に変化していく.

一方,おのおの約100年および40年間使用された橋梁用ゴム支承を調査した結果,外周部から数mm〜数十mmの範囲を除き,空気中の酸素に触れることのない内部ではゴム物性にほとんど変化のないことが報告されている[2].現在の積層ゴム支承に用いられるゴム材料は,酸化防止剤・オゾン劣化防止剤などのさまざまな配合剤を添加して耐候性が改善されており,さらに外周部が被覆ゴムで保護されていることから,経年とともに大きな性能変化を生じるおそれはないと考えられる.

2) 剛性の定量評価 現在,日本国内で使用されている積層ゴム支承の経年変化は,以下の方法により評価されている.

①実使用積層ゴム支承の調査: 実際に建物で継続使用された積層ゴム支承の経年変化を調査した結果が複数報告されている.設置後22年経過時に取り出した天然ゴム系積層ゴム支承の水平特性を出荷試験時と比較した調査事例を図2に示す.ハードニングの進展によりせん断ひずみ10〜200%間の割線剛性は出荷時

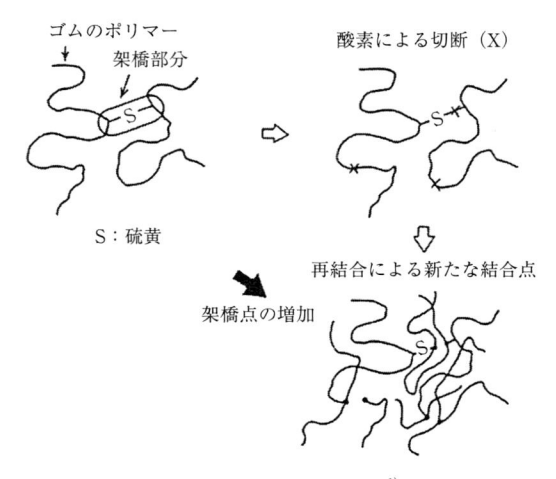

図1 ゴム分子の酸化反応[1]

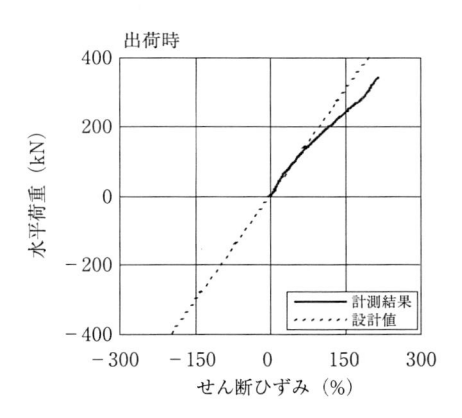

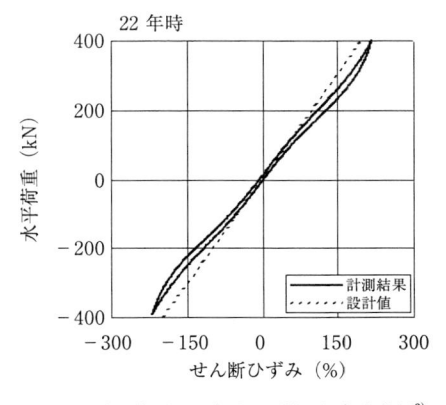

図2 実使用積層ゴム支承の剛性の経年変化例[3]

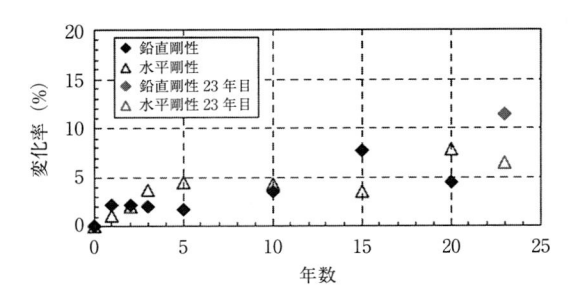

図3 別置き試験体の剛性の経年変化例[4]

の12%増となっているが，せん断ひずみ100%程度まではほとんど変化がみられない．この調査では支承を切断して内部ゴムの物性調査も行っており，硬度や物理特性に目立った変化のないことも確認されている．

②別置き試験体の調査： 実建物の免震層やメーカーの工場内に設置された別置き試験体の経年変化を調査した結果が複数報告されている．天然ゴム系積層ゴム別置き試験体の設置後23年目までの剛性変化率を調査した事例を図3に示す．23年経過時の変化率は鉛直剛性+11.3%，水平剛性+6.5%となっている．

③加熱促進試験による推定： ゴムの経年変化を1次の化学反応と仮定すれば，低温・長時間の変化と高温・短時間の変化を等価とみなすことができる．したがって，積層ゴム試験体を高温で数日～数か月間加熱することによって数十年後の特性変化を推定することが可能となる．本推定法による積層ゴム支承の60年後の剛性変化率は，水平・鉛直ともに+10%程度とされており，実使用積層ゴムや別置き試験体の調査結果とおおむね整合する結果となっている．

3）圧縮クリープの定量評価 ゴムは粘性材料であり，積層ゴム支承は鉛直荷重を長期間にわたって受けつづけることによって徐々に圧縮クリープ変形を生ずる．クリープ変形率はメーカーから各種推定式が提案されている．以下にその一例を示す[5]．

$$C_\varepsilon = 17.2 \times \frac{(\sigma/\sigma_0)^{0.619}}{(G/G_0) \times S_1^{1.02}} \times \left(\frac{Y}{Y_0}\right)^{0.568} \quad (\%) \quad (1)$$

ここでC_εはクリープ率（ゴム総厚に対するクリープ量の比，%），S_1は一次形状係数（4～35），σは面圧（2～15 N/mm^2），σ_0は基準面圧（10 N/mm^2），Yは時間（≥1年），Y_0は基準年（1年），Gはせん断弾性率（0.29～0.54 N/mm^2），G_0は基準せん断弾性率（0.39 N/mm^2），温度条件は20℃限定．

実建物において積層ゴム支承の圧縮クリープ変形量を実測した事例が報告されており[3-5]，おおむね本推定式と整合する結果となっている．これらの調査は最長でも20年程度経過時点のものであるが，測定結果を外挿して60年後のクリープ率を推定すると，2～8%程度となる．

b. すべり支承・転がり支承の経年変化

すべり支承に用いられるPTFEなどの樹脂やSUS304などのステンレス鋼，転がり支承に用いられるSUJ2やS55Cなどの炭素鋼は化学的に非常に安定した材料である．したがって，粉塵や錆などによる摺動面・転動面の汚れや表面粗さの増大を防止すれば，摩擦係数の大幅な変化は生じ難いと考えられる．

c. ダンパーの経年変化

ダンパーは構成材料や機構が多種多様であり，経年変化の現れ方やその度合いはそれぞれに異なる[6]．鋼材ダンパーは鋼材表面に防錆塗装を施すこと，オイルダンパーはオイルをシリンダー内に密閉すること，によりおのおの大きな経年変化は生じないと考えられている．粘性ダンパーについては，実建物へ設置後10年および22年経過時にサンプリングした粘性体の調査が行われ，物性および減衰性能に目立った変化のみられなかったことが報告されている[7]．一方，鉛ダンパーはこれまで，鉛表面の酸化被膜が保護膜となるため大きな経年変化は生じないと考えられていたが，風応答などの小振幅繰返し変形を受けると金属疲労による亀裂を生ずる場合のあることが近年の調査によりわかってきている[8]．

【濱口弘樹】

引用文献

1) 日本ゴム協会免震用積層ゴム委員会編：設計者のための免震用積層ゴムハンドブック，p.315，理工図書，2000.
2) 日本免震構造協会編：免震積層ゴム入門，pp.26-27，オーム社，1997.
3) 濱口弘樹，相沢 覚，鮫島祐介，菊地隆志，鈴木重信，芳沢利ज़：約20年間使用した積層ゴムの経年変化調査，日本建築学会技術報告集，**15**(30)，393-398，2009.
4) 柳 勝幸，開發美雪，高山峯夫，森田慶子，安井健治，山上 聡：天然ゴム系積層ゴムの経年変化に関する研究（その1）積層ゴムの別置き試験体の経年変化，日本建築学会大会学術講演梗概集，**B-2**，397-398，2010.
5) 日本ゴム協会免震用積層ゴム委員会：免震建築用積層ゴムと環境・耐久性，免震用積層ゴム委員会技術報告，pp.II-42，2006.
6) 日本免震構造協会編：免震構造—部材の基本から設計・施工まで—，p.159，オーム社，2010.
7) 濱口弘樹，佐々木和彦：約20年間使用した粘性体ダンパーの経年変化調査，日本建築学会大会学術講演梗概集，**B-2**，859-860，2009.
8) 日本免震構造協会：応答制御建築物調査委員会報告書，4-2．ダンパーWG報告，2012.

9.2 支承系の試験・方法

積層ゴム支承の要求耐用年数は1つの目安として60年程度が求められている。なぜ60年かというと，鉄筋コンクリート造建物の法定耐用年数が60年であるという説や，60年もすれば建物内の配管設備やエレベータなどの設備機器の老朽化が進み，建て替えが必要となるなどの説があるが定かではない。ただ，積層ゴム支承は免震建物の性能を左右する重要な部材で，また簡単には取り換えることができないという意味で，このような長期間での耐久性を予測することは重要である。

さて，現在のような本格的な免震用の積層ゴム支承が用いられた最初の建物はウィリアムクレイトンビル（ニュージーランド，1981年）である[1]。これ以前にも地下鉄の振動防止目的で積層ゴム支承が用いられたものがあるが（アルバニーコート：イギリス，1966年）[1]，ゴム1層厚さが数十mmもある厚いものであった。このようにみると積層ゴム支承の実績は30年程度であることから，耐久性は大丈夫かとの疑問がでるかもしれないが，積層ゴム支承が受ける環境条件とゴムが劣化するメカニズムを理解したうえで，ある程度の制約条件をつければ，ゴム材料の促進試験で長期の劣化状況をおおよそ想定することが可能である。

a. 積層ゴム支承の環境条件

積層ゴム支承が設置される環境はおおむね以下のようなことがいえる。

- 積層ゴム支承は建物の地下に設置される。
- 直接的な紫外線，風雨，油，薬品などにさらされることはない。ただし，結露などによる水には濡れることがある。
- 適度な換気が設計上配慮されている。
- 酸素や立地場所（海岸地区など）によってはオゾンにもさらされる。
- 地下であることから，外気温の変動ほど大きな温度変化は受けないが，四季の温度変化は影響する。

以上，比較的ゴム製品にとって環境はよいと考えられる。したがって積層ゴム支承に対する劣化環境因子はおもに酸素による酸化劣化を考慮すればよい。

b. 積層ゴム支承の構造による劣化条件

ゴム材料にとって酸素の影響は大きいが，積層ゴム支承の内部ゴムは薄い鋼板に挟まれていることから外気（酸素）の影響を受けにくい。したがって内部ゴムはおもにゴム材料中に含まれる溶存酸素による劣化が支配的となる。これに対し，積層ゴム表面に施された被覆ゴムは直接的に酸素の影響を受けることになる。したがって酸素の影響を受けない内部ゴムについては，無酸素条件下での劣化試験を行い，一方，被覆ゴムについては酸素雰囲気下での劣化試験が必要となる。

ゴム材料の長期経年変化の予測手法としては，アレニウスの法則を用いた加熱促進試験により推定を行うことができる。

c. アレニウスの法則による促進試験

アレニウスの法則とはスウェーデンの科学者S. Arrhenius（1859年）によって提唱されたもので，多くの化学反応においては熱を加える必要があるという事実から，2つの分子が化学反応するためには乗り超えなければならないエネルギー障壁があると考え，それまでの化学反応速度論にこのエネルギー概念を導入して定式化したものである。すなわち，図1に示すように物質がAの状態からBの状態に変化するためには物質特有のエネルギー障壁（活性化エネルギーという）を超える必要がある。このエネルギーはたとえば熱，光，放射線などである。アレニウスはさまざまな実験からこの活性化エネルギーを求めることで，反応の速度と温度との相関式として（1）式を導いた。これをアレニウスの式という。

$$\kappa = Ae^{-E_a/RT} \quad (1)$$

ここで，κ は速度定数，A は比例定数（頻度因子），E_a は活性化エネルギー（J/mol），R は気体定数（8.314 J/mol/K），T は絶対温度（K）である。

（1）式の関係をみると反応速度定数 κ は E_a が小さいほどまた温度が高いほど指数的に速くなることがわかる。

ここで，κ はある反応 $(P_0-P)/P_0$（P は特性変化値，P_0 は初期値）が起こるまでの速度を表していることから，ある反応が起こるまでの時間は速度の逆数 $t=1/\kappa$ となる。すなわち（1）式を時間定数で置き換えると

$$t^{-1} = Ae^{-E_a/RT} \quad (2)$$

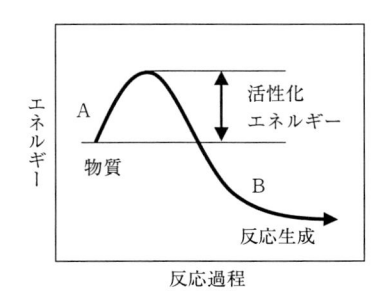

図1 反応時のエネルギー概念

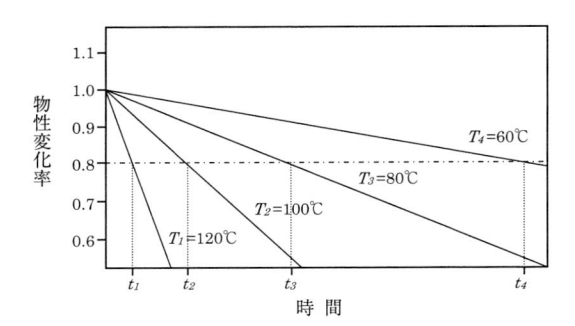

図2 温度による特性の変化状態

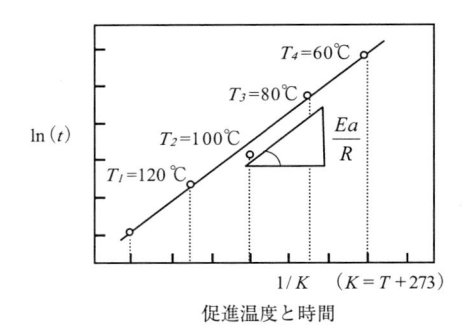

図3 アレニウスプロット

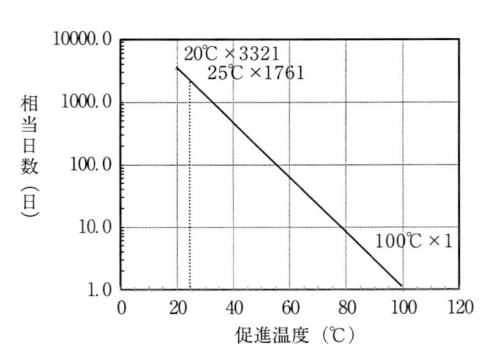

図4 促進温度と相当日数の関係

さらに，(2) 式を対数変換し，時間と温度の関係式で表すと (3)，(4) 式のようになる．

$$\ln\left(\frac{1}{t}\right) = -\frac{E_a}{R} \cdot \left(\frac{1}{T}\right) + \ln(A) \quad (3)$$

$$\ln(t) = \frac{E_a}{R} \cdot \left(\frac{1}{T}\right) - \ln(A) \quad (4)$$

すなわち，$\ln(t)$ は $1/T$ を変数とした関数とみなすことができる．そこで，図2に示すようにゴム材料の物理特性（弾性率，破断時伸び，破断強度など）において，初期値に対して一定の変化率となる時間をいくつかの温度条件 T を変化させて実験し，そのときの温度と時間の関係から，図3のように変換することで，その直線の勾配 E_a/R を求め，既知の気体定数 R を代入することで活性化エネルギー E_a が求まる．この図3をアレニウスプロットという．

次に，この結果を用いてゴム材料がある一定変化をするときの環境温度での時間 t_0 と促進温度での時間 t_1 の関係は，(5) 式，(6) 式の関係より (7) 式として求めることができる．

$$\ln(t_0) = \frac{E_a}{R} \cdot \left(\frac{1}{T_0}\right) - \ln(A) \quad (5)$$

$$\ln(t_1) = \frac{E_a}{R} \cdot \left(\frac{1}{T_1}\right) - \ln(A) \quad (6)$$

$$\ln\left(\frac{t_0}{t_1}\right) = \frac{E_a}{R} \cdot \left(\frac{1}{T_0} - \frac{1}{T_1}\right) \quad (7)$$

一般的なゴム材料の活性化エネルギーは 83.72〜100.47（kJ/mol）（20〜24 kcal/mol）といわれている．仮にゴム材料の活性化エネルギーを 92.09（kJ/mol）（22.0 kcal/mol）とし，積層ゴム支承のおかれている環境温度を 20℃，25℃，加熱促進温度条件を 100℃とすると，促進温度と環境温度の相対関係は図4に示すとおりとなり，100℃×1日の促進は 20℃で約 3321日（約 9.1 年相当），25℃では約 1761日（約 4.8 年相当）になる．すなわち 60 年相当の劣化を促進させるためには，20℃の環境温度を考えた場合は 100℃×6.6 日，25℃では 100℃×12.4 日の促進試験を行えばよいことになる．

d．試験方法

具体的な試験方法についてはゴムブロック（たとえば 150 mm×220 mm×厚さ 40 mm 程度のゴムブロック）を恒温槽の中に挿入し，所定時間後にこのゴムブロックから厚さ方向の中心部から試験片をサンプリングして引張り試験を行うことで，弾性率，破断伸び，破断強さの特性を評価することができる．なお，促進試験方法につては，JIS K 6410-2「建築免震用積層ゴム支承-第2部：試験法」の付属書Aにも記載されているので参考にされたい．

e．促進試験での留意点

アレニウスの式は長期の物性変化（化学変化）をある程度予測する方法としては有効であるが，積層ゴム支承に応用するためには多くの前提条件がある．以下に促進試験での留意点を示す．

①活性化エネルギーは実験結果から求められるものである．実験には熟練度が要求され，またデータにもばらつきがある．したがって，単に平均値をとるのではなく変化予測に対して安全側となる配慮が必要である．

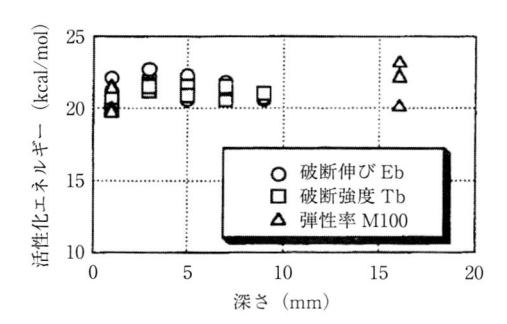

図5 ゴム材料の活性化エネルギー（天然ゴム）[2]

②アレニウスの式は化学反応が1次反応下で成立する．2次反応（1次反応で生成した物質が，さらに別のものと反応すること）では予測できない．このため，促進温度はできるだけ低い温度で長時間実施することが大切で，少なくとも100℃以下に設定する必要がある．

③この促進試験は積層ゴムの環境温度が一定という条件によるものである．しかし，実際の免震層は外気温度ほど影響を受けないものの，四季によって温度変化をするものである．

④活性化エネルギーは要求特性によってそれぞれ異なった値を有する．たとえばゴムの場合，ばね特性に起因する活性化エネルギー値は弾性率，破断に関する活性化エネルギー値は破断伸びや破断強度のエネルギー値である．それぞれに合った値を用いるかまたはすべてを包括してもっとも小さい値を用いるかの検討が必要である．

ちなみに図5は，熱劣化促進後のゴムブロックから，深さ方向へサンプリングして破断伸び，破断強度，弾性率（M100）の活性化エネルギーを求めたものである．ゴムの物理特性の違いおよび深さ方向で活性化エネルギーが10%程度ばらつくことがわかる．

⑤アレニウスの式は化学反応に対しては有効であるが密着や粘着のような化学反応とは異なる特性には応用できない．アレニウスの式が万能ではないことに注意が必要である．
【芳澤利和】

引用文献
1) 日本ゴム協会：設計者のための免震用積層ゴムハンドブック，理工図書，2000．
2) 松田泰治，大鳥靖樹，平田和太，石田勝彦：加熱促進試験による天然ゴム系積層ゴムの経年変化特性，日本建築学会大会学術講演梗概集（近畿），1996．

9.3 ダンパー系の試験・方法

ダンパーに関しては経年劣化による性能低下や特性変動はないので、ここでは繰返し耐久性について述べる。

ダンパーにおける繰返し耐久性は、金属材料、粘性材料、機構などによって、おのおの異なる限界状態を示すため、以下に、ダンパーの種類ごとに繰返し耐久性の試験・評価方法の一例を示す[1]。

a. 鋼材ダンパー

鋼材ダンパーの限界状態は、鋼材の低サイクル疲労による亀裂発生、破断により限界状態にいたる。

試験・評価方法としては、サイズごとの破断までの繰返し実験を行い、①振幅（破断回数）、②振幅（破断にいたるまでの吸収エネルギー量）により評価を行う。破断直前まで履歴曲線は安定している。鋼材ダンパーの疲労特性の評価を行う場合は、実験による振幅（破断回数）の関係からマイナー則を用いて予測する。疲労予測法をマイナー則で行う場合は、ダンパーの時刻歴応答変位をレインフロー法により振幅ごとのサイクル数を計算し、振幅ごとの疲労損傷度により算定する。その後、全振幅にわたり疲労損傷度を累積しダンパーの損傷度を求めることができる（図1）。

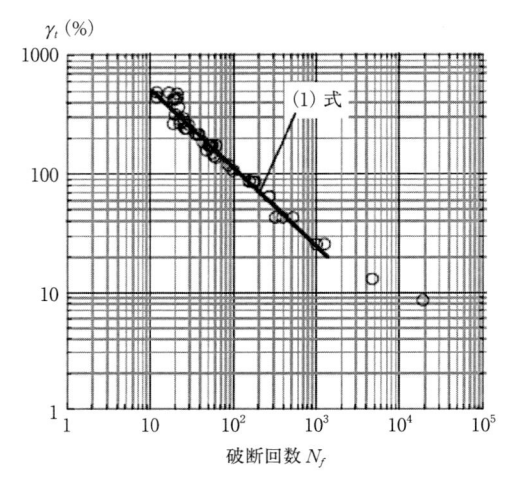

b. 鉛ダンパー

鉛ダンパーは、繰返しによる温度上昇により鉛鋳造体が軟化、溶解、破断により限界状態にいたる。

試験・評価方法としては、鋼材ダンパーと同様に破断・溶断までの繰返し実験を行い、①振幅（破断回数）、②振幅（破断にいたるまでの吸収エネルギー量）により評価を行う。

鉛ダンパーの疲労特性を評価する場合は、鋼材ダンパーと同様にマイナー則を用いて予測する（図2）。

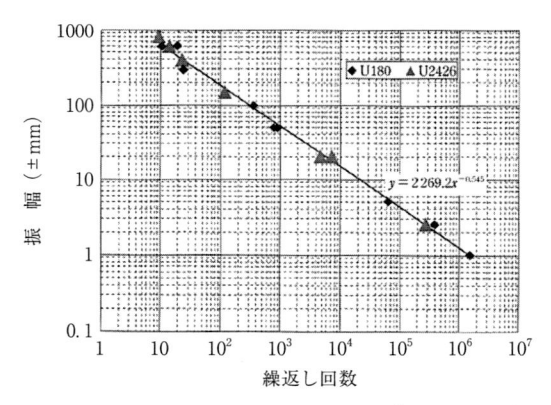

《0度方向》

$$_0\gamma_t = 2370\,N^{-0.66} \quad (20.0\% \leq {}_0\gamma_t \leq 500.0\%) \quad (1)$$

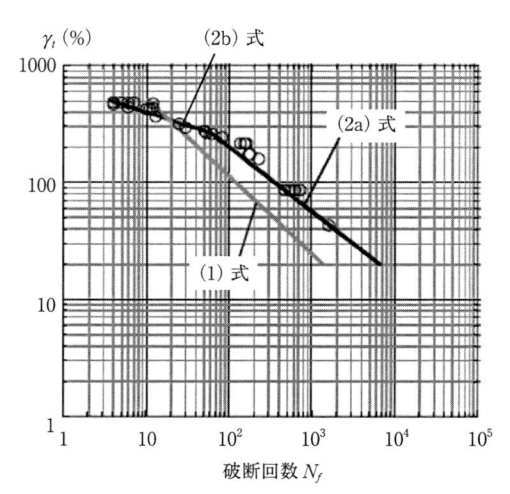

《90度方向》

$$_{90}\gamma_t = 2535\,N^{-0.55} \quad (20.0\% \leq {}_{90}\gamma_t \leq 253.5\%) \quad (2a)$$
$$_{90}\gamma_t = 664\,N^{-0.25} \quad (253.5\% \leq {}_{90}\gamma_t \leq 500.0\%) \quad (2b)$$

図1 鋼材ダンパーの疲労特性[2]

図2 鉛ダンパーの疲労特性[1]

c. 摩擦ダンパー

摩擦ダンパーの限界状態は、構成材料の摩擦材（超高分子ポリエチレン）の融点が135℃であることから、摩擦材とステンレスのすべり板との間の摩擦熱により接触界面での溶融現象が起き、繰返し加力により摩擦係数が低下する。しかし、限界状態においてもエネルギー吸収は継続的に保持されている。

試験・評価方法としては、繰返し実験を行い、吸収エネルギー量（経過時間）により評価する。繰返しの増加に伴い、摩擦係数は低下する傾向にあるが、通常の地震で想定される繰返し回数では十分性能を発揮で

d. オイルダンパー

オイルダンパーの限界状態は，温度上昇によってシール材が溶けて油漏れが生じる状態を想定している．油漏れ防止のためシールの材料特性に余裕をみた外壁温度の許容値（メーカーの一例として80℃）を設定している．

試験・評価方法としては，繰返し実験を行い，履歴性状，温度上昇（加振時間）により評価する．通常の地震で想定される繰返し回数ではダンパー性状にはほとんど変化はみられない．また，熱の収支を評価した論理式により温度上昇を推定することができる．時刻歴応答で入力エネルギーを算出し，温度上昇予測式を用いて外壁温度が許容値以下に入ることを確認する方法がある（図3）．

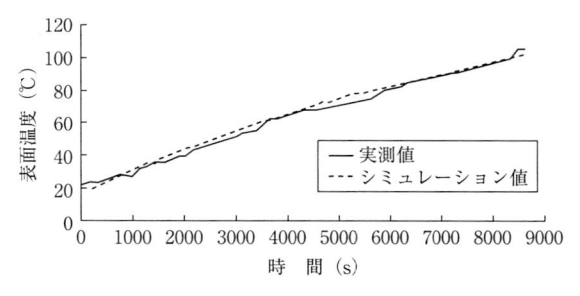

図3 オイルダンパーの温度上昇シミュレーション結果[1]

e. 壁型粘性ダンパー

壁型粘性ダンパーは，温度上昇（200℃以上で粘性体の沸点）による粘性抵抗力およびエネルギー吸収能力の低下が生じ，機構上の限界変形で限界状態にいたる．

試験・評価方法としては，繰返し実験を行い，履歴性状，温度上昇（加振時間）により評価する．通常の地震で想定される繰返し回数ではダンパーの特性変化はほとんどない．また，実験による温度上昇と減衰力特性式により求まるエネルギー吸収量から計算した温度上昇との比較により，限界状態を推定することができる．

f. フルード粘性ダンパー

フルード粘性ダンパーの限界状態は，オイルダンパーと同様にシール部分からの油漏れを想定している．油漏れ防止のためダンパー温度の許容値（70℃）を設定している．

試験・評価方法としては，繰返し加力実験により評価する．通常の地震で想定される繰返し回数ではダンパーの履歴性状にはほとんど変化はみられない．

g. 回転増幅機構付粘性ダンパー

回転増幅機構付粘性ダンパーの限界状態は，粘性体の特性変化，温度安定性，金属疲労について検討を行っており，限界状態は想定していない．

試験・評価方法としては，繰返し加力実験により減衰抵抗力の変動を評価する．繰返しにより減衰抵抗力は低下し，その低下を表す係数が設計式に組み込まれている．

h. 粘弾性ダンパー

粘弾性ダンパーは，繰返し変形により粘弾性体に部分的な剥離またはしわが生ずる．限界状態は，しわが亀裂に発展し，破断にいたる破壊モードが推定できる．

試験・評価方法としては，繰返し加力実験を行って評価している．繰返し加力実験により最大荷重の低下がみられるが，部分的な剥離・しわを除き，ダンパーの目視上の損傷はない．通常の地震により破壊にいたることはない．また，繰返しによる最大荷重の低下については，実験結果を含め統一的評価が可能で，詳細検討用復元力モデルに組み込まれている．

【西本晃治】

引用文献

1) 日本免震構造協会：免震構造―部材の基本から設計・施工まで―，オーム社，2010．
2) 吉敷祥一，高山 大，山田 哲，エディアナ，小西克尚，川村典久，寺嶋正雄：水平2方向載荷下における繰り返し変形性能に関する実験（その1 免震構造用U字形鋼材ダンパーの水平2方向特性），日本建築学会構造系論文集，**77** (680)，1579-1588，2012．

10 振動モデル

10.1 建物モデル

　免震構造の振動モデルを作成するには，1質点系モデルから立体フレームモデルまで多種多様なモデル化が考えられる．振動モデルの選択においては，知りたい情報を得るという所要の目的が達成できれば簡易なモデル化でも十分な場合が多い．詳細なモデル化は，細部にわたる詳細な情報が得られる利点と引き換えに膨大な結果を生み，本当に必要な情報を見落とす可能性が高くなることから，必ずしも適切なモデル化であるとは限らない．以下では，設計で用いられる免震建物の振動モデルを例示して，各モデルの特徴について解説する．

　上部構造の水平剛性が免震層のそれに比べて高く，上部構造が剛体的に挙動するとみなせる場合には，1質点系モデル（図1）によって免震部材の挙動はとらえることが可能である．この場合，積層ゴムアイソレータあるいは履歴系ダンパーはせん断ばねに，粘性系ダンパーはダッシュポットに置換する．

　建物内部の情報を得たい場合には，上部構造の各階床を1質点に集約した多質点系モデルが必要となる（図2）．一般的には多質点系モデルで十分であり，設計でもっとも多用されるモデルである．多質点系モデルは，各階の剛性の考え方によって，等価せん断型と曲げせん断型の2通りのモデル化が考えられる．前者は層剛性をせん断ばねに集約するものであり，質点の自由度は水平方向の並進成分のみである．上部構造が比較的低層であり，層全体の変形に占めるせん断変形成分の割合が多い場合に用いられる．後者は層剛性をせん断ばねと曲げばね（回転ばね）を直列に接続した力学モデルで表現し，各質点は水平並進成分と回転成分の2自由度を有する．上部構造が高層であり，層全体の変形に占める曲げ変形成分が無視できない場合に用いられる．地震力によって生じる転倒モーメントが免震部材の軸力変動に大きく影響する場合には，建物上層部の曲げモーメントを下層部に伝達させるために，曲げせん断系のモデル化が必要となる．

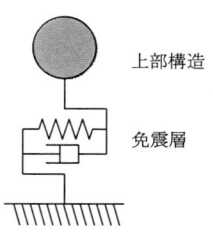

　なお，減衰については基礎固定時の1次固有振動数に対して1～2%の剛性比例型減衰を上部構造のみに考慮することが多い．

　上部構造の剛性や重量の偏在によるねじれ振動を考慮する場合には，各床位置において剛床を仮定し，水平二方向の並進成分と鉛直軸まわりの回転成分の3自由度を有する多質点モデルが用いられる（図3左）．また，上部構造の架構ごとに多質点モデルを形成して，それらを床の面内剛性を表現するせん断ばねで連結させた並列多質点モデルとすることも可能である（図3右）．ねじれ振動モデルでは，水平二方向の地震動を入力するために，免震部材にも水平二方向の力学特性を表現できる力学モデルが必要となる．この点に関しては，10.3節の多軸連成モデルで解説する．上部構造が多スパンである，あるいは広い平面形状を有する場合には，ねじれ変形が大きいと免震層での建物中央

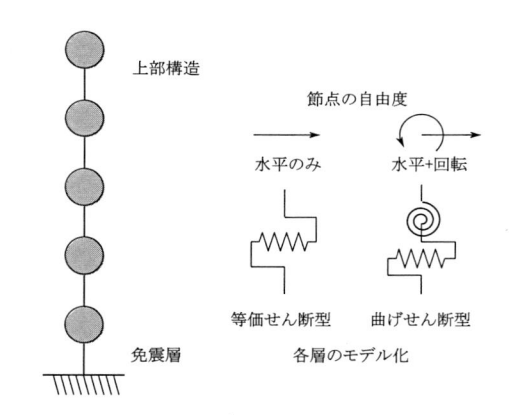

図1 1質点系モデル

図2 多質点系モデル

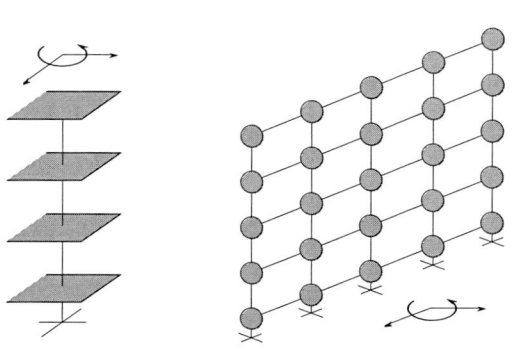

図3 ねじれ振動モデル

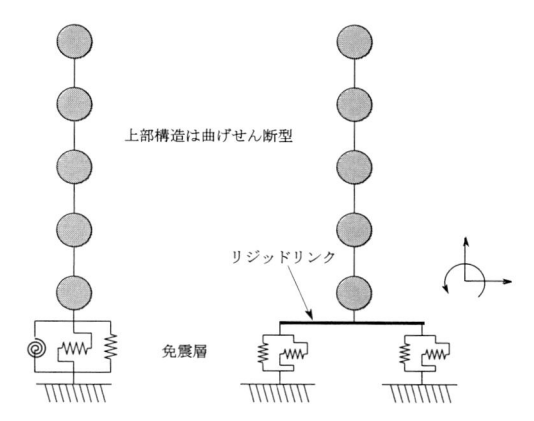

図4 上下動・引抜き検討モデル

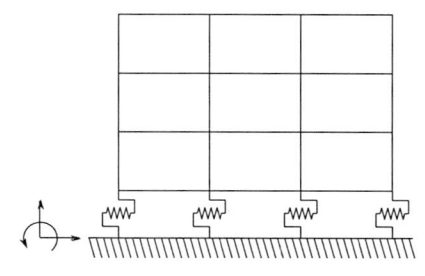

図5 平面フレームモデル

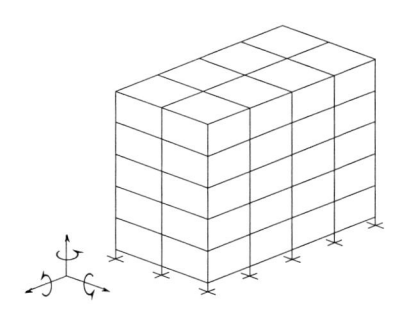

図6 立体フレームモデル

部と端部での変形差が無視できなくなるため，ねじれ振動の検討は必須となる．

高層建物，あるいは連層耐震壁を有する建物の場合には，転倒モーメントの発生により免震部材の軸力変動が大きくなり，引抜き力や浮き上がりが生じる可能性がある．また，免震部材の引抜き力の発生には，水平動のみならず上下動が影響する．このような検討を行うには，建物全体の上下振動とロッキング振動の両方を表現できるモデル化が必要となる．建物を多質点系モデルで表現するには，上部構造を曲げせん断型とし上下方向の剛性も加え，免震層はせん断ばねと回転ばねと鉛直ばねを組み合わせる（図4左），あるいは個々の免震部材をせん断ばねと鉛直ばねで表現しリ

ジッドリンクによって免震部材の平面的な位置を考慮するモデル（図4右）が用いられる．後者のモデル化では，位置によって異なる免震部材の軸力変動を直接的に把握できる利点がある．

建物内の個々の部材の挙動や応答値を得たい場合には，柱梁を線材置換したフレーム系のモデル化が用いられる．フレーム系モデルには平面フレームと立体フレームのモデル化があり（図5，図6），後者がもっとも緻密なモデル化となるが，当然のことながらモデルの規模ももっとも大きくなる．フレーム系モデルでは，免震部材の位置を考慮できるので設置位置によって異なる引抜きや浮き上がりの挙動をとらえることも可能である．また，柱梁のモデル化に非線形はり要素を用いることで，部材個々の損傷状況を時々刻々追跡することも可能である．

中間階免震のように免震層より下部に構造階がある場合には，下部構造に上部構造と同様のモデル化を行う．建設地が軟弱地盤であり液状化のおそれがあるなど，地盤との相互作用を考慮する必要がある場合には，地盤や杭体を含めた全体のモデル化を行う建物地盤連成モデルを用いる場合もある．

10.2 免震部材のモデル

免震部材のモデル化には，抵抗機構を理想化する力学モデルと，力と変形（あるいは速度）の関係を規定する復元力モデル（あるいは減衰力モデル）の2つの組み合わせを適切に選択することが重要である．力学モデルについては，せん断ばねかダッシュポットが用いられることが多い．一方，復元力モデルについては，免震部材の種類に応じて多種多様なモデルが存在する．また，同種の免震部材についても，単純なものからさまざまな要因を考慮できる複雑なものまで，選択肢は複数存在する．免震建物モデルは免震部材と上部建物の直列接続で構成されるため，下部に位置する免震部材のモデル化が建物全体の地震応答値に大きく影響する．以下では，免震部材をアイソレータとダンパーに分けて，各免震部材のモデル化について解説する．

a. アイソレータのモデル

アイソレータは建物の荷重を支持しながら水平方向に変形することから，水平・上下の各方向の力学特性をモデル化する必要がある．また，水平方向は二方向を考える場合もある．水平一方向を考える場合の力学モデルは，1本のせん断ばねとすることが一般的である．一方，復元力モデルはアイソレータの種類に応じて使い分けられる．水平二方向のモデル化については，

10.3 節の多軸連成モデルで解説する．

天然ゴム系積層ゴムでは，線形弾性モデルとする．あるいは大変形時のハードニングを考慮して二ないし三折れ線で構成される非線形弾性モデルとする場合も考えられる（図7）．

支承減衰一体型の積層ゴムアイソレータである鉛プラグ入り積層ゴムや高減衰ゴム系積層ゴムでは，荷重変形関係が非線形となり各免震部材特有の履歴ループを描くため，履歴ループ形状を適切に表現できる復元力モデルが必要となる．両積層ゴムともに修正バイリニアモデルが用いられることが多い（図8）．このモデルでは，初めにスケルトンカーブを定義する．続いて，スケルトンカーブからの除荷時の履歴ループ形状をバイリニア型と仮定し，最大変位振幅を用いてバイリニア型の復元力特性を規定する荷重切片 Q_d，1次剛性 K_1，2次剛性 K_2 の3パラメータを決定する．3パラメータの値は，最大変位振幅が更新されるたびに再評価される．通常のバイリニアモデルのようにパラメータの値を固定せずに最大変位振幅に応じて修正することで，履歴ループ形状の変化に柔軟に対応できる利点がある．

鉛プラグ入り積層ゴムの荷重変形関係は，鉛プラグの降伏現象に起因してバイリニア型となるという認識のもとでモデル化が行われている．鉛プラグ入り積層ゴムの形状，荷重切片，1次剛性，2次剛性の設計式が提案されている．一方，高減衰ゴム系積層ゴムの復元力特性については，等価せん断弾性率，等価粘性減衰定数，荷重切片比（最大荷重に対する切片荷重の比）の3パラメータが，せん断ひずみ γ を変数とする実験式の形で整理されており，ゴム種ごとに γ の関数となる評価式が提供されている．

修正バイリニアモデルは扱いが簡単であり，支承減衰一体型積層ゴムの復元力特性はバイリニアモデルの適用を前提とした設計式が整備されている．免震構造の設計に対応した解析ソフトはすべて修正バイリニアモデルを実装しており，修正バイリニアモデルが支承減衰一体型積層ゴムの復元力モデルのディファクト・スタンダードとなっている．

最近の研究によれば，バイリニアモデルのように荷重変形関係を直線に置換すると，地震応答解析において復元力の折れ点通過時の剛性急変が高次モードを過剰に励起し，地震観測記録や振動台加振試験結果を良好に再現できないことが指摘されている[1]．また，修正バイリニアモデルでは大変形時のハードニングが表現できず，長周期地震動に対する検討には適用できないなどの欠点がある．このような問題に対処するために曲線系の復元力モデルが提案されており，設計用解析ソフトへの実装も進められている．以下に曲線系の復元力モデルを2例紹介する．

1) 修正 HD モデル[1]　Harden-Dernevich (HD) モデルに修正を施したモデルである．スケルトンカーブは (1) 式のように HD モデルに対応する双曲線型の関数に線形ばねを付加した形で表現される．

$$Q = F(X) = X\left(\frac{1}{K_0} + \frac{X}{Q_y}\right)^{-1} + K_a X \quad (1)$$

ここに，Q_y は降伏荷重，K_0 は初期剛性，K_a は付加線形ばねの剛性である．パラメータの値は，修正バイリニアモデルの設計式を流用して求められ，高減衰ゴム系積層ゴムと鉛プラグ入り積層ゴムのそれぞれのパラメータの評価法が用意されている．具体的な計算方法は文献[1]に詳しい．

スケルトンカーブからの除荷時の履歴ループは (2) 式のように Masing 則に従うものとする．

$$Q = 2F\left(\frac{X \pm X_{\max}}{2}\right) \mp Q_{\max} \quad (2)$$

なお，(2) 式は複号同順であり，上段が $\dot{X} > 0$，下段が $\dot{X} < 0$ に対応する．

図9に修正 HD モデルによる鉛プラグ入り積層ゴムの荷重変形関係を実験結果と比較して示す．修正 HD モデルでは，変位振幅が小さい場合に顕著にみられる実験結果のなめらかな曲線系の履歴ループ形状をよく再現していることがわかる．

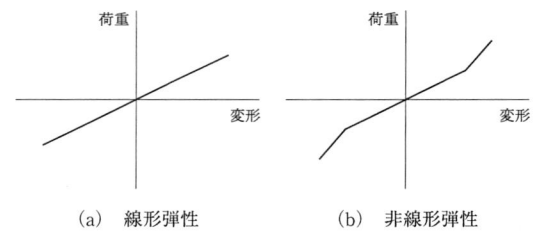

図7　天然ゴム系積層ゴムの復元力モデル
(a) 線形弾性　(b) 非線形弾性

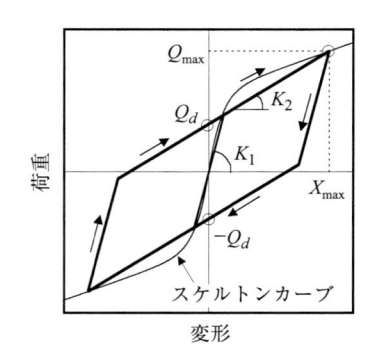

図8　修正バイリニアモデル

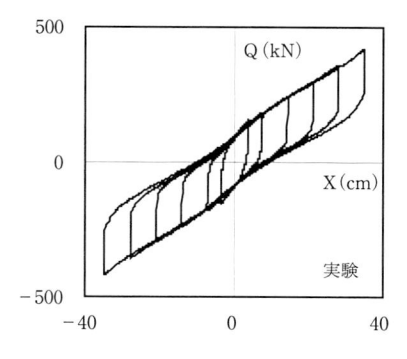

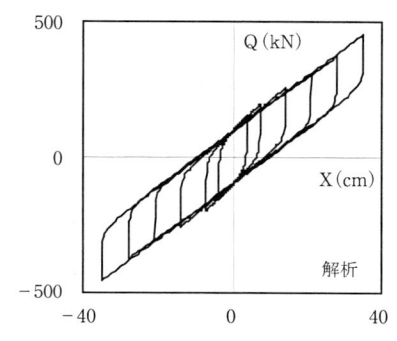

図9 修正 HD モデルによる再現結果[1]（鉛プラグ入り積層ゴム）

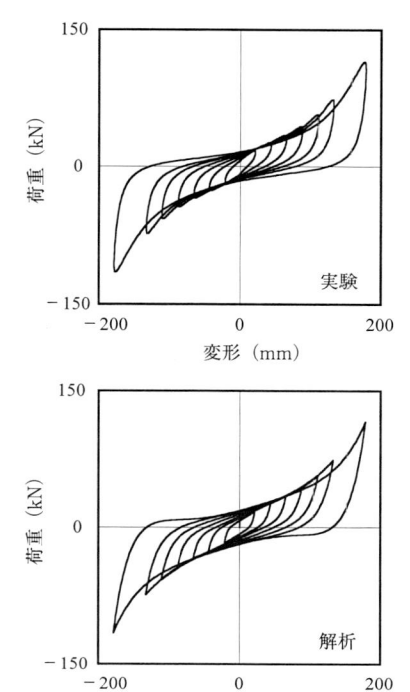

図10 Kikuchi-Aiken モデルによる再現結果（高減衰ゴム系積層ゴム X0.6）

2) **Kikuchi-Aiken モデル**[2] スケルトンカーブは修正バイリニアモデルと同じであるが，スケルトンカーブからの除荷時の履歴ループを (3)～(5) 式のように非線形弾性成分 Q_1 と履歴減衰成分 Q_2 に分けて評価し，重ね合わせるモデルである．履歴則は修正 HD モデルと同様に Masing 則に従うものとする．

$$Q = Q_1 + Q_2 \tag{3}$$

$$Q_1 = \frac{1}{2}(1-u)Q_{\max}(x \pm |x|^n) \tag{4}$$

$$Q_2 = \pm Q_{\max}(1 - 2e^{-a(1 \pm x)} + b(1 \pm x)e^{-c(1 \pm x)}) \tag{5}$$

（複号同順，$\dot{X}>0$ のとき +，$\dot{X}<0$ のとき -）

ここに，x は最大変形 $X_{\max}$ で基準化した変形 X の無次元量（$=X/X_{\max}$），a, b, c, n は履歴ループ形状を操作するパラメータである．パラメータの値は，修正バイリニアモデルの設計式を流用して決められる．免震部材の適用範囲は，高減衰ゴム系積層ゴムと鉛プラグ入り積層ゴムの支承減衰一体型積層ゴムに加えて，後述の履歴系ダンパーにも及ぶ．図10に Kikuchi-Aiken モデルによる高減衰ゴム系積層ゴムの荷重変形関係を実験結果と比較して示す．Kikuchi-Aiken モデルでは，ハードニングとそれ以降の除荷時の履歴ループのふくらみまでをよく再現していることがわかる．

弾性すべり支承の力学モデルは，図11のように積層ゴム体の線形ばねとすべり面の剛塑性ばねが直列に接続しているとみなせる．よって，弾性すべり支承の復元力モデルとしては，それらを1つのせん断ばねに集約し両者の特性を合わせたバイリニアモデルとして表現できる．バイリニアモデルの初期剛性は積層ゴム体の弾性剛性 K_e，降伏荷重はすべり支承のすべり出し荷重 μN（μ は摩擦係数，N は支持荷重），降伏後剛性は0とする．剛すべり支承についても初期剛性を非常に大きくしたバイリニアモデルが用いられる．

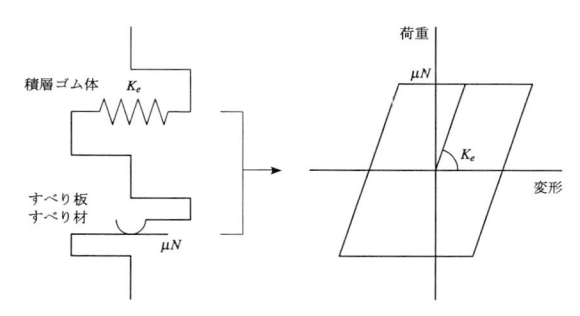

図11 弾性すべり支承のモデル化

なお，すべり系支承ではすべり出し荷重が鉛直力に依存して変化するため，軸力変動の大きい隅柱や側柱にすべり系の支承を適用する場合には，軸力との相互

作用を考慮しなければならない．また，摩擦係数は面圧依存性や速度依存性を有することから，それらの変化に応じて摩擦係数を変化させる方法も提案されている[3]．

球面すべり支承は，球面の勾配による復元力とすべり摩擦による減衰を併せもった特性を有する（図12）．球面の勾配による復元力は，球面半径をひもの長さ l とする振り子の周期を実現するように，(6)式の降伏後剛性を与えたバイリニアモデルとする．

$$K_2 = \frac{N}{l} \tag{6}$$

ここに，N は支持荷重，l は球面半径．ただし，同じ半径の球面板を上下に有する場合には2倍の球面半径を用いる．また，初期剛性は本来 ∞ の剛性となるが，数値解析上 K_2 の1000倍以上かつ建物の剛性より大きな値とする．

積層ゴムアイソレータの上下方向のモデル化については，圧縮方向の剛性は非常に高く，引張り方向は1〜2 MPa 程度の面圧でゴムにボイドが発生して剛性低下する特性を表現する必要がある．このような特性を単純化して圧縮と引張りで剛性の異なる二ないし三折れ線の非線形弾性モデルで表現することが多い．すべり支承の場合は，引張り力を負担しないため，引張り側の剛性を0とする二折れ線モデルで表現する（図13）．

b. ダンパーのモデル

ダンパーの力学モデルは力の発生機構，すなわち履歴系と流体系とで大きく異なる．

履歴系ダンパーについては，変形に応じて復元力が発生することから，水平一方向を考える場合にはアイソレータと同様に1本のせん断ばねに置換される．その荷重変形関係は，支承減衰一体型のアイソレータと同様に非線形であり履歴ループを描く．履歴系ダンパーは鋼材や鉛の降伏現象を利用したものが一般的であり，いずれもバイリニア型の復元力モデルが用いられることが多い．メーカーからはサイズや形状ごとにバイリニアモデルの初期剛性，降伏荷重，降伏後剛性の値が提示されており，市販の解析ソフトにもそれらのデータが実装されている．なお，鋼材系ダンパーについては，曲線系の復元力モデル[4]も提案されており，実験結果をバイリニアモデルよりも良好に再現できる（図14）．また，履歴系ダンパーは単体で水平二方向

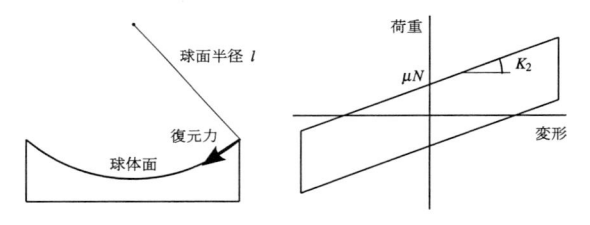

図12 球面すべり支承のモデル化

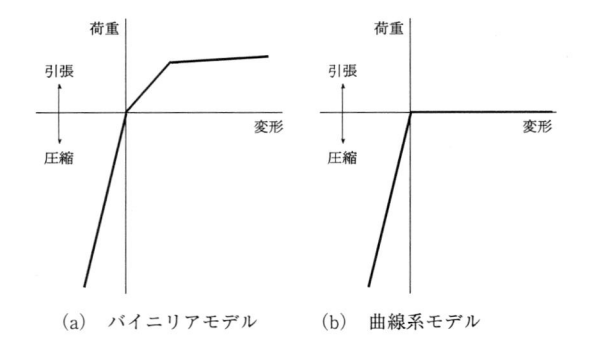

図13 上下方向のモデル化
(a) バイリニアモデル　(b) 曲線系モデル

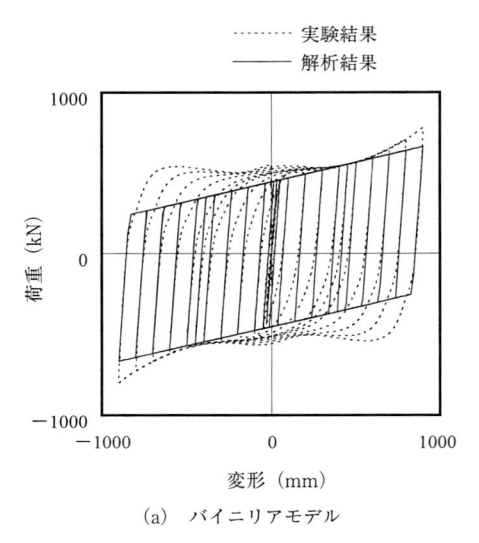

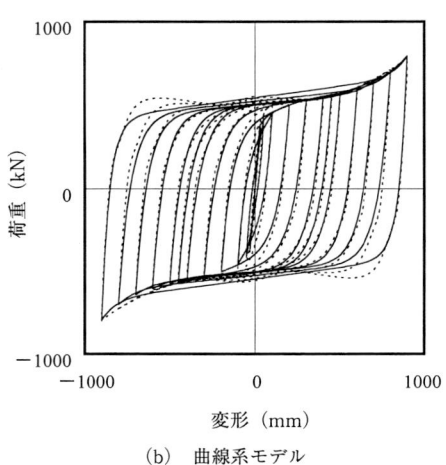

図14 U型ダンパー（UD55×6）のモデル化例[4]
(a) バイリニアモデル
(b) 曲線系モデル

に履歴減衰を発揮することから，水平二方向を考える場合には，支承減衰一体型のアイソレータと同様のモデル化が必要となる．

流体系ダンパーとしては，オイルダンパーと粘性体ダンパーが広く用いられているが，両ダンパーではモデル化が異なる．

オイルダンパーのモデル化には，速度に比例する力を発揮する力学モデルとして粘性減衰要素（ダッシュポット）が用いられる．ダッシュポットに与える減衰係数はメーカーより提示される．オイルダンパーは，微小振幅領域から減衰力を発揮できる．微小振幅領域での挙動をとらえるには，粘性減衰のほかにダンパー本体の軸剛性やオイルの圧縮剛性を考慮したほうが望ましく，それらの剛性を表現したばねをダッシュポットに直列に接続したMaxwell型モデルが用いられる．また，過大な速度や変形に対処して荷重を一定値以下に制御するためのリリーフ弁を有する場合には，その機構を模擬して速度や変形に依存して減衰係数が変化する非線形ダッシュポットが用いられる（図15）．

粘性体ダンパーは（7）式のように速度 V の β 乗に比例するような減衰力 F を発揮する．

$$F = \alpha V^{\beta} \tag{7}$$

α，β の具体的な値はメーカーから提供される．（7）式で表現される減衰力を考慮して振動方程式を解くには，非線形系の数値積分法が用いられる．

10.3 多軸連成モデル

履歴減衰を有する免震部材の復元力特性には，直交する水平二方向成分が相互に影響し合うものがある．また，軸力と水平特性が相互に影響し合うものもある．複数の変形・荷重成分が相互に影響し合う性質を多軸連成効果と称する．なお，免震建物の水平二方向挙動を考えることの意義については，8.2節に記述されている．

免震部材の水平二方向連成効果を表現できるもっとも実用的な方法はMSSモデル（Multiple Shear Springモデル）である（図16）．MSSモデルは，複数のせん断ばねを円周方向に等分割配置したものである．免震部材の水平方向の等方性を表現でき，高減衰ゴム系積層ゴムや鉛プラグ入り積層ゴムのような支承減衰一体型積層ゴムや履歴系ダンパーのモデル化に用いられる．

一方向特性がバイリニア型であれば，全体の剛性 K_S および降伏荷重 Q_y と等価になるMSSモデル構成ばねの剛性 k_s および降伏荷重 q_y は，次式のように近似できる．

$$k_s = K_S \Big/ \sum_{i=0}^{n-1} \sin^2 \frac{i}{n}\pi \tag{8}$$

$$q_y = Q_y \Big/ \sum_{i=0}^{n-1} \sin \frac{i}{n}\pi \tag{9}$$

ここに，n は円周方向の分割数である．

MSSモデルにはバイリニアモデル以外の多様な復元力モデルを適用できる利点がある．10.2節で紹介した修正バイリニアモデル，修正HDモデル，Kikuchi-Aikenモデルを適用することも可能である．免震部材に対するMSSモデルの具体的な適用方法については文献[6]に詳しい．

塑性論モデルは，多軸応力下での降伏現象を降伏曲面の移動や膨張によって表現するモデルである．本来，

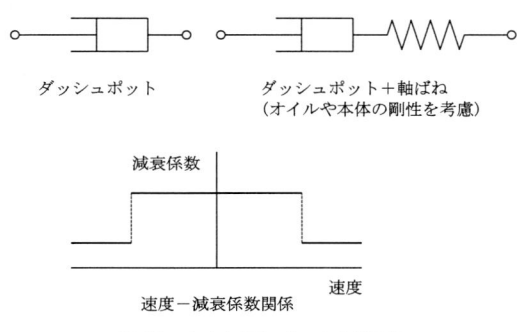

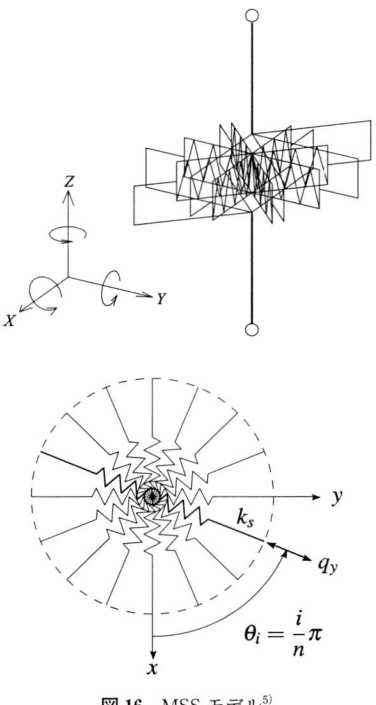

図15 オイルダンパーのモデル化

図16 MSSモデル[5]

金属材料の弾塑性挙動を追跡するために体系づけられた力学モデルであり，免震構造では金属系の履歴ダンパーやすべり支承に適用されることが多い．たとえば，一方向の特性をバイリニア型とし水平二方向に等方的であると仮定すれば，降伏曲面は（10）式のように表現できる（図17）．荷重が降伏曲面の内側では弾性挙動を示し，降伏曲面に達すると塑性化したとみなし，それ以降は降伏曲面を変化（移動や膨張）させる．

$$f = (F_x - C_x)^2 + (F_y - C_y)^2 - Q_y^2 \quad (10)$$

ここに，(F_x, F_y) は荷重ベクトル $\bm{F}$，(C_x, C_y) は降伏曲面の中心 $\bm{C}$，Q_y は降伏荷重である．

1軸のバイリニアモデルにおける降伏後の弾性領域の変化（バウシンガー効果）は，2軸では降伏曲面の移動と解釈できる．降伏曲面の移動のしかたにZiegler則[7]を適用すると，弾性および塑性状態での剛性行列 $\bm{K}$ は次式のように計算できる．

- 弾性状態

$$\bm{K} = \begin{bmatrix} k_1 & 0 \\ 0 & k_1 \end{bmatrix} \quad (11)$$

- 塑性状態

$$\bm{K} = \left(\begin{bmatrix} k_1 & 0 \\ 0 & k_1 \end{bmatrix}^{-1} + \frac{k_1 - k_2}{k_1 k_2} \frac{\{\partial f/\partial \bm{F}\}\{\partial f/\partial \bm{F}\}^T}{\{\partial f/\partial \bm{F}\}^T\{\partial f/\partial \bm{F}\}} \right)^{-1} \quad (12)$$

ここに，$\{\partial f/\partial \bm{F}\}$ は降伏曲面上の点 (F_x, F_y) における法線ベクトルである．

なお，塑性論モデルをすべり支承に適用する場合には，軸力に応じてすべり出し荷重が変化することを降伏曲面の大きさの変化で表現することになる．

その他の水平二方向モデルとしては，山本モデル[8]

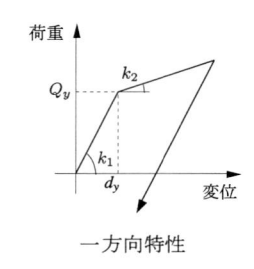

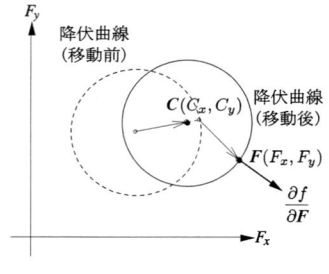

図17 塑性論モデル

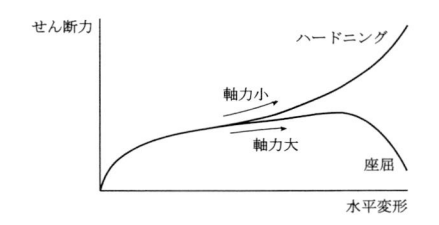

図18 軸力に依存して変化するせん断特性

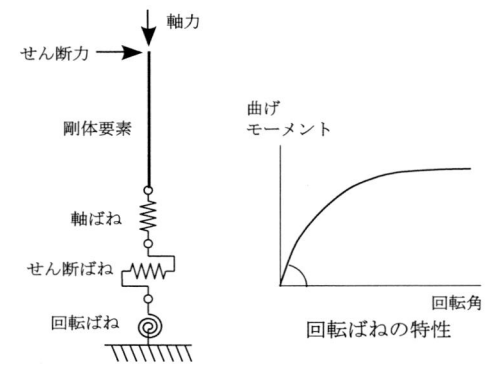

図19 大変形マクロモデル[11]

や変形履歴積分型復元力モデル[9]がある．いずれも高減衰ゴム系積層ゴムの水平二方向の復元力特性を表現するために提案されたモデルである．現状では適用範囲が限られているが，MSSモデルよりも高減衰ゴム系積層ゴムの水平二方向特性を精度よく表現できることから実用化が望まれる．

積層ゴムアイソレータには軸力の大小でせん断特性が変化する性質がある（図18）．特に，2次形状係数の小さい積層ゴムで顕著となる性質である．このような特性を表現するためのモデルとして，two-springモデル，Koh-Kellyモデル，大変形マクロモデルなど，主として幾何学的非線形性を考慮した力学モデルが提案され，積層ゴムアイソレータの座屈特性の評価に用いられてきた[10]．

大変形マクロモデルでは，two-spring モデルやKoh-Kelly モデルでは考慮されなかった材料非線形が取り入れられ，鉛プラグ入り積層ゴムの破断や座屈破壊が生じるような免震建物の終局挙動の追跡が可能となった（図19）．このモデルは積層ゴムのせん断変形，曲げ変形，軸変形をそれぞれ1つのせん断ばね，回転ばね，軸ばねに集約し，積層ゴムの高さを表す剛体要素によって積層ゴムの変形状態を表現するモデルである．軸ばねは弾性とし，せん断ばねには修正HDモデル，回転ばねには図19右のような特性を与える．

地震応答時の積層ゴムでは軸力変動に応じて曲げ特

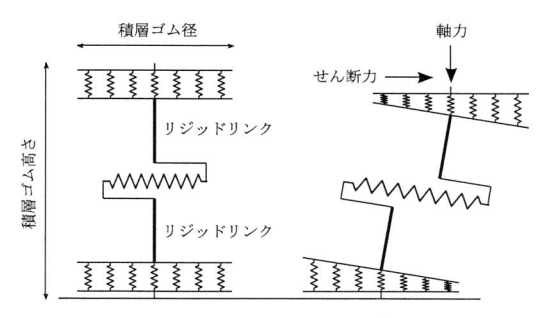

図20 並列軸ばねモデル[12]

性が変化する．そこで，RC 断面解析に用いるファイバーモデルのように，積層ゴム断面を多数の軸ばねで分割することにより軸力変動に応じて変化する曲げ特性を評価する並列軸ばねモデルが提案されている（図20）．上下端部の軸ばね群には，たとえば図13の軸方向復元力特性を与え，せん断ばねには積層ゴムの種類に応じたせん断特性を与える．さらに，P-$\varDelta$ 効果とせん断ばねの傾きによるせん断力の分散を考慮することで，Koh-Kelly モデルや大変形マクロモデルと同様の幾何学的非線形性を表現する．並列軸ばねモデルは3次元へも拡張され，水平二方向と軸力の3軸連成を考慮できる． 【菊地　優】

引用文献

1) 竹中康雄，山田和彦，吉川和秀：免震用積層ゴム支承の曲線型履歴モデル：「修正 HD モデル」，日本建築学会技術報告集，**14**, 87-92, 2001.
2) M. Kikuchi and I. D. Aiken: An analytical hysteresis model for elastomeric seismic isolation bearings, *Earthquake Engineering and Structural Dynamics*, **26**, 215-231, 1997.
3) 日比野浩，高木政美，勝田庄二：実大弾性すべり支承の載荷実験に基づく摩擦特性のモデル化，日本建築学会構造系論文集，**574**, 45-52, 2003.
4) 菊地　優，北村佳久，井上圭一，上田正生：履歴減衰型免震部材の復元力モデルに関する研究，日本建築学会構造系論文集，**565**, 63-71, 2003.
5) 和田　章，広瀬景一：2方向地震動を受ける無限均等ラーメン構造の弾塑性応答性状，日本建築学会構造系論文集，**399**, 37-47, 1989.
6) 瀬戸　裕，竹中康雄：修正 Bilinear モデルで表わされる免震装置特性の2軸非線形モデルへの拡張，日本建築学会大会学術講演梗概集，805-806, 1996.
7) H. Ziegler: A modification of Prager's hardening rule, *Quarterly of Applied Mathematics*, **17**(1), 55-65, 1959.
8) 山本雅史，嶺脇重雄，米田春美，東野雅彦，和田　章：高減衰積層ゴム支承の水平2方向変形時の力学特性に関する実大実験およびモデル化，日本建築学会構造系論文集，**638**, 639-645, 2009.
9) 加藤秀章，森　隆浩，室田伸夫，石井　建，菊地　優：高減衰積層ゴムの変形履歴積分型復元力モデルに関する研究，日本建築学会構造系論文集，**76** (667), 1721-1728, 2011.
10) 日本建築学会：免震構造設計指針，第2版，1993.
11) 高岡栄治：積層ゴムの座屈破壊を対象とした免震建物振動台実験のシミュレーション解析，日本建築学会構造系論文集，**613**, 51-57, 2007.
12) M. Kikuchi, T. Nakamura and I. D. Aiken: Three-dimensional analysis for square seismic isolation bearings under large shear deformations and high axial loads, *Earthquake Engineering and Structural Dynamics*, **39**, 1513-1531, 2010.

11 目標性能

11.1 対地震の目標性能

免震構造の目標性能のうち，もっとも特徴的なものは地震に対する目標性能である．

時刻歴応答解析で設計される建築物の地震動に対する目標性能は法的には，平成12年建設省告示第1461号で規定され，

稀に発生する地震動によって建築物の構造耐力上主要な部分が損傷しないこと

極めて稀に発生する地震動によって建築物が倒壊，崩壊等しないこと

となっている．

なお，設計の現場においては従来からの慣用によって，「稀に発生する地震動」=「レベル1地震動」，「極めて稀に発生する地震動」=「レベル2地震動」と称することが多い．

さらに，この告示に対応する指定性能評価機関の時刻歴応答解析建築物性能評価業務方法書では，

稀に発生する地震動によって建築物の構造耐力上主要な部分が損傷しないこと
イ 各階の応答層間変形角が200分の1を超えない範囲にあること
ロ 建築物の構造耐力上主要な部分に生じる応力が短期許容応力度以内であるか，又は地震後に有害なひび割れ又はひずみが残留しないこと

極めて稀に発生する地震動によって建築物が倒壊，崩壊等しないこと
イ 各階の応答層間変形角が100分の1を超えない範囲にあること
ロ 各階の層としての応答塑性率が2.0を超えないこと
ハ 構造耐力上主要な部分を構成する各部材の応答塑性率が，その部材の構造方法，構造の特性等によって設定された限界値（当該数値が4.0を超える場合は4.0）以下であること

としている．

時刻歴応答解析で設計される免震建築物においては，稀に発生する地震動に対する目標性能はよいとして，極めて稀に発生する地震動に対する目標性能は，このまま適用するには問題がある．

表1 目標耐震性能の例

地震動のレベル	稀に発生する地震動	極めて稀に発生する地震動
上部構造	部材応力が許容応力度以内 層間変形角 ≤1/500	部材応力が許容応力度以内 層間変形角 ≤1/250 各階の応答加速度 ≤2.5 m/s^2
免震層	積層ゴム支承 ・せん断ひずみ ≤100% ・引抜き力が生じない	積層ゴム支承 ・せん断ひずみ ≤250% ・圧縮限界強度以内 ・引抜き ≤1.0 N/mm^2
下部構造	部材応力が許容応力度以内	部材応力が許容応力度以内
基礎構造	部材応力が許容応力度以内	部材応力が許容応力度以内

免震構造の場合，地震時の変形を免震層に集中させて長周期化させることにより，上部構造の応答加速度を低減する．免震層で入力エネルギーの大部分を吸収し，上部構造でのエネルギー吸収を期待しないことが原則である．免震構造の上部構造を降伏させると，耐震構造の場合より，塑性率が急激に増大する傾向があるので，上部構造の塑性化は許容できない．したがって，免震構造では，極めて稀に発生する地震動に対する上部構造の応答せん断力は，耐震構造に比較して著しく低減はされるものの，その低減されたせん断力に対して，保有耐力設計を行うことはできず，余裕をもって弾性的な挙動を保証する設計を行う必要がある．

一般的な免震構造の稀に発生する地震動，極めて稀に発生する地震動に対する目標性能は，上部構造，下部構造，基礎構造，免震層の別に定義される．一例をあげると表1のようなものが示せる．この表はあくまでも一例である．以下の点に注意してほしい．

①層間変形角は構造種別，構造形式により変わりうる．

②内部収容物の安全性，建物の機能維持性を表す応答加速度は目標性能に明示しないことも多い．

③極めて稀に発生する地震動に対する各構造の目標性能は，弾性限以下とすることもある．

④免震層については，積層ゴムの場合のみ示している．せん断ひずみ ≤250% は，免震支承の特性がハードニングや座屈的挙動を起こさない範囲ということで，数値は個々のケースにより変わりうる．積層ゴムの引抜きについては，本来，引抜き量で検討すべきであるが，軸方向ばね特性を線形として，応力度で1.0 N/mm^2 まで認めていることが

多い.

他の免震材料を使う場合も，極めて稀に発生する地震動に対して，変位による特性変動が大きくならない範囲で，かつ部材が損傷しない範囲とすることが多い．流体系ダンパーでは速度も確認する必要がある．免震層クリアランスは免震材料の設計目標値より大きくとるのが通例である．

11.2 対地震のその他の配慮

対地震に対しては表1のような項目以外にも設計上その性能を明らかにしておかなければならないものがいくつかある．

ダンパーなど減衰性のある免震材料ではエネルギー吸収性能をどれだけ使ったかを検討する必要がある．

地震後の残留変位はどれだけ予想されるか．維持管理の基準値なども必要である．

エキスパンションジョイントの，地震時の安全性，地震後の機能維持の観点からの性能などがあげられる．

11.3 余裕度の検討

免震建築物を，上記のような目標性能を設定して設計を行ったことを想定する．建物各部は設計目標を満たし，免震層変位は免震層クリアランス以下であるはずである．逆にいえば各目標に対してはまだ何らかの余裕があるはずである．地震動の予測の精度や，位相の影響などを考慮すれば，設計値は確定的なものとはいえず，免震建物として，どれくらいの余裕があるかを確認しておくことは非常に重要である．

免震建物はその対地震性能の源が免震層に集中していること，各設計目標は，それを超えた場合の結果の重大性が違うことも，この検討を行う必要があることの理由である．たとえば，設計地震動を1.1倍したら，一部の梁が短期許容応力度を超えてしまったとする．しかし，短期許容応力度を超えてもおおむね弾性範囲であれば応答にはそう変化はないであろう．あるいは，一部の免震支承が線形の範囲を超えてハードニングを始めても，免震層全体の安定性にはそう影響はないであろうと考えられる．一方，設計地震動を1.1倍超えた入力に対して，免震材料の取り付け部の大半が脆性的な破壊をしたら，それ以降では免震機能が果たせないことになり結果は極めて重大である．あるいはクリアランスが不足して衝突を起こすとなると，そこから先は，設計で想定する範囲外になってしまう．

こうした観点から，設計地震動を超える入力に対して，免震建物がどう挙動し，どのような状態で終局状態に達するかを検討しておくことがきわめて重要である．

免震構造の初期の段階では，フェイルセーフ機能を備えることが義務づけられていたこともあった．現在は具体的にフェイルセーフ機能を備える免震構造はまれではあるが，余裕度の検討により，その建物が設計想定を超える地震動に対しても全体として安定的に機能するのか，脆性的に挙動するのかを確認することが必要である．

11.4 対風の目標性能

近年，高層免震建築物の増加や，免震層の降伏層せん断力係数を小さくとる傾向があり，免震層の風に対する設計の重要性が増している．第16章を参照されたい．

【古橋　剛】

12	設計用地震力・分布

12.1 免震建物の設計用地震力

免震建物の設計用地震力は，一般に免震層の概略設計を行ったうえで予備応答解析を実施し，その結果を包絡するような地震力分布または層せん断力分布で与えられる．一方，時刻歴応答解析によらない場合には，免震層のせん断力を応答スペクトル法やエネルギー法などによって算定し，それに適切な地震力の高さ方向分布を与えて，設計用地震力とすることが行われる．このさい，免震層と上部構造の振動特性と地震応答性状を的確にとらえた分布形を選択することが求められる．

12.2 設計用地震力分布

免震建物の設計用地震力分布については，国内外で多くの提案がなされているが，米国などでは，建物高さに応じて地震荷重 F_i の増幅を逆三角形分布で表現した次式が代表的である[1]．

$$F_i = Q_{iso}\frac{w_i h_i}{\sum(w_i h_i)} \quad (1)$$

ここに，Q_{iso} は免震層のせん断力，w_i は第 i 層の重量，h_i は基礎から第 i 層までの高さである．

(1) 式は免震層のせん断力をベースシヤとして免震層の部材構成に関係なく建物の重量分布により一律に地震力を定める簡便な形式となっている．

一方，日本国内では，弾性支承材の水平剛性が十分小さい場合に，弾性支承材の負担せん断力係数は上部構造で増幅せず，上部構造の応答増幅はもっぱらダンパーに支配されるという知見に基づいた設計用せん断力係数分布 α_i が免震構造設計指針[2]（以下，免震指針）で提案されている．

$$\alpha_i = \alpha_f + a_i \bar{\alpha}_i \alpha_s \quad (2)$$

(2) 式は，弾性支承材のせん断力係数 α_f は高さ方向に一定とし，ダンパーの負担せん断力係数 α_s に最適降伏せん断力係数分布 $\bar{\alpha}_i$（または A_i 分布）と係数 a_i により高さ方向へ増幅を与える構成となっている．係数 a_i は上部構造最下層の剛性とダンパーの弾性剛性の比 b_s に基づいて (3) 式で定まる値 $\bar{a}$ から (4) 式で与えられる．N は上部構造の層数である．

$$\bar{a} = \begin{cases} 3.1238 - 0.1238 b_s & 1 < b_s < 10 \\ 2.0127 - 0.0127 b_s & 10 \leq b_s < 80 \\ 1.0 & 80 \leq b_s \end{cases} \quad (3)$$

$$a_i = \left(\frac{\bar{a}-1}{N-1}\right)i + \frac{N-\bar{a}}{N-1} \quad (4)$$

一方，平成 12 年建設省告示 2009 号[3]（以下，免震告示）では，流体系ダンパーにも対応した (5) 式で建物各階の設計用せん断力係数分布 C_{ri} を与えている．

$$C_{ri} = \gamma \frac{Q_{iso}}{Mg} \cdot \frac{A_i(Q_h + Q_v) + Q_e}{Q_h + Q_v + Q_e} \quad (5)$$

ここに，M は上部構造の総質量，g は重力加速度，γ は免震部材の力学特性のばらつきなどの影響を考慮する係数，Q_e, Q_h, Q_v はそれぞれ，支承材，履歴系ダンパー，流体系ダンパーが免震層の基準変位時に負担するせん断力，A_i は建築基準法の基準せん断力係数分布（A_i 分布）である．

(5) 式は，ダンパーによるせん断力の増幅を A_i 分布のみで表現し，(2) 式の増幅係数 a_i を省略しているため，地震応答を過小評価する場合がある．上部構造の固有周期が長く剛構造とはみなせない場合や高い立ち上がり剛性を有する履歴系ダンパーを使用した場合などでは，総じて高次モード応答が励起される傾向[4]にあるため，(5) 式が地震応答を過小評価する傾向はさらに強まる．これらの課題に対して，高次モード応答に関する分析や新たな設計用せん断力係数分布の提案が行われている[5,6]．

文献[5,6]では，(2) 式の a_i に代わる新たな増幅率 β_i を Skinner ら[4] の免震係数 I と等価減衰定数 h_{eq} により定める方法が示されている．免震係数 I は上部構造と免震層の隔絶度を表す指標である．なお，式中の h_{eq} は % 表示の値である．

$$\alpha_i = \alpha_f + \beta_i A_i \alpha_s \quad (6)$$

$$\beta_i = \left(\frac{\bar{\beta}-1}{N-1}\right)i + \frac{N-\bar{\beta}}{N-1} \quad (7)$$

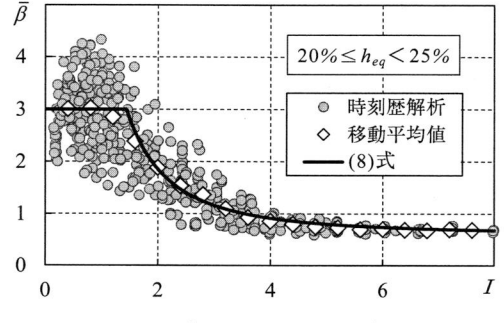

図1 $\bar{\beta}$ と免震係数 I の関係[5]

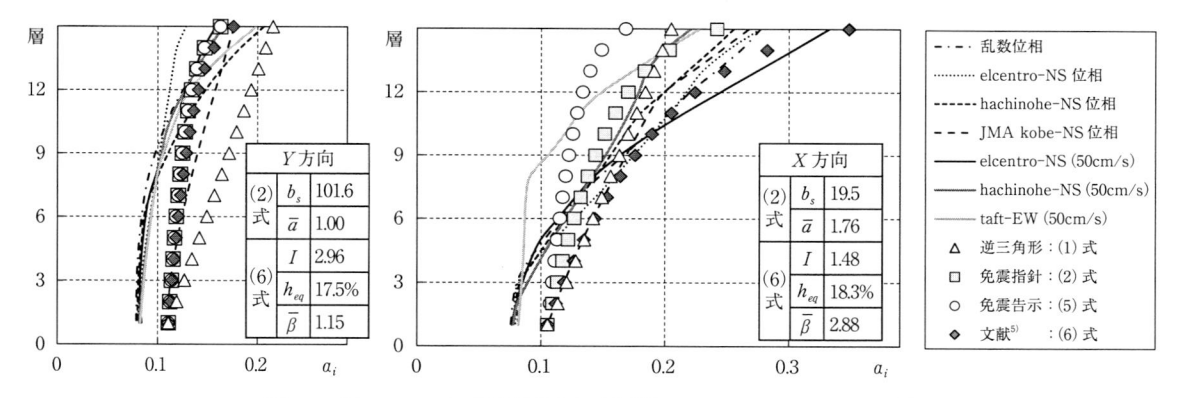

図2 14層モデルのせん断力係数分布（文献[5]のグラフに一部データを追加）

$$\bar{\beta} = \frac{s}{I^2} + 0.6 \quad (\bar{\beta}=u を上限値とする) \qquad (8)$$

$$s = 0.26\, h_{eq} + 0.29 \quad (s=5 を上限値とする) \qquad (9)$$

$$u = 0.09\, h_{eq} + 1.28 \quad (u=3 を上限値とする) \qquad (10)$$

$$I = \frac{T_{b1}}{T_0} \qquad (11)$$

ここに，T_{b1} は免震層の1次剛性に対する固有周期，T_0 は上部構造基礎固定時の1次固有周期である．

図1に $\bar{\beta}$ と免震係数 I の関係を示す．免震係数 I の減少に伴い $\bar{\beta}$ は大きくなり，入力地震動に対してのばらつきも大きくなる．これらに対し（8）式は，増幅率 $\bar{\beta}$ の平均的な値をとらえている．また，$\bar{\beta}>1$ の領域は免震告示（5）式が地震応答を過小評価する範囲を示しており，地震力算定式の選択にさいしては，十分な吟味が必要となる．

なお，$\bar{\beta}$ の変動は免震係数 I が支配的であり，（8）式を簡略化した（12）式を用いることもできる．

$$\bar{\beta} = \frac{5.0}{I^2} + 0.6 \quad (\bar{\beta}=3 を上限値とする) \qquad (12)$$

また，履歴系ダンパーと流体系ダンパーの併用に対応した免震係数 I の算定方法が提案されており，この値に基づいて（12）式および（7）式から増幅率 β_i を算定することで，（13）式に示す多様な免震部材に対応した設計用せん断力係数分布が求められる[7]．

$$\alpha_i = \frac{Q_{iso}}{Mg} \cdot \frac{\beta_i \cdot A_i(Q_h + Q_v) + Q_e}{Q_h + Q_v + Q_e} \qquad (13)$$

一般に履歴系ダンパーのみを用いた場合と比較して，流体系ダンパーを併用した場合には，上部構造における高次モード応答の増幅が少ない傾向がある[6]．（13）式ではこのような地震応答性状を考慮することができるため，ダンパーの特性に応じたより合理的な設計用地震力分布を算定することができる．

12.3 設計用地震力分布の比較

免震建物の設計例に対し，設計用地震力分布を適用してその比較を行う．対象は，第2種地盤上に建つ地上14階，塔屋1階建のRC造建物（X 方向：純ラーメン構造（$T_0=1.0$ s），Y 方向：連層耐震壁構造（$T_0=0.55$ s））である．免震層には天然ゴム系積層ゴム，鉛ダンパーおよび鋼材ダンパーが併用されている（免震周期 $T_f=4.3$ s）．せん断力係数の時刻歴応答解析結果と設計用地震力の比較を図2に示す．図中の式番号は本文と対応している．Y 方向では上部構造の剛性が高く，免震係数 I が大きいため，せん断力係数の高さ方向増幅は小さく，設計用地震力にも大きな差が生じていない．一方で，X 方向ではせん断力係数は高さ方向に大きく増幅しており，設計用地震力にも大きな差が生じている．とくに免震告示（5）式では応答の高さ方向増幅をとらえられないことが確認できる．

I の小さい領域では地震力分布の増幅やばらつきが生じるため，設計用地震力分布の選択には，これらの傾向に十分注意する必要がある． 【小林正人】

引用文献

1) ASCE Standards ASCE/SEI 7-10：Minimum Design Loads for Buildings and Other Structures, 2010.
2) 日本建築学会：免震構造設計指針，第3版，2001.
3) 国土交通省住宅局指導課ほか編：免震建築物の技術基準解説及び計算例とその解説，2001.
4) R.I. Skinner, W.H. Robinson and G.H. McVerry：An Introduction to Seismic Isolation, Wiley, 1993.
5) 小林正人，谷崎 豪，松田紳吾：免震部材の多様化に対応した免震建物の設計用地震荷重分布，日本建築学会構造系論文集，(676)，859-868，2012.
6) 日本建築学会：免震構造設計指針，第4版，2013.
7) 小林正人，松田紳吾，納所昌広：免震建物の設計用せん断力係数分布に関する研究（その8 提案式の簡略化），日本建築学会大会学術講演梗概集（北海道），構造II，793-794，2013.

13 主架構設計

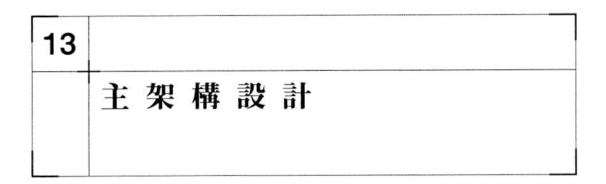

13.1 免震層の設計

　免震建物は，上部構造，免震層，下部構造および基礎構造で構成される．免震建物を免震層の設置位置で分類すると図1に示すように，免震層を最下層に設ける基礎免震と最下層以外の中間層に設ける中間層免震に大別できる．

　免震層の設計においては，上部構造特性や地盤特性および耐震目標性能などを十分考慮し，免震部材の特性を確実に把握したうえで進める必要がある．また中間層免震を採用する場合は，下部構造を考慮した応答性状の把握以外に，アイソレータの耐火被覆やエレベータ・階段などの縦動線のクリアランスにも配慮する必要がある．

　免震部材の配置については，上部架構の軸力（引張りも含む）に見合ったアイソレータの選定や免震層のねじれに配慮したダンパーの配置にも留意する必要がある．また地震に比べて継続時間の長い風荷重に対しては，一般的にダンパーが降伏しないレベルにとどめることが望ましい．

13.2 上部構造の設計

　免震構造ではアイソレータによる免震周期の長周期化により，上部構造に作用する地震力を低減することができる．また地震動エネルギーのほとんどは，免震部材のダンパー機能により吸収される．したがって，上部構造は免震効果により低減された地震力に対して抵抗可能な耐力を有すればよいこととなる．

　上部構造に作用する外力分布は，上部構造の水平剛性が十分高い場合は剛体的挙動となり一様分布となるが，水平剛性が低い場合や高層建物の場合では逆三角形分布となる（図2）．また中間層免震建物の場合は，上部と下部の連成系の振動特性を考慮した外力分布とする必要がある．なお，最新の研究成果については，第12章を参照されたい．

　上部構造に入力する地震力は，免震効果により大きく減少するため，一般的に弾性設計が可能となり，また靱性や変形追従性確保のための諸規定への対応は不要となる．ただし，軟弱地盤や液状化地盤上の免震建物や水平剛性が低い高層免震建物などでは，地震動があまり低減せず上部構造での応答増幅も生じる場合が

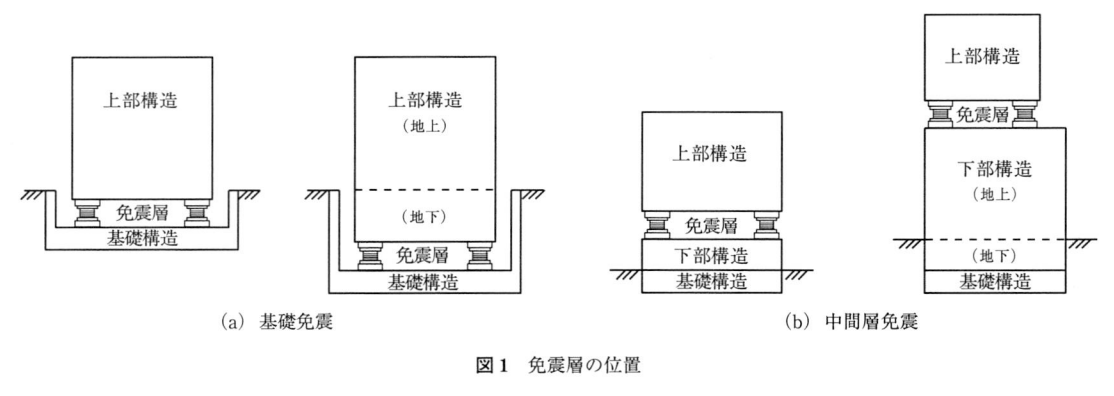

(a) 基礎免震　　　　　　　　　　　(b) 中間層免震

図1　免震層の位置

(a) 耐震構造　　　(b) 剛性大の免震構造　　　(c) 剛性小の免震構造

図2　地震層せん断力分布（文献[1]に加筆）

あるので，上部構造は適切な耐震性を確保する必要がある．

13.3 下部構造の設計

基礎免震の場合の下部構造は，免震層を介して加わる上部構造からの反力と基礎構造からの反力に対して設計を行うこととなる．

一方，中間層免震の場合では，下部構造と免震層を介して上部構造に地震動が伝達されるため，下部構造の剛性や耐力が免震建物全体の耐震性に影響を与えることとなる．一般的には下部構造の剛性を高めて地震動増幅を抑制し，さらに耐力に余裕をもたせて弾性設計をすることが多い．

13.4 基礎構造の設計

免震建物の基礎構造に要求される性能は，支持力を喪失することなく，アイソレータを介して伝達される鉛直・水平荷重を確実に地盤に伝達することである．

基礎構造に加わる地震力は，免震層を介して加わる上部構造の反力が免震効果により大幅に低減されるため，耐震構造に比べ軽減される．ただし，免震効果により上部構造の耐震性が相対的に向上するため，免震建物全体の耐震安全性を確保するためには，基礎構造の耐震性も高めておく必要がある．

軟弱地盤や液状化地盤では，大地震時に地盤変形の増大や長周期化により，基礎構造の損傷や免震建物との共振現象を起こす危険性がある．したがって必要に応じて液状化対策を含む地盤改良などを施す必要がある．また擁壁の設計では，長期土圧以外に免震建物全体の耐震性に見合った地震動レベル相当の地震時土圧も考慮する必要がある．

【藤森　智】

引用文献
1) 日本免震構造協会：免震構造―部材の基本から設計・施工まで―，オーム社，2010．

14 免震部材まわりの設計

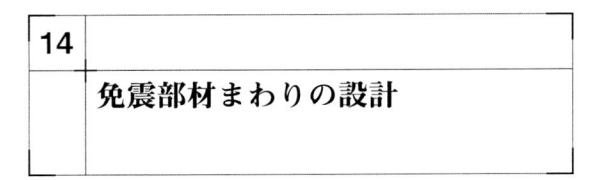

14.1 免震部材接合部の設計

免震部材と上下躯体との接合部は免震性能を発揮させるうえで重要な部位であり，免震部材の特性を把握して確実に躯体に接続させる必要がある．そのためには免震部材に生じる応力を躯体に伝達可能な接合部の設計と免震部材と躯体間の確実な施工が必要となる．

以下にアイソレータ，ダンパーと取付け躯体接合部の設計の考え方を示す．なお，詳細については文献[1]を参照されたい．

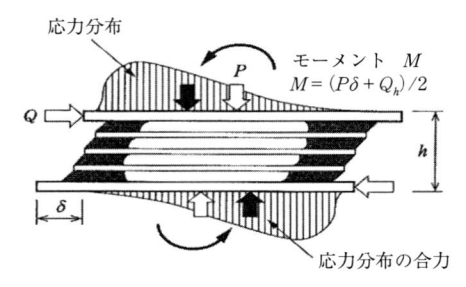

図1 積層ゴムの耐荷機構と水平変形時応力[1]

14.2 アイソレータの接合部

アイソレータは建物重量を長期間支持し，地震時には大きな水平変形に対して安定した挙動を発揮することが要求される．接合部については，各種アイソレータの機能や特性に応じた構造とする必要がある．ここでは代表的なアイソレータである積層ゴム支承接合部について以下に示す．

a. 接合部の応力

積層ゴム支承接合部に作用する応力は，きわめてまれな地震動時の水平変形によるせん断力，せん断力による曲げモーメントおよび上部構造の軸力である（図1）．また水平変形時の軸力によるP-δ効果は，積層ゴム内部の圧力分布が水平変形に応じて変化することで打ち消されるため応力としては無視可能ではあるが，取付け躯体にはP-δ効果による付加曲げモーメントを考慮する必要がある．

b. 接合部の設計

一般的に積層ゴム支承は，積層ゴムのフランジプレートにボルト接合された取付けプレートに取付く各種アンカーボルトを介して上下躯体に接合される．取付け部に用いる各種アンカーボルトとしては，図2に示すようにスタッドボルト，アンカーボルトおよび突起付袋ナットなどが併用して用いられる．接合部の設計においては，各種アンカーボルトに応じた作用応力

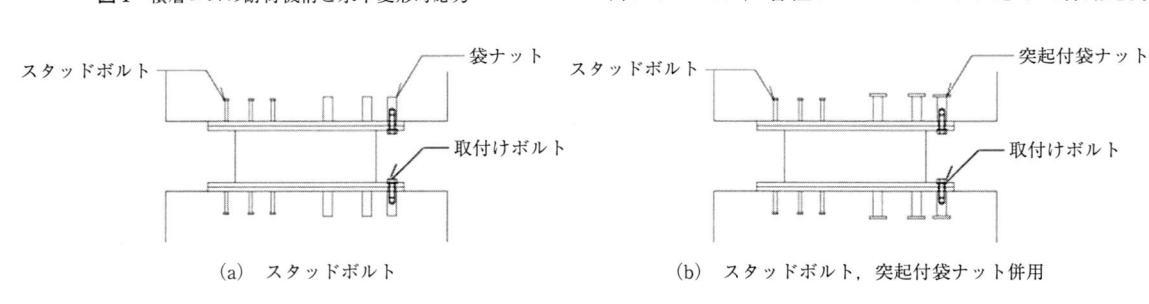

(a) スタッドボルト

(b) スタッドボルト，突起付袋ナット併用

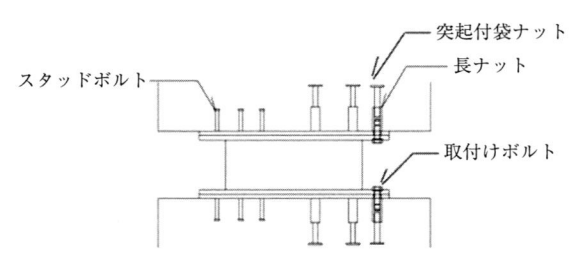

(c) スタッドボルト，突起付ボルト併用

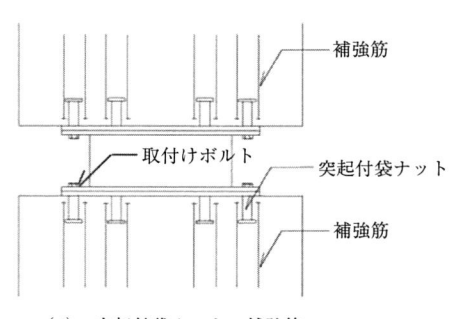

(d) 突起付袋ナット＋補強筋

図2 積層ゴムの取付け方法例[2]

14.3 ダンパーの接合部

ダンパーは免震建物に減衰性能を付与して応答を抑制する機能があり，負担した応力を確実に取付け躯体に伝達する必要がある．ここでは代表的なダンパーとして鉛直方向の軸力が作用しない鋼材ダンパーとオイルダンパー，大変形時に軸力が作用する鉛ダンパー接合部について以下に示す．

a. 接合部の応力

ダンパーから接合部に作用する応力は，発生する地震動時の最大水平変形や最大減衰力によるせん断力，曲げモーメントおよび軸力（鉛ダンパーの場合）である．なお，ダンパーの各種依存性やばらつきについても適切に考慮する．

b. 接合部の設計

躯体に鉛直方向に取付く場合は，ダンパーと取付けプレートをボルト接合し，取付けプレートのアンカーボルトや袋ナットを介して上下躯体に接合する．躯体に水平方向に取り付く場合は，取付け躯体にアンカーボルトや通しボルトを用いて接合する．図3に代表的なダンパーの取付け事例を示す．

接合部の設計では，各種アンカーボルト作用応力に対して，アンカーボルトや取付け部のコンクリートの耐力が上回ることを確認する．またダンパーが取付く梁については，梁の弱軸方向の変形時にねじれ応力が生じるので，この応力に対する対策も必要である．

に対して，アンカーボルトや取付け部のコンクリートの耐力が上回ることを確認する．なお積層ゴム支承に引張り軸力が作用する場合は，躯体に確実に引張り力を伝達可能な接合部を設計するとともに，取付け方法にも工夫を要する．具体的には，定着プレート付アンカーボルトや袋ナット周辺への補強筋の配筋などを施す方法などがある．

また接合部検討用の応力として，積層ゴムの水平剛性のばらつきや経年変化および大変形時のハードニングなどを必要に応じて評価する必要がある．

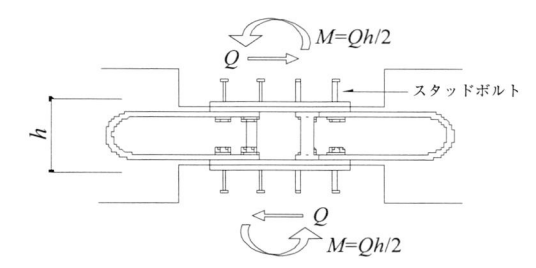

【藤森　智】

引用文献

1) 日本建築学会：免震構造設計指針，2001.
2) 日本免震構造協会：免震部材の接合部・取付け躯体の設計指針，2009.

(a) 鋼材ダンパー

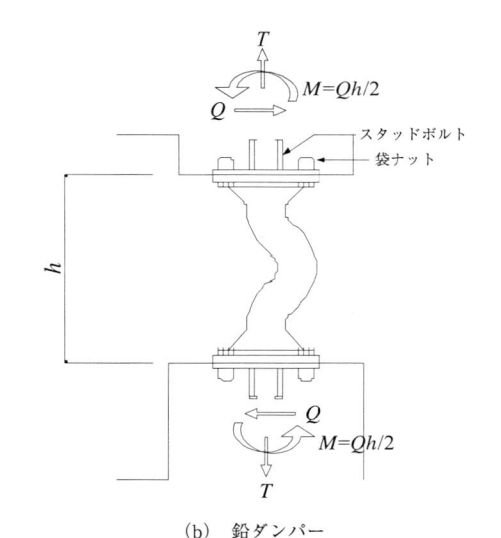

(b) 鉛ダンパー
T：水平変形時に取付け部に作用する軸力

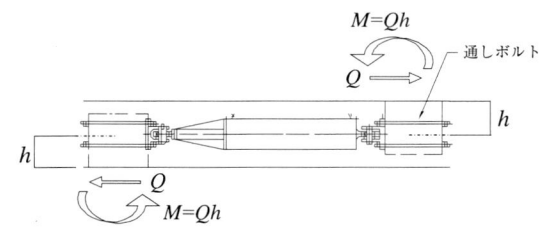

(c) オイルダンパー

図3 ダンパーの接合方法例[2]

15 建築・設備

15.1 免震クリアランス

基礎免震の場合には地下に免震層が必要である．このため建物周囲には擁壁が必要となる．擁壁の設計は，常時荷重は土圧・水圧，また大地震時には地震時土圧も考慮したうえで十分な耐力をもつようにする．外壁の内側には免震クリアランスとして設計可動量を確保し，外壁の外側には掘削工事を行うための山留の施工スペースが必要となる．これらのことより，構造体外周面の設定は敷地境界から施工性を考慮して決める必要がある（図1）．

また，設備配管引込みの立ち上げ管，立ち下げ管を擁壁の内側に設ける場合は，配管の内側から免震クリアランスを確保しなければならないので注意が必要である．とくに建築と設備を個別に設計している場合は，この点での調整に留意する．中間階免震建物の場合にも，地震時に建物が越境しないように建物外面と敷地境界との間は免震クリアランス以上の寸法を確保しなければならない．

なお，敷地境界よりの離隔距離は，「免震建築物の技術基準解説及び計算例とその解説」[1]を参考にするとよい．

15.2 免震エキスパンションジョイント

免震エキスパンションジョイント（以下，免震EXP.J）は，大別して以下の2つの追随方式がある．

① 可動追随方式：カバー材を保持しながらスライドさせる可動構造の働きにより相対変位を吸収する方式（図2）

② 変位追随方式：部材が伸縮変形することにより変位に追随する方式（図3）

a. 設計上の留意点

1) 出入口　　出入口は災害時に避難通路として重要な役割を果たさなければならない．そのために免震EXP.Jを採用するにあたっては，歩行者・車両などの設計荷重に対する安全性を確認する必要がある．以下に出入り口に採用する免震EXP.Jを示す．

① 片側を固定し他端をすべらせる方法（図4）：すべり部のステンレス板にすべり加工を施した摩擦係数の極力小さいものを使用し，ステンレス板の下側には防振ゴムをはさむほうが望ましい．この方法は，バリアフリーに対応できるが，浸水，ごみ，ほこり，積雪および凍結などによりすべり面に異常がなく，いつでも有効にすべる状態を維持するメンテナンスが大切である．また，強風による浮き上がりや移動がないように配慮する．

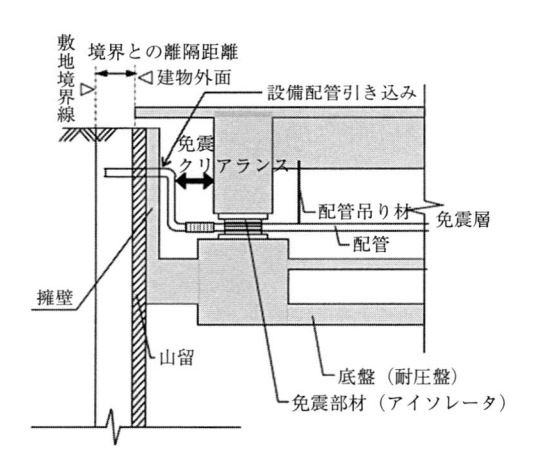

図1　建物と境界

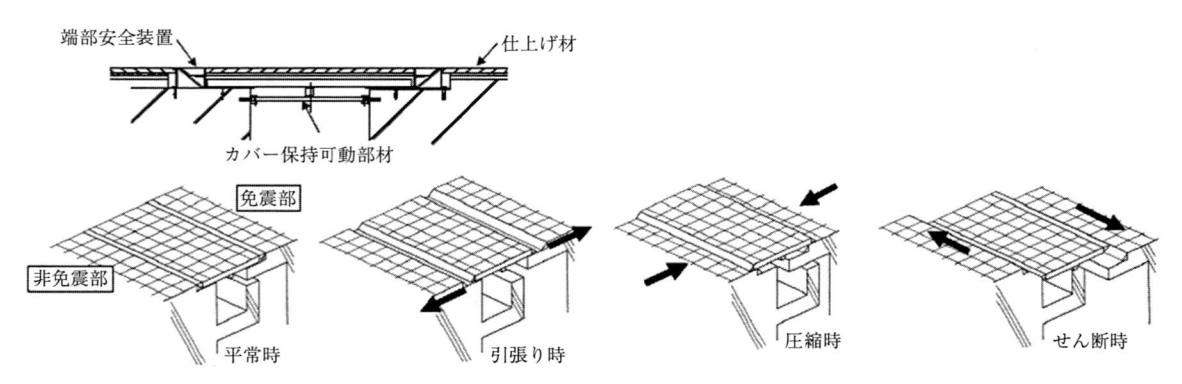

図2　可動追随方式概念図

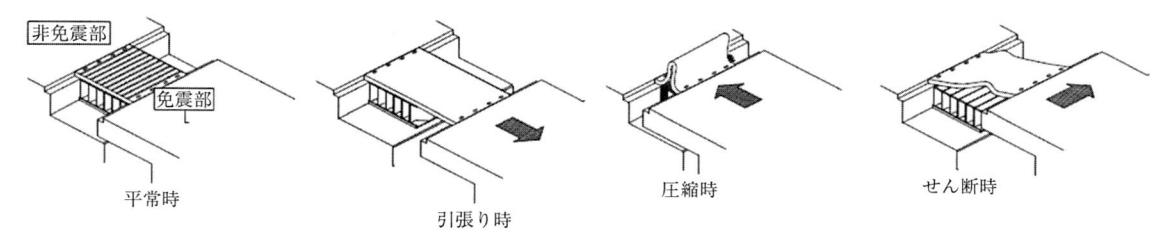

図3 変位追随方式概念図

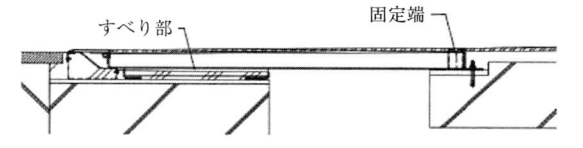

図4 片側固定で他端をすべらせる方法

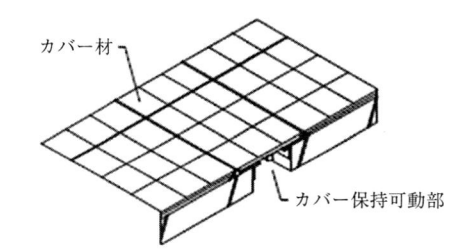

図5 両端をすべらせる方法

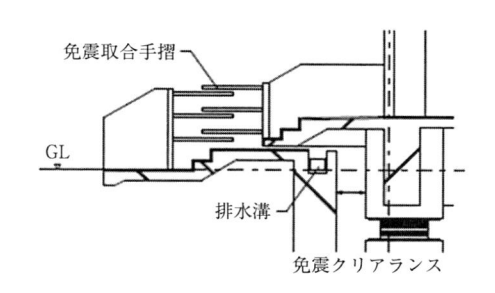

図6 段差のある出入口

表1 おもな耐荷重性能の分類

分類	建築基準法施行令	道路橋示方書	
		一般車両用	大型車両用（大型貨物・消防車など）
必要耐荷重性能	5400 N/m²	T荷重* T-4, 6 など	T荷重 T-14, 20, 25 など

*T荷重については「道路橋示方書・同解説」I共通編 2章 荷重を参照

② 両端をすべらせる方法（図5）: 地震時にカバーが動くさいの安全性について配慮されており，カバーが脱落しないよう保持する仕組みを採用しなければならない．また，可動の妨げとなるような障害物，ごみ，ほこり，積雪，凍結などについて留意してメンテナンスすることが大切である．

③ 変位追随方式: ごみ，ほこり，積雪および凍結などにより，伸縮部に異常がないよう日常的なメンテナンスが必要である．また，全方位変形のシミュレーション図を描き，理解を深めることが大切である．

④ 段差（階段）を利用してスライドさせる方式（図6）: 階段の上部が動くと人が落下する危険を伴うため，最下段や広い踊場に設けることが望ましく，浸水防止用排水溝を設けるなどの配慮が必要である．また地震時の変位に対して手摺がスムーズに可動するとともに，人が狭まれたりしないように配慮し，積雪時の除雪による雪山など，可動の障害となるようなものが置かれないように注意しなければならない．

2) 車路　車路では，重量物である車両が速度を伴って通行するため，十分な耐荷重性能（表1）を満たした免震EXP.Jが必要である．また，消防や医療などにかかわる緊急車両用通路については，大地震後も車路として確実に機能するよう，十分な変位追随性能と復元性を有するよう設計する．

3) エレベータ出入口　中間階免震でエレベータシャフトなどの免震層を貫通する部位と下部構造の取り合いに設置する免震EXP.Jは，床用，壁用および天井用を組み合わせて構成する．

4) 渡り廊下および車路の幅員の確保など　渡り廊下や車路は，通常時の通行だけでなく緊急時には避難通路として重要な役割が課せられている．いずれも幅員が限定されやすい箇所であり，建物が大きく変位した場合に人や車両の通行を妨げる危険性があるため，十分な可動領域を確保する必要がある．

5) セキュリティへの配慮　犬走りなどの開放されているクリアランスや，人力でこじ開けられるエキスパンションなどから建物内へ容易に侵入できないよう留意する．

6) 安全上の配慮　免震EXP.Jは変位に追随してもその過程で，パネルの突出・脱落・隙間が発生する危険性がある．通行者が直接触れる部分においては，

表2　エキスパンションの変位追随性能試験方法

試験項目	試験内容	判定基準	処置
シミュレーション図	免震建築物側を可動側，他方を固定側として，任意水平方向に想定される最大の相対変位が発生したときのエキスパンション構成部材の位置関係を示したシミュレーション図を描き，変位追随性を確認する．	部材間の干渉や，構成材に無理な負担がかからないことや，危険な開口や突起箇所を生じないことなどを確認する．	再検討
変位追随性能試験（静的試験）	エキスパンションを据え付けた仮想躯体を動かし，地震時に発生が予想される相対変位を各方向に与え，エキスパンションの挙動を目視により観察し，変位追随性能を評価する．次に，繰返し試験として，相対変位（設計可動量）を50サイクル（往復）ほど試験体に与え，耐久性を検証する．	要求される変位追随性能が満たされているか，追随ストロークの途中で危険な開口や突起箇所が生じていないか，定位置に戻ったさいに有害な残留変形がないかなどを確認し，異常がなく，要求性能が維持されていること．	再検討または再製作
振動試験（動的試験）	動的アクチュエータなどで制御できる加振装置にエキスパンションを設置し，正弦波や観測地震動あるいは模擬地震動を与えて挙動を観察し，変位追随性能を評価する．	静的試験の判定基準を満たすとともに，地震動などの衝撃に対する変位追随性能を確認し，問題がないこと．	再検討または再製作

安全には十分な配慮が必要である．

b. 性能評価試験

免震EXP.Jの変位追随性能を確認するための試験方法と判定基準は，表2による．

15.3　設備配管類

免震層での相対変位に設備配管類が追随できるために，免震継手を設ける必要がある．

a. 免震継手の選定

所定の設計可動量をもとに，配管口径や用途に応じ

表3　免震継手の種別

	種別	概念図
ゴム製変位吸収管継手	ゴム製管継手	図7
金属製変位吸収管継手	金属製管継手	
フッ素樹脂製変位吸収管継手	フッ素樹脂製管継手	
メカニカル型変位吸収管継手	ボールジョイント	
	スイベルジョイント	
	ハウジング型組立て管継手	

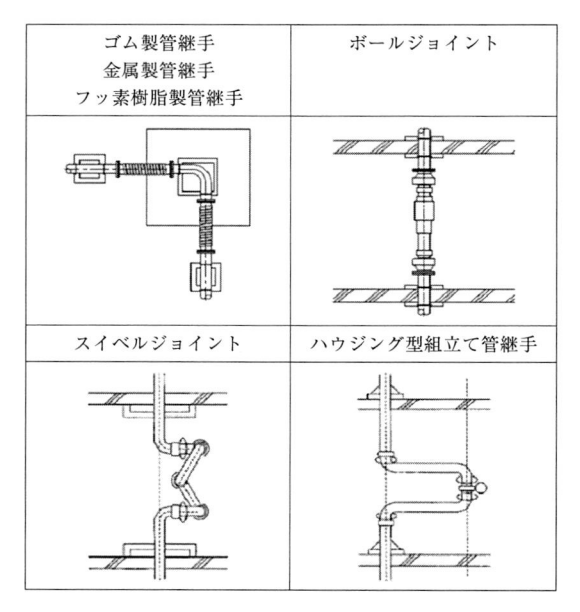

図7　免震継手概念図

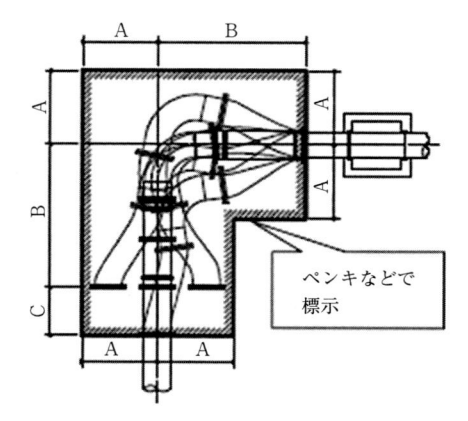

図8　作動スペース

て適切な仕様の免震継手を選定する．免震継手としての機能を満足するために，変位追随性能，耐疲労性能および形状復元性能が必要となる．免震継手の種別お

15.3 設備配管類

表4 一般的な免震継手システム

免震継手システム	特　徴	留意点
キャスタータイプ ゴム製・金属製・フッ素樹脂製	・継手をL字2本組みとすることで水平二方向360°に円滑な変位追随または吸収が可能である. ・免震配管移動コントローラで支持することで配管レベルが安定する. ・複数配管の免震化が可能である.	・ステージ架台は重量物で組立式なので搬入据付けに工程管理が必要である. ・他のシステムに比べ, 設置スペースが大きく必要. また搬入口の確保も考慮すること.
ばね吊りタイプ ゴム製・金属製・フッ素樹脂製	・継手をL字2本組みとすることで水平二方向360°に円滑な変位追随または吸収が可能である. ・付属部分がコンパクトなので省スペース, 低コスト化が可能である. ・吊り支持のため部材の重量は軽く施工は容易になる. ・複数配管の免震化が可能である.	・天井部アンカーを施工できる位置を考慮した配管ルートが必要. ・アンカーボルトの墨出しに注意が必要で配管の芯ずれが発生しやすい. ・施工時と通水時では免震継手の重量が異なるため水平を考慮したレベル調整が必要.
縦型タイプ	・継手1本で水平二方向360°に円滑な変位追随または吸収が可能である. ・必要部材は免震継手1本なので省スペース, 低コスト化が可能である.	・金属製継手での使用はねじれ吸収継手が必要になる（地震時に継手首元にねじれが生じるため). ・継手面間がL字型と比べ比較的長いため免震層の高さが必要. ・継手を取付けるさい, 偏心, 面間距離に注意が必要.
U字タイプ（金属製のみ） 金属製	・継手1本・ねじれ吸収継手で水平二方向360°に円滑な変位追随または吸収が可能である. ・省スペース, 省コスト化が可能である. ・横引を配管の一部（途中）にそのまま取付けることができる.	・ねじれ吸収継手が必要になる（地震時に継手首元にねじれが生じるため). ・継手を取付けるさい, 偏心, 面間距離に注意が必要. ・継手材質の選定が不可.
横水平タイプ（ゴム製のみ） ゴム製	・継手1本で水平二方向360°に円滑な変位追随または吸収が可能である. ・必要部材は免震継手1本なので省スペース, 低コスト化が可能である.	・継手を取付けるさい, 偏心, 面間距離に注意が必要. ・水勾配の考慮が必要. ・継手材質の選定が不可.
ボールジョイントタイプ 金属製	・継手1本が水平二方向360°に円滑な変位追随または吸収が可能である. ・必要部材は免震継手1本なので省スペース化が可能である.	・継手を取付けるさい, 偏心, 面間距離に注意が必要. ・継手材質の選定が不可.

よび概念図を表3および図7に示す．また，免震継手の変位追随方式（免震継手システム）を表4に示す．

選定した免震継手システムに応じて，設置箇所や作動スペースの確認および反力値に基づいた固定支持部の設計を行う．

b. 作動スペースの確保

地震時には，図8のように免震継手が変形する．斜線内の範囲には，免震継手の変形を妨げるものを設置しない．作動スペースをペンキなどで標示することが望ましい．

c. 固定支持部の設計

免震継手の変位追随を最大限に発揮するためには，免震部や非免震部の配管固定支持部は十分な強度を確保する必要がある．

15.4 その他の設備の免震対応

a. 一般電気配線

免震層に敷設される一般電気配線は，最大水平変位量（設計可動量）に十分に追随できるよう余長をもたせる．

b. 高電圧配管配線

6,600ボルト以上の高電圧（11,000ボルト以上特別高圧）の配管配線はできるだけ免震層を避けた引き込みルートを計画する．止むを得ず，免震層を経由して引き込む場合は，設計可動量を十分吸収できる措置を講ずる．なお，設計・施工にさいしては，電力会社と協議のうえ詳細仕様を決定する．

c. ガス設備配管

免震層に設置するガス設備配管の設計については，日本ガス協会編「供給管・内管指針（設計編）（平成23年1月）」に準拠する．なお，設計・施工にさいしては，ガス事業者と協議のうえ詳細仕様を決定する．

d. 排煙用ダクト

排煙用ダクトは防災上重要な設備であり，免震層を通過することがない計画が望ましい．止むを得ない場合は，建築基準法に準拠した性能を有する継手を使用する．

e. エレベータ

エレベータ昇降路部は変位追随性能が必要である．その対応方法としては，基礎免震についてはピット吊下げ方式，中間階免震については，昇降路吊下げ方式と昇降路分割方式がある（図9）．　　　【森高英夫】

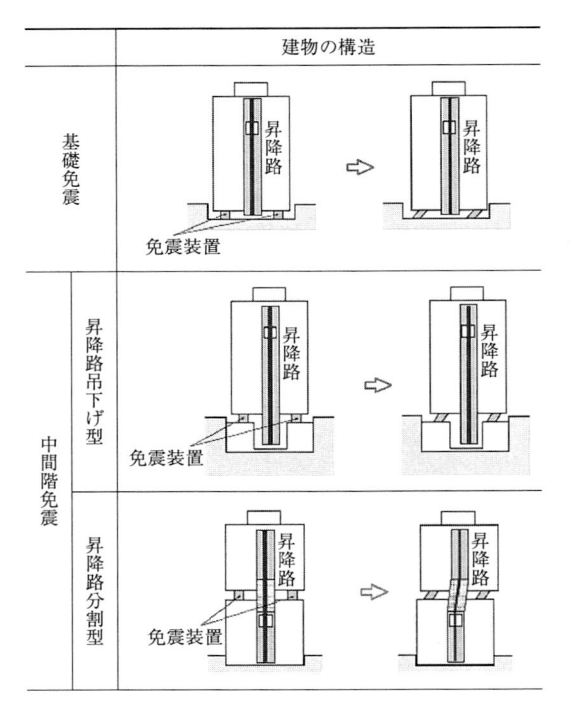

図9　免震建物の構造とエレベータ

引用文献

1) 日本建築センター，免震建築物の技術基準解説及び計算例とその解説，2004．

16 耐風設計

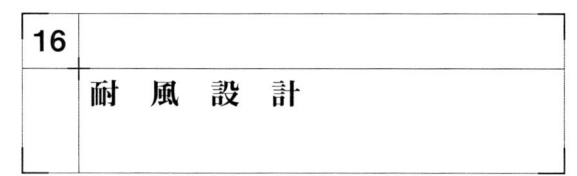

近年の高層建物への免震構造の適用の増加や長周期免震システムの採用などの傾向により耐風設計の重要性が高まりつつある.風力は地震力と比較して,長時間作用するものであり,風向方向には平均成分(静的成分)が含まれている.そのため,免震部材の多数回繰返し変形に対する安全性やクリープ変形の影響などに留意する必要がある.免震建物の耐風設計法に関する指針には,日本免震構造協会による「免震建築物の耐風設計指針」[1](以下,指針と略称する)があり,ここでは,その考え方を中心にして耐風設計の要点を述べる.

16.1 耐風設計の基本方針

地震時の応答特性とは異なる免震構造特有の風応答性状を考慮し,風荷重に対する最大応答量だけでなく,免震部材の長時間の繰返しによる損傷の累積を評価するなど,極めて稀な暴風時に対して,長期荷重を支持する免震支承は交換が不要なように,交換が容易なダンパーは致命的な損傷を避けるように設計しなければならない.耐風設計は,風荷重評価,風応答評価,安全性評価と進むが,その設計検討内容は当該免震建物にとって風荷重が厳しくなければ簡略的な検証,厳しければ精度の高い詳細な検討が要求される.そのため,指針では免震層もしくは免震部材の降伏荷重レベルと風荷重の大小関係から,3つのランクに分けて検証すべき項目が示されている.

16.2 免震層の設計

風荷重は建築基準法告示に準拠して設定することを原則とし,告示に示されていない風直交方向,捩り風荷重の影響などは,日本建築学会・建築物荷重指針に準拠する.指針では,極めて稀な暴風時の応答状態によって,表1に示す3段階すなわちランクA,BおよびCに分類されており,風荷重の変動成分に対して免震層が弾性挙動するランクA,もしくはランクBになるよう設計されることが望ましい.風荷重の変動成分に対しても弾塑性挙動するケースであるランクCでは,風荷重の大きさだけでなく継続時間を含めた設定が必要で,時刻歴応答解析による高度な検証が求められる.

図1にそれぞれのランクに対する免震層の応答の概念図を示す.図中のランクB'は,クリープ性部材が存在する場合にクリープ変形により水平変形が増大した状態を示している.図2は風荷重を模擬した一定水平力(平均成分)+周期3秒の正弦波荷重(変動成分)により鉛プラグ入り積層ゴムを2時間加振したさいに

表1 風荷重による免震層の応答状態とランク[1]

ランクA	免震層の風荷重に対して,免震層が弾性挙動する範囲にとどまるケース
ランクB	免震層の風荷重に対して,免震層は弾性限を超えるが,風荷重の変動成分に対しては弾性挙動をするケース
ランクC	免震層の風荷重に対して,免震層は弾性限を超え,風荷重の変動成分に対しても弾塑性挙動をするケース

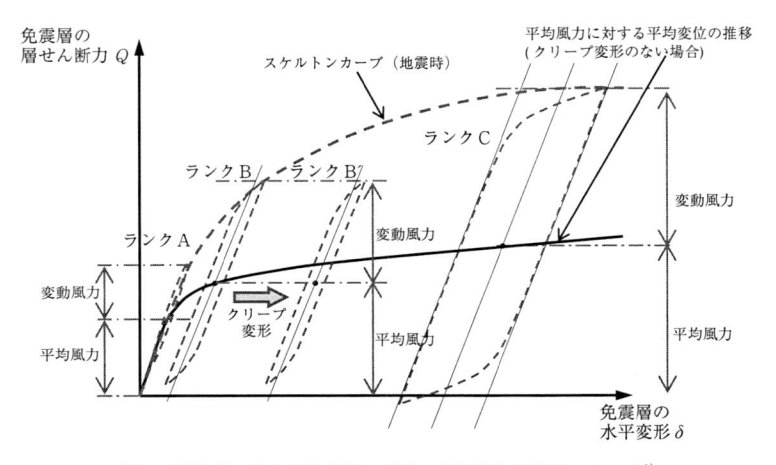

図1 風荷重に対する免震層の応答の概念図と免震層のランク[1]

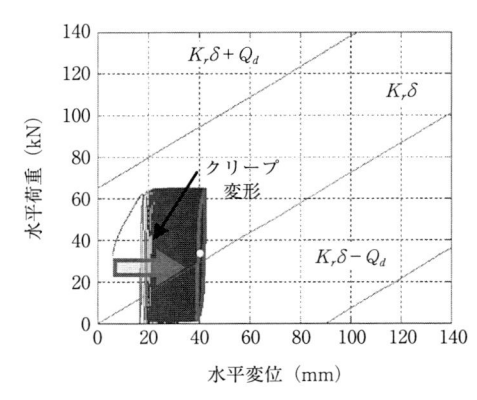

K_r：ゴム剛性，δ：水平変形，Q_d：切片降伏荷重
図2　鉛プラグ入り積層ゴムのクリープ性状[1]

表2　免震部材の風応答特性・評価項目[1]

免震部材	想定される安全性評価項目および留意すべき応答特性
鉛プラグ入り積層ゴム	温度上昇の影響，クリープ性状，残留変形，微小（居住性）～小振幅特性
錫プラグ入り積層ゴム	同上
高減衰ゴム系積層ゴム	温度上昇の影響，クリープ性状，繰返しによる剛性低下，残留変形，微小（居住性）～小振幅特性
すべり支承	温度上昇の影響（とくに高摩擦），コーティング表面損傷，摩擦材磨耗
直動転がり支承	転がり疲労，フレッチング（微動磨耗：ベアリングボール直径の10～15％以下の繰返し変形で発生）
鋼材ダンパー	疲労による亀裂・破断
鉛ダンパー	温度上昇の影響，クリープ性状，疲労による亀裂発生・破断，微小（居住性）～小振幅特性
オイルダンパー	温度上昇の影響，シールパッキングの損傷，微小（居住性）～小振幅特性
粘性系ダンパー	同上

得られた履歴曲線であり，鉛プラグのクリープ性により水平変形がしだいに増大する様子がみられる．このようなクリープ性状を考慮して免震部材の風応答を評価する方法として，風荷重の平均成分に対して，クリープ性部材がまったく抵抗できないと仮定する風応答簡易評価法が提案されている[2,3]．

16.3　免震部材の設計

免震部材の耐風安全性の評価において，風荷重変動成分による長時間繰返し変形に対する疲労損傷，温度上昇の影響による剛性低下，耐力低下および小振幅時復元力特性，さらに風荷重平均成分によるクリープ変形特性や長時間変形の影響など風荷重時に特徴的な評価項目が適切に考慮されなければならない．疲労については供用期間中の地震や頻度の高い強風による累積にも注意する必要がある．また，暴風後に過大な水平変形が残らないようにすべきである．主要な免震部材の安全性評価項目および留意すべき応答特性の例を表2に示す．これらの耐風安全性の検証は，免震部材実験やそれに基づく安全性評価法および安全限界に関する知見に基づく必要があるが，まだ風荷重を想定した部材実験によるデータ蓄積が十分といえないのが現状である．実際の検証手順として，風荷重変動成分に対して部材が弾性的挙動を示す場合においては，免震部材に作用する風荷重を平均成分および変動成分のそれぞれの最大値を評価したうえで，非定常な変動成分最大振幅に換算係数 α（$\alpha = 0.5$ 程度）を乗じて等価な正弦波振幅を評価して，それぞれの免震部材の既往の一定水平力＋正弦波加振実験（継続時間2～3時間）

結果と対照することで安全性を確認することが考えられる．

風荷重が厳しい免震建物において，免震層降伏荷重が低い，あるいはクリープ性部材が多用されている場合，風荷重平均成分により非常に大きな水平変形が生じる．そのようなさいには，鋼材を用いたストッパー，ストッパー機能をもつオイルダンパー，さらに残留変形を元に戻すジャッキ機能も併せもつ「多機能ダンパー」などが開発され，免震部材の損傷や残留変形の抑制のため，実際の免震建物にしばしば採用されているが，その機能の維持やストッパー作動中の地震に対する安全性の確保に留意する必要がある．

【竹中康雄】

引用文献
1) 日本免震構造協会：免震建築物の耐風設計指針，2012．
2) 竹中康雄，飯塚真巨，鈴木雅靖，吉川和秀，山田和彦：鉛プラグ型積層ゴムのクリープ性を考慮した高層免震建物の風応答簡易評価法，日本建築学会構造系論文集，**561**，89-94，2002．
3) 竹中康雄，安井八紀，吉江慶祐，大熊武司：免震部材クリープ性を考慮した風応答評価法について（その1，2），日本建築学会大会学術講演梗概集，273-276，2010．

17 維 持 管 理

維持管理の位置づけと概要については，共通編 6.6 節に記載している．ここでは維持管理の具体的内容について詳述する．

17.1 検査・点検の種別および概要

竣工時検査および各種点検は，目的に合わせて以下のように分類され，所定の時期に免震建物点検技術者が実施する．点検の結果，対策が必要な場合は，建物管理者・建物所有者・設計者など関係者が対策を協議する．

a. 竣 工 時 検 査

竣工時検査は，今後の点検に必要な初期値を計測する重要な検査であり，建物の竣工時に施工者の責任において，工事監理者の立ち会いのもとに実施し記録を保管する．なお，最近の免震建物は大規模なものも多く，竣工時検査で大きな不具合がみられた場合，是正に莫大な費用と時間がかかるため，施工中の各段階における中間検査を推奨する．

b. 定 期 点 検

定期的に毎年実施し，点検内容については年次により次の2種類に分類される．表1は，定期点検の時期と内容を示している．
①建物竣工後5年，10年，以後10年ごとの点検：計測を含めた点検を実施し，記録にとどめる．
②上記以外の毎年の点検：目視を中心とした免震層の見回りを実施し写真などで記録する．

表1 定期点検：免震建物点検技術者が実施

竣工	1年	2年	3年	4年	5年	6年	7年	8年	9年	10年	11年	12年	13年	14年	15年	16年	17年	18年	19年	20年	21年	⇒以後継続
◎	○	○	○	○	●	○	○	○	○	●	○	○	○	○	○	○	○	○	○	●	○	

◎：建物竣工時に実施．部材は全数検査．測定を伴う点検．
○：毎年の見回りを主とした点検．
●：竣工後5年，10年以後10年ごとに実施．部材は抜き取り検査．測定を伴う点検．

c. 応 急 点 検

災害に迅速に対応する目的で，当該敷地において地震や強風の発生，水害および火災の影響が免震層におよんだ場合は，被災直後に目視を中心とした見回りを実施する．応急点検を必要とする当該敷地の震度および風速は，設計者が設定し，実施の判定は，最寄りの気象台の観測値を参考とする．被災直後の応急点検に代えて詳細点検を実施することも可とする．なお，大地震後は，余震が発生することが多く，点検中に建物が大きく動く可能性があることを念頭に，狭い場所など危険部分には近づかないよう留意する．なお，震度と風速の目安としては，おおむね震度5弱以上の地震，平均風速（天気予報でいう風速）でおおむね30 m/sを超える強風とする．ただし応急点検にて損傷などが見当たらない場合，半年以内に限り前回を超えない震度や風速での応急点検は省略できるものとする．また，免震層の変形は建物の耐震性能や形状（高層建物や低層建物）により異なるため，上記はあくまで目安とし，点検の実施は設計者が設定した震度および風速に対し行うこととする．

d. 詳 細 点 検

定期点検，応急点検で免震部材の異常が認められた場合，原因の把握と対応を検討するため，設計者の指示に従い計測を含めた詳細な点検を実施する．

e. 更新工事後点検

免震層内ならびに建物外周部で免震機能にかかわりがある工事を実施した場合に実施する．点検範囲は，更新工事が影響を及ぼす範囲とし，点検箇所および点検項目は，竣工時検査に準ずる．なお，更新工事終了時に上記の定期点検を前倒ししてあわせて実施することができる．

たとえば，更新工事が予想されるものとしては，設備配管の可撓継手などがある．可撓継手は，上下水道，ガス配管に使用されるが，使用材料や使用環境および製造社により異なる．耐用年数の目安は，金属製で15～20年，ゴム製で10～15年である．

点検に必要かつ建物に常備することが望ましいもの（下げ振り，マーキングなど）は，設計図書にあらかじめ明記し，竣工時検査で確認する．設計図書に記載がない場合は，設計者の許可を得て設置する．

17.2 点検対象とその項目

点検対象は，免震建物の性能にかかわる部位である．部位ごとの具体的な点検項目を表2に示す．

a. 免 震 部 材

①支承およびダンパーは，建物を安全に支持しかつ建物への入力地震動を低減すること（積層ゴム系支承，すべり系支承，転がり系支承，各種ダンパー，別置き試験体）．
②支承の耐火被覆は，火災による免震部材の温度上昇を所定値以内に収めること．

表 2　点検項目

部材	要求性能	管理項目	管理方法
免震部材	・鉛直荷重支持性能 ・水平変位性能 ・復元性能 ・減衰性能 ・耐火性能 注）耐火被覆は火災による免震部材の温度上昇を所定値以内に収めること	・損傷，発錆の有無	・目視（確認）
		・鉛直変位	・計測
		・水平変位	・計測
		・部材形状	・代表寸法の計測
		・ボルトの緩み	・マーキングのずれ（確認）
		・別置き試験体	・有無の確認 ・加力装置の圧力確認
		・可動範囲の確認	・目視，計測
耐火被覆材	・耐火性能	・損傷 ・ずれ，隙間	・目視 ・計測
免震層・建物外周部	建物と地盤との相対位に支障がなく，各部に損傷が生じないこと	・クリアランス	・計測
		・障害物の有無	・目視（確認）
エキスパンションジョイント部	設計で定められた変位に対し，追随すること	・損傷の有無 ・付着物，障害物など ・装置の可動性 ・仕上材の追随	・目視（確認） ・目視（確認） ・目視（しくみの確認） ・目視および図面（確認）
設備配管可撓部，配線の余長およびクリアランス	・変位追従性能 ・躯体とのクリアランス ・相互のクリアランス	・形状の変化	・目視（確認）
		・損傷，液漏れなどの有無	・目視（確認）
免震部材取付け部	・免震部材と緊結されている	・ボルト，ナットの緩み ・コンクリートのひび割れ，破損	・木槌打撃などによる緩み確認 ・目視（確認）
その他	・出入り口その他見やすい場所に免震建物であること，その他必要事項が表示されていること ・免震層は立ち入る機会が少ないため，点検対象外の事柄であっても著しい不具合が発見された場合は，参考として報告書に記載することが望ましい		

b.　免震層・建物外周部・エキスパンション部
① 地震時に生じる免震部と非免震部との相対変位に対して衝突や破損が生じないこと（クリアランスの確保と障害物の有無などの確認）．

c.　免震層内・外周部の設備配管可撓部および配線の余長・クリアランス
① 地震時に生じる免震部と非免震部との大きな相対変位に追従すること．
② 配管，配線ラックが躯体ならびに互いに衝突しないこと．

d.　その他
①「免震建物である」などが表示されていること．
② 点検対象外であっても著しい不具合があった場合は報告書に記載することが望ましい．

17.3　維持管理の実施者とその体制

a.　維持管理の実施者

維持管理は，図 1 に示す維持管理体制により実施し，検査・点検は免震建物点検技術者が行う．

b.　維持管理の体制

建物所有者／建物設計者／建物管理者／免震建物点検技術者は以下の役割を担当する．

　　1）**建物所有者**　　設計者あるいは施工者から維持管理に関する提案を受け，免震建物点検技術者に定期点検を委託するとともに緊急時に迅速に対応するため，応急点検の対応方法を事前に取り決める．免震建物点検技術者からの点検結果の報告を受け，必要に応じて改善などの処置を実施する．

　　2）**建物管理者**　　建物所有者から建物の管理を委

託された者で，地震，強風，火災，水害など応急点検の必要が生じた場合，免震建物点検技術者に連絡する．

3）**建物設計者**　建物所有者からの依頼により，その代理人として，相談などを含め維持管理に協力する．

4）**免震建物点検技術者**　点検を実施し点検結果の判定を行い，結果を建物管理者に報告する．

17.4　維持管理点検実施要領

本要領は，免震構造にかかわる竣工時検査および各種点検の時期・項目・方法・管理値などについて規定する．なお，管理値は設計者が定めることとする．

a.　竣工時検査
①時　期：建物竣工時
②項　目：免震部材，耐火被覆，周辺環境および状況，設備配管，電気配線，エキスパンションジョイント，避雷針・アース，別置き試験体（設置有無の確認），けがき式変位計
③方　法：目視および計測
④箇　所：目視および計測ともに全数，なお定期点検時の抜取り検査部位をあらかじめ決定
⑤管理値：設計図書による（計測値を今後の維持管理の初期値とする）

b.　定 期 点 検
①時　期：計測を含めた点検は，建物竣工5年後10年後，以後10年ごとに実施し目視を主体とした見回りは毎年実施する
②項　目：免震部材，耐火被覆，周辺環境および状況，設備配管，電気配線，エキスパンションジョイント，別置き試験体試験（建物竣工後10年ごと）
③方　法：目視および計測
④箇　所：目視は全数，計測は抜き取り
⑤管理値：設計者が定める

c.　応 急 点 検
①時　期：所定規模以上の地震および強風，水害および火災が免震層に及んだ場合，異常の場合
②項　目：免震部材，耐火被覆，周辺環境および状況，設備配管，電気配線など，エキスパンションジョイント
③方　法：目視
④箇　所：全数
⑤管理値：設計者が定める

d.　詳 細 点 検
①時　期：定期点検で異常が認められた場合および応急点検後必要に応じて
②項　目：免震部材の一部，耐火被覆，周辺環境および状況，設備配管，電気配線，エキスパンションジョイント，避雷針・アース，けがき式変位計
③方　法：目視および計測
④箇　所：目視は全数，計測は抜き取り
⑤管理値：設計者が定める

"抜き取り"とは，種別の異なる部材ごとに全数の10%，かつ3台以上を原則とする．積層ゴムのサイズのみが異なる場合は，もっとも数が多いサイズについて10%，かつ3台以上実施し，その他は，最大サイズ，最小サイズ各1台など省略も可とする．ただし，総数は全体の10%かつ3台以上とする．

支承とダンパーが機械的に複合している免震部材は，それぞれの機能別に抜き取りの対象とする．目視は全数実施し，うち1/2以上を写真などで記録することとする．

e.　耐火被覆がある部材の検査・点検

耐火被覆がある部材は，建物管理者の指示がある場合のみ外して点検することとし，それ以外の場合は，耐火被覆の外観や支承高さに大きな変化がみられた場合について，部材の点検が必要な旨報告書に記載する．

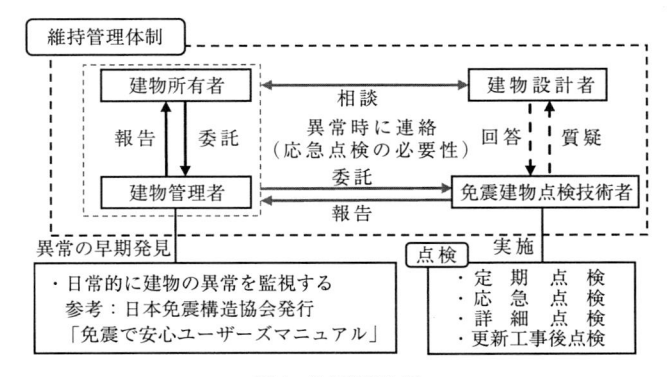

図1　維持管理体制

なお，耐火被覆の着脱は，その専門業者が実施することとする．竣工時検査における耐火被覆がある部材については，耐火被覆で覆う前に計測を実施する．応急点検は，その性格上耐火被覆の外観の損傷（大きな凹みなどの衝突痕，損傷，破れや加熱痕）の有無から，免震部材の損傷を推定することも可とする．なお，支承に残留変位が生じ，耐火被覆にずれや隙間が生じるなどの事象は，写真，スケッチなどで記録し報告書に記載する．

17.5 免震部材の交換

免震部材は，経年劣化や地震時に損傷が生じた場合には交換可能であるように設計されている．これは，免震部材が地震時に大きく変形することで建物を地震被害から守っており建物の耐震性能のほとんどを支配していること，免震部材の歴史が浅く万が一の場合を考慮して設計されてきたことが理由である．経年劣化や地震被災後に支承を交換した事例はほとんどないが，履歴系ダンパーは，地震時に疲労が蓄積し多少損傷し，念のため交換した事例はいくつか報告されている．ここでは支承の代表例である積層ゴムについて交換可能とするための設計上の注意点と交換方法について概説する．建物重量を支えていないダンパーについてその交換方法は，建物重量を仮受けする以外支承の交換方法に準じる．

a. 設計上の留意点

1) 交換経路の確保 積層ゴムは，建物の大型化に伴い，その直径は 1500 mm を超えるものも採用されている．したがって，交換する場合に備えて，設計時にその搬出搬入ルートを想定する必要がある．具体的には，免震層内での横移動経路の確保および縦移動用の床開口の設置である．なお床開口などをあらかじめ設置するのが困難な場合は，万が一の場合に床を壊す範囲を設計時点で指定する方法も行われている．

2) 着脱可能な納まり 積層ゴムは，建物重量を支えておりかつ縦方向には硬く，その高さを縮めることも建物全体を大きく持ち上げることも困難である．したがって，建物荷重を仮受けするのみで水平に引き出せる取付け方法が要求される．そのため，取付けにはアンカーボルトは用いず，袋ナットを建物基礎に設置しボルトにより取り付けることが一般的である．

図2は，下基礎に設置された袋ナットに積層ゴムを設置し，ボルト締めを行い，上基礎の配筋およびコンクリート打設前の状況である．

3) 支承の交換 支承は，建物重量を支えている部材であることから，その取り外しにさいし，建物重量を仮受けする必要がある．仮受け用のジャッキが設置できるように支承の上下の基礎を若干大きめかつジャッキの反力に耐えるように設計することが一般的である．

b. 交換手順

図3に，積層ゴム支承の交換手順を図解する．

図2 袋ナットで下基礎上に設置された積層ゴム

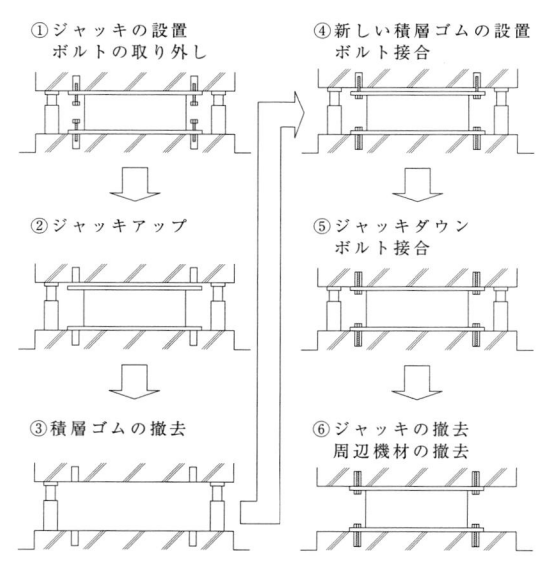

図3 積層ゴム支承の交換手順

【沢田研自】

18 その他

18.1 フェイルセーフ

フェイルセーフとは,システムに故障や不具合などの事象が発生した場合に,システムが確実に安全側へ移行するように制御する装置,あるいはその設計思想のことをいう.免震構造における故障や不具合とは,過大な変形によって免震部材に損傷・破壊が生じて荷重支持機能を喪失してしまうことである.その結果,上部建物には傾斜・損傷・倒壊などが生じるおそれがある.免震構造は基礎～免震部材～上部建物の構造要素が直列に接続するシステムであることから,免震部材の不具合が,直ちにシステム全体に重大な影響をおよぼす.一方,制震構造は建物と制震部材が並列に接続しており,制震部材に不具合が生じてもシステム全体に影響が波及しにくい(図1).

想定以上の過大な地震入力に対して免震建物の安全性を担保するためのフェイルセーフとしては,免震部材が荷重支持機能を喪失しないように変形を抑制することと,機能を喪失しても別の機構が荷重支持を肩代わりすることの2通りの対策が考えられる.基礎免震の場合,免震部材は基本的に擁壁とのクリアランス以上には変形できない.したがって擁壁が変形を抑制することになるが,衝突部分には衝撃吸収装置を設けるなどにより,建物への衝撃力を緩和させる工夫が必要になる.この点に関しては,18.2節にて記述する.

1980年代に免震建物が初めて出現した時期には,フェイルセーフが用いられた.とくに米国では積極的に採用されていたようである.日米両国とも,フェイルセーフの設置は,強制的ではなく設計者判断による.以下に,日米の免震建物への適用事例を紹介する.図2は1986年に米国で初めて建設された免震建物のフェイルセーフであり,積層ゴムの荷重支持能力の喪失に対処するためのものである.

一方,日本では機能損失を前提とするフェイルセーフシステムではなく,それを未然に防ごうとするコンセプトをもつバックアップシステムが開発された[1].図3は一定変形以上でハードニング型の抵抗力を付加する水平変形制限装置であり,図4は浮き上がり変位制限装置である.いずれも実建物に採用されている.

図2 米国の免震建物のフェイルセーフ

図3 水平変形制限装置[2]

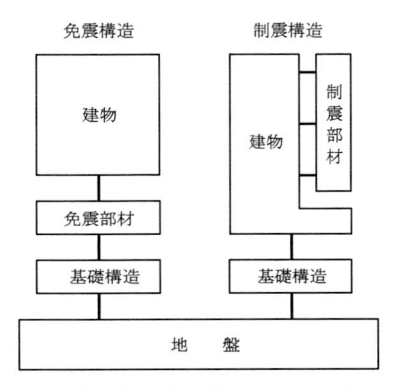

図1 免震構造と制震構造のシステム構成

図4 浮き上がり変位制限装置[2]

最近では，積層ゴムの荷重支持機能の代換えと変形抑制の両機能を合わせもつフェイルセーフシステム（ソフトランディング装置）が開発され，実建物へも適用されている[3]．積層ゴムには，水平変形に伴って鉛直方向に沈み込む性質がある．この性質により，平時は積層ゴムが荷重を支持するが，過大な変形が生じると建物はソフトランディング装置に接触するようになる（図5）．変形の進行に伴って建物荷重は徐々にソフトランディング装置に移行し，積層ゴムが荷重支持能力を喪失しても上部構造は安定的に支持される．ソフトランディング装置上端の接触面には，すべり支承と同様のすべり材を用いることで，摩擦による応答低減も期待できる．また，皿ばねの併用も可能である．

ソフトランディング装置の復元力特性は図6のようにモデル化できる．復元力モデルの設定には，はじめに，積層ゴムの水平変形に依存して変化する鉛直剛性を，積層ゴム上下端部が重なる面積に比例させて鉛直剛性を低減するなどにより評価する．続いて，積層ゴムとソフトランディング装置の各鉛直ばねを並列接続させることで，鉛直荷重の分担を求める．ソフトランディング装置が分担する鉛直荷重にすべり面の動摩擦係数を乗じることで，そのときの摩擦力が決定される．

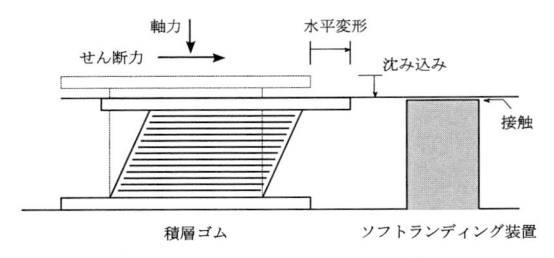

そのほかに，支承減衰一体型積層ゴム（鉛プラグ入り積層ゴムや高減衰ゴム系積層ゴムなど）と高摩擦すべり支承を直列に組み合わせることよって，巨大地震時に積層ゴムの損傷・破断や上部構造への過大な地震力の伝達を防止する方法が提案されている[4]．この方法は，積層ゴムが破断する前に，端部をすべらせてそれを未然に防ごうとするコンセプトにより，前述のバックアップシステムに準じるものと理解できる．

東日本大震災以降，来る巨大地震に対して最悪のシナリオを考え備えることが求められている．それは免震構造においても例外ではない．しかし，免震構造にも能力の限界は存在する．そのことを真摯に受け止め，フェイルセーフを併用することで，免震構造の安全性を確実なものとする姿勢が今後望まれる．

【菊地　優】

引用文献

1) 有馬文昭, 宮崎光生, 光阪勇治, 加藤巨邦：免震構造用バックアップシステムの研究（その1「水平変形制限装置」の開発とその性能確認），日本建築学会大会学術講演梗概集，495-496, 1989.
2) M. Miyazaki et al.：Development and application of back-up systems for base-isolated buildings, 10th WCEE (Madrid), 1992.
3) 寺村　彰ほか：免震装置のフェイルセーフ機構に関する研究－フェイルセーフ装置の基本動特性－，大林組技術研究所報告，**41**, 38-44, 1990.
4) 浜口弘樹ほか：想定を上回る地震に対して安全性の高い免震構造の提案（その1概要），日本建築学会大会学術講演梗概集，**B-2**, 437-438, 2010.

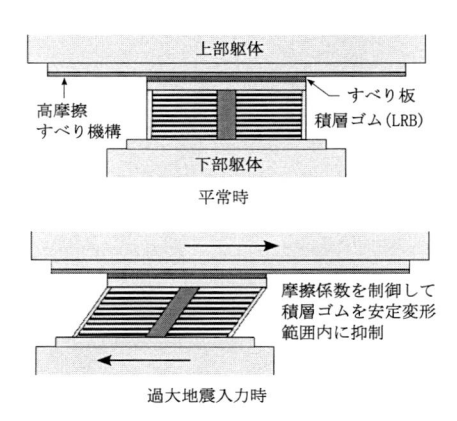

図5　ソフトランディングの概念[3]

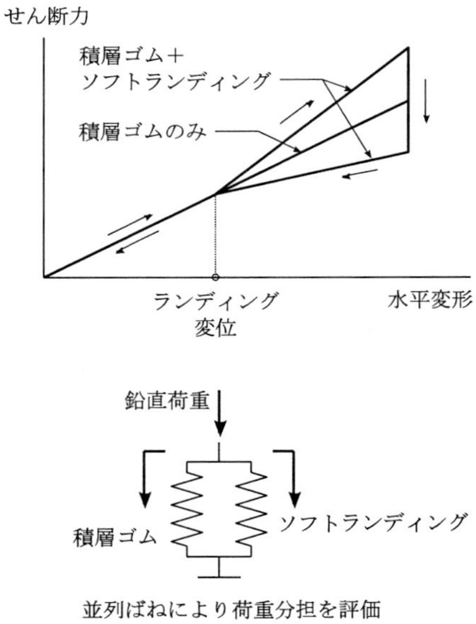

図6　ソフトランディング装置の復元力特性

図7　すべり機構付積層ゴム

18.2 擁壁衝突

基礎免震形式の建物には，土留めならびに大地震時における免震部材の過大変形抑制のため，免震層に擁壁が設けられる．免震建物の上部構造と擁壁間の最小距離をクリアランスと呼ぶ（図1）．

免震建物は上部構造に大きな水平加速度を生じさせないことを主目的とした構造物である．そのため，免震層のクリアランスは時刻歴応答解析の「極めて稀に発生する地震動レベル」（極稀地震動）入力に対する最大応答予測変位よりも大きい値で設計される．2000年までに建設された免震建物のクリアランスと最大応答予測変位の関係を図2に示す．図より，クリアランスは30～100 cmまで広範囲に分布している．また，クリアランスは建設年代が後になるにつれて増大する傾向にある．

近年の研究から，上町断層帯地震に代表される極稀地震動を大きく上回る過大地震の発生が予測されている．過大地震により，クリアランスの小さい初期免震建物ならびにクリアランスに対して最大応答予測変位の大きい免震建物が擁壁に衝突する可能性が指摘されており[2]，擁壁への衝突が想定外の事象にはあたらない免震建物も存在する．

免震建物上部構造と擁壁との衝突は，上部構造の層せん断力の増大と塑性化を招く可能性があるものの，過大地震動入力に対して，必ずしも最優先に避けるべき現象ではない．たとえばクリアランスを大きく設計することで擁壁との衝突は回避できるが，免震部材の変形限界を超えるクリアランスで設計を行えば免震部材が破断し，上部構造の鉛直支持能力が失われる危険性がある．

免震構造設計指針 2.1節「免震性能の考え方」でも，想定外の大きな地震動を受けた場合に起こりうる損傷項目の1つに「クリアランス限界（周辺構造との衝突）」をあげるとともに「免震部材の変形限界」，「免震部材の鉛直支持能力の喪失」なども損傷項目としてあげており，これらの損傷の順位づけは設計者が判断すべきと述べている．

擁壁衝突現象を含む免震建物の限界状態を考慮した設計手法として，上町断層帯地震に対する免震建物の設計法が日本建築構造技術者協会関西支部より提案されている[3]．ここでは詳細な説明は省くが，提案された手法では，上部構造と免震部材の各項目に対してクライテリアを設け，クライテリアを超過する項目の組み合わせにより，検証方法（設計および解析方法）を指定している．検証方法の詳細内容については，今後検討の余地があるが，擁壁衝突を含む限界状態への体系立った設計方針として，参考になると考えられる．

擁壁衝突時の衝撃力を緩和させる手段として，18.1節で述べた衝撃吸収装置がある．衝撃吸収機構の1つとしてアルミ製ハニカム構造のストッパーを免震模型に設けた振動台実験が報告されており，実験結果を紹介する．実験に用いたストッパーは図3に示す構造である．ストッパーはハニカム構造の小室が順次破壊されることで，衝撃力が緩和される機構である．実験より，ストッパーを設置した場合に免震模型の最大応答変位が1割程度低減されたことが確認された．また，免震建物の応答変位の制御機能を，ハニカム構造の形状および寸法から導かれる座屈強度などから予測でき

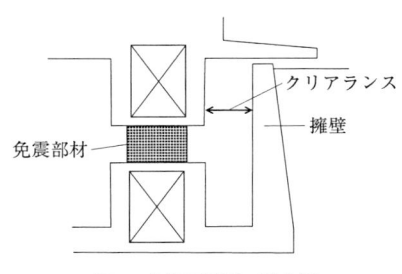

図1 免震層断面の模式図

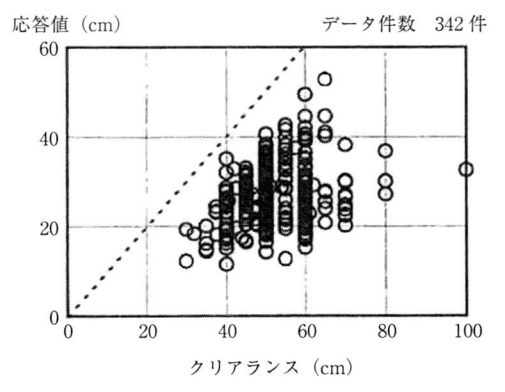

図2 クリアランスと最大応答変位の関係[1]

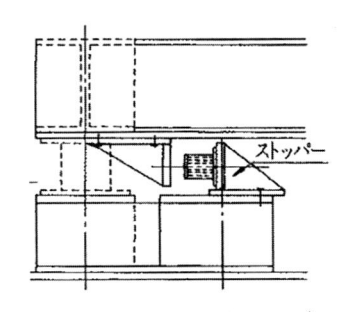

図3 ハニカム構造ストッパー[4]

ると述べられている.

このほかの衝撃吸収機構として,宮崎らが緩衝材(図4)の免震建物への適用を提案し,実験検証を行っている.この装置は防舷材と呼ばれる資材で,着岸時に船舶を損傷させないよう,護岸に設置されるものである.

一方,宮崎ら[6]は設計用入力地震動に比べて極端に大きい入力に対しては,ストッパーおよび緩衝材の適用だけでは,免震建物の安全性を確保するのが困難であることも指摘している.

また,免震建物の擁壁衝突に関する研究が進んだのを背景に,実大免震建物を用いた擁壁衝突実験が実施されている[7].実験結果を簡単に紹介する.実験では擁壁との衝突により,擁壁に衝突しない場合の解析結果と比較して,RC造5階建の上部構造で最大加速度が約2.5倍に増加し,1階柱脚の3箇所でひび割れが確認された.擁壁は上部構造との衝突箇所で局所的に変形および塑性化し,最大25 mmの変位が生じた.

この免震建物では衝突実験のほかに,擁壁の静的漸増載荷実験が実施された.実験結果および実験のFEM解析結果を図5に示す.図より,実験結果は約250 kNで擁壁剛性の低下が顕著になり,塑性化していると推定される.FEM解析では擁壁のみをモデル化し,背後地盤はモデル化していないものの,解析結果は実験結果をほぼシミュレートできており,静的漸増載荷実験では背後地盤の抵抗力は小さかったと推定される.これに対し,衝突現象のように擁壁に動的な荷重が加えられた場合には,擁壁および背後地盤がマスとして働き,抵抗力を発揮すると考えられるため,衝突時の荷重は静的漸増載荷時よりも増大すると推定される.

また,実験に用いたRC造擁壁は,高さ1,200 mm,厚さ200 mmと比較的小規模であった.小規模な擁壁は衝突荷重に対する剛性および降伏荷重が小さく,上部構造の変位抑制効果を期待できないため,入力地震動によっては詳細な検討が求められる.擁壁の剛性および降伏荷重が免震建物の応答におよぼす影響について,今後の研究成果が待たれる. 【三輪田吾郎】

図4 免震建物に設置した緩衝材[5]

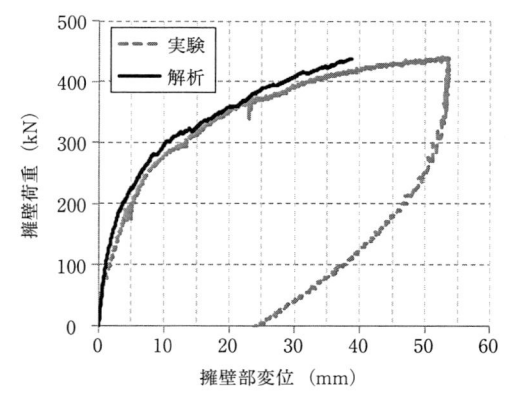

図5 静的漸増載荷実験の擁壁荷重-変形関係

引用文献

1) 日本建築学会:免震構造設計指針,2001.
2) 柏 尚稔,中安誠明,中島正愛:過大地震動下における免震建物の応答と損傷特性,構造工学論文集,**51B**,237-246,2005.
3) 小倉正恒,前野敏元,近藤一雄,藤谷秀雄,林 康裕,倉本 洋:上町断層帯地震に対する設計用地震動ならびに設計法に関する研究(その8 免震構造建物の設計法),日本建築学会大会学術講演梗概集(関東),552-553,2011.
4) 寺村 彰,中村 嶽,鈴木哲夫,野畑有秀,角田智彦,岡田 宏,安井 譲:免震装置のフェイルセーフ機構に関する研究―フェイルセーフ装置の基本動特性―,大林組技術研究所報,**41**,38-44,1990.
5) M. Miyazaki and Y. Mitsusaka:Development and application of back-up systems for base-isolated buildings,10th and Y. WCEE(Madrid),1992.
6) 宮崎光生,水江 正:震源近傍の強震動に対して免震構造は対応可能か? 第28回地盤震動シンポジウム,119-136,2000.
7) 三輪田吾郎,小巻順平,佐藤浩太郎,佐野剛志,勝俣英雄,多幾山法子,林 康裕:実大免震建物の擁壁衝突実験とそのシミュレーション解析,日本建築学会構造系論文集,**663**,899-908,2011.

18.3 積層ゴムフランジの回転・傾斜

積層ゴムの力学特性は，上下端フランジが水平に拘束された試験によって評価される．構造物へは剛強な梁部材に挟み込まれた状態で設置されるのが一般的なので，試験における境界条件と実際の境界条件はほぼ一致していると考えることができる．しかしながら，免震改修などの特殊なプロジェクトでは，計画上の要請によって柱中間や杭頭に積層ゴムを配置せざるをえない場合があり，当該部分が十分剛強とならず，上記の境界条件が満たされないこともある．このような場合，大地震時には図1のように積層ゴム端部の回転を伴う変形状態が現れるものと想定され，適切な検討を行うことが求められる．

a. 検討方法

積層ゴムの力学特性を表現するよく知られた方法として，Haringx理論[2]がある．同理論では積層ゴムの任意高さにおける水平変形および回転角を，せん断剛性，曲げ剛性，圧縮荷重，端部応力状態などによって表現しており，幾何学的非線形性の影響を示唆するものとなっている．端部回転の境界条件が異なれば解として求まる力学特性も異なることとなる．

さらに，積層ゴムの曲げ剛性自体が大きな非線形性を示すことも知られている．浅野ら[3]は，ゴム層が曲げ応力を負担することによって図2のように引張り域が発生することを想定し，引張り域の剛性寄与を無視または低減することで積層ゴムの曲げ特性が説明可能であることを確かめた．積層ゴム端部の回転に伴う非線形性は，このような状態が，上下端いずれかに偏って生じることによる．

また，積層ゴムの剛性は，柱，梁，杭など周辺の構造部材に対して有意な大きさをもち，端部の回転をもたらす応力分配はそれら剛性間の相対関係により決まる．したがって，積層ゴムと周辺部材を統一的に扱った架構解析を行うことが望まれる．Haringx理論による表現は，架構解析に用いるには煩雑なため，簡略化した表現を導出し架構解析に適用可能とする試みが行われてきた．

飯塚[4]，三山[5]は，弾性理論に基づき導出した剛性マトリックスの各項に，実験結果と整合する非線形表現を直接与えることで，非線形解析への適用性を確保した．Kikuchiら[6]は，積層ゴムモデルの上下端に並列軸ばねを多数配置し，実験結果を説明するように要素ばねの非線形特性を定めた．浅野ら[3]は，材軸方向の応力分布に応じて求めた各ゴム層の非線形特性を，鉛直荷重依存の降伏曲面を有する材端弾塑性ばねに縮約することによって，材料非線形性を表現した．

b. 検討例

ここでは，浅野らの方法による検討例[7]を示す．解析対象は杭頭免震構造物の基礎梁-積層ゴム（天然ゴム系積層ゴム，直径800 mm）-マットスラブ-杭-地盤を模擬したモデルであり，マットスラブ成をパラメータとして検討が行われている．

図3は解析結果の一例である．マットスラブ成が小さいとき，積層ゴムの非線形挙動により杭頭の曲げモーメント分配が変化し，地中での曲げモーメントが増大する可能性が指摘されている．

c. 限界性能

高岡ら[8]は直径200 mmの天然ゴム系積層ゴムについて，一定回転角（$\theta = 0, 0.02, 0.05$ rad）を与えた破壊試験を実施した．

図4の実験結果によれば，回転角の付与により荷重の変動がみられるものの，復元力特性上に負勾配が生じはじめる水平変形や破壊にいたる水平変形には変化が認められない．

端部回転を伴う積層ゴムの限界性能に関する実験的

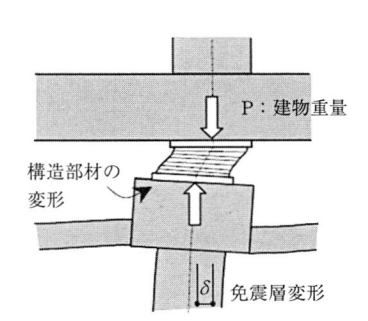

図1 積層ゴムに想定される変形状態[1]

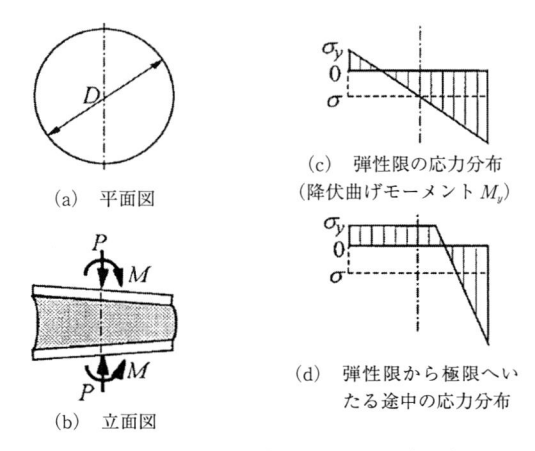

図2 軸力と曲げを受けるゴム層の応力分布
（文献[4]より一部を引用）
(a) 平面図
(b) 立面図
(c) 弾性限の応力分布（降伏曲げモーメント M_y）
(d) 弾性限から極限へいたる途中の応力分布

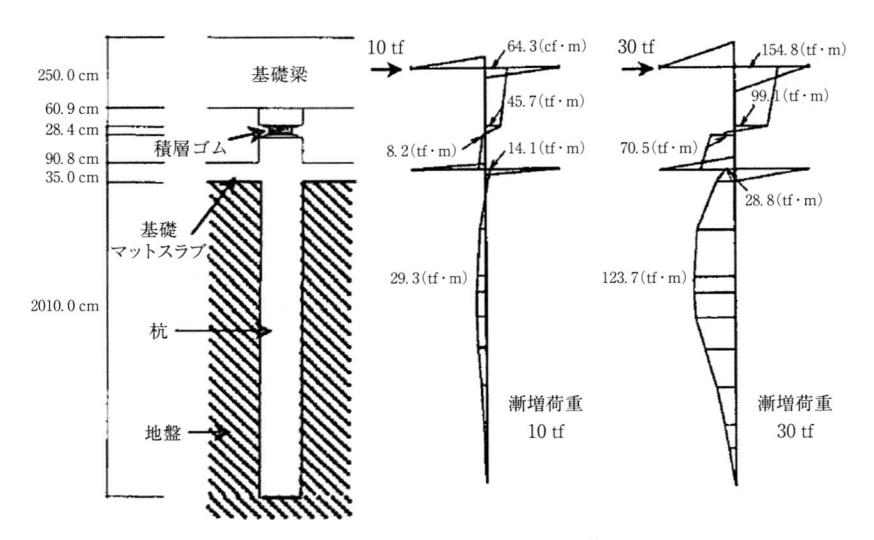

図3 杭頭免震構造物に関する検討例[7]

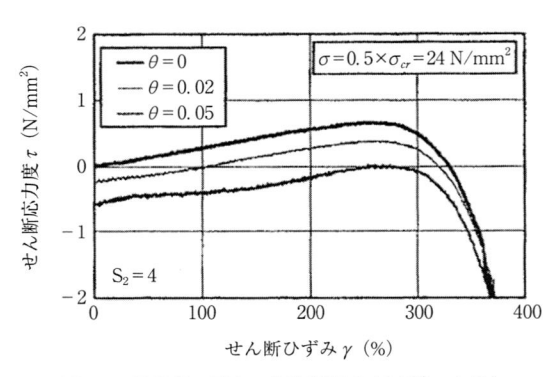

図4 限界特性に関する実験結果例（文献[8]に加筆）

知見は限られているが，端部回転により積層ゴム層の曲率分布に変化が生じることは既往の理論研究が等しく指摘することである．したがって，当面は文献[1]が推奨するように，限界性能については適宜安全側の対処を講じることが適当であろう．

端部回転を伴う積層ゴムの検討について紹介した．積層ゴム上下端がつねに水平であるという境界条件を工学的に満足しない構造計画を行う場合には，適切な手法を選択し検討を行う必要がある．　【嶺脇重雄】

引用文献

1) 日本建築学会：長周期地震動と建築物の耐震性，255-256，2007.
2) J. A. Haringx：On highly compressible helical spring and rubber rods, and their application for vibration-free mountings, *Philips Research Reports*, 3-4, 1948-1949.
3) 浅野三男，嶺脇重雄：取付部の柔性を考慮した免震用積層ゴムの水平剛性評価，日本建築学会技術報告集，8, 57-62, 1999.
4) 飯塚真巨：積層ゴムの大変形挙動をシミュレートする巨視的力学モデル，日本建築学会構造系論文集，568, 83-90, 2003.
5) 三山剛史：積層ゴムの上下面に回転角を与えた場合の力学性状に関する研究，日本建築学会構造系論文集，556, 43-50, 2002.
6) M. Kikuchi, T. Nakamura and I. D. Aiken：Three-dimensional analysis for square seismic isolation bearings under large shear deformations and high axial loads, *EESD*, **39**, 1513-1531, 2010.
7) 浅野三男，嶺脇重雄，椿原康則，藤村　勝：積層ゴムを用いた杭頭免震構造物の静的漸増解析，日本建築学会学術講演梗概集，B-II, 547-548, 2000.
8) 高岡栄治，引田真規子，竹中康雄，室田伸夫：端部回転を受ける積層ゴムの力学挙動，日本建築学会学術講演梗概集，B-II, 909-910, 2007.

18.4 塔頂免震・パーシャルフロート免震

a. 塔頂免震（やじろべえ免震）

本構造は，コアシャフトとその上部に免震装置を介して組み込まれたハットトラスから吊り下げられた居室部分を組み合わせたやじろべえ構造である．図1に本構造の概念図を示す．建物の重心が免震装置よりも下方に位置し，振り子の効果による復元力を利用できるため，長周期の安定した免震システムを構成できる．コアシャフト頂部とハットトラスの間に組み込まれた免震装置は，吊り下げ部の荷重をコアシャフトに伝達しつつ，水平方向の相対変形と頂部に生ずる相対回転を吸収できるよう，積層ゴムを球面上に2段に組み込んだ仕組みとしている．図2に示すように，上部の球面は，建物上部に位置する仮想の回転中心をもち，吊り下げ部のスウェイやスウィング変位に対応する．一方，下部の球面は，積層ゴム下部のコアシャフト内に仮想の回転中心をもち，コアシャフトの曲げ変形モードによる頂部の相対回転（ロッキング変位）を吸収する．

図3にこの構造を採用した清水建設技術研究所の安全安震館の全景および頂部の免震装置設置状況を示す．この建物は，コア部は鉄筋コンクリート造，外周吊りフレームは鉄骨造の4階建である．図4に示すように，頂部には，積層ゴム（φ300）4台を傾斜させて，2段配置としている．これにより，本建物の固有周期は約5秒と，長周期の免震構造を実現している．強風による揺れを押さえるために，屋上と2階床下にオイルダンパーを計12台設置して，常時はロックしている．地震時に地盤の揺れがある大きさを超えるとロックがはずれて，減衰装置として機能するシステムとしている．

b. パーシャルフロート免震

パーシャルフロート免震は，巨大な貯水槽の中で建物が水に浮かぶように，水の浮力と建物の下に設置し

図3 安全安震館の全景と頂部免震装置

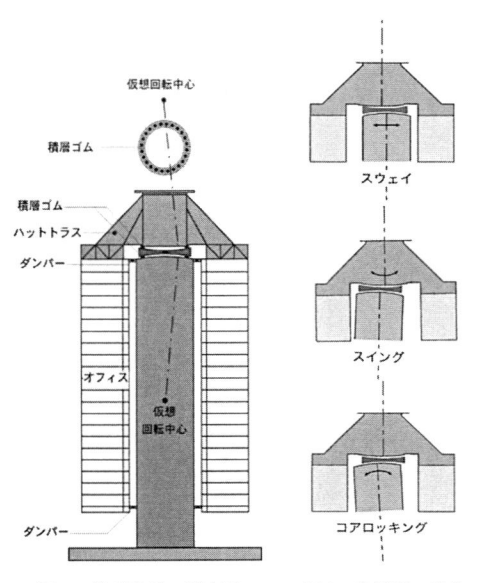

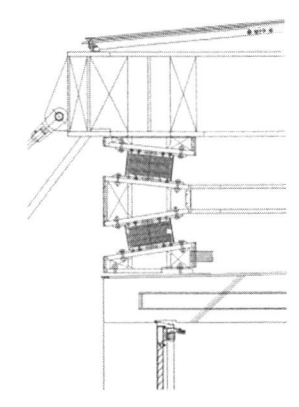

図1 塔頂免震の概念図　図2 免震層の動き　図4 頂部積層ゴムの設置状況

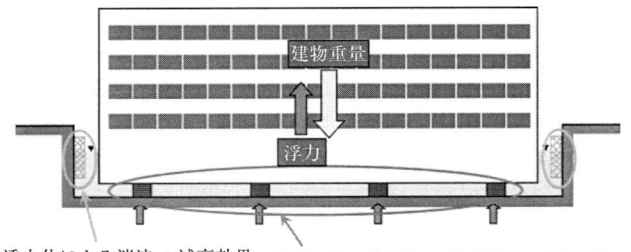

図5 パーシャルフロート免震構造の特徴

図6 風洞実験棟の全景

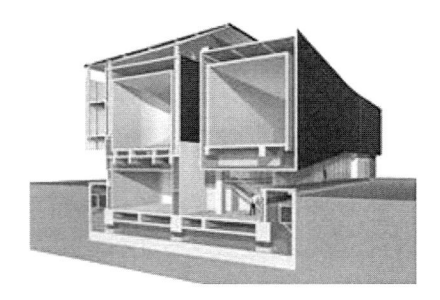

図7 断面パース

図8 水中使用型積層ゴムと透水体

た積層ゴムとで建物を支える免震構造システムである．水は浮力を生み出し，地震による水平振動を建物にほとんど伝えない理想的な絶縁体である．しかし，建物を完全に水に浮かせてしまうと，強風による揺れなどで居住性が悪化する可能性がある．そこで，あくまでも建物を地盤に定着させたうえで，浮力の効果を部分的（パーシャル）に活用している．浮体構造のもつ免震上の利点を活かすとともに，その弱点を克服できる構造である．

本構造の特徴を図5に示す．建物荷重の半分程度を浮力によって支持し，残りの荷重を積層ゴムなどの免震部材により支える．これにより，積層ゴムの小型化が図られ，免震構造としての固有周期をより長周期化できる．ここでは，従来の積層ゴムをフランジ部を含めて，ライニングゴムで覆って，水中での使用を可能としている．

高い免震機能を維持するうえで，固有周期の長周期化とともに重要なことは，有効な減衰機構を設けることである．固有周期の長周期化は，応答加速度の低減効果は大きいが，減衰が小さいと応答変位が大きくなる．また，長周期成分を含む風荷重が作用する場合の居住性の悪化も問題となる．本システムでは，水の運動を利用した新しい減衰機構（透水体）を貯水槽内に導入している．地震時には，建物の揺れが貯水槽内の貯留水に伝わって波が発生する．この波のエネルギーを貯水槽の側壁面に設置した透水体によって，吸収・消波することで，建物の揺れのエネルギーそのものを減衰することができる．

さらに，大地震後の断水時には貯留水を非常用水源として消防用水や中水として利用できるなど，複合的な防災機能を有しているため，医療施設など大地震後でも機能の維持が求められる重要施設への適用性が高いと考えられる．

パーシャルフロート免震の適用事例として，図6に清水建設風洞実験棟の全景を，図7に断面パースを，図8に水中使用型積層ゴムと透水体の写真を示す．この建物は鉄筋コンクリート造（一部鉄骨造）地下1階，地上2階建，延床面積1253 m^2，建屋重量約2900 tである．この半分の重量を水の浮力で支え，残りを14台の高減衰ゴム系積層ゴム（650ϕおよび700ϕ）にて支持している．

【猿田正明】

18.5 免震レトロフィット

a. 免震レトロフィットの特徴・留意点

免震部材を用いて既存建物の耐震性を向上させる免震レトロフィットは，鉄骨ブレースなどを用いて耐震性を向上させる一般的な耐震改修に比べ，下記のような特徴がある．

① 大地震時でもほとんど建物が損傷せず機能を維持できることから，災害時に防災拠点となる庁舎や病院などの重要施設の耐震改修に向いている．
② 工事箇所が免震階に集中するため，建物を使いながらの工事が可能である．
③ 工事費は一般の耐震改修に比べて高くなるが，移転費用が不要になることを考慮すると，総費用は同等以下になることがある．

一方，すでに建物の重量を支えている基礎部分や柱部分に免震部材を挿入する免震レトロフィットの施工には，以下のような注意が必要である．

① 既存基礎下の掘削や既存柱の切断による耐震性の低下を補うように，仮設の耐震要素などを設置し，施工中の耐震安全性を確保する．
② 既存躯体→仮設支持部材→免震部材という建物重量の移行過程において，免震部材の鉛直変形に

図1 基礎免震レトロフィット事例

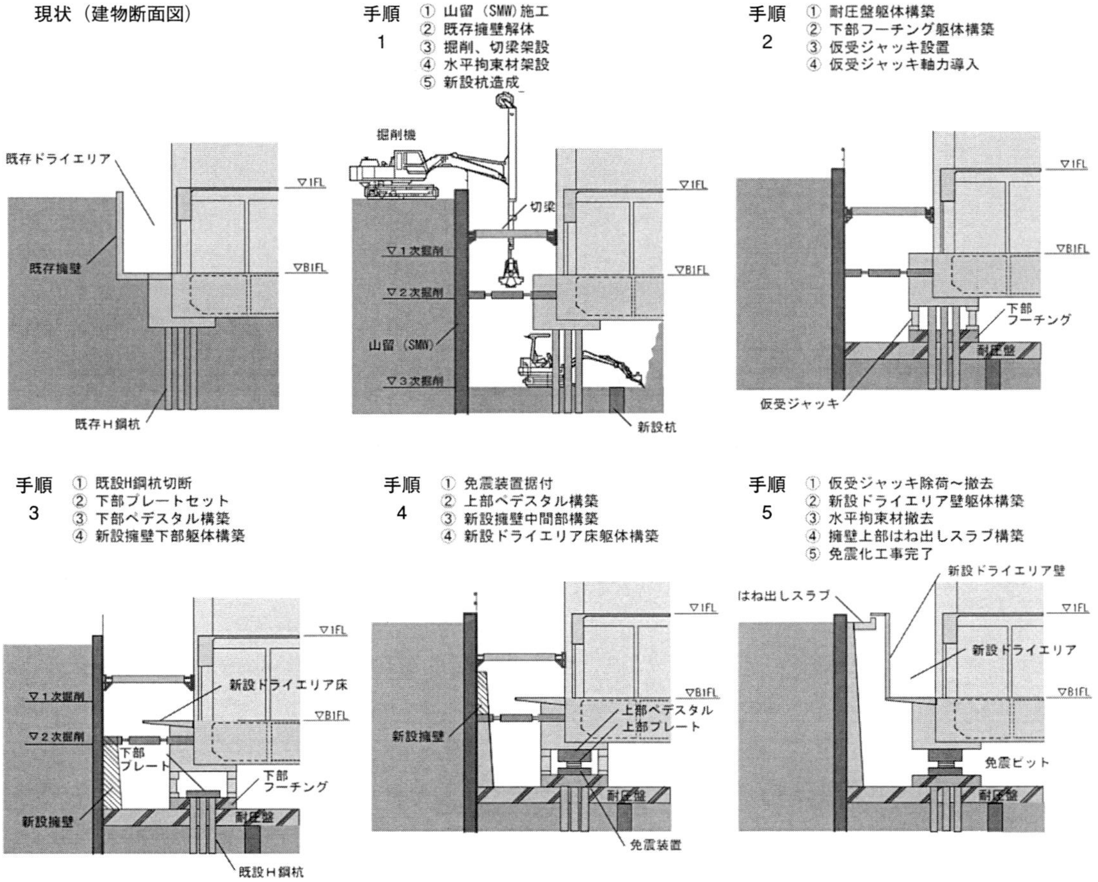

図2 基礎免震レトロフィットの施工手順[1]

伴うスパン間の相間変位を最小限に抑え，既存躯体への影響がないようにする．

b. 基礎免震レトロフィット事例

対象建物は，地下1階，地上7階のRC造の庁舎（鳥取県庁本庁舎）である．図1の完成イメージに示すように，既存建物の基礎下に免震装置を設置した基礎免震レトロフィットを採用した．

施工手順は以下のとおりである（図2）．

手順①：建築物外周に連続山留壁（SMW）を施工して，既存建物との間に切梁を設置しながら，既存底盤まで掘削する．施工中の耐震性を確保するため，切梁位置に水平拘束材を設置する．なお，水平拘束材は水平震度0.2G相当に対して，短期許容応力度以内になるように設計している．

手順②：耐圧マットスラブ（厚さ800 mm）を打設したのち，下部フーチングを構築する．下部フーチングと既存フーチングの間に仮受けジャッキを設置し，鉛直変形を測定しながら，既存フレームに影響がないように，ジャッキにて上部構造の荷重を支持する．

手順③：既設H形鋼杭を切断後，免震装置の下部ベースプレートを設置し，下部ペデスタルを構築する．

手順④：上部ベースプレートを設置した免震部材を据付け，上部ペデスタルを構築するとともに，擁壁躯体および新設ドライエリア床躯体を構築する．

手順⑤：鉛直変形を計測しながら，仮受けジャッキの荷重を順次除荷，最終的にジャッキを撤去して，免震化が完成する．

c. 中間層免震レトロフィット事例

対象建物は，地下1階，地上7階のSRC造の庁舎（荒川区役所）である．図3の完成イメージに示すように，地下1階の柱頭部に免震部材を設置した中間層免震レトロフィットを採用した．施工手順は以下のとおりである（図4）．

手順①：免震部材を設置する既存柱を補強するとともに，地震時の免震部材の変形による偏心モーメントに対応するため，既存基礎梁および1階大梁の補強を行う．

手順②：補強柱のコンクリート強度が発現したことを確認したのち，あらかじめ補強柱に設置したスリーブにPC鋼棒を入れて，仮設鋼板をセットし，PC鋼棒にプレストレスを導入して仮設鋼板を圧着させる．

手順③：ワイヤーソーを用いて，既存柱を切断，撤去する．そのさい，軸力は仮設鋼板で支えるとともに，

図3 中間層免震レトロフィット事例

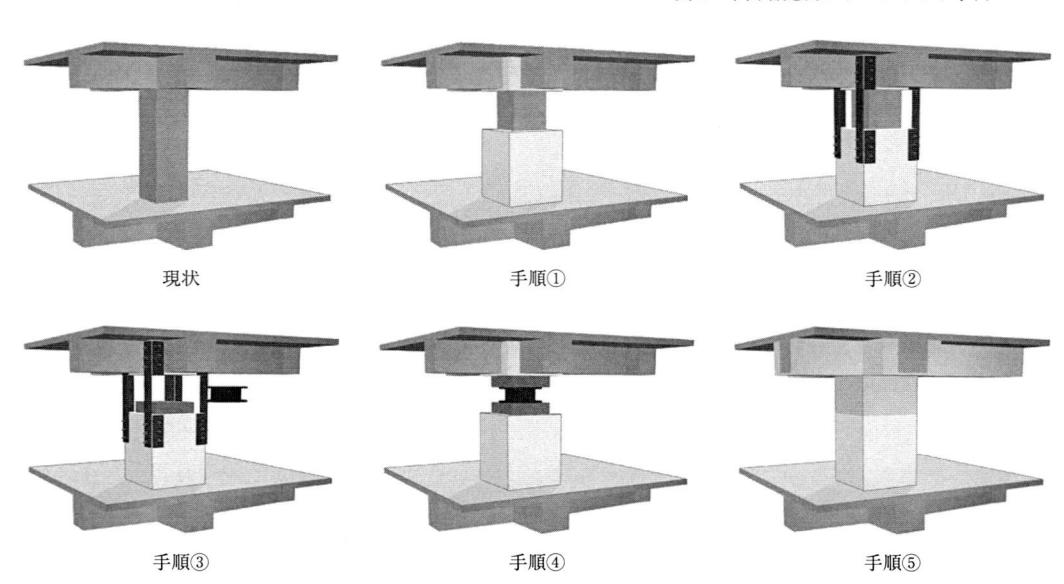

現状　　　　手順①　　　　手順②

手順③　　　　手順④　　　　手順⑤

図4 中間層免震レトロフィットの施工手順[2]

仮設鋼板には施工中の地震力（水平震度0.2G相当）を負担させ，施工中の耐震安全性を確保する．切断した柱部分に，上下ペデスタルの配筋をして下部ベースプレートを設置したのち，下部ペデスタルを構築する．

手順④：上部ベースプレートを設置した免震部材を据え付け，グラウトを圧入して，上部ペデスタルを構築する．免震部材全数の設置完了後，順次PC鋼棒のプレストレスを除荷し，仮設鋼板を撤去する．

手順⑤：免震部材まわりに耐火被覆材を設置して，免震化が完了する．
【小山　実】

引用文献

1) 鈴木裕美，副松昌之，小山　実，土本耕司：鳥取県庁舎耐震改修計画（その2 本庁舎免震改修），日本建築学会学術講演梗概集，619-620, 2010.
2) 勝倉　靖，小山　実：荒川区役所耐震改修計画（その2 免震改修計画），日本建築学会学術講演梗概集，247-248, 2010.

18.6 アクティブ免震・絶対制震

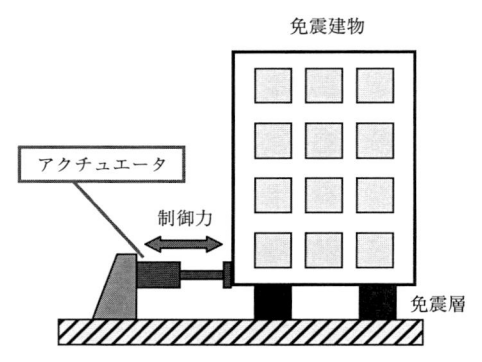

a. アクティブ免震

アクティブ免震とは，免震建物の免震層にアクチュエータを設置して制御力を作用させ，免震性能の大幅な向上を目指したシステムである（図1）．

通常の免震建物では，地震による建物の揺れを基礎固定建物のおおむね1/3～1/5に低減することができるが，それ以上の免震性能が求められる重要施設などでは，アクティブ免震は非常に有効なシステムである．

アクティブ免震に関する研究は，1980年代後半に始まった[1]．その後，さまざまな制御理論の適用に関しても研究されてきた（たとえば文献[2]）．しかしながら，アクティブ免震の実建物への適用はなかなか進まなかった．その理由としては，大地震まで対応可能なアクティブ装置の容量が実用可能な範囲内に設計できなかったこと，設計レベル以上の大地震時や装置トラブル時に対応するフェイルセーフ機構が確立されていなかったことなどがあげられる．

図1 アクティブ免震の構成

b. 絶対制震[3]

アクティブ免震の制御手法の1つに絶対制震理論がある．絶対制震理論とは，免震建物に作用する地震外力を打ち消すフィードフォワード制御と免震建物に大きな減衰を付与するフィードバック制御を組み合わせることにより，建物を絶対空間上に静止させ，地震時に揺れない建物の実現を目指したものである．ここでは，まず絶対制震理論の概要について述べる．

一般的に，図2に示すような最下層を免震層とする多質点系の免震建物に地震外力が作用する場合の運動方程式は地盤に対する相対座標系を用いていて，次式のように表すことができる．

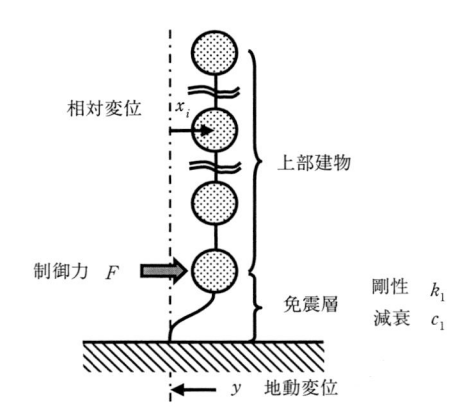

図2 多自由度系免震建物モデル

$$M\ddot{X} + C\dot{X} + KX = -M\begin{bmatrix}1\\ \vdots\\ 1\end{bmatrix}\ddot{y} \quad (1)$$

ここで，$X = [x_n \cdots x_1]^T$ は建物各層の地動に対する相対変位ベクトル（x_1 は i 層の地動に対する相対変位），M は質量マトリックス，C は減衰マトリックス，K は剛性マトリックス，$\ddot{y}$ は地動加速度である．

これを空中の仮想不動点を基準とした絶対座標系に変換すると，次式となる．

$$M\left\{\ddot{X} + \begin{bmatrix}1\\ \vdots\\ 1\end{bmatrix}\ddot{y}\right\} + C\left\{\dot{X} + \begin{bmatrix}1\\ \vdots\\ 1\end{bmatrix}\dot{y}\right\} + K\left\{X + \begin{bmatrix}1\\ \vdots\\ 1\end{bmatrix}y\right\}$$

$$= \begin{bmatrix}0\\ \vdots\\ 0\\ k_1\end{bmatrix}y + \begin{bmatrix}0\\ \vdots\\ 0\\ c_1\end{bmatrix}\dot{y} \quad (2)$$

ここで，k_1 は免震層の剛性，c_1 は免震層の減衰係数，y は地動変位，$\dot{y}$ は地動速度である．

絶対制震の目的である建物の絶対応答を0にして建物を絶対空間上に静止させるためには，次式で示すように（2）式の外力を打ち消すように最下層にのみ制御力 F を与えればよい．

$$M\left\{\ddot{X} + \begin{bmatrix}1\\ \vdots\\ 1\end{bmatrix}\ddot{y}\right\} + C\left\{\dot{X} + \begin{bmatrix}1\\ \vdots\\ 1\end{bmatrix}\dot{y}\right\} + K\left\{X + \begin{bmatrix}1\\ \vdots\\ 1\end{bmatrix}y\right\}$$

$$= \begin{bmatrix}0\\ \vdots\\ 0\\ k_1\end{bmatrix}y + \begin{bmatrix}0\\ \vdots\\ 0\\ c_1\end{bmatrix}\dot{y} + \begin{bmatrix}0\\ \vdots\\ 0\\ F\end{bmatrix} \quad (3)$$

$$F = -k_1 y - c_1 \dot{y} \quad (4)$$

しかしながら，この制御法のみで地震時の入力を完全に0にすることはできない．なぜなら，地動の絶対変位 y と速度 $\dot{y}$ の観測誤差および免震層の剛性 k_1 と

減衰定数 c_1 およびアクチュエータ自身の特性によって，入力成分を完全に打ち消すことができないためである．そこで，次式のように，上記フィードフォワード制御の誤差によって励起された建物の絶対応答速度成分を観測して，それを即座に吸収するフィードバック制御を行う．

$$F = -c_s(\dot{x}_1 + \dot{y}) \quad (5)$$

ここで，c_s はフィードバックに用いる粘性係数である．この制御は，一般的にスカイフックダンパーと呼ばれる．

絶対制震理論では，(4) 式と (5) 式を組み合わせて制御することにより，通常の免震建物と比較して1/10 程度に建物応答を低減することができる．

2010 年 9 月，世界で初めて絶対制震理論によるアクティブ免震を適用した実建物である大林組技術研究所本館「テクノステーション」が竣工した．本建物の外観写真を図 3 に示す．

本建物には最大制御力 1,100 kN の油圧アクチュエータが水平各方向に 2 台，合計 4 台設置されている．このアクチュエータで制御可能な地震入力は，震度 5 強程度に相当する地動入力加速度 200 cm/s^2 程度の地震までであり，それ以上の地震に対しては，アクチュエータ後端部の反力部分に設置した摩擦を用いたトリガー機構が働き，建物は通常免震建物として機能する．このトリガー機構は，万一アクティブ制御装置に不具合が生じて制御不能となった場合にもフェイルセーフ機構として過大な力が建物に作用させない働きも併せもっている．本建物のアクティブ制御装置のシステム構成を図 4 に示し，アクチュエータおよびトリガー機構の写真を図 5，図 6 に示す．　　　　【吉田　治】

図 3　世界初のアクティブ免震建物[3]

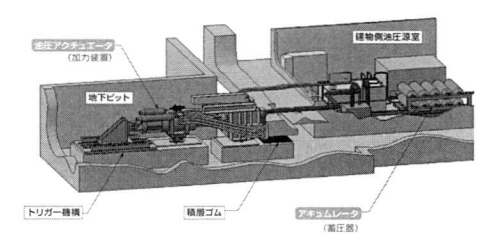

図 4　アクティブ制御装置のシステム構造

図 5　油圧アクチュエータ[3]

図 6　トリガー機構[3]

引用文献

1) 野畑有秀，藍山　満，鈴木哲夫，関松太郎，岡田　宏，武田寿一：構造物の制振に関する研究（その 3），日本建築学会大会学術講演梗概集，**B-2**, 507-508, 1988.
2) 板垣紀章，西村秀和：外乱包含ゲインスケジュールド制御によるアクティブ免震, 日本機械学会論文集（C 編），**71**(711), 3107-3114, 2005.
3) 吉田　治，藍山　満，佐野剛志，勝俣英雄，遠藤文明，渡辺哲巳，山中昌之：絶対制震理論によるアクティブ免震手法の実建物への適用, 日本機械学会論文集（C 編），**78**(789), 1632-1643, 2012.

18.7 セミアクティブ免震

一般にパッシブ免震では，ダンパーの減衰力を大きくすると建物の加速度応答が増大し，逆にダンパーの減衰力を小さくすると免震層の相対変形が増大するというように，建物の加速度と免震層の相対変形にはトレードオフの関係が存在する．セミアクティブ免震は，可変減衰ダンパー（可変減衰オイルダンパーやMRダンパー）の減衰力を入力地震動の特性と建物の応答性状に応じて適切に制御することにより，このトレードオフ関係を改善する．大地震時の加速度低減効果を保ちつつ免震層の相対変形を小さく抑え，中小地震時の加速度低減効果をパッシブ免震に比べて高めて居住性を向上させることができる[1]．セミアクティブ免震は，可変減衰ダンパーの制御に要する外部からの供給エネルギーがアクティブ免震に比較して極めて少ないため，パッシブ免震と同様に大地震まで制御効果を発揮させることが可能である．

セミアクティブ免震システムの全体構成を図1に示す．このシステムは，可変減衰ダンパーと制御コンピュータおよび加速度計や変位計の各種センサーによって構成されている．地震時には，計測された免震層の変位および地動や上部構造の加速度に応じて，制御コンピュータが最適な指令値を出力し，可変減衰ダンパーの減衰力を時々刻々に切り換える．制御則には可変構造制御理論（スライディングモード制御理論）に基づいたものが多く適用されている[2]．スライディングモード制御理論は，振動系の状態をつねにある状態に拘束するため，ロバスト性が高い制御方式である．

セミアクティブ免震は2000年に7階建の大学校舎で実用化され，減衰係数を5段階に切り換え可能な可変減衰オイルダンパーが用いられた[3]．2005年には，

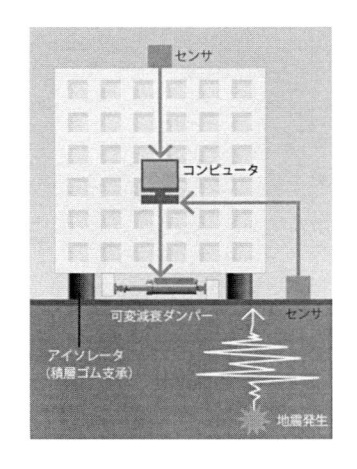

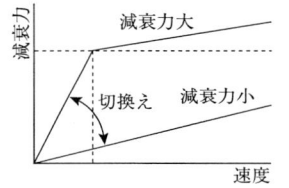

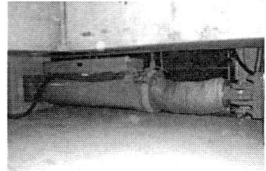

図1 セミアクティブ免震の構成

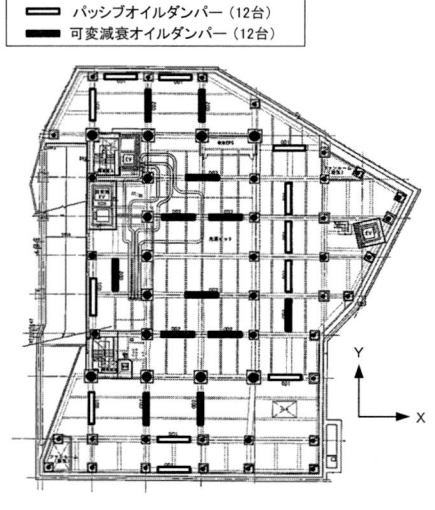

図2 セミアクティブ免震の適用事例

切り換えを2段階に簡素化した可変減衰オイルダンパーを用いたセミアクティブ免震が，13階建の大学校舎に適用された[4]．後者では，異常検知システムによってセンサ，制御コンピュータおよびダンパー切り換え弁の常時モニタリングが行われており，システムの動作信頼性を高めることで大地震時まで制御の継続を可能としている[5]．システムの異常時には，可変減衰オイルダンパーが高減衰特性に固定されて，万一の場合にも免震層の変形が過大とならないように配慮している．

また，2008年には，図2に示す26階建の超高層建物にセミアクティブ免震が適用された[6]．この超高層建物の免震装置は，天然ゴム系積層ゴム支承55基と各方向12台のオイルダンパーからなり，オイルダンパーの半数が可変減衰オイルダンパーである．制御には，建物頂部，免震直上階および免震直下階に設置した加速度計と，免震層の相対変位計の信号が用いられている．

これらのセミアクティブ免震建物は，2011年東北地方太平洋沖地震において，高い免震効果が実証されており，オイルダンパー全数をパッシブタイプとした免震モデルに比べて最大加速度値が20%低減する効果が報告されている[7]．

表1に2011年東北地方太平洋沖地震における26階建セミアクティブ免震建物での観測記録を示す．免震層直上階（B1F）の最大加速度値は，免震層直下階（B2F）に比べて，短辺（X）方向で約30%に，長辺（Y）方向で約50%に低減され，高い免震効果を示している．最上階（26階）の最大加速度値も免震層直下階（B2F）に比べて，短辺（X）方向で約50%に，長辺（Y）方向で約80%に低減され，免震効果が得られている．また，加速度波形を積分して算出した上部建物の最大変位（B1Fからの相対変位の最大値）を建物高さで割った平均層間変形角は1/1136と非常に小さな値であった．図3にセミアクティブ免震モデルと非免震モデルの最大応答値を観測値と比較して示す．セミアクティブ免震モデルの解析値は，観測値とよく一致している．また，最上階の最大加速度値は，非免震モデルに比べて約27%に低減しており，十分な免震効果が確認された．

【欄木龍大】

引用文献

1) 日本建築学会編：建築構造物の振動制御入門，pp.220-251，日本建築学会，2010．
2) 長島一郎，篠崎洋三，欄木龍大，讃井洋一，北川良和：可変減衰オイルダンパーを用いた免震構造物のスライディングモード制御，日本建築学会構造系論文集，**649**, 511-519, 2010.
3) 吉田和夫：世界初のセミアクティブ免震ビル，日本機械学会誌，**104** (995), 48-52, 2001.
4) 篠崎洋三，藤山淳司，長島一郎，欄木龍大，北川良和，吉田和夫：可変構造セミアクティブ免震システムの開発と適用（その1~5），日本建築学会学術講演梗概集，**B-2**, 構造II, 723-732, 2005.
5) 萱島 誠，篠崎洋三，長島一郎，欄木龍大，小林隆英，北川良和，吉田和夫：可変構造セミアクティブ免震システムの開発と適用（その6 安全監視システム），日本建築学会学術講演梗概集，**B-2**, 構造II, 733-734, 2005.
6) 篠崎洋三，細澤 治，藤山淳司，長島一郎，欄木龍大：連層耐震壁を有する超高層免震建物の設計（その1, 2），日本建築学会学術講演梗概集，**B-2**, 構造II, 337-330, 2008.
7) I. Nagashima, R. Maseki, Y. Shinozaki, J. Toyama and M. Kohiyama: Study on performance of Semi-active base-isolation system using earthquake observation records, *9th International Conference on Urban Earthquake Engineering* (*9CUEE*), 1769-1775, 2012.

表1 東北地方太平洋沖地震の応答値（26階建建物）

設置階	最大加速度 (Gal)		最大変形 (cm)	
	短辺 (X)	長辺 (Y)	短辺 (X)	長辺 (Y)
26F	46.1	50.9		
17F	66.0	34.1		
B1F	29.2	31.7		
免震層	—	—	7.7	7.3
B2F	97.7	63.6		

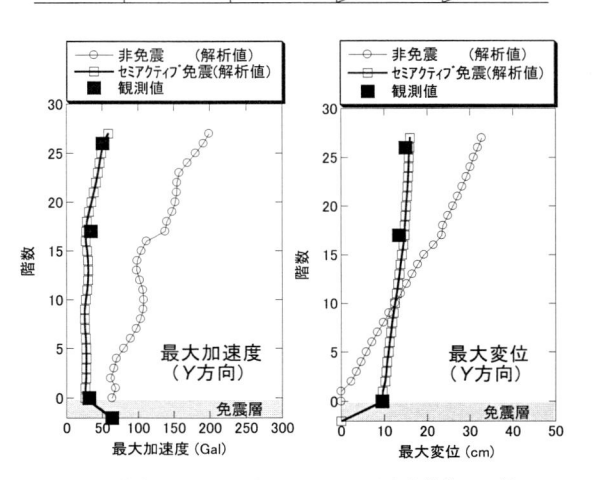

図3 非免震モデルと免震モデルの最大応答値の比較

18.8 耐火性能

a. 制震・免震構造の耐火性能

火災は地震や風水害と同様に建築設計上対処しなければならない災害の1つである．しかし，構造安定性に影響するような火災が発生しているときに，大規模な地震が同時発生することは確率的に極めて少ないため，火災と地震との力の組み合わせは通常は考えない．

また，免震装置は鉛直荷重を支持する部材であるため，火災時にも荷重支持性能は保持されなければならない．

一方，制震装置は通常は鉛直荷重を支持しないため，装置が他の部材の耐火性能に影響を及ぼさない限り，耐火上の処置は必要とされない．

b. 免震装置の耐火性能

表1に建物の耐火性能評価方法の概念を示す[1]．建築構造部材の耐火性能評価は，設定した目標に対して，合理的な火災外力を想定したうえで建物の挙動を評価して行われる．評価方法には材料レベル・部材レベル・架構レベルの3つの方法がある．ここで，免震建物の場合は，免震装置の構成材料であるゴムやすべり材の高温特性が明らかでなかったため，これらの特性を明らかにすることにより，天然ゴム系積層ゴム支承については材料レベルによる評価，高減衰ゴム系積層ゴム支承とすべり系積層ゴム支承の場合は部材レベルによる評価方法を採用して建物の耐火性能を評価する方法が採られている．

火災時の免震装置の荷重支持性能は，装置を構成している材料のうち，高温時に強度低下が早く生じるゴムやすべり材によって決定される．

図1に高温時の積層ゴム支承用天然ゴム系材料の圧縮弾性率変化率，図2に高温時の積層ゴム支承用高減衰ゴム材料の圧縮弾性率の変化率，図3に高温時のすべり材の圧縮ひずみ率差の変化を示す．天然ゴム系積層ゴム支承に使用されている天然ゴムは，150℃までは弾性率はあまり低下せず，150℃を境に低下する．高減衰ゴム系積層ゴム支承の高減衰ゴムは，天然ゴムと異なり比較的低温時から剛性が低下しはじめ200℃の時点では常温時の40％以下になる．すべり系装置に使用されているすべり材は，ポリアミド系とPTFE系の2つに分けられるが，150℃時点での圧縮ひずみ率差は，ポリアミド系は大きく低下しないが，PTFE系は大きく低下する．

以上の材料の高温特性に基づき，天然ゴム系積層ゴム支承は，天然ゴムの軸剛性が150℃まで大きく変

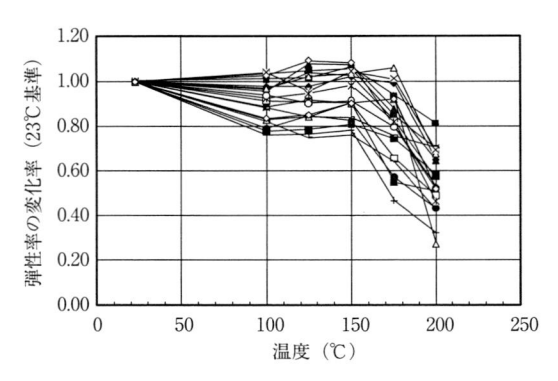

図1 高温時の積層ゴム支承用天然ゴム系材料の圧縮弾性率の変化率（JIS K 6254に基づく試験による）

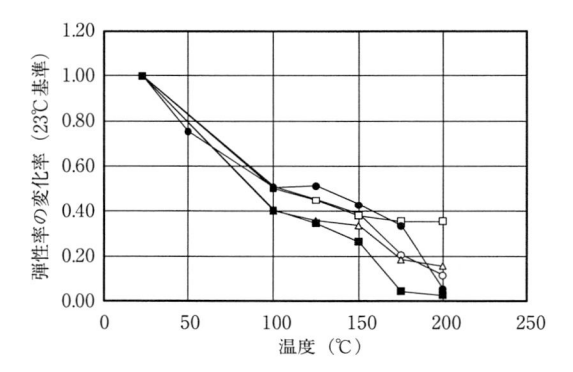

図2 高温時の積層ゴム支承用高減衰ゴム材料の圧縮弾性率の変化率（JIS K 6254に基づく試験による）

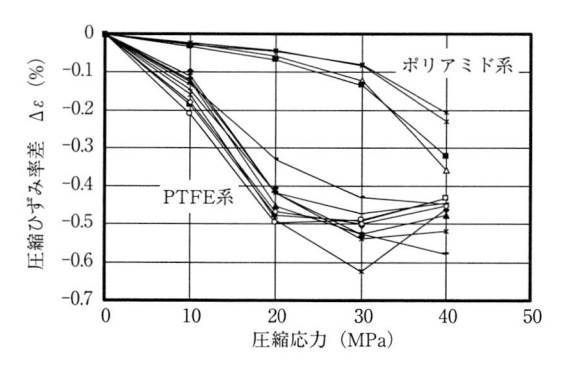

図3 高温時のすべり材の圧縮ひずみ率差の変化（150～23℃/時）（試験は（財）化学物質評価研究機構にて実施）

化しないため，ゴムの性能担保温度（許容温度）を150℃に設定した．高減衰ゴム系積層ゴム支承は，高減衰ゴムが低温時から剛性低下が発生するため，実際の装置の耐火試験（標準加熱を加えた状態での載荷加熱試験）を実施し，表面温度が150℃となっても装置が長期許容応力度相当の荷重を支持できることを確認し，性能担保温度（許容温度）を「標準加熱試験時にゴム表面温度が150℃以下」とした．すべり系装置の

すべり材も同様に150℃での圧縮ひずみ率差の低下が大きいため，高減衰ゴム系積層ゴム支承と同様な試験を実施し，同様な性能担保温度を設定した．

現在，日本では，上記の条件をもとに，「耐火被覆を施した免震装置を含む鉄筋コンクリート柱」として耐火構造の認定が取得されている．

c. 免震・制震建物の耐火設計

図4に耐火設計における免震建物の種別を示す．免震建物は火災に対するグレードがもっとも高い建物（建築基準法においては耐火建築物）に採用されることが多い．

免震装置に対する耐火処置の方法は，免震装置のある空間の位置と種類によって，基礎免震建物・中間階免震建物（専用免震層あり）・中間階免震建物（専用免震層なし）の3つに分類される．基礎免震建物の場合は，免震装置がある空間が火災の発生確率が極めて低い基礎部分にあるため，特別な耐火上の処置は必要とされない．中間階免震建物（専用免震層あり）の場合，専用免震層に居住空間としての用途が発生していない．可燃物がほとんどなく，施錠管理や目地材などによって他の空間としっかりした防火区画が形成されていることを確認することによって耐火被覆などの耐火上の処置を省略している．中間階免震建物（専用免震層なし）の場合，免震装置がある空間に火災の発生の可能性があるため，他の部材と同様にしっかりした耐火上の処置が必要となる．免震装置に耐火被覆を施した構造を採用する必要がある．　　　　　【池田憲一】

引用文献
1) 日本免震構造協会：免震建物の耐火設計ガイドブック，2012．

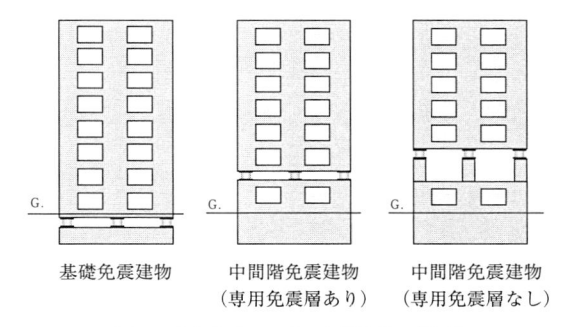

図4　耐火設計における免震建物の種別[1]

（基礎免震建物／中間階免震建物（専用免震層あり）／中間階免震建物（専用免震層なし））

表1　建物の耐火性能評価方法の概念[1]

評価方法とその考え方			評価項目		
			架構安定性	部材耐力	材料強度
架構レベル	架構の安定性を直接評価・担保		火災時に架構が崩壊しないこと	建築物の耐火性能を損なわないならば，一部の部材の耐力低下・喪失は許容する	—
部材レベル	部材の火災時耐力を評価 ↓ 架構の安定性を担保		—	全部材が，火災時に長期許容応力度相当の荷重を受けた状態で耐力を保持する	部材耐力を損なわないならば，一部の材の強度低下・喪失は許容する
材料レベル	材料の高温強度を評価 ↓ 部材の火災時耐力を担保 ↓ 架構の安定性を担保		—	—	全部材の全材料に対して火災時に長期許容応力度相当の荷重を受けた状態で一定の強度を保持する

18.9 床免震・機器免震

a. 床免震・機器免震の対象

床免震・機器免震は近年，事業継続計画（BCP）の一環として需要が高まっており，企業の機能として重要な役割をもつフロアや設備機器を部分的に免震化することで，大地震後でも機能が損なわれないことを目的とする．室内全体を免震化する「床免震」と，設備機器などを部分的に免震化する「機器免震」の2つのカテゴリに分けられるが，中間的な要素をもつものも多く存在する．

「床免震」は，コンピュータ室・司令室・美術館，博物館の展示室および収蔵庫・倉庫などが対象となることが多い．一般的には免震装置・鋼製フレーム・床材・エキスパンションジョイントで構成される（図1, 2）．

「機器免震」は，サーバーラック（図3, 4）・半導体製造装置（図5）・美術品の展示台・医療機器・測定機器（図6）・発電機・金型保管用ラックなど多岐にわたる．配線・配管などがある場合は免震可動範囲と干渉しないよう配慮する（図7）．

図1　床免震（参考）（竹中工務店提供）

図2　床免震（参考）（THK提供）

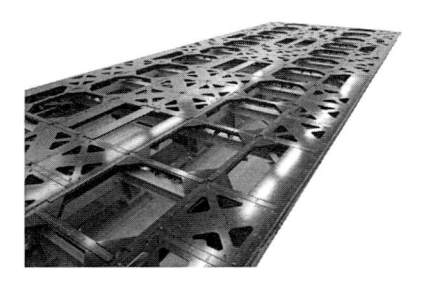

図3　機器免震（サーバーラック）（竹中工務店提供）

図4　機器免震（サーバーラック）（THK提供）

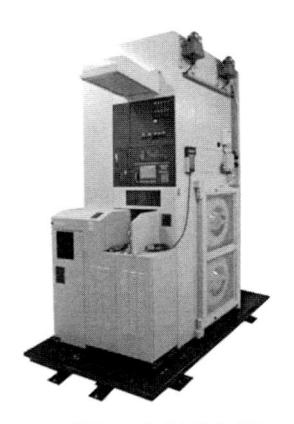

図5　機器免震（半導体製造装置）（THK提供）

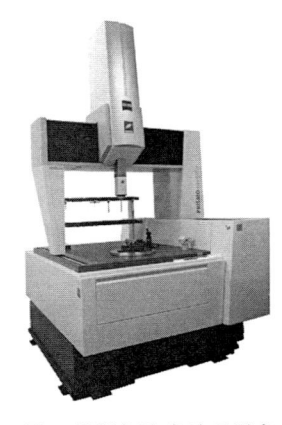

図6　機器免震（3次元測定器）（THK提供）

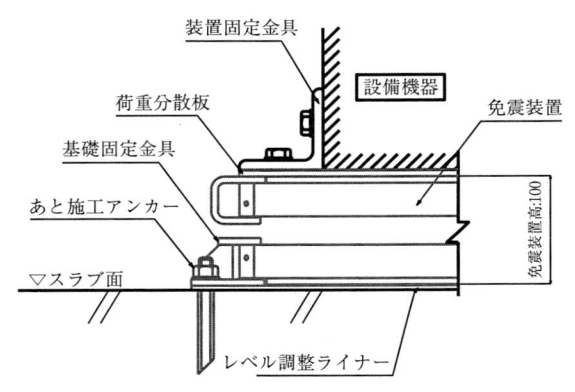

図7　機器免震の各部固定例

b. 免震装置の選定

設置される場所・積載重量・積載物の許容水平力などによって，支承性能・復元力・減衰力・所要ストロークを適切に設定する必要がある．免震性能の設定は，適切な入力波を用いて時刻歴応答解析により決定する

ことが望ましい．

免震装置の可動範囲は一般的に±150～350 mm程度と建物免震に比べ小さく，設置する室内環境もクリアランスを大きく確保することが困難な場合が多い．そのため地震時に大きく揺れる高層建物などの場合は，ストローク不足・クリアランス不足になることがあり，免震装置の選定については十分注意する必要がある．また設定を超える地震に遭遇してストロークエンドまで動いた場合においても，甚大な被害が出ないよう免震装置の脱落防止などの措置は不可欠である．

免震装置は，①単球式転がり支承，②すべり支承，③直動転がり支承，④ローラー支承などがあり，支承性能・復元力・減衰力・ストローク範囲などは製品により異なるので，目的の免震性能が発揮されるよう免震装置メーカーと十分打ち合わせを行うことが重要である．

c. 想定する地震動

免震部の時刻歴応答解析を実施する場合の地震波形は，建物内に設置するため，地表面の波形でなく建物の振動特性を考慮した設置階の床面応答波形を採用すべきである（図8）．

建物設計時に時刻歴応答解析を実施している場合はその解析モデルを用い，実施していない場合は新たに解析モデルを作成する必要がある．地震動の入力レベルは免震化する対象物の重要度を考慮し適切に設定する．また背の高いフリーアクセスフロア上面など，床面の応答が解析結果よりも増幅することが明らかな場合は，その増幅特性も考慮すべきである．

d. 精密機器の免震化

3次元測定機などの精密機器の免震化にあたっては，免震装置の微振動時の振動特性を考慮し，機器の作動に悪影響を及ぼさないことを確認する必要がある．具体的には，図9のように設置する床面の振動特性に免震装置の増幅を考慮した振動レベルが，精密機器の要求する設置面の振動レベルを下まわればよいことになる．現地での調査や装置の振動特性などの情報が不可欠となるので，ユーザーおよび精密機器のメーカー・免震装置のメーカーと十分打ち合わせすることが重要である．また，3次元免震装置や上下方向（のみ）免震装置なども免震メーカー・ゼネコンより販売されているので，必要であればそれらも含めて検討する．

e. その他の留意点

床免震・機器免震を計画するさいに留意すべき点を表1に示す．また設置後の維持管理内容や，可動範囲の明示・進入禁止措置も必要に応じて計画する．

【中久保慶介】

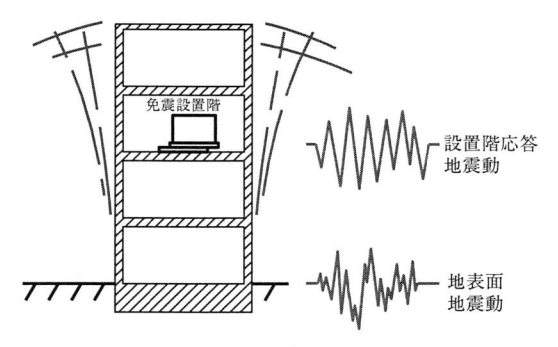

図8　想定する地震動

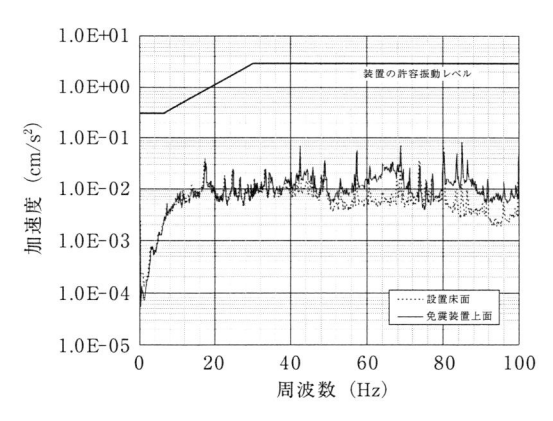

図9　精密機器用免震台の振動特性例

表1　計画上留意すべき点

免震化による重量増加	設置する床の許容荷重
免震化による高さ上昇	設置場所の天井高の確認
免震装置の寸法・重量	施工性の確認・搬入経路の確保
免震装置の可動範囲	周囲とのクリアランスの確保
	積載する機器などの配管・配線のクリアランスの確保
	エキスパンションジョイント設置の要否
コンピュータ室の対応	ウィスカ（亜鉛のヒゲ状結晶）が発生しない免震装置
クリーン室の対応	パーティクル（微小なごみ）が発生しない免震装置

18.10 戸建免震住宅

a. 戸建免震住宅の基本計画

ビルなど大規模建築では，積層ゴムの水平剛性を利用することで長周期化させる．しかしながら，木造住宅のような小規模建築物の免震化に対しては，技術的かつ経済的な制約が厳しく，そのまま利用することはできない．その理由と戸建住宅の免震化を計画する場合の注意点は，以下のとおりである．

第一に，免震性能の点から，ほとんどの免震部材は重量が大きいビル用に開発されているため，軽量の木質構造による戸建住宅に対して従来の積層ゴムは硬すぎて周期を延ばすことができず，免震効果が得にくい．また，逆に柔らかすぎると，地震力に対する風圧力の比率が大きい場合もあり，わずかな風でも建物全体が水平に動いてしまうおそれがある．

第二に，設計の点からは，軸組構法による戸建住宅では柱が数多く存在し，さらにビルなどと比べれば規則性が欠けており，免震ビルなどのように柱直下に1つの免震装置を配するというわけにはいかない．

第三に，一般的な戸建住宅の敷地では，免震建物の全周に変位するために必要な空間が確保しにくく，大きな変位を許容しにくい．

第四に，経済性の点からは，中高層ビルなどに比べて建築面積に対する免震部材の個数が増える傾向にあり，免震化費用がビルの場合，総工費の約5〜10%といわれているのに対して，戸建住宅では地盤調査費や設計費用を加えると20〜30%に達する場合もある．

第五に，個人所有の住宅が多いため，何十年にもわたる定期点検，補修などのメンテナンスが難しい．

免震住宅の計画では，施主の要望を勘案したうえで，免震部材を選択しライフサイクルコストも視野に入れ，最適な性能設計となるように設計者がどう実現させることができるのかが鍵といえよう．

b. 免震部材の種類と性能

免震部材は，建物の荷重を支えながら移動する支承材，地震の振動エネルギーを吸収する減衰材，建物の位置を元に戻す復元材から構成される（図1）．免震部材の種類は，従来のビル建築に多く用いられるゴムと金属を多層に貼り合わせた積層ゴム系のほか，金属球やピンローラーを用いたボールベアリングなどによる転がり系，金属製や樹脂塊などの摺動子を利用したすべり系に大別される．

積層ゴム系は，建物を支えながら減衰と復元の両方を兼ね備えている．とくにビルなどの大規模建築物の

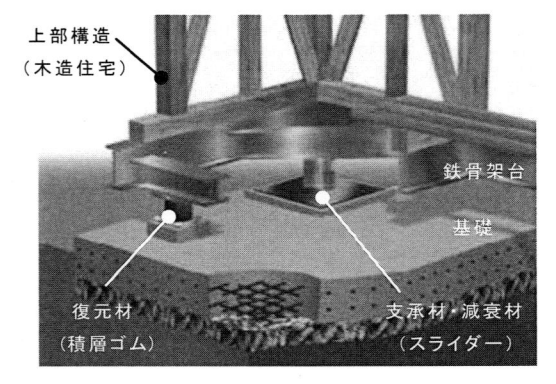

図1　戸建免震に用いる免震システムの例

採用率は高く，実績も多い．この方式を用いた戸建住宅の場合においては，建物重量とのバランスが重要となり，架台部をRCなどとし，重量を増した採用例がある．また，戸建用にプロポーションをスリムにした例もあるが，大変位時の座屈対策も必要となる．

転がり系は，摩擦係数が0に近いため，オイルダンパーや積層ゴムなどを減衰材として用いている．また復元機構として支承自体に勾配をつけたタイプもあるが，積層ゴムを用いることもある．転がり系の注意点として，施工においては，少しの傾斜でも動き出してしまうことや，傾きにより，期待する性能に応えられないおそれもあり，細心の施工管理が必要となる．また，長周期地震動に対する検討や対策が必須となり，可動範囲をより広く確保すること（クリアランスの拡大，装置系の大変位対応可否確認）や，減衰性能を増大させることが必要となる．さらに，ほんの少しの，風に対しても動きださないようなロック機構も備える必要があり，かつ床下内環境の問題から錆などの発生にも注視・対策を施すことが必須であり，長期にわたる定期的なメンテナンスもたいへんに重要となる．

すべり系は，その受け皿である面との摩擦によって減衰性能を働かせる．摩擦係数は樹脂塗膜によりコントロールされている．復元機構として積層ゴムを用いるか，支承自体に勾配をつけたタイプもある．

戸建住宅の実績棟数は，すべり支承と積層ゴム支承を併用させたハイブリッド免震構法の実績が大半を占めている．2012年末までに4000棟を超え，全体の9割を占めている．さらに，木造軸組構法における採用率だけをみればその割合は，95%を超える．

戸建免震に使用される免震システムの一例として，ハイブリッド免震工法[1]を以下に紹介する．

（1）　すべり支承に特殊コーティングした摺動子とステンレス板で構成し，積層ゴムには超低弾性ゴムを

用いて免震層の等価周期を延ばしている．また，風用拘束装置としてロープ系のストッパーを用いている．

(2) 戸建住宅の不規則な間取りに対応できるよう免震部材と建物の間に鉄骨土台を配置し，免震層として免震部材＋鉄骨土台を組み合わせた（図2）．

(3) 敷地と変位の許容については，設計可能な地盤条件の検証を行っている．

(4) 免震化にかかる費用は，部材を単純化することにより低く抑え，かつ維持管理の点から，部品群の交換やメンテナンスも容易にしている．

ハイブリッド免震工法は，実大振動台実験[2,3]により検証されている．おもな結果は次のとおりである．

① 入力加速度が上昇しても免震建物の最大応答加速度は，200 Gal 前後でほぼ一定．800 Gal を超える入力加速度に対しても，最大応答加速度は，200 Gal 前後であり，約1/4の揺れに低減されている．なお，2階天井面については非免震状態で最大1700 Gal に達したのに対し，免震化により約1/10に低減された．

② 階の層間変位は，Kobe（JMA）原波で，耐震建築物に比べ免震化により約1/30に低減された．

③ せん断力係数は，非免震の場合，上階へいくほど大きくなり，また入力加速度に比例して値が大きくなる傾向がみられ，Kobe（JMA）原波の加振ではX方向2層で1.75であった．これに対して免震の層せん断力係数も入力加速度が大きくなるほど，また上階へいくほど大きくなる傾向はあるものの，0.2前後と非免震に比べて約1/8の値であった．

c. 戸建免震住宅の構造設計概念

戸建住宅は小規模で軽量，構造部材は小断面で剛性が小さい．地盤調査に始まり，免震層から上部構造にいたるまで適切に設計することで，戸建住宅においても十分に免震建物としての適応が可能となる．免震建物の構造安全性を構造計算によって確認する場合にあっては，免震層の応答が限界値以内であり，かつ上部構造が1つの質点として挙動することを一体として評価することが原則であるが，小規模（四号建物相当）である木造や鉄骨造などの仕様規定に適合している場合，告示によれば構造計算規定の適用を除外することができる．また，戸建免震の構造設計においては建物の規模として告示の方法が容易となるが，設計者の判断により時刻歴応答解析や限界耐力計算による設計法も選択できる．しかし，いずれの設計法も，上部構造，アイソレータ，基礎構造について免震構造の特性を活かすようなバランスのよい構造設計を行う必要がある．

2011年に発生した東北地方太平洋沖地震をはじめ，近年発生したいくつかの巨大地震において，全国各地に供給された免震住宅の効果が多数報告[4-6]されている．しかし，長周期地震動や観測波の振動性状をみると，従来の設計におけるレベル2を超える地震動に備えた設計や装置の検討も望まれる． 【平野　茂】

図2　免震住宅の概況

引用文献

1) 岡村光裕, 吉井邦章, 落合　誠, 高橋武宏：戸建免震住宅「普及への挑戦」――条ハイブリッド免震工法―, MENSHIN, **25**, 1999.
2) 平野　茂, 安藤直人：実大軸組構法住宅の振動台実験 (I), (II), 日本木材学会誌, **49**(2), 104-130, 2003.
3) 平野　茂, 三宅辰哉, 深堀美英, 花井　勉, 坂本　功：実大振動実験に基づく木造免震住宅の地震応答評価手法に関する研究, 日本建築学会構造系論文集, (529), 65-72, 2000.
4) 平野　茂, 及川孝則, 宮川力也：岩手県沿岸北部地震における戸建免震住宅地震観測記録, MENSHIN, **62**, 2008.
5) 及川孝則, 平野　茂, 高橋武宏, 三宅辰哉, 松本知行, 坂本　功：駿河湾の地震（2009年8月11日）における木造免震住宅の応答調査（その1～3）, 日本建築学会大会学術梗概集（北陸）, B-2, 325-330, 2010.
6) 平野　茂, 飯場正紀, 高橋武宏, 松本知行, 三宅辰哉, 坂本　功：2011年東北地方太平洋沖地震における戸建免震住宅の地震時挙動（その1～3）, 日本建築学会大会学術梗概集（東海）, B-2, 511-516, 2012.

18.11 居住性評価

兵庫県南部地震（1995年1月17日）では，神戸市内に2棟の免震建築物があり，いずれも事務所ビルであったため，地震時の居住者の評価はないが，余震時のものについては得られていて免震効果が実感できたとのことである．

十勝沖地震（2003年9月25日）では，居住者にアンケートを実施し，初めての評価を得た．

新潟県中越地震（2004年10月23日）においても調査を実施し，直接免震建築物を訪ねたが，免震効果について高い評価を得た．

福岡県西方沖地震（2005年3月20日）にさいしては福岡大学の高山峯夫と東京工業大学の和田章が直接調査し，免震効果があり居住者に安心感を与えているとの評価を得た．これまでの被害地震でいずれも免震効果が得られてきた．

a. 東北地方太平洋沖地震での効果

本地震（2011年3月11日）はこれまでに経験したことのない巨大地震であった．日本免震構造協会普及委員会教育普及部会では，東北地方から関東地方にかけて建設された免震建築物の居住者，勤務者を対象にアンケート調査を実施した[1-3]．

本調査によると，居住者，勤務者の居住心理面では，本震の揺れに対する恐怖感や不安感はあったものの，その後頻発して起きた余震に対しては安心感があったと回答した人が多かった．また，内部収容物が移動・転倒した例は軽微なものに限られ，免震建物側に起因する業務や生活の継続ができなかった事例は認められず，本地震に対しても免震効果が十分に発揮されたことがわかる．以下にアンケート調査の概要を示す．

1) **調査対象** 調査対象はなるべく異なる用途，規模の建物を選定した．宮城県，福島県および関東地方に所在する免震建物24棟と非免震建物2棟であり，回答者数は197名である．アンケートのおもな項目を以下に示す．

回答者特性 ：年齢，性別，地震時にいた場所
建物概要 ：建設地，用途，構造種別など
体感の傾向 ：揺れの感じ方，恐怖・不安感など
家具・什器 ：移動，転倒，落下などの被害
インフラなど：停電，断水，エレベータ停止など
そ の 他 ：生活・業務継続，満足度など

2) **居住心理に関する分析** 地震時の心理状態に関する結果を図1に示す．全体の約35%が「恐怖感がかなりあった」，「不安感がかなりあった」と回答している．震度5弱以上になると恐怖感や不安感をもつ割合が急増し，恐怖感や不安感が「かなりあった」，「少しあった」と回答した割合は，震度5弱～6弱のいずれの地域においてもそれぞれ約90%，約80%に達している．震度5を超える地震による免震建物の揺れを初めて経験した居住者がほとんどであったために恐怖感や不安感をもった人が多かったと考えられる．免震建物であっても大きな揺れの場合には，特有の揺れ方をすることについて，居住者の理解を深める必要がある．

一方，「頻発する余震に対して安心感があったか」という質問に対しては，90%以上が「かなりあった」，「少しあった」と回答している（図2）．本震時に恐怖や不安を感じた場合でも，本震で特に大きな被害がなかったために，本震後の余震時には免震建物であることに安心感をもったことがわかる．

3) **内部収容物の挙動に関する分析** 「家具・什器などの内部収容物の移動・転倒があったか」と尋ねた結果を図3に示す．これによると，全体で約10%が移動・転倒があったと回答している．構造種別や規

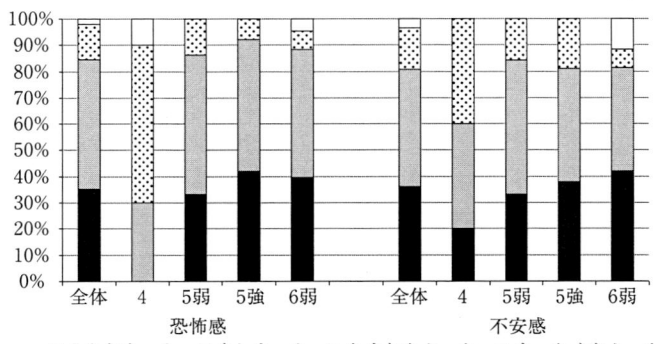

図1 本震時の居住心理[1]（横軸は地表面震度）

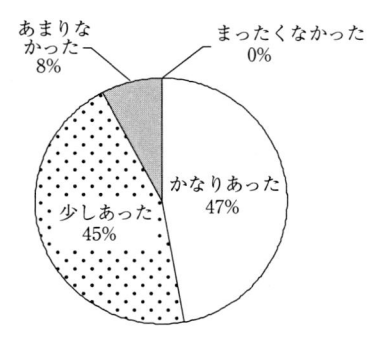

図2 余震時の居住心理[1]
（設問：「頻発する余震に対して免震建物にいる安心感はありましたか．」）

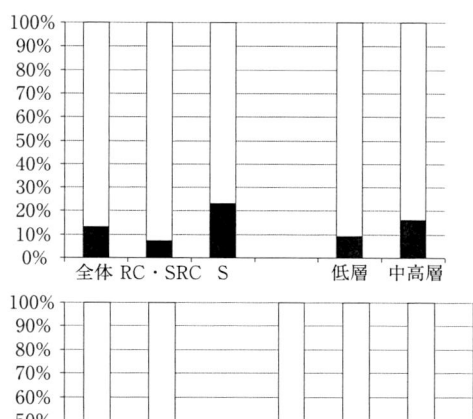

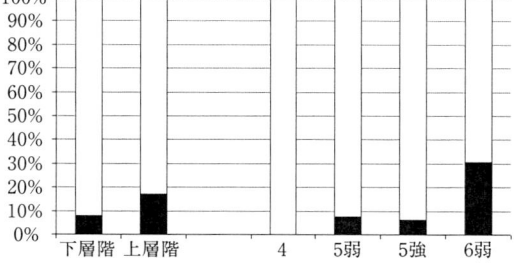

模，地表面震度の違いにより比較すると，本アンケートの範囲内では以下の傾向がみられる．
- 構造種別では，RC系（RC造，SRC造）の建物に比べてS造の建物に多い．
- 低層の建物に比べて中高層の建物，また下層階に比べて上層階にやや多い．
- 移動・転倒があったという回答は，震度5弱以上で現れはじめ，震度6弱の地域で急増している．

なお，移動・転倒があったと回答された家具・什器などの例をみると，引き出しの飛び出しや花瓶の転倒など軽微なものがほとんどであった．

4） 業務・生活継続性に関する分析 「免震構造であったことによる業務，日常生活の継続について」のアンケート結果を図4に示す．地域の停電や断水によって業務・生活継続ができなかったとの回答があったものの，建物や設備の損傷などが原因で業務・生活継続ができなかったと回答した人はいなかった．

2011年東北地方太平洋沖地震における免震建物居住者へのアンケート調査の結果から，免震建物が業務や日常生活の継続性に有効であったことが確認された．この調査結果が今後の免震建物のさらなる普及に役立つことが期待される． 【前林和彦】

図3 内部収容物の移動・転倒[1]

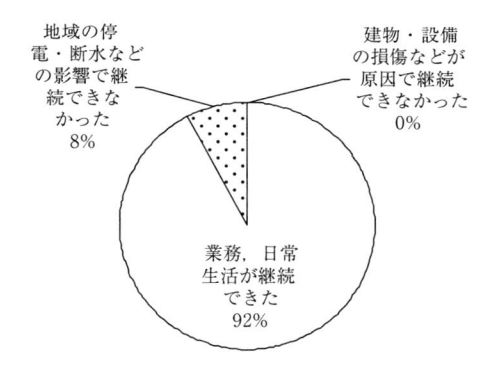

図4 業務・生活継続性[1]
（設問：「業務，日常生活が継続できましたか．」）

引用文献
1) 木村正人，前林和彦，小林哲之，中澤昭伸：2011年東北地方太平洋沖地震における免震建物居住者へのアンケート調査（その1），日本建築学会大会梗概集，2012．
2) 豊田耕造，今泉隆之，西川一郎，諏訪 仁：2011年東北地方太平洋沖地震における免震建物居住者へのアンケート調査（その2），日本建築学会大会梗概集，2012．
3) 平野範彰，増田陽子，和田純一，久野雅祥：2011年東北地方太平洋沖地震における免震建物居住者へのアンケート調査（その3），日本建築学会大会梗概集，2012．

18.12 環境振動に対する免震建物の特性

a. 免震建物の環境振動実測に基づく評価例

1) 新幹線に隣接する半導体工場[1]　新幹線と在来線に挟まれた敷地に建設された4階建鉄骨造の半導体工場で，鉛プラグ入り積層ゴム，天然ゴム系積層ゴム，弾性すべり支承からなる基礎免震の例を示す．半導体工場では，通常時の生産効率を確保するため，電子顕微鏡室や嫌振機器が置かれるクリーンルームに，それぞれ振動許容値が設定されている（たとえば，1 Gal～1 μm など）．この振動許容値を満たしているかを確認するため，地盤および建物内に加速度計を設置し，振動測定を行った．新幹線近傍で測定した例を図1に示す．地盤の振動は，10 Hz 以上の成分は新幹線からの距離が離れるにつれて減衰するが，10 Hz 以下の成分は距離による減衰がほとんどない．また，建物基礎による入力損失は，10 Hz を超える高振動数領域で大きくなっている．免震部材の増幅特性は，10 Hz 以下の低振動数領域では振動が増幅していないこと，上部建物で明瞭な卓越振動がみられないことから，免震部材によって交通振動が減衰されていると考えられる．

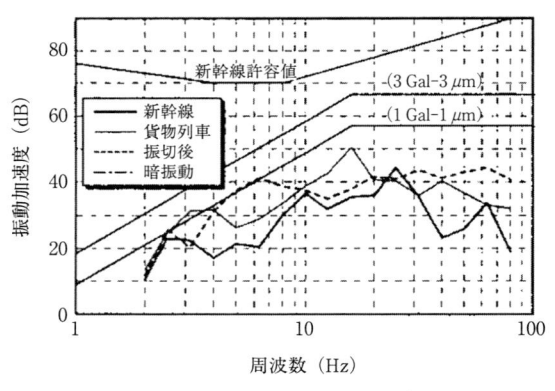

図1 新幹線近傍で測定した例[1]

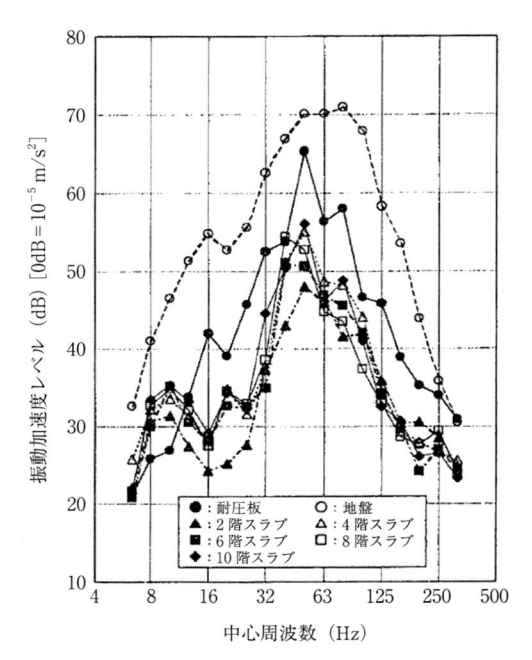

図2 免震建物の振動加速度レベル[2]

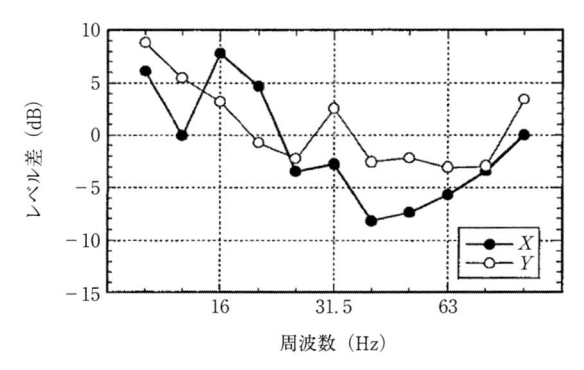

図3 免震部材による減衰効果[3]

2) 地下鉄に隣接する集合住宅の固体伝播音の低減効果[2]　地下鉄近傍に建設された12階建RC造の集合住宅で，天然ゴム系積層ゴムと鋼棒ダンパー，鉛ダンパーによる基礎免震の例を示す（図2）．建物近傍地盤と比較して，免震層の耐圧板では10～15 dB の入力損失が得られている．建物近傍地盤では，地下鉄による振動である63 Hz にピークが現れているが，建物内の観測点では63 Hz 帯域で15～20 dB の低減効果が得られていることから，免震部材は地下鉄の固体音伝搬の低減に有効である．

3) 高架軌道に近接する集合住宅[3]　高架軌道に隣接した20階建RC造の集合住宅で，鉛プラグ入り積層ゴム，直動転がり支承からなる基礎免震の例を示す（図3）．鉄道振動のピークは63 Hz であり，既往の文献（たとえば文献[2]）と調和的であること，基礎の入力損失は約10～15 dB 程度であること，免震部材による防振効果は2 dB 程度，免震部材による減衰効果は31.5 Hz 以上の高い振動数ではっきりみられる．また，シミュレーションモデルによる検討から，免震効果は建物高さや免震部材の鉛直固有振動数が関係していることがわかった．

b. 実測データを用いた応答予測手法

嫌振機器を設置する施設や鉄道に近接する集合住宅

に免震を適用する場合は，設計段階から環境振動の影響を評価し，必要があれば振動対策を施すことなる．その場合，常時微動や交通振動による免震建物の応答を予測する手法が必要となる．

深澤ら[4]は，振動加速度レベルで50 dB以下，振動数領域が0.5～30 Hzの微振動を対象として，さまざまな地盤，基礎，構造形式をもつ実在の免震建物の微振動調査を実施して，地盤から免震建物への伝達特性，免震建物の微振動の応答性状について分析，評価を行っている．地盤の微振動（水平成分のみ）を振動源としたときの免震建物内部の微振動応答を予測する手法を，①地盤から基礎への伝達と，②基礎を入力とする免震建物の応答予測の2段階にわけて評価している．

①では，地震時と同様に位相差によって水平動の高振動数成分の伝達特性が落ち込むこと，地盤に対する基礎の幾何学的拘束効果を考慮することで実測データを表現できることを述べている．実測データをもとに分析した結果，基礎幅を1/3にすることで実測値と理論値が整合することが確認され，基礎の柔性を考慮する必要があることがわかった．

②では，免震建物の微振動応答の減衰は，実測データを同定して求めた結果，2%程度であることがわかった．また，免震建物のモデル化では，質点系モデルと部材レベルで精緻にモデル化した立体モデルを比較した結果，高振動数領域の応答を評価するためには立体モデルが必要であるが，設計時の応答予測の観点からは，質点系モデルでも十分であるとしている．

なお，森清ら[5]は，免震建物の実測データを増やし，基礎の柔性を考慮するための基礎長さの低減係数を新たに提案し，上下動の応答予測が行えるように深澤らの手法を発展させている．

c. 環境振動に対応した免震部材・構法

環境振動は地震動に比べて振動の振幅レベルがかなり小さく，その振動数成分も異なる．したがって，耐震安全性を向上させる免震機能と環境振動を大幅に低減する防振機能の両方を併せもつ免震装置や構法が必要となってくる．

五十嵐ら[6]は，地震と環境振動の両方に対応した免震防振積層ゴムを開発している．これは，鉄道などによる鉛直振動に対する防振機能を備えた積層ゴムで，通常よりも厚い鋼板と厚いゴムで構成されており，鉛直方向の固有振動数が6～10 Hz，減衰が3%程度のデバイスである．これにより鉄道振動で問題となる60 Hzにおける振動伝達率を一般の積層ゴムの約6倍改善していることを示している．

笠井ら[7]は，鉄道高架橋下にホテルを建設にするにあたり，空気伝搬音の遮断，固体伝搬音の遮断，高架橋への地震時負担の軽減を実現するため，防振ゴムを用いた吊り免震工法を採用している．

そのほかにも，微振動と地震に対応した免震部材として，常時は通常の耐震建物と同等性能を有し，地震時の動きはじめに建物に急激な加速度が生じないようにするために，複数の摩擦係数をもつすべり支承と積層ゴムで構成されたマルチステップ免震[8]や，常時の生産に影響を及ぼさないようにするため，剛すべり支承，オイルダンパー，積層ゴムを併用して微振動応答を抑制するMiC免震[9]などがあり，どちらもすでに実際の生産施設に適用されている． 【福喜多輝】

引用文献

1) 古橋　剛，光阪勇治，徳武茂隆，松本吾朗，高瀬憲克，有馬文昭：新幹線に隣接する免震半導体工場の微振動特性（その1～4），日本建築学会大会学術講演梗概集，**B-2**, 711-718, 1998.
2) 松岡明彦，渡辺秀夫，宮尾健一：免震構造の集合住宅における地下鉄からの固体伝搬音低減効果について，日本建築学会大会学術講演梗概集，**D-1**, 275-276, 1999.
3) 山岸邦彰，岩本　毅，野路利幸，山中久幸，原田浩之，嶋田　泰，有松重雄，赤尾伸一，谷垣正治，小坂英之：鉄道軌道に近接する免震建物の振動伝搬特性（その1～4），日本建築学会大会学術講演梗概集，**D-1**, 257-264, 2004.
4) 深澤尚宏，北村春幸，藤田隆史，浅野美次，安田正志，吉江慶祐：敷地地盤の微振動調査に基づく免震建物の微振動応答予測手法，日本建築学会技術報告集，**19**, 73-78, 2004.
5) 森清宣貴，深澤尚宏，吉江慶祐，北村春幸，藤田隆史，浅野美次，安田正志：微振動測定に基づく免震建物の入力損失に関する検討，日本建築学会技術報告集，**23**, 103-108, 2006.
6) 五十嵐信義，鈴木庸介，村松佳孝，福田滋夫：免震防振積層ゴムの開発（その1～4），日本建築学会大会学術講演梗概集，**B-2**, 891-898, 2007.
7) 笠井香澄，深尾康三，西村俊彦，北澤　章，前田厚雄，山田眞左和，大迫勝彦，以頭秀司，田村彰男，岩下敬三，吉田宏一，星川　努，阿部隆之，渡辺憲一，仲川ゆり，荘大作，山本光博，秋山正晴，平澤　暢，渡邉　聡：吊り免振工法による鉄道高架下建物に関する研究（その1～9），日本建築学会大会学術講演梗概集，**D-1**, 281-296, 2004.
8) 清水建設：シミズテクニカルニュース，http://www.shimztechnonews.com/topics/t081127.html
9) 大成建設：耐震ネット，http://www.taisin-net.com/library/taisei_tech/mic/index.html

制震編

1 制震構造の原理

地震や風による振動エネルギーを吸収する機構を架構に付加することで建築物の振動を抑制することを志向した構造の総称としては「制振構造」があるが，そのうちとくに地震の応答制御に特化したものを本書では「制震構造」と呼ぶこととする（図1）．振動制御技術は20世紀に入り機械分野でまず発達したが，建築分野への応用に関しては1980年頃より研究開発および実用化が積極的に行われてきた．建物に入力された振動エネルギーを制振機構に効果的に集めるためには①架構の一部または全体を柔らかく設計し，②そこにエネルギーを吸収する機構を設置することが効果的である．第1層を切り離して柔らかく設計し，そこにエネルギー吸収機構を設置した形式が免震構造である．制震構造では各層を比較的柔らかく設計し，各層にエネルギーを吸収する機構を配置する形式（図2(a)）か，あるいは主構造頂部に柔らかく接合された付加質量を載せ，固有周期を合わせて共振させることで接合部に設置されたエネルギー吸収機構に振動エネルギーを吸収させる形式（図2(b)）が多く用いられる．

エネルギー吸収機構の仕組みとしては，動的アクチュエータなどにより入力エネルギーを打ち消すような外力を外部より能動的に与える「アクティブ制振（震）」と，機構に減衰特性をもたせることで入力エネルギーを消散させる「パッシブ制振」に大きく分類できる．一般的にアクティブ制振は長時間にわたり単純な応答励起を繰り返す強風時の振動制御に用いられることが多く，地震に対しては一時に大きなエネルギーを吸収しうるパッシブ制震が使用されることが多い．パッシブ制震に用いられる減衰部材は一般的に「制振（震）部材」または「ダンパー」と呼ばれる．この他，外部からエネルギーを与える代わりに制震部材の剛性・減衰特性を応答に応じて能動的に変化させることで効率を高める「セミアクティブ（ハイブリッド）制振（震）」も利用されている．各形式の分類概念を図1に示す．

従来の耐震構造では大地震に対し主構造の一部を塑性化させることで，一種のダンパーとして利用しているため，制震部材に後述する鋼材ダンパーを用いた場合，図2(a)の制震構造と耐震構造との境界線はややあいまいとなる．大地震時に建物の崩壊を回避するためには，まず図3(a)にみるような特定層への損傷集中を回避することが重要となる．そこで図3(b)にみるように耐震要素を連層で「背骨」として配置し，損傷を各層に配分し境界梁で塑性化させエネルギー吸収する設計も行われてきた．しかしこの設計では，主架

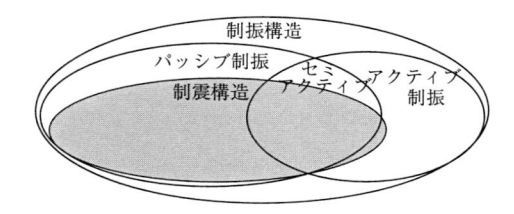

図1 制振（震）構造の定義

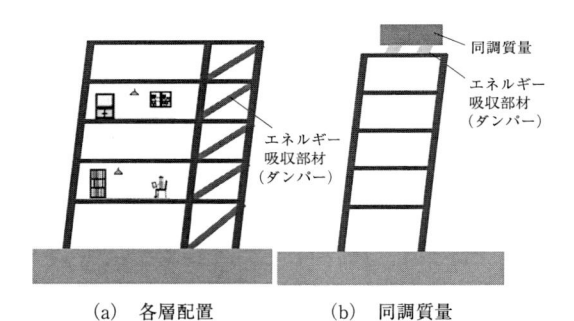

図2 制震構造の構成
(a) 各層配置　(b) 同調質量

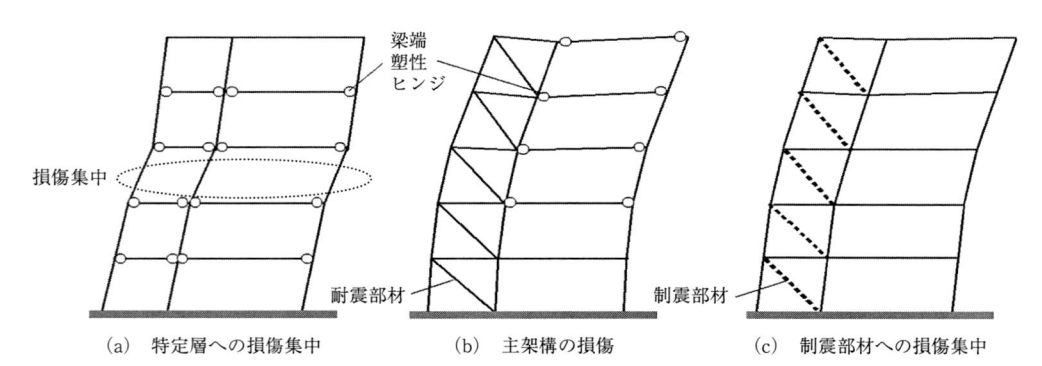

図3 耐震構造と制震構造の違い
(a) 特定層への損傷集中　(b) 主架構の損傷　(c) 制震部材への損傷集中

表1 おもな制震部材の種類

力学機構	制震部材
変位依存型ダンパー（履歴減衰部材）	①鋼材ダンパー
	②摩擦ダンパー
速度依存型ダンパー（粘性減衰部材）	③オイルダンパー
	④粘性ダンパー
	⑤粘弾性ダンパー

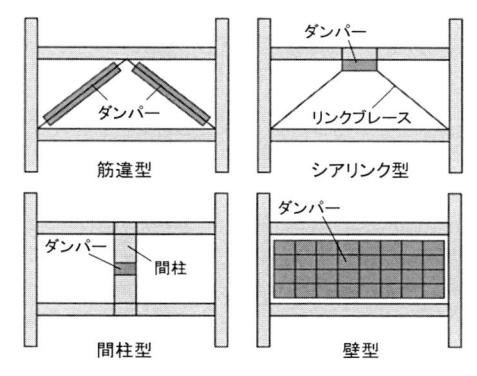

図4 ダンパーの配置形式例

構の損傷を前提とし大地震後の建物の継続使用が期待できない．パッシブ制震構造では制震部材を先行させて塑性化させる（図3(c)）ことで主構造を大地震時にも弾性範囲にとどめる「損傷制御設計」を行うことによって，大地震後も制震部材のみを点検・交換後建物が継続使用でき，財産保全が期待できる設計が可能となる[1,2]．

あとに詳述するが，パッシブ制震構造で使用される代表的な制震部材（ダンパー）例を表1に示す．また，架構内の配置形式例を図4に示す[3-5]．

①鋼材ダンパーは金属素材の優れた塑性変形能力を利用し，繰返し変位下での履歴エネルギー吸収性能をダンパーとして利用したものである．鋼材ダンパーには，座屈拘束ブレース（図5(a)）や，鋼板せん断パネル（図5(b)）が多く用いられている．せん断パネルは図5(b) の間柱型以外に壁型，シアリンク型でも用いられる．

②の摩擦ダンパーと合わせてこれらのダンパーは変位に依存した反力を発生し，変位依存型ダンパー（履歴減衰）と呼ばれる．

③のオイルダンパーは，免震用オイルダンパーと同様，図6(a) に示すようにシリンダー内に挿入されたオイルをピストンを通じ流動させることにより流体粘性減衰を発揮させるものである．

④の粘性ダンパーは粘性の高い高分子材料粘性体の

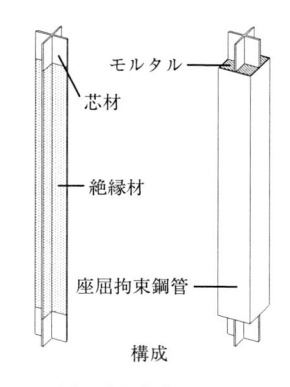

(a) 座屈拘束ブレース

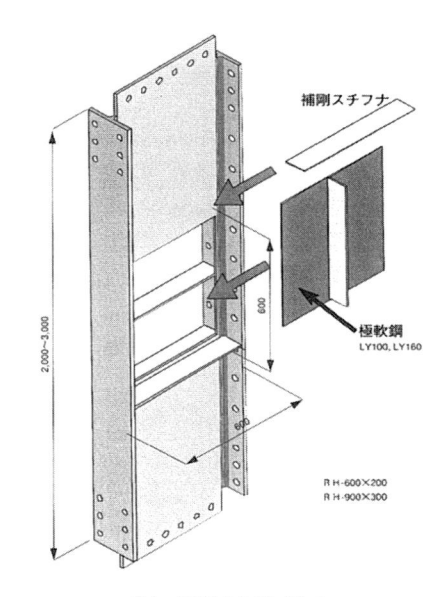

(b) 鋼板せん断パネル

図5 鋼材ダンパーの例

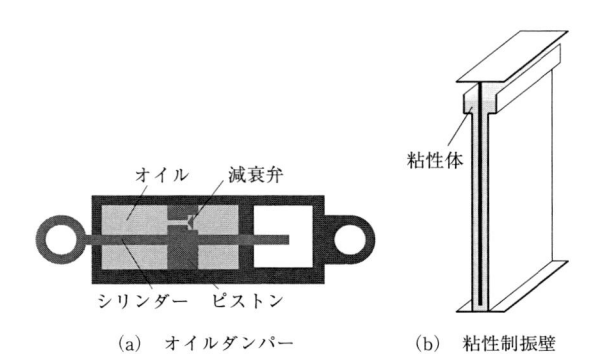

(a) オイルダンパー　(b) 粘性制振壁

図6 速度依存型ダンパーの例

流動抵抗やせん断抵抗を利用したものである．図6(b)は壁型の箱の中に粘性体を封入した粘性ダンパーの例である．これらのダンパーは速度に依存して反力を発生するため，速度依存型ダンパー（粘性減衰）と呼ばれる．

以上のようなダンパーは，図7に示すように履歴ループによって吸収されるエネルギー E_d が付加減衰を生み出すとともに，ダンパー自身の付加剛性も有している．ダンパー自身に剛性をもたない粘性ダンパーであっても，接合部やリンクブレースなどの取付け部材剛性 K_b の影響により付加剛性を有するようになる．こういったダンパー系を主架構の各層に配置すると，次の2つの効果が現れる．

A　ダンパーの剛性が付加されることで，系の水平剛性 K_{eq} が少し高くなり，元の固有周期 T_f が T_{eq} へと少し短くなる．

B　ダンパーの減衰が付加されることで，系の等価減衰定数が h_0 から h_{eq} へと増加する．

もし図8の応答スペクトル図に示すように，系が速度応答一定領域にあるとすると，上記A, Bの効果はおよそ以下の応答の変化となって現れる．

A′　応答加速度は $T_f \Rightarrow T_{eq}$ の分だけ増加し，応答変位は $T_f \Rightarrow T_{eq}$ の分だけ減少する．

B′　応答加速度，応答変位ともに，付加減衰の効果で一定比率で減少する．

応答加速度ではA′とB′の効果が相反するが，応答変位ではA′とB′の効果は重なり合う．したがって，ダンパーをあまり入れすぎると，応答変位は下がっていくが，応答加速度は逆に増加してしまう現象が生じる．これは，A′の短周期化による応答増幅が，B′の減衰による応答低減効果を上まわってしまったせいである．

以上のような特性を見やすく表現したものに文献[4]の制震性能曲線がある．変位依存型ダンパーの応答低減グラフ例を図9(a)に，バイリニア型オイルダンパーの応答低減グラフ例を図9(b)に示す．ともに縦軸が応答加速度（応答せん断力）低減率 R_a，横軸が

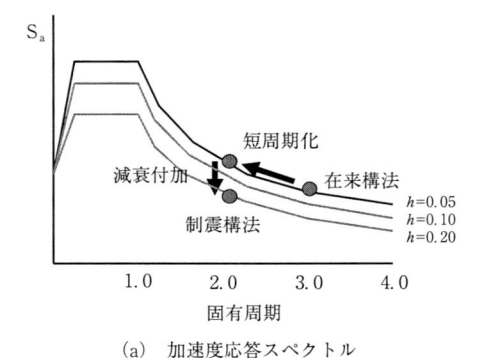

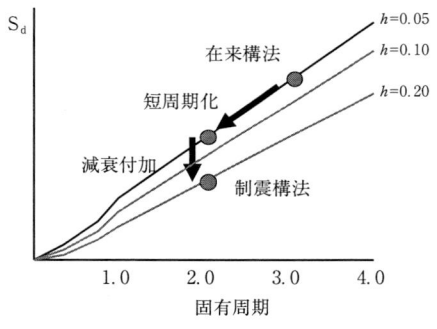

(a) 加速度応答スペクトル

(b) 変位応答スペクトル

図8 ダンパー付加の影響

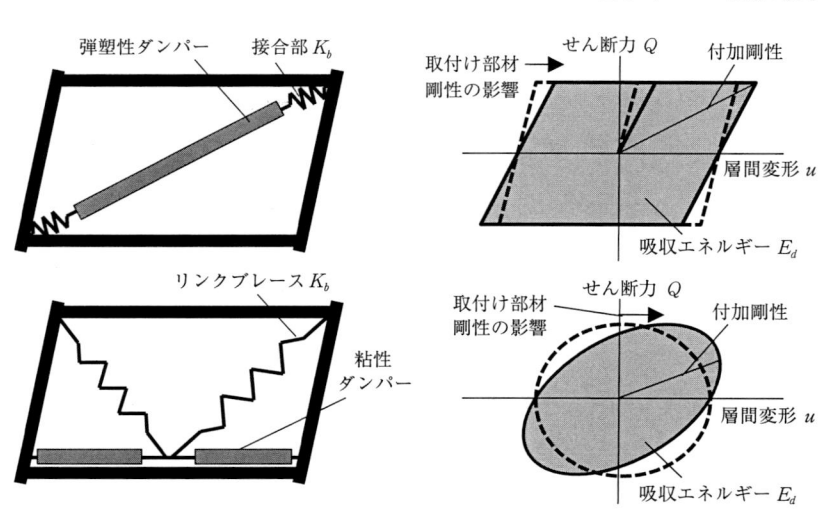

図7 ダンパーによる付加減衰と付加剛性

(a) 鋼材ダンパー   (b) オイルダンパー

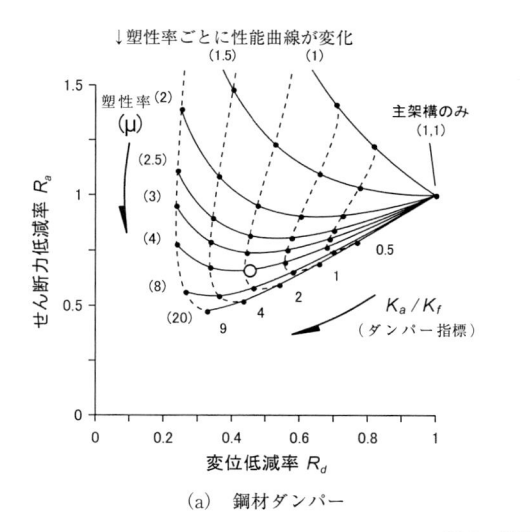

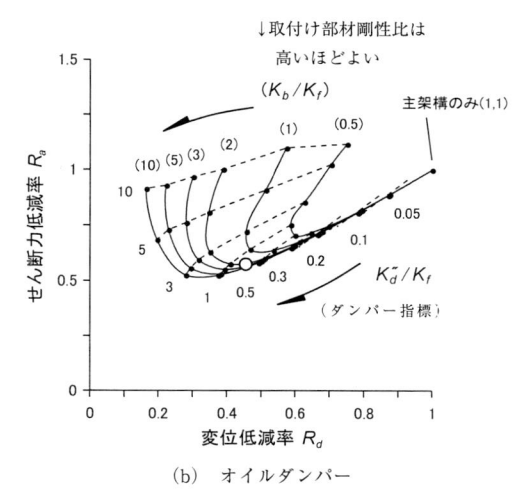

図9　制震性能曲線[4]

応答変位低減率 R_d である．右端の $R_a=R_d=1.0$ がダンパーなしの応答を示す．図9(a)の弾塑性ダンパーでは K_a/K_f がダンパー量の指標（取付け部材剛性込み），図9(b)のオイルダンパーでは K_d''/K_f がダンパー量の指標である．図9(a)の変位依存型ダンパーでは応答低減率が塑性率 μ によって変化し，図9(b)のオイルダンパーでは取付け部材剛性比 K_b/K_f によって変化するが，ともに主架構が弾性の条件のもとでダンパー量を増やしていくと，ある所から応答加速度は上に向かって反転していくことがわかる．したがって，応答加速度（応答せん断力）を最小化する最適ダンパー量が存在することがわかる．また，図9(b)のオイルダンパーの応答低減曲線をみるとわかるように，取付け部材剛性比 K_b/K_f が低いほど反転するタイミングが早くなることがわかる．オイルダンパーや粘性ダンパーは一般的に剛性をもたずダンパー量を増やせば増やすほど加速度応答が下がるイメージがあるが，これは取付け部材剛性が無限大の大きさをもっていない限り成立しないという点も理解する必要がある．

　以上は1質点系モデルを対象とした特性である．実際の制震構造は多質点系であるため，各層にダンパーをどのように配分するかが問題となる．1つの方法は，図9に示したようなダンパー量指標（鋼材ダンパーで K_a/K_f，オイルダンパーで K_d''/K_f など）を各層で一定にする配置法である[5]．この方法では各層の付加減衰が剛性比例減衰となるため，応答低減率は各層で一定になり，図9の応答低減率がすべての層に適用できる．一方，ダンパーを配置前の主架構の応答層間変形角が各層で不均一なバランスの悪い架構では，上記方法を用いるともっとも変形の集中する層でダンパー量を決定しなければならず，他の層では不経済となる．このような場合に，主架構剛性の足りない層ではダンパー量を多めに，主架構剛性の高い層ではダンパー量を少なめに配置する考え方がある[4,5]．この場合には，主架構＋ダンパーの目標層間変形におけるせん断力分布が，A_i 分布に近くなるよう配分する方法が有効となる．これは付加ダンパー量が各層で不均一であっても，全体の応答せん断力分布はおおむね A_i 分布に従うという特性を利用したものである．この方法では，付加減衰は厳密に比例減衰とはならないものの，おおむね目標層間変形角に近い応答結果が得られることが知られている．

【竹内　徹】

引用文献

1) 和田　章，岩田　衛，清水敬三，安部重孝，川合廣樹：建築物の損傷制御設計，丸善，1998．
2) 秋山　宏：エネルギーの釣合いに基づく建築物の耐震設計，技報堂出版，1999
3) 日本構造技術者協会：応答制御構造設計法，彰国社，2000．
4) 日本免震構造協会：パッシブ制振構造設計・施工マニュアル，第3版，2013．
5) 日本建築学会 関東支部：免震・制振構造の設計―学びやすい構造設計―，2007．

2 制震の歴史

制震は，耐震・免震と対比される建築・土木構造物の構造設計上の概念である．いずれも「震」が含まれており，地震それも比較的大きな地震に対して，構造物の安全性や機能を確保する概念として理解されることが多い．同じ読み方の「制振」は広く振動制御を意味し，風・交通による振動や床のような構造物の一部だけの振動も対象にしている．耐震・免震と同様に，制震には，構造物全体の振動対策という意味合いもある．現実には，多くの制震装置は風振動にも機能する．

近年，建物の安全性と信頼性に対する社会の要求は，建物とその内部に設置された機器などの大地震時における安全性確保にとどまらず，小地震・風・交通などに起因する発生頻度が高い振動の低減までにいたっている．振動制御技術は，床振動さらには電子部品の製作工場における微振動の対策にも利用されており，微小振幅から大振幅まで多様な対応が求められている．

1995年の兵庫県南部地震は，1981年に施行された新耐震設計法の妥当性を実建物で検証した．新耐震設計法による建物は，多少の損傷を受けても倒壊せずに人命を守るという使命を果たしたが，高度情報化時代には建物の構造安全性のみならず，そこに付与された多くの機能を維持することも必要であることが明白になった．2011年東北地方太平洋沖地震では，震源から遠い地域の超高層建物が長時間にわたって大きく揺れ，建物と都市の機能維持の重要性が再認識された．強度と粘りをバランスさせた耐震だけで高い機能維持を達成することには限界があると認識されている．

構造物の振動低減法としては，入力外乱に対する非共振化と減衰の増加が考えられる．これら2つの方法を免震は利用しているが，制震ではエネルギー吸収による減衰効果を意図した機構がほとんどである．建物構成部材が塑性変形によりエネルギー吸収能力を獲得し，それが耐震性能の向上に重要な役割を演じることは昔から指摘されていた[1,2]．たとえば，1960年代後半から超高層建物に適用されたスリット式耐力壁は，大地震時に十分な変形性能をもってエネルギー吸収するように工夫されている．1970年代から研究され，1990年代から適用が進んだ座屈拘束ブレースは，圧縮時にも十分なエネルギー吸収を行うことが意図されている．これらは今日ではパッシブ制震に分類されるが，明らかに耐震の延長線上にある（表1）．

表1 制震構造のあゆみ

1968~	スリット式耐力壁の超高層建物への適用
1972	制御理論に基づく建物の振動制御の提案（Yao）
1973~	座屈拘束ブレースの研究
1981	新耐震設計法（建物の強さと粘りを考慮）
1980s	アクティブ・パッシブ制震の本格的な研究開始
	後半には適用
1989~	AMDの建物への適用
1995	兵庫県南部地震
	新耐震設計法の検証
	地震後にパッシブ制震・免震建物が急増
1998~	セミアクティブ制震の本格的な適用
2011	東北地方太平洋沖地震
	振動計測に基づく制震・免震技術の検証

1972年には，建築・土木構造物の新しい振動制御の概念として structural control が提起された[3]．自動制御を取り入れて，従来からの構造部材ではなく制御力によって振動低減する考え方である．この背景には，機械・電気・航空宇宙といった工学分野で現代制御理論が実績をあげはじめたことがある．制御理論を建築・土木構造物に導入する試みは1980年代中頃までおもに米国で行われ，アクティブ制御の最初の研究段階として位置づけられる．アクティブ制御は入力外乱に対する反応が高く，建築・土木構造物でも有効性が明らかにされた．このような経緯から，今ではパッシブ制御も含む structural control は，当初アクティブ制御を意味することも多かった．

制御という概念が強く意識されて，制震が本格的に推進されるようになったのは，1980年代以降である．制震は耐震と区別され，単独では構造物を構成しない装置や機能を付加させることにより，構造物の振動低減を図る概念としてとらえられた．壁・筋違といった従来の構造部材の利用拡大ではなく，建物でほとんど利用されなかった機械的要素を積極的に取り入れはじめたことが，制震の本格的な歴史の始まりである．

制震の研究開発と適用は，1980年代中頃から本格的に進められた．パッシブ制震は制震建物の大半を占めており[4,5]，稀にしか発生しない大地震への対策として現実的な選択になっている．

パッシブ制震にはさまざまな機構の装置がある．錘設置型の装置としては同調型マスダンパー（TMD）が，液体のスロッシングを利用する装置としては同調型液体ダンパー（TLD）がある．これらは高層建物・塔状構造物の強風対策として1980年代後半から設置されている．TMDは床・渡り廊下・連絡橋の振動対策にも使われている．これらは1箇所に制御力を与える方式で，アクティブ制御では，アクティブマスダンパー

(AMD) が含まれる.

　大地震対策のパッシブ制震装置は，2点間の相対速度や相対変位に対して働く機構で，構造フレームや柱梁の接合部に多数設置される．おもな装置としては，鋼材ダンパー，摩擦ダンパー，オイルダンパー，粘性ダンパー，粘弾性ダンパーがある．国内最初の適用は，筋違形式の座屈補剛型鋼材ダンパーは1998年[6]，接合部形式の摩擦ダンパーは1988年[7]，オイルダンパーは1995年[8]，壁型の粘性ダンパーは1994年[9]，筋違形式の粘弾性ダンパーは1993年[10]である．パッシブ制震は同一建物で併用されることも多く，アクティブ・セミアクティブ制御との併用もある．2001年に竣工した中層建物では，パッシブ型とセミアクティブ型のオイルダンパーが併用されている[11]．

　鋼材の履歴減衰特性を利用してエネルギー吸収を図る制震は，制震全体の適用例の半分以上を占めており，それらは間柱型，筋違型，シアリンク型，壁型としての利用が多い．非線形履歴を利用する制震では，安定してエネルギー吸収するように履歴を調整している．最近では，運動方程式の質量項を操作するダイナミック・マスという考え方も生み出されている[12]．

　アクティブ制御では，設置した錘を制御則で駆動させて減衰効果をもたらすAMDが1989年に建物に初めて適用され[13]，研究は第2期に入った．1995年までに20棟の建物に設置され，2009年には確認されている数は50を超えている[14]．その効果は建物1次モードの等価減衰比として4～20%と評価されており，平均は9%弱である．これは中小地震や発生頻度が高い風を受けたさいの効果であり，大地震時の効果ではない．しかし，一連のAMDの研究開発が，建物–装置の相互作用，実大規模の装置の設計，複数方向の制御，自動ゲイン調整，モデリングとロバスト性，フェイルセーフおよび維持管理といった，その後に制震を発展させる多くの知見を蓄積したことは事実である．

　兵庫県南部地震を契機に，装置駆動電力が極めて少ないセミアクティブ制御が注目され，アクティブ制御の研究開発は第3期に入った．適用例では，アクチュエータ内にある流量調整弁の開度を数十Wの電力消費量で調整して，1,000～2,000 kN程度の制御力を生み出している．適用建物は20棟程度と推定される．セミアクティブ制震装置は構造フレームの層間や免震層に設置されることが多く，後者はセミアクティブ免震といわれる．オイルダンパーは1台あたりの抵抗力が大きく，産業界で豊富な実績があるため，適用例の大半を占めている．オイルダンパーによる制御は，当初，油流量調整弁の開度を連続的・段階的に変化させる方式であったが，現在は調整弁の調整を開閉2段階に簡素化した方式[12]が主流である．その後，電力なしに弁開閉ができる機構に工夫され，新しいパッシブ制御にも発展した．セミアクティブ制御には，パッシブ制御からもアプローチできる．

　兵庫県南部地震以降に制震建物も急増しており，制震は鉄骨造高層建物では必須の構造技術である．日本の優れた制震技術とその積極的適用は，国際的にも高い評価を受けている．

【池田芳樹】

引用文献

1) 棚橋　諒：地震の破壊力と建築物の耐震力に關する私見，建築雑誌，578-587, 1935.
2) G. W. Housner：Limit Design of Structures to Resist Earthquakes, Proc. 1st World Conference on Earthquake Engineering, 5, 1-13, 1956.
3) J. T. Y. Yao：Concept of Structural Control, J. Structural Division, ASCE, 98(ST7), 1567-1574, 1972.
4) 北村春幸，北村佳久，伊藤　優，坂本光雄：適用建物調査に基づく日本の応答制御構造の分析・評価，日本建築学会技術報告集，18, 55-60, 2003.
5) 池田芳樹：耐震と免震，制震（その2 制震構造の立場から），日本建築学会シンポジウム：阪神・淡路大震災を振り返り，来る大地震に備える，67-72, 2011.
6) 竹内　徹，藤田正則，岩田　衛：建築鋼構造のシステム化—その適用と発展—，適用例6座屈拘束ブレース，月刊鉄構技術，13(147), 67-76, 2000.
7) 寺本隆幸ほか：摩擦ダンパーの超高層建物への適用（その1～3），日本建築学会大会学術講演梗概集，B，構造I, 873-878, 1987.
8) 石原和男，田上　淳，栗野治彦ほか：高減衰オイルダンパによる高層建物の制震（その1～3），日本建築学会大会学術講演梗概集，B-2, 構造II, 851-856, 1996.
9) 宮崎光生，高橋豊克，光阪勇治，水頭一紀，加藤巨邦：粘性減衰壁を使用した高層建物—テレビ静岡メディアシティビルの構造設計—，ビルディングレター，(276), 1-14, 日本建築センター，1992.
10) 伊藤嘉朗：粘弾性体を利用した制振構法に関する研究（その9），日本建築学会大会学術講演梗概集，B-2, 構造II, 833-834, 1997.
11) 諏訪政雄，栗野治彦，田上　淳ほか：減衰係数切替え型セミアクティブダンパーを適用した中層建物の振動実験（その1～3），日本建築学会大会学術講演梗概集，B-2, 構造II, 261-266, 2001.
12) 日本建築学会：建築構造物の振動制御入門，2010.
13) T. Kobori, N. Koshika, K. Yamada and Y. Ikeda：Seismic-response-controlled structure with AMD system, Earthquake Engineering & Structural Dynamics, 20, 133-166, 1991.
14) Y. Ikeda：Active and semi-active vibration control of buildings in Japan：Practical applications and verification, Structural Control and Health Monitoring, 16, 703-723, 2009.

3 建築計画

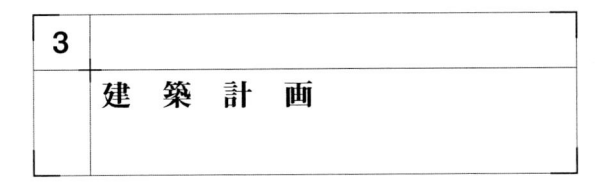

3.1 制震装置の平面計画・立面計画

制震装置は平面的にバランスよく X, Y 両方向に均等に配置することが望ましい．業務系施設は，執務空間を大空間として計画されることが多いため，制震装置の配置は階段室や機械室などのコア周囲の架構に配置することが多い（図1）．立面計画では，各階に分散してエネルギー吸収を図る分散配置や，低層部に集中して配置する方式がある（図2）．

座屈拘束ブレースやオイルダンパーは，図3に示すように斜めに配置する例やV型のブレースの脚部に配置される．建築計画上，開口が必要な場合は，山形ブレースの頂部に制震装置を配置することもできる．見付け面積が小さい制震間柱は，建物外周のファサードと合わせて配置されることもある（図4）．

高層建築物の場合，上層階では曲げ変形が卓越することから，せん断変形に効果がある制震装置の採用は留意が必要である．温度依存性の高い制震装置は，外気の影響を受けやすい建物の外周架構には配置しないことが望ましい．また，多くの制震装置は，定期的な維持管理が不要な装置が多いが，地震後には目視点検が可能な配置計画，しつらえとすることが望ましい．

3.2 レトロフィット

耐震補強において，在来工法による耐震壁を居室内に新たに増設することが難しい場合，建物の外周にブレースによる補強が行われることがある．とくに学校建築では，張間方向には耐震壁が配置され耐震性能が満足されるが，桁行き方向は純ラーメンで計画されていることが多く，耐震性が劣ることから桁行き方向の外周に外づけのブレースで補強される．

しかし，ブレース補強は内部からの視野が遮られ，既存建物の意匠性は損なわれる．そこでダンパーなどの外づけ制震装置をデザインすることで，耐震性能の向上のみならず，採光などの環境デザインにも配慮した新たな意匠性を生み出している事例もある．

また，建物の両妻面に補強フレームを設けたバットレス制震補強は，補強後も居室窓面からの採光をまったく妨げないこと，工事中は工事範囲を集約でき，建物を使用しながら工事が進められることが特徴となっている．

【西川耕二】

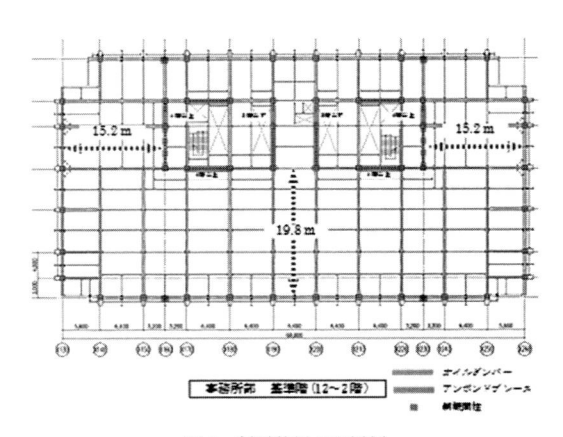

図1 制震装置の配置例

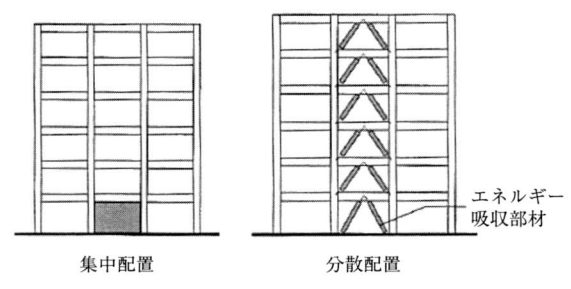

図2 制震装置の立面計画

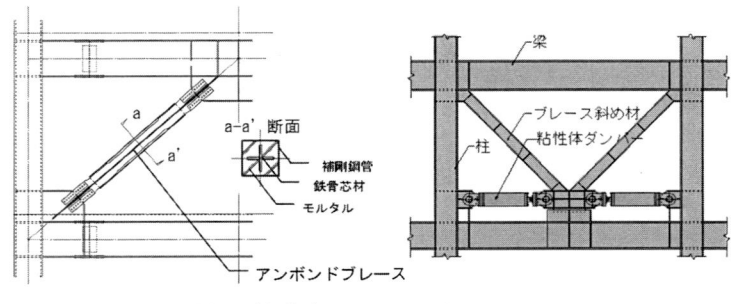

図3 座屈拘束ブレース，オイルダンパー

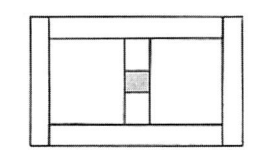

図4 制震間柱

4 構 造 計 画

　制震構造は，パッシブ型やアクティブ型，あるいはその両者の中間であるセミアクティブ型（ハイブリッド型と呼ばれることがある）の制震部材を建物に組み込んで，地震・風などによって生じる建物の振動を抑える構造である．アクティブ型・セミアクティブ型制震部材を用いる場合，制御方式や建物の動特性との関係など，それぞれの制震部材（装置）に応じた設計が必要となり，一般論として語ることが難しいので，ここでは説明を省略し，以下に，制震構造として一般的なパッシブ型の制震部材を用いる場合の構造計画上の留意点を述べる．

　パッシブ型の制震構造は，地震などの外乱による建物への入力エネルギーを主架構に取り付けた制震部材の塑性変形や摩擦力・粘性減衰などによって積極的に吸収させるものであり，外乱によって建物に生じる変形や速度により，制震部材に変形や速度を与えてエネルギー吸収を行う構造である．したがって，制震部材の配置・量の決定は構造計画上，重要となる．また，一般的に主架構の構造部材に比べると制震部材の数は少数であり，この数少ない制震部材で建物の地震・風などによる振動を抑え，建物の構造安全性を確保するので，制震部材自体の信頼性だけでなく，構造架構に組み込まれた状態で制震部材の性能がきちんと発揮できるようにすることも重要となる．

　以下に計画上の留意点をあげる．

a. 制震性能目標の明確化

　日本免震構造協会刊「パッシブ制振構造設計・施工マニュアル」[1]は基本事項の中で「構造設計者は設定した外乱入力レベルに対し，制振目標性能を設定しなければならない」と述べている．目標とする性能は，法令や設計者の判断だけで決定されるものではなく，建物の目的や建築主の意図，さらには建物が周辺に与える影響などを踏まえて，設計者が建築主と十分に対話を行い決定される必要がある．表1に目標耐震性能の一例を示す．建物の目的によっては，表1に示す以外に，床応答加速度の目標を定める場合もある．制震部材の損傷限界・安全限界は，実大実験などで性能を確認することが望ましい．多くの制震部材は，地震時に層間変形や層間速度を制震部材に集中させ，積極的に塑性変形や流体・粘性体の運動を生じさせて，地震によるエネルギーを吸収することで建物の応答を制御する．したがって，制震部材の目標性能は，制震部材の形式や仕組みによって，最大変形や最大速度だけでなく，累積変形量や吸収エネルギー量，あるいは繰返し変形に対する疲労損傷度などを設定する必要がある．

　制震構造は，一般的には応答の大きさにより応答低減効果が変化し，制震効果の範囲を超えると急激に性能が低下したり，脆性的な破壊となり建物の安全性をかえって損なうこととなったりする可能性もある（図1）．性能目標を明確にし，そのうえで想定を超える場合に備え，適切に冗長性をもたせることが重要である．

　さらに同マニュアルは「構造設計者は，制振目標性能を満足させるために制振部材の基本性能を十分に把握したうえで，適切な構造計画と設計を行うとともに，適切な解析手法により性能を評価しなければならない」[1]とも述べている．いわば制震部材に建物の安全性を委ねることになるので，制震効果が期待どおり

表1　目標耐震性能の例

地震動の レベル	稀に発生する 地震動	極めて稀に発生する 地震動
主架構	損傷限界以下 ・部材応力が許容応力度以内	安全限界以下 ・部材の最大塑性率が4.0以下
制震部材 層間変形角	損傷限界以下* 1/200 rad 以下	安全限界以下* 1/100 rad 以下

＊制震部材の損傷限界・安全限界は，実大実験などで確認することが望ましい．

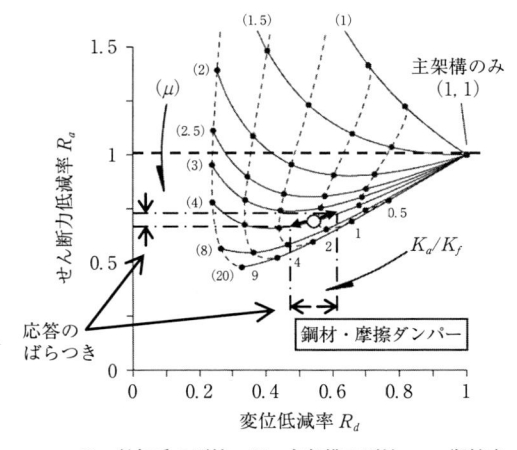

K_d：付加系の剛性，K_f：主架構の剛性，μ：塑性率

図1 鋼材・摩擦ダンパーの性能曲線[1]（入力地震動の速度応答スペクトル一定の場合）

たとえばこの図から，制震部材量の1つである K_d/K_f の変動に対して応答せん断力と応答変位の変動を読みとることができる．

発揮できるような計画と設計段階での検証が必要となる．

b. 最適な投入量の把握

制震部材の量と応答低減効果は比例しないことが多く，入力レベルによってもその効果が変動する．この結果，入力レベルに対して最適値が存在するので，性能曲線やパラメトリックスタディにより，応答低減性状を把握したうえで，投入量を設計すべきである．このとき同時に制震部材の性能や外乱の大きさのばらつきに対する応答低減効果の「感度」にも注意すべきであり，制震部材や周辺架構の力学特性の変動に対する応答の感度に応じて，設計を見直したり，制震部材のばらつきの許容範囲を指定したりするなどが必要となる．

一般の架構計画と同様，制震部材配置は建築計画と無関係には決定できず，必ずしも最適な制震部材が投入できるとは限らない．最適値や応答低減効果の感度の把握は，建築計画・構造計画などの調整において，制震性能を優先するか，犠牲にして無理をするのかなどの位置づけを明確にし，制震設計の合理性や信頼性の確保につながる．

c. 平面的なバランスの確保

構造計画において構造物全体として，ねじれが生じないようにすることは重要であるが，制震構造では，主架構と制震部材の挙動に差があるので，主架構と制震部材のそれぞれが平面的なバランスよく配置される必要がある．

d. 上下方向の配置計画

層間に取り付けられた制震部材に生じる変形・速度により効果を発揮する制震構造では，建物の層間変形のうちせん断変形成分が必要である．そのため，制震構造の効果を高めるためには構造物全体の曲げ変形を抑える工夫や，曲げ変形の少ない下層に配置するなどの方法が考えられる．

制震部材を連層で配置（平面的に同一部分に配置）する場合は，その部分の柱の変動軸力が大きくなり，曲げ変形が増大するので注意が必要であるほか，脚部の引き抜き力に対する基礎部の抵抗力の確保が必要である．また，連層配置で各層の制震部材が協働して効果を発揮することを想定する場合，建物の特定層に損傷・変形が集中しないように主架構を設計する必要がある．

e. 斜め方向入力への配慮

垂直二方向に制震部材の取り付く柱は，斜め方向入力に対する設計が必要となる．斜め入力時の応力の評価は，とくに履歴系の制震構造では弾塑性挙動し，一般には $X \cdot Y$ 方向入力時の応力の線形和にならず，斜め入力時の各フレームの変形状態の考慮が必要であることに留意する．

f. 建物全体の終局状態の設計

制震構造を採用し，大地震時の主架構の損傷を抑えたとしても，予想を超えた地震時の安定性の確保は重要であるので，安定したメカニズムを形成できるように各部が設計される必要がある．

g. 部分・ディテールの設計の留意点

冒頭でも述べたが，制震構造では建物の地震・風に対する安全性を制震部材の性能・信頼性に大きく依存することとなり，制震部材が建物に組み込まれた状態で所定の性能を発揮できるようにすることが重要となる．そのために，制震部材の繰返しによる力学的挙動の変化や強度上昇なども考慮し，周辺フレーム・取付け部材・接合部が十分な強度・剛性を確保できるよう設計されなくてはいけない．このさい，たとえばE-ディフェンス鋼構造建物実験研究による実大5層制振鋼構造物の震動台実験の結果など，建物に組み込まれた制震部材の地震時挙動について多くの論文が発表されており，制震構造の設計にあたっては大いに参考にすべきである．

【吉江慶祐】

引用文献

1) 日本免震構造協会：パッシブ制振構造設計・施工マニュアル，第3版，日本免震構造協会，2013.

5 制震の設計・計算法

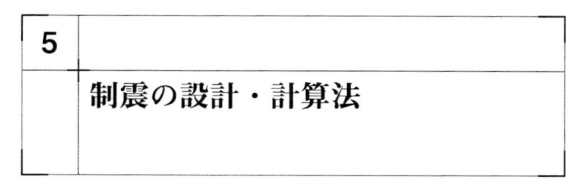

制震構造の設計は,「平成17年国土交通省告示第631号エネルギーの釣合いに基づく耐震計算等の構造計算(以下,エネルギー法)」[1]による方法と,時刻歴応答解析による方法とがある.エネルギー法は,高さが60 m以下の建築物に適用でき,建築主事の確認により設計が可能である.ただし,エネルギー法は鋼材を用いたダンパーにしか適用できない.

5.1 エネルギー法

耐震構造の設計において,地震を力としてとらえていることに対して,エネルギー法は地震をエネルギーとしてとらえ,入力される地震エネルギーよりも建物の吸収エネルギーが大きくなるように設計するものである.

耐震構造の設計と同様に,稀に発生する地震動と極めて稀に発生する地震動時について検討を行うが,稀に発生する地震動にも制震部材の塑性化を認めていることが特徴の1つとなっている.

入力される地震エネルギーは,各階のエネルギー分担率により分配され,主架構とダンパーの分担比率により吸収される.

設計のフローチャートを図1に示す.エネルギー法は,フローに示される第4,第6のエネルギーに対する検討が必要である.以下に「稀に発生する地震動」,「極めて稀に発生する地震動」時に行うエネルギーに対する検討を概説する.

稀に発生する地震に対する計算(損傷限界検証)では,損傷限界必要エネルギー(E_d)が,損傷限界吸収エネルギー(W_e)を超えないことを確認する.

$$E_d < W_e$$
$$E_d = \frac{1}{2}MV_d^2 \quad (\text{kN}\cdot\text{m})$$

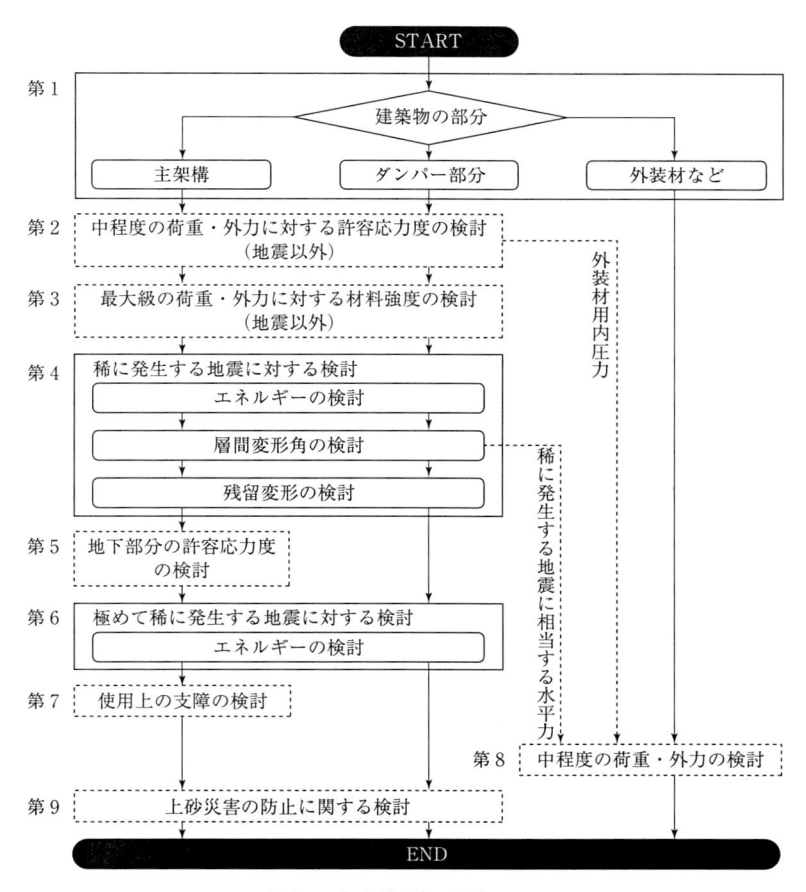

図1 エネルギー法の設計フロー

$$W_e = \sum\{W_{fi} + (W_{dei} + W_{dpi})\} \quad (\text{kN·m})$$

ここで，E_d は建築物に作用する地震エネルギー（kN·m），M は建築物の地上部分の全質量（t），V_d は建築物に作用するエネルギー量の速度換算値（m/s），W_e は建築物が損傷限界に達するまでに吸収できるエネルギー（kN·m），W_{fi} は主架構の吸収する弾性ひずみエネルギー（kN·m），W_{dei} はダンパー部分の吸収する弾性ひずみエネルギー（kN·m），W_{dpi} はダンパー部分の吸収する塑性ひずみエネルギー（kN·m）である．

極めて稀に発生する地震に対する計算（安全限界検証）では，主架構，ダンパー部分の必要エネルギー吸収量（E_{sfi}, E_{sdi}），および必要累積塑性変形倍率（η_{sfi}, η_{sdi}）を算定し，主架構，ダンパー部分の保有性能が上まわっていることを確認する．

ダンパー部分の保有性能を確認する場合は，稀に発生する地震動に対して，エネルギー吸収量5回分を足して保有性能が上まわっていることを確認するのが特徴である．

5.2 時刻歴応答解析による方法

時刻歴応答解析は，建設省告示第1461号四号に示される地震動を用いて行う．制震部材は，免震部材と異なり建築基準法第37条の指定建築材料ではないため，制震部材を含めて性能評価を取得する必要がある．

建物のモデル化は，柱・梁部材の曲げ・せん断・軸変形を考慮して，部材の弾塑性特性を直接評価した骨組に制震装置を組み込んでモデル化した精緻な骨組モデルと，各階の質量を1質点に置き換え，各階の剛性，減衰を評価した質点モデルがある．

質点モデルは建物形状により，等価せん断型モデル，等価曲げせん断型モデルなどに置き換えられ，時刻歴応答解析が行われる．

ダンパーには弾塑性鋼製ダンパーや摩擦ダンパーなどの履歴減衰型，オイルダンパーや粘性体制震壁などの粘性型，粘弾性材料や高減衰ゴムを用いたダンパーなどがあるが，それぞれの力学特性に応じてモデル化される（ダンパーのモデル化の詳細は第15章を参照）．

どのダンパーを用いた場合も，モデル化のさいは制震装置や部材を取りつける周囲の部材の剛性の影響を無視できない場合は，部材の剛性を評価して建物のモデルに組み込むことが重要である．

また，制震装置や制震部材は，せん断変形やせん断速度に応じて効果を発揮するため，層間の変形・速度を効率よく制震装置に伝達させる必要がある．

【西川耕二】

引用文献

1) 日本建築センター：エネルギーの釣合いに基づく耐震計算法の技術基準解説及び計算例とその解説，2005．

6 制震方法の分類

図1に制震構造の分類を示す．制震構造はパッシブ制震構造，アクティブ・セミアクティブ制震構造に大別でき，さらにパッシブ制震構造は，エネルギー消散機構と付加質量機構に，アクティブ・セミアクティブ制震構造は制御力付加機構，可変減衰・剛性機構に分類できる．

6.1 パッシブ制震構造

パッシブ制震には，層間あるいは棟間にダンパーを設置する方法（エネルギー消散機構）と建物の頂部に振動系（錘）を設置する方法（付加質量機構）がある．なお，付加質量機構も最終的にはダンパーでエネルギーを消散させるため，エネルギー消散機構に分類されることもある[2]．

a. エネルギー消散機構

はじめにエネルギー消散機構による制震構造の構成要素の定義を表1に示す．主として地震などの動的水平力に対するエネルギー消散を行う部分で，履歴減衰機構あるいは粘性減衰機構を有する部分を「制震ダンパー」と称する．「制震ダンパー」と主架構への「取付け部材」より「制震部材」が構成される．また，柱・梁などの構造部材で構成される「主架構」に制震部材を配置した構面を「制震架構」と称する．

エネルギー消散機構は，制震部材の履歴減衰エネルギーの消散（履歴減衰機構）あるいは粘性減衰エネルギーの消散（粘性減衰機構）により，建物の振動エネルギーを低減して応答低減効果を得ようとする機構である．

1) **履歴減衰機構** 主として金属材料（鋼材・鉛）の塑性履歴に伴う減衰抵抗力によりエネルギー消散を行う機構と金属材料の境界面の摩擦抵抗に伴う減衰抵抗力によりエネルギー消散を行う機構である．塑性履歴を用いたダンパーとして鋼材ダンパー（11.1節参照），摩擦抵抗を用いたダンパーとして摩擦ダンパー（11.2節）がある．

2) **粘性減衰機構** 高分子化合物材料あるいは作動油の管路流れの絞り抵抗による減衰抵抗力によりエネルギー消散を行う機構および高分子化合物を用いた粘性あるいは粘弾性材料のせん断変形に伴う減衰抵抗力によりエネルギー消散を行う機構である．粘性減衰機構を用いたダンパーとして，オイルダンパー（11.3節），粘性ダンパー（11.4節），粘弾性ダンパー（11.5節）がある．

b. 付加質量機構

付加質量機構には，建物に入る入力エネルギーを，建物の頂部に付加した振動系の共振現象を利用して運動エネルギーに変換し，建物自体が負担するエネルギーを減少させるマスダンパーがある．

振動系は，錘，支持部およびエネルギーを消散させる減衰部から構成されており，支持部の形式には，振り子式，リニアガイド式，積層ゴム支承などがある．建物重量に対する錘の質量比は1%程度が多い．一般に風揺れ対策に用いられているが，屋上の展望室をマスダンパーとして地震時の揺れを低減することを目的としたもの[3]もある．

マスダンパーには，錘の周期を建物の周期に同調させた同調型マスダンパー（TMD），液体を質量として水の揺動を利用した同調型液体ダンパーなど多数実用化されている．

また，建物の揺れを回転運動に変換することで実際の質量以上の制震効果を発揮する回転慣性質量ダンパーも実用化されている．

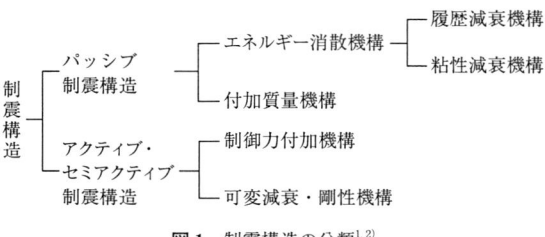

図1 制震構造の分類[1,2]

```
                        ┌─ エネルギー消散機構 ─┬─ 履歴減衰機構
        ┌─ パッシブ制震構造 ─┤                    └─ 粘性減衰機構
制震構造 ─┤                  └─ 付加質量機構
        │
        └─ アクティブ・  ─┬─ 制御力付加機構
          セミアクティブ    └─ 可変減衰・剛性機構
          制震構造
```

表1 制震構造構成要素の定義[1]

主架構	制震架構	制震部材	制震ダンパー 取付け部材
		制震ダンパー＋取付け部材	・粘性減衰機構 ・塑性履歴 ・摩擦機構

6.2 アクティブ・セミアクティブ制震機構

アクティブ制震機構[4]は，地震動または構造物の揺れをセンサーで計測し，応答量が最小となるように制御コンピュータが加えるべき制御入力を決定し，制御アクチュエータが油圧や電力などの外部エネルギーを利用して積極的に構造物の応答を制御しようとする機構である．一方，セミアクティブ制震機構[4]は，制御アクチュエータの性質，あるいはその性質の一部を変化させることで効率的な制御を実現しようとするものである．制御装置の性質を変化させるのに大きなパワーは不要であり，アクティブ制御に比べエネルギー効率のよい制御が期待できる．

a. 制御力付加機構

制御力付加機構は，基本的に錘と，錘の支持機構，適度な減衰を与える減衰部，錘を駆動するアクチュエータからなる．建物の最上層付近に設置された，1次モードに対する一般化質量の1%以下の質量をもつ錘を能動的に駆動することでこの錘の慣性力を利用して，振動する建物に制御力を加え，地震時，強風時の応答を低減するアクティブマスダンパー（AMD），TMDにアクチュエータをつけたハイブリッドマスダンパー（HMD），TMDの上にAMDを載せたTMDの揺れを効率的に調節する二重動吸振器（APTMD）などがある．

また，アクチュエータで地盤が動いた分だけ建物を反対方向へ動かすことで，従来の免震システムよりさらに揺れを低減させる，免震システムとアクティブ制御装置で構成されたアクティブ制震機構（免震編18.6節参照）も実用化されている[5]．

b. 可変減衰・剛性機構

可変減衰機構は，ダンパーの減衰係数を段階的に，あるいは連続的に変化させることにより，応答制御効果を得ようとする機構である．減衰を可変させるのに外部エネルギーが不用な機構のものもここでは含む．

ダンパー内部に封入している磁気粘性流体の流動時に適当な磁場を加え，流動抵抗を制御することで減衰力を調整するもの，従来型のオイルダンパーに流量制御機能をもたせることにより従来のパッシブ型オイルダンパーよりエネルギー吸収能力を発揮することができるもの[6]などがある（11.7節参照）．また，既存超高層建物の長周期地震動対策として，既存躯体への負担を軽減する目的で，建物の最大変形付近で減衰力が小さくなる変位依存型オイルダンパーも実用化されている（第24章参照）．

可変剛性機構は，建物が地震動に共振しないように建物の剛性を変化させることにより，応答制御効果を得ようとする機構である．たとえば，梁とブレースの間に取り付けられた装置の油圧弁をコンピュータ制御で開閉を行うことにより，ブレースの効きを調整できる機構なども実用化されている[2]． 【龍神弘明】

引用文献

1) 日本免震構造協会：パッシブ制振構造設計・施工マニュアル，第3版，2013.
2) 鹿島都市防災研究会：都市・建築防災シリーズ4 制震・免震技術，鹿島出版会，1996.
3) 牧野章文，今宮実三郎，山本雅史：建物の最上階部分を利用した大型マスダンパーによる制震構造，日本建築学会大会学術講演梗概集，707-708，2007.
4) 日本免震構造協会：第4回技術報告会梗概集，2006.
5) 山中昌之，遠藤文明，渡辺哲巳，勝俣英雄，蔭山満，佐野剛志，吉田治：大林組技術研究所本館スーパーアクティブ制震ラピュタ2D, MENSHIN, 2010.
6) 諏訪政雄，栗野治彦，田上淳，杉山武，森不可止，福島出，清水幹，越田洋：減衰係数切替え型セミアクティブダンパーを適用した中層建物の振動実験（その1～3），日本建築学会大会学術講演梗概集，261-266，2001.

7 制震形式の分類

制震構造の形式は，主として層間型，境界梁型，ロッキング型，連結型，付加質量型，およびそれらの複合型に大別できる（図1）．

各形式について以下に述べる．

7.1 層間型

構造物の層間に生じる相対応答（おもに変位や速度）に対して効くようにダンパーを配置する制震形式である．

上下階の大梁や柱梁接合部などの間に取付け部材を介してダンパーを設置することが多い．各制震形式の中では，設計上の自由度が高く，もっとも一般的で適用例が多い．

通常は，層のせん断変形成分に対してダンパーが作動しエネルギー吸収するようにダンパーを配置する．全体曲げ変形成分に対しては，ダンパーの取付け方法，種別，配置などに依存して，多少の効果がある場合，まったく効かない場合，逆に全体曲げ変形を増加させる方向に働く場合があるので注意が必要である．

制震効果を低下させないために，取付け部材および周辺架構の剛性・強度を十分に確保することが重要である．

なお，複数の層にわたりダンパーを配置した事例[1]や，アスペクト比が大きい超高層建物の全体曲げ変形を抑えるため上下方向に効くようにダンパーを配置した事例[2]もある．

7.2 境界梁型

境界梁（耐震壁などに隣接する梁）の上下せん断方向に対して効くようにダンパーを配置する制震形式である．

ダンパー種別としては鋼材などの履歴系ダンパーを用いることが多く，この場合ダンパー塑性化部のスパンを短くしてせん断変形を集中させることが多く行われる．

RCコア連層壁の境界梁に低降伏点鋼ダンパーを配置した事例[3]がある．また，ロッキング型（部分ロッキング）と併用し，より確実に全体降伏型のエネルギー吸収機構を形成させる方法もある（7.3節を参照）．

7.3 ロッキング型

構造物を部分的あるいは全体的にロッキング挙動さ

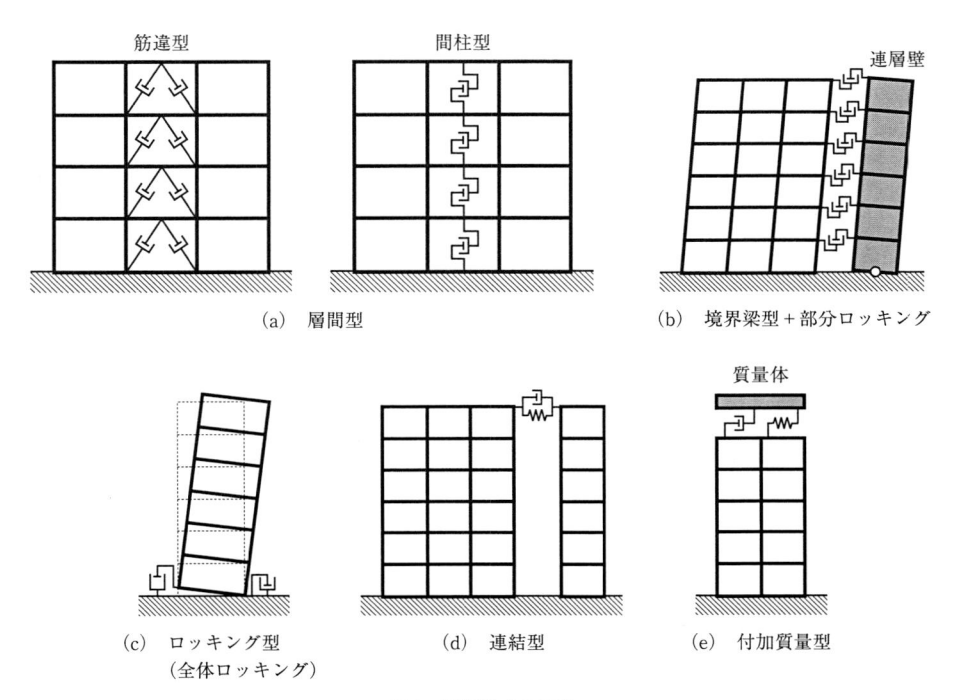

(a) 層間型（筋違型，間柱型）　　(b) 境界梁型＋部分ロッキング（連層壁）

(c) ロッキング型（全体ロッキング）　　(d) 連結型　　(e) 付加質量型（質量体）

図1 制震形式の分類

せる制震形式である．

前者（部分ロッキング）の方式として，剛性と強度が高い連層壁を構築し1層脚部で回転させる事例[4,5]があり，連層壁により各層の変形角を均一化し特定層への損傷集中を抑制するとともに，境界梁型の履歴系ダンパーを設置してエネルギー吸収している．

後者（全体ロッキング）では，たとえば1層柱脚部の浮き上がりを許容することで構造物全体をロッキングさせる方法[6]が提案されている．

7.4 連結型

構造物を複数の棟に分割し，ダンパーとばね材を介して連結する制震形式である．

各棟の振動特性（質量，剛性など）と連結部の減衰，剛性を適切に設定することで，高い制震効果が期待できる．棟間に生じる相対変位や速度に対してダンパーが効くため，比較的小さいダンパー力で大きなエネルギー吸収量が得られる．また，全体曲げ変形が大きい構造物に対しても有効に機能する．ただし，連結の仕方によっては平面的な偏心によりねじれ応答が生じる可能性がある点に留意が必要である．

連結制震の潜在性能を引き出すためには，基本設計の段階から適切な構造計画を行うことが重要である．このさい，伝達関数による検討が有用であり，定点理論に基づく最適条件式が導出されている[7]．

固有周期と高さが異なる外棟（ラーメン架構）と内棟（連層耐震壁）をオイルダンパーで連結することで，高い制震性能を実現した事例[8]がある．また，アスペクト比が大きい複数棟を連結し，曲げ戻し効果と減衰付与による全体曲げ変形の低減をねらった事例[9]がある．

7.5 付加質量型

構造物の頂部などに質量体を配置してばね材とダンパーで接続することでマスダンパー効果を発揮させる制震形式である．

全体曲げ変形が大きい構造物に対しても有効に機能する．高い制震性能を得るためには大きな付加質量を与える必要がある．大地震時には質量体の変位ストロークが大きくなることに配慮が必要である．

屋上緑化部を質量体とした事例[10]や，建物本体質量を利用する方法（ビルディング・マスダンパー，11.7節参照）などがある．　　　　　　　　【白井和貴】

引用文献

1) 阪上浩二，近藤豊史，早野裕次郎，大峰秀人：雁行2層連結によりダンパーを配置した高層建物の設計（その1），日本建築学会大会学術講演梗概集，**B-2**, 445-446, 2001.
2) 佐野剛志，山中昌之，勘坂幸弘，秋山　猛，八木貞樹，橋本康則：(仮) 電通新社屋建設プロジェクト（その7），日本建築学会大会学術講演梗概集，**B-1**, 311-312, 2000.
3) 戸沢正美，原田　卓，黒瀬行信，熊谷仁志：超高強度RCコアウォールと境界梁型制震ダンパーを用いた超高層RC造建物の設計，日本建築学会大会学術講演梗概集，**C-2**, 863-864, 2003.
4) 小室　努，藤野宏道，河本慎一郎，河村　亮：制振システムを取り入れた事務所建築の設計および施工，コンクリート工学，**44**(10), 36-41, 2006.
5) 和田　章，内山裕太，吉敷祥一，伊藤浩資，坂田弘安，元結正次郎：ロッキング壁による既存RC建物の耐震改修（その1），日本建築学会大会学術講演梗概集，**C-2**, 623-624, 2010.
6) 緑川光正，小豆畑達哉，石原　直，和田　章：地震応答低減のためベースプレートを浮き上がり降伏させた鉄骨架構の動的挙動，日本建築学会構造系論文集，**572**, 97-104, 2003.
7) 蔭山　満，安井　譲，背戸一登：連結制振の基本モデルにおける連結バネとダンパーの最適解の誘導，日本建築学会構造系論文集，**529**, 97-104, 2000.
8) 西村勝尚，福本義之，和田裕介：連結制振構造を適用した超高層RC造建物の制振効果，日本建築学会技術報告集，**14**(28), 417-422, 2008.
9) 西村　章，東野雅彦，石出一郎，山本雅史，山本　博，大竹和夫，木村秀樹，土屋富男：3棟が連結された超高層建物への免震・制振構造の適用（その1），日本建築学会大会学術講演梗概集，**B-2**, 457-458, 2009.
10) 石塚　馨，加藤　隆，近藤豊史，早野裕次郎，城戸隆宏，山下　大：屋上緑化を利用した制振構造（グリーンマスダンパー）による建物の設計（その1），日本建築学会大会学術講演梗概集，**B-2**, 451-452, 2001.

8 ダンパー計画

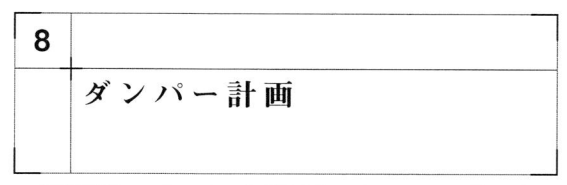

　制震構造のダンパーを計画するさいには，投入するダンパー総量が同じであっても水平（平面）方向および垂直（高さ）方向のダンパー配置によって応答低減効果やダンパー効率が変化することに留意する必要がある．

　また，ダンパーを分散して配置する場合と集中的に配置する場合の特徴をふまえ，適切なダンパー計画を行うことが望ましい．

8.1　平面方向のダンパー計画

a.　ねじれ

　平面的にバランスよくダンパーを配置して，構造物にねじれ応答が生じないように計画することが重要である．

　具体的には，水平二方向について，ダンパーを設置した状態で剛性の偏心が過大にならないようにする必要がある．また，非線形性を有するダンパーの場合や主架構が塑性化する応答レベルでは耐力の偏心についても考慮すべきである．

　なお，なんらかの事情により大きな偏心を有する主架構にダンパーを設置する場合（たとえば，コア壁が偏在する既存建物を制震補強する場合など）には，ねじれ応答によって振られ側となる構面にダンパー量を多めに投入することが効果的である．

b.　ダンパーによる付加応力

　ダンパーを設置することで発生する付加応力に対して，主架構の上部構造と基礎構造に十分な余裕をもたせる必要がある．

　たとえば，水平二方向にダンパーを配置する場合には，ダンパー設置構面の交差位置にある柱は水平二方向入力に対する検討が必要となる．

　また，ダンパー取付け方法が間柱型や壁型の場合には，ダンパーを設置する大梁の曲げモーメントおよびせん断力が増加するため，大梁の曲げおよびせん断の強度・剛性を十分に確保することが重要である．

c.　構面間の応力伝達

　ダンパーを設置する構面と設置しない構面の間の水平方向（床の面内方向）の応力伝達に注意する必要がある．

　通常は，床スラブと大梁を介して構面間の応力伝達を行うことが多く，とくに構面によってダンパー量が大きく異なる場合には，床の面内剛性や大梁との接合ディテールに留意すべきである．

　また，大きな床開口や吹き抜けに隣接してダンパーを設置する場合にも注意が必要となる．

d.　ダンパー効率

　層間型の制震形式の場合には，ダンパー効率を高め応答低減効果を着実に発揮させるために，ダンパーの実効変形比[1]（層間変形に対するダンパー変形の水平方向成分の比率）が大きくなるようにダンパーを計画することが重要である．このためには，ダンパー取付け部材の剛性および強度を十分に確保することが必要である．

　さらに，ダンパー取付け方法が間柱型や壁型の場合には，ダンパーを設置する大梁の剛性・強度の確保も重要であり，この対応策として付帯梁の設置などが行われることもある．

　また，ダンパーの配置に関しては，主架構の外側スパンよりも内側スパンにダンパーを設置するほうが，せん断変形成分が大きくなるためダンパー効率が向上する[1,2]．

e.　ダンパー点検・交換の作業性

　維持管理や大地震後の点検・交換が必要なダンパーの場合には，それらの作業が可能となるように，また作業時にできるだけ継続使用性に支障が生じないように，ダンパー配置を計画する必要がある．

8.2　高さ方向のダンパー計画

a.　全体曲げ変形に対する留意点

　層間型の制震形式の場合，一般的なダンパー取付け方法では，層のせん断変形に対しては効くが，全体曲げ変形に対してはほとんど効果を発揮しない場合があることに留意が必要である．

　設計では一般に，各層の層間変形があるクライテリア以内（たとえば，レベル2の入力地震動に対して各層の最大応答層間変形角を1/100以内とするなど）に収まるようにダンパーを計画することが多く行われる．この結果，高さ方向のダンパー配置は，せん断変形の割合が大きい低～中層部に多めにダンパー量が投入され，全体曲げ変形の割合が大きい高層部のダンパー投入量が少なくなることが多い．

b.　配置のバランスの影響

　ある層のみにダンパーを多く投入すると，その層の層間応答は低減されても，その他の層の応答が逆に増加する場合がある．したがって，意図的に集中配置す

る場合を除いて，高さ方向のダンパー配分に著しい不連続がないようにバランスよく計画することが望ましい．

c. ダンパー種別の影響

高層～超高層建物では，高次モードの影響についても留意が必要である．このとき，ダンパー種別によって，高さ方向の効率的なダンパー配分は少なからず異なる．

たとえば，履歴系ダンパーの場合，おもに相対変位に依存して減衰力を発揮するため，層間変形のせん断変形成分が大きい層にダンパーを投入すると効果的となる．

一方，粘性系ダンパーの場合，おもに相対速度に依存して減衰力を発揮するため，履歴系ダンパーと比べて高次モードに対しても制震効果を発揮しやすいといえる．

なお，履歴系ダンパーと粘性系ダンパーを併用する場合に，下層部に履歴系ダンパー，上層部に粘性系ダンパーを配置することで制震効果が向上し，一方その逆の配置では制震効果が悪化するという検討例[3]がある．

8.3 分散配置

ダンパー設置により生じる主架構への付加応力の影響を緩和するために，平面方向および高さ方向にダンパーを適度に分散配置することが望ましい．

たとえば，ダンパーを分散して配置するほど，ダンパー付帯柱の軸変形による全体曲げ変形が小さくなり，ダンパーの実効変形と層間変形の差が小さくなるため，ダンパーが有効に働く[4]．また，ダンパー配置を各層同位置の連層配置にはせずに，上下層でダンパー設置位置を交互にずらす千鳥配置とすることも効果的である[1]．

一般論として，適切な分散配置は，ダンパー効率の向上につながるとともに，想定外の事態に対するリスク耐性の観点からも望ましいといえる．

実際の設計では，分散配置を基本としつつ，制震効果が高い層へやや集中的にダンパーを設置し，制震効果が低い一部の層はダンパーを非設置とすることが多く行われる．

8.4 集中配置

ダンパーを制震効果が高い層やスパンに集中的に配置すると，トータルのダンパー設置箇所数が減らせるため，意匠，施工，経済性などの面からメリットが大きい．また，ダンパーの維持管理や大地震後の点検・交換が必要なダンパーの場合には，作業箇所数が減ることも利点である．

高さ方向のダンパー集中配置は，特定の層にエネルギー吸収を集中させることで，他の層の損傷を低減する方法ともいえる．

高さ方向のダンパー集中配置の典型例としてソフトストーリー型の制震構造があげられるが，その設計においては，意図する応答状態が確実に形成されるように慎重な検討と十分な配慮が必要である．

【白井和貴】

引用文献

1) 古谷 慶，添田幸平，佐藤大樹，北村春幸，石井正人，吉江慶祐，宮崎 充，佐々木和彦，岩崎雄一：骨組特性値に基づく超高層制振建物の性能評価（その1～2），日本建築学会関東支部研究報告集，**81**(I), 329-336, 2011.
2) 日本建築構造技術者協会編：応答制御構造設計法，彰国社，2000.
3) 浦本弥樹，渥美孝紘，北村春幸，石井正人：鋼構造超高層建物における履歴減衰型・粘性減衰型制振部材の高さ方向併用配置の提案（その1～2），日本建築学会大会学術講演梗概集，**B-2**, 763-766, 2006.
4) 田坂雅則，石井正人，北村春幸，小堀 徹，和田 章，笠井和彦：粘弾性型制振部材を適用した構造骨組の地震応答評価に関する研究：その3．制振部材の平面的分散配置の影響，日本建築学会大会学術講演梗概集，**B-2**, 1015-1016, 1999.

9 ダンパー取付け方法の分類

実用化されているダンパーの取付け方法は，表1に示す「直接接合型」，「間接接合型」，「その他」の3種に分類することができる．図1に構造形式別に制震部材の写真を示す．

直接接合型とは，層の上下の主架構に制震部材を直結するものであり，層間変形をダンパーにほぼそのままに伝達できる．具体的には，壁型，筋違型，シアリンク型がある．

間接接合型とは，層間変形を梁や束などの曲げ変形などを介して伝達するものであり，梁や束の変形によりダンパーの変形が層間変形より小さくなる．具体的には，間柱型，方杖型，接合部型がある．

その他としては，主架構の全体変形を利用したものや層間変形を増幅する機構を有するものがある．具体的には，柱型，アウトリガー型，増幅機構型などがある．

表1 ダンパーの構造形式分類[1]

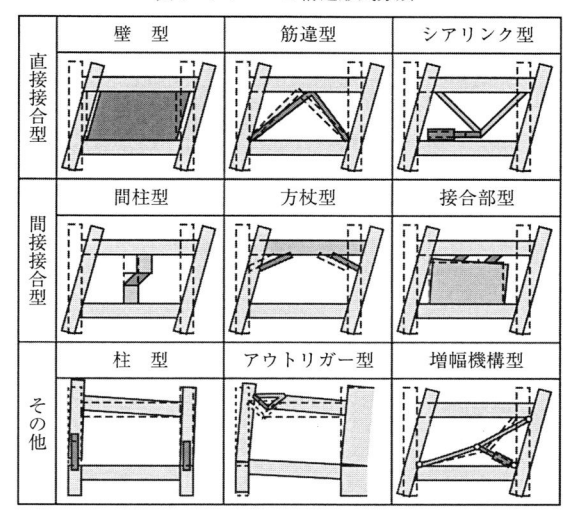

	壁型	筋違型	シアリンク型
直接接合型			
	間柱型	方杖型	接合部型
間接接合型			
	柱型	アウトリガー型	増幅機構型
その他			

接合方法は，高力ボルト接合，溶接接合またはピン接合が採用される．詳細は文献[1]に整理（第12章）されているが，損傷時の交換を容易にするため高力ボルト接合が採用される例が多い．また，筋違型では付

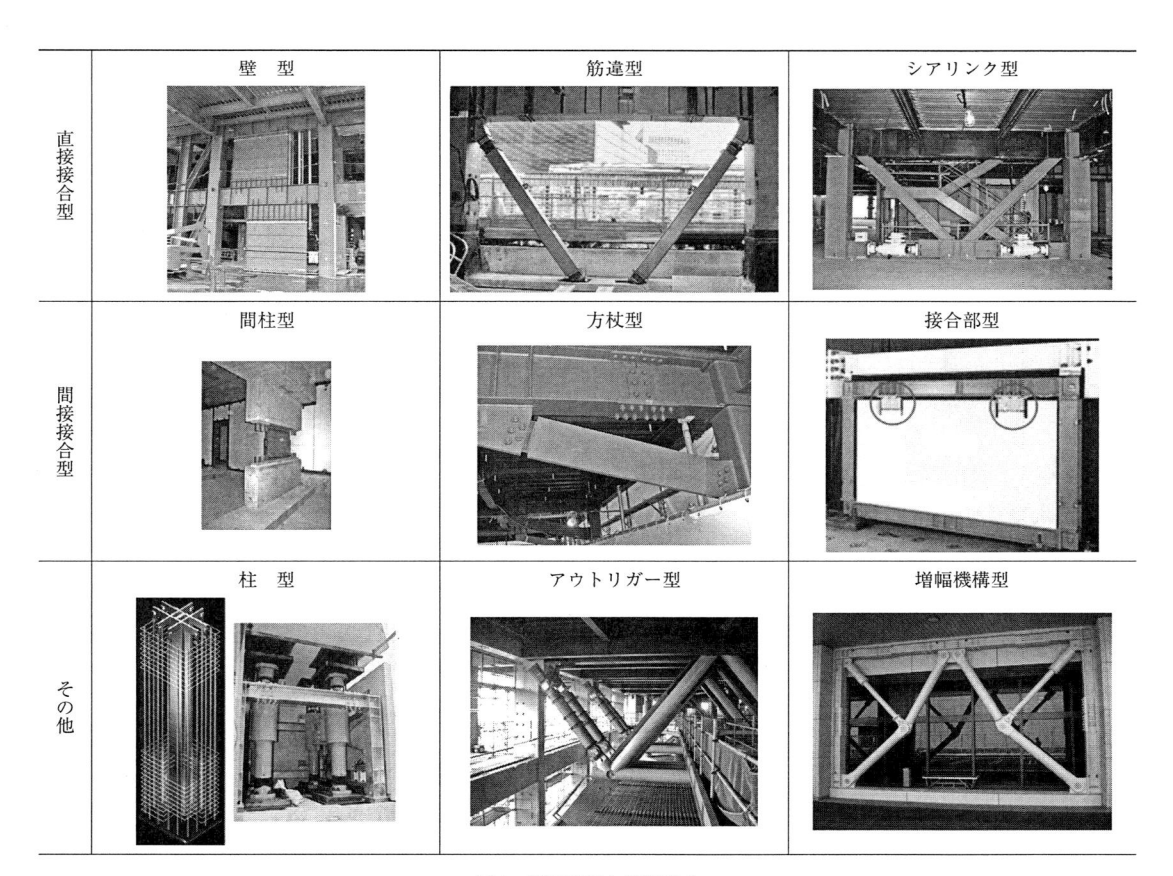

図1 制震部材と構造形式

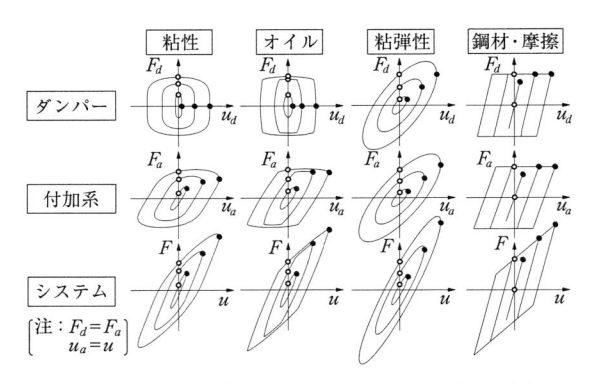

図2 制震構造の構成部材およびシステムの履歴曲線[1]

加曲げ変形が生じるのを防止する目的でピン接合を採用している例もある．

図2は，さまざまな振幅の正弦波変形を与えた場合のダンパー（上段），付加系（ダンパー＋取付け部材：中段），システム（主架構＋付加系：下段）の履歴曲線を模式的に示している．グラフ上で黒丸（最大変形時）位置が高いほど等価な剛性が大きいことを，白丸（ゼロ変形時）の位置が高いほどエネルギー吸収量が大きいことを意味する．

付加系はダンパーと取付け部材の直列結合であるため，柔らかい取付け部材の場合その変形が大きいため，ダンパーの変形が減り，履歴が細めとなる．1サイクルあたりのエネルギー吸収量は履歴が囲む面積で表され，制震効果に与える取付け部材の影響は大きい．取付け部の詳細については第21章に示す．

9.1 直接接合型

梁・柱を硬くするとエネルギーが硬い部材に集中するためダンパーに入り難く，また層間変形も少ないためエネルギー吸収も少ない．一方，梁・柱を柔らかくしすぎると，減衰効果が高まるとしても，制震構造全体としての剛性が小さいため変位が増大することになる．さらにブレースなどの取付け部材が十分硬くないと，取付け部材に変形を取られ，ダンパーを十分変形させることができない．

9.2 間接接合型

梁・柱が取付け部材の役目も兼ねるため，ダンパーの剛性にこれらの部材が影響され，それらの曲げ・せん断変形が著しくなり，ダンパーの変形を確保することが難しい．一方，ダンパーを設置することにより主架構の剛性が高くなる．梁・柱を硬くすると，取付け部材と主架構の両方の剛性が同時に上昇し，制震効率の増加または減少という相反する効果をもたらす．直接接合型に比べ効率決定の要因が多く，より複雑に絡み合うため設計が難しい．直接接合型に比べ概して制震効果は低めであるため，比較的多くのダンパー構面が必要となる．

9.3 その他（柱型・アウトリガー型・増幅機構）

柱型は，アスペクト比が大きい建物の引抜きを許容しながら制震効果を得るものであり，上部構造と基礎を剛接せずに浮き上がりを許容した柱に並列に取り付けられるもの（ステップカラム型），コア壁頂部から張りだした梁の先端と柱の頂部との間に取り付けられるものなどがある．なお，後者はコア壁の水平変位を張りだした梁のてこの原理で鉛直変位としてその量を増幅するため，アウトリガー型，増幅機構型の要素ももっている．

建物が曲げ変形することにより変形し，制震効果を発揮する，アウトリガー架構のトラス梁にダンパーを組み込むなどの事例がある．建物全体として曲げ変形が大きい場合に効率がよい．

おのおのがピン接合された2本のブレース材と1本のダンパーで構成された増幅機構型のダンパーは，てこの原理を利用して層間変形の2〜3倍程度の変形をダンパーに与える．このため新築はもちろんであるが，鉄骨造に比べ変形量を小さく抑えたいRC造の耐震補強に用いられることも多い． 【龍神弘明】

引用文献
1) 日本免震構造協会：パッシブ制振構造設計・施工マニュアル，第3版，2013．

10 ダンパーの基本特性

a. 制震ダンパーの特性

制震構造は，建築構造物に加わる振動外乱に対し，主架構内に設置された制震ダンパーの減衰エネルギー吸収能力を活用して，構造物の応答を制御する構造方法である[1]．そのなかでも，とくに地震外乱に対するパッシブ制震構造の普及が顕著であり，近年の超高層建築では90％以上に使用されるようになってきている．制震の効果は，制震なしに比べて地震応答を20％程度低減するものが多い．

また，最近では技術の高度化に伴い，ダンパー内部に制御回路を組み込んだセミアクティブダンパーを使用する事例[2]や，アクティブ制御により地震応答を1/30～1/50に低減した事例[3]もある．さらに，大都市圏では長周期・長時間継続地震動の発生が懸念され，その対策として既存の超高層建築に制震ダンパーを活用する事例[4]もある．

現在，建築構造に使用されているパッシブ制震用のダンパーは，5種類のダンパー（鋼材ダンパー，摩擦ダンパー，オイルダンパー，粘性ダンパー，粘弾性ダンパー）が使用されている[1]．なお，ダイナミック・マスを利用したものは11.6節に，セミアクティブおよびアクティブダンパーに関しては11.7節に示す．

これらのうち，オイルダンパー，粘性ダンパー，粘弾性ダンパーは粘性減衰機構によるエネルギー吸収能力を活用したものであり，速度に依存して減衰抵抗力を発現する．一方，鋼材ダンパーは材料塑性機構，摩擦ダンパーは摩擦機構によるエネルギー吸収能力を活用したものであり，変位に依存して減衰抵抗力を発現する．なお，粘弾性ダンパーは速度に依存した粘性減衰機構のみならず，変位に依存した減衰抵抗力成分もあわせもつ．

それぞれの減衰機構や力学性状は大きく異なり，またそのルーツも機械分野・化学分野・建築分野とまったく違った分野のダンパーが混在している．これだけ幅広い制震ダンパーが実用に供されている国は日本以外にはない．

b. 制震ダンパーの特徴

制震ダンパーごとに減衰機構が異なるため，それぞれのおもな特徴を以下に示すが[1]，詳細に関しては第11章に示す．

1) 鋼材ダンパー　鋼材ダンパーの材料は，低降伏点鋼などが用いられ，塑性化に伴う履歴エネルギー消散を等価的な減衰力としている．

力学モデルとしては材料非線形バネが用いられ，変位に応じた塑性履歴で表され，材料の塑性化後のひずみ硬化の影響も考慮して，一般的にはバイリニア型履歴ループモデルが使用されている．

形状は，材料を塑性化させるさいに軸降伏を利用したものは筒型，せん断降伏を利用したものは面型の形状となる．

2) 摩擦ダンパー　摩擦ダンパーの材料は，複合摩擦材・焼結金属系摩擦材・PTFE系摩擦材・金属系摩擦材が用いられ，摩擦材と金属境界面の摩擦機構を利用したものであり，摩擦抵抗とすべりに伴う履歴エネルギー消散を等価的な減衰力としている．

力学モデルとしては材料非線形ばねが用いられ，一定の摩擦抵抗力に達するとすべりを開始する．なお，一般的には静摩擦係数が動摩擦係数より大きいため，履歴ループ曲線に角が発生することから，その影響を考慮する場合もある．

形状は，摩擦面を材軸方向に配置したものは筒型，せん断面方向に配置したものは面型の形状となる．

3) オイルダンパー　オイルダンパーは，材料として作動油を用い，作動油の管路流れの絞り抵抗（オリフィス）で生じる内圧を減衰抵抗力とするものである．

その抵抗力は主として速度に比例するため，力学モデルとしては一定の減衰係数で特性を表すダッシュポットが用いられることが多い．ただし，減衰抵抗力がある値に達すると減衰係数を低減するリリーフ機構を有し，バイリニアの特性を有するものが一般的となっている．さらに，最近の研究では作動油の圧縮性を表すばね機構も減衰機構（ダッシュポット）と直列結合して評価（Maxwellモデル）するようになっている．

形状は，管路絞りによる減衰抵抗メカニズムに基づいて筒型となる．

4) 粘性ダンパー　粘性ダンパーの材料としては高分子化合物が用いられ，そのせん断抵抗力を減衰抵抗力としているもの，および封入した充填材の流動抵抗力を減衰抵抗力としているものがある．

その抵抗力は主として速度の指数乗に比例するため，力学モデルとしては非線形のダッシュポットが用いられることが多い．

形状は，せん断抵抗力を利用したものは抵抗メカニズムに基づいて面（壁）型・多層型・筒型となり，流動抵抗を利用したものは筒型となる．

5) **粘弾性ダンパー** 粘弾性ダンパーの材料は，アクリル系，ジエン系化合物，アスファルト系化合物，スチレン系化合物などが用いられ，積層ゴムのように薄い粘弾性材料を鋼板の間に挟み込んで，そのせん断抵抗力を減衰抵抗力としている．

粘弾性ダンパーは，粘性減衰機構を有しつつ剛性も保有しており，荷重-変形履歴ループ曲線は材料によって線形・変形軟化型・変形硬化型がある．力学モデルとしては分数微分構成則を用いたモデル，あるいはばねとダッシュポットを組み合わせたモデルが用いられ，速度および変位に応じた減衰抵抗力が発現される．

形状は，抵抗メカニズムに基づいて面型，筒型などとなる．

c. 制震ダンパーの各種依存性

制震ダンパーは，環境条件や載荷振動条件に依存して力学性能が影響を受けるとともに，減衰機構によってその依存性が異なるため，ダンパー種別ごとに各種依存性を以下に示す[1]．このとき，国内に建つ一般的な超高層建築などを前提として通常の範囲に限定して述べる（表1）．詳細は第11章に示す．

1) **鋼材ダンパー** 鋼材ダンパーは，環境条件や載荷振動数などによる影響を受けにくい．ただし，低降伏点鋼のLY100の場合やLY225でひずみ振幅が大きい場合（片振幅±1％以上）は，ひずみ硬化の影響が大きく，降伏強度がかなり高くなる．また，低降伏点鋼のLY100では，比較的顕著にひずみ速度依存性が現れる．

2) **摩擦ダンパー** 摩擦ダンパーは，環境条件や載荷振動数などによる影響を受けにくい．

3) **オイルダンパー** オイルダンパーは，環境条件や載荷振動数などによる影響を比較的受けにくい．制震ダンパー取付け部にピンを設置する場合はそのガタの影響も考慮する必要がある（近年は，球座型ピン使用によりピンガタなしの製品もある）．

4) **粘性ダンパー** 粘性ダンパーは，温度の影響を受けるとともに，その基本的な力学特性（減衰抵抗力：速度の指数乗に比例）から載荷速度による影響を受ける．

粘性ダンパーの減衰抵抗メカニズムにより温度依存性は異なり，流動抵抗タイプでは$-18\sim+40$℃の範囲では常温と同等の減衰抵抗力を発現して温度依存性がみられないが，せん断抵抗タイプでは温度に依存して高温ほど減衰抵抗力が低下するため，温度依存性に関する実用設計式が提示されている．

5) **粘弾性ダンパー** 粘弾性ダンパーは，温度の影響を受けるとともに，載荷振動数や載荷振幅の影響を受ける．

粘弾性材料の種類によって温度依存性は異なるが，一般的に温度が高温ほど剛性に関する成分が低下して減衰抵抗力が低下するため，温度依存性に関する実用設計式が提示されている．

振動数に関する依存性は，一般的に振動数が高いほど剛性に関する成分が高くなって減衰抵抗力が上昇する．また，変位振幅に関する依存性は粘弾性材料の種類によって異なり，アクリル系では履歴ループ形状が変わらないが，その他の材料では履歴ループ形状が軟化あるいは硬化する．

一般的な建築構造物の載荷振動領域に対応して，粘弾性ダンパーの動的特性は検証され，実用設計式が提示されている．

d. 制震ダンパーの限界状態・耐久性

1) **使用限界状態** 制震ダンパーでは，使用限界状態を規定されることはほとんどない．ただし，オイルダンパーや粘性ダンパーでは，小振幅振動に対して減衰能力を発揮できる下限が規定される場合もある．

2) **損傷限界状態** 制震ダンパーの減衰抵抗力を所定のとおり保持できる限界である．

オイルダンパーでは速度および作動油温度上昇限界で，粘性ダンパーでは速度限界で規定される．粘弾性ダンパーでは変形限界で規定され，疲労限界も考慮する必要がある．

鋼材ダンパーおよび摩擦ダンパーでは，主として累積塑性変形あるいは累積摺動距離の限界で規定される．

3) **安全限界状態** 制震ダンパーの減衰抵抗力を保持できる限界である．主として形状寸法により決まる変形ストローク限界や，接合部強度の終局限界で規定される．

表1 制震部材の動的加振条件に関する適用範囲

振動数範囲	通常の振動数：0.2～3 Hz 準静的振動数：0～0.2 Hz 高振動数　　：3～10 Hz	
温度範囲	通常の室温：10～30℃ 寒冷地仕様：-10～0℃ 高温仕様　：30～40℃	
繰返し回数	大地震時：10サイクル程度 暴風時　：1,000サイクル程度 日常風時：1,000,000サイクル程度	
層間変形角 （層間速度）	大地震時：1/100 程度	(0.2 m/s)
	暴風時　：1/100 程度	(0.1 m/s)
	日常風時：1/20,000 程度	(0.01 m/s)

表2 制震ダンパーの基本特性等一覧

種別	鋼材ダンパー	摩擦ダンパー	オイルダンパー	粘性ダンパー	粘弾性ダンパー
写真					
履歴曲線					
動的特性	$F_d = K_d f(u_d)$	$F_d = K_d f(u_d)$	$F_d = C_d \dot{u}_d$ リリーフ付	$F_d = C_d \dot{u}_d^a$	$F_d = C_d(\omega)\dot{u}_d + K_d(\omega)u_d$
材料	鋼材	複合摩擦材, PTFE, 焼結金属, 金属系	作動油	高分子化合物	アクリル系, ジエン系, アスファルト系, スチレン系
基本原理	塑性変形	摩擦すべり	管路絞り抵抗	せん断抵抗, 流動抵抗	せん断抵抗
形状	筒型, 面型	筒型	筒型	面型, 多層型, 筒型	筒型, 面型
依存性	—	—	—	速度, 温度	振動数, 変位, 温度
損傷限界	累積塑性変形	累積摺動距離	速度, 作動油温度	速度	変形, 疲労
安全限界	破断ひずみ 累積塑性変形	変形ストローク 累積摺動距離	変形ストローク	変形ストローク	変形ストローク 終局疲労限界
耐久性	塑性部の塗装剥離	主要構造体材料と同等			

粘弾性ダンパーでは材料の終局疲労限界も考慮する必要があり，鋼材ダンパーおよび摩擦ダンパーでは累積塑性変形あるいは累積摺動距離の終局限界で規定される．

4) 耐久性 火災や浸水などの被害はないものとし，また環境条件も一般の室内と同程度と想定した場合の制震ダンパーの耐久性は，60年相当の使用状態を想定した試験により，主要構造体に使用される材料（鉄骨，鉄筋コンクリート）と同等とすることが一般的である．ただし，鋼材ダンパーでは，鋼材の塑性変形に伴い防錆塗料が剥離する場合があり，そのときは地震後の防錆塗装補修が必要になる．

以上の項目を要約して表2に示す．

e. 制震ダンパーの性能試験

制震ダンパーの動的特性を表現するための評価式と特性値を設定する必要があり，性能確認試験方法を標準化する必要がある．このとき，各種要因による依存性および耐久性なども適切に評価する必要がある．詳細は文献[1]に示される．　　　　　　【木林長仁】

引用文献

1) 日本免震構造協会編：パッシブ制振構造設計・施工マニュアル，第3版，日本免震構造協会，2013.
2) 諏訪政雄，栗野治彦，田上 淳，杉山 武，森不可止，福島 出，清水 幹，越田 洋：減衰係数切替え型セミアクティブダンパーを適用した中層建物の振動実験（その1～3），日本建築学会大会学術講演梗概集，261-266, 2001.
3) 山中昌之，遠藤文明，渡辺哲巳，勝俣英雄，蔭山 満，佐野剛志，吉田 治：大林組技術研究所本館スーパーアクティブ制震ラピュタ 2D, MENSHIN, 2010.
4) 細澤 治，木村雄一，須田健二，吉村智昭，松尾憲治：既存超高層建築の長周期・長時間地震動対策の技術開発とその実施，MENSHIN, p.71, 2010.

11 ダンパーの分類

11.1 履歴系ダンパー：鋼材ダンパー

a. 基本原理・構成

鋼材ダンパーは，鋼材の塑性変形時におけるエネルギー吸収能力により振動を減衰するダンパーである．ダンパー形式として，ブレース型に用いる軸降伏型と間柱や壁型などに用いるせん断降伏型の2種類がある．エネルギー吸収材料にはLY100やLY225などのダンパー鋼を用いることがほとんどである．

1) 軸降伏型 軸降伏型の鋼材ダンパーは，棒状の鋼製芯材を軸方向伸縮により塑性化させて，振動エネルギーを吸収する．図1のように鞘状の座屈補剛材などで芯材の座屈を防止し，安定した復元力特性とエネルギー吸収性能を得られるようにしている．

2) せん断降伏型 せん断降伏型の鋼材ダンパーは，鋼製パネルを面内のせん断変形により塑性化させることで，振動エネルギーを吸収する．大きな塑性ひずみ域または累積塑性変形量が一定の臨界値を上まわると，残留塑性変形により面外座屈が生ずるため，補剛スチフナなどにより，パネルの面外座屈の発生時期，座屈量を制御している．図2に壁型の構成例を示す．

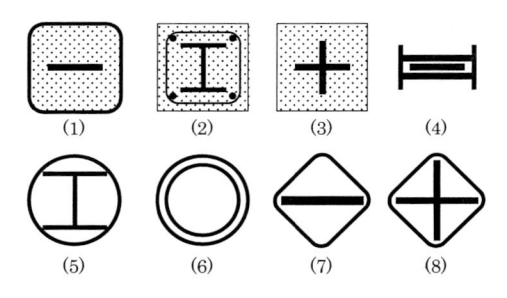

図1 軸降伏型鋼材ダンパーの断面構成

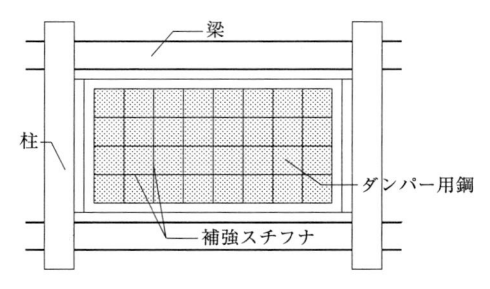

図2 せん断降伏型鋼材ダンパー（壁型）の構成例

b. 動的特性

鋼材ダンパーは変位依存型のダンパーであり，図3のように紡錘形の履歴を示す．一般的には，弾性変形後，明確な降伏点を示すことなく塑性化して剛性が低下し，ひずみ振幅が大きくなるにつれ，ひずみ硬化により最大耐力も上昇していく．LY100の場合はとくに大きなひずみ硬化特性を示す．

鋼材ダンパーの基本的な減衰特性は，静的漸増載荷などの規定条件での荷重-変形関係をノーマル・バイ

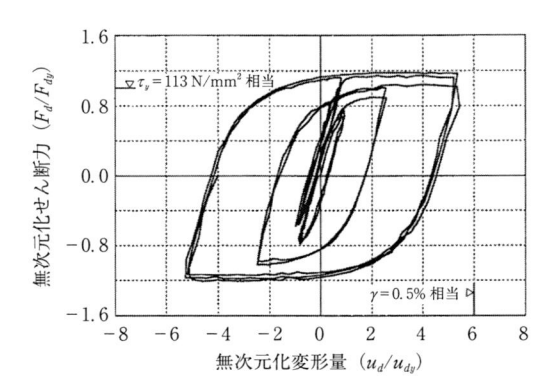

図3 荷重－変形関係例（壁型，LY100）

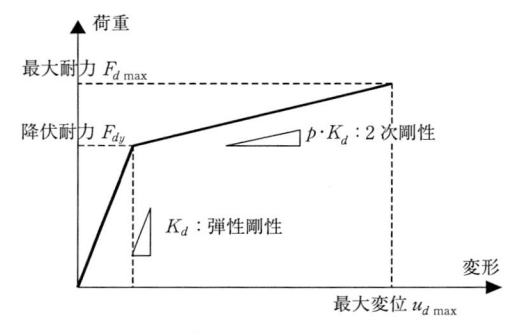

図4 鋼材ダンパーの基準値

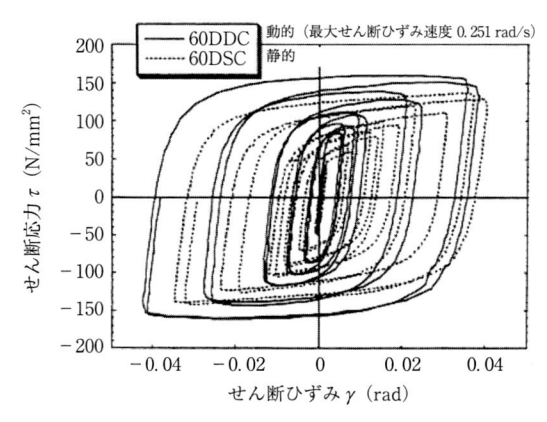

図5 動的載荷と静的載荷の比較（間柱型，LY100）

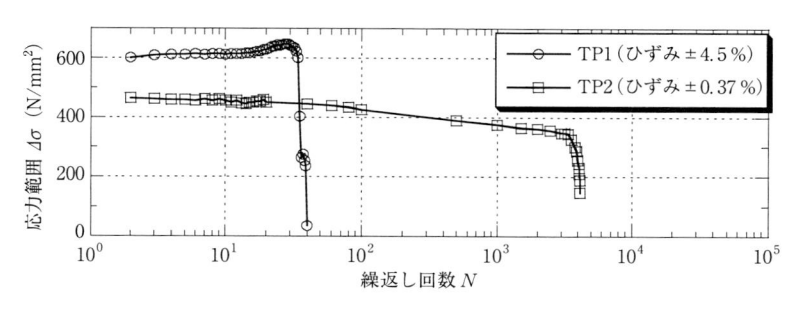

図6 応力範囲推移（軸降伏型，LY225）

リニアモデルにモデル化して表現し，図4に示す基準値として取り扱う．

c. 各種依存性

1) **速度（振動数）依存性** 鋼材ダンパーの速度依存性は鋼材のもつひずみ速度依存性による．とくにLY100をエネルギー吸収材に使用したものは，比較的顕著なひずみ速度依存性を示す．ひずみ速度により降伏耐力および最大耐力が上昇している（図5）．

2) **変位振幅依存性** ダンパー用鋼材の塑性域での繰返し履歴特性や疲労特性は，変位振幅の大きさに依存する．図6は軸降伏型の定ひずみ振幅交番載荷試験における，ひずみ振幅をパラメータにした全応力振幅と繰返し回数との関係を示したものである．LY225の素材ではひずみ振幅2%以上の場合，初期載荷時からひずみ硬化するが，部材レベルでもこの傾向がみられる．

3) **温度依存性** 常温環境下（0～40℃）では，降伏耐力などの鋼材の履歴減衰機能に関連した機械的性質に関する温度依存性は，ほとんど無視することができるレベルである．

d. ダンパーの限界状態・留意点

鋼材ダンパーの限界性能は，鋼材の破断や座屈発生などの一方向変位下での変形能力と，鋼材の疲労損傷蓄積に関係する繰返し変位下での変形能力に分けられる．繰返し変位に対する限界状態は，①破断の発生，②耐力の低下の発生，③エネルギー吸収量（履歴ループ面積）の減少，④安定した履歴性状の喪失（座屈の発生）のいずれかの事象の発生により規定できる．また，おのおのの限界状態は，最大（累積）エネルギー吸収率，累積塑性変形（倍率），最大繰返し回数を用いて評価することができる．図7に軸降伏型の全ひずみ振幅（＝最大ひずみ値−最小ひずみ値）で整理した疲労特性の例を示す．

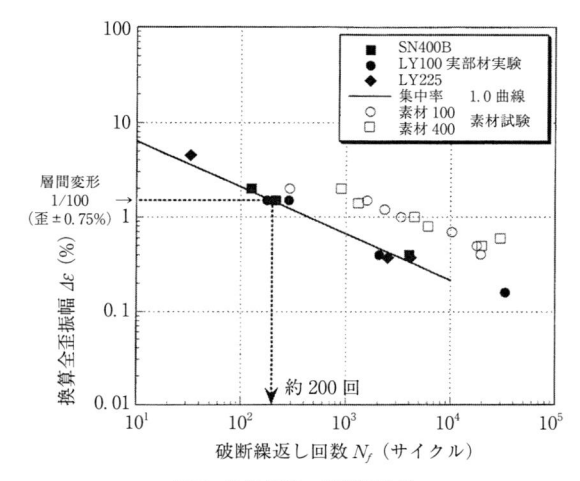

図7 軸降伏型の疲労特性例

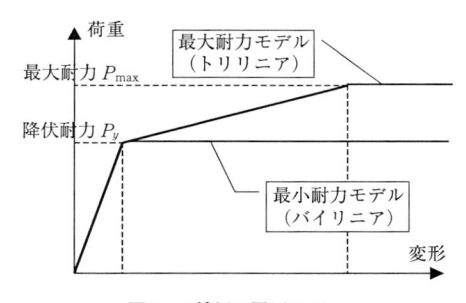

図8 2種類の履歴モデル

e. ダンパー部材モデル

鋼材ダンパーの一般的な履歴モデルとしては，基本特性値を用いたバイリニアモデルや，速度依存性や変位振幅依存性などの各種依存性による耐力上昇を考慮して，最小耐力モデル（バイリニア），最大耐力モデル（トリリニア）の2種類の履歴モデルを使用してそれぞれ解析し，応答レベルを予測する方法などがある（図8）．

【西本晃治】

11.2 履歴系ダンパー：摩擦ダンパー

a. 基本原理・構成

摩擦ダンパーは，接触する2つの物質に相対変位が生じすべり方向とは逆方向に摩擦力が発生することで，建物の振動エネルギーを熱エネルギーとして吸収するダンパーである．

摩擦ダンパーの分類を表1に示す．摩擦面に面圧を作用させる軸力の発生機構（ボルト機構，リング機構），摩擦面の形状（平面，曲面），摩擦材の材質（複合摩擦材，焼結金属系摩擦材，ポリテトラフルオロエチレン（PTFE）系摩擦材，金属系摩擦材），設置形態（筋違型，間柱型），製造方法（完成装置タイプ，現場施工タイプ）などで分類することができる．

1) ボルト機構 ボルト機構の摩擦ダンパーは，ボルトを締め付けたときの軸力が圧縮力として摩擦面に作用する．圧縮力の与え方として直接ボルトで締め付ける方式と，圧縮力を安定させるため皿ばねなどのばねを介する方式がある．相対変位は部材に設けられた長穴内をボルトが移動することで吸収する．履歴特性は，摩擦材と相手材の摩擦特性に支配される．摩擦材としては，複合摩擦材や金属焼結材などを用い，相手材にはステンレス板などが用いられる（図1）．

また，ボルト機構のダンパーのうち，鋼管のまわりに相手材（ステンレス板）を巻き，その外から摩擦材を加圧パイプで押さえつける構造（図2）のものもある．加圧パイプを高力ボルトで締め付けることにより摩擦面に圧縮力が作用する．摩擦材としては，PTFE系の摩擦材などが用いられる．

2) リング機構 リング機構の摩擦ダンパーは，リング内径より少し太い芯棒をリングにはめ込むことにより，リングと芯棒の間に一定の締付け力が発生する仕組みを利用したダンパーである．図3の例では，リングが内筒に，芯棒が外筒に固定されており，芯棒が軸方向に変位するとリングとの間に相対変位が生じ，一定の摩擦力を保持したままで芯棒がすべることとなる．構成材料としては，リング・芯棒ともに一般構造用鋼材を用いる場合には，摩擦面に摩擦材を挿入することで摩擦材の特性により履歴特性が支配され，金属どうしの摩擦を利用する場合には，リング・芯棒の材質の摩擦特性と摩擦面の表面特性により履歴特性が支配される．

b. 動的特性

摩擦ダンパーの履歴特性は，2次剛性をもたない典型的な完全弾塑性型の荷重-変形関係を示す（図4）．摩擦ダンパーは，摩擦面がすべりはじめる摩擦力に達するまでは装置自体の弾性変形により弾性挙動を示

表1 摩擦ダンパーの分類

面圧発生機構	摩擦面の形状	摩擦材の材質	設置形態	製造方法
ボルト機構	平面	複合 焼結金属系	筋違型 間柱型 シアリンク型	完成装置タイプ 現場施工タイプ
	曲面	PTFE系	筋違型	完成装置タイプ
リング機構		金属系	筋違型 シアリンク型	完成装置タイプ

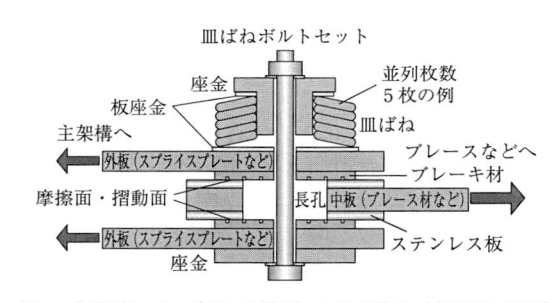

図1 摩擦ダンパー（ボルト機構）の基本構成（摩擦面：平面）

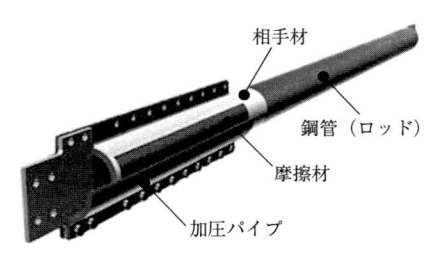

図2 摩擦ダンパー（ボルト機構）の基本構成（摩擦面：曲面）

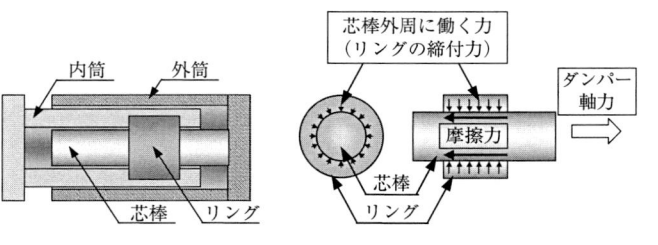

図3 摩擦ダンパー（リング機構）の基本構成

(a) ボルト機構摩擦ダンパー

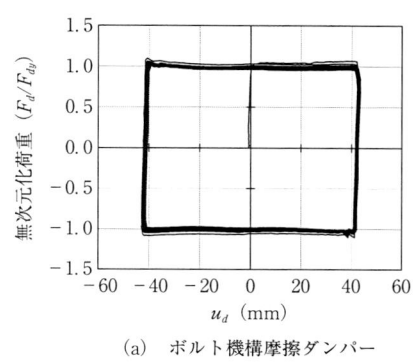

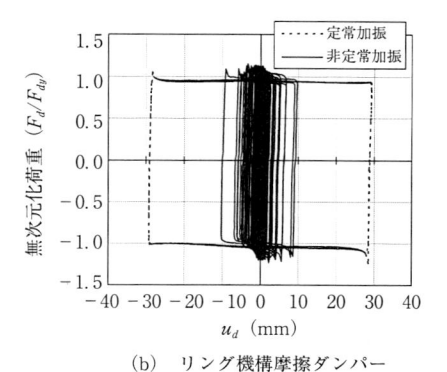

(b) リング機構摩擦ダンパー

図4　摩擦ダンパーの荷重-変形関係

し，摩擦力に達するとその荷重を保持したままですべり挙動を示す．変位が反転すると，逆向きの摩擦力に達するまでは初期と同様に弾性挙動を示し，逆向きの摩擦力に達するとその荷重を保持したままで逆向きにすべる．このとき，すべりはじめの静止摩擦力とすべっている最中の動摩擦力の差が大きい場合には，すべりはじめの履歴に角が発生し，角を有する履歴曲線を描く場合がある．

c. 各種依存性

現在実用化されている摩擦ダンパーは，加振速度・振動数・振幅に依存しないのが一般的である．また，通常の常温環境下の温度（0～40℃）では，温度依存性を考慮する必要もほとんどない．ただし，使用されている摩擦材によっては，低速度の領域（10 mm/s以下）で速度依存性を示すダンパーもあり，設計上その依存性を考慮する必要があるか否かの判断については注意が必要である．

d. ダンパーの限界状態・留意点

摩擦ダンパーの限界性能は，一方向変位下では機械的に移動できる限界変形と限界速度により規定され，繰返し変位下では摩耗特性などにより定められる繰返し回数ないしは累積摺動距離により規定される（表2）．繰返し変位下の性能は，加振条件が断続加振か連続加振かによっても異なり，また，加振振幅・加振速度によっても大きく異なるため，評価に際しては注意が必要である．なお，一般的に設計で想定している大地震対応の繰返し回数（10サイクル程度）に対し，通常の摩擦ダンパーでは摩擦材などの摩耗によって摩擦力低下などの性能劣化が生じることはなく，10サイクル程度を断続的に数十回，計数百回程度の繰返し回数までは初期の履歴特性を保持しているものが多い．

e. ダンパー部材モデル

摩擦ダンパーの履歴特性は，2次剛性をもたない完全弾塑性モデルで精度よく表現することができる．数値解析モデルは，表3および図5に示す基本性能基準値によりモデル化される．　　　　　【北嶋圭二】

表2　摩擦ダンパーの限界性能基準値

区分	基準値
1　一方向変位変形能力	限界変形
	限界速度
2　繰返し変位変形能力	繰返し回数（連続／断続）ないしは累積摺動距離

表3　摩擦ダンパーの基本性能基準値

		基準値
1	剛性	K_d
2	摩擦荷重	F_{dy}
3	すべり出し変形	u_{dy}
4	2次剛性	$p \cdot K_d (=0)$
5	最大荷重	$F_{d\max}$

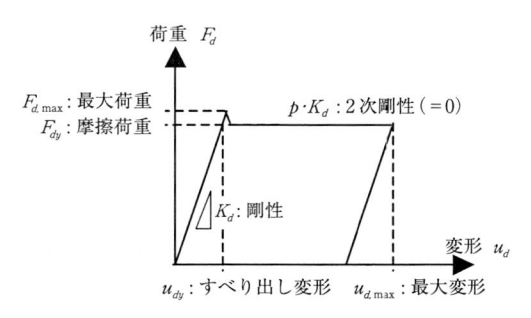

図5　摩擦ダンパーの基準値

11.3 粘性系ダンパー：オイルダンパー

a. 基本原理・構成

オイルダンパーは入力される建物の変形エネルギーを熱エネルギーに変換し，消散させる装置である．自動車のショックアブソーバーや鉄道用オイルダンパーと同様に，バルブのメカニズム構造により減衰力を発生させる．オイルダンパーは，図1に示すようにオイルが充満したシリンダ（ϕ_D）の内側をピストンおよびピストンロッドが速度（V）で作動する構造になっている．流量（Q）がタンク室に流れ，粘性力と慣性力の流れの抵抗で，内圧（P）が発生する．この内圧がピストンに作用し減衰力となるが，粘性力は温度依存性が大きいため，そのままではダンパーの減衰力も温度に支配されることになる．オイルダンパーは，粘度の小さい作動油を用い，オリフィス長（L）を小さくすることで，粘性力が無視できる構造となっており，減衰力の温度依存性が小さいのが特徴である．この原理を応用して，制震用オイルダンパーが設計されている．

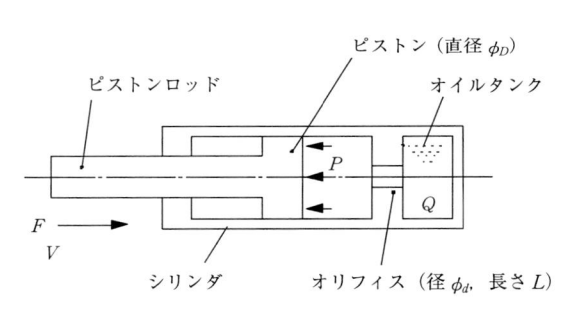

図1 オイルダンパーの原理図

b. 動 的 特 性

オイルダンパーの解析に用いる特性式は，(1) 式に示されるような線形となる．制震構造には，過大な抵抗力となるのを防止するために (2) 式，(3) 式に示すようなバイリニア特性が用いられる．

1) 線形特性

$$F_d = C_d \cdot \dot{u}_d \qquad (1)$$

で示され，F_d-$\dot{u}_d$線図およびF_d-u_d線図はそれぞれ図2となる．

2) バイリニア特性

$$F_d = C_d \cdot \dot{u}_d \qquad (F_d \leq F_{dy}) \qquad (2)$$
$$F_d = C_d \cdot \dot{u}_{dy} + p \cdot C_d \cdot (\dot{u}_d - \dot{u}_{dy}) \qquad (F_d > F_{dy}) \qquad (3)$$

で示され，F_d-$\dot{u}_d$線図およびF_d-u_d線図はそれぞれ図3となる．

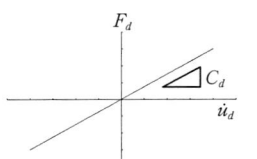

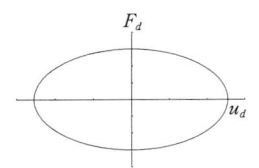

図2 線形特性

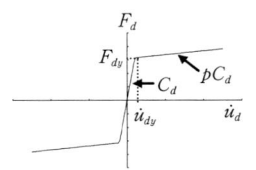

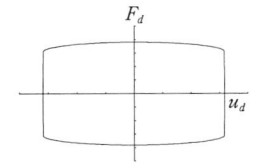

図3 バイリニア特性

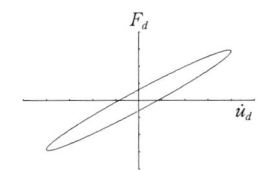

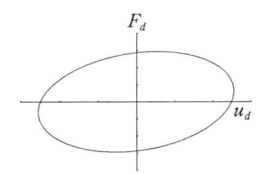

図4 線形特性

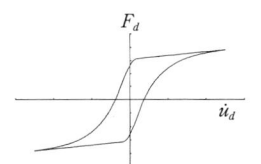

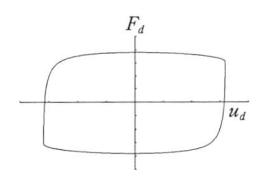

図5 バイリニア特性

ここで，F_dは減衰抵抗力，C_dは粘性減衰係数，u_d, $\dot{u}_d$は変位および速度，$\dot{u}_{dy}$, F_{dy}はリリーフ速度および荷重，pは2次粘性減衰比である．

c. 各種依存性

1) 作動油圧縮性による振動数依存性 圧力変動の少ない使用条件下では，作動油は非圧縮性であると考えるが，振動荷重を受ける使用条件下では，作動油の圧縮性を無視できない．圧縮性により減衰抵抗力-速度関係が位相遅れによりヒステリシスループを描き，最大減衰抵抗力の低下および1サイクルの消散エネルギーの低下を招く（図4，図5）．

Maxwellモデルの線形特性範囲内で，等価粘性減衰係数（C_m）および等価剛性（K_m）は次式で表される．

$$C_m = \frac{1}{1+(C_d\omega/K_d)^2}C_d \qquad (4)$$

$$K_m = \frac{(C_d\omega/K_d)^2}{1+(C_d\omega/K_d)^2}K_d \qquad (5)$$

ここで，ωは角振動数（$=2\pi f$），fは加振振動数，C_dは純粋なオイルダンパーの線形粘性減衰係数，K_dは

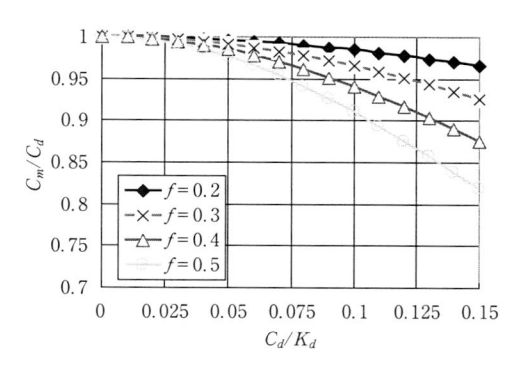

図6　粘性減衰係数低下率

内部剛性（作動油の圧縮剛性）である．

(6)式は，(4)式を書き換えて粘性減衰係数の低減率の形にしたものである．粘性減衰係数の低減率は，図6に示すように振動数（f）に対して依存性をもち，その依存性は粘性係数（C_d）が大きいほど，また内部剛性（K_d）が小さいほど影響が大きくなる．

$$\frac{C_m}{C_d} = \frac{1}{4\pi^2 (C_d/K_d)^2 f^2 + 1} \quad (6)$$

2）変位振幅・速度依存性　一般的にはオイルダンパーは速度依存特性をもち，変位依存性はもたないとされているが，微小速度，微小変位では基本特性式を適用できない範囲がある．これは，接合部のギャップや作動油に混入した気泡によるものである．この範囲は微小であり，一般には無視できると思われるが居住性が重要視される場合など，無視できない場合は配慮しなくてはならない．

3）温度依存性　限界条件としての温度依存性は，極低温でのシール性能低下および内部のバルブの作動不良が考えられ，高温限界としては内部圧力上昇によるシール性能低下がある．

一般的な制震部材としての使用条件では温度変化による粘性変化，比重変化などがあるが，性能計算式を補正するほどの影響はない．しかし，マイナス温度（$-30 \sim -10$℃）で使用する場合は温度依存性を考慮する必要がある．

d. ダンパーの限界状態・留意点

オイルダンパーは，構造物が終局限界に達するまで性能を維持する設計思想であるので，性能を維持できる使用限界を規定し，損傷限界および終局限界は規定

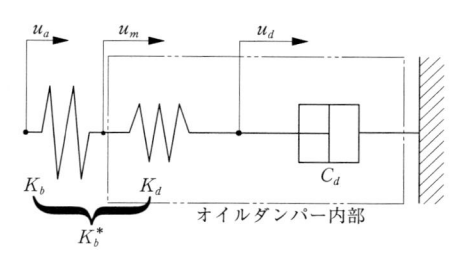

図7　Maxwell モデル

しない．

1）限界変形　限界変形（$\pm S$）は最伸長と最圧縮長の差の1/2で，機械的に移動できる変位量であり，以下の式で決まる．

$\pm S =$ 想定最大変形＋取付け部誤差＋余裕

余裕度は構造設計者の判断により決められる．

2）限界速度・限界減衰抵抗力　一般に短期荷重条件で強度部材は耐力に対し1.2〜1.5倍程度の安全率をもつ．限界減衰抵抗力の生ずる速度を限界速度とし，使用限界とする．

3）環境温度・耐久性　極低温では粘性変化による性能不良，高温ではシール性能低下による作動油漏れによって限界が決められるが，$-30 \sim +80$℃程度では性能の温度依存性は生じるが異常ではない．通常高温になることはなく，火災時の異常高温が温度限界となる．耐久性に関しては，使用期間60年を想定した繰返し回数耐久試験と評価を行っており，とくに限界を規定していない．

e. ダンパー部材モデル

オイルダンパーが構造体に取り付けられると，取付け部の剛性を考慮した連成モデルとなる．一般的なモデルとして図7のようなMaxwellモデルが用いられている．

ここで，C_dはオイルダンパーの粘性係数（バイリニアタイプはC_d, pC_d），K_dはオイルダンパーの内部剛性，K_bは構造体取付け部の剛性とし，K_d, K_bから次式で合成ばね定数を計算する．

$$K_b^* = \frac{K_d K_b}{K_d + K_b} \quad (7)$$

【猪口敏一】

11.4 粘性系ダンパー：粘性ダンパー

a. 基本原理・構成

粘性ダンパーは図1に示すように減衰抵抗力の発生原理別に分類すると，封入した充填材の流動抵抗力を利用したタイプと粘性体のせん断抵抗力を利用したタイプの2タイプがある．

1) 流動抵抗式

流動抵抗式は充填材の流動抵抗力を利用したものであり，このタイプには，粘性ダンパー，ビンガムダンパーがある．図2に構造を示す．シリンダー内にある充填材，オリフィスを形成するピストン部およびロッドをおもな構成要素とし，オイルダンパーとほぼ同じ構造をしている．用いられる充填材には流体や粘弾性体が用いられることが多く，シリンダー内をピストン部が往復することにより，シリンダー内に充填材の流動が起こり，流動抵抗力が発生する．充填材流動時の減衰抵抗力発生原理はオリフィス部分の充填材のせん断抵抗を含むさまざまな要因から成り立っている．充填材の材料特性により減衰抵抗力の発生メカニズムはさまざまであるが，減衰抵抗力は速度のべき乗に比例することが実験により確認されている．

2) せん断抵抗式

せん断抵抗式の減衰抵抗力は粘性体のせん断抵抗力を利用したものである．その減衰抵抗力発生原理を図3に示す．

粘性体のせん断応力 τ はせん断ひずみ速度 $\dot{u}_d/d$ と粘度 μ に比例し

$$\tau = \mu(\dot{u}_d/d)$$

と表される．これにせん断面積 A_s を乗じた，

$$\tau A_s = \mu(\dot{u}_d/d)A_s$$

がせん断抵抗式の減衰抵抗力を示す．このタイプには壁型や回転筒型がある．

i) 壁型（粘性制震壁）　　図4に示す壁型の構造は，粘性体を充填した外部鋼板（粘性体容器）とその間に挿入された内部鋼板（抵抗板）をおもな構成要素とする．内部鋼板の枚数により，1枚のものをシングルタイプ，2枚のものをダブルタイプとしている．

ii) 回転筒型（減衰こま）　　回転筒型の構造を図5に示す．回転筒型は速度増幅部，伝達部および減衰部から構成される．軸に加わる直線運動はボールねじにより回転運動に変換され，伝達部を介して増幅され

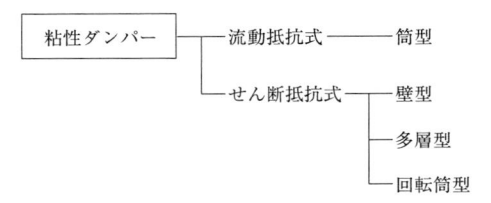

図1　粘性ダンパーの分類

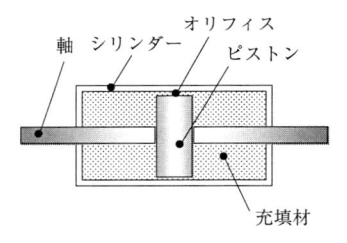

図2　流動抵抗式の概要

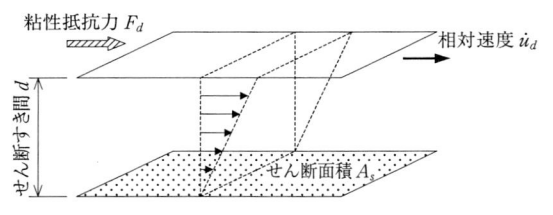

図3　せん断抵抗式減衰抵抗力発生原理

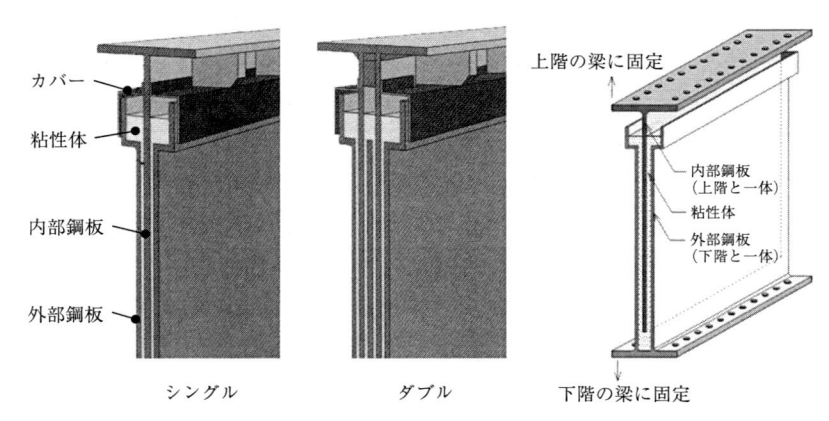

図4　せん断抵抗式「壁型」の概要

た速度を内筒に伝達し回転させる．回転する内筒と固定された外筒の間に充填された粘性体のせん断抵抗により減衰抵抗力を発生する．減衰抵抗力は減衰部の長さ，せん断すき間，内筒の外径，ねじ軸のピッチ，粘性体の粘度を変えることにより調整可能である．

b. 動的特性

1) **流動抵抗式** 流動抵抗式の減衰抵抗力は，実験により速度のべき乗に比例し，

$$F_d = c_d \dot{u}_d^\alpha$$

と表される．また，粘性係数 c_d およびべき乗指数 α は充填材の種類による材料定数であり，充填材の粘度や弾性率などの物性によりさまざまな値をとるため，実験により定める値となっている．

2) **せん断抵抗式**

i) **壁型（粘性制震壁）** 壁型の基本式は，温度とせん断ひずみ速度に依存し，

$$F_d = \mu e^{\beta T} \left(\frac{\dot{u}_d}{d}\right)^\alpha A_s$$

のように表される．ここで，α, β は係数，μ は粘性体の基準粘度，T は粘性体温度である．図6に示す壁型の履歴曲線は装置がもつ付加剛性（直列ばねでなく並列ばね成分）の影響により若干傾いているが，基本式においてその影響は考慮していない．

ii) **回転筒型（減衰こま）** 回転筒型の基本式は，

$$F_d = \lambda S \mu_T \left(\frac{\dot{u}_d}{d}\right)^\alpha A_S$$

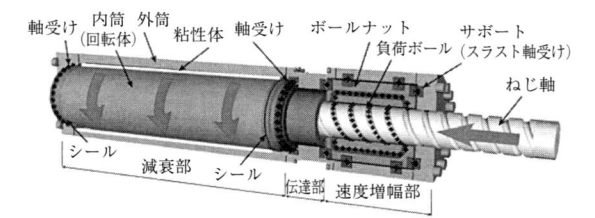

のように表される．ここで，λ はねじおよびベアリングのみかけの摩擦係数，S は減衰部の速度増幅率，α は係数，μ_T は T°C時の粘度である．図6に示す履歴曲線は回転筒型の慣性力による左肩上がりの性状を示すが，基本式においてその影響は考慮していない．

c. 各種依存性

1) **流動抵抗式** 振動数依存性，温度依存性，経年変化いずれについてもほとんどない．

2) **せん断抵抗式** 振動数依存性，経年変化はほとんどないが，温度依存性を有しており温度が高くなるほど減衰抵抗力が低下する．壁型に比べて回転筒型の温度依存性は小さい．

d. ダンパーの限界状態・留意点

1) **限界変形** 限界変形は構成部品の可動範囲によるが，取り付けたフレームなどとそのクリアランス以上の変形領域が確保されている必要がある．

2) **限界速度・限界減衰抵抗力** 限界速度は実験を基にした性能式との整合限界として，または試験機の限界性能から設定している．限界減衰抵抗力は限界速度時の減衰抵抗力となる．ただし，取付け部の強度が限界速度時の減衰抵抗力より低い場合は，取付け部のボルト，または部材の強度に従う．

e. ダンパー部材モデル

1) **流動抵抗式** 流動抵抗式の力学モデルについては，流動抵抗式自体の内部剛性およびブレース材や取付け部の剛性を考慮した Maxwell モデルである．

2) **せん断抵抗式** 内部剛性を考慮しない場合の壁型の力学モデルについては，取り付く梁の回転剛性などの取付け部の剛性を考慮した Maxwell モデルである．

回転筒型は粘性体の圧縮性が小さく，内部剛性は無視できるが，ブレース材や取付け部の剛性は考慮する必要があるため，回転慣性を考慮しない場合は Maxwell モデルとなる． 【田中久也】

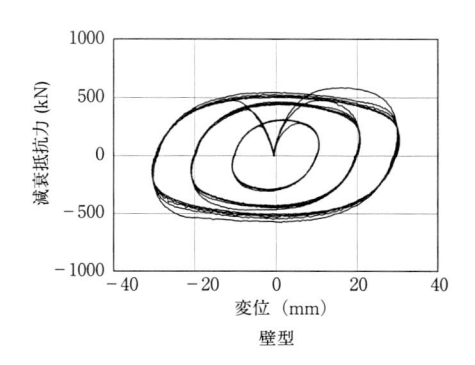

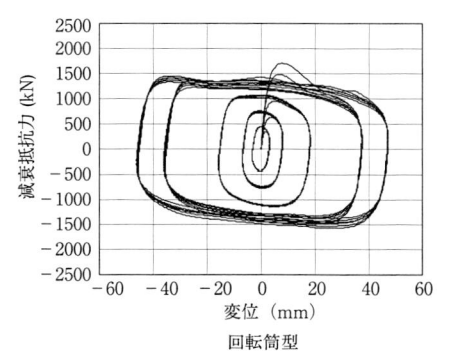

図5 せん断抵抗式（回転筒型）の概要

図6 せん断抵抗式の履歴曲線（例）

11.5 粘弾性ダンパー

a. 基本原理・構成

粘弾性ダンパーは，粘弾性体内部の分子間の摩擦によりエネルギーを熱に変えて吸収するものである（図1）．通常，建物の変形を粘弾性体のせん断変形へと伝達することで，振動エネルギーを吸収する．

粘弾性ダンパーの剛性，減衰係数は粘弾性体の総せん断面積に比例し，粘弾性体の厚さに反比例する．よって，図2に示すように，必要な性能を確保するため，通常は粘弾性体を複数層にして設計される．また，粘弾性ダンパーは粘弾性体を鋼板間に挟み込み，せん断変形を与えるという単純な構造であるため，図3に示すように多様な設置形態で使用することが可能である．

b. 動的特性

粘弾性ダンパーの動的特性は，粘性体と弾性体の両方の性質をあわせもつことから，傾いた楕円の履歴形状を示す（図4）．

c. 各種依存性

1) 振動数依存性 粘弾性ダンパーの振動数依存性は，剛性，エネルギー吸収量に影響を与える．一般的には，高振動数において剛性，エネルギー吸収量は増加し，低振動数においては逆に低下する傾向がある．

2) 温度依存性 温度依存性についても同様で，低温において剛性，エネルギー吸収量は増加し，高温においては逆の傾向を示す．しかしながら，各メーカーの材料開発により，温度依存性が低い材料も存在し，実際の建物にも適用されている．

3) 振幅依存性（ひずみ依存性） 粘弾性ダンパーの振幅依存性は，せん断ひずみに対する依存性と考えられる（図5）．その傾向としては，ひずみ依存性が小さい線形型，大ひずみに対して軟化する軟化型，逆の硬化型などが存在する．これらは使用する粘弾性体の種類によるものであり，個々の材料ごとに異なってくる．

d. ダンパーの限界状態・留意点

1) 限界変形 粘弾性ダンパーの限界変形は構成部品の可動範囲（クリアランスの設定）と粘弾性体の破断ひずみにより決定される．粘弾性体の破断ひずみ

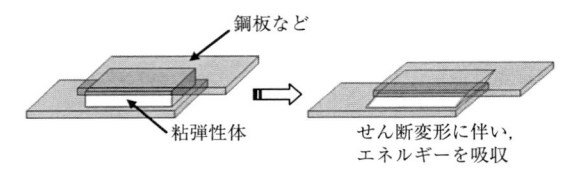

図1 粘弾性ダンパーの基本原理

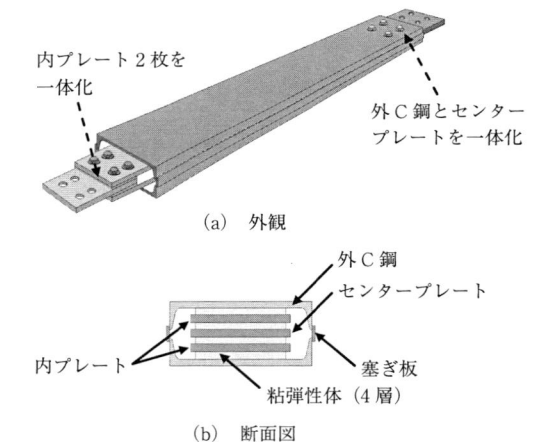

図2 粘弾性ダンパーの構成例
(a) 外観
(b) 断面図

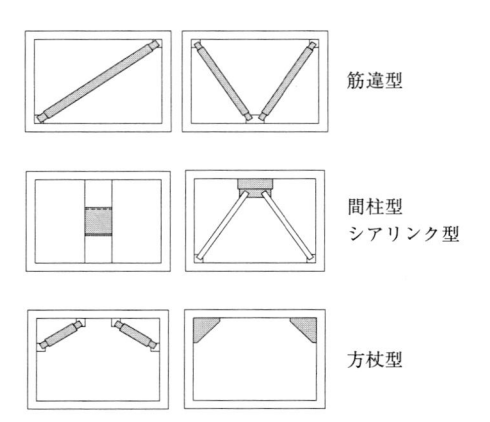

図3 粘弾性ダンパーの設置形態の例
筋違型／間柱型／シアリンク型／方杖型

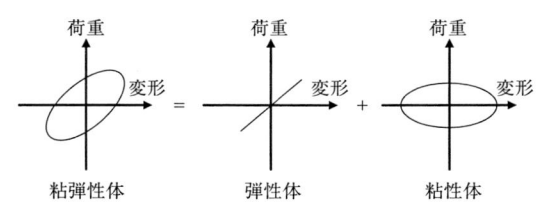

図4 粘弾性ダンパーの履歴形状
粘弾性体 = 弾性体 + 粘性体

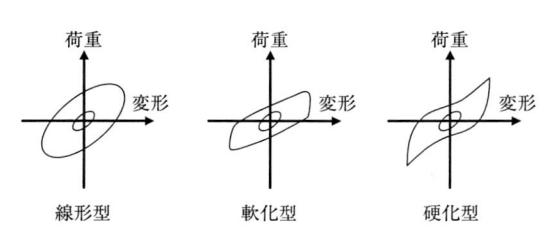

図5 振幅依存性の例
線形型／軟化型／硬化型

図6 クリアランス

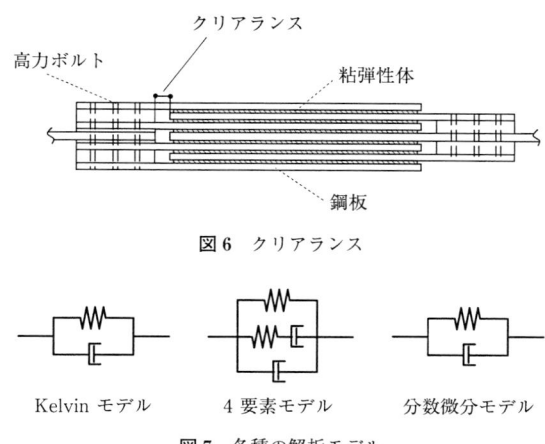

図7 各種の解析モデル
抵抗力は変形の分数微分である．

は材料の種類によって異なるので，個別に確認が必要となるが，おおむねせん断ひずみ300%程度までが使用範囲として設定されていることが多い．粘弾性ダンパーのクリアランスは，鋼板間の隙間寸法で決定されることが多い．通常は，想定するダンパー変形量に対して余裕をもって設定される．

2) 限界速度・限界減衰抵抗力 粘弾性ダンパー自体には，通常の建物内に使用される範囲では限界速度は存在しない．限界減衰抵抗力は，粘弾性ダンパーを構成する部材の塑性化，座屈が生じないように設計されるため，摩擦接合部の耐力で決定される．たとえば図6に示すようなダンパー内での摩擦接合部，もしくは建物との取付け部の摩擦接合部などである．

e. ダンパー部材モデル

粘弾性ダンパーの各依存性を再現するため，さまざまなモデル化が各種材料に対して提案されている．もっとも簡単なモデルは，ばねとダッシュポットを並列に用いたKelvinモデルである．さらにばね，ダッシュポットを追加した四要素モデルなども提案されている．また，より広範囲の条件に対して正確な結果を与える分数微分モデルが提案されている．これは，ダッシュポットに速度（変形の1階微分）ではなく，α階微分に比例した力が発生するものである．いずれにしても，各モデルを使用するさいには，その精度，適用範囲を十分に理解する必要がある．

また，粘弾性ダンパーと直列につながる鋼材部分の剛性が相対的に低い場合には，粘弾性ダンパーのエネルギー吸収量が低下する場合があり，モデル化において考慮する必要がある．図7の各種モデルと直列に，適切に剛性が定められたばねを直列に設定すればよい．

【所　健】

11.6 慣性質量ダンパー

a. 基本原理・構成

図1に示すように，一体となった内輪と外輪とがありその質量が外輪に集中している回転体を，内輪をその接線方向に加力することで回転させることを考える．内輪に対する外輪の変位，速度，加速度の増幅率は内輪と外輪の半径の比 β_f である．

$$\text{変位増幅率} \quad \beta_f = \frac{r_2}{r_1} \tag{1}$$

したがって，内輪を接線方向に加速度 α で動かすと，外輪の質量 m_f を加速するための慣性力は

$$\text{慣性力} \quad F = m_f(\beta_f \alpha) \tag{2}$$

であり，内輪を押すべき力は

$$\text{反力} \quad R = \beta_f F = \beta_f m_f(\beta_f \alpha) = \beta_f^2 m_f \alpha = m'\alpha \tag{3}$$

すなわち，系の外部から内輪にかかる加速度 α に対して，変位の増幅率の2乗倍に増幅された質量

$$\text{質量} \quad m' = \beta_f^2 m_f \tag{4}$$

に相当する慣性力が発生する．

ここで図2のような1質点系の振動系に上記の回転体，すなわちダイナミック・マスが組み込まれた振動系を考える．回転体の回転運動は質点の相対変位 x の影響のみを受けており直接的に地動 y の影響は受けていない．

この系の地動に対する運動方程式は

$$m\ddot{x} + \beta_f^2 m_f \ddot{x} + c\dot{x} + kx = -m\ddot{y} \tag{5}$$

あるいは，

$$(m+m')\ddot{x} + c\dot{x} + kx = -m\ddot{y} \tag{6}$$

となる．ここで節点間を結ぶ要素 m' を慣性要素，または動的な作用に対してのみ質量効果を有することからダイナミック・マスと呼ぶ．

このようなダイナミック・マス効果をもつ建築物用の装置は実はすでに存在している．減衰こまと呼ばれる粘性減衰装置は，軸方向運動をボールねじにより内筒の回転運動に変換し，固定された外筒との間に充填された粘性体のせん断抵抗で抵抗力を得るものである．このさい，内筒の接線方向の変位は軸方向変位の5〜40倍程度に増幅されており，内筒の質量が回転することにより生じる慣性質量効果は内筒の実際の質量の1,000倍以上にも増幅されている（図3）．

減衰こまは粘性減衰装置として設計されたものなので，慣性質量効果は2次的なものであるが，慣性質量効果を増すために改良された装置もいくつか開発されはじめている．1,000 t 以上の擬似質量をもつ装置が製作され実験に成功している．ここではダイナミック・マスが振動に与える影響を考える（図4）．

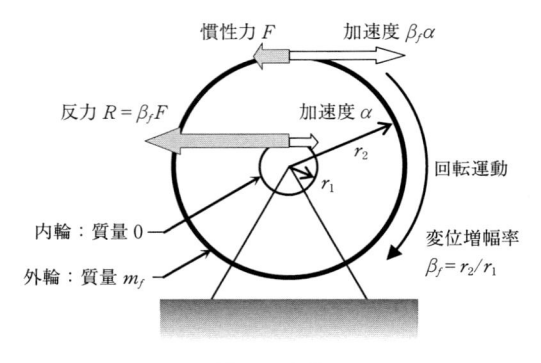

図1 回転体

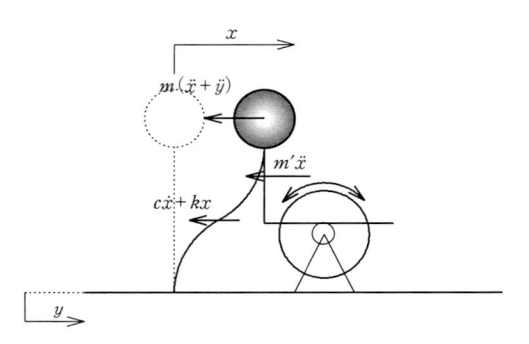

図2 回転体つき振動系

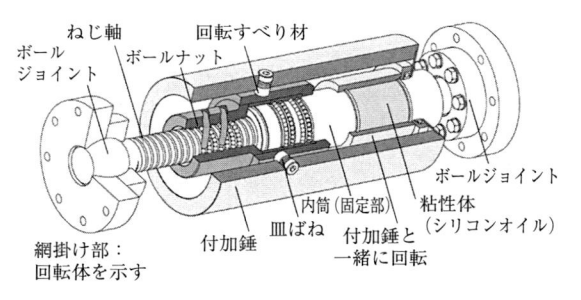

図3 減衰こまを改良した慣性こま
装置外周が回転することで大きな慣性質量効果を得る．

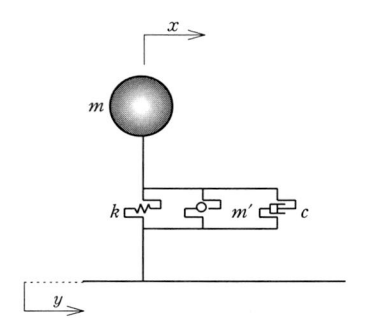

図4 ダイナミック・マスをもつ振動系
ダイナミック・マスを○で表す．

$$(m+m')\ddot{x}+c\dot{x}+kx=-m\ddot{y}$$

両辺を $(m+m')$ で除して整理すると

$$\ddot{x}+\frac{c}{m+m'}\dot{x}+\frac{k}{m+m'}x=-\frac{m}{m+m'}\ddot{y}$$
$$\ddot{x}+2h\omega\dot{x}+\omega^2 x=-\eta\ddot{y} \quad (7)$$

ここに，

$$\omega^2=\frac{k}{m+m'}=\frac{m}{m+m'}\frac{k}{m}=\eta\frac{k}{n} \quad (8)$$

$$h=\frac{c}{2\omega(m+m')}=\frac{c}{2\sqrt{k(m+m')}}=\sqrt{\frac{m}{m+m'}}\frac{c}{2\sqrt{km}}$$
$$=\sqrt{\eta}\frac{c}{2\sqrt{km}} \quad (9)$$

$$\eta=\frac{m}{m+m'} \quad (10)$$

以上より，この機構は振動系をある意味で重くする効果があり，以下の応答制御効果を有していることが理解される．

1. 周期を $\sqrt{\frac{m+m'}{m}}=\sqrt{\frac{1}{\eta}}$ 倍する，周期伸長効果．

2. 減衰定数を $\sqrt{\frac{m}{m+m'}}=\sqrt{\eta}$ 倍する，減衰低減効果．

3. 入力を $\frac{m}{m+m'}=\eta$ 倍する，入力低減効果．

ここに $\frac{m}{m+m'}=\eta$

ここで注意しなければならないのは，上記の入力低減効果は地盤から上の応答が低減するだけであって，入力そのものが低減しているわけではないということである．地動加速度を含めた絶対応答加速度はこのとおりには低減しない．

たとえば，(6) 式で $c=0$, $k=0$ かつ $m'=0$ の場合を考えると，

$$m\ddot{x}=-m\ddot{y}$$

であり，質点の静止座標からの絶対加速度 A_{abs} は，

$$A_{abs}=\ddot{x}+\ddot{y}=-\ddot{y}+\ddot{y}=0 \quad (11)$$

となり絶対加速度は生じない．ところが，$m'\neq 0$ の場合は，

$$(m+m')\ddot{x}=-m\ddot{y}$$
$$A_{abs}=\ddot{x}+\ddot{y}=-\frac{m}{m+m'}\ddot{y}+\ddot{y}$$
$$=\frac{m'}{m+m'}\ddot{y}=(1-\eta)\ddot{y} \quad (12)$$

となり絶対加速度が生じる．なお，(12) 式の右辺の絶対加速度の係数 $m'/(m+m')$ と (10) 式の応答の入力低減係数 η とは，両者の和が1である関係になっている．

すなわち，(6) 式の応答は (7) 式の振動系の低減された入力に対する応答と，(12) 式に示す m' を介して直接作用する低減分の加速度の和となる．(6)式は，慣例に従って左右両辺の質量項を同一とし，入力低減項を明示して (13) 式のように書くことができる．

$$(m+m')\ddot{x}+c\dot{x}+kx=-(m+m')\eta\ddot{y},$$
$$\eta=\frac{m}{m+m'} \quad (13)$$

地動加速度は (12) 式に示すように m' を介して直接作用すると解釈することもできる．

さらに，ダイナミック・マスの擬似質量効果を利用する多質点系の応答制御法として，振動の高次モードを消去するモード制御，高い粘性減衰を付与する同調粘性マスダンパー，D.M 同調システムなどが提案されている．文献[1-10]を参考にされたい．

b. 動的特性・各種依存性

製品化された回転慣性ダンパーの動的特性，各種依存性などは，免震編7.24節を参考にされたい．

【古橋　剛】

引用文献

1) 新垣忠志，黒田英二，有馬文昭，井上　豊，馬場研介：ボールネジを用いた制震装置の開発（その1　制震チューブ・制震ディスクの性能試験），日本建築学会技術報告集，8, 239-244, 1999.

2) 古橋　剛，石丸辰治：慣性接続要素によるモード分離慣性接続要素による応答制御に関する研究（その1），日本建築学会構造系論文集，576, 55-62, 2004.

3) 古橋　剛，石丸辰治：慣性接続要素による多質点振動系の応答制御　慣性接続要素による応答制御に関する研究（その2），日本建築学会構造系論文集，601, 83-90, 2006.

4) 斉藤賢二，栗田　哲，井上範夫：慣性接続要素を利用した線形粘性ダンパーによる一質点構造の最適応答制御とKelvinモデル化手法に関する考察，構造工学論文集，53B, 53-66, 2007.

5) 斉藤賢二，杉村義文，井上範夫：慣性接続要素を利用した粘性ダンパーによる制振構造の応答制御に関する一考察，構造工学論文集，54B, 623-648, 2008.

6) 油川健樹，堀　則男，五十子幸樹，井上範夫：同調粘性マスダンパーの調和振動応答低減効果に関する比較検討，日本地震工学会大会2008梗概集，pp.116-117, 2008.

7) 石丸辰治，三上淳治，秦　一平，古橋剛：D.M.同調システムの簡易設計法，日本建築学会構造系論文集，652, 1105-1112, 2010.

8) 石丸辰治，秦　一平，三上淳治，公塚正行：付加剛比によるD.M.同調システムの簡易設計法，日本建築学会構造系論文集，654, 1455-1464, 2010.

9) 石丸辰治，秦　一平，古橋　剛：擬似モード制御によるD.M.同調システムの簡易設計法，日本建築学会構造系論文集，76, (661), 509-518, 2011.

10) 中南滋樹，鈴木　亨，木田英範，古橋　剛，田中久也：慣性質量要素を有する粘性減衰装置の開発，三井住友建設技術研究所報告，3, 2005.

11.7 その他

a. MRダンパー

1) 基本原理・構成　MRダンパーは，磁気粘性流体（以下，MR流体と略称）を用いるダンパーである．MR流体は，直径1～数μmの強磁性金属粒子を，油中に分散させたものであり，炭素系またはシリコン系の油が使用されることが多い．MR流体は，磁場が作用していない状態では，金属粒子が混ざった状態であるが，磁場が作用すると金属粒子が鎖状クラスタを形成し，粘性抵抗力が増大する[1]．金属粒子の分散安定性の長期的確保と，コスト低減が実用化を進めるうえで課題とされている．

MRダンパーは，オイルダンパーと同様にピストンとシリンダーから構成され，ピストン伸縮時にオリフィスを通過するMR流体の抵抗力で減衰力を発揮する．現在，200～400kN程度のMRダンパーが開発されている．図1に400kNのバイパス式MRダンパーの構造を例示する[2,3]．電磁石でバイパス部の流路に作用する磁場の強さを変えることで，減衰力を制御することができる．

MRダンパーは，電磁石の代わりに永久磁石を用いることで，パッシブダンパーとして使用することも可能である．

2) 動的特性　MRダンパーの電磁石に印加する電流を変化させた場合の荷重-速度関係を模式的に図2に示す．印加電流に応じてMR流体の抵抗力が増加する．速度が小さい領域から抵抗力を発揮しており，弾塑性ダンパーのような力学特性を示しており，図3に示すクーロン摩擦要素とダッシュポットを並列に配置した，ビンガム・プラスチックモデルと呼ばれる力学モデルで表すことができる．

400kNのバイパス式MRダンパーを0.35Hzの正弦波で加振した場合の，荷重-変形関係および荷重-速度関係を図4(a)，(b)に示す[2]．荷重-変形関係は上

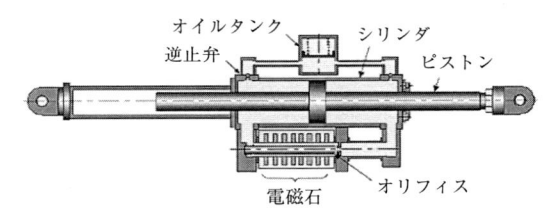

図1　バイパス式MRダンパー[3]

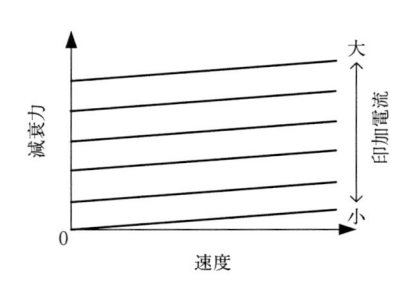

図2　荷重-速度関係

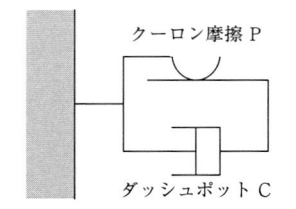

図3　ビンガム・プラスチックモデル

図4　MRダンパーの特性[2]

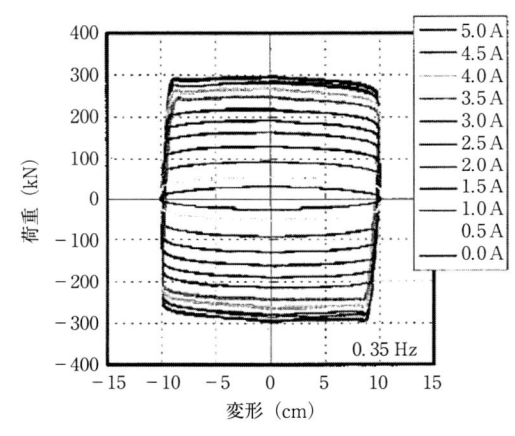

(a) 荷重-変形関係

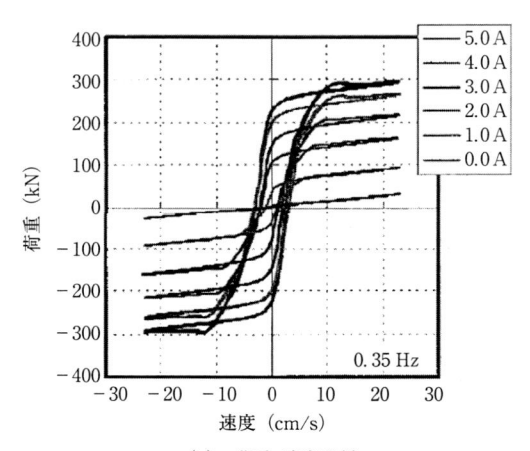

(b) 荷重-速度関係

述したとおり弾塑性ダンパーのような特性を示しており，荷重-速度関係は速度0近傍で履歴ループを描いており，図2の単純化した力学特性よりも少し複雑である．このような特性を表現する力学モデルとして，クーロン摩擦要素をバイリニア型復元力特性に置換したモデルや，Bouc-Wenモデルと呼ばれる(1)式で表される復元力モデルに置換したモデルが提案されている．

$$\dot{u} = k\dot{x} - \alpha |\dot{x}||u|^{n-1}u - \beta \dot{x}|u|^n \quad (1)$$

ここで，uは減衰力，xはダンパー変位，k, α, β, n（自然数）は4つのパラメータである．

3) 各種依存性 繰返し加振による温度上昇の影響を確認した実験結果によると，ダンパー温度が約10～約30℃に上昇しても減衰力にほとんど変化はみられないが，約50℃に上昇すると10%程度減衰力が低下する結果が報告されている[4]．

b. 可変減衰ダンパー

1) 基本原理・構成 可変減衰ダンパーは，オイルダンパーの減衰係数を電磁弁で切り換えることにより，減衰力を制御する方式と，電磁比例リリーフ弁を用いてリリーフ弁の圧力を制御して，リリーフ荷重を制御する方式がある．後者は，減衰力を連続的に変化させることができるが，減衰係数制御に比べて一般的に制御可能な減衰力が小さいので，建物の振動制御ではなく車両や床免震システムの制御に使用されている[5]．

図5に，減衰係数が2段階に切換え可能な，免震用可変減衰オイルダンパーの油圧回路図の例を示す[6]．このダンパーはシリンダーが二重構造で，ピストン伸縮時に油がつねに一方向に流れる仕組みとなっており，ユニフロータイプと呼ばれる．油の流路中に調圧弁とリリーフ弁が組み込まれている．調圧弁は流速に比例した流体抵抗を発生させる機構であり，ダンパーの減衰係数を規定している．リリーフ弁は，一定以上の油圧が作用したときに開く機構であり，ダンパーの速度-減衰力関係の第二勾配とその開始速度を規定している．ダンパーの減衰係数の切り換えは，調圧弁に流れる油を電磁弁の開閉で制御する．すなわち，本可変減衰オイルダンパーの事例では，電磁弁をすべて閉じると油は1箇所の調圧弁のみを通過し，減衰係数は最大となる．また，電磁弁をすべて開くと油は3箇所の調圧弁を通過し，減衰係数は最小となる．電磁弁の開閉に対応した，ピストン速度-減衰力関係を図6に示す．

2) 動的特性

①セミアクティブ免震：実用化している可変減衰ダンパーの大半はオイルダンパーである．オイルダンパーの力学モデルは通常はダッシュポットで表すことができる．セミアクティブ免震用の可変減衰ダンパーとして建物の高次振動モードを制御する場合は，油剛性の影響による切換え時間遅れを考慮した制御を行う必要がある[6]．図7に示すように，油剛性とダッシュポットが直列につながったモデルはMaxwellモデルと呼ばれる．減衰力f_dについて次式が成立する．

$$f_d = c\dot{x}_0 = k(x_1 - x_0) \quad (2)$$

(2)式から減衰力の微分$\dot{f}_d$の関係式を求めると，

$$\dot{f}_d = -\frac{1}{T_d}f_d + \frac{1}{T_d}(c\dot{x}_1) \quad (3)$$

ただし，$T_d = c/k$であり時定数と呼ばれる．

(3)式は，ダンパー速度と減衰係数の積であるみかけの減衰力$c\dot{x}_1$に対して，実際の減衰力が1次遅れとなる関係を表している．油剛性が小さいほど時定数が大きくなり減衰力の発現が遅れる．

②セミアクティブ制震：高い減衰係数のオイルダンパーを層間に設置する場合，ダンパー取付け部の剛性と油剛性の直列ばねの効果により，等価減衰係数が頭打ちになる．この問題に対処する1つの方法として，可変減衰ダンパーを用いて等価減衰係数を最大化

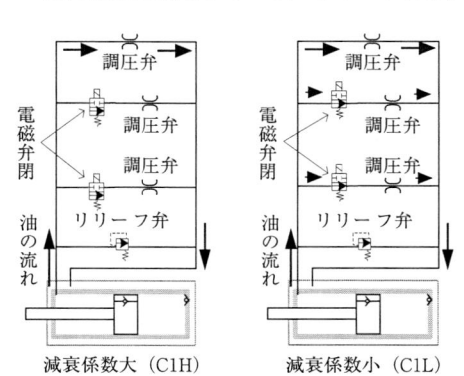

図5 可変減衰オイルダンパーのメカニズム[6]

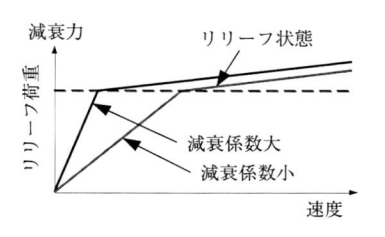

図6 可変減衰ダンパーの速度-減衰力関係

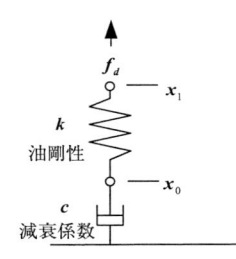

図7 Maxwellモデル

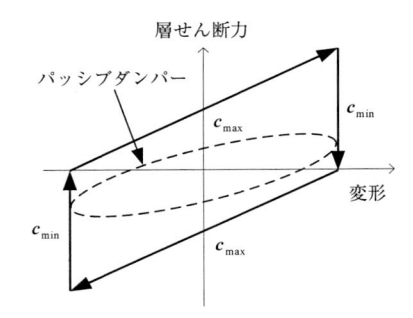

図8 エネルギー吸収の最大化

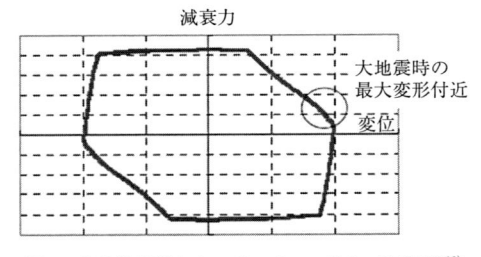

図9 変位依存型オイルダンパーの荷重-変形関係[10]

する方法が提案されている[7]. セミアクティブ制御による復元力特性の代表的な例を, 図8に示す. 層の変形が原点から最大変形に達するまでは減衰係数を最大化し, 最大変形に達した時点で減衰係数を最小化し, 原点に向けて運動が反転した時点でまた減衰係数を最大化する制御則である. 弾塑性ダンパーのような履歴ループを描いている. 可変剛性機構を想定した研究でも同様の制御則が誘導されている[8].

③パッシブ式可変制御: セミアクティブ制震とほぼ同等な制御を, 電力なしで実現する切換え型可変減衰ダンパーが提案されている[9]. 一方, 図9に履歴特性を示すとおり, 層の変形が最大でせん断力が最大となる点でオイルダンパーの減衰力を低減することで, せん断力の増加を回避する変位依存型オイルダンパーが開発されている[10]. このような復元力特性は, 既存建物の制震補強などでは有利に働き, とくに超高層ビルの制震補強では軸力増加による柱や基礎の補強を回避できる. 最近注目されている長周期地震動に対する超高層ビルの制振補強で, 適用事例が報告されている[10].

3) **各種依存性** 可変減衰ダンパーは, 基本的にはオイルダンパーであるため, 繰返し加振やそれに伴う温度上昇による特性の変化は小さく, 安定した減衰性能が得られる[11].

c. **ビルディング・マスダンパー**

1) **基本原理と構成** 基本的な原理は, チューン

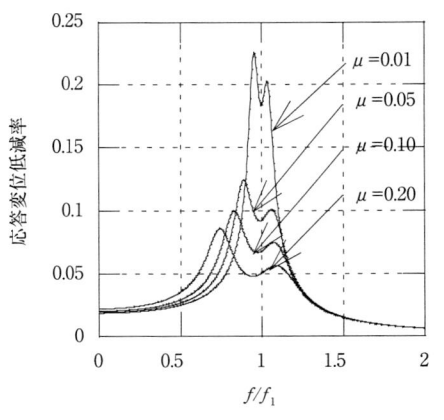

(a) 応答変位低減率

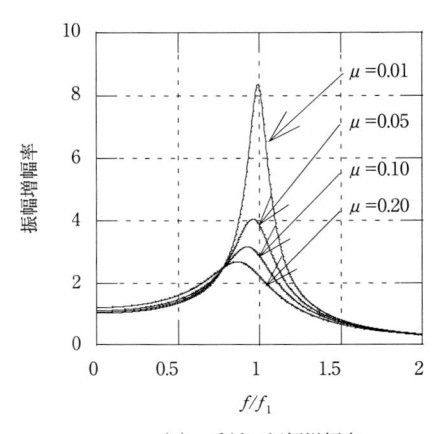

(b) 重錘の振幅増幅率

図10 周波数応答関数

ド・マスダンパー (以下, TMDと略称) と同じである. TMDは, 建物の一次固有周期に同調させた重錘を建物頂部に設置して, 重錘を共振させて建物の振動エネルギーを吸収する制震装置である. 通常は, 強風時の居住性向上の目的で用いられ, 建物の制御対象振動モードの一般化重量に対する比率 (マス比 μ と呼ばれる) で, 1%程度の重錘を設置する場合が多い. 地震時には振幅が過大になるためストッパーなどで装置を固定する必要がある. TMDのマス比が μ, 建物の1次固有振動数が f_1 のとき, TMDの最適な同調振動数 f_a と減衰定数 h_{opt} は, (4) 式で与えられることが知られている[12].

$$f_a = \frac{1}{1+\mu} f_1, \quad h_{opt} = \sqrt{\frac{3\mu}{8(1+\mu)}} \quad (4)$$

建物最上部の複数階を重錘として利用するTMDをビルディング・マスダンパーと呼ぶ. マス比を大きく設定できるので, 地震応答制御に適用することが可能

となり，また最適同調条件からある程度外れても一定の制震効果が期待できる．

2） 動的特性　建物の非制震時の減衰定数を1%とし，TMDのマス比を1, 5, 10, 20%と変化させた場合の，地震入力加速度に対する建物応答変位の低減率（非制振に対する比率）と，重錘の振幅増幅率（建物応答変位に対する重錘振幅の増幅率）の周波数応答関数を図10に示す．マス比の増加につれて建物応答変位が低減する一方，重錘の振幅増幅率も低減する．10%程度以上のマス比が確保できれば地震応答制御に適用することが可能となる．

建物最上部の複数階が剛体とみなせる場合は，下部構造に対するマス比を増やすほど制震効果が高くなる．しかしながら，弾性挙動が無視できない場合は，下部構造とのモード連成作用が生じ，減衰定数の小さい振動モードが生まれることが中間階免震構造の研究で明らかにされている[13]．モード連成作用により，十分な制震効果が得られない場合があることに注意する必要がある．

d．複合型

1） 基本原理・構成　弾塑性ダンパーと粘弾性ダンパーのように，性質の異なった複数のダンパーを組み合わせることで，単一のダンパーを用いる場合よりも制震効果を高めるのが複合型である．弾塑性ダンパーは，一般には大地震時にしか効果を発揮しないため，中小地震時や強風時の小振幅レベルの振動も低減するために，粘弾性ダンパーが併用される．

弾塑性ダンパーとしては，鋼材や摩擦ダンパーがコストの面からも多く用いられる．粘弾性ダンパーとの組み合わせ方には，直列接続と並列接続の方法がある[14]．粘弾性ダンパーの減衰力は，粘弾性体の貼り付け面積Sに比例し，厚みdに反比例する．したがって，可能なかぎり薄い粘弾性体を用いればコストを抑えて高い減衰力を発揮させることが可能となるが，許容変形が小さくなる．

この問題に対処するため，粘弾性ダンパーの変形量を制限するストッパーピンを設けて直列接続するタイプ[15]や，すべり機構を接続した粘弾性ダンパーを並列接続するタイプなどが提案されている[16]．

2） 動的特性　弾塑性ダンパーと粘弾性ダンパーのそれぞれの特性は，すでに説明されているので，ここでは並列接続した複合型の例を紹介する[17]．鋼材ダンパーとして座屈拘束ブレースを用いている．従来の約1/5の厚さとなる2mmの粘弾性体4層を積層化した粘弾性ダンパー2体（トータルの$S/d=560$m）を並列接続して，さらに変形を制限するためモールド系

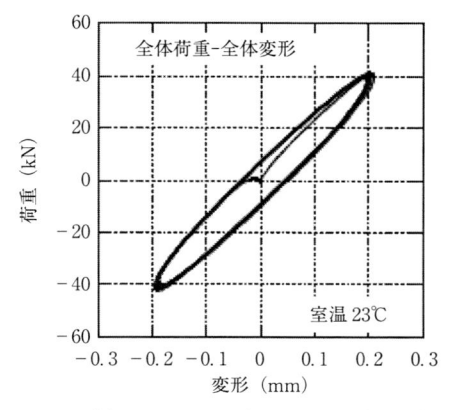

(a) 履歴ループ（正弦波2mm加振時）

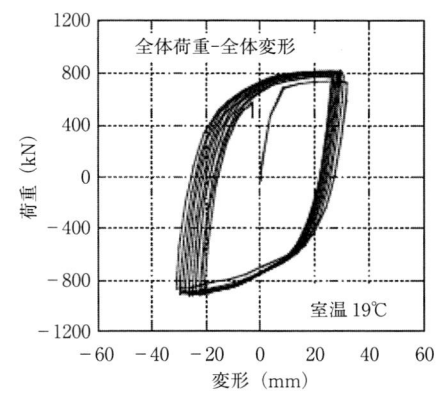

(b) 履歴ループ（正弦波30mm加振時）

図11　複合型ダンパーの特性[17]

摩擦材でステンレス板（SUS304）を挟んだすべり機構を設けている．微小振幅時および大振幅時のダンパー全体の履歴ループを図11に示す．微小振幅時から安定した履歴ループを描いており，10%程度の等価減衰定数が得られている．

e．可撓耐震壁

1） 基本原理・構成　1970～1980年代に建設が始まった超高層ビルの耐震要素として，強度，遮音，耐火，コストなどの利点からRC耐震壁の適用が進められた．超高層ビルへ適用するために，従来よりも剛性が低く，しかも降伏強度，終局強度はあまり低下させずに十分靭性のある耐震壁，すなわち可撓耐震壁が求められた[18,19]．可撓耐震壁として，以下の2つの構成方法がある．

① RC壁体自体で可撓にする．
② RC壁体と架構と接合部で可撓にする．

これらの可撓耐震壁は，靭性のある安定した履歴ループを描くことを意図して開発されたため，現在か

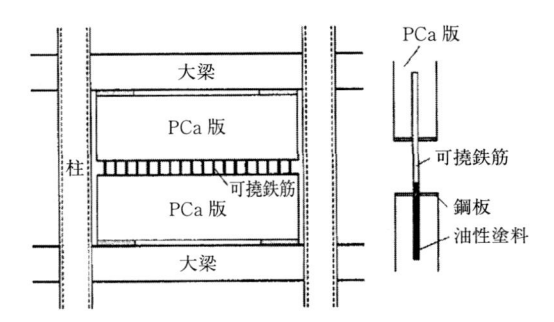

図12 鉄筋可撓耐震壁[20]

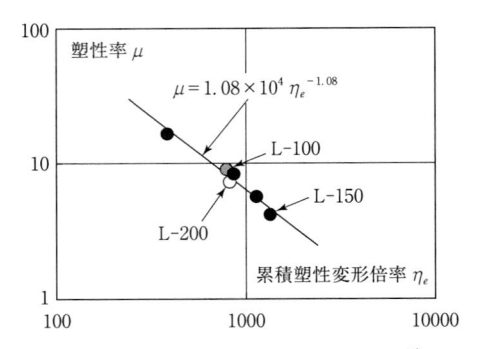

図13 塑性率と累積塑性変形倍率の関係[20]

ら振り返ると弾塑性ダンパーの先駆けとなる制震技術と考えられる.

2) 動的特性　RC壁体自体で可撓にした耐震壁の例として,鉄筋可撓耐震壁を紹介する.図12に示すように,1枚の鉄筋コンクリート壁板を上下2つに分割し間隙を設け,そこにせん断力を伝達するための鉄筋をくしの目状に挿入し,剛性を調整している.また,可撓鉄筋の埋め込み部分の一端にはコンクリートとの付着を抑えるために油性塗料を塗布し,可撓鉄筋が軸力を負担しないように配慮されている.この鉄筋可撓耐震壁が,近年注目されている長周期地震動を受けた場合のエネルギー吸収能力を確認するため,低サイクル疲労実験が最近実施されている[20].定変位振幅繰返し載荷実験により,安定した履歴特性を示すことを確認するとともに,図13に示すとおり,疲労寿命として塑性率 μ に応じた累積塑性変形倍率 η_e の関係式を評価している.　　　【長島一郎】

引用文献

1) 藤井秀樹, 樋渡　健, 藤谷秀雄：MRダンパーによる免震構造物のセミアクティブ制御実験−最適レギュレータ理論における重み係数の効果−, 日本建築学会構造系論文集, **618**, 73-79, 2007.
2) 袖山　博, 砂子田勝昭, 藤谷秀雄, 樋渡　健, 塩崎洋一, 外村卓也：高知能建築構造システムの開発に関する日米共同構造実験研究 (その81), 日本建築学会大会学術講演梗概集, 909-910, 2003.
3) http://www.tekki.co.jp/products/list/building/product_building04.html
4) 建築研究所日米共同構造実験研究「高知能建築構造システムの開発」技術調整委員会, エフェクター部会：エフェクターに関する利用ガイドライン, 建築研究報告, **143**, 2004.
5) 内田　勝, 村田　充, 原　靖彦：電磁比例リリーフ弁方式セミアクティブ・サスペンションシステム, カヤバ技報, **26**, 30-33, 2003.
6) 長島一郎, 篠崎洋三, 欄木龍大, 讃井洋一, 北川良和：可変減衰ダンパーを用いた免震構造物のスライディングモード制御, 日本建築学会構造系論文集, **649**, 511-519, 2010.
7) 栗野治彦：Maxwell型セミアクティブダンパの振動制御能力に関する基礎的考察, 日本建築学会構造系論文集, **564**, 63-70, 2003.
8) J.N. Yang, J.-H. Kim and A.K. Agrawal：Resetting semiactive stiffness damper for seismic response control, *Journal of Structural Engineering*, ASCE, **126**(12), 1427-1433, 2000.
9) H. Kurino, T. Yamada, Y. Matsunaga and J. Tagami：Switching Oil Damper with Automatic Valve Operation System for Structural Control, Proceedings of the Fourth World Conference on Structural Control and Monitoring (CD-ROM), Paper No.217, 2006.
10) 木村雄一, 青野英志, 細澤　治：変位依存型オイルダンパーによる既存超高層建物の制振補強 (その1〜2), 日本建築学会学術講演梗概集, B-2, 構造II, 515-518, 2008.
11) 日本免震構造協会：パッシブ制振構造設計・施工マニュアル, 第3版, 2013.
12) J. P. D. Hartog：*Mechanical Vibration*, 4th ed., McGraw-Hill, New York, 1956.
13) 小林正人, 洪　忠憙：固有値解析およびランダム応答解析による中間階免震構造のモード連成作用効果の分析, 日本建築学会大会学術講演梗概集, B-2, 333-334, 2004.
14) 日本建築学会：建築構造物の振動制御入門　16章　小振幅から大振幅の揺れに対する制振技術, 2010.
15) 山本雅史, 曽根孝行：広範囲の振幅領域に効果を発揮する粘弾性−鋼材直列型ダンパーの開発 (その1〜2), 日本建築学会大会講演梗概集, B-2, 167-170, 2004.
16) 木村雄一, 一色裕二, 成原弘之, 辻田　修, 欄木龍大, 高山正春：弾塑性・粘弾性複合ダンパーの開発 (その1〜3), 日本建築学会大会講演梗概集, B-2, 759-764, 2002.
17) 欄木龍大, 成原弘之, 木村雄一, 一色裕二：粘弾性ダンパー要素と座屈拘束要素を並列接続した複合ダンパーの性能に関する実験的研究, 構造工学論文集, **57B**, 271-278, 2011.
18) 鈴木悦郎, 近藤昭二, 岩橋善昭：可撓耐震壁 (TAC) の復元力特性, 日本建築学会大会学術講演梗概集, 589-590, 1969.
19) 山口育雄, 小林昌一, 小南勝義, 杉山　靖：可撓耐震壁に関する研究, 日本建築学会大会学術講演梗概集, 833-834, 1971.
20) 成原弘之, 木村雄一, 安田　聡, 青野英志, 佐藤英佑, 細澤治：鉄筋コンクリート耐震壁の可撓仕口に関する実験的研究 (その4), 日本建築学会学術講演梗概集, C1, 構造III, 852-853, 2009.

12 ダンパーの各種依存性

a. 載荷条件や環境条件による依存性

制震ダンパーは種別ごとに減衰機構や材料の力学性状が異なるため，載荷条件や環境条件による影響の度合いが異なる．

以下には，制震ダンパー種別に影響度合いの大きい依存性および性能ばらつきについて示す．なお，詳細に関しては文献[1]に示される．

b. 鋼材ダンパー

鋼材ダンパーの減衰性能に関して，環境条件（温度・湿度など）による影響はほとんど受けないが，繰返し回数やひずみ速度や振幅などの載荷条件による影響を受ける．

1) **繰返し回数の影響** 鋼材に定振幅の繰返し載荷を与えると，繰返し回数が増加するにつれて最大応力が上昇するひずみ硬化を示す（図1）．とくに，LY100 は降伏耐力，最大応力が急激に上昇しており，より顕著なひずみ硬化傾向を示す．LY225 は LY100 よりはひずみ硬化しにくい傾向がみられるものの，ひずみ振幅が大きい領域ではやはりひずみ硬化傾向がみられる．

降伏耐力が上昇すると，ダンパー取付け接合部や付帯架構に加わるダンパー反力が上昇することになるため，注意が必要である．

2) **ひずみ速度の影響** 鋼材が延性破断する領域ではひずみ速度の上昇にともない，降伏耐力および引張り強さが上昇する．とくに，LY100 においては，降伏耐力においてひずみ速度の影響による耐力上昇が顕著である．

また，間柱形式のように階高に比して鋼材ダンパーのパネル高さが小さい場合などは，地震時におけるパネル部のひずみ速度が層間変位速度に対して数倍以上に増幅され，ひずみ速度依存性がより顕著に現れやすいため，注意が必要である．

3) **変位振幅の影響** ダンパー用鋼材の塑性域での繰返し履歴特性や疲労特性は，変位振幅の大きさに依存する．

4) **製造ばらつき** 製品の性能ばらつきは，製造会社により異なるため，一例を以下に示すが，詳細は文献[1]の技術データシートを参照されたい．

・降伏耐力：鋼材降伏耐力公差

（公称耐力 ± 20 N/mm^2）

c. 摩擦ダンパー

摩擦ダンパーは，載荷条件や環境条件による影響を受けにくい．

1) **繰返し回数の影響** 連続加振下での繰返し回数については，加振速度と振幅により単位時間あたりの吸収エネルギー量が異なり，摩擦機構ないしは摩擦材の特性によっては摩擦熱の影響により，図2に示すように履歴特性が変化するものもある．このような場合でも，加振終了後に冷却されれば，再び初期の力学性能に復帰するものもある．

2) **ひずみ速度の影響** 摩擦材によっては，低速度の領域で顕著な速度依存性の特性を示すダンパーもあるため，適用範囲に注意が必要である．

3) **製造ばらつき** 製品の性能ばらつきは，製造会社により異なるため，一例を以下に示すが，詳細は文献[1]の技術データシートを参照されたい．

・摩擦材-すべり板の摩擦係数：0.32 ± 10% 以内

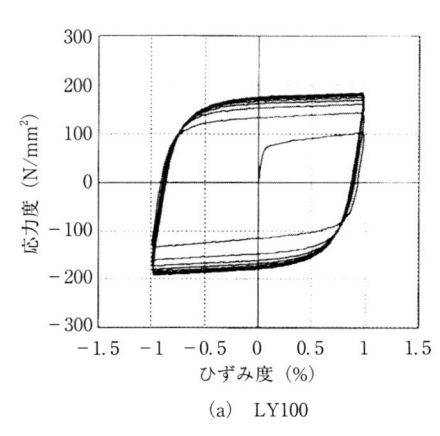

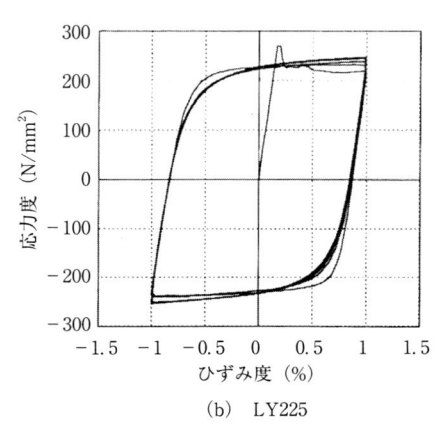

(a) LY100　　(b) LY225

図1 応力-軸方向ひずみ関係例（$\varepsilon = \pm 1\%$）

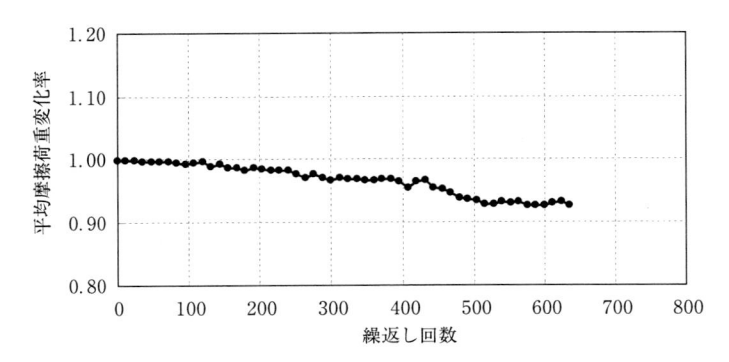

図2 断続加振の摩擦力変化率の例

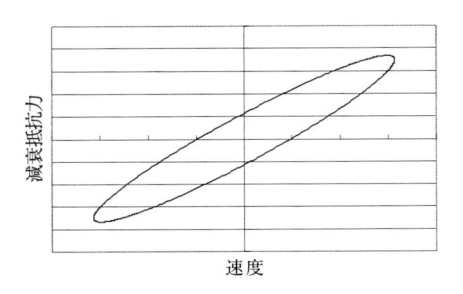

図3 減衰抵抗力-速度曲線図（線形特性）

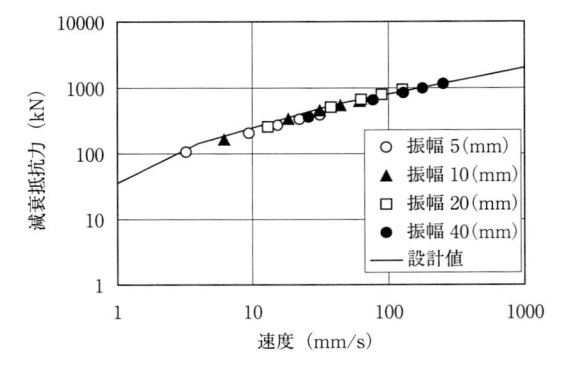

図4 減衰抵抗力-速度関係（壁型）

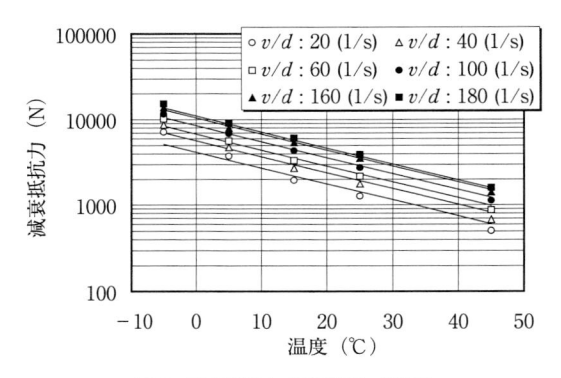

図5 減衰抵抗力-温度関係（壁型）

d． オイルダンパー

オイルダンパーは，載荷条件や環境条件による影響を比較的受けにくい．オイルダンパー取付け部にピンを設置する場合はそのガタの影響も考慮する必要がある（近年は，球座型ピン使用によりピンガタなしの製品もある）．

1） 作動油の圧縮性による載荷振動数の影響 作動油の圧縮性は，減衰抵抗力を発生する調圧弁を流れる流量がピストンの動きに対して遅れを生じさせ，減衰抵抗力-速度関係が位相遅れにより履歴ループを描く（図3）．このため，最大減衰抵抗力の低下，1サイクルの消散エネルギーの低下となる．力学モデルとしては，ダッシュポットにばねが直列結合されたMaxwellモデルとなり，載荷振動数による依存性を有する．

2） 速度・変位振幅の影響 微小速度，微小変位では基本特性式を適用できない領域があるため，適用範囲に注意が必要である．

3） 製造ばらつき 製品の性能ばらつきは，製造会社により異なるため，一例を以下に示すが，詳細は文献[1]の技術データシートを参照されたい．

- 最大減衰抵抗力 　　F_{max}：+15％ 以下
- 等価粘性減衰係数　C_{eq}：−10〜+15％
- 内部剛性　　　　　K_d：−20％ 以上

e． 粘性ダンパー

粘性ダンパーは，温度の影響を受けるとともに，その基本的な力学特性（減衰抵抗力：速度の指数乗に比例）から載荷速度による影響を受ける．

1） 速度の影響 載荷速度に対する依存性に関し，壁型を代表例として図4に示すが，減衰抵抗力は速度の増加に伴って増加する傾向を示す．

2） 温度の影響 壁型の温度依存性に関する試験結果と設計式との関係例を図5に示すが，温度が高くなると減衰抵抗力が減少する傾向をもつ．このため，

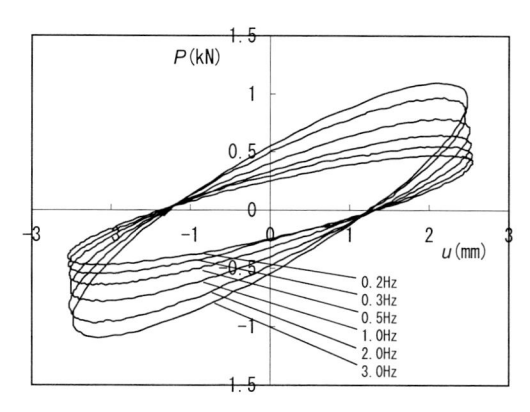

図6 振動数と減衰抵抗力-変位曲線の関係例

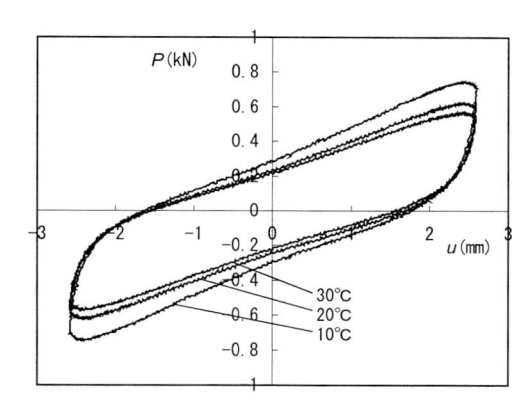

図7 温度による減衰抵抗力-変位曲線の関係例

減衰抵抗力を基準温度時の値に換算して許容値との比較検討を行う．

3) 製造ばらつき　製品の性能ばらつきは，製造会社により異なるため，一例を以下に示すが，詳細は文献[1]の技術データシートを参照されたい．

- 減衰抵抗力：$-15 \sim +20\%$（対設計値）

f. 粘弾性ダンパー

粘弾性ダンパーは，温度の影響を受けるとともに，載荷振動数や載荷振幅の影響を受ける．また，粘弾性材料によっても影響の度合いは異なる．

1) 振動数の影響　載荷振動数に関する依存性は，図6に示すように振動数が高いほど剛性に関する成分（履歴ループの傾き）が高くなって減衰抵抗力が上昇する．

振動数依存性の度合いは使用する粘弾性材料により異なるため，おのおのの粘弾性ダンパーの動的特性は，一般的な建築構造物の載荷振動領域に対応して検討され，実用設計式が提示されている．

2) 変位振幅の影響　粘弾性材料の種類によって変位振幅に関する依存性は異なり，アクリル系では変位振幅によって履歴ループ形状が変わらないが，その他の材料では変位振幅の大きさによって履歴ループ形状が軟化あるいは硬化する．

3) 温度の影響　粘弾性材料の種類によって温度依存性は異なるが，一般的に図7に示すように温度が高温ほど剛性に関する成分が低下して減衰抵抗力が低下する．このため，おのおのの粘弾性ダンパーで温度依存性に関する実用設計式が提示されている．

4) クリープの影響　粘弾性材料は長期荷重を受けるとクリープが発生するため，粘弾性ダンパーは長期荷重を負担しないようにする必要がある．

5) 製造ばらつき　製品の性能ばらつきは，製造会社により異なるため，一例を以下に示すが，詳細は文献[1]の技術データシートを参照されたい．

- 貯蔵弾性率　G'：目標値　$\pm 20\%$
- 損失係数　η：目標値　-10% 以上

【木林長仁】

引用文献

1) 日本免震構造協会編：パッシブ制振構造設計・施工マニュアル，第3版，日本免震構造協会，2013．

13 ダンパーの限界性能・耐久性・耐火性

a. 繰返し限界性能・耐久性・耐火性

制震ダンパーは種別ごとに減衰機構や材料の力学性状が異なるため，繰返し限界性能や耐久性・耐火性も異なる．

以下には，制震ダンパー種別ごとに繰返し限界性能や耐久性・耐火性について示す．なお，詳細に関しては文献[1]に示される．

b. 鋼材ダンパー

鋼材ダンパーは，振動エネルギーを塑性履歴エネルギーに変換して吸収するため，繰返し回数やひずみ振幅によって限界性能が規定される．

1) 繰返し限界性能 繰返し変位に対する限界変形能力の評価に関して，実験で確認された範囲内であれば，疲労特性を用いることが多くなってきている．

筋違型の全ひずみ振幅（＝最大ひずみ値−最小ひずみ値）で整理した疲労特性の例を図1に示す．部材レベルの疲労性能は素材と比較して1/2〜1/10以下に低下している．

2) 耐久性 常温環境下で，ダンパー用鋼材には劣化などの経時的な性能変化が生ずることはない．このため，塗装などの十分な防錆処理が施されていれば，耐久性能に関する特性変動を考慮する必要はない．ただし，鋼材が塑性化すると防錆塗装などが変形に追従できずに剥離する可能性があるため，使用環境によっては塗装補修を考慮する必要がある．

3) 耐火性 鋼材は変態点（おおむね727℃）を超える高温環境を経験すると，材質および機械的性質が変化する．このため，火災後は一般的に外観検査などを実施し，必要に応じて交換などの措置を講ずることが望ましい．

c. 摩擦ダンパー

摩擦ダンパーは，振動エネルギーを摩擦面がすべり摩擦熱に変換して吸収するため，摩擦面は当然のこと摩耗していくことから，以下のような限界性能が規定される．

1) 繰返し限界性能 繰返し荷重に対する限界性能は，摩耗特性などにより定められる繰返し回数ないしは累積摺動距離により規定される．しかし，一般的に設計で想定している大地震対応の繰返し回数（10サイクル程度）に対し，通常の摩擦ダンパーでは摩耗によって摩擦力低下などの性能劣化が生じることはない．

2) 耐久性 摩擦ダンパーの経年変化は，摩擦材の経時的な特性変化および摩擦面の酸化ないし発錆による摩擦係数の変化により，履歴特性が経時的に変化する現象である．個々のダンパーの経年耐久性については，設置条件と暴露試験および劣化促進試験などの結果を確認しておく必要がある．

3) 耐火性 耐火性能は耐火試験により確認・検証しなければならないが，複合摩擦材などを用いたものは，耐火性能を有しない．複合摩擦材などを用いた摩擦ダンパーが火災によって損傷した場合は，詳細な調査を行い交換など適切な処置を施す必要がある．

d. オイルダンパー

1) 繰返し限界性能・耐久性 オイルダンパーの主要部は，鋼材を機械加工した部品で構成され，内部は密閉され酸素の出入りがなく，また作動回数も少なく高温状態にはならないため，作動油の劣化，内部部品の錆，摺動部およびシールの磨耗などがない．

2) 耐火性 オイルダンパーは，建物の長期荷重の支持能力には関係がない要素であり，耐火処置は講じておらず，また製品としての試験は実施していない．耐火性に対しては下記の性状をもつ．

① オイルダンパー本体は鋼材で構成され内圧35 MPa以上に耐える構造であり，高温で爆発することはない．

② 内部に鉱物油，合成油，またはシリコン系の作動油を使用し，合成ゴムあるいは金属入り樹脂シールで密閉している．

③ シール部温度が120〜200℃程度になると，機能が劣化し油漏れが始まる．隙間から漏れた作動油は燃えるが，爆発的な燃え方はしない．

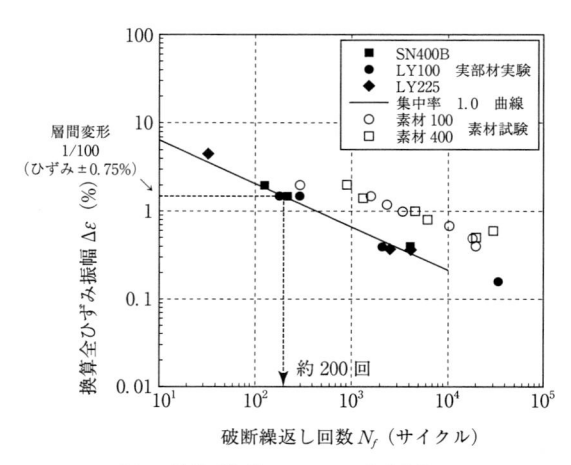

図1 筋違型鋼材ダンパーの疲労特性例

④ 有毒ガスは発生しない．

以上のように，機能を保持できる耐火性はシール機能で決まり，120～200℃程度であることから，火災によって損傷したならば，点検による対応が必要である．

e. 粘性ダンパー

1) 繰返し限界性能・耐久性 粘性ダンパーの主要部は，鋼材を加工した部品で構成され，内部は粘性体で充填され酸素の出入がなく，また作動回数も少なく高温状態にはならないため，粘性体の劣化，内部部品の錆，可動部の磨耗などがない．

粘性体性能の経年変化は，熱劣化促進試験の結果，一例として，20℃で10%の性能低下に230年相当かかり，使用期間中の影響はほとんどない．

2) 耐火性 壁型の限界温度は，物理的には粘性体の気化温度（200℃前後）が上限となり，ガラス化の温度（-60℃前後）が下限となるが，実験結果をもとに設定している性能式との整合限界から，製造者が-10～+50℃程度に設定している．このため，火災によって損傷したならば，点検による対応が必要である．

f. 粘弾性ダンパー

1) 繰返し限界性能（疲労） 疲労は，粘弾性体が繰返し変形を受けたさいに，ある起点がもとで微小なクラックが発生し，そのクラックが徐々に成長し，最終的には粘弾性体の破壊（分子鎖の切断）が生じる現象である．一般的に粘弾性体は金属材料などと比較して優れた疲労寿命を有している．

繰返し変形を受けたさいに疲労破壊が問題になるのは風や交通振動などの微振動を対象としたときである．粘弾性ダンパーの変位振幅がどの程度になるかを検証し，その変位振幅における疲労寿命が実用上問題ないことを確認しておく必要がある．

2) 耐久性 粘弾性ダンパーの主要部は，板状の鋼材と粘弾性体がサンドイッチ状になっており，露出部分が少なく，作動回数も少なく高温状態にはならないため，粘弾性体の劣化，鋼板の錆，可動部の磨耗などがない．

経年変化は粘弾性体自体の化学反応により分子鎖の切断や架橋が生じ，その結果として力学特性が変化する現象であるが，化学反応速度論に基づく実験結果から，経年後の動的特性の変化が少ないことを確認している．

3) 耐火性 粘弾性体は火災発生により環境温度が上昇すると，軟化や分解，発煙といった現象が生じる．このため，火災発生時の環境温度が粘弾性体の軟化点または分解開始温度を超えたことが予測される場合には，粘弾性体の特性が変化しているため，ダンパー交換が必要である．

【木林長仁】

引用文献

1) 日本免震構造協会編：パッシブ制振構造設計・施工マニュアル，第3版，日本免震構造協会，2013．

| 14 | ダンパーの品質管理 |

a. 品質管理の原則

制震部材の品質管理にあたって，製造者は品質管理体制を明確にし，製作工程に応じて管理することを原則とする．これらの品質管理体制は，制震部材の製作要領書に明記する．

施工者は，製造者の作成した製作要領書にて品質管理体制および製作要領と製作図ならびに得られる性能を承認し，製作工程において特定の項目について立会いを行う．

設計者および監理者は製作要領書を確認し，必要に応じて製造者および施工者に対して助言を行う．

また，制震部材が設計性能を確保していることを性能確認試験により確認する．設計者，監理者，施工者は，必要に応じて性能確認試験に立会い合否判定を行う．

b. 品質管理体制

制震部材の品質管理にあたっては，品質管理体制を明確にし，製作工程に応じて管理することを原則とする．

1) **設計図書の作成・製作指示** 設計者は，制震部材に要求される性能項目，あるいは製造者に要求すべき性能試験条件を整理し，また，制震部材の取付けディテールに留意し，設計図書の作成にあたることが重要である．

また，施工者は，所掌範囲や納入時期などに影響を及ぼす項目については，後の混乱を避けるため，明確な区分けと情報の提示を行い，製造者に製作指示を行う．

2) **製作図書類の整備** 製造者は設計者，施工者と打ち合わせ，担当範囲，製品の内容，品質の確認方法および納入方法などを確認し，これを反映した製作要領書を提出し，承認を得たのち製作に着手する．

製造者は，製作要領書に示す内容を基準にして，所掌範囲，設計条件，品質管理など明確に記載することが必要である．

3) **施工時取扱い説明書** 品質管理担当区分で示すように，製造者と施工者の管理責任区分は「受入れ検査」を行う前後で区分されるために，製造者は製作要領書とともに施工以降の区分に対して，施工者による制震部材装着時の取扱い上の留意点を施工時取扱い説明書として明記しなければならない．具体的には，制震部材の取付け方法や保管・養生に関する内容である．

ただし，現実的には取扱い説明書の内容は製作要領書に含められる場合もある．

4) **品質管理担当区分** 施工者および製造者は，計画，作図，製作および施工の各段階で綿密に情報交換し，それぞれの責任範囲を明確にして，製品の品質向上に努めることが重要である．とくに，製品の管理責任は，「受入れ検査」を完了した時点で製造者から施工者側に移ることなどに注意をすることが必要である．

5) **製造者品質管理体制** 製造者は，製品の品質を維持し向上させるような体制をとり，品質に関する機能，権限，責任，あるいは情報の流れなどを組織化し運営する．

c. 製作工程・品質管理

制震部材の製作にあたっては，あらかじめ施工者，製造者により作成された製作要領書により，品質の確認を行う．

製造者は，製作要領書記載基準に基づき製作要領書を作成し，構造設計者，施工者の承認を受領後に制震部材の製作に着手する．製造者の設計部門は，工場製作図を「製作要領書」をもとにして作成し，品質管理部門は，これを製品品質の規準として位置づけする．

製作工程における品質管理は，制震部材の製作工程（素材の入手から梱包・出荷まで）すべてにわたり，このうち主要構成部材については，検査結果を記録し保存する．

制震部材の製作要領書作成にあたり，事前に施工者および製造者が十分に協議して，下記の3項目について確認を行う．

①装置の仕様，数量
②製作工程，検査内容
③納期，納入方法

d. 性能試験確認項目

製作された制震部材は，出荷に先立ち，製造者が自主的に性能確認試験による性能検査を行う．施工者は設計図書または製作要領書に記載された検査率に基づき立会い検査を行って品質を確認し，受入れの合否を判定する．設計者は検査報告書により品質を確認することを原則とするが，必要に応じて試験に立会い，性能を確認する．

性能検査は，抜取り，または全数検査とし，抜取り検査の場合，設計図書に記載された抜取り率を原則とする．

試験条件および試験項目，合否判定は，設計図書を十分に把握し，製作要領書に記載し，構造設計者およ

び施工者の承認を得る．試験条件は，構造設計者との協議により定めた振動数，振幅または速度に基づく動的載荷試験とする．なお，新しいシステムにて設計する場合や過去に実例のないプロポーションを採用する場合などは，プロトタイプまたは縮小モデルの試験体を事前に製作し，基本特性などを確認することが必要となる．

これらの試験項目は，制震部材ごとに異なるため，詳細は文献[1]に示す．

1) **鋼材ダンパー**　一般的には性能確認試験は行わず，過去に行われたプロトタイプの性能試験結果を参照し，素材の検査成績書などで機械的性質を確認する．

2) **摩擦ダンパー**　性能確認試験は，原則として納入品全数に対して実施し，実機試験とする．試験では，履歴曲線および平均摩擦荷重・切片荷重・最大荷重の各荷重と剛性およびエネルギー吸収量など設計に必要と判断される諸元について評価し，要求性能と照合し，合否を判定する．

3) **オイルダンパー**　性能確認試験は，納入品全数に対して実施する．試験では減衰性能を確認するために，減衰抵抗力を測定する．結果を減衰力線図などにまとめ，要求仕様と照合し，合否を判定する．

4) **粘性ダンパー**　性能確認試験は，抜取り，または全数検査とし，抜取りの場合は構造設計者の了承のもとに定めた抜取り率に従い行う．試験項目は減衰抵抗力とし，履歴曲線から第3波目の最大速度時減衰抵抗力を読み取り，その値が許容範囲内であることを確認する．また，履歴曲線がなめらかな曲線であることを確認する．なお，せん断抵抗型は温度依存性を有するため，試験時気温も計測し，基準温度20℃時の値に換算して評価する．

5) **粘弾性ダンパー**　性能確認試験は，抜取り，または全数検査とし，抜取りの場合は構造設計者の了承のもとに定めた抜取り率に従い行う．試験では，等価減衰係数と等価剛性を測定し，規格・管理値と比較し性能を確認する．また，粘弾性体の材料により性能確認試験を行う．

e. **受入れ検査・施工時検査・竣工時検査**

施工者は，制震部材の取付け要領書を作成し，検査時期，検査項目を明確にし，構造設計者および監者の承認を受けることを原則とする．

各検査の方法，項目などは，制震部材ごとに異なる．したがって，施工者は設計図書と制震部材のもつ特性を十分に把握し，これらの検査要領を作成する必要がある．

管理値を外れた場合の処置は原則として修正または返品とするが，管理値を外れた程度によっては，構造設計者・施工者・製造者の3者で協議を行い，処置を検討してもよい．

一方，竣工時検査で，制震部材が仕上げ材などに覆われてしまい，すでに検査できない場合もある．この場合の竣工時検査は，ダンパー装着後の検査にて代用してもよい．

【木林長仁】

引用文献

1) 日本免震構造協会編：パッシブ制振構造設計・施工マニュアル，第3版，日本免震構造協会，2013．

15 ダンパーのモデル化

a. 鋼材ダンパーの時刻歴解析モデル

図1は鋼材ダンパーと取付け部材からなる付加系である．本節ではダンパーのみを対象とし，図のようにダンパーの荷重F_d，変形u_dを考慮する．また，ダンパーの剛性はK_dと定義する．

1) 鋼材ダンパーの基本復元力特性　鋼材は座屈や破断を生じなければ図2に示すように紡錘形の安定した履歴ループを描き，優れたエネルギー吸収能力を有し，おもに変位に依存する．鋼材がダンパーとして用いられるのはこの特性に着目したものである．

2) 鋼材ダンパーの解析モデルの概要　ここでは，LY100を用いた制震パネルの漸増振幅載荷実験での履歴ループを用いて，鋼材ダンパーのモデル化について説明する．図3の横軸はダンパー変形u_dをパネル高さhで除したせん断変形角であり，縦軸はダンパー荷重F_dをせん断断面積A_sで除したせん断応力である．

図3には，実験から得られた初期降伏耐力と2次剛性比でモデル化したバイリニアモデルを示しており，図中の○はモデルの降伏点である．降伏点は骨格直線上を移動するのみで塑性域での単調なひずみ硬化を再現できても，繰返しでの降伏点の変化を十分には再現できない．

バイリニアモデルは通常，耐力の上昇を再現するために使用範囲の振幅を考慮して降伏耐力を決定する必要がある．しかし，かりに降伏耐力を実際よりも大きく設定し，特定の振幅での特性を再現するべくモデル化を行うと，他の振幅範囲で誤差を生ずる．このモデルは鋼材ダンパーの解析によく採用されるが，任意の振幅において必ずしも実験と等価でないことを理解しておく必要がある．

一方，等方硬化や移動硬化による耐力上昇を評価できるよう，降伏耐力に振幅依存性をもたせたバイリニアモデルがある．このモデルは履歴ループを直線により近似し，降伏点を変形の関数（以下，降伏判定関数）として，振幅依存性をもたせたものである．降伏判定関数としては，1次関数，2次関数を使用する方法がある．2次関数を用いれば，変形の増大に伴い降伏点の上昇が緩和する現象を再現できるため，広いひずみ振幅にわたり精度の高いモデル化が可能となる．

図4は図3と同じ実験結果を，降伏判定2次関数を用いたバイリニアモデルで解析した結果である．○で示した降伏点はひずみの増大に伴い降伏判定関数である2次曲線上を移動する．さらにモデルの履歴を曲線

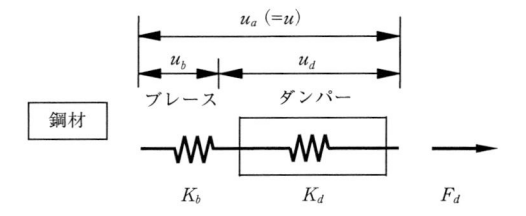

図1 鋼材ダンパーと取付け部材からなる付加系

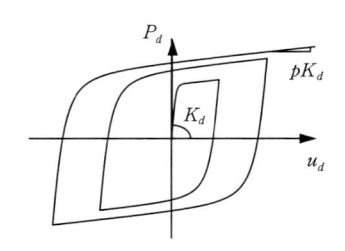

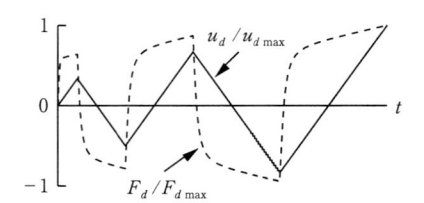

図2 鋼材ダンパーの履歴ループと変形，荷重の時刻歴

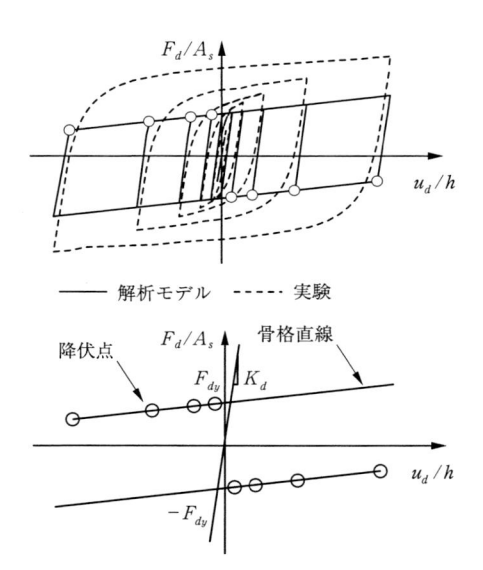

図3 制震パネルの漸増載荷履歴ループ（LY100）とバイリニアモデル

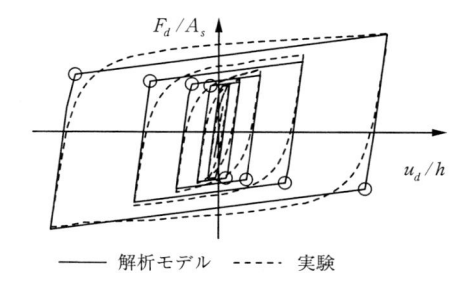

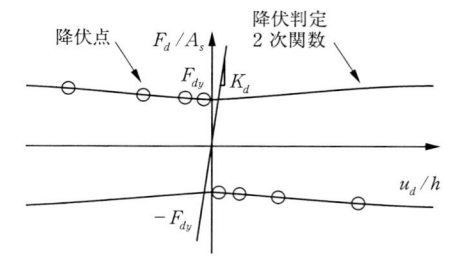

図4 制震パネルの漸増載荷履歴ループ（LY100）と降伏判定2次関数を用いたバイリニアモデル

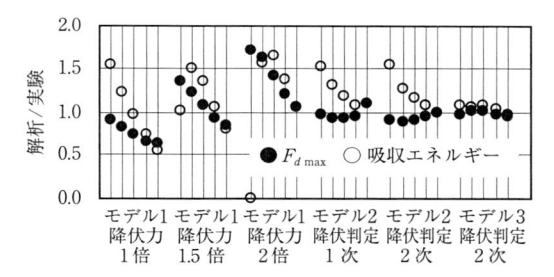

図5 LY100制震パネルの漸増振幅載荷（各モデルで左からひずみ振幅±0.14, 0.29, 0.57, 1.15, 2.29％）

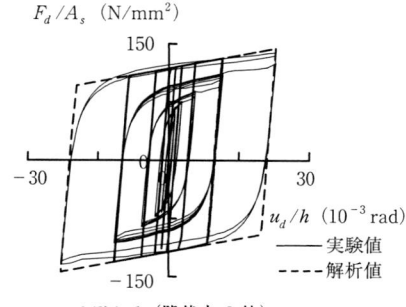

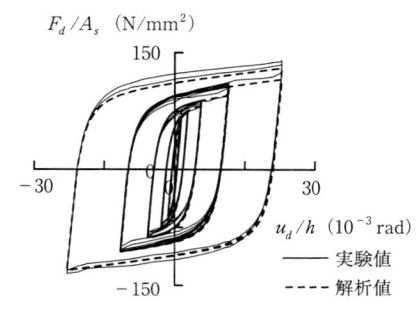

図6 LY100制震パネルの漸増振幅載荷

化した高精度なモデルも作成可能で（以下，曲線履歴モデル），既往の研究ではRamberg-Osgoodモデルを採用したものなどが報告されている．

3) 鋼材ダンパーの解析結果・精度 以下，降伏判定2次関数を用いた曲線履歴モデルと，バイリニアモデルを対象に実験と解析の比較を行う．

図5は，漸増振幅載荷実験での最大ダンパー力 F_d，履歴吸収エネルギーの精度で，応答値の実験値に対する比を示したものである．図6は実験時の履歴の一部を示す．単純なバイリニアモデル（降伏耐力の異なる3種，モデル1）に対して，降伏判定関数を用いたバイリニアモデル（モデル2），および降伏判定関数を用いた曲線履歴モデル（モデル3）を用いることで，広い振幅範囲での最大荷重，等価剛性の再現性が向上する．さらに曲線履歴モデルを採用することで，小振幅でのエネルギー吸収の精度までが改善されることがわかる．

図7上段は地震波載荷実験と解析結果である．実験は静的であり，降伏判定関数を用いた曲線履歴モデルは，小振幅から大振幅まで実験を精度よく再現している．これに対し，図7下段は動的（実時間）に載荷した場合の結果で，静的に載荷した場合に比較して，履歴ループに耐力の上昇がみられる．これは材料のひずみ速度依存性を示すものであり，一般の解析モデルはこれを考慮しない．ひずみ速度依存性の再現は今後の検討課題である．

b. 摩擦ダンパーの時刻歴解析モデル

図8は摩擦ダンパーと取付け部材からなる付加系である．本節ではダンパーのみを対象とするため，図のようにダンパーの荷重 F_d，変形 u_d を考慮する．また，ダンパーの剛性は K_d と定義する．

1) 摩擦ダンパーの基本復元力特性とモデルの概要

摩擦ダンパーは鋼材ダンパーと同様に，おもに変位に依存するダンパーである．その基本復元力特性は，ダンパー剛性が高くかつ2次剛性をもたないことより，ほぼ長方形の安定した履歴ループを描く．摩擦ダンパーの履歴ループと，変形および荷重の時刻歴を図9に示す．

摩擦ダンパーは，摩擦面に面圧を作用させる軸力の発生機構（ボルト機構，リング機構），摩擦面の形状

制震編　15.　ダンパーのモデル化

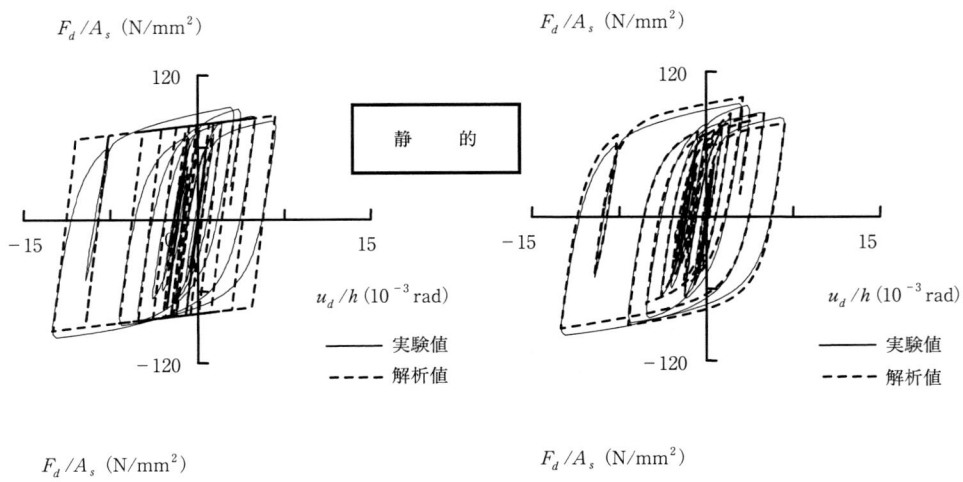

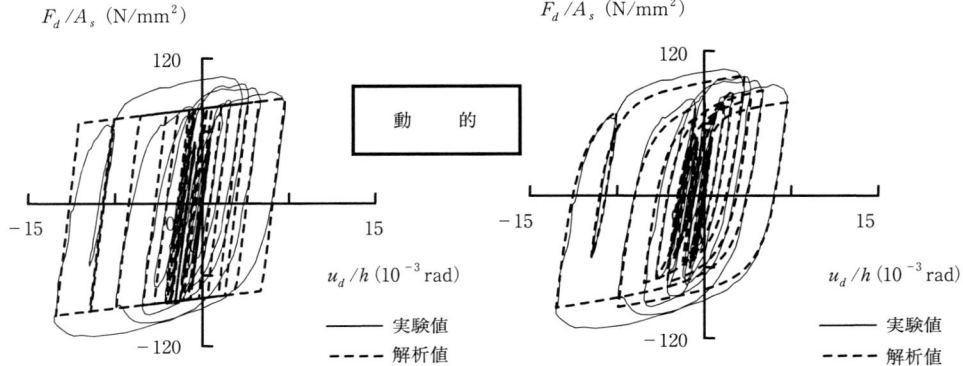

モデル1　（降伏力 1.3 倍）　　　　　　　　モデル3　（降伏力判定 2 次）

図7　LY100 制震パネルの地震応答波載荷

図8　摩擦ダンパーと取付け部材からなる付加系

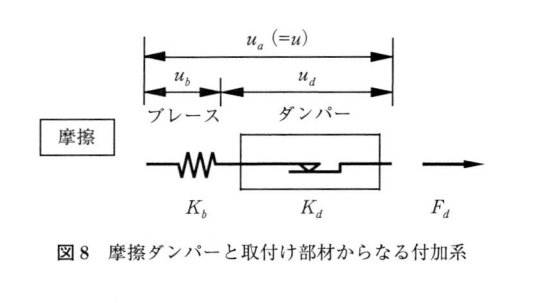

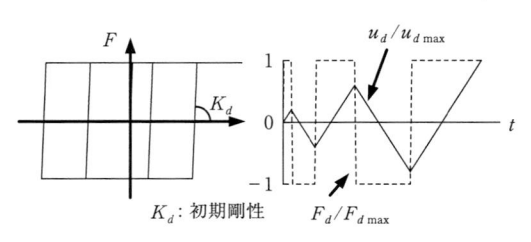

K_d：初期剛性　　　$F_d/F_{d\,max}$

図9　摩擦ダンパーの履歴ループと変形，荷重の時刻歴

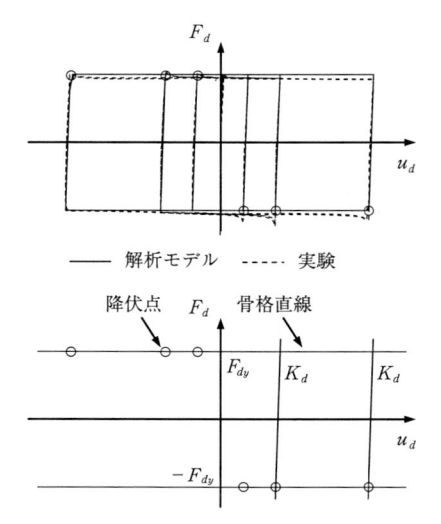

図10　摩擦ダンパーの履歴ループと完全弾塑性モデル

（平面，曲面），摩擦材の材質（複合摩擦材，焼結金属系摩擦材，ポリテトラフルオロエチレン（PTFE）系摩擦材，金属系摩擦材），設置形態（筋違型，間柱型）および製造方法（完成装置タイプ，現場施工タイプ）などにより分類される．いずれの場合でも，その復元力特性は，2次剛性をもたない完全弾塑性モデルで精度よく表現することができる．

図10には，実験で得られた摩擦荷重F_{dy}と剛性K_dでモデル化した完全弾塑性モデルを示している．摩擦荷重F_{dy}はダンパー変位が0のときの正荷重と負荷重の平均値を，剛性K_dは最大変形を生じたあと，荷重が反転したときの，つまり除荷時の剛性を用いている．

2) 摩擦ダンパーの解析結果・精度 図11および図12に，定常加振時と地震応答波加振時のダンパーの履歴を実験と解析で比較する．定常加振では，ダンパー最大変形$u_{d\max}$を25mm, 5mmとそれぞれ2ループずつ加振しており，一方，非定常加振では地震応答の変位履歴をダンパーに直接入力した．いずれのケースでも解析結果と実験結果はよく対応しており，2次剛性をもたない完全弾塑性モデルで精度よく表現できることがわかる．

c. オイルダンパーの時刻歴解析モデル

図13はオイルダンパーと取付け部材からなる付加系である．本節ではダンパーのみを対象とするため，図中のようにダンパーの荷重F_d，変形u_mを考慮する．また，ダンパーの貯蔵剛性，損失剛性についてはK'_m，K''_mと定義する（図14）．

1) オイルダンパーの基本復元力特性 本ダンパーの基本原理はピストン構造であり，外乱によりオイルが流動して減衰抵抗力を発生する．

一般に免震以外ではダンパーにリリーフ弁が設けられ，円振動数ω，最大変形$u_{m\max}$の正弦波を入力した場合，変形とダンパーの減衰抵抗力が示す時刻歴は図14(a)のとおりで，履歴ループは同図（b）に示すように減衰抵抗力の上昇が抑えられ，ふくらみをもつ平行四辺形の履歴ループを描く．この場合，オイルダンパーの等価剛性は貯蔵剛性K'_mに等しく，等価粘性はK''_m/ωに等しいが，ダンパーの内部剛性K_d，内部粘性C_dとは区別されたい（図13）．荷重が小さく，リリーフ弁が有効とならない場合は，履歴は楕円形となる．

履歴ループが剛性をもつのは，おもに作動油の圧縮剛性に起因する内部剛性の存在により，高振動数の入力ではとくに顕著となる．図15にオイルダンパーの内部粘性C_dと内部剛性K_dの関係を示す．これらの間にはおおむね$K_d=10C_d$という関係が成り立つという報告もあり（単位が$K_d/C_d=10(\mathrm{s}^{-1})$であることに注意），内部剛性はダンパーのシリンダ・ロッドな

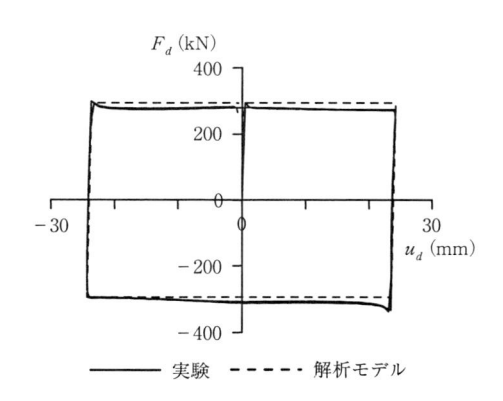

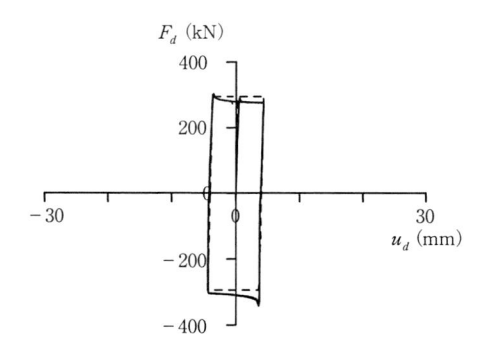

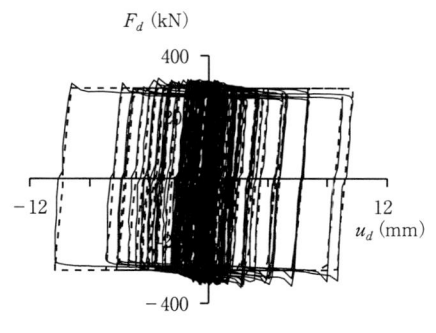

図11 摩擦ダンパーの定常（動的）載荷

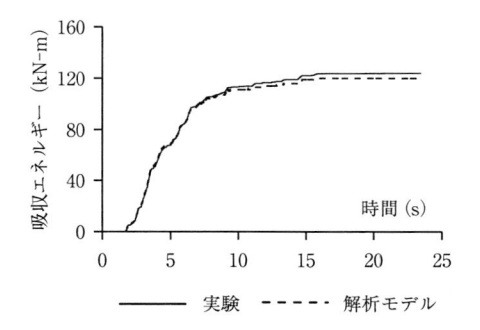

図12 摩擦ダンパーの地震応答波動的載荷

どの剛性と比較してかなり小さい．それゆえ内部剛性 K_d を無限大とすることは不適切であり，解析モデルにはこれを正しく評価する必要がある．

2) オイルダンパーの解析モデルの概要 オイルダンパーを時刻歴応答解析で用いる場合は図13に示す Maxwell 要素を用いる．Maxwell 要素はダンパー内部粘性 C_d をもつダッシュポット要素と，ダンパー内部剛性 K_d をもつ線形ばね要素が直列に配される．

リリーフ弁のある場合，内部粘性が低下し，減衰力の上昇を抑える．この特性を再現するため，ダッシュポット要素の減衰抵抗力-速度関係は図16に示すようにリリーフ速度で傾きが変化するバイリニア型となっている．図中，p は2次粘性比である．これら C_d, K_d, p およびリリーフ速度は，オイルダンパーの製造会社によって提示されている．

3) オイルダンパーの解析結果・精度 オイルダンパーの正弦波加振時の履歴ループを，実験値と解析値で比較して図17に示す．ダンパーは最大減衰抵抗力1000 kN，リリーフ速度0.032 m/s のものである．振幅が15 mm では解析値が実験値とよく一致しており，前述の解析モデルの妥当性が確認できる．しかし

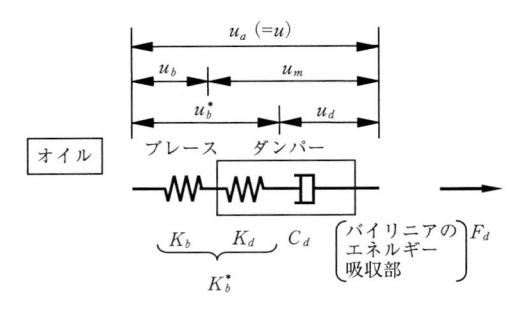

図13　オイルダンパーと取付け部材からなる付加系

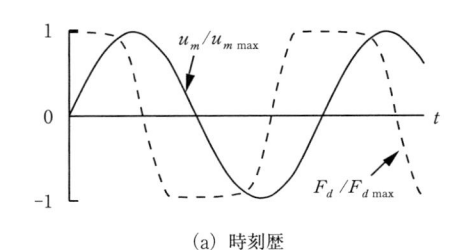

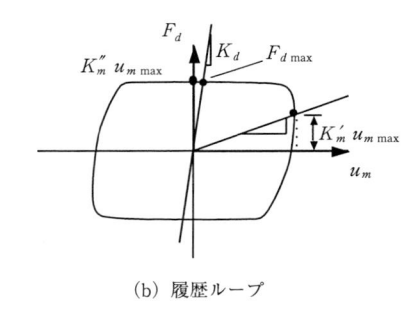

図14　正弦波加振時のオイルダンパー（リリーフ弁あり）

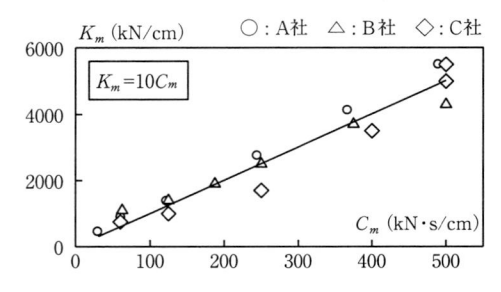

図15　ダンパー内部剛性 K_d と内部粘性 C_d の関係（ダンパー容量 125～2000 kN）

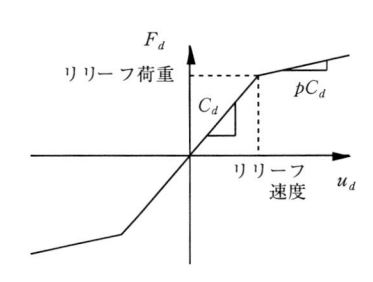

図16　ダッシュポット部の減衰抵抗力-速度関係

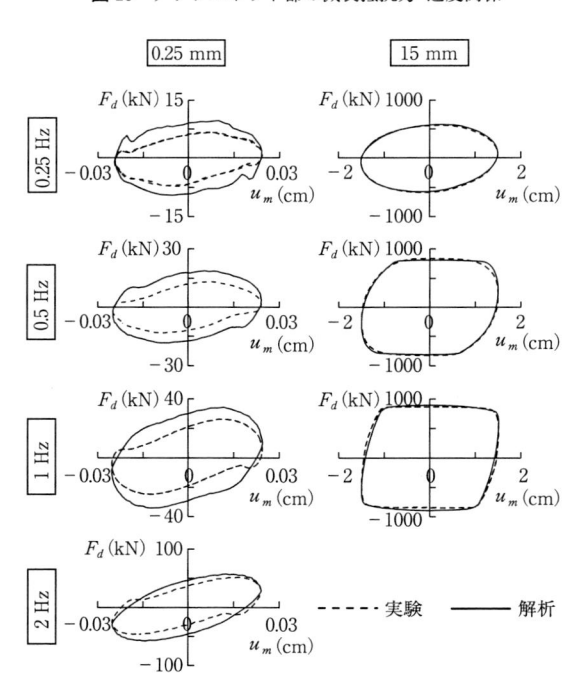

図17　正弦波加振時の履歴ループの比較（ダンパー容量 1000 kN）

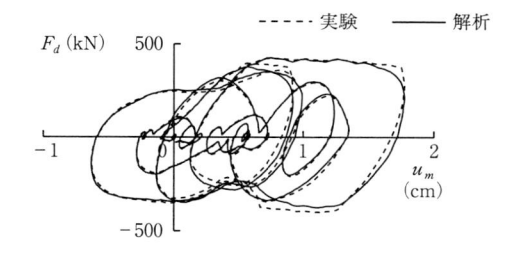

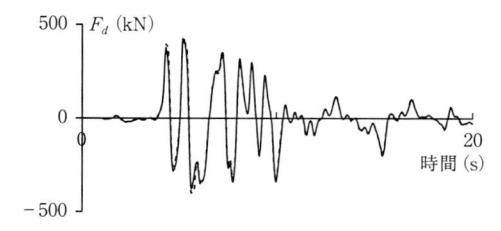

図18 ランダム波加振時の履歴ループの比較（ダンパー容量 500 kN）

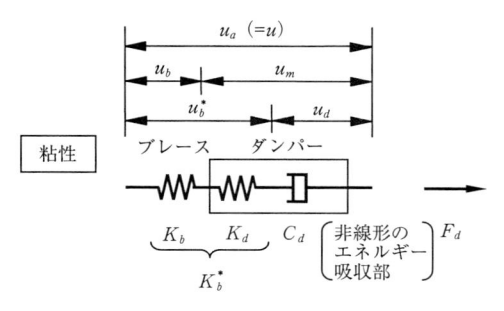

図19 粘性ダンパーと取付け部材からなる付加系

図20 正弦波加振時の粘性ダンパー
(a) 時刻歴
(b) 履歴ループ（速度に対する指数 $\alpha = 0.1$）

振幅が 0.25 mm の場合は，微小振幅での減衰性能の低下が影響して，履歴ループが実験と一致しない．

図18にランダム波入力時の履歴ループと，時刻歴応答波形の実験と解析の比較を示す．これは JMA 神戸波の加速度記録を2回積分して変位波形としたものを用いている．正弦波加振時と同様，解析は実験に精度よく一致しており，本モデルの妥当性が確認できる．

d. 粘性ダンパーの時刻歴解析モデル

図19は粘性ダンパーと取付け部材からなる付加系であるが，ここではダンパーのみを対象とするため，図のようにダンパーの荷重 F_d，変形 u_m を考慮する．また，ダンパーの貯蔵剛性，損失剛性については K'_m，K''_m と定義する（図20）．

ここで対象とする粘性ダンパーは内部の特殊充填材の流動抵抗により減衰抵抗力を得る筒型のタイプである．このタイプは充填材料が減衰抵抗力の過大な上昇を抑制する特性をもっており，温度依存性や振幅依存性が小さく解析モデル化が容易であることも特徴である．

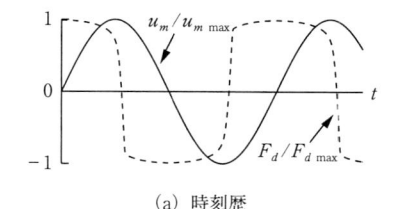

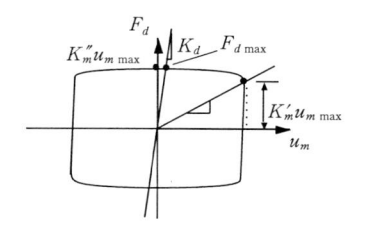

粘性ダンパーは，減衰抵抗力が速度の指数乗に比例するという，いわゆる非線形の速度依存挙動を示し，近年では接合部への過大な力の伝達を防止する目的から，その指数が0に近いものが多く利用されているようである．

1) 粘性ダンパーの基本復元力特性 円振動数 ω，最大変形 $u_{m\max}$ の正弦波を入力した場合に，変形とダンパーの減衰抵抗力が示す時刻歴を図20(a) に示す．履歴ループは同図 (b) に示すようにややふくらみをもつ平行四辺形である．

粘性ダンパーの履歴ループが剛性をもつのは，オイルダンパーと同様の理由からであり，充填材の圧縮剛性に起因する内部剛性 K_d の存在による．図15と同様の傾向（$K_d = 7.2 C_d$）が認められ，この回帰直線の傾きは，粘性ダンパーのダンパー力が速度の0.1乗に比例することから，単位が $(\text{cm}^{-0.9} \text{s}^{-0.1})$ であることに注意する．ゆえに粘性ダンパーの場合もオイルダンパーと同様に，内部剛性 K_d を無限大とすることは不適切であり，解析モデルにはこれを正しく評価する必要がある．

2) 粘性ダンパーの解析モデルの概要 粘性ダンパーの解析モデルは，図19中に示す Maxwell 要素である．ただし，オイルダンパーとは異なり，内部粘性は減衰抵抗力がダッシュポット部速度の α 乗に比例する非線形なダッシュポット要素でモデル化される．また，直列に配されたばね要素は内部剛性を示し変形に対して線形とする．図19中の取付け部材の剛性 K_b は，内部剛性 K_d との直列剛性を算定すれば容易に考慮できる．

図21に示すように，粘性ダンパーのダッシュポッ

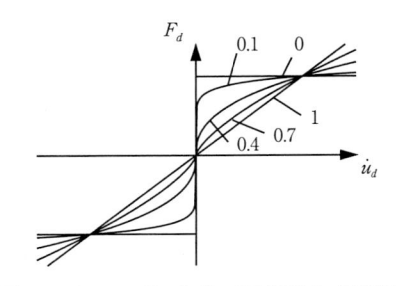

図21 ダッシュポット部の減衰抵抗力-速度関係

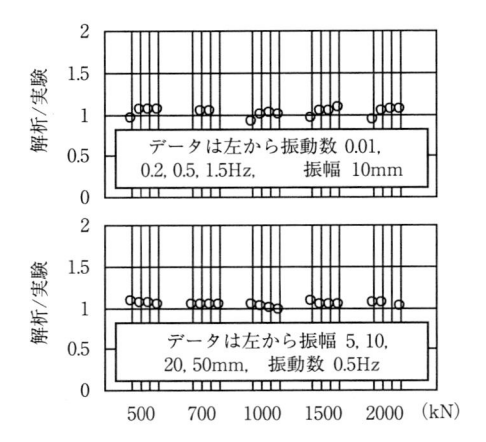

図22 解析モデルのエネルギー吸収の精度（$\alpha=0.1$）

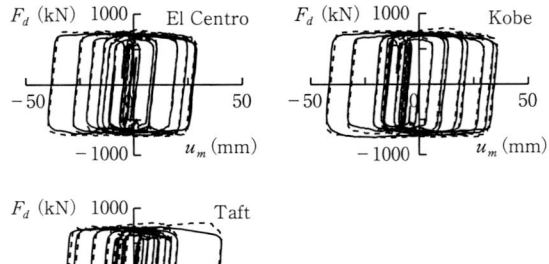

図23 地震応答波入力時の履歴ループ（規格700kN，1次固有周期0.35秒の建物の応答）

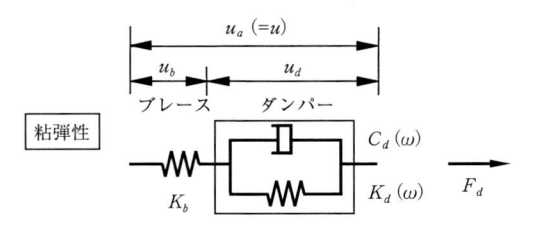

図24 粘弾性ダンパーと取付け部材からなる付加系

$\gamma=u_d/d$　　貯蔵剛性：$K_d=G'A_s/d$
$\tau=F_d/A_s$　　等価粘性：$C_d=\eta G'A_s/d\omega$

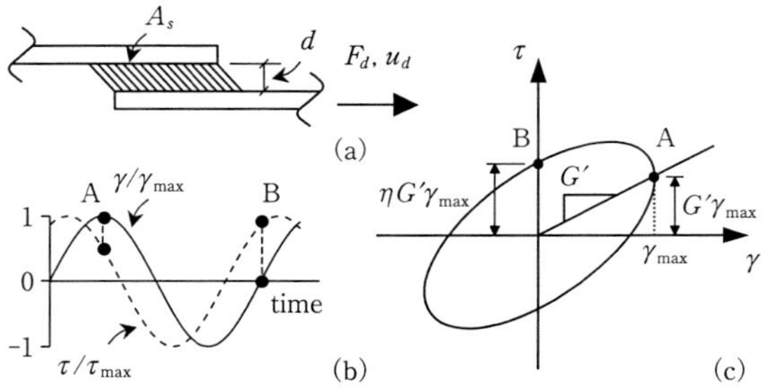

図25 (a) 粘弾性ダンパー，(b) 応力とひずみ時刻歴，(c) 履歴

ト部の減衰抵抗力はダッシュポット部速度の α 乗に比例し，一般に $0\leq\alpha\leq1$ である．$\alpha=1$ では，減衰抵抗力は速度と線形の関係にあり，その減衰抵抗力-変形関係は楕円形となる．一方，指数 α が0に近づくに従い，図21に示すように減衰抵抗力の変化は速度の増加に対し緩やかとなる傾向があり，そのため減衰抵抗力-変形関係は矩形に近くなる $\alpha=0$ の場合，減衰抵抗力は速度に比例せずつねに一定で，摩擦ダンパーのような復元力特性を再現する．すなわちダッシュポット部は，$\alpha=1$ では速度依存型，$\alpha=0$ では変位依存型の性質を示し，$0\leq\alpha\leq1$ の範囲で，その中間的な性質を示すモデルである．

3) 粘性ダンパーの解析結果・精度　実験結果を再現し，モデルの精度について検討する．図22は，$\alpha=0.1$ の粘性ダンパーについて，正弦波加振時の吸収エネルギー E_d の精度である．この図は，横軸にダンパーの規格減衰抵抗力をとっており，それぞれ加振振動数と振幅に対する依存性を示している．誤差の最大値はおおむね±10%であり，各ダンパーともに，振動数，振幅によらず解析モデルの精度が高いことがわかる．

図23は規格減衰抵抗力700kNダンパーのランダム波入力時の履歴ループである．先に示した精度は，正弦波加振時のデータから評価したが，ランダム波入力時も，解析モデルは実験を小振幅から大振幅まで精度よく再現できることがわかる．

e. 粘弾性ダンパーの時刻歴解析モデル

図24は粘弾性ダンパーと取付け部材からなる付加系である．ここでは粘弾性ダンパーのみを対象とするため，図中に示したようにダンパーの荷重，変形は F_d, u_d とする．また，ダンパーの等価剛性（貯蔵剛性），等価粘性については K_d, C_d と定義する．

1) 粘弾性ダンパーの基本復元力特性　粘弾性ダンパーの基本的な性質は正弦波加振実験により得られる．図25(a)中，A_s はせん断断面積，d は材料の厚

さである．一般にせん断ひずみが小さい場合，入力ひずみに対して応力が位相ずれ δ (rad) を生じることで，履歴ループが楕円を示す（図25(b, c)）．この δ が粘弾性体のエネルギー吸収能力を表し，図25(c) の A 点に対する B 点の応力 τ の比，損失係数 η（$=\tan\delta$）が用いられ，ダンパーの等価減衰定数 h_d と $h_d = \eta/2$ の関係にある．また粘弾性体の貯蔵せん断弾性率 G' は，A 点での割線剛性で定義する．

以下に，解析モデルの適用条件について示す．

2） 粘弾性ダンパーの解析モデルの概要 現在，ダンパーとして複数の粘弾性材料が利用されているが，ここではアクリル系材料の貯蔵せん断弾性率 G' と損失係数 η の振動数依存性を，分数微分モデルを用いて再現し，精度に着目しつつ，その概要について解説する（図26）．

振動数依存性を示す簡易な解析モデルとして，ダッシュポットとばねを1つずつ組み合わせた Kelvin モデルや Maxwell モデルがあげられる．しかしながら Kelvin モデルの G' は振動数依存せず，η も振動数に比例するのみの単調な変化しか再現できない．また Maxwell モデルについても，G' は実際に近い振動数依存性を示すが，η は振動数に対して単調に減少し，実際とはまったく逆の傾向となる．これら Kelvin モデルや Maxwell モデルの構成則はひずみの1階微分を含み，ここでは，整数微分モデルと呼ぶが，これに対して，構成則にひずみや応力の分数次導関数を含む分数微分モデルが提案されている．図27は，図26の20℃のデータを分数微分モデルによって再現したものであり，実験と解析がよく一致することがわかる．分数微分モデルをばねとダッシュポット要素で表すと，この場合は Maxwell モデルとばねの並列となるが，注意したいのは，ダッシュポット部には，その部分の変形の α 階微分（$d\alpha/dt^\alpha$, $0<\alpha<1$）に比例する力が生ずる点であり，ここが，微分次数が整数となる整数微分モデルとの違いである．

分数微分のモデルの，円振動数 ω の定常応答での貯蔵せん断弾性率 G' と損失係数 η の評価式を次式に示す．

$$G'(\omega) = G \frac{1 + ab\omega^{2\alpha} + (a+b)\omega^\alpha \cos(\alpha\pi/2)}{1 + a^2\omega^{2\alpha} + 2a\omega^\alpha \cos(\alpha\pi/2)}$$

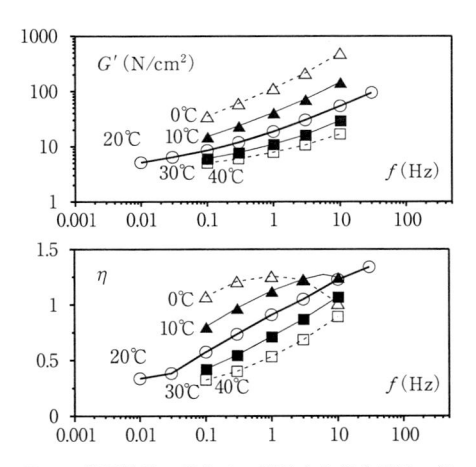

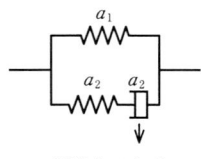

図26 粘弾性体の貯蔵せん断弾性率と損失係数の振動数，温度への依存性（アクリル系）

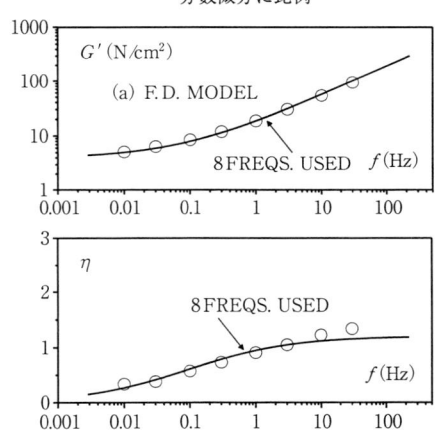

図27 分数微分モデルとその振動数依存性（アクリル系，20℃）

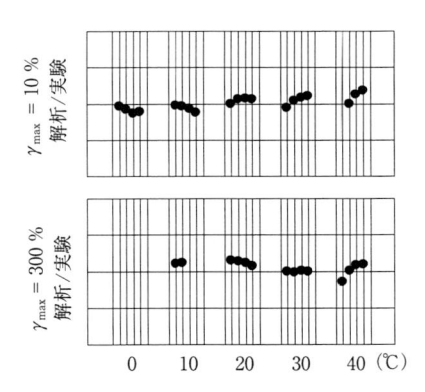

図28 分数微分モデル（アクリル系）のエネルギー吸収の精度

正弦波加振時，各温度でのデータは左から 0.1, 0.3, 1, 3 Hz.

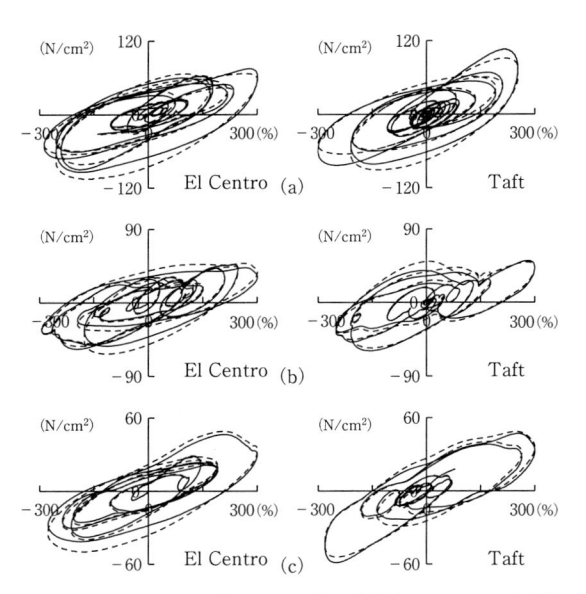

$$\eta(\omega) = \frac{(-a+b)\omega^\alpha \sin(\alpha\pi/2)}{1 + ab\omega^{2\alpha} + (a+b)\omega^\alpha \cos(\alpha\pi/2)}$$

ただし $G = a_1$, $a = b_2/a_2$, $b = b_2/a_1(1 + a_1/a_2)$

3) 粘弾性ダンパーの解析結果・精度 正弦波加振時の分数微分モデルのエネルギー吸収の精度を図28に示す．図29は地震応答波入力時の履歴ループの一例である．解析モデルは実験とよく一致する．

【大木洋司】

図29 分数微分モデル（アクリル系粘弾性体）のランダム波応答 (a) $T_1 = 0.35$ 秒，(b) $T_1 = 1.2$ 秒，(c) $T_1 = 2.9$ 秒の建物の地震応答波を入力．

16 振動モデル

a. 振動解析モデルの選択

図1に示すように，架構の応答解析モデルには建物の性状に応じてさまざまな選択肢があり，モデル全体の構成として立体モデル，擬似立体モデル，平面モデルの選択肢，構成要素として柱梁部材からなる部材モデル，せん断棒モデルや曲げせん断棒モデルのばね系モデル，等価架構（魚骨）モデルなどの選択肢があり，必要に応じて組み合わせて構築することができる．

簡易振動モデルは，コンピュータによる時刻歴解析の黎明期からせん断棒モデルや曲げせん断棒モデルに適用されてきた．現在でも適用範囲は限られるが，解析時間が格段に短いという利点により需要が高い．立体骨組モデルは，近年多様化してきている建築デザインや構造システムに対応できることから利用頻度が高まってきている．

簡易振動モデルの制震構造への適用にあたっては，ダンパーの効果を過大評価しないようなモデル化上の配慮が必要となる．たとえば，図2(a)に示すように，曲げせん断棒モデルは架構の全体曲げ変形を平均化して扱うものであるが，図2(b)のように全体曲げ変形がダンパー付近の曲げ変形と対応しないことがある．また，図3に示すように，ダンパーが外端スパンや耐力壁上部に設置されている場合，曲げ変形の影響を受けて，層間変形に対してダンパーの実効変形が減少する．簡易振動モデルではこのような性状も表現できなければならない．

また，簡易振動モデルを構成する場合にあっても，ばね諸元の設定は骨組モデルの静的解析結果をもとに作成するため，骨組モデルで振動解析を行う場合と同様に，ダンパーとの取り合い部を含めた適切な骨組のモデル化が前提となる．

b. 制震構造の骨組解析モデル

制震構造における骨組は，通常のラーメン骨組に対してとくにガセットプレートやスチフナなどにより，柱や梁の可撓長さが短くなることで，応力状態，剛性，破壊形式などが変化することなどに特異性がある．

柱，梁，ブレース，柱梁接合部パネル，制震ダンパー

図1 振動モデルの分類

(a) 主架構のみ

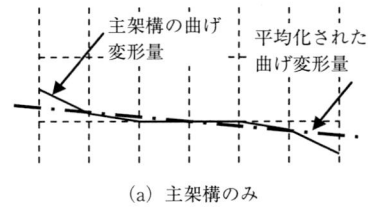

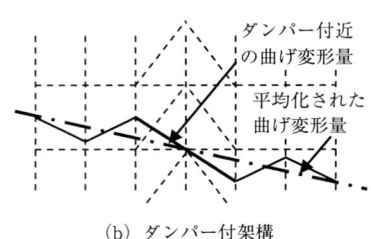

(b) ダンパー付架構

図2　曲げせん断棒モデルの曲げ変形

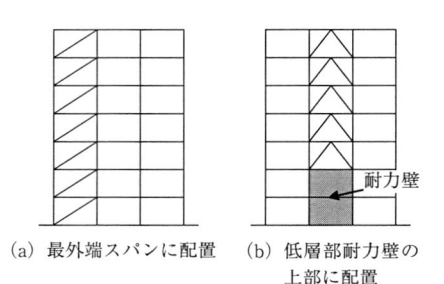

(a) 最外端スパンに配置　　(b) 低層部耐力壁の上部に配置

図3　曲げ変形の影響を受ける配置

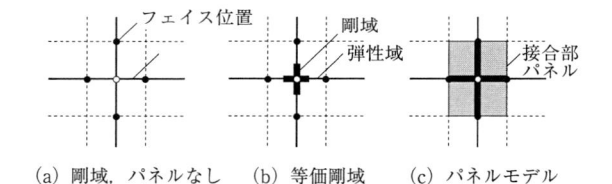

(a) 剛域，パネルなし　(b) 等価剛域　(c) パネルモデル

図4　柱梁接合部パネルの扱い

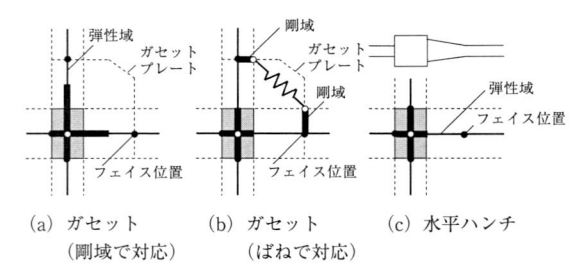

(a) ガセット（剛域で対応）　(b) ガセット（ばねで対応）　(c) 水平ハンチ

図5　フェイス位置，剛域の設定など

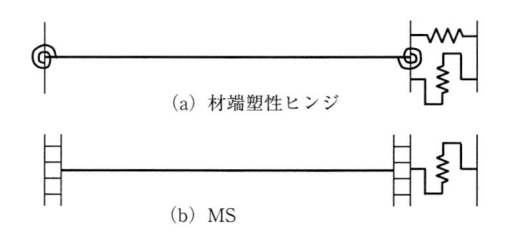

(a) 材端塑性ヒンジ

(b) MS

図6　材端塑性変形集中型柱梁部材モデル

などをそれぞれ適切にモデル化するとともに，それらの相関関係から柱や梁の塑性化位置（フェイス位置）を決定する．

ラーメン構造の場合，柱と梁の相関によりフェイス位置が定まり，接合部パネルを設けないモデル（図4(a)）は一般に剛性を過小評価する．接合部パネルが弾性範囲であれば等価剛域長（図4(b)）の形式でもよいが，剛域端とフェイス位置をつなぐ弾性部材が必要になる．接合部パネルに塑性化が生じる場合には図4(c)のように接合部パネル要素[1]としてモデル化する．

図5(a)および(b)は柱梁接合部にブレース設置のためのガセットプレートがついた場合であり，フェイス位置をガセット端に移し，ガセットプレートが剛性増大に寄与するため剛域を延長する，あるいは解析自由度が増加する欠点はあるが図5(b)のようにばねを設置する[2]などの配慮を行うことが望ましい．文献[3]では，節点とガセットプレート端の間の距離の半分の長さの剛域を設定すればおおむね適切な剛性評価が可能であることを示している．同様に図5(c)のように梁に水平ハンチがある場合はハンチ端をフェイス位置とする．

部材モデルは図6に示すようなフェイス位置で塑性変形を集中的に表現するものが一般的であり，図6(a)の材端塑性ヒンジモデルは部材全体の曲げ弾塑性挙動をヒンジのモーメント-回転角関係で表現するものである．柱は軸力と曲げが連成する一般化塑性ヒンジモデル，梁は連成のない単純な塑性ヒンジモデルとして，せん断変形は分離して表される．図6(b)のMS（multi-springs）モデルは材料特性を反映したばねで断面を離散化して材端に配置し，曲げと軸力の連成挙動を表現するものである．このモデルは無応力状態では材軸上に長さをもたないという意味では材端ヒンジ法と類似するモデルであり，同様にせん断変形は分離して表される．

c. 簡易振動モデルの設定

ここでは，制震構造に対して適用性の高い新たな簡易振動モデルの設定法について示す[4]．図7に示す筋違型，間柱型，方杖型など，ダンパー設置形式に依存しない汎用的な設定法である．以下に設定法の概要とモデルの特徴を示す．

まず，2ケースの静的弾性骨組解析（状態 N 解析，および状態 R 解析あるいは状態 T 解析）の結果を用いることにより，「骨組特性値」と呼ばれる各ダンパー設置部（i 層 j 設置箇所）ごとに計算されるモデルパラメータ（$\alpha_N^{i,j}, K_{bs}^{i,j}$）をシステマティックに決定する．次に，$\alpha_N^{i,j}$ を用いてダンパーと設置のための支持材（両者を合わせて「付加系」と呼ぶ）の諸元を修正し，さらに $K_{bs}^{i,j}$ を直列ばねとする直列結合体を形成し，層間変形に作用するように簡易振動モデルに組み込む．

ダンパー部のモデル化について，図8に示す筋違型オイルダンパーを具体例として示す．まず，^ を付けて表された斜め軸方向のオイルダンパーの諸元と支持材剛性を水平方向に変換し，水平剛性 $K_d^{i,j}$ および水平1次・2次粘性係数 $C_{d_1}^{i,j}, C_{d_2}^{i,j}$，リリーフ力 $F_{d_y}^{i,j}$ で定義される粘性要素，水平支持材剛性の直列結合体で表す．（1a〜d）式に従って，これらの諸元に剛性や粘性係数には $\alpha_N^{i,j}$ の2乗を，リリーフ力には1乗を乗じて「擬似付加系」（諸元の添え字には s を付け加えている）を設定し，さらに「擬似ブレース」剛性 $K_{bs}^{i,j}$ との直列結合体とする．この要素をダンパー設置位置の層間変形が作用するように主架構モデルに組む．

$$C_{d_1 s}^{i,j} = (\alpha_N^{i,j})^2 C_{d_1}^{i,j} \tag{1a}$$
$$C_{d_2 s}^{i,j} = (\alpha_N^{i,j})^2 C_{d_2}^{i,j} \tag{1b}$$
$$F_{d_y s}^{i,j} = \alpha_N^{i,j} F_{d_y}^{i,j} \tag{1c}$$
$$F_{ds}^{i,j} = (\alpha_N^{i,j})^2 F_d^{i,j} \tag{1d}$$

この簡易モデルは，主架構と付加系を分離してモデル化し，付加系が主架構に組み込まれたことによる主架構の剛性変化分は擬似付加系と擬似ブレースの直列結合体からなるダンパー要素が負担し，付加系に層間変形が作用するように組み込まれるものである．したがって，主架構部については，ダンパーのつかない状態の主架構のみをモデル化の対象とすればよいことになり，図9に示すように，せん断棒モデル，曲げせん断棒モデル，剛性マトリックスモデルなど，さまざまな扱いが可能である．

以下に詳しい設定手順を示す．

1) 主架構および付加系のモデル化　図10に示すように，付加系設置位置と設置形式を決定し，主架構と付加系を明確に分離する．付加系はダンパーと支

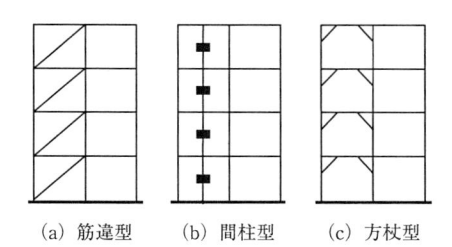

図7 さまざまな設置形式
(a) 筋違型　(b) 間柱型　(c) 方杖型

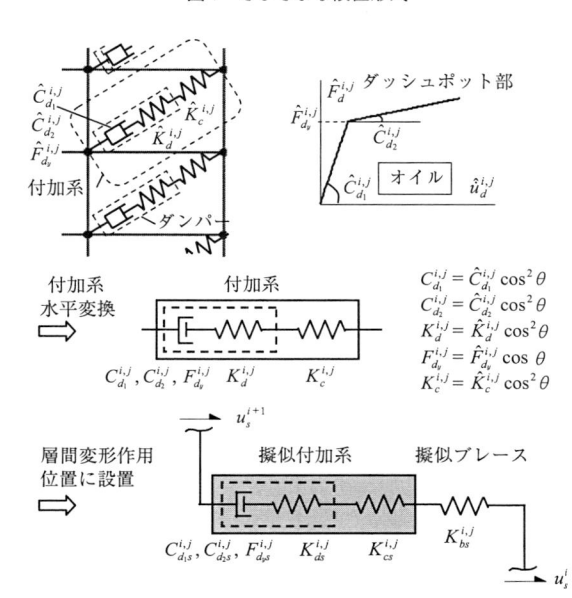

図8 簡易モデルにおける付加系部の設定

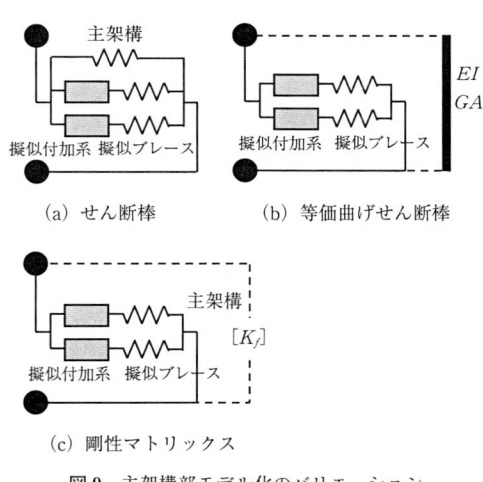

図9 主架構部モデル化のバリエーション
(a) せん断棒　(b) 等価曲げせん断棒　(c) 剛性マトリックス

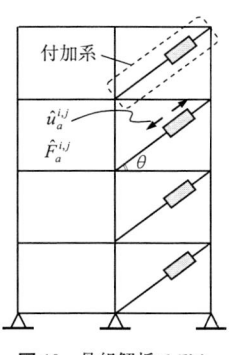

図10 骨組解析モデル

持材を合わせて考え，残りの部分を主架構と考えて，建物の特徴に応じてモデル化する（図9）.

2) 状態 N 解析による骨組特性値 $\alpha_N^{i,j}$ の計算

主架構のみの弾性骨組モデルに A_i 分布などの水平力をかけた状態 N（no-damper）解析（図11）を行い，全付加系設置箇所について $\alpha_N^{i,j}$ を計算する．$\alpha_N^{i,j}$ は(2)式に従って，付加系設置位置における層間変形に対する付加系の相対変形の水平成分 $u_{aN}^{i,j}$ の比として計算する．

$$\alpha_N^{i,j} = \frac{u_{aN}^{i,j}}{u_N^{i+1} - u_N^i} \tag{2}$$

3) 状態 $R \cdot T$ 解析による擬似ブレース剛性の計算

擬似ブレース剛性 $K_{bs}^{i,j}$ は，状態 R（rigid-damper）解析あるいは状態 T（tied-frame）解析により計算する．図12に示す状態 R 解析は，付加系の変形を無視しうる程度にこの部分の剛性を増大させて主架構に組み込んだ弾性骨組モデルに A_i 分布などの水平力をかけるものである．この結果において，i 層の付加系の負担軸力 $\hat{F}_{aR}^{i,j}$ の水平成分 $F_{aR}^{i,j}$ を i 層の層間変形で割った剛性 $K_{aR}^{i,j}$（(3)式）を各付加系設置箇所について計算し，(4)式により擬似ブレース剛性 $K_{bs}^{i,j}$ を求める．

$$K_{aR}^{i,j} = \frac{F_{aR}^{i,j}}{u_N^{i+1} - u_N^i} \tag{3}$$

$$K_{bs}^{i,j} = \alpha_N^{i,j} K_{aR}^{i,j} \tag{4}$$

あるいは，図13に示す状態 T において，付加系設置箇所に作用させる外力 $\hat{F}_{aT}^{i,j}$ の水平成分 $F_{aT}^{i,j}$ をこのとき生じる付加系部変形の水平成分 $u_{aT}^{i,j}$ で割って算出した剛性 $K_{aT}^{i,j}$（(5)式）を各付加系設置箇所について計算し，さらに(6)式により擬似ブレース剛性 $K_{bs}^{i,j}$ を求める．状態 T 解析は主架構のみの弾性部材モデルの各節点の水平変位を固定して，付加系設置位置に付加系部に発生するおおよその想定外力を作用させるものである．

$$K_{aT}^{i,j} = \frac{F_{aT}^{i,j}}{u_{aT}^{i,j}} \tag{5}$$

$$K_{bs}^{i,j} = (\alpha_N^{i,j})^2 K_{aT}^{i,j} \tag{6}$$

i 層の付加系を1種類に集約できる場合には状態 R 解析における i 層の層せん断力 Q_R^i を層間変形で割った剛性 K_R^i（(7)式）を各層について計算し，(8)式より擬似ブレース剛性 $K_{bs}^{i,j}$ を求めることもできる．$K_N^{i,j}$ は主架構のみの層剛性である．

$$K_R^i = \frac{Q_R^i}{u_R^{i+1} - u_R^i} \tag{7}$$

$$K_{bs}^{i,j} = K_R^i - K_N^i \tag{8}$$

4) 擬似付加系の設定と簡易モデルの構築 i 階 j 番目の付加系諸元の水平換算値から擬似ダンパー諸元への変換は，付加系に対する擬似付加系の変位と速度が $1/\alpha_N^{i,j}$ 倍，力が $\alpha_N^{i,j}$ 倍となるようにする．オイル

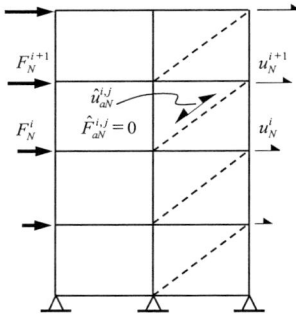

図11 状態 N 解析

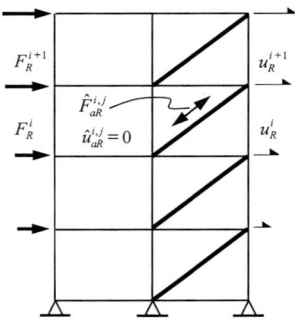

図12 状態 R 解析

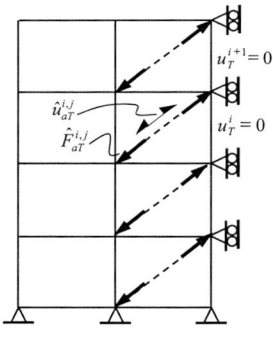

図13 状態 T 解析

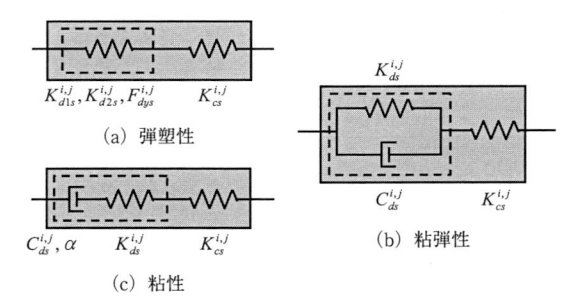

(a) 弾塑性

(b) 粘弾性

(c) 粘性

図14 擬似付加系諸元の設定

ダンパーについては前述の (1) 式のとおりであり，以下に弾塑性・粘弾性・粘性の3種のダンパーからなる付加系について擬似付加系の設定方法を示す．

弾塑性ダンパー (図14(a)) は，水平方向の1次・2次剛性 $K_{d_1}^{i,j}$, $K_{d_2}^{i,j}$ と降伏力 $F_{d_y}^{i,j}$ で定義され，よって擬似付加系では，

$$K_{d_1 s}^{i,j} = (\alpha_N^{i,j})^2 K_{d_1}^{i,j} \quad (9a)$$
$$K_{d_2 s}^{i,j} = (\alpha_N^{i,j})^2 K_{d_2}^{i,j} \quad (9b)$$
$$F_{d_y s}^{i,j} = \alpha_N^{i,j} F_{d_y}^{i,j} \quad (9c)$$

一般に，粘弾性ダンパー (図14(b)) は，水平方向の剛性 $K_d^{i,j}$ と粘性係数 $C_d^{i,j}$ の並列で定義され，擬似付加系では

$$K_{d_s s}^{i,j} = (\alpha_N^{i,j})^2 K_d^{i,j} \quad (10a)$$
$$C_{ds}^{i,j} = (\alpha_N^{i,j})^2 C_d^{i,j} \quad (10b)$$

せん断断面積 $A_d^{i,j}$ と厚さ $d_d^{i,j}$ で定義される詳細モデルにおける擬似付加系では，

$$A_{ds}^{i,j} = \alpha_N^{i,j} A_d^{i,j} \quad (11a)$$
$$d_{ds}^{i,j} = d_d^{i,j} / \alpha_N^{i,j} \quad (11b)$$

粘性ダンパー (図14(c)) は，水平方向の剛性 $K_d^{i,j}$ と粘性係数 $C_d^{i,j}$ の直列で定義される．粘性力は粘性要素の変形速度の指数 (α) 乗に比例する．よって擬似付加系では，

$$C_{ds}^{i,j} = (\alpha_N^{i,j})^{1+\alpha} C_d^{i,j} \quad (12a)$$
$$K_{ds}^{i,j} = (\alpha_N^{i,j})^2 K_d^{i,j} \quad (12b)$$

いずれの場合もダンパー設置のための支持材の弾性剛性 $K_c^{i,j}$ を考慮し，擬似付加系では，(13) 式により変換する．

$$K_{cs}^{i,j} = (\alpha_N^{i,j})^2 K_c^{i,j} \quad (13)$$

第19章に示す粘性制震壁ダンパーを設置した14階建の鋼構造建物への適用例を示す．図15, 16にせん断

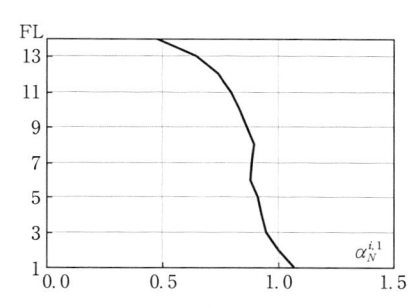

図15 α_N の分布 (状態 N 解析)

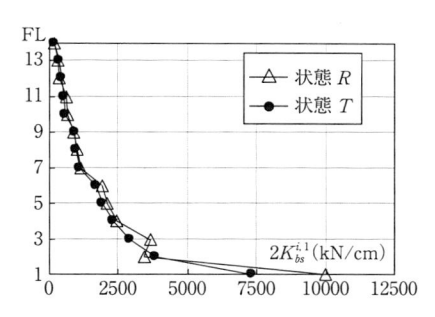

図16 K_{bs} の分布 (状態 R, T 解析)

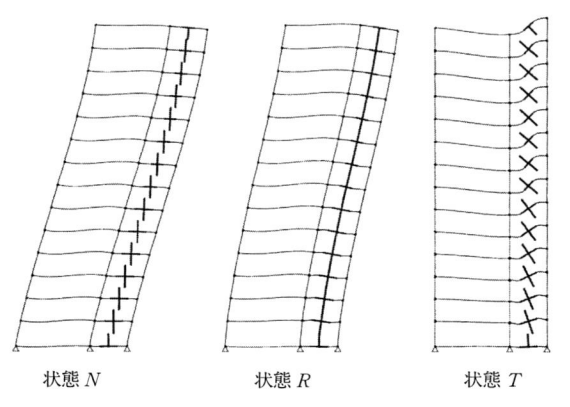

図17 状態 N, R, T 解析変形図

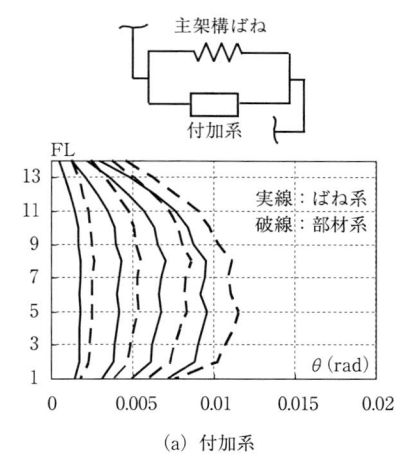

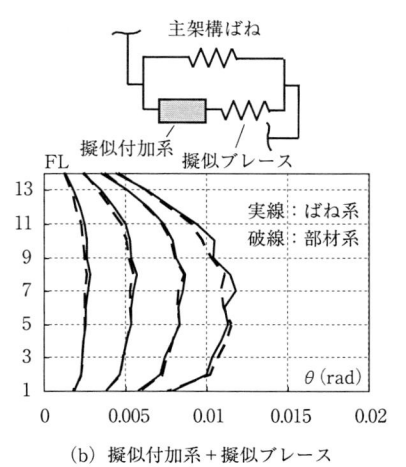

図18 14階モデル最大層間変形角の比較

棒モデルの作成に用いる2つの特性値 $\alpha_N^{i,1}$ および $K_{bs}^{i,1}$ の高さ方向分布を示す．図17はこれらの特性値算出のために行った状態 N, R, T 解析の変形図である．

図18は，位相特性の異なる告示波8波についてそれぞれ0.5, 1.0, 1.5, 2.0倍の4レベルの時刻歴解析を行い，各階最大層間変形角の平均値を示したものである．実線がせん断棒モデル，破線がベンチマークとする部材系骨組モデルの結果である．図18(a)の付加系を直接層間変形に作用させたモデルに対して，図18(b)の本章の提案モデルのほうが部材系骨組モデルの結果と対応していることがわかる．

d. 構造減衰の設定

建物が振動減衰性を有する要因としては，部材のもつ内部粘性減衰，部材のもつ履歴減衰，地盤への逸散減衰，間仕切壁など，2次部材のエネルギー吸収，外表面の空気抵抗などが考えられ，これらが総合して建物に減衰を与えている．部材のもつ履歴減衰については部材や付加系のモデルの中で表現されるものであるが，その他の減衰を総合した構造減衰として，解析的取扱いが容易でモード分離可能な減衰マトリックスとして(14)式を設定することが一般的である．ここに，$[K]$ は剛性マトリックス，$[M]$ は質量マトリックスである．

$$[C] = \frac{2h_A}{\omega_1}[K] + 2h_B\omega_1[M] \quad (14)$$

このとき，i 次モードに対する減衰定数 h_i は(15)式のようになる．

$$h_i = \frac{\omega_i}{\omega_1}h_A + \frac{\omega_1}{\omega_i}h_B \quad (15)$$

わが国では鋼構造建物では，初期剛性による剛性マトリックスを用いて第1項のみを設定する（初期）剛性比例型で $h_A = 0.02$ とする設定が慣用的に用いられてきた．第1項と第2項を設定するレーリー型は，異なる2つのモード次数（固有円振動数を ω_1, ω_2 における減衰定数 (h_1, h_2) が確定されるように(16)式のように h_A, h_B を設定するものである．レーリー型は剛性比例型に対して高次モードの減衰定数を小さく評価する目的などで利用できる．

$$h_A = \omega_1 \frac{h_2\omega_2 - h_1\omega_1}{\omega_2^2 - \omega_1^2} \quad (16a)$$

$$h_B = \omega_2 \frac{h_1\omega_2 - h_2\omega_1}{\omega_2^2 - \omega_1^2} \quad (16b)$$

構造減衰の設定において付加系部を無視する扱いにはいくつかの考え方があるが，その1つに ω_1 は付加系を除いた主架構のみの1次固有円振動数，$[K]$ も主架構のみで構成するという方法がある．

コンクリート系構造物の場合には，瞬間剛性比例型（$h_A = 0.03$）とすることが一般的であり，2通りの解釈が存在する．1つの考え方は，接線剛性に比例した減衰係数に速度を掛けて減衰力とする方法で，減衰力は不連続となり減衰効果も小さいが，速度が0のときに減衰力も0となる．もう1つの考え方は接線剛性に比例した減衰係数に速度増分を掛けて減衰力増分を計算し，各ステップの減衰力増分を累積して減衰力とするものである．後者の考え方は減衰力は連続となるが速度が0となっても減衰力は0とならないため，このことが原因で変位が片側にシフトしたり解が発散することがある．いずれの解釈も工学的判断に基づくものであり，個々の判断により計算方法が選択されているのが現状である．

【石井正人】

引用文献

1) 木原碩美，石井正人，斉藤安生，和田　章，堀井昌博：立体骨組解析における接合部パネルのモデル化，日本建築学会大会学術講演梗概集，**C-1**分冊，959-960，1999．

2) 吉敷祥一，植草雅浩，和田　章：ガセットプレートの存在が周辺部材の力学挙動に及ぼす影響（その2 ダンパーを組み込んだ靭性骨組の総合的な耐震性能の向上），日本建築学会構造系論文集，**633**，2027-2036，2008．

3) 空處慎史，笠井和彦，元結正次郎，金子健作，朝日智生，東　優，石井正人：制震建物の簡易解析に用いる線材要素モデル化の検討（その20 E-ディフェンス鋼構造建物実験研究），日本建築学会大会学術講演梗概集，**C-1**分冊，1093-109，2007．

4) 石井正人，笠井和彦：多層制震構造の時刻歴解析に用いるせん断棒モデルの提案，日本建築学会構造系論文集，**647**，103-112，2010．

17 制震構造の応答予測法

a. 応答予測法の意義

概して今までの制震設計は，時刻歴解析，静的解析，あるいはエネルギー入力の算定など，いわゆるチェック法を駆使して要求性能・経済性を満たすまで試行錯誤的に行われており，これでは得られた経験もその場限りの断片的なものになりがちである.

構成要素・外乱・応答のつながりを明らかにして制震構造の仕組みの理解を促し，かつ簡易な応答予測や設計の手助けをする理論があれば，単に応答予測の便宜を図るだけでなく，さまざまな基本設計の解の一覧を提示することで，性能と経済性の幅広い選択肢を設計者に与えることができる.

また，わが国におけるパッシブ制震部材と架構形式の種別の組み合わせはすでに数多いが[1-3]，さらなる多様化も予想される．要求性能も今後さまざまになると考えられ，各装置の制約もふまえる必要があり，試行錯誤的な対応は，より困難になるだろう．できるだけ包括的で，一貫性をもつ応答予測・設計手法を確立することが，今後の制震構造の発展にとって非常に重要といえる.

これまで鋼材・摩擦・オイル・粘性・粘弾性ダンパーなどについて，建物に剛性と粘性を付加して応答制御を行う面ではすべて同様という観点から，ダンパーと制震構造の等価剛性・等価粘性の評価法が構築されてきた．また，それから得られる制震構造の等価周期・等価減衰定数と設計用応答スペクトルをあわせ，異種の構造の制震効果が共通に「性能曲線」で表されている．詳細は，上記5種ダンパーと弾性架構の組み合わせそれぞれに関し，文献[4-10]に記述されており，実務への適用法は日本免震構造協会のパッシブ制振構造設計・施工マニュアル[1]（以下，JSSIマニュアル）に記述されている．また，理論の拡張により，上記以外のダンパーや，架構が弾塑性型，スリップ型，剛性劣化型の場合も，最近の文献[11-17]に記述されている.

性能曲線を用いたこれらの設計法，評価法は，現在さまざまな指針に適用されている[1,2,18-20]．ここでは，鋼材・オイルダンパーそれぞれと弾性架構を用いた場合について記述する．なお，本章は文献[21]の記述を多少変更したものである．

b. 検討対象・目標応答値の設定

制震構造の例として，図1にブレース型，シアリンク型，間柱型を示す．これらも含め多様な直接接合・間接接合型の制震構造を，図1(d)の簡潔なばね系で共通に表す方法が開発されている[1,22,23]．ばね系から簡易に算定できる等価周期・減衰定数 T_{eq}, h_{eq} は，元の構造の値を精度よく近似できるため[22,23]，これを制震構造の1質点・多質点モデルに活用する．なお，図1(d)でばね系の擬似フレーム，擬似ブレースの剛性を K_f, K_b とする．これ以後はブレース型を対象とし，架構全体の曲げが少ない場合を考える．このとき K_f, K_b は，元の非制震架構とブレースの水平剛性がそのまま用いられる.

ここでは検討対象として実建物を模擬した10層JSSIテーマストラクチャーを用いる（図2）．高さ H = 42 m，ダンパーなしの状態での固有周期 T_f = 2.01秒と比較的長い．初期減衰定数 h_0 = 0.02とする．この架構は柱・梁断面を小さくした「トリムタイプ」であり，「在来タイプ」と比べ剛性が5割ほどで，降伏変形が比較的大きい．つまり，架構の損傷を遅らせることができ，初期降伏は2, 3層にて層間変形角が約1/135 rad のとき梁端で起こる．

レベル2入力を想定したBCJ-L2波に対し，この非制震架構の弾性スペクトル応答変位は S_d = 44.2 cm で

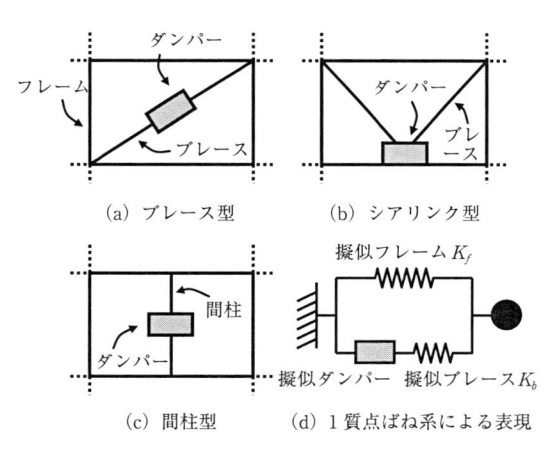

図1 制震のメカニズムと1質点ばね系モデル

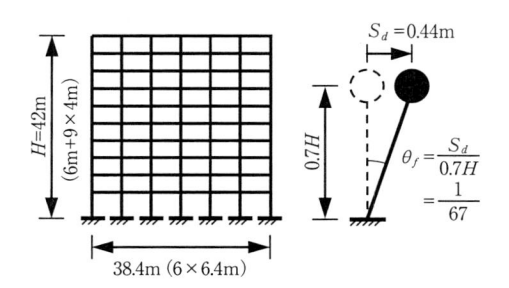

(a) ブレース型 (b) シアリンク型 (c) 間柱型 (d) 1質点ばね系による表現

図2 10層建物例：非制震架構と弾性層間変形角

H = 42m (6m+9×4m), 38.4m (6×6.4m), S_d = 0.44m, $\theta_f = \dfrac{S_d}{0.7H} = \dfrac{1}{67}$

ある．これと同じ固有周期 T_f と質量をもち，かつ層間変形角が一様な仮想の非制震架構を考える．有効高さ約 $0.7H$ を考慮して，層間変形角 $\theta_f = S_d/0.7H = 1/67$ となる（図2）．これ以後，ダンパーを用いてレベル2入力で目標層間変形角 $\theta_{max} = 1/150$ に抑え，架構を弾性に保つことを考える．そこで，目標変位低減率 R_d を次式で定義する．

$$R_d = \frac{\theta_{max}}{\theta_f} \tag{1}$$

つまり，非制震架構の弾性応答 $1/67$ に対し $R_d = 67/150 = 0.45$ とする．

c. 鋼材ダンパーの効果および建物への適用

1) 鋼材ダンパーと制震性能曲線　ここでは，鋼材の弾塑性抵抗力を利用する鋼材ダンパーを対象とする．速度依存性は無視している．

図3に制震構造のバネ系モデルを示す．鋼材ダンパー，支持材ともに変形依存するため，それらをまとめた付加系を考慮する．図3と図4より，付加系の弾性剛性，降伏力，降伏変形をそれぞれ K_a, F_{ay}, u_{ay} $(=F_{ay}/K_a)$ と呼ぶ．また，最大変形，最大塑性率を $u_{a\,max}$, μ $(=u_{a\,max}/u_{ay})$ とする．付加系とダンパーの力は共通，付加系変形と層間変形は共通である（図3）．

上記パラメータで制震構造の等価周期・減衰定数 T_{eq}, h_{eq} が表され，よってスペクトルから最大応答が求まる[1,4-8,11-16,18-20]．例として図5に建物が中・長周期で擬似速度スペクトル一定の領域で作成した性能曲線を示す．横軸と縦軸は，それぞれ変位とせん断力の低減率 R_d, R_a を示す．つまり，非制震の弾性架構（$h_0 = 0.02$）の応答を基準値（1, 1）として制震構造の応答がプロットされている．

図5の「性能曲線」は，付加系と架構の弾性剛性比 K_a/K_f （図3）と，付加系の塑性率 μ の連続関数として最大応答を表す．これは，与えられた制震構造の最大応答を簡易に予測できるものだが[1-3,5]，ここでは，最大応答の目標値が与えられているとし，それを満たすため必要なダンパー量の決定と制震構造の簡略設計に用いる．

2) 鋼材ダンパー量の決定法　手順を要約する．10層建物の例に従い，非制震時の弾性応答 θ_f $(=1/67)$ と目標層間変形角 θ_{max} $(=1/150)$，目標低減率 R_d $(=0.45)$ が与えられたとする．各層の水平架構剛性 K_{fi} も既知とする．

①**1質点系の必要ダンパー量**：性能曲線から，R_d 値を満たす μ と K_a/K_f を選ぶ．ブレース型で典型的な値 $\mu = 4$ を選び，その曲線上における $R_d = 0.45$ の点から付加系の必要弾性剛性比 $K_a/K_f = 1.8$ を得る（図5の白丸）．また，付加系の降伏時における層間変形角 θ_y を，

$$\theta_y = \frac{\theta_{max}}{\mu} \tag{2}$$

と算定して $\theta_y = 1/600$ を得る．これら1質点系の値 θ_y, θ_{max}, μ を多層構造の各層共通に考慮し，一様な応答 θ_{max}, μ を得るため，付加系を設定する．

②**多質点系の必要ダンパー量**：i 層付加系の必要弾性剛性 K_{ai} と必要降伏力 F_{ayi} を求める[1,5]．

$$K_{ai} = \frac{Q_i}{h_i} \cdot \frac{\sum K_{fi} h_i^2}{\sum Q_i h_i} \left(\mu + \frac{K_a}{K_f} \right) - \mu K_{fi} \geq 0 \tag{3}$$

$$F_{ayi} = K_{ai} h_i \theta_y \tag{4}$$

ここに，Q_i は A_i 分布に従う層せん断力で，h_i は層高である．(3)式は，A_i 分布に従う静的荷重に対し

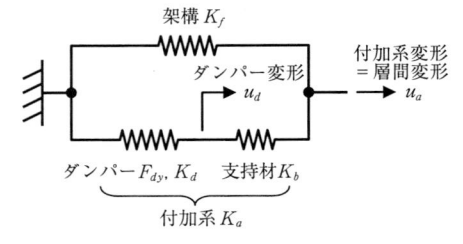

図3　鋼材ダンパーをもつ制震構造のばね系モデル

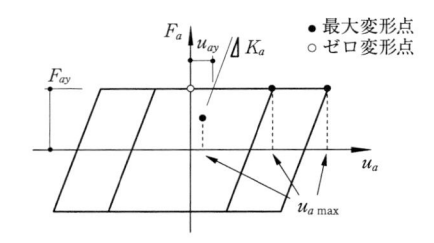

図4　ダンパーを含む付加系の履歴挙動

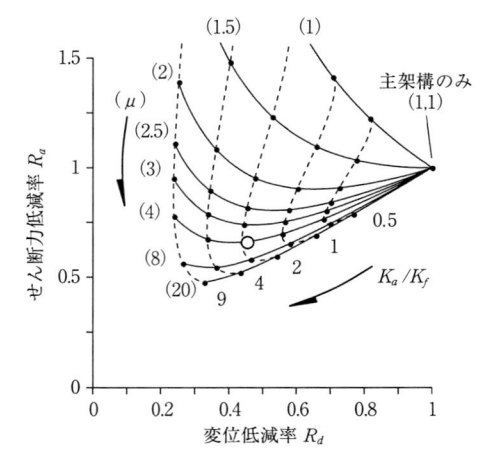

図5　鋼材ダンパーをもつ制震構造の性能曲線

非制震架構が不均一な層間変形を示す（K_{fi} の分布が最適でない）場合に，それを補正するよう付加系剛性の分布を決定する．なお，K_{fi} が大きすぎる層では (3) 式が負となり，その場合ダンパー量を 0 と設定する．また，$K_{fi} \propto Q_i$ の場合を最適とするが，そのとき (3) 式が $K_{ai} = K_{fi}(K_a/K_f)$ と簡単になる．

③**ダンパー諸元と注釈**： 各層にてダンパー本数と傾斜角に基づき，上記の付加系剛性・降伏力（(3)，(4) 式）を，1 本の傾斜方向値に換算する．座屈拘束ブレースでは，換算値を満たす塑性部（ダンパー）と弾性部（支持材）の断面積・長さを決める．また，ダンパーの塑性率 μ_d ($>\mu$) も図 3 から求め，ダンパーの損傷度を確認する．

d. オイルダンパーの効果および建物への適用

1） オイルダンパーと制震性能曲線 ここでは，オイルの管路流れの絞り抵抗で生じる内圧を減衰力に利用し，かつリリーフ弁で反力過大となるのを防ぐオイルダンパーを対象とする．

図 6 に制震構造のばね系モデルを示す．ダンパーは 2 段階の粘性係数 C_d，pC_d をもつバイリニア粘性要素と，オイル圧縮剛性 K_d ($=\beta C_d$) をもつ弾性要素の直列で表され，さらに支持材と直列結合する．p は 2 次粘性比で小さく，0.01～0.07 の範囲にある．また，β は内部剛性係数 (1/s) で，図 7(a) のリリーフ速度 $\dot{u}_{dy}$ とともに短・中・長周期構造の順に，$\beta = 18, 9, 4.5$，$\dot{u}_{dy} = 6, 3, 1.5$ cm/s が用意されている[1, 8]．

以前は，β と $\dot{u}_{dy}$ の組み合わせは 1 種であったが，それでは建物が短周期になるほど粘性要素の速度と力が上がり，弾性要素変形の増加によるリニア挙動時でのエネルギー吸収の減少[8]，さらに速すぎるリリーフによるバイリニア挙動時の効率低下が起きる．一方，長周期ほど粘性要素の速度が小さいためリリーフが起きにくいなどの問題もあった[8]．そこでここでは，短・中・長周期帯をそれぞれ架構の周期 $T_f = 0.6～1.4$ s，1.2～2.5 s，2.3～4.0 s とした上記の使い分けの有効性を確認したので，それを用いることを前提とする．

粘性要素の履歴曲線はリニア挙動時で楕円を示し，バイリニア挙動時で矩形に近くなる（図 7(b)）．損失剛性 K_d'' は，0 変形時の力を振幅で割った値であるため，リニア挙動では一定で $C_d\omega$ となるが，バイリニア挙動で振幅 $u_{d\max}$ が増すと低下する．

図 8 に擬似速度スペクトル一定の領域で作成した性能曲線を示す[1, 10]．バイリニアのダンパーを用いた場合だが，リニアなダンパーとの等価性[10]を利用することで，作成法をできるだけ簡易にした．リリーフ前の損失剛性比 K_d''/K_f と支持材剛性比 K_b/K_f の連続関

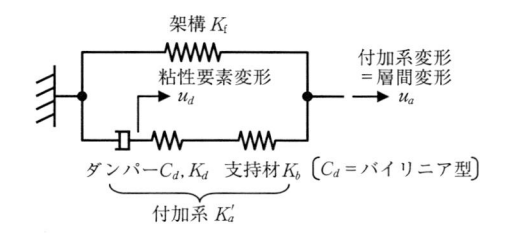

図 6 オイルダンパーをもつ制震構造のばね系モデル

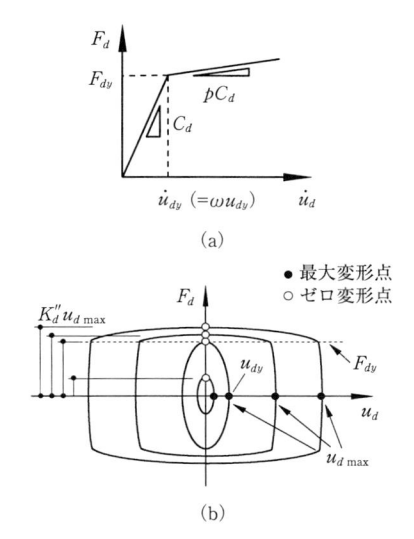

図 7 オイルダンパーの履歴挙動

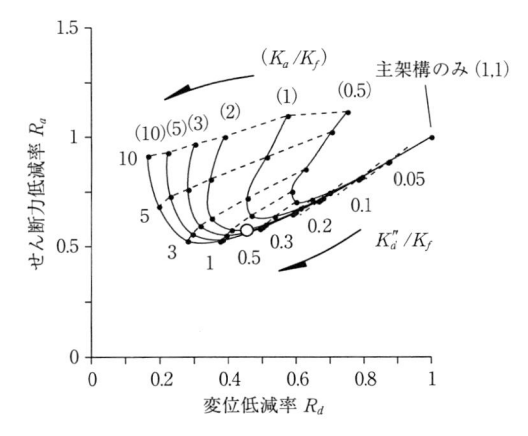

図 8 オイルダンパーをもつ制震構造の性能曲線

数として最大応答が表されている．

文献[8]により，2 倍という値で制震構造の応答がほぼ最適になることを確認した．つまり，塑性率 4 程度を用いる鋼材ダンパーと対比して，リニアな領域をより広範囲の地震入力レベルで活用するが，その理由はリニアな領域で，鋼材ダンパーと対照的に高減衰となるからである．

2) オイルダンパー量の決定法　手順を要約する．鋼材ダンパーの場合と同じく10層建物とその目標応答値を考慮する．

①**1質点系の必要ダンパー量**：　性能曲線から目標値 R_d を満たす K_b/K_f と K_d''/K_f の組み合わせを選ぶ．$K_b/K_f=2$ を仮定し，それと $R_d=0.45$ からダンパー損失剛性比 $K_d''/K_f=0.73$ を得る（図8の白丸）．付加系は Maxwell 体であり振動数に依存する剛性・粘性をもつが，その評価には近似的に架構の周期 $T_f(=2\pi/\omega_f)$ を用いることにする．

②**多質点系の必要ダンパー量**：　i 層ダンパーのリニア挙動時における必要損失剛性 K_{di}'' を求める．鋼材ダンパーの章で示した一様な層間変形を得る方法は，オイルダンパーでもすでに確立されている[10]が，ここでは，JSSIマニュアル作成時の方法を説明する．すなわち，架構剛性 K_{fi} の分布が著しく不規則な場合を適用外として，K_{fi} に比例的に K_{di}'' と K_{bi} を分配する．

$$K_{di}'' = K_{fi}\left(\frac{K_d''}{K_f}\right) \quad (5a)$$

$$K_{bi} = K_{fi}\left(\frac{K_b}{K_f}\right) \quad (5b)$$

以上より，リニア挙動時の粘性係数 C_{di} とリリーフ荷重 F_{dyi} を求める．

$$C_{di} = \frac{K_{di}''}{\omega_f} \quad (6a)$$

$$F_{dyi} = \frac{0.45 K_{di}'' h_i \theta_{\max}}{\sqrt{1+(0.4+0.5 K_{di}''/K_{bi})^2}} \quad (6b)$$

ここに，(6a) 式では近似として ω_f を代入している．また，(6b) 式は，前述した β と $\dot{u}_{dy}$ の使い分けおよび粘性要素の最大変形とリリーフ時変形の比を拘束条件として代入し，F_{dyi} の必要値を簡略に表したものである．

③**ダンパー諸元決定**：　各層にて上述の C_{di}, F_{dyi} をダンパー傾斜角に基づき軸方向に変換する．指定本数を満たしながら変換値に近いようにダンパーを選ぶ．

【笠井和彦】

引用文献

1) 日本免震構造協会：パッシブ制振構造設計・施工マニュアル，初版 2003，第2版 2005，第2版第2刷 2007，第3版 2013．
2) 日本建築構造技術者協会：応答制御構造設計法，彰国社，2000．
3) 東京工業大学建築物理研究センター：パッシブ制振構造シンポジウム論文集，第1～4回，2000, 2001, 2002, 2004．
4) 笠井和彦，伊藤浩資，渡辺 厚：等価線形化手法による一質点系弾塑性構造の最大応答予測法，日本建築学会構造系論文集，**571**, 53-62, 2003．
5) 笠井和彦，伊藤浩資：弾塑性ダンパーの剛性・降伏力・塑性率の調節による制振構造の応答制御手法，日本建築学会構造系論文集，**595**, 2005．
6) 笠井和彦，湊 直生，川鍋佳史：粘弾性ダンパーの等価剛性の調節による制振構造の応答制御手法，日本建築学会構造系論文集，**610**, 75-83, 2006．
7) 笠井和彦，小椋崇之，鈴木 陽：非線形粘性ダンパーの等価剛性調節による制振構造の応答制御手法，日本建築学会構造系論文集，**618**, 97-104, 2007．
8) 笠井和彦，西村忠宗：減衰力が速度にバイリニア的に比例するオイルダンパーをもつ制振構造の等価線形化手法，日本建築学会構造系論文集，**583**, 47-54, 2004．
9) 笠井和彦，小椋崇之，西村忠宗：リニア粘性要素とバイリニア粘性要素の制振効果における等価則，日本建築学会構造系論文集，**611**, 29-37, 2007．
10) 笠井和彦，伊藤浩資，小椋崇之：オイルダンパーの等価剛性調節による制振構造の応答制御手法，日本建築学会構造系論文集，**630**, 1281-1288, 2008．
11) 笠井和彦，湊 直生，櫻井 馨：粘弾塑性ダンパーの等価剛性調節による制振構造の応答制御手法，日本建築学会構造系論文集，**618**, 23-31, 2007．
12) 大木洋司，笠井和彦：振幅依存性をもつイソブチレン・スチレン系粘弾性ダンパーの等価線形化と制振構造設計法への応用，日本建築学会構造系論文集，**653**, 1209-1216, 2010．
13) 笠井和彦，蒲 武川：多層スリップ型架構に粘弾性ダンパーを用いた制振構造の応答制御設計法，日本建築学会構造系論文集，**650**, 781-790, 2010．
14) 笠井和彦，小川良典，蒲 武川，清川貴世：粘弾性ダンパーをもつ制振構造の架構の塑性化を考慮した応答制御設計法，日本建築学会構造系論文集，**655**, 1625-1634, 2010．
15) 蒲 武川，笠井和彦：粘弾性ダンパーを用いたRC構造の地震応答制御設計法，日本建築学会構造系論文集，**671**, 17-25, 2012．
16) 蒲 武川，笠井和彦：弾塑性ダンパーを用いた多層RC構造の地震応答制御設計法，日本建築学会構造系論文集，**685**, 461-470, 2013．
17) Kasai, K. et al.：China-Japan (NSFC-JST) Research on Use of Dampers for Repair of RC Building Damaged During 2008 Wenchuan Earthquake, Proc. of 8th CUEE Conference, pp. 1237-1246, Tokyo, Japan, 2011．
18) 新都市ハウジング協会，日本鉄鋼連盟：新構造システム建築物設計・施工指針案 (2009)，府省連携：革新的構造材料を用いた新構造システム建築物研究開発プロジェクト，日本鋼構造協会，2009．
19) 長寿命建築システム普及推進事業：制振装置付長寿命建築物構造設計指針 (2012)，長寿命建築システム普及推進協議会，2012．
20) 日本建築学会：鋼構造制振設計指針，2014（印刷中）．
21) 笠井和彦：パッシブ制振構造の設計法，建築技術8月号，**667**, pp.132-137, 2005．
22) 笠井和彦，岩崎啓介：任意の架構形式をもつ制振構造の縮約的表現と水平バネ系への厳密変換法，日本建築学会構造系論文集，**605**, 37-46, 2006．
23) 石井正人，笠井和彦：多層制振構造の時刻歴解析に用いるせん断棒モデルの提案，日本建築学会構造系論文集，**647**, 103-112, 2010．

18 設計用地震力・分布

a. 制震構造の設計法について

制震建築物の耐震安全性を検証する方法は、「時刻歴応答解析等の高度な構造計算」（以下、動的設計法）を行い、大臣認定または、高さ60m以下で建築基準法の地震力を低減しない場合は任意の評価を取得するのが原則である。ただし、鋼材ダンパーを用いた制震建築物については、「限界耐力計算と同等以上の構造計算」[1]として「エネルギーの釣合いに基づく耐震設計等の構造計算」の告示（以下、告示エネルギー法）によれば、通常の確認申請で設計することができる。

ここでは、制震構造に共通して採用されている動的設計法の設計用地震力について解説する。

b. 動的設計[2]

動的設計は、時刻歴応答解析により得られた結果に基づいて設計する方法で、部材レベルの弾塑性応答解析を行えば直接部材の限界値と応答値を比較できるが、応答値にばらつきがあるため複数の設計用入力地震動を使用する必要があり、煩雑である。

一般的には、静的設計に基づいて設計した架構を時刻歴応答解析によって検証する方法が用いられている。静的設計では荷重自体にばらつきが考慮されているため、その応力よって部材の限界値や層の弾性限耐力・終局耐力の限界値を定め、質点系モデルなどの簡易なモデルの時刻歴応答解析によって効率よく限界値を検証することが可能である。

c. 静的設計用地震力

1) 損傷限界変形時の地震力（$Q_f + Q_{du}$） 損傷限界変形時の地震力については、図1に示すように、静的弾塑性解析によって求めた主フレームの復元力特性にダンパーの降伏時の地震力を加算して制震構造の復元力特性を求め、弾塑性地震応答解析による予備応答解析を参考に外力分布を設定する。

主フレームの設計用せん断力を静的立体弾塑性モデルに作用させたときに、部材の応力が許容応力度以内であることを確認する。また、弾性剛性に基づいた応力解析による偏心率および剛性率により建物の平面方向および高さ方向の剛性分布を確認する。

レベル1による動的設計では、図2に示すように、最大応答層間変形角が1/200以下かつ損傷限界変形以下であることを確認する。

2) 安全限界変形時の地震力（Q_u） 安全限界変形時の地震力は、図2に示すように、レベル2の層間変形角のクライテリアである1/100を担保する変形能力1/50〜1/75における地震力とする。

主フレームの設計用せん断力を損傷限界変形時の層せん断力分布として静的立体弾塑性モデルに作用させたときに、許容した降伏ヒンジ形成箇所以外に降伏ヒンジが発生していないこと、部材やダンパーの累積塑性変形倍率が許容範囲内であることを確認することによって制震構造の変形能力を確保する。

レベル2による動的設計では、図2に示すように、最大応答層間変形角が1/100以下であること、層の塑性率が2以下、部材の塑性率が4以下であること、ダンパーの累積塑性変形倍率が許容範囲内であることを確認する。

d. 時刻歴応答解析の入力地震動

地震応答解析に用いる設計用入力地震動は、建設地周辺の地震活動状況、活断層の分布状況、建設地の地盤特性などを把握して設定する。

「既往の観測波」としては、通常、表1の内陸直下型の短周期（El Centro NS, Taft EW）と長周期（Hachinohe NS）の3波を用いる。なお、最大速度振幅の値は、レベル1が25 cm/s、レベル2が50 cm/sに基準化するが、建築基準法施行令第88条第1項に定められたZを乗じた値とすることができ

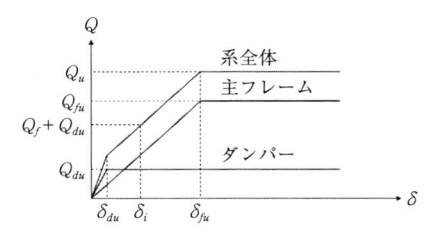

図1 制振モデルの耐力分担の概念図

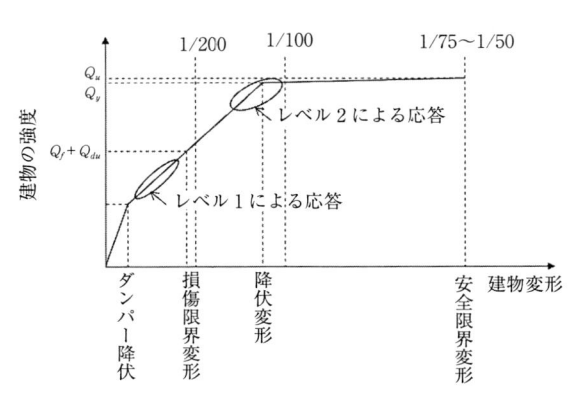

図2 耐震設計のクライテリアの概念図

表 1 設計用入力地震動として用いる既往の観測波[3]

入力地震動	内陸直下型の短周期地震動	El Centro 1940 NS Taft 1952 EW など
	長周期成分を含む地震動	Hachinohe 1968 NS, EW など
入力地震動の強さのレベル（最大速度振幅）	稀に発生する地震動 25.0 cm/s	極めて稀に発生する地震動 50.0 cm/s

表 2 建設地の解放工学的基盤に設定される基準応答スペクトル

周期（s）	加速度応答スペクトル（m/s²）	
	稀に発生する地震動	極めて稀に発生する地震動
$T<0.16$	$(0.64+6T)Z$	稀に発生する地震動に対する加速度応答スペクトルの5倍の数値とする
$0.16 \leq T < 0.64$	$1.6Z$	
$0.64 \leq T$	$(1.024/T)Z$	

る．

「建設地の解放工学的基盤に設定される基準応答スペクトルに適合する地震動」（以下，告示波）は表2の加速度応答スペクトルに一致するように作成し，表層地盤による増幅を適切に考慮する．位相特性については，一様乱数位相と短周期（JMA神戸など）・長周期（Hachinoheなど）の実地震動記録の位相を採用する．

時刻歴応答解析の入力地震動は，この告示波3波と既往の観測波3波を加えて，6波とする．「建設地周辺の過去の地震活動状況・活断層分布および適切な震源モデルなどを考慮して作成した地震動」[4]（以下，サイト波）は，建設地周辺における活断層分布，断層破壊モデル，過去の地震活動，地盤構造などの詳細なデータに基づき作成した場合は，前項の告示波のうち極めて稀に発生する地震動に代えて設計用入力地震動とすることができる．この場合，サイト波は告示波と合わせて3波とする．

工学的基盤以浅の表層地盤情報については，PS検層や常時微動測定，動的変形試験などの詳細な地盤調査を行うことが望ましい．表層地盤による増幅の検討に用いる地盤の地震応答解析には，等価線形解析，非線形解析などの方法があり，地盤の状況に応じて解析方法を選択する．

動的検討についてはレベル1，レベル2での地震応答解析を行い，目標性能について判定し，満足しない場合には静的設計にフィードバックして修正を行う．

【原　博】

引用文献

1) 日本建築センター：エネルギーの釣合いに基づく耐震計算法の技術基準解説及び計算例とその解説，第1版，2005．
2) 北村春幸：性能設計のための建築振動解析入門，第2版，2009．
3) 日本建築センター：評定・評価を踏まえた高層建築物の構造設計実務，第1版，2002．
4) 建設省建築研究所日本建築センター：設計用入力地震動作成手法技術指針（案）本文解説編・資料編，1992．

19 構造計算方法の選択

a. 制震構造物の耐震構造計算における法的な扱い[1]

従来の許容応力度等計算（ルート1，ルート2）と保有耐力計算（ルート3）に加え，平成12年6月の建築基準法施行令の改正により，性能評価型の耐震評価法が導入され「限界耐力計算」が告示化された．平成17年6月に「エネルギーの釣り合いに基づく耐震計算法（エネルギー法）を定める件（平成17年国交省告示第631号）」が告示され，エネルギー法が限界耐力計算と同等以上の構造計算方法として定められた．高さ60mを超える超高層建築物については，時刻歴解析を含む高度な構造計算を行い，大臣認定の取得が義務づけられている．これらの法で規定されている構造計算ルートをまとめると下記のようになる．

①許容応力度等計算（ルート1，ルート2）
②保有耐力計算（ルート3）
③限界耐力計算
④エネルギーの釣合いに基づく耐震計算等の構造計算（エネルギー法，限界耐力計算と同等以上の構造計算）
⑤大臣の定める基準に従った構造計算（時刻歴解析等の高度な構造計算，大臣認定）

制震構造物の耐震構造計算は，超高層建物と同様に時刻歴解析などの高度な構造計算を行い，大臣認定を取得するという，⑤のルートで行うことが基本となる．ただし，鋼材ダンパーを設置した場合に限り，④のエネルギー法による建築確認も可能となっている．

一方で，高さ60m以下のオイル・粘性・粘弾性ダンパーなどの速度依存型ダンパーを設置した建築物については，制震ダンパーを付加的な扱いとすることで，従来の許容応力度等計算や保有耐力計算のルートを適用することも行われている．この場合，法適合上は制震ダンパーを無視した状態で①あるいは②のルートで構造計算を行い，速度依存型の制震ダンパーが構造体に与える影響については別途合理的な検討を付け加えることにより，建築確認で評価が行われる．

鋼材ダンパーについても，許容応力度計算時の荷重状態で降伏していないことを確認し，従来の許容応力度等計算を適用するケースもある．保有耐力計算では，鋼構造一般認定を取得済みのブレース型の鋼材ダンパーは，安定した履歴特性を示すブレース材（BA材）として扱うことができる．

構造計算に用いる解析モデルは，現在では立体骨組モデルが基本であり，部材レベルの時刻歴解析に用いられるほか，各構造計算ルートにおいては静的解析に適用される．この他にも静的解析は，ばね系の簡易振動モデルの作成に必要なダンパー設置位置の骨組特性値を計算する目的（第16章参照）や，応答スペクトル法により地震動に対するダンパーの制震効果や応答値を評価する目的などに用いられる．次に，パッシブ制震構造に適用できる応答スペクトル法の一法を紹介する．

b. パッシブ制震構造のための静的骨組解析を用いた応答スペクトル法

静的解析に基づく応答スペクトル法（等価線形化法）は等価周期，等価減衰定数，応答低減係数（減衰補正係数）を指標として体系的，包括的に制震効果の理解を促す有用な方法であるが，速度に依存して力を発揮するダンパーの扱いを含めた適用には剛性と減衰の評価において工夫が必要である．ここでは文献[2]で提案されている剛性と減衰の評価方法と解析例について簡単に紹介する．

等価1自由度系への縮約は限界耐力計算と同様に(1)式により，静的荷重増分解析における各ステップの節点変位と水平力を用いて行い，代表変位 S_d，加速度 S_a，等価周期 T_{eq} を計算する．

$$S_d = \frac{\sum_i m_i u_i^2}{\sum_i m_i u_i} \tag{1a}$$

$$S_a = \frac{\sum_i P_i u_i}{\sum_i m_i u_i} \tag{1b}$$

$$T_{eq} = 2\pi\sqrt{\frac{S_d}{S_a}} \tag{1c}$$

ここに m_i は i 階の質量，u_i は i 層の変位，P_i は i 層の水平力，T_{eq} は等価周期である．

速度依存型ダンパーの静的解析のための付加系（ダ

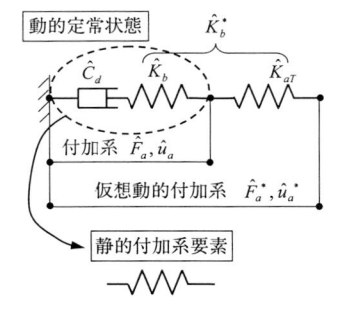

図1 （動的）付加系と仮想動的付加系

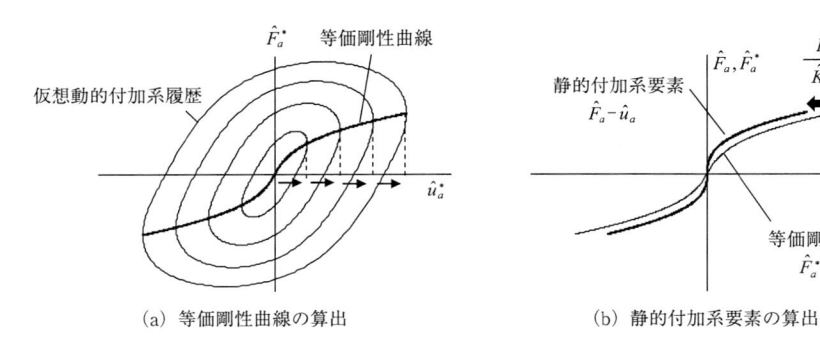

262   制震編　19. 構造計算方法の選択

(a) 等価剛性曲線の算出

(b) 静的付加系要素の算出

図2 静的付加系要素の算出過程

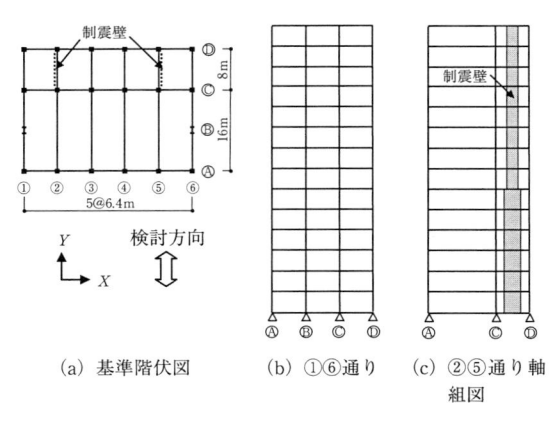

(a) 基準階伏図

(b) ①⑥通り

(c) ②⑤通り軸組図

図3 建物モデル図

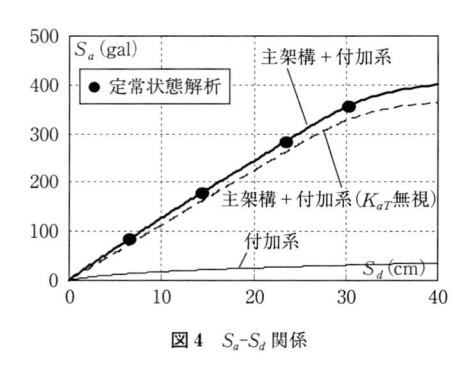

図4 S_a-S_d 関係

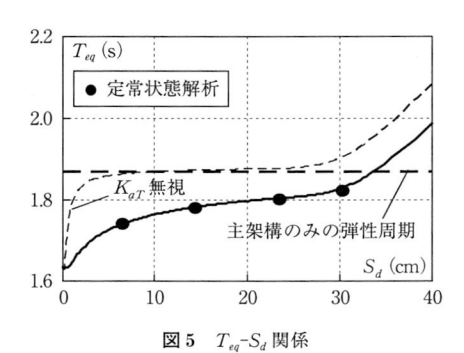

図5 T_{eq}-S_d 関係

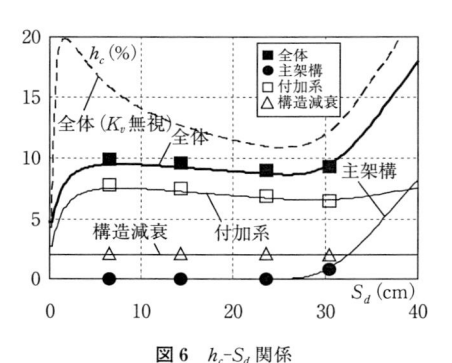

図6 h_c-S_d 関係

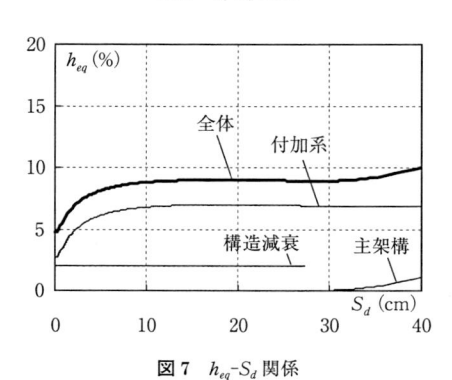

図7 h_{eq}-S_d 関係

ンパーと支持材の結合体）要素は，図1のように付加系に架構内設置時の架構による抵抗剛性（第16章参照）$K_{aT}^{i,j}$ を直列に配置した系とし，これを「仮想動的付加系」と定義する．図2(a)はある仮想動的付加系に，漸増変形振幅を与えて1次固有周期における定常状態を計算し，変形最大時の点を結ぶ等価剛性曲線を求めたものである．

図2(b) に示すように，この結果に対して等価剛性曲線の変形から架構抵抗剛性の変形を差し引く形で修正を加え求めた力と変形の関係を静的解析で付加系部に適用する要素とする．これは架構抵抗剛性を付加系の直列要素として考慮し，その結果生じる位相差について動的に考慮してから静的要素にフィードバックするプロセスである．

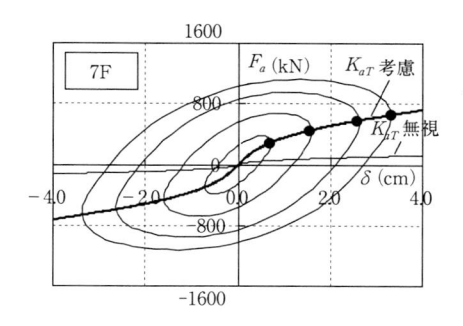

図8 付加系履歴

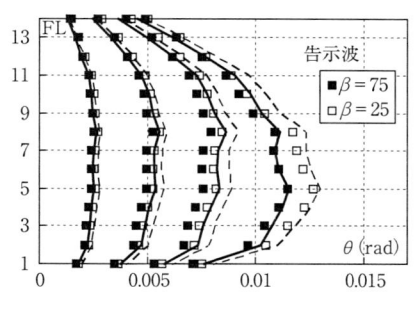

図9 層間変形角

以上の過程を図3に示す粘性制震壁ダンパーを設置した14階建の鋼構造建物に適用し評価した検討例を示す．図4～7はそれぞれ等価1自由度系の S_a-S_d, T_{eq}-S_d, h_c-S_d, h_{eq}-S_d 関係，図8は粘性制震壁付加系の履歴と静的付加系S要素を比較して示したものである．ここで，減衰定数 h_c は構造減衰（2%）と定常状態における付加系減衰の和である．応答スペクトル法では (2) 式により h_c を S_d について積分平均した等価減衰定数 h_{eq} を用いる．

$$h_{eq} = \frac{1}{S_d}\int_0^{S_d} h_c(S_d)\,dS_d \qquad (2)$$

黒丸は立体部材モデルによる解析値で，架構抵抗剛性 $K_{aT}^{i,j}$ を考慮する場合にはよい対応を示している．また，図9は位相特性の異なる告示波8波についてそれぞれ 0.5, 1.0, 1.5, 2.0 倍の4レベルの時刻歴解析を行った結果で，実線は平均値，破線は標準偏差を加えたものである．四角のプロットは，応答低減係数に次の (3) 式を用いた応答スペクトル法による結果であり，時刻歴解析結果とよく対応していることがわかる．

$$D_h(h_{eq}) = \sqrt{\frac{1+\beta h_0}{1+\beta h_{eq}}} \qquad (3)$$

ここで，$h_0 = 0.05$, $\beta = 25, 75$ である．　【石井正人】

引用文献
1) 2007年版 建築物の構造関係技術基準解説書．
2) 石井正人，和田 章：速度依存型ダンパーを設置した鋼構造建物の等価線形化法による地震応答予測，日本建築学会構造系論文集，(639), 803-812, 2009．

20　主架構設計

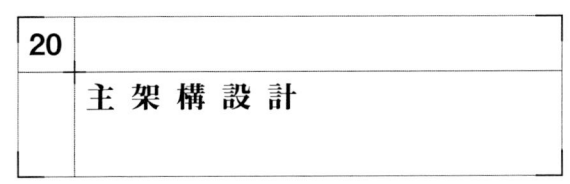

a. 杭・基礎・下部構造

一般的に，制震建物の主架構および制震ダンパーの安全性は時刻歴の地震応答解析による検証が原則である．つまり，主架構設計については，超高層建物などと同様に地震応答解析による検証が必要となる．

杭，基礎，下部構造の設計に関しても，一般的な建物と考え方は変わらない．常時荷重時，地震時（レベル1），大地震時（レベル2）に対して，要求性能を満足することを確認する．建設地の地盤状況によっては液状化を考慮する必要があることも一般的な建物と同様である．制震構造を採用することで留意すべき点としては，ダンパーの形状や，設置位置，ダンパーの容量によっては，杭や基礎に引抜力が発生し，浮き上がりが生じる場合がある．浮き上がりが生じることで地震応答解析時に設定した建物のモデル化条件が変わり，正しく評価ができなくなる場合があるので注意を要する．

b. 上部構造[1]

上部構造の主架構の設計については，一般的な建物と同様に，質点系の地震応答解析がおもに用いられる．立体解析モデルを用いて静的な荷重増分解析（プッシュオーバー解析）を行い建物の崩壊メカニズムを確認し，その結果をもとに主架構の質点系解析モデルを設定し，ダンパーを考慮した地震応答解析を行う．ただし，静的増分解析ではオイルダンパーなどの速度依存型ダンパーを直接考慮することができないため，ダンパーの周辺部材については，ダンパーの最大減衰力を節点荷重として与える方法，最大減衰力と最大層間変位から等価剛性を有するような弾性ブレースとして与える方法などを用いてダンパーによる付加応力を考慮する．

地震応答解析は中地震を想定した「稀に発生する地震動」（レベル1），大地震を想定した「極めて稀に発生する地震動」（レベル2）に対して行うことが基本となる．

まず，「稀に発生する地震動」に対して「損傷限界」以内であることを確認する．たとえば，稀に発生する地震動に対する各階の最大応答層間変形角が1/200 radを超えない範囲にあることを確認し，そのときに構造耐力上主要な部分に生じる応力が短期許容応力度以内にあるか，または地震後に有害なひび割れ

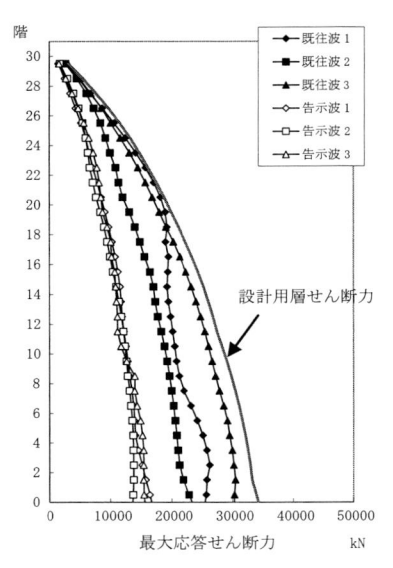

図1 設計用層せん断力の設定例

またはひずみが残留しないことを確かめる必要がある．一般的な検証方法としては，図1に示すように，稀に発生する地震動に対する時刻歴応答解析結果（最大応答せん断力）を包絡するような設計用層せん断力を設定し，各部材が短期許容応力度以内であることを静的に確認する．

次に，「極めて稀に発生する地震動」に対して「安全限界（倒壊・崩壊限界）」以内であることを確認する．たとえば，極めて稀に発生する地震動による各階の最大応答層間変形角が1/100 radを超えない範囲であることを確認するが，そのときに，各階の層としての塑性率が2.0を超えないこと，構造耐力上主要な部分を構成する各部材の塑性率が限界値（最大4.0）を超えないことを確認する．さらに，ダンパーに生じる最大変形や最大速度などがダンパーの限界性能に対してどの程度の余裕があるかを確認する．以上が，質点系の建物モデルにて地震応答解析による検証を行う場合の上部構造の検証方法の一例である．

また，近年では解析ソフトの開発とパソコンなどの計算処理能力の向上に伴い，地震応答解析を立体モデル（部材構成モデル）にて行う場合が増えている．質点系の応答解析と比較して，解析にやや時間を要する場合があるが，主架構の各部材に発生する応力を直接得ることができる利点がある．

c. 地震応答解析によらない設計[2]

制震建物の安全性は地震応答解析による検証が原則であると先述したが，たとえば，比較的小規模な建物に制震ダンパーを設置する場合，建築基準法20条第

一号の基準を採用し,「大臣認定ルート」となると合理的な設計が困難となる場合がある.そこで,地震応答解析によらない比較的簡便な設計方法がしばしば用いられている.

1) **通常の保有水平耐力による設計**　F値が定められた指定建築材料のダンパーを用いて,建築基準法のすべての規定を満足させる必要があるため,鋼材ダンパーなどの変位依存型ダンパーに限定される.また,1次設計においてはダンパーも短期許容応力度以内とする必要があるため,1次設計を超える地震に対しては制震効果を発揮することになるが,1次設計レベルに対してダンパーは弾性範囲であるため,減衰の効果は期待できない.

2) **付加的に設置する設計**　ダンパーがない状態(主架構のみ)で1次設計,2次設計ともに建築基準法の規定を満足させ,付加価値としてダンパーを設置する.これは,ダンパーを非構造部材と位置づけ,構造耐力には期待しないが,実際には地震力を負担するため,負担した場合の影響を考慮し,主架構に悪影響を及ぼさないことを確認するという取扱いである.この設計方法では,ダンパーは指定建築材料に限定されないため,オイルダンパー,粘性ダンパー,粘弾性ダンパーなどの速度依存型ダンパーにも適用できる.ただし,ダンパーの剛性や減衰力,あるいは取付け部材などが主架構にどのような影響を及ぼすのか,地震応答解析を行わないで評価する必要がある.これは,地震応答解析が大臣認定ルートの設計手法であるため,確認審査機関,構造計算適合性判定機関では「ルート3」ではなくなり,審査の対象外となるためである.また,ダンパーを付加的に設置する場合の取扱いについては,明文化されていないため,確認審査機関,構造計算適合性判定機関によっては,検討方法や検討結果に対する判断が異なる場合も考えられるため,事前に設計方針や検討方法の内容などについて確認を行うことを推奨する.

3) **エネルギー法による設計**　F値が定められた指定建築材料のダンパー(鋼材ダンパーなどの変位依存型)に限定される.1次設計における外力(積雪荷重,風圧力および地震力)のうち,地震力に対してのみ降伏が許容されているため,通常の保有水平耐力による設計と比較して小さい地震入力に対しても制震効果が期待できる利点がある.

制震建物における主架構の設計は基本的に非制震建物と同様であるが,ダンパーによる影響をどのように評価するかが重要である.

また,地震応答解析によらない設計についても記したが,法的には地震応答解析結果を要求されてはいないとはいえ,地震応答解析による検証を行い,解析結果を十分に分析することは非常に重要である.

【関谷英一】

引用文献
1) 日本建築センター：評定・評価を踏まえた高層建築物の構造設計実務,2002.
2) 日本建築センター：ビルディングレター,2011.

21 各部設計

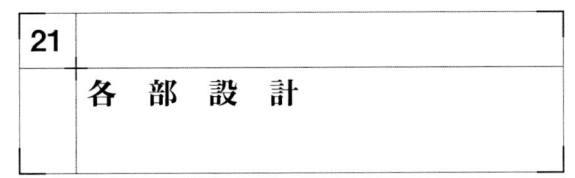

a. 制震ダンパーの取付けディテール

制震ダンパーを主架構に取り付ける方法では，第9章表1に示す各種の方法が採用されているが，取付け方法により，制震ダンパーと主架構間に取付け部材と呼ばれる支持部材が存在する．また，制震ダンパーおよび取付け部材間には，主架構部材同様に接合部が介在する．図1に筋違型制震ダンパーにおける取付け部材・接合部の一例を示すが，これらの部位は制震ダンパーと同様に応答制御建物の設計性能に影響を与える重要な箇所であり，その設計・製作・施工にはとくに配慮が必要である．

1) 取付け部材　筋違型・間柱型・シアリンク型などの取り付け方法の場合，制震ダンパーはブレース部材・間柱部材などの取付け部材を介して主架構の柱梁接合部や梁に接合される．一方，壁型・方杖型や一部の筋違型では，取付け部材を介さず直接主架構部材に接合されることが多い．

取付け部材は制震ダンパーの減衰抵抗力を主架構に伝達することに加え，シアリンク型のブレース部材のように制震ダンパーの抵抗力の方向・大きさを変換・増幅する働きも有している．

2) 接合部　制震ダンパーの取付け部には，部材間の応力伝達を行う次の3箇所の接合部が存在する．
①制震ダンパーと主架構部材
②制震ダンパーと取付け部材
③取付け部材と主架構部材

接合部のディテールは通常の構造部材と同様に建物・部位ごとにさまざまであり，現場において接合されることが一般的である．また，主架構および取付け部材の構造形式が鉄筋コンクリート構造や木造の場合，通常鋼製の制震ダンパーとの接合部では異種構造形式の接合となり，品質管理上もとくに配慮を要する部分となる．

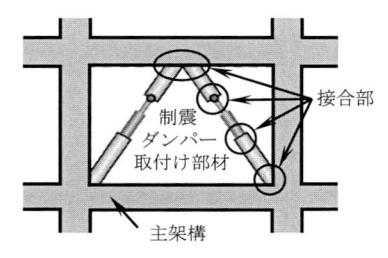

接合に用いられる方法には，通常の構造部材の接合と同様に次の3種類が代表的である．
①高力ボルト・ボルト接合
②溶接接合
③ピン接合

上記の中でピン接合は，主架構や取付け部材の変形に伴う付加曲げ応力が制震ダンパーに作用することをとくに防止する目的や，意匠的な要求により採用されることが多い．

b. 制震ダンパー取付け部・周辺部材の設計

1) 要求性能　制震ダンパーの取付け部（取付け部材・接合部）や周辺主架構の柱・梁部材などは，制震構造の設計にさいして設定された制震目標性能を満足するように計画・設計されなければならない．

取付け部や周辺架構部材の剛性・強度は，制震構造全体の制震性能に影響を与え，一般にその剛性・強度が高いほど制震ダンパーの特性を有効に利用することが可能となるため，想定外乱レベルに対する各限界状態に対応して，必要な剛性・強度が要求性能となる場合が多い．

2) 設計の基本方針　上記要求性能に対し，取付け部および周辺架構部材の設計の基本方針は，原則下記とする．
①塑性化・降伏を許容しない設計とする．
②局部応力を含めた応力伝達を考慮する．
③構面外変形などの局部変形を防止する．

3) 設計応力・耐力・変形　取付け部および周辺架構部材の設計用応力・変形は，その剛性・強度を考慮した制震構造全体モデルと各限界状態に作用する外力により算出されるが，2)に示した基本方針①より，制震ダンパーの最大抵抗力を考慮した弾性設計とすることが一般的である．表1に各制震ダンパーの最大抵抗力を示すが，ダンパーの種類によりその基本特性・限界状態および各種依存性・ばらつきを適切に考慮し，余裕をもった設計とすることが必要である．

取付け部および周辺架構部材の設計では，制震構造解析モデルに通常表現されない下記の応力についても

図1　制震ダンパーの取付け部

表1　制震ダンパーの最大抵抗力

ダンパー種類	最大抵抗力
鋼材ダンパー	ひずみ硬化を考慮した最大耐力
摩擦ダンパー	静止摩擦を考慮した最大摩擦抵抗力
オイルダンパー	限界速度時の減衰抵抗力
粘性ダンパー	各種依存性を考慮した限界減衰抵抗力
粘弾性ダンパー	各種依存性を考慮した限界減衰抵抗力

場合により考慮が必要であり，これら各種応力による架構面内外の6軸方向の応力と，その組み合わせを考慮した設計が必要となる．

偏心などによる付加応力： 制震ダンパーの取付けディテールや施工誤差による偏心などに起因する付加応力．

面外応力： 制震ダンパーの構面外剛性により，ダンパー抵抗力の作用構面に対して面外方向に発生する応力．

初期応力・施工時応力： 取付け方法による初期応力や施工手順などにより発生する施工時応力など，長期的に作用する応力．

衝撃応力： 制震ダンパーの限界挙動において，ダンパー内で生じる衝突などに起因する部材応力

取付け部材および接合部の耐力は，一般構造部材と同様に既往の設計指針など（たとえば文献[1]）を参考に設定するほか，接合の実況を表現した実験結果などに基づき設定することも可能である．各種接合法の中で高力ボルトせん断接合では，制震ダンパーの有効変形を低減させないよう，接合部設計用応力を高力ボルトのすべり耐力以下とすることが一般的である．また，ピン接合では，機構上ガタ変形を有するものがあるが，建物の制震性能にその影響が考慮された変形以下とする必要がある．

c． 取付け部・周辺部材の設計上の留意点

1） ダンパー抵抗力の伝達 ダンパー抵抗力を確実に主架構に伝達するため，接合部における応力検討では，荷重経路に発生する局所応力や付加応力を接合部ディテールなどに基づき評価・検証することが重要である．

① 鉄骨架構への取付け部（図2(1)）： 通常の鋼構造接合部同様にPL要素間の応力伝達を，溶接や高力ボルトなどの接合方法に基づき検証する．ディテール設計では，現場施工性や溶接性などの工作・建て方を加味した設計が望まれる．

② 鉄筋コンクリート架構への取付け部（図2(2)）： 鉄筋コンクリート主架構との接合部では異種構造形式の接合部となる場合が多く，降伏を許容しない部位として鋼構造露出柱脚の設計などを参考に検証を行う．ディテール設計では，多くが現場施工となる主架構との施工誤差の吸収やダンパー設置時の施工性への配慮などが必要である．

③ 部材偏心の回避（図2(3)）： 主架構部材への接合部では，面内・面外ともに偏心接合を避け，主架構部材への偏心応力の発生を極力少なくするディテール設計が望ましい．

④ 大梁接合部の局所応力（図2(4)）： 大梁接合部のように，ダンパー抵抗力が主架構の部材応力に伝達される過程において発生する局所応力について，ディテールごとに応力の釣合いを考慮して検証する必要がある．

2） 面外応力の伝達および局部変形の防止 地震時における制震建物の3次元的な挙動により，ダンパーおよび取付け部の制震構面外に発生する応力・変形に対しても，損傷は生じてはならない．また，取付け部の局部変形は，ダンパー抵抗力の発揮を妨げ制震性能を低下させるため，可能な限り防止する必要がある．

① 柱・梁部材の局部変形の防止（図3(1)）： ダンパーの抵抗力により，接合される主架構柱・梁部材のフランジプレートや，ウェブプレートの局部変形を防止するため，適切な応力伝達経路を考慮したディテール設計や補剛材の配置が必要である．

② 面外応力の伝達と局部変形の防止（図3(2)）： 制震架構の面外変形時に生じる応力に対し，応力伝達を考慮した部材配置や局部変形を防止するディテール設計が必要である．

③ 引張りボルト接合部（図3(3)）： 引張りボルト接合に生じるてこ反力や定着プレートの面外変形などの接合部局所応力・変形への留意が必要である．

3） 主架構の水平構面 制震ダンパーが設置される制震架構では，他の架構と比較して大きな水平せん断力を負担することが多く，制震架構に取り合う水平構面における建物の慣性力や水平せん断力の相互伝達にはとくに注意が必要である．

① 床構面吹き抜けの設置（図4(1)）： 制震性能の低下につながらないよう，床剛性・強度の確保に注意が必要である．

② 床面内強度の確認（図4(2)）： 床コンクリートせん断ひび割れ強度以下を目標とし，ひび割れ発生が想定される場合は当該剛性低下を考慮した応力伝達や制震性能の検証が必要である．

③ 床板付帯梁応力の検討（図4(3)）： 床板が負担する水平せん断力に起因する付帯梁の軸力や，その応力伝達の検討が必要である．

以上1）～3）の取付け部の変形についての詳細は，文献[2]などを参照されたい．

d． その他の設計上の留意点

1） 施工誤差などへの考慮・配慮 制震ダンパー取付け部では，ダンパーや周辺部材などの製作および施工に伴う誤差の発生が不可避であり，その設計においては誤差に起因した付加応力の考慮とともに，ダン

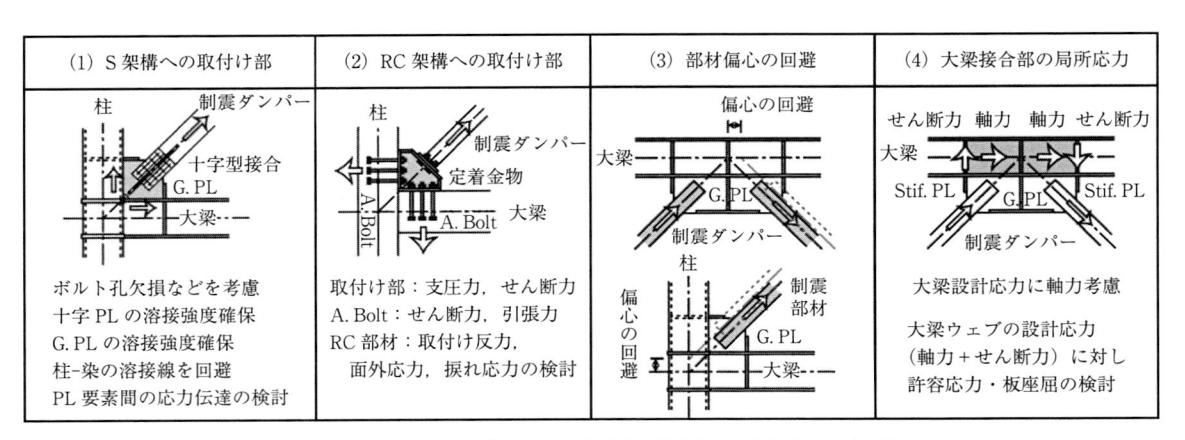

図2 取付け部・周辺部材に関する設計上の留意点：応力伝達・偏心回避

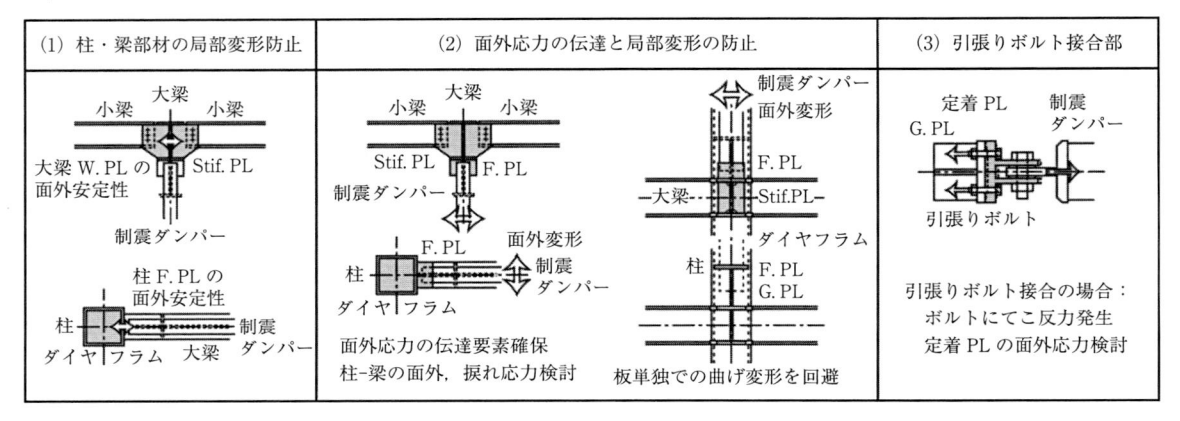

図3 取付け部・周辺部材に関する設計上の留意点：面外変形・応力

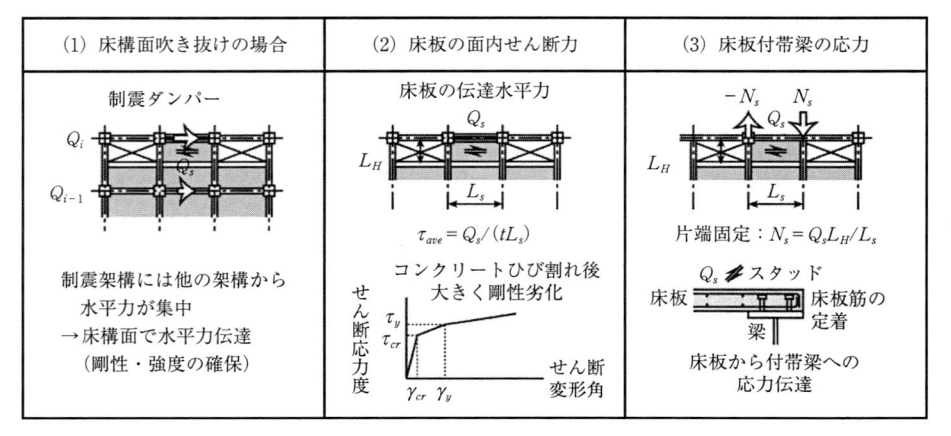

図4 主架構の水平構面に関する設計上の留意点

パーの取付けディテールへの配慮が必要である.

制震ダンパーの施工では，ダンパーの性能確保のため施工時応力などの長期応力を極力少なくすることが望ましく，多くの場合，ダンパー設置時期が取付け部材および周辺架構の施工後となる．この場合，ダンパー接合部に現場施工誤差が集積される可能性が高く，誤差の吸収可能な接合部ディテールとする配慮が必要である．一方で，誤差吸収のため接合部に考慮したピン接合部のガタが，設計想定以上の剛性低下やダンパー有効変形の低下につながるような大きさとならないよう，施工精度の確保にも注意しなければならない．

2) **取替え計画の検討：適切な接合方法** 制震構造では，ダンパーの限界能力到達時や，その他の原因によりダンパーの取替えを行う場合もあり，簡便に取替え可能な接合部ディテールとすることが望ましい．また，制震ダンパー単体あるいは取付け部材と一体で交換することなど，取替え計画と整合した取付けディテールの検討・選択も必要である．

3) **耐久性への配慮：発錆対策・耐火被覆** 制震ダンパーの鋼製取付け部では，通常，架構の鉛直荷重を負担しないため耐火被覆を施さないが，長期的な耐久性確保を目的とした錆止め塗装などの発錆対策が必要である．さらに，制震ダンパーとともに建物外部に設置される場合には，環境条件を考慮した耐久性の高い塗装仕様の選択などの配慮も望まれる．

4) **既存建物への設置** 制震ダンパーを既存建物に設置する場合，取付け部材を含め，既存主架構に偏心して接合される場合が多く，付加応力に対する検討が不可欠である．また，応力伝達部となる既存主架構の取付け部周辺部材では，経年変化や局所応力により剛性低下が生じる場合も多く，制震効果の検証や局所応力の評価などにさいしても適切にその影響を考慮することが重要である．　　　　　　　　【辻　泰一】

引用文献

1) 日本建築学会編：鋼構造接合部設計指針，日本建築学会，第3版，2012.
2) 日本免震構造協会編：パッシブ制振構造設計・施工マニュアル，日本免震構造協会，初版2005，第2版2007，第3版2013.

22 耐風設計

建築物の耐風設計では，一般的に，想定される最大の風荷重に対して構造体を弾性に留めるようにしている．平たくいえば建築物は風荷重に対して弾性設計が一般的ということである．これは，一般的に風外力が建築物の固有周期帯より長周期になるほどパワーが増大し，かつ継続時間が長いため，構造体の塑性化により固有周期が長周期化すると風荷重が増大してゆくことや，構造体の塑性域での長時間の振動による疲労に対する設計法が確立されていないなどが理由であると考えられる．

実際には，日本では地震荷重の影響が大きく，高さ250〜300 m以上の超高層ビルや大スパン屋根構造などの特殊な建築物を除き，風荷重が支配的とはならない．

しかし，変位依存型の制震部材を用いた制震構造では，地震に対する制震効果を高めるため，できるだけ小さな荷重レベルから制震部材を塑性化させエネルギー吸収を行うことが必要となる．この結果，同規模の非制震構造の建物では風荷重の影響が支配的とはならない場合でも，制震構造では風荷重に対して制震部材が降伏する可能性もあるため，風荷重に対する設計・検討を省略できない場合が生じる．

一方で，前述のように風荷重に対する疲労設計法は，まだ十分に整備されているとはいえないが，制震構造では制震部材が主体構造に先行して塑性化し，塑性化部位を制震部材に限定することができること，制震部材の繰返し変形に対する性能が部材の実大レベルで十分に確認できていることが多いことから，風荷重に対して塑性化を許容する設計もある程度は可能となっている．

速度依存型の制震部材を用いた制震構造の場合，一般的には変位依存型の場合のような荷重レベルに対する配慮は不要だが，長時間の繰返し振動に対する耐久性や性能変化に対する確認が必要である．また，速度依存型制震部材は，静的な外力には無抵抗であるため，風荷重の平均成分には制震部材を除いた主体構造のみで抵抗させたり，簡単のため風荷重に対しては主体構造のみで評価したりするなど，風応答の評価時には注意が必要となる．

以下に，制震構造の耐風設計における留意点をまとめる．

a. 風荷重評価

風荷重に対して変位依存型制震部材の塑性化を許容する場合を除き，風荷重の評価は，建築基準法告示や日本建築学会・建築物荷重指針[1]（以下，荷重指針と呼ぶ）などに基づいて行うことができる．

ただし，建築基準法告示と荷重指針による風荷重は，いずれも暴風時の建物の最大応答を与える等価な静的荷重であるので，風荷重の継続時間に関する情報は得られないし，制震部材などの繰返し変形などの評価はできない．

風荷重の継続時間の評価には，設計の対象となる暴風のほとんどは台風によるものであり，建設地で台風による風速の経時変化の記録を蓄えるなどの調査・研究が必要であるが，まだ十分ではない．風速の経時変化の評価・予測方法として，台風シミュレーションの結果を利用した，台風による強風の継続時間の評価方法[2]，台風の実観測記録をベースに台風モデルに基づくスケーリングを適用して，設計風速レベルの台風時の風速を合成する手法[3]，建物の供用期間中の累積的な風速ごとの継続時間を荷重指針のデータを用いて簡易に評価する方法[4]などが提案されている．

風荷重に対して変位依存型制震部材が塑性化する場合は，後述するように，原則としては風洞実験結果に基づき時刻歴風応答解析により風応答を評価する必要がある．

b. 弾塑性応答の評価方法

風荷重に対して変位依存型制震部材が塑性化する場合は，前述した塑性化に伴う固有周期の変化や，場合によっては振動モードが変化するため，一般的な風荷重の評価方法が適用できない．こういった場合には原則として，風洞実験結果をもとに時刻歴風応答解析により風応答を評価する必要がある．

時刻歴応答解析に用いる風力時刻歴波形は，風洞実験による風圧力を直接用いるか，変動風力のパワースペクトル密度と空間相関モデルを用いて模擬風力波形群（建物外壁各部に作用する分布荷重であり，その特徴を模擬できるようにいくつかの離散的な集中荷重に置き換えて用いられることが多い）を作成して[5,6]用いることになる．そもそも設計風速や風荷重などは統計量として評価されているので，いずれの方法によって風力時刻歴波形を作成しても，風応答は，複数の時刻歴波形群を用いた時刻歴風応答解析を行い，その結果の最大値や rms 値のアンサンブル平均として評価される必要がある．時刻歴応答解析結果のばらつきに関する研究[7]によると，風洞実験結果を直接利用する場合でも，サンプル数10のアンサンブル平均に10%

程度の誤差が含まれることが報告されており，多数の応答解析結果のアンサンブル平均により評価する必要がある．

時刻歴風応答解析を用いずに，塑性化が建物全層に一様に生じるなど塑性化後も振動モードが大きく変わらないという条件下で弾塑性風応答を確率統計的に評価する方法も提案されており[8,9]，条件がそろえば，応用が可能と考えられる． 【吉江慶祐】

引用文献

1) 日本建築学会：建築物荷重指針・同解説（2004），日本建築学会，2004．
2) 近藤宏二，吉田正邦，堀越清視，津川恒久：風振動による鋼製部材の疲労損傷評価（その1 台風時の風向・風速の推定），日本建築学会大会学術講演梗概集，構造(1)，79-80，1992．
3) 松井正宏，大熊武司，田村幸雄：経験的風況特性を用いた仮想台風による風速時刻歴の生成方法，日本建築学会大会学術講演梗概集，**B-1**, 115-116, 2009．
4) 安井八紀，大熊武司，吉江慶祐，鶴見俊雄：供用期間における暴風の累積作用時間の簡易評価方法（その1～2），日本建築学会関東支部研究報告集I，421-428，2012．
5) 星谷　勝：確率論手法による構造解析，鹿島出版会，1973．
6) 丸川比佐夫，大熊武司，丹羽秀聡，寺本隆幸，北村春幸，吉江慶祐：動的天秤データを利用した高層建物の時刻歴風力シミュレーションに関する研究，第12回風工学シンポジウム，207-212，1992．
7) 平井宏幸，吉江慶祐，佐藤大樹，片桐純治，鶴見俊雄，北村春幸，大熊武司：風洞実験より得られた層風力のサンプル数が高層建物の時刻歴風応答評価に及ぼす影響，日本建築学会技術報告集，**39**, 489-494, 2012．
8) 辻田　修，丹羽秀聡，大熊武司，和田　章，早部安弘：弾塑性構造物の風応答性状ならびにその予測手法に関する研究（その1～4），日本建築学会構造系論文集，(その1) (481), 9-16, 1996；(その2) (485), 25-34, 1996；(その3) (493), 17-22, 1997；(その4) (499), 39-45, 1997．
9) 吉江慶祐，北村春幸，大熊武司，和田　章：エネルギーの釣合に基づく平均成分を有する広帯域性変動風力を受ける弾塑性構造物の応答予測手法，日本建築学会構造系論文集，**608**, 21-28, 2006．

23 維持管理

a. 制震構造における維持管理

一般の建物では大地震や火災後の点検を除き，主要構造体の維持管理を実施することは少ない．一方，免震構造では建物全体の耐震安全性が免震装置とその周辺部分に強く依存するため，免震性能の維持を目的に作成された「維持管理計画書」に従って，維持管理を計画的に実施する．

制震構造の場合にも所定の制震性能を維持するため，維持管理を計画的に実施すべきである．ただし，採用するダンパーの種類・形式および期待する制震効果が多岐にわたるため，建物設計者はその要否を含めて点検内容・時期について検討し，維持管理方針と具体的な点検内容・時期の記された「維持管理計画書」を建築主の了解を得たうえで作成して，設計図書（仕様書）の一部として明示すべきである．

b. 維持管理の目的

制震建物の維持管理は制震性能の低下を防止する目的で実施する．このためダンパーの種類・形式により，制震機能の低下に及ぼす下記の影響要因に対して，おのおの適切な点検を計画実施する．

1) ダンパーおよび周辺架構の日常的変化または経年変化
2) 設計で想定した以上の災害（地震，強風，火災，水害）による，ダンパーおよび周辺架構の想定外の損傷または破壊

c. 点検の種別と概要

点検は原則として点検技術者が行うが，点検の結果，制震機能の低下につながると思われる異常が認められた場合，建物所有者，建物設計者，建物管理者などを含めた関係者で，対策方法を協議する．

点検は，その目的により以下のように分類される．

1) 定期点検 定期点検はおもにダンパーの日常的または経年的な変化による異常の有無を把握する目的で実施する．したがって，ダンパーの耐久性（経年変化，疲労特性，摩耗性，耐候性など）が把握され，設計に反映されている場合には原則必要ない．設計者はダンパー種別，使用環境，建物重要度などを考慮して，その要否を判断する．オイルダンパーの場合には必要に応じて5〜10年ごとの定期点検が推奨されるほか，慣性質量系のダンパー，とくに動力で駆動するアクティブ型の場合などは，免震装置などに準じた定期点検を確実に実施することが望ましい．

点検頻度と内容は免震建物の定期点検に準じて設定し，たとえば竣工後5年，10年，以後10年ごとに「計測を含めた点検」，それ以外の年は目視可能なダンパー周辺部の「見回り点検」を実施する．

2) 応急点検 応急点検は災害への対応を目的に，設計で想定した以上の地震，風，火災および冠水を受けた場合に行う．制震性能への影響の有無を確認するため，主としてダンパーおよび周辺架構の目視を中心とした「見回り点検」を実施する．点検を必要とする震度・風速などの条件は建物およびダンパー設計に依存するため，建物設計者が設定する．

3) 詳細点検 定期点検，応急点検でダンパーまたは周辺架構に異常が認められた場合，原因の究明と今後の対応を検討するため，計測を含めた詳細点検を実施する．原因を究明してダンパーの修理・交換に関する判断，取付け部を含む周辺架構の修理・復旧に関する判断がなされるため，建物設計者や施工者，ダンパー製造者などを交えた検査とする．

d. 点検の対象および項目

点検対象は制震性能に直接かかわる部位，すなわち「ダンパー本体」およびダンパー取付け部を含む建物本体側の「ダンパー周辺部分」とする．ダンパー本体の性能はいうまでもないが，取付けボルトの緩みによるガタや取付け部材の歪みなどのダンパー周辺部分の機能低下が制震性能に及ぼす影響は大きく，同様に点検する重要性がある．

点検対象が点検・取替えを前提とする免震層に集中する免震建物の場合とは異なり，制震建物の場合にはダンパーが隠蔽部内に配置される場合も多く，専用または設備と共用の点検口がなければ，仕上げ材を壊さないと点検できない状況となる．

したがって，建物設計者はあらかじめ必要とする点検対象箇所には点検ルート・点検口などを確保し，その点検対象位置と点検ルートなどの情報を「維持管理計画書」に明示して，設計図書（仕様書）の一部として残しておくことが望ましい．

点検項目の内容について，表1に具体的な例を示す．点検の多くは目視による異常の有無の確認であり，必要に応じて計測などを実施する．なお，竣工時との比較が必要と考えられる項目については，竣工時に初期値として計測する．

e. ダンパー交換の要否判断

異常が発見され，詳細点検を経て原因究明がなされたのちに，ダンパー交換の要否が検討される．

ダンパーに明確な破壊が生じた場合，またはダン

表1 点検項目の例

点検対象		要求性能	管理項目	管理方法
ダンパー本体	履歴系ダンパー（鋼材，摩擦）	復元・減衰性能	・異常変形，破断 ・鋼材部；損傷，有害な発錆	・目視（確認） ・目視（確認）
	粘性系・粘弾性系ダンパー（オイル，粘性，粘弾性）	復元・減衰性能	・オイル，充填剤，粘性体，粘弾性体；漏れ・はがれ ・鋼板部；損傷，有害な発錆	・目視（確認） ・目視（確認）
	慣性質量系ダンパー	錘のストローク 復元・減衰性能 駆動・制動機構	・錘部；破損，落下 ・復元機構，減衰機構；破損 ・駆動，制動部；破損	・目視（確認） ・目視（確認） ・目視（確認）
ダンパー周辺部分	ダンパー取付け部	ダンパーと周辺架構との緊結	・ボルトナットの緩み ・過大ひび割れ，破損 ・異常変形，破断	・木槌打撃などによる緩み確認 ・目視（確認） ・目視，計測
	ダンパー可動範囲	ダンパーのストローク	・クリアランス ・障害物	・目視，計測 ・目視（確認）
	建物本体側の周辺架構	架構の構造設計クライテリア	・過大ひび割れ，破損 ・異常変形，破断	・目視（確認） ・目視，計測

パー製造者の把握する限界性能を超えたことが明白な場合に，交換の必要性はいうまでもないが，多少の損傷や残留変形が生じている場合，または残留変形は小さいものの想定外の繰返し変形を経験したおそれのある場合など，その判断は難しい．

ダンパーの経験した最大変形量や累積的な変形量の計測，または観測地震波に基づいた応答計算によってそれらを推定して，ダンパーの限界性能と比較するような手順が考えられるが，そのための計測機器の設置など相応の準備も必要となる．

f. 維持管理の実施体制

維持管理は「維持管理計画書」に基づき建物所有者（建築主）が行うが，具体的な点検作業は委託を受けた点検技術者が実施する．このほか，通常管理業務を委託された建物管理者，維持管理計画を立案した建物設計者あるいは施工者，ダンパー製造者なども協力して維持管理を担う．以下に，各関係者が維持管理において果たす役割を示す．

1) **建物所有者（建築主）** 設計者あるいは施工者から維持管理に関する提案を受け点検技術者に点検業務を委託する．点検後の結果報告を受け，建物設計者などの技術判断に基づき，必要な不具合箇所に改善処置を講ずる．

2) **建物設計者** 竣工までに建築主の了解のもと「維持管理計画書」を作成する．竣工後は建物所有者からの依頼により，相談，点検立会い，技術判断などに協力．

3) **建物管理者** 定期点検や応急点検の必要な時点で点検技術者に連絡し，点検への協力と立会いを実施後，点検技術者から受領した点検結果を建物所有者に報告．

4) **点検技術者** 建物所有者からの委託を受け「維持管理計画書」に基づく点検を実施し，点検結果の判定を行い，その結果を建物管理者に報告する．ダンパーメーカーの技術者，構造設計または建設会社の専門技術者，構造調査コンサルタントなどが従事する．

【菊池正彦・浅岡泰彦】

24 制震補強

既存超高層建物を長周期地震動対策として制震補強した例を示す。

a. 建物・制震補強の概要

新宿センタービルは東京都新宿区に建つ1979年竣工の高さ223mの事務所ビルである．基準階の平面形状は桁方向3.0mとスパン方向11.2〜15.4mのスパンで構成された42×63mの矩形で，地上部の構造種別は鉄骨造である．建物の1次固有周期は短辺方向が6.2秒，長辺方向が5.2秒である．建物外観を図1に示す．

この建物は，建設当時から100年建築を目指しており，当時の最先端技術を用いて設計されていた．その1つとして，鉄筋可撓耐震壁という制震壁がコア部に設置されている．この制震効果により，30年前に設計されたにもかかわらず，告示波（極めて稀に発生する地震動）による最大層間変形角は1/120で，現行基準に適合している．

しかし，建物を長く使いつづけるということは，長周期地震動の影響を受ける確率が高くなることを意味しており，供用期間中に長周期地震動の影響を複数回受けるおそれもある．そこで，安全性だけでなく，修復性や事業継続性を考慮し，長周期地震動対策を行うことになった．

長周期地震動対策として，建物に減衰力を付加し，最大変形はもとより，後揺れを低減することを目的とし，変位依存型オイルダンパーを建物外周部に設置した．近傍の巨大地震（関東地震）と遠方の巨大地震（東海地震）を想定し，最大層間変形角が1/100以内となるように，層間変形角が大きくなる層を中心に，各階12台（短辺方向8台，長辺方向4台）24層の合計

図1 新宿センタービル

図2 制震ダンパー設置状況

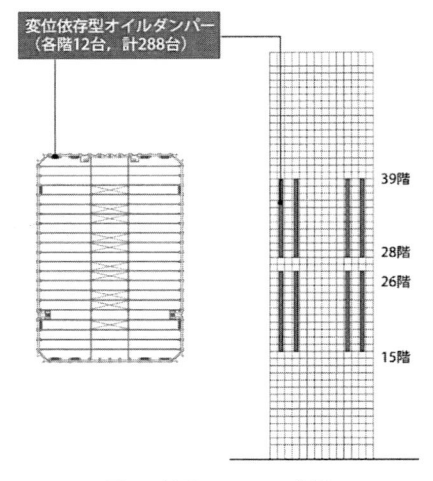

図3 制震ダンパーの位置

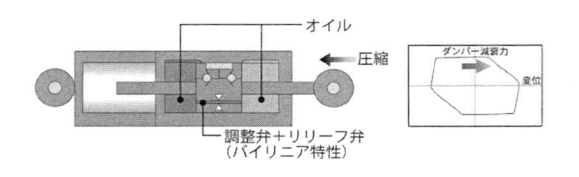

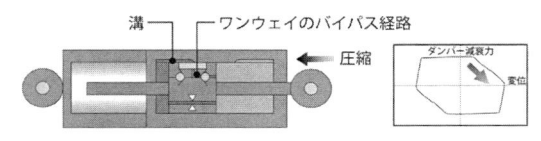

図4 変位依存型オイルダンパーの仕組み

288台のダンパーを設置している．ダンパーの設置状況を図2に，設置位置を図3に示す．

変位依存型オイルダンパーは，大地震時の最大変形付近で減衰力を低減している．そのため，既存の架構を補強する必要がなく，既存超高層建物の長周期地震動対策に適している．

変位依存型オイルダンパーの仕組みを図4に示す．ダンパーの変形が小さい領域では，オイルがバイパス経路を流れないため，通常のオイルダンパーと同じ特性をもつ．しかし，変形が大きくなると，重なり合った溝から，バイパス経路をオイルが流れ，減衰力が小さくなる．

ダンパーの設置工事は，夜8時から朝6時の夜間工事で，建物を使用しながら工事を行った．ダンパーに取り付くブレースやベースプレートは，PC鋼棒を用いて大梁と圧着接合しており，現場溶接は行っていない．また，非常用エレベータで運搬することを考慮し，ダンパー取付け部材を運搬可能なサイズに分割し，現場で高力ボルト接合している．

b. 東北地方太平洋沖地震の観測記録

東北地方太平洋沖地震は，2011年3月11日14時46分頃に三陸沖を震源として発生したマグニチュード9.0の海溝型地震である．気象庁発表の震度は，この建物のある東京都新宿区は震度5弱であった．

図5に，東北地方太平洋沖地震の仙台市宮城野区（K-NET仙台）と新宿（本建物1Fで観測）の速度応答スペクトル（$h=5\%$）を示す．地震動の大きさの比較用として告示波（稀に発生する地震動と極めて稀に発生する地震動）もプロットしている．新宿における地震動の大きさは，告示波のごく稀と稀の中間で，周期1秒以下の短周期成分は小さく，長周期成分（とくに2～3秒）が大きかった．

観測記録の最大値を表1に，建物頂部の1Fに対する相対変位波形を図6に示す．地震の継続時間は長く，建物が10分以上揺れていた．

観測結果の分析よりわかった短辺方向の1次モードの減衰定数は，制震補強前が1.3%に対して制震補強後は2.7%であった．この付加減衰により建物頂部の変形で約20%，最大加速度で約30%，後揺れで約50%の低減効果があることがわかった．

東北地方太平洋沖地震において，長周期地震動対策を行った新宿センタービルでは，ダンパーの効果により最大変形と揺れの継続時間が低減されたことが確認された．既存超高層建物では安全性，事業継続性を改めて見直し，より価値の高いものにしていく需要が今後ますます高まってくるものと思われる．

【木村雄一】

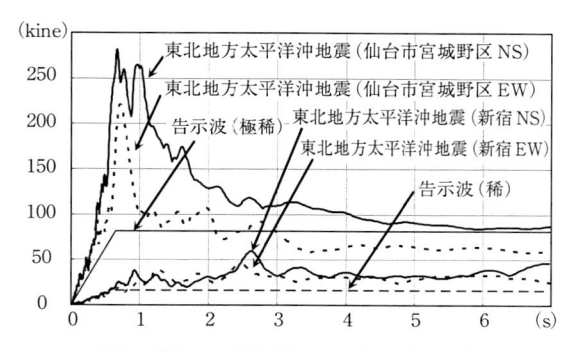

図5　新宿での速度応答スペクトル（$h=5\%$）

表1　東北地方太平洋沖地震の観測結果最大値

	計測震度	最大加速度（Gal）			最大変位（cm）	
		長辺	短辺	上下	長辺	短辺
RF		236.0	161.3	—	49.4	54.2
28F		112.7	171.3	—	26.3	33.3
1F	4.5	94.3	142.1	57.8	—	—

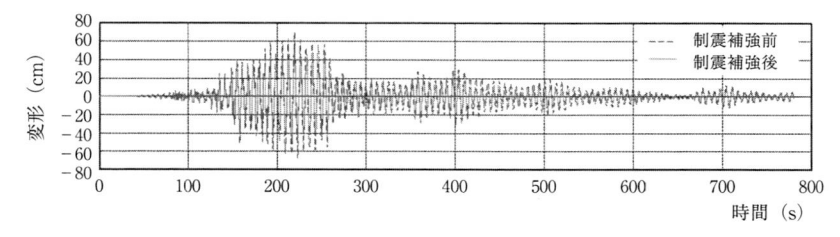

図6　建物頂部の変位波形（短辺方向）

参 考 文 献

共通編

日本免震構造協会編：免震構造入門，オーム社，1995.
日本建築構造技術者協会編：耐震構造設計ハンドブック，オーム社，2008.
田治見宏：建築振動学，コロナ社，1965.
柴田明徳：最新 耐震構造解析 第2版，森北出版，2003.
石丸辰治：応答性能に基づく「対震設計」入門，彰国社，2004.
日本免震構造協会：応答制御建築物調査委員会報告書，2012.
安達 洋：GREAT SURVIVOR（偉大なる生き残り），MENSHIN，41，2003.
日本建築学会編：建築の構造設計—そのあるべき姿—，2010.
日本建築防災協会編：既存鉄筋コンクリート造建築物の免震・制震による耐震改修ガイドライン，2006.
日本免震構造協会編：時刻歴応答解析による免震建築物の設計基準・同マニュアル及び設計例，2010.
日本免震構造協会編：パッシブ制振構造設計施工マニュアル 第3版，2013.
日本免震構造協会会誌，77，2012.
国土交通省：住宅・建築物の耐震化について，
　http://www.mlit.go.jp/jutakukentiku/house/jutakukentiku_house_fr_000043.html
日本免震構造協会編：JSSI免震構造施工標準2009.
維持管理委員会：免震建物の維持管理基準2012，日本免震構造協会，2012.
住宅の品質確保の促進等に関する法律改訂版2010，創樹社，2010.
日本免震構造協会：免震建物の耐火性能ガイドブック，2012.
日本免震構造協会編：免震構造—部材の基本から設計・施工まで—，オーム社，2010.
鈴木芳隆，金子修平ほか：2003年十勝沖地震における釧路市内免震事務所ビルの地震挙動について，日本建築学会大会学術講演梗概集，279-282，2004.
秋山 宏：エネルギーの釣合に基づく建築物の耐震設計，技報堂出版，1999.

免震編

日本免震構造協会編：免震構造入門，オーム社，1995.
日本免震構造協会：考え方・進め方 免震建築，2005.
国土交通省ほか編集：免震建築物の技術基準解説及び計算例とその解説，工学図書，2001.
国土交通省ほか編集：免震建築物の技術基準解説及び計算例とその解説（平成16年改正告示の追加分—戸建て免震住宅を中心として—），日本建築センター，2005.
日本免震構造協会編：免震構造—部材の基本から設計・施工まで—，オーム社，2010.

制震編

日本建築構造技術者協会：応答制御構造設計法，2000.
日本建築防災協会：既存鉄筋コンクリート造建築物の耐震改修事例集2009，2009.
秋山 宏：エネルギーの釣合に基づく建築物の耐震設計，1999.
北村春幸，石井正人，田坂雅則，斉藤安生，山根尚志，和田 章，笠井和彦，小板橋裕一，森 伸之，小堀 徹：粘弾性型制振部材を適用した構造骨組の地震応答評価に関する研究（その1~3），日本建築学会大会学術講演

梗概集,B-2,1011-1016,1999.
日本免震構造協会：パッシブ制振構造設計施工マニュアル 第3版,2013.
日本免震構造協会：免震建物の維持管理基準2010,2010.

索　　引

ア　行

アイソレータ　154
　　――の接合部　154
　　――の分類　84
　　――のモデル　141
　　――の力学性能　84
アクチュエータ　178
アクティブ制御　198, 213
アクティブ制震　206
アクティブマスダンパー　199
アクティブ免震　178
圧縮クリープ　134
圧縮限界　130
圧縮弾性率　182
圧縮ひずみ率差　182
アレニウスの法則　135
アレニウスプロット　136
安全限界　264
維持管理　39, 163, 199, 272
　　――の体制　164
維持管理計画書　273
和泉正哲　5

1次形状係数　86
1質点系モデル　140
1自由度系モデル　9
イニシャルコスト　46
今村明恒　3

WESTビル　7, 52, 64
上町断層帯地震　169
浮き上がり　141

エアー断震　111
　　――の復元力特性　111
液状化　7, 153
エキスパンションジョイントの損傷　59
エッジ効果　21
エネルギー吸収　198
エネルギー消散機構　205
エネルギー消費　63
エネルギーの釣合いに基づく耐震設計法　30

エネルギー法　150, 203, 265
FPS　108
　　――の作動原理　108
MRダンパー　228
MSSモデル　130, 145
LRB　98
エレベータ　27, 77, 160, 275
鉛直剛性　128
鉛直支持性能　105
エントロピー弾性　90

オイルダンパー　44, 120, 213, 220
　　――の各種依存性　234
　　――の繰返し限界性能　236
　　――の限界状態　221
　　――の原理　118
　　――の効果　257
　　――の仕組み　274
　　――の試験　139
　　――の時刻歴解析モデル　243
　　――の耐火性　236
　　――の耐久性　236
　　――の特性　214
　　バイフロー型――　120
　　バイフロー型シングルシリンダー――　120
　　ユニフロー型――　120
応急点検　39, 272
応答スペクトル適合法　24, 28, 150
応答倍率　10
大森房吉　3
温度依存性　127

カ　行

回転増幅機構　125
回転増幅機構付粘性ダンパー　125
　　――の試験　139
外壁鋼板　124
外力分布　152, 259
化学変化　133
荷重増分解析　264
加振条件　219
加速度応答スペクトル　18
加速度法　15

活性化エネルギー　135
活断層　20
可撓継手　163
可撓部　39
加熱試験　45
下部構造　81
　　――の設計　153
壁型ダンパー　124
壁型粘性ダンパー　139
可変減衰オイルダンパー　180
可変減衰・剛性機構　205, 206
可変減衰ダンパー　180, 229
ガラス転移　92
加硫促進剤　91
環境振動　190
慣性こま　226
慣性質量ダンパー　226
慣性要素　226
慣性力　9, 125
完全弾塑性　218, 219
観測記録　20, 52, 55-57, 60, 61, 64, 275
観測地震波　19
観測波　260
関東大震災　3

幾何学的非線形性　171
機器免震　184
Kikuchi-Aikenモデル　143, 145
危険物　44
擬似結合　92
擬似質量効果　227
基準面圧　80, 86
基礎免震　76, 79, 152, 176
逆三角形分布　150
球体保持機構　110
共振　10, 153, 198
強震動　20
　　――の予測手法　20, 24
強度低下　133
局所応力　267
局部変形　267
居住心理　188
居住性　180, 188, 221
　　――の評価　188

許容温度　182
亀裂　133, 134
金属疲労　134

空気支承　111
クリアランス　40, 79, 156, 164, 169
クリープ変形　161
グリーン関数　24

経験的グリーン関数法　25
経時変化　39
形状係数　89
経年変化　127, 133, 269
けがき計　65
　　──の設置例　65
限界曲線　79
限界速度　223
限界耐力計算　29
限界変位　79
減衰効果　61, 190, 198
減衰材　104
減衰抵抗力　222
減衰力　9, 124, 210, 275
建築基準法　31
　　──旧第38条　82
建築計画　78, 200
建築材料　32

高減衰ゴム系積層ゴム　96
　　──の製造ばらつき　127
　　──のモデル　142
鋼材ダンパー　104, 112, 213, 216
　　──の各種依存性　233
　　──の繰返し限界性能　236
　　──の効果　256
　　──の試験　138
　　──の時刻歴解析モデル　240
　　──の耐火性　236
　　──の耐久性　236
　　──の特性　214
鋼材ダンパー付積層ゴム　104
　　──の形状　104
工事費　48
高次モード応答　150
剛すべり支承　107
剛性低下　131
構造安全性　198
構造計算　31
構造計算書偽造事件　7
構造計算方法　82, 261
　　──の運用　83
交通振動　191
硬度補正係数　86
降伏荷重　98

降伏後剛性　98
降伏せん断力係数　80
降伏点　131
告示エネルギー法　259
告示スペクトル　18, 19
告示波　19-21, 260, 274
　　──の加速度　21
　　──の変位波形　21
告示免震　26, 83
コスト　46
戸建免震住宅　186
　　──の構造設計　187
小堀鐸二　5
ゴムの種類　91
固有振動数　11, 12
固有モード　11
転がり支承　109, 110, 132
　　──の引張り特性　132
　　球体式──　110
　　レール式──　109
転がり摩擦抵抗　109

サ　行

載荷加熱試験　182
最大級地震　23
サイト波　19, 260
材料非線形性　171
座屈　79, 130, 198
座屈拘束ブレース　198
鎖状高分子　90
作動油　220
佐野利器　2
皿型ダンパー　123
皿ばね　117, 168
3軸圧縮状態　85
3次元網目構造　91
3次元測定機　185
3次元免震装置　185
サンフランシスコ地震　2
残留変位　58, 59
残留変形　58, 128

市街地建築物法　2
刺激関数　13
刺激係数　13
指向性パルス　20-22
時刻歴応答解析　28, 203
　　──の入力地震動　259
時刻歴応答解析建築物性能評価業務
　　方法書　18
時刻歴非線形解析　15
地震応答解析　107
地震応答スペクトル　85

地震観測　55, 64
　　観測記録　20, 52, 55-57, 60, 61,
　　　64, 275
地震計　65
地震時土圧　153
地震動の総入力エネルギー　62
実効変形比　209
指定建築材料　26, 27, 32
指定性能評価機関　83
ジャッキ　166
柔剛論争　4
修正HDモデル　142, 145
修正Newton法　17
修正バイリニアモデル　98, 142,
　　145
住宅性能表示制度　43
住宅の品質確保の促進等に関する法
　　律　43
周辺部材　266
主架構設計　152, 264
　　上部構造の──　264
首都直下地震　23
竣工時検査　37-39, 163, 239
衝撃応力　267
上下地震動　131
詳細点検　272
常時微動　191
冗長性　8
上部構造　73, 81, 264
　　──の主架構設計　264
　　──の設計　152, 264
　　──の長周期化　73
消防法　44
初期応力　267
シール性能低下　221
新宿センタービル　274
新耐震設計法　6, 198
振動加速度　190
振動許容値　190
振動モデル　140, 249

水平剛性のばらつき　128
水平二方向　129
　　──の復元力特性　130
数値積分法　15
錫プラグ入り積層ゴム　100
ストッパー　162
スペクトル・モーダル解析　28
すべり材　105, 117
すべり支承　105, 129
　　──の構造　105
　　──の引張り特性　132
　　FPS　108
　　剛すべり支承　107

索　引

弾性すべり支承　106

制御力付加機構　205, 206
製作工程　238
製作図書　238
制振　194, 198
制震　194, 198
制震改修　33
制震形式　207
制震効果　61
制振構造　194
制震構造　194
　　──の応答予測法　255
　　──の原理　194
　　──の定義　8
　　──の分類　205
　　──の配置　200
　　──の設計　203
　　──の歴史　198
制震ダンパー　274
制震方法　205
制震補強　274
製造ばらつき　127, 233-235
静的設計　259
精度基準　84
性能確認試験　239
性能担保温度　182
性能評価　32
製品検査　34
製品費　49
積層ゴム　85
　　──の開発　89
　　──の形状　88
　　──の原理　85
　　──のしくみ　88
　　──の実用化　88
　　──の取付け方法　154
　　──の力学特性　171
　　──のリサイクル　87
積層ゴム支承　56, 85
　　──の経年変化　133
　　──の交換　166
　　──の材料特性　90
　　──の試験　135
　　──の特徴　85
　　──のメカニズム　88
　　高減衰ゴム系積層ゴム　96
　　鋼材ダンパー付積層ゴム　104
　　錫プラグ入り積層ゴム　100
　　鉄粉・ゴム混合材プラグ入り積層ゴム　102
　　天然ゴム系積層ゴム　94
　　鉛プラグ入り積層ゴム　98
施工誤差　269

施工時応力　267
施工時検査　239
施工時取扱い説明書　238
設計許容変位　79
設計自由度　78
設計図書　238
設計用地震動レベル　23
設計用地震力　150, 259
設計用地震力分布　151
設計用せん断力係数分布　150
設計用入力地震動　18, 259
接合部　266
絶対制震理論　178
切片荷重　127
セミアクティブ制御　199
セミアクティブ制震　206, 229
セミアクティブ免震　180, 229
　　──の適用事例　180
全体曲げ変形　209
全体ロッキング　207
せん断ばね　140
せん断ひずみ速度　223
せん断変形　209

層せん断力分布　259
塑性論モデル　145, 146
ソフトランディング　168
損傷　81
損傷限界　264

タ　行

耐火性能　182, 236
　　──の評価　183
耐火設計　26, 44, 183
耐火被覆　26, 27, 152, 183
耐久性　133, 236
耐震　194
耐震改修促進法　33
耐震構造　8
耐震性　2
耐震設計　2
耐震等級　43
大臣認定　26, 32, 265
ダイナミック・マス　199, 213, 226
耐風設計　161, 270
大変形マクロモデル　146
耐力壁　198
多軸連成モデル　145
多質点モデル　140
多自由度系　11
ダッシュポット　140
棚橋諒　4
弾性すべり支承　56, 106

　　──の製造ばらつき　128
断続加振　219
ダンパー　84, 195
　　──の各種依存性　214, 233
　　──の基本特性　213, 215
　　──の限界状態　214
　　──の限界性能　236
　　──の最大抵抗力　266
　　──の集中配置　210
　　──の製造ばらつき　128
　　──の性能試験　215
　　──の接合方法　155
　　──の耐久性　215
　　──の抵抗力　267
　　──の取付け方法　211
　　──の品質管理　238
　　──の分類　84, 216
　　──のモデル　144
　　──の力学性能　84
　　速度依存型──　195
端部回転　172

中間層免震　26, 76, 79, 152, 160, 176
チューンド・マスダンパー　230
長周期地震動　7, 22, 54, 55, 186
　　──の変位波形　21
　　──の対策　274
　　──の予測地図　22
頂部最大加速度　61
直接積分法　28
直動装置　109

津波　7, 58, 59
D.M同調システム　227

定期点検　39, 163
低減効果　275
定常振動　10
ディスクダンパー　117
定点理論　208
鉄粉・ゴム混合材プラグ入り積層ゴム　102
点検項目　164
点検報告書　42
天然ゴム系積層ゴム　94
　　──の製造ばらつき　127

等価減衰定数　127
等価剛性　127, 220
等価粘性減衰係数　220
統計的グリーン関数法　25
同調型液体ダンパー　198
同調型マスダンパー　198

同調粘性マスダンパー　227
塔頂免震　173
動的載荷実験　106
動的設計　259
東南海地震　5
東北地方太平洋沖地震　7, 58, 188, 275
　　――の応答値　181
　　――の観測記録　275
通しボルト　155
十勝沖地震　6, 7, 54
トリガー機構　108, 179
取付け部材　266
取付けプレート　154

ナ 行

内藤多仲　3
内部剛性　223
内壁鋼板　124
鉛ダンパー　115
　　――の試験　138
鉛プラグ入り積層ゴム　98
　　――の製造ばらつき　127
　　――のモデル　142
南海地震　5
軟化剤　91
軟弱地盤　153

新潟県中越地震　56
新潟地震　5
2次形状係数　86, 88
2自由度系のモード形状　12
日本免震構造協会賞　66
Newton 法　17
入力損失　190
入力低減効果　227
Newmark の β 法　28

ねじれ応答　81
ねじれ応力　155
ねじれ振動モデル　140
ねじれ変形　130
粘性係数　223
粘性系ダンパー
　　オイルダンパー　220
　　回転増幅機構付粘性ダンパー　125
　　壁型ダンパー　124
　　皿型ダンパー　123
　　粘性ダンパー　213, 222
粘性減衰機構　205
粘性ダンパー　213, 222
　　――の各種依存性　234

　　――の繰返し限界性能　237
　　――の時刻歴解析モデル　245
　　――の耐火性　237
　　――の耐久性　237
　　――の分類　222
　　回転増幅機構付――　125
　　せん断抵抗式――　222
　　流動抵抗式――　222
粘性抵抗　119
粘性抵抗力　124
粘弾性ダンパー　224
　　――の各種依存性　235
　　――の基本原理　224
　　――のクリアランス　225
　　――の試験　139
　　――の時刻歴解析モデル　246
　　――の設置　224
　　――の耐火性　237
　　――の耐久性　237
　　――の特性　214
　　――の疲労　237

濃尾地震　2

ハ 行

配合剤　92
配合設計　90
バイリニア　15, 220
バイリニアモデル　98, 112, 130, 216
パーシャルフロート免震　173
パッシブ制御　198
パッシブ制震　205, 213
バットレス制震補強　200
ハードニング　142
ばらつき　127
阪神・淡路大震災　6

東日本大震災　7
引抜き　141
微振動　191
非線形系　14
非線形定常振動　14
引張り特性　131
兵庫県南部地震　6, 52, 188
標準加熱　182
表面波　22
避雷針　165
ビルディング・マスダンパー　208, 230
疲労　133, 217
疲労寿命　113
疲労破壊　237

品確法　43
品質基準　84

フィードバック制御　178
フィードフォワード制御　178
風応答　162
風荷重　161, 162, 270
フェイルセーフ　149, 167, 179, 199
付加応力　267
付加質量機構　205
付加制震建物　27
福井地震　5
復元材　126
復元力　9, 129
復元力特性　107
複合型ダンパー　231
プッシュオーバー解析　264
部分ロッキング　207
フランジプレート　154
フリングステップ　21, 22
　　――の加速度　21
　　――の変位波形　21
フルード粘性ダンパー　139
ブレース補強　200
フレーム系モデル　141

平成12年建設省告示第1461号　18, 148
平成12年建設省告示第2009号　29, 82
並列軸ばねモデル　147
別置き試験体　134, 165
変位計　65
偏心　80, 209
偏心率　84

ボイド　131
ボールねじ　125

マ 行

Maxwell モデル　121, 221, 223, 234
曲げ剛性　171
摩擦係数　105, 106, 128
摩擦材　218
摩擦皿ばね支承　117
摩擦ダンパー　117, 213, 218
　　――の各種依存性　233
　　――の繰返し限界性能　236
　　――の試験　138
　　――の時刻歴解析モデル　241
　　――の耐火性　236
　　――の耐久性　236
　　――の特性　214

——の分類　218
真島健三郎　4
マスダンパー　208
松下清夫　5
摩耗特性　219
マルチステップ免震　191

ミクロブラウン運動　90
MiC免震　191
宮城県沖地震　6

武藤清　4

面外応力　267
免震エキスパンションジョイント
　　　156
免震改修　33
免震クリアランス　156
免震係数　150
免震効果　52, 56, 188
免震構造　8, 72
免震周期　80
免震床　123
免震人工地盤　77
免震層　152
——の位置　152
——の軌跡　60
——の設計　152, 161
——の配置図　180
免震装置　32
　3次元——　185
　丸太式——　75
免震建物点検技術者　42
免震継手　158
免震の原理　72
免震の歴史　74
免震部建築施工管理技術者　41
免震部材の交換　166
免震レトロフィット　78, 175
——の事例　175
——の施工手順　175

模擬地震動　24
目標性能　148
モーダルアナリシス　28
モデル化　9
モード制御　227

ヤ 行

やじろべえ免震　173

U型ダンパー　104, 112
——の形状　112
床免震　184, 229

溶存酸素　135
擁壁　8, 169

ラ 行

流体系ダンパー　118, 145, 151
　オイルダンパー　120
履歴系ダンパー　151
——のモデル　144
　鋼材ダンパー　104, 112, 213, 216
　鉛ダンパー　115
　摩擦ダンパー　117, 213, 218
履歴減衰　15
履歴減衰機構　205

累積摺動距離　219

歴史的建造物　78
レトロフィット　200
連続加振　219

老化防止剤　91
ロッキング振動　131

ワ 行

割引率　43

資　料　編

－掲載企業索引－
（五十音順）

井上商事株式会社　　　　　　　　　　　　　　　　　1
オイレス工業株式会社　　　　　　　　　　　　　　　2
カネソウ株式会社　　　　　　　　　　　　　　　　　3
株式会社 川金コアテック　　　　　　　　　　　　　　4
株式会社 構造システム　　　　　　　　　　　　　　　5
THK 株式会社　　　　　　　　　　　　　　　　　　6
日立機材株式会社　　　　　　　　　　　　　　　　　7
ユニオンシステム株式会社　　　　　　　　　　　　　8

シルバーライン 製造販売元
井上商事株式会社
一般財団法人 日本免震構造協会 第一種正会員

免震エキスパンションジョイント
アイエスパンション Mシリーズ 規格品

（一般財団法人 日本免震構造協会発刊 免震エキスパンションジョイントガイドライン準拠品）

1 従来の免震エキスパンションジョイントの問題を解決

従来の免震エキスパンションジョイントは･･･

- オーバースペック
- 地震時に本当に動くのか？
- 高コスト

そこで

【（一般）日本免震 EXP.J ガイドライン】にて、免震 EXP.J 製作者は要求性能を満足させる事を試験等で確認した製品を供給する事が求められています。

納まりを規格化 / 性能検証された製品へ

さらに

2 自社で製品の振動台検証が可能

（屋根―外壁可動試験）
屋根(MRW)
外壁(MG)
仮想躯体
Z方向
X方向
Y方向

物件対応の性能検証も可能です

■振動台スペック

最大速度	100 (cm/S)
最大変位	X方向：±700 (mm)
	Y方向：±700 (mm)
	Z方向：±50 (mm)
加振入力波形	・地震波
	・正弦波
	・ランダム波
	・Rx、Ry 方向（※1）

※1 Rx、Ry 方向はあらかじめ所定の回転角を与えた状態での試験となります。

（試験風景）

製品についてのお問い合わせ先

本社 ▶ TEL：0776-27-2760 吉田(啓)、斉藤
名古屋営業所 ▶ TEL：052-231-7800 山本
首都圏支店 ▶ TEL：03-6415-7113 加藤、瀬戸口
大阪支店 ▶ TEL：06-6539-2594 田中
Mail：menshin@inoue-s.co.jp

シルバーライン 製造販売元
井上商事株式会社
シルバーラインは、井上商事㈱の商標です
URL http://www.inoue-s.co.jp
本社：福井県福井市日之出2-1-6
TEL：0776-27-8386

OILES Seismic Isolation System

先進の免震設計に、信頼で応える
オイレスの免震装置

〈角型〉鉛プラグ・積層ゴム一体型免震装置

LRB-S

- 従来のLRBの性能を維持するとともに、躯体と免震装置の経済的な設計が出来るエコノミーデザインです。
- 水平全方向で安定した特性を示し、大変形に対する信頼性も確認されています。
- レトロフィットなどでの柱の収まりが良く、耐火被覆などが容易で、低コスト化できます。
- 丸型に対し、ワンランク下のサイズで対応できるため、設置面積を小さくできます。

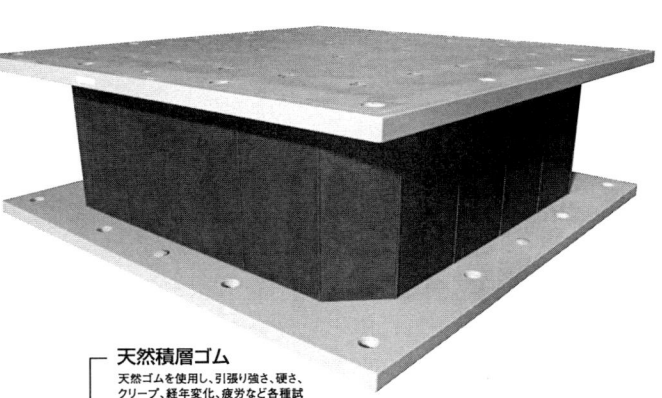

連結鋼鈑
ゴム
鋼鈑
被覆ゴム

天然積層ゴム
天然ゴムを使用し、引っ張り強さ、硬さ、クリープ、経年変化、疲労など各種試験により十分な耐久信頼性が確認されています。

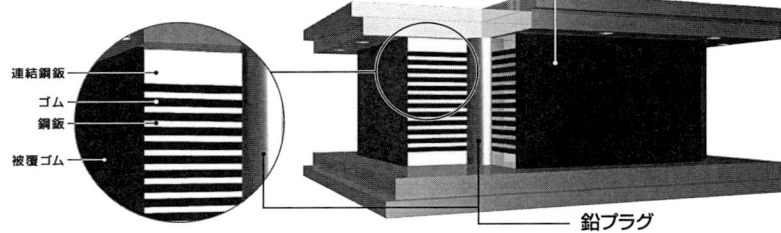

鉛プラグ
高純度の鉛を使い、各種試験において減衰材料として優れた特性と耐久性が確認されています。

大型試験機によるLRBの大変形性能試験

滑り天然積層ゴム型免震装置

SSR

長周期化を可能にする、オイレス弾性すべり支承

- 摩擦係数 μ=0.01、μ=0.03、μ=0.13と豊富なバリエーションとサイズをご用意しています。
- 最大鉛直荷重33,500kNまで揃えています。
- 小さな荷重でも変形量を確保し、免震化を可能にします。

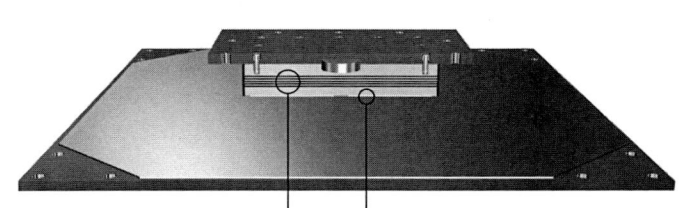

天然積層ゴム
天然ゴムを使用し、引っ張り強さ、硬さ、クリープ、経年変化、疲労など各種試験により、十分な耐久信頼性が確認されています。

摺動材（オイレス滑り材）
オイレス滑り材は、耐荷重性、耐磨耗性、摩擦係数、速度特性など各種試験により、十分な耐久信頼性が確認されています。

※SSRはLRBやRBなどの免震装置と組み合わせて使用します。

OILES オイレス工業株式会社

〒108-0075 東京都港区港南1-6-34 品川イースト　http://www.oiles.co.jp/
免制震事業部　TEL.03-5781-0314

カネソウEXジョイント
免震構造建築用

センターカバーがスライド変形する新構造で、コンパクトな納まりを実現。

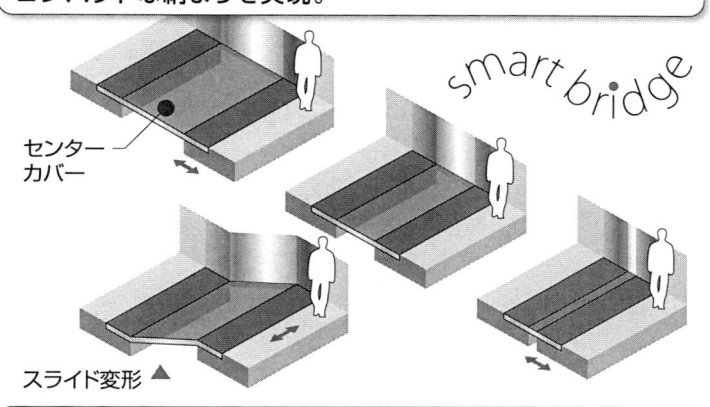

センターカバー
スライド変形 ▲
smart bridge

地震時でも建物周囲に人が落下する開口が生じません。

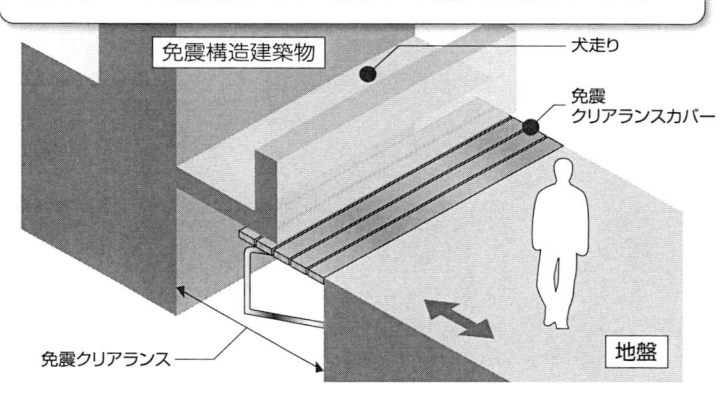

免震構造建築物
犬走り
免震クリアランスカバー
免震クリアランス
地盤

美観と安全性を重視する建物のエントランス部に最適。

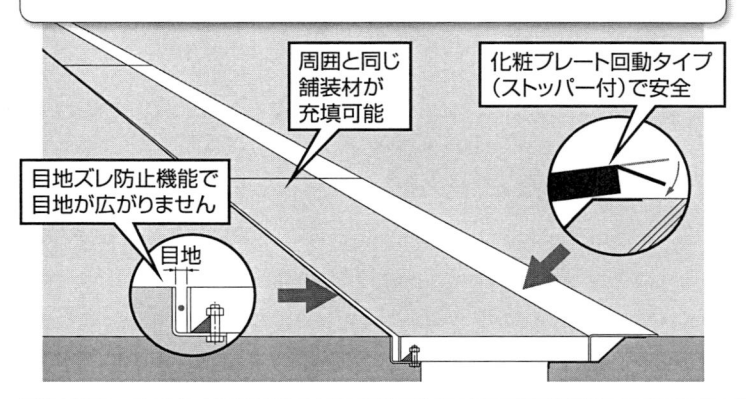

周囲と同じ舗装材が充填可能
化粧プレート回動タイプ（ストッパー付）で安全
目地ズレ防止機能で目地が広がりません
目地

快適をかたちに
KANESO

屋内床用（スマートブリッジ）
MX66TRF
渡り廊下と建物の取り合い部など、屋内床部のクリアランスを建物の動きに追従しながらカバー

免震クリアランスカバー
MX-TRF
地震による建物の変位時、免震クリアランス内に歩行者が落下することを防ぐためのカバー

屋外床用免震ブリッジ（タイル充填タイプ）
MX77VTEF
周囲と同じ舗装材が貼れ、美観と安全性、強度を兼ね備えた免震ブリッジ

カネソウ株式会社　http://www.kaneso.co.jp/　info@kaneso.co.jp

〒510-8101 三重県三重郡朝日町大字縄生81番地
TEL(059)377-3232　FAX(059)377-3905
＜名古屋証券取引所市場第2部上場　証券コード5979＞

東京支店	〒105-0004 東京都港区新橋六丁目9番5号 JBビルディング3F	TEL(03) 3433-6645
大阪営業所	〒540-0026 大阪市中央区内本町一丁目1番6号 内本町B&Mビル6F	TEL(06) 6941-7045
仙台営業所	〒980-0804 仙台市青葉区大町一丁目1番8号 第3青葉ビル9F	TEL(022) 214-8088
福岡営業所	〒812-0011 福岡市博多区博多駅前四丁目8番15号 博多鳳城ビル6F	TEL(092) 432-2532

Tomorrow's Technology, Today.
明日の技術を今。

安全・安心のテクノロジーで未来を拓く、川金コアテックの「免・制震技術」。

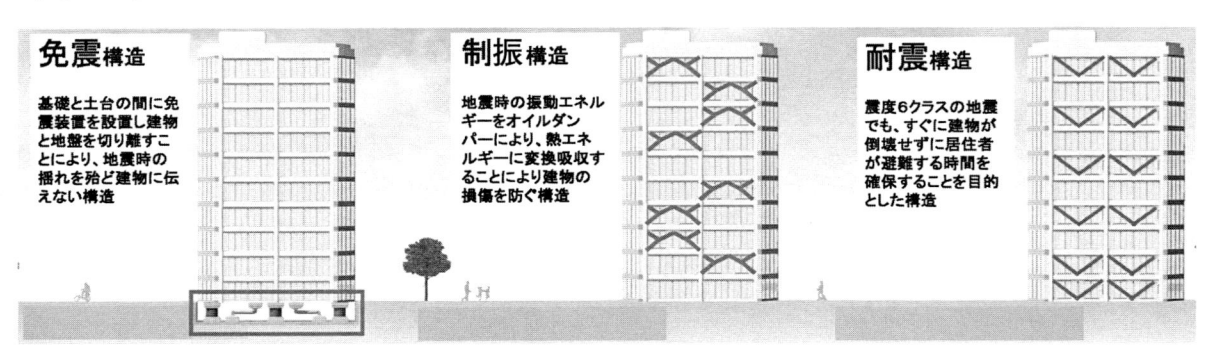

免震構造
基礎と土台の間に免震装置を設置し建物と地盤を切り離すことにより、地震時の揺れを殆ど建物に伝えない構造

制振構造
地震時の振動エネルギーをオイルダンパーにより、熱エネルギーに変換吸収することにより建物の損傷を防ぐ構造

耐震構造
震度6クラスの地震でも、すぐに建物が倒壊せずに居住者が避難する時間を確保することを目的とした構造

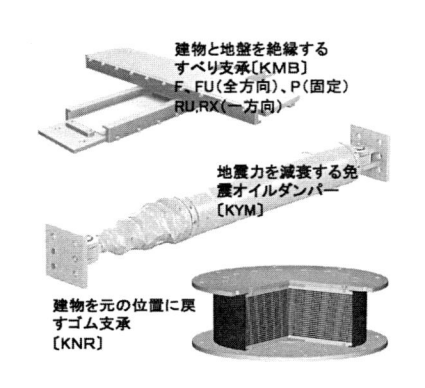

建物と地盤を絶縁する すべり支承〔KMB〕
F、FU(全方向)、P(固定)
RU、RX(一方向)

地震力を減衰する免震オイルダンパー〔KYM〕

建物を元の位置に戻すゴム支承〔KNR〕

建物の揺れを抑制する制振オイルダンパー〔KYD〕
・リリーフバルブ
・作動油
・シリンダーカバー
・ロッド
・アキュムレータ
・ボールジョイント

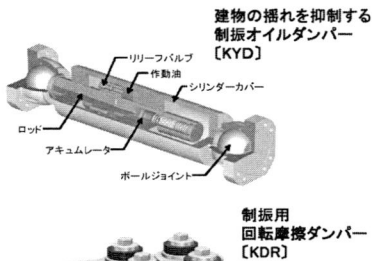

制振用回転摩擦ダンパー〔KDR〕

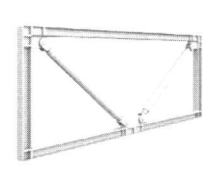

建物の強度を高める鋼管ブレース〔ADB〕

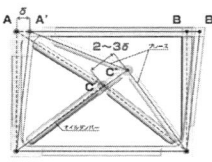

増幅機構型アドバンス制振システム〔ADV〕

【日本国内大型案件納入実績】

JR大阪駅の大屋根改装
2011年竣工　大屋根をすべり支承で支えている 
<納入製品>
KMB-FUE
1800kN ±1000mm

あべのハルカス(大阪市阿倍野区)
2014年竣工　高さ300m(日本一) 
〈納品製品〉
KYD1000～2000
KDR1500～2250

ワテラスタワー(千代田区神田淡路町)
2013年竣工
地上41階地下3階建て、敷地内を丸の内線(営団地下鉄)が通っており、トンネルシールド上部に設置した人工地盤をすべり支承採用。
<納入製品>
KMB-F3500kN ±50mm他
KMB-FU4000kN ±50mm

埼玉県庁舎耐震補強(さいたま市浦和区)
2011年竣工　ADV500S

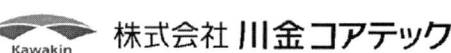

株式会社 川金コアテック

本社　〒332-0015　埼玉県川口市川口2-2-7　Tel.048(259)1113　Fax.048(259)1137
茨城工場　〒307-0017　茨城県結城市若宮8-43　Tel.0296(21)2200　Fax.0296(32)8800
大阪支店　〒530-0012　大阪市北区芝田1-14-8　Tel.06(6374)3350　Fax.06(6375)2985

www.kawakinct.co.jp　　info@kawakinkk.co.jp

SNAP Ver.6

任意形状立体フレームの弾塑性解析

豊富な自動計算と高速・正確な解析を目指して進化

SNAPは、任意形状の構造物に対する部材レベルの弾塑性の動的応答解析、応力解析、増分解析を行うソフトです。超高層建物、制振構造、免震構造や木造など各種構造物の設計や耐震診断・補強に対応できる機能を備えています。

部材断面、仕上げ、積載荷重などを入力するだけで、荷重拾いから剛域・剛性増大率などの計算と、MSモデルやM-Nモデルなどの弾塑性モデルの作成まで自動的に行います。大規模な建物も短時間で解析モデルを作成できます。荷重計算から地震応答解析までを一貫して行えるので、設計変更にも柔軟に対応できます。

動的応答解析は地震波の各方向(水平、鉛直、回転)を同時に入力できます。任意の節点、剛床に加振力や動的強制変位(速度、加速度)を加えた解析も可能です。

S造建物の耐震診断・耐震補強計算「DOC-S」とRC/SRC造建物の3次耐震診断およびRC/SRC/S造建物の総合耐震診断「DOC-3次診断」から、解析モデルを読み込み、部材レベルの弾塑性動的応答解析を行い、制振補強の検討を行うことができます。

免震・制振装置は、製品、型番を指定するだけで、データベースから解析に必要なデータを読み込みます。制震補強後の建物の解析モデルも簡単に作成できます。

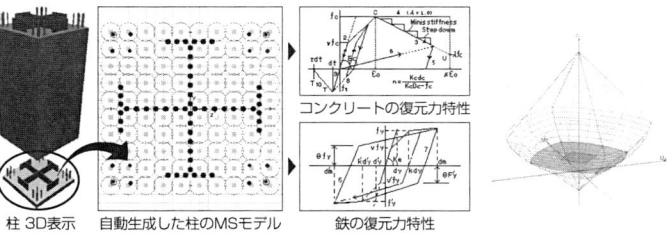

柱 3D表示　自動生成した柱のMSモデル　コンクリートの復元力特性
MSモデル　鉄の復元力特性　M-Nモデル

模擬地震波作成
SNAP-WAVE

SNAP-WAVEは、構造物の地震応答解析の入力地震波を作成します。地震波の解析、模擬地震波作成、等価線形化解析(SHAKEの方法)による地盤増幅計算を行います。また、作成した地震波時刻歴データは、SNAPで利用することができます。

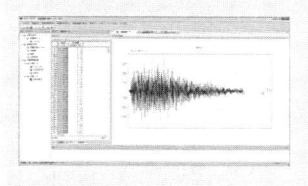

解析結果の3Dアニメーション表示
SNAP-GP Ver.2

SNAP-GPは、SNAPの動的応答解析および増分解析の履歴を3Dソリッドモデルでリアルに再現し、変形性状・部材の損傷状態を容易に把握することができます。また、アニメーションを標準AVI形式の動画ファイルに出力できます。

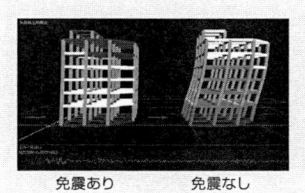

免震あり　免震なし

詳しい情報はホームページをご覧ください。操作ムービーで動作もご覧いただけます。

| 弾塑性解析ソフト SNAP | 検索 |

http://www.kozo.co.jp/program/kozo/snap/

株式会社 構造システム
URL http://www.kozo.co.jp/

本社営業　〒112-0014　東京都文京区関口2-3-3　TEL03-6821-1311　FAX03-5978-6215
大阪支社営業　〒541-0041　大阪市中央区北浜1-1-10　TEL06-6203-2430　FAX06-6203-4117

札幌営業所 TEL.011-218-6628　仙台営業所 TEL.022-267-2811　名古屋営業所 TEL.052-583-0350　福岡営業所 TEL.092-716-9311

THK
The Mark of Linear Motion

いま求められているのは、新たな地震対策。

重荷重対応・床免震対応
免震モジュールTGS型

免震モジュールTGS型の特長
- ●免震機能をコンパクトに凝縮
- ●重荷重・引抜力対応
- ●自由な連結性
- ●容易な施工性
- ●優れた免震性能
- ●ねじれに強い
- ●高い汎用性

さらなる安心・安全・信頼のために。

工作機械や半導体製造装置など、あらゆる産業で採用され信頼と実績のある「LMガイド(直線運動案内)」と、ダンパー(減衰装置)を組み合わせた免震モジュールTGS型。
最大3000kgf/m²までの重荷重に対応でき、サーバーや精密機器、美術品など大切な資産を地震から守ります。またサーバールームやオペレーションセンターなどフロア全体の免震も可能です。

半導体製造装置施工例　　サーバー免震施工例

モジュールバリエーション(用途に合わせて3タイプ)

TGS6 600 × 600 × 112
ストローク±315mm

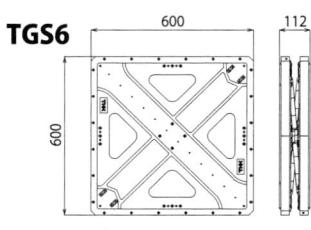

TGS5 500 × 500 × 100
ストローク±250mm

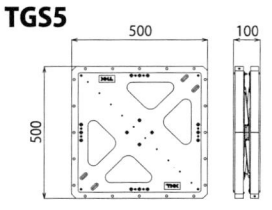

TGS4.5 450 × 450 × 100
ストローク±220mm

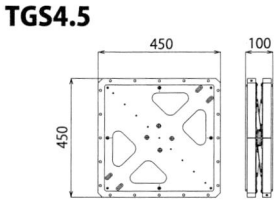

THK株式会社

テクノセンター ACE事業部 TEL 03-5735-0223　www.menshin.biz　免震ウェブサイト　検索

※ 高層ビル・戸建住宅用の免震装置もお問い合わせください。

2次元免震床・スキッドⅡ

- 入力加速度を1/5～1/20に低減。摩擦係数が小さく、中規模地震でも効果を発揮します。
- 積載荷重10000N/㎡まで対応します。
- 高性能・高耐荷重でも装置重量は最小50kg/㎡の軽さです。
- ユニット組立構造のため、搬入、施行がスピーディーです。
- 従来型のスキッドに比べ、低価格化を実現しました。

3次元免震床・キープ

- 水平免震床に鉛直免震床を組み込んだ本格的3次元免震床です。
- 大規模地震を想定した実験では、水平震波を1/15、上下震波を1/4の応答に減衰が可能です。
- オイルダンパと鉛直コイルばねで、2次元・3次元の震動エネルギーを吸収できます。
- 既存・新設建物を問わず施工が可能です。

油圧式制震ダンパ・ハイビルダム

- 油の流体抵抗を利用して減衰力を発生させ、建物の揺れを吸収する制震ダンパです。
- 機械的なクリアランスを抑えた構造で、風揺れや地震等の振幅の小さな揺れにも安定した減衰性能を発揮します。
- 間柱にも取付け可能。間柱両側空間を有効に活用いただけます。〈ハイビルダム・スタッド〉

微少振幅加振結果
荷重(kN) / 変位(mm)

間柱型ハイビルダム・スタッド

お問い合わせ、詳細な資料のご請求は下記の免震床担当者または制震ダンパ担当者へご用命ください。

日立機材株式会社
〒135-8363 東京都江東区東陽二丁目4番2号（新宮ビル）
http://www.hitachi-kizai.co.jp/
内装営業部免震床担当：（03）3615-5431
開発営業部制震ダンパ担当：（03）3615-5424

免震装置の配置計画支援ソフト
SS21 ／ IsolationPRO

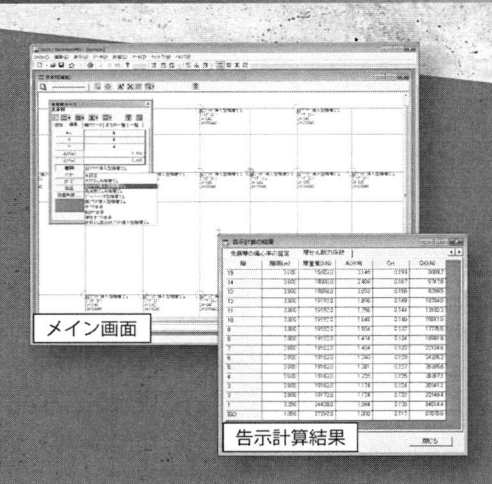

○ 免震装置の配置計画を支援
○ 快適な操作性
○ 支承材を選定
○ 大臣認定取得の免震部材を多数搭載
（2014年4月現在：6,155部材）
○ 環境温度や経年変化等による免震部材の変動特性を評価
○ 一貫構造計算ソフトウェア『Super Build ／ SS3』から建物データの読み込みが可能
○ 支承材の面圧（鉛直応力度）の検討および圧縮限界強度図の自動作図

メイン画面
告示計算結果

『SS21 ／ IsolationPRO』は、免震建物における免震装置の配置計画を支援するソフトウェアです。「免震建築物の構造方法に関する安全上必要な技術的基準を定める等の件」（平成12年建設省告示第2009号、平成16年国土交通省告示第1160号で改正）にしたがって、免震層に関する構造計算を行います。

IsolationPROをご利用の お客様の声

『IsolationPRO』は入力にかかる時間が短く多数のCaseStudyがスピーディに行えました。
―― 武設計 一級建築士事務所 様

免震装置はどのようなものを利用しましたか？

ある物件では「積層ゴム一体型鋼製ダンパー」を主に利用しました。積層ゴムの上下のベースプレートに鋼板が取り付いているシンプルな構造であり、点検・交換が容易という長所があります。
『IsolationPRO』は入力にかかる時間が短く、多数のCaseStudyがスピーディに行えました。これにより鉛プラグ入り積層ゴムや高減衰積層ゴムなどと比較検討したのですが、今回の建物形状では工事コスト的に差が出ませんでした。そこでアフターケアを重視しました。地震後の免震部材（ダンパー）の損傷程度が目視で確認でき、ダンパー部分の取り替えも可能であるという点で建て主に安心していただける製品であると判断しました。

お問い合わせや詳細な資料のご請求は弊社Webサイトまたは以下の営業支店まで http://www.unions.co.jp

ユニオンシステム株式会社
構造計算ソフト　検索

東京支店　TEL.03-3352-6121　〒160-0022　東京都新宿区新宿1-14-12　玉屋ビル 6F
大阪支店　TEL.06-6768-9338　〒542-0012　大阪市中央区谷町6-1-16　ナルカワビル 3F
名古屋支店　TEL.052-269-3311　〒460-0007　名古屋市中区新栄2-1-9　雲竜フレックスビル西館 9F

| 設計者のための
| 免震・制震構造ハンドブック | 定価はカバーに表示

2014年7月20日　初版第1刷
2018年6月25日　　第2刷

編集者　一般社団法人 日本免震構造協会
発行者　朝　倉　誠　造
発行所　株式会社 朝　倉　書　店
　　　　東京都新宿区新小川町6-29
　　　　郵便番号　162-8707
　　　　電　話　03(3260)0141
　　　　ＦＡＸ　03(3260)0180
　　　　http://www.asakura.co.jp

〈検印省略〉

© 2014〈無断複写・転載を禁ず〉　　　印刷・製本 東国文化

ISBN 978-4-254-26642-9　C 3052　　　Printed in Korea

JCOPY <(社)出版者著作権管理機構 委託出版物>

本書の無断複写は著作権法上での例外を除き禁じられています．複写される場合は，そのつど事前に，(社)出版者著作権管理機構（電話 03-3513-6969，FAX 03-3513-6979，e-mail: info@jcopy.or.jp）の許諾を得てください．

好評の事典・辞典・ハンドブック

物理データ事典 　　　　　　　　　　　日本物理学会 編
　　　　　　　　　　　　　　　　　　　　B5判 600頁

現代物理学ハンドブック 　　　　　　　鈴木増雄ほか 訳
　　　　　　　　　　　　　　　　　　　　A5判 448頁

物理学大事典 　　　　　　　　　　　　鈴木増雄ほか 編
　　　　　　　　　　　　　　　　　　　　B5判 896頁

統計物理学ハンドブック 　　　　　　　鈴木増雄ほか 訳
　　　　　　　　　　　　　　　　　　　　A5判 608頁

素粒子物理学ハンドブック 　　　　　　山田作衛ほか 編
　　　　　　　　　　　　　　　　　　　　A5判 688頁

超伝導ハンドブック 　　　　　　　　　福山秀敏ほか 編
　　　　　　　　　　　　　　　　　　　　A5判 328頁

化学測定の事典 　　　　　　　　　　　梅澤喜夫 編
　　　　　　　　　　　　　　　　　　　　A5判 352頁

炭素の事典 　　　　　　　　　　　　　伊与田正彦ほか 編
　　　　　　　　　　　　　　　　　　　　A5判 660頁

元素大百科事典 　　　　　　　　　　　渡辺　正 監訳
　　　　　　　　　　　　　　　　　　　　B5判 712頁

ガラスの百科事典 　　　　　　　　　　作花済夫ほか 編
　　　　　　　　　　　　　　　　　　　　A5判 696頁

セラミックスの事典 　　　　　　　　　山村　博ほか 監修
　　　　　　　　　　　　　　　　　　　　A5判 496頁

高分子分析ハンドブック 　　　　　　　高分子分析研究懇談会 編
　　　　　　　　　　　　　　　　　　　　B5判 1268頁

エネルギーの事典 　　　　　　　　　　日本エネルギー学会 編
　　　　　　　　　　　　　　　　　　　　B5判 768頁

モータの事典 　　　　　　　　　　　　曽根　悟ほか 編
　　　　　　　　　　　　　　　　　　　　B5判 520頁

電子物性・材料の事典 　　　　　　　　森泉豊栄ほか 編
　　　　　　　　　　　　　　　　　　　　A5判 696頁

電子材料ハンドブック 　　　　　　　　木村忠正ほか 編
　　　　　　　　　　　　　　　　　　　　B5判 1012頁

計算力学ハンドブック 　　　　　　　　矢川元基ほか 編
　　　　　　　　　　　　　　　　　　　　B5判 680頁

コンクリート工学ハンドブック 　　　　小柳　洽ほか 編
　　　　　　　　　　　　　　　　　　　　B5判 1536頁

測量工学ハンドブック 　　　　　　　　村井俊治 編
　　　　　　　　　　　　　　　　　　　　B5判 544頁

建築設備ハンドブック 　　　　　　　　紀谷文樹ほか 編
　　　　　　　　　　　　　　　　　　　　B5判 948頁

建築大百科事典 　　　　　　　　　　　長澤　泰ほか 編
　　　　　　　　　　　　　　　　　　　　B5判 720頁

価格・概要等は小社ホームページをご覧ください．